陈高华　徐吉军　主编

全彩插图本中国风俗通史丛书

清代风俗

林永匡　袁立泽　著

上海文艺出版社

《全彩插图本中国风俗通史丛书》
编辑委员会

陈高华　徐吉军　史金波　宋镇豪　宋德金　宋兆麟

陈绍棣　彭　卫　杨振红　张承宗　吴玉贵　方建新

方　健　吕凤棠　陈宝良　林永匡　徐华龙　高洪兴

总 序

《中国风俗通史》由上海文艺出版社2001年出版至今已有十多年的时间，其间承蒙读者的厚爱，多次加印，被学术界推称为中国风俗史研究具有代表性的著作。

众所周知，风俗的内涵极其丰富，涉及物质生活和精神生活诸多层面，历来有关研究著作论述的范围颇有出入。我们与各卷作者经过多次的认真讨论和深入研究，在认真吸取前人成果的基础上，力求有所突破。按其内容和形式，将其分为饮食、服饰穿着、居住与建筑、行旅交通、生育、婚姻、寿诞、卫生保健与养老、丧葬、岁时节日、交际、经济生产、娱乐、宗教信仰等大项，并努力探讨各个时代风俗的基本特征及演变规律。在写作时，力图用洗练和平实的语言，详尽的文献和考古史料，以及丰富多彩的历史图像，对中国古代社会生活和风俗的各个方面作细致入微的整体揭示和准确考证，由于种种原因，存在着一些不如意的地方。

本次修订改版，我们仍按历史断代划分，定为原始社会、夏商、两周、秦汉、魏晋南北朝、隋唐五代、宋、辽金、西夏、元、明、清、民国十三卷，力图更加全面、科学、深入、系统地反映各个时代的风俗特点，同时又呈现不同时期、不同地区、不同民族的风俗差异，将每一段历史时期中最值得探索的热点、最能反映当时社会生活风尚的事例加以发掘和论述，进而从风俗角度对整个中国历史提供一种诠释。

21世纪，是学术大发展的时期，也是一个学术创新的时代，一个读图的时代。如何适应时代的需要，使学术图书走向市场，贴近大众，并让他们更易读懂，并获得快感和美感，是值得我们探索的，也是我们努力的目标。为此，我们与出版方一起对各卷图书的插图进行了大幅度的调整，增加了大量第一手的、精美的、存世罕见的文物历史绘画、书法及碑刻等方面的图片，使丛书的文字与图片相得益彰，更好地展示中国风俗的历史画面。

需要说明的是，由于历史的关系和条件的限制，要在每一卷的相关内容里都配上插图，并非易事。特别是有的朝代距今甚远，如史前时期、夏商时期，距今三四千年以上，不仅史料不足征，探索当时的风俗是一件很困难的事情，要进行图片收集更是难上加难，而这些正是需要读者谅解的。

陈高华　徐吉军

目 录

总序 …………………………………… 1

【 导 言 】

第一节 风俗形成的社会历史背景 …… 3
 一、清代风俗形成的社会因素与背景 … 3
 二、清代社会转型与风俗演变 ……… 8
第二节 风俗政策和风俗观念 ………… 11
 一、统治者的风俗政策与制度 ……… 11
 二、民间的风俗观念与思想 ………… 13

【 第一章 饮 食 】

第一节 饮食结构与方式 ……………… 20
 一、饮食结构 ………………………… 21
 二、饮食方式 ………………………… 25
第二节 社会各阶层的饮食生活 ……… 27
 一、宫廷的饮食生活 ………………… 27
 二、官僚士大夫的饮食生活 ………… 30
 三、豪绅地主的饮食生活 …………… 31
 四、平民百姓的饮食生活 …………… 32
第三节 饮酒与饮茶风俗 ……………… 37
 一、饮酒风俗 ………………………… 37
 二、饮茶风俗 ………………………… 43

第四节 饮食思想与养生观念 ………… 50
 一、饮食思想 ………………………… 50
 二、养生观念 ………………………… 52

【 第二章 穿 着 】

第一节 服制的形式与穿着方法 ……… 57
 一、服制的形式 ……………………… 57
 二、服制的穿着方法 ………………… 70
第二节 服饰风俗 ……………………… 73
 一、民人服饰风俗沿革 ……………… 73
 二、男子服饰 ………………………… 78
 三、满族妇女服饰 …………………… 86
 四、汉族妇女服饰 …………………… 88
第三节 发式风俗 ……………………… 96

【 第三章 居住与建筑 】

第一节 卜居风俗 ……………………… 102
 一、都城地址的选择与规划 ………… 103
 二、皇宫地址的选择与规划 ………… 105
 三、城镇、村落地址的选择与规划 … 107
 四、住宅地址的选择与规划 ………… 108
第二节 住居的建筑 …………………… 112

一、都城建筑 112
　　二、贵族官僚的宅第建筑 113
　　三、平民百姓的住宅建筑 114
第三节　住宅的装饰与起居用具 120
　　一、平民百姓住宅的装饰 121
　　二、贵族宅第的起居用具 123
第四节　园林建筑 125
　　一、皇家园林 125
　　二、私家园林 129
　　三、寺庙园林 132

第四章　行旅交通

第一节　出行的礼仪 138
　　一、行神祭祀与卜行择吉 138
　　二、饯别与赠别 139
第二节　行旅方式 141
　　一、陆路旅行 141
　　二、水路旅行 152
第三节　旅食与旅宿 158
　　一、乾隆帝南巡与东巡行旅御膳 158
　　二、行旅宿息 160
第四节　行旅风尚 164
　　一、题记风俗 164
　　二、尚早、尚俭、尚快风俗 166

第五章　生　育

第一节　求子风俗 171
　　一、生育观念 171
　　二、求子活动 175

第二节　孕妇保健 180
　　一、民间禁事与孕妇保健 180
　　二、医学与孕妇保健 181
第三节　诞生风俗 183
　　一、催生风俗 183
　　二、产房风俗 185
　　三、诞生礼仪 187
　　四、取名风俗 191
第四节　育儿风俗 194
　　一、育儿之道 194
　　二、育儿的内容 195
第五节　成年礼俗 203
　　一、东北地区成年礼俗 203
　　二、华东地区成年礼俗 204
　　三、西北地区成年礼俗 204
　　四、西南地区成年礼俗 205

第六章　婚　姻

第一节　婚姻观念 209
　　一、婚姻政治观："重门第"与择偶 209
　　二、婚姻经济观：重富贵与择偶 213
　　三、婚姻军事观：重军阶与择偶 215
　　四、婚姻伦理观：重贞操与求偶 216
　　五、婚姻观念的变革 216
第二节　婚姻形式 218
　　一、掠夺婚 218
　　二、买卖婚 220
　　三、交换婚 221
　　四、服役婚 221
　　五、招赘婚 222
　　六、指腹婚 223

七、典妻婚 …… 223
　　八、冥婚 …… 224
第三节　**婚姻程序** …… 225
　　一、行聘订婚 …… 226
　　二、结婚礼俗 …… 229
第四节　**离婚与再嫁** …… 242
　　一、离婚 …… 243
　　二、再嫁 …… 246

第七章　卫生保健与养老

第一节　**卫生保健风俗** …… 253
　　一、清人的卫生保健观 …… 254
　　二、卫生保健风俗 …… 257
第二节　**疾病医疗风俗** …… 260
　　一、太医院与宫中治疾规仪 …… 260
　　二、民间疾病医疗风俗 …… 261
　　三、清末疾病医疗风俗的变迁 …… 265
第三节　**敬老风俗** …… 267
　　一、清政府的优老举措 …… 267
　　二、民间敬老风尚 …… 271
第四节　**寿诞风俗** …… 274

第八章　丧　葬

第一节　**丧葬观念** …… 279
　　一、清人的厚葬观及实施风尚 …… 279
　　二、清人的薄葬观及施行风俗 …… 280
第二节　**丧葬礼仪** …… 282
　　一、帝、后等的丧葬礼仪 …… 282
　　二、士庶人等的丧礼 …… 285

　　三、民人的丧葬仪礼 …… 286
第三节　**葬法与葬式** …… 288
　　一、土葬 …… 289
　　二、火葬 …… 289
　　三、树葬 …… 290
　　四、水葬 …… 290
　　五、塔葬 …… 291
　　六、瓮葬 …… 291
　　七、崖葬 …… 292
　　八、石棺葬 …… 292
第四节　**墓室与棺椁** …… 293
　　一、墓地制度 …… 293
　　二、墓室 …… 295
　　三、棺椁 …… 296
　　四、墓上建筑 …… 297
第五节　**服丧** …… 300
　　一、丧服制度的新变化 …… 301
　　二、居丧生活 …… 304
第六节　**冥器与殉葬** …… 305
　　一、冥器制度与风习 …… 305
　　二、殉葬风俗 …… 307

第九章　生　产

第一节　**农业风俗** …… 314
　　一、农事的安排 …… 315
　　二、耕耘习俗 …… 316
　　三、茶业风俗 …… 319
　　四、养蚕风俗 …… 322
第二节　**畜牧业风俗** …… 327
第三节　**渔猎风俗** …… 333
第四节　**手工业风俗** …… 340

一、拜师祭祖风俗 ……………… 341
　　二、技艺传授风俗 ……………… 343
第五节　商业贸易风俗 …………… 345
　　一、集市贸易 …………………… 347
　　二、市商经营 …………………… 352
　　三、经营习俗 …………………… 356

【第十章　信　仰】

第一节　自然崇拜与灵物崇拜 …… 365
　　一、天地崇拜 …………………… 365
　　二、日月星辰崇拜 ……………… 368
　　三、气象崇拜 …………………… 370
　　四、山川水火崇拜 ……………… 372
　　五、动植物崇拜 ………………… 374
第二节　祖灵崇拜 ………………… 377
　　一、灵魂崇拜 …………………… 378
　　二、祖先崇拜 …………………… 379
第三节　佛教风俗 ………………… 381
第四节　道教风俗 ………………… 385
　　一、道士与政治 ………………… 385
　　二、民间的道教活动 …………… 386
第五节　巫 ………………………… 390
　　一、巫术的种类和内容 ………… 390
　　二、淫祀 ………………………… 393
　　三、巫术 ………………………… 395
第六节　禁忌 ……………………… 398
　　一、人体禁忌 …………………… 399
　　二、性别禁忌 …………………… 401
　　三、饮食禁忌 …………………… 402
　　四、语言禁忌 …………………… 403
　　五、行业禁忌 …………………… 404
　　六、岁时禁忌 …………………… 405
第七节　祭祀 ……………………… 407

【第十一章　岁时节日】

第一节　节令性节日风俗 ………… 416
　　一、农历正月 …………………… 416
　　二、农历二月 …………………… 422
　　三、农历三月 …………………… 423
　　四、农历五月 …………………… 424
　　五、农历六月 …………………… 425
　　六、农历七月 …………………… 426
　　七、农历八月 …………………… 427
　　八、农历九月 …………………… 428
　　九、农历十月 …………………… 429
　　十、农历十一月 ………………… 429
　　十一、农历十二月 ……………… 430
第二节　宗教和纪念性节日风俗 … 433
　　一、浴佛节节日风尚 …………… 433
　　二、闽台宗教性节日风尚 ……… 434
　　三、闽台纪念性节日风尚 ……… 437

【第十二章　游　艺】

第一节　语言风俗 ………………… 443
　　一、方言 ………………………… 443
　　二、避讳语 ……………………… 444
　　三、隐语 ………………………… 445
　　四、谜语 ………………………… 445
　　五、俗语 ………………………… 446
第二节　工艺美术风俗 …………… 448

一、书法绘画 …………… 448
　　二、民间工艺 …………… 453
第三节　音乐舞蹈风俗 …………… 456
　　一、音乐 …………… 456
　　二、歌舞 …………… 458
　　三、曲艺 …………… 461
　　四、戏曲 …………… 464
第四节　体育竞技风俗 …………… 468
　　一、武术与相扑 …………… 468
　　二、弈棋 …………… 471
　　三、冰嬉 …………… 474
　　四、球类 …………… 475
　　五、杂技 …………… 476
第五节　娱乐冶游风俗 …………… 480
　　一、鱼虫花鸟 …………… 480
　　二、金石图书的收藏 …………… 484
　　三、游戏 …………… 488
　　四、嫖妓冶游 …………… 492
　　五、赌博 …………… 495

第十三章　交　际

第一节　相见风俗 …………… 503
第二节　待客风俗 …………… 506
　　一、迎送客风俗 …………… 506
　　二、宴请风俗 …………… 506
第三节　馈赠风俗 …………… 509
　　一、"进贡"风俗 …………… 509
　　二、"赏赐"风尚 …………… 510
　　三、民间的"馈赠"风俗 …………… 510

第四节　结交风俗 …………… 512
　　一、官场结交风俗 …………… 512
　　二、民间结交风俗 …………… 513
　　三、民族地区结交俗尚 …………… 515
第五节　庆贺与吊唁风俗 …………… 516
　　一、庆贺交际风俗 …………… 516
　　二、吊唁交际风俗 …………… 518

第十四章　社会组织

第一节　宗族风俗 …………… 521
　　一、宗族组织 …………… 521
　　二、宗族观念 …………… 523
　　三、祠堂、宗谱与族田 …………… 536
　　四、宗族内部的经济生活和文化
　　　　生活 …………… 533
第二节　家庭风俗 …………… 536
　　一、家庭结构 …………… 536
　　二、家庭观念 …………… 537
　　三、家庭礼仪 …………… 539
第三节　会社风俗 …………… 541
　　一、结社之风 …………… 542
　　二、行会组织 …………… 544

第十五章　风俗文苑

一、清人著述中的社会风俗资料 … 551
二、方志与文献中的社会风俗资料 … 554
三、档案与实物中的社会风俗资料 … 555

第十六章　中外风俗交流

第一节　社会风俗外播与交流 ………… 563
　　一、外播欧洲 ………… 563
　　二、外播美洲 ………… 565
　　三、外播非洲 ………… 566
　　四、外播亚洲 ………… 566
第二节　国外社会风俗传入与交融 …… 570

结　语

第一节　基本风俗特征 ………… 580
　　一、区域性差异特征 ………… 580
　　二、社会各阶层的不平衡性特征 … 583
　　三、时代性特征 ………… 586
第二节　风俗的社会影响与历史作用 … 589
　　一、社会影响 ………… 589
　　二、对后世的影响 ………… 590

后记 ………… 592

导 言

　　清代（1644—1911）既是中国历史上最后一个封建王朝，亦是由封建社会向半殖民地半封建社会转变的近代社会的开端。在这一历史时期，封建专制集权空前强化，社会经济的发展也达到前所未有的水平，封建文化更臻繁荣。与此同时，各族人民用辛勤的劳动和智慧，共同开发了祖国的边疆，从而使这些地区的社会经济、文化得以发展，同内地各族人民的经济文化交往更加密切和频繁，这种繁盛景象与以往各朝代和历史时期相比，延续时间之长、出现地域范围之广，是无与伦比的。

导言

福禄寿三星

恰是在这一特定历史背景和时代条件下，清代社会各民族、各阶级、阶层、集团和群体中人们的社会生活（含经济生活与精神文化生活）风俗习尚，也呈现出较之以往各个朝代迥异的一些新特点。而公元1840年（清道光二十年）鸦片战争以后，在西方资本主义列强势力的侵略下，中国逐步沦为半殖民地半封建国家。随着西方资本主义列强对中国的政治、经济、军事、文化的加紧入侵，伴之而来的，一方面是国门被迫大开，中国社会则受动型地向近代社会转型与过渡；另一方面则是，人们的社会生活方式与生活风俗习尚，较之以往发生巨大的变革变异，且在某些领域，出现新的变化。与此同时，清代的各种风俗习尚，在社会人文要素等诸多要素的作用、催生下，既形成独具"个性"特征，更在多种方式、多种渠道的内化与外播中，扩大其多元的影响。

第一节　风俗形成的社会历史背景

历史表明，任何一个朝代的风俗习尚，其文化与社会存在内涵十分丰富，其外延与传播更甚为广阔。恰因如此，一个时代社会风俗的形成、演变及风俗的发生、发展过程，既是该时代诸多政治人文、自然环境、社会经济、社会心理、科学技术等"要素"作用制动的结果，更有其有别于其他时代的特点与规律。基于此点，清代亦不例外。

一、清代风俗形成的社会因素与背景

"风俗"一词，究其本意，系指在特定的历史时期内，人们在社会物质文化与精神文化生活中形成的风尚、习俗而言，其中，既有人们对历代相沿积久而成的某些风俗的传承，更有因时代变迁而导致的新风尚、习俗的形成和衍变，故有着传承性、变革性、创新性等多元社会文化特征。对此，《诗经·周南·关雎·序》中便有"美教化，移风俗"的记载，可见，在统治者心目中，移风易俗是教化人们遵循礼仪、维持现存统治秩序的重要手段和内容之一。又，《诗经·小雅·谷风·序》"刺幽王也"，孔颖达疏称："《汉书·地理志》云：'凡民禀五常之性，而有刚柔缓急音声不同，系水土之风气，故谓之风；好恶取舍动静无常，随君上之情欲，故谓之俗。'是解风俗之事也。风与俗对则小别，散则义通。"由此可知，凡由于自然环境条件不同而引发形成的习尚，则称之为"风"；而由于社会环境时代变迁不同而导致形成的习尚，则称之为"俗"。同时，这种风俗上的差异与变迁，在古代又多通过民间的歌谣得以反映与遗存下来，故"歌谣"又成为"风俗"的同义语与代名词，如司马迁的《史记·乐书》中，便有"博采风俗，协比音律"的记载，便是明证。

其实，在上述孔颖达有关"风俗"一词的疏注中，已经对历代人们社会生活风俗习尚的传承、衍化、形成、变革的导因与促动"因素",有所涉及。如"水土之风气",实为自然环境与条件上的差异;而"君上之情欲",则系指社会的人文条件的变迁,可导致人们社会习俗的重大变革。恰因如此,作为中国封建社会鼎盛时期与由古代向近代转型的清代而言,在社会风俗的形成"因素"与社会历史背景方面,更有着诸多新的特色与内涵。具体而论,直接或间接影响清代前期、后期社会风俗形成、演变与发展过程的"因素"与背景内涵有:

（一）社会人文"因素"与背景

所谓社会人文"因素"与背景,系指清代社会政治制度、政治礼仪、政治规范、政治思想,特别是统治者所倡导、宣扬、维护的社会道德、行为准绳、思维定式等,对清代各个历史时期社会风俗的形成、传播、演进、变革,起着重要的导向、规范、促进作用。恰因如此,社会人文"因素"与背景,在清代前后期社会风俗的形成与演变中,起着至关重要的作用:一是有着重要的支撑作用与功能;二是有着政治导向、导化的作用与功能;三是有着对社会风俗的全面渗透、规范、制约的作用与功能。故社会人文"因素"与背景,亦是清代社会风俗形成中的核心"因素"与"构件"之一。

（二）自然环境"因素"与背景

所谓自然环境"因素"与背景,则指清代各个地区(含内地与边疆、乡村与城市、沿海与内地、南方与北方、东部与西部、山区与平原、高原与河网、岛屿与大陆等)之间,因自然条件、自然环境(如物产、气候、资源等)影响与制约而形成的不同风俗习尚而言。它对清代各个历史时期社会风俗的形成、传播、演进、变革的速度与范围,起着关键性的制约、催化、依托作用。恰因如此,自然环境"因素"与背景,在清代前后期社会风俗的形成与发生、发展中,起着关键性的作用:一是有着关键性的依托作用与功能,二是有着重要的制约作用与功能,三是有着巨大的催化作用与功能。故自然环境"因素"与背景,亦是清代社会风俗形成、演变中的支柱性"因素"与"构件"之一。

（三）民族文化"因素"与背景

所谓民族文化"因素"与背景,则是指清代各个地区不同的民族,在不同的社会人文因素与背景、自然环境因素与背景的交互作用下,所形成的各具"个性"特色的民族风俗习尚而言。它对清代各个历史时期社会风俗的形成与发展,起着独具特色的重要作用:一是有着重要的丰富多元化的作用与功能,二是有着强劲的完善激活化的作用与功能,三是有着巨大的融汇整合性的作用与功能。故民族文化"因素"与背景,则是清代社会风俗形成、发展、演进中的结构性"因素"与"构件"之一。

（四）历史传承"因素"与背景

所谓历史传承"因素"与背景,系指清代前期、后期社会风俗在形成过程中,对前代社会风俗习尚经过筛选、淘汰、择取后，全部或部分地传承（其中有精华也有糟粕、有良习亦有陋俗），从而使得清代风俗文化既具延续性、传承性，更有着自身独具的特色与旺盛的生命力。恰因如此，它对清代前后期社会风俗的形成与演变，起着重要的稳定性的作用：一是有着强烈的指向作用与功能，二是有着对某些风俗礼仪时尚的定位作用与功能，三是有着对传统的风俗习尚的生命力的延续，有强化的作用与功能。故它是稳固性"因素"与"构件"之一。

（五）变革创新"因素"与背景

所谓变革创新"因素"与背景，系指清代社会风俗在发展、演变过程中，因社会人文、经济发展、科技进步诸因素与背景所导致的对某些陈规陋习、传统风俗习尚的变革与创新要求、社会实践活动而言。它对清代风俗的演变、发生，起着重要的加速作用：一是有着对社会风俗变革的实现，有着重要的推动作用与功能；二是有着对新的社会风俗习尚的形成与推广，则有催生的作用与功能；三是有着对某些特定的新科技生活技能的应用实施，更有探索的作用与功能。故它是促变性的"因素"与"构件"之一。

（六）禁忌回避因素与背景

所谓禁忌回避因素与背景，系指清代各地区、各民族、各行业的人们，缘于诸多历史、社会、文化、自然的原因（或因于历史神话传说、行业神崇拜、自然崇拜、政治与社会身份限制、宗教原因、礼仪规制、迷信及其他诸多信仰等），而采取的消极避开的自我抑制的风俗事象而言。它在清代前后期社会风俗的形成、变革中，起着不可低估的滞后性的作用：一是有着对新的风俗习尚消极对抗的作用与功能；二是有着对人们力图对某些不合理的陈规陋习加以改变的愿望抑制的作用与功能；三是有着禁锢人们思想，安于旧俗，拒绝接受新时尚的作用与功能。故它是内抑性"因素"与"背景"构件之一。

（七）经济水准因素与背景

所谓经济水准因素与背景，系指清代不同时期、不同地区、不同民族之间，因经济发展水准的高低参差不齐，进而影响社会风俗的形成发展与延续、新旧风俗时尚的交替并存、新

鸣锣开道：不同级别的官员锣鸣几声是不同的，听到锣声，级别低的就该速速回避让路

风尚的萌生与加速扩散等诸多社会风俗文化事象的出现而言。它对清代社会风俗的演变与发展，起着重要的前导性作用：一是有着因社会经济水准的提高而导致的对新旧风俗时尚交替的推动作用与功能；二是有着对新的风俗习尚可通过经济活动予以传播与扩大影响的作用与功能；三是有着因经济生活发生变动而出现新兴风俗时尚可提供经济能量、动力的作用与功能。故它是能动性"因素"与"构件"之一。

（八）军事制动因素与背景

所谓军事制动因素与背景，系指清代各个时期中，伴之以各种军事活动（含清军入关、全国统一之战、抵御外国入侵、农民起义等）而来的移风易俗、新旧风俗习尚交替、新的社会风俗时尚的兴起与流行等诸多事象的产生而言。恰因如此，它在清代社会风俗的演变中，起着重要的牵制性作用：一是有着对某些特定的新兴风俗时尚出现，产生制动性作用与功能；二是有着对一些特殊风俗礼仪时尚的推广与盛行，产生催化性作用与功能；三是有着对新旧风俗习尚的交替，在某些领域产生速成性作用与功能。故它是清代风俗演变中外在制动性"因素"与"构件"之一。

（九）法制规范因素与背景

所谓法制规范因素与背景，系指清代各历史时期中，各个不同政权（含清王朝政权、土司政权、民族地方政权、太平军等农民起义军政权等）法制对社会风俗习尚礼仪的规范，进而导致风俗时尚上的诸多变异事象的出现而言。恰因如此，它对清代前后期社会风俗的形成演变中，起着重要的方位性作用：一是有着对社会政治、军事、经济、文化、年节等风俗时尚礼仪，进行直接或间接的法制规范的作用与功能；二是有着对有违于法制观念、法制思想、法制礼仪的人们的风俗时尚，进行法律手段强行钳制、遏其盛行的作用与功能；三是有着对人们在日常社会风俗时尚活动中，凡对法制应允的范围，稍有"越轨"，即行校正的作用与功能。故它是清代社会风俗演进中，检验性"因素"与"构件"之一。

（十）科技促变因素与背景

所谓科技促变因素与背景，系指清代各个历史时期中，随着科技的进步及对社会生产、生活、生存活动中的各种风俗习尚的渗透，进而促成的诸多移风易俗、新的风俗时尚的出现等事象而言。恰因如此，它在清代前后期社会风俗习尚的形成、演变中，起着重要的促变性的

清季众人围聚探研照相机

作用：一是有着伴之以科技进步而导致具有前瞻性的新风时尚出现且逐步成风的作用与功能；二是有着因科技发展进步，进而导致对人们长期墨守的陈规陋习进行"击变"的作用与功能；三是有着随科技进步而导致出现的社会新风时尚的成长、壮大，以及应付旧时尚势力的挑战、攻击、报复的"战斗"、"争战"中，提供持久、多元、强劲的动力的作用与功能。故它是清代社会风俗演变中，具有"催化剂"型的"因素"与"构件"之一。

（十一）宗教文化因素与背景

所谓宗教文化因素与背景，系指清代不同历史时期、不同地区、不同民族、不同社会阶层、不同社会群体中，缘于佛教、道教、伊斯兰教、基督教、天主教、民间宗教等宗教活动礼仪的直接或间接的影响、作用、渗透，而产生、出现、持续的诸多风俗时尚事象（含宗教文化活动礼仪习尚、宫廷与王府宗教文化活动习尚、民族与民间宗教文化活动风尚、地区民间其他受宗教文化影响的祭礼祭仪与祭祀风俗等）而言。恰因如此，它在清代前后期社会风俗的形成演变中，起着重要的参与及组合性的作用：一是有着对各种风俗礼仪习尚的参加者、变革者、创新者群体或个人，在精神、心灵、情感上施予多种及多向多元指（点）归（宿）的作用与功能。二是有着对各种风俗时尚的参与者、变革者个人或群体，在实践、行为方面，按宗教规仪、信条、戒律等进行参照的作用与功能。三是有着对各种风俗礼仪文化活动的参与者个人或群体，在天地神人之间寻找联系、启迪、感应（即悟性与灵性）的作用与功能。故它在清代社会风俗发生、演变中，具有有形或无形的精神文化能源型特性与特质的"因素"与"构件"之一。

广州海幢古寺

（十二）岁时年节因素与背景

所谓岁时年节因素与背景，系指清代各个时期，社会各阶层、各民族、各地区群体或个人，在岁时年节文化的作用下，所形成的丰富多彩、各具特色、风格各异（缘于民族间岁时历法的不同，故岁时年节时序上有参差）的社会风俗习尚事象（含岁时年节庆贺、交往、禁忌礼仪，饮食、服饰、居舍、行止风尚与禁忌，年节装饰文化风俗与禁忌习尚，岁时年节节令生活与生产活动习俗、禁忌风尚等）而言。恰因如此，它在清代前后期社会风俗的形成、演变中，起着重要的时尚性的作用：一是有着对各种风俗文化活动的参加者、变革者群体或个人，在生命、生活、生产、娱乐、教育、交际历程中，有指时（含计时、导时、行时、顺时等）的作用与功能；二是有着对各地区、各民族、各阶层群体或个人的生产生活风俗时尚，进行应时性的充实、美化、丰富的作用与功能；三是有着对岁时年节文化活动的参与者个人或群体，提供、创造、实施在天（时）、地（利）、人（情）之间寻求共融共谐共存的机遇的作用与功能。故岁时年节要素，亦是清代社会风俗形成、演化中，具有时（间）、空（间）（地域）、人（社会）三者全方位的"坐标"特性的"因素"与"构件"之一。

二、清代社会转型与风俗演变

清代后期（1840—1911），既是中国封建社会发生巨变的一个重要历史阶段，又是社会转型与风俗习尚随之进行演变的历史转折时期。西方资本主义风俗文化的传播和中国近代工业、商业、交通业的渐次发展，使长江中下游及东南沿海等得风气之先的地区，人们的衣、食、住、行、乐率先发生着变化，社会风俗因而也随之变化。进而，使得传统的社会生活风貌与风尚礼仪习俗，发生了重大演变与明显变化，现以衣、食习尚变迁为例，加以说明。

（一）清后期的服饰风俗演变

清代后期，守本与趋变是衣冠服饰风俗在演变发展中所表现出来的两个最突出的特点。所谓"守本"，系指承袭传统服饰礼制风俗，但又不全是拘泥古制而又有所发展创新，这显示出传统服饰风俗文化特有的顽强生命力、再生力以及与社会文明共存共荣的特质。至于"趋变"，则系指清代后期的传统服饰文化风俗，较之前代所表现出的不同时代特点与正在变化发展的各种态势而言。

具体而论，清代后期服饰文化风俗趋变的内容主要体现在如下三个方面：一是对清代前期及传统服饰风俗进行改造扬弃；二是满汉服饰文化风俗的相互影响、交流与补充；三是吸收融合西方外来服饰文化风俗的有机成分，发展完善传统服饰风尚，使服饰文化风俗的改进与社会的文明进步相一致。因为它涉及的范围广泛，影响深远。故从总体来看，清代后期，帝后的服饰风尚的演变变化不大，基本上承袭了前期的法制规仪内容，与前期一脉相续。但文武官员以及平民百姓的服饰风俗礼仪，却有程度不同的变革，这种演变与变革在近代政治、军事中心的京师（今北京）和经济、文化相对繁荣发达的南京、上海等地，表现得尤为突出与剧烈，实际上它们成为服饰文化风俗习尚演变与变革的中心。其间，太平天国农民政权创制并实施的官民服饰装束规仪风尚，则是清代后期服饰文化风俗发生演变与变革中的独特创举。直至1911年辛亥革命，废除帝制，建立民国后，剪辫发，易服色，官民中西装革履与长衫马褂并行不悖，更是服饰风俗的大演变。

（二）清后期的饮食风俗演变

清代后期，清人在饮食风尚方面，不仅充实完善了前期的内容，且在演变上呈现出显著的时代文明新特色：

其一，饮食文化生活风尚的内容更趋丰富多彩。它主要由民族、民间、地方、宫廷与贵族饮食文化生活风尚等系列构成，且彼此间互有联系，各有特色，自成体系。同时，它又涵盖礼、雅、俗三个文化层次，从帝王贵戚官宦到士庶民人与少数民族的饮食文化风尚，均包括在其中。

其二，饮食文化生活风尚的外延，通过演变，更趋扩大。以膳食结构风尚为例，它又可划分为北方、南方与边疆少数民族三大系列，而且每个系列的饮食文化生活风尚，又因地理环境、物产气候、经济水平、宗教信仰、民间禁忌等诸多因素的制约和影响，越来越呈现出饮食风俗习尚上巨大的民族性、地区性差异与不平衡性。

其三，饮食风俗随之发生多方面的演变。具体而论：一是烹饪技艺在总结传统经验方法与指导思想的基础上，向更趋近代化、商业化、市场化、风味化、时尚化演变。早已形成的许多风味各异的地方菜系，随着社会与时尚的演变，又形成许多新流派、子系统菜系。据清人记述（见《清稗类钞》一书），当时各省有特色的菜肴、美馔很多，但以京师、山东、四川、广东、福建、江宁（今南京）、苏州、镇江、扬州、淮安、上海等地菜系最为著名，最为流行。二是食品的花色品种在传统基础上得到了不断创新。进而，随着人们饮食需求的演变，又涌现出许多各色各味、各式各样的名小吃和地方风味菜肴。而且，此时清人在饮食习尚上的另一重大变化，则是注重美食与保健养生相结合。除了专门的药膳、食疗外，不少食经中（如《随息居饮食谱》等），已专门记述并论及饮食与保健养生的关系。一些饮食卫生方面的问题和良好的饮食习惯，也得到了清人的注意和推广。如广州已有盛筵之时"间有客各肴馔一器者，俗呼之曰'每人每'"（见《清稗类钞》一书），即分餐之习，这是符合保健卫生，减少交叉传染渠道的良好风尚。三是在各民族间饮食习俗与烹饪技艺频繁交流的作用下，不仅一些新的食

9

尚正在形成，且导致清人的饮食文化心态、价值取向、风俗演变趋势上的新变化。其中，"满汉全席"由宫中逐渐传入民间社会，其食法、烹技、饮习，为广大民间社会所接受，便最具有典型意义。四是中外饮食文化习俗的交流范围，逐步扩大，使一些西方的饮食与习尚，为国人所认同接受。同时，中国传统的美食与风俗，亦随之外播。一方面是有西餐、西式饮料点心输入中国沿海开埠口岸市镇，并建有西餐馆，为中国市民所接受。在此之际，还出版了介绍西方烹饪技术的《造洋饭书》，将其外来食技、食艺、食俗、食尚加以传播。这一切，使清代后期饮食风尚的演变，更趋多元化，更具包容性、融汇性特色。另一方面，中国的悠久传统食技、食艺、食风，也通过交流的各种媒介渠道，逐渐向外传播，并给予日本、美国等国的饮食文化风尚，注入新的活力，并施加重大而深远的影响，从而为世界各国人民的饮食文化风俗的繁荣，作出了独特而重要的贡献。有趣的是，中餐在美国的传播与兴盛，不仅历史悠久，而且还获得了诸多的历史机遇。如中餐真正为美国人所乐于接受，便是利用了清光绪二十二年（1896），清朝洋务大臣李鸿章访美带去的"杂碎"热这一难逢的契机之故。据《澳门日报》所载张雄的《中餐风行美利坚》一文介绍，当年，李鸿章在纽约逗留期间，唐人街华侨举行了盛大的欢迎宴会。席上有一道特别的菜式，鲜美可口，李鸿章大加赞赏，不少出席宴会的西方人也对其赞不绝口，李鸿章便招来厨师询问这道菜的名称，厨师无以名之，情急之下，想到这道菜是用竹笋、马蹄、冬菇、洋葱和云耳、荷兰豆加肉片拌酱炒成，杂七杂八，乃随口答曰为"杂碎"。后经新闻媒体传播出去，好奇的美国人想品尝"杂碎"的美味，遂开始光顾中餐厅，"杂碎"成为中餐进入美国社会的"第一功臣"。

1896年春，74岁的李鸿章作为"特派头等出使大臣"赴俄参加沙皇尼古拉二世的加冕典礼，并顺访德、法、英、美，交涉进口税收问题。图为李鸿章与随员及部分顾问合影

第二节　风俗政策和风俗观念

在社会政治、经济、军事、文化、民族、外交等诸多因素作用下，清王朝统治者的风俗政策与制度，以及民间的风俗观念与思想，较之以往历史时期，不仅发生诸多变化，而且更有着自身的一些特点。

一、统治者的风俗政策与制度

作为统治者而言，其风俗政策与制度的制定，首要目的在于维护封建统治的长治久安与消除民众的"谋反"、"叛逆"之心。其次，这些风俗政策与制度（如法制、礼制、官制、服制、宅制、葬制、婚制、军制、驿制、仪制、禁忌，及相关政策），对约束官员、民人的行为规范，对一定历史时期社会风俗的形成变迁，有着法定的制约作用，如有"违制"，将受惩治。复次，相关的社会风俗政策与制度，对社会生活风尚的形成，更有重大的导向作用与功能。其四，清王朝统治者制定的社会风俗政策与制度，对官员、民人的风尚心理的形成，亦有道德制衡的功能效应，且更通过显形与隐形两种方式表现出来。其五，清代，满族贵族统治者入主中原以后，虽然满汉统治者合为一体，但仍以满族贵族为主。在这种特定的历史与社会文化背景下，其统治者制定的风俗政策与制度，必然有着"满汉结合"、"满汉一体"、"满汉交融"的奇特景观。具体而论，在服饰、发型上，汉族有"满化"的特征；而在饮食、住行、礼仪方面，满族亦有着"汉化"的趋势等等，即为实例。

（一）礼制风俗政策与制度

社会的不同阶级、阶层群体人们的社会生活风俗，由于受清王朝统治者礼制风俗政策与制度的制约、影响，故等级森严。不同身份的人，从帝王、贵族、官僚、缙绅到城镇乡村的市民、商人、农夫、手工业者、工匠、佣役等，在平日与年节的衣食住行、婚丧嫁娶、娱乐游艺等风俗习尚方面,均有严格的等级规定,即所谓的"礼制"规范,如果稍有逾越行为,轻则以"违制"议处,重则以有"谋反"之心而论罪。

如以清代的社会各阶层的服饰为例,清统治者即有严格的礼仪政策与制度规定,不得"越轨"。具体而论,顺治元年(1644),清军入关,满族贵族统治者取代明王朝统治者而入主中原。新的清王朝统治者,利用武力和政权力量为后盾,强迫汉人遵从满族的衣着、发式、服饰习尚。早在清军进军中原过程中,便沿途发出告示,命令凡是投诚官吏军民人等,"皆着剃发",衣冠服饰则一律"悉遵本朝制度"。于是京师(今北京)城内外,军民人等,皆行剃发易服,男子蓄辫而着满人服饰。后因受到各地汉族人民的强烈抵制与反对,清统治者考虑到局势尚未大定而暂时停止执行此"剃发易服"的命令。次年,清兵攻下江南,南方各省略归平定,清政府又重申此令,厉行剃发之制,随之而来的则是全国性的改冠易服。但妇、儒、隶、伶、婚、丧人等,不在此限之内。因此,民间向有"十从十不从"、"男从女不从"(指剃头)的说法。

其实,早在清军入关以前,对于冠服样式、仪礼、质地、用料等,满族统治者便有所规定,此后又从法律与制度上对部分人(主要是文武百官、王公贵族及生员、命妇等人)的服饰加以规范化。这一切,无疑对清代服饰风俗与服饰制度的形成,产生了重大而深远的影响。清王朝定都北京以后,对此又进行过多次修订。顺治九年(1652),顺治帝便命礼部制定《服色肩舆永例》,经皇帝"钦定"后颁行天下。清政府不仅对文武官员朝服与常服的样式、色彩、质料、纹样作了具体规定,而且对耆老、兵民、商人的服装等,也都作了详细的规定。这样一来,使这一重要的社会风俗习尚与礼仪,在职业与等级方面,有着整齐划一的作用。

(二)地域风俗政策与制度

由于清王朝统治者实施的"保甲制"等地域风俗政策与制度的制约,大大强化了清人浓厚的地域风俗观念与习尚,加之清代政治、经济、交通、文化等诸多因素的作用,使清人在社会物质生活(衣、食、住、行)与精神生活(娱乐、交往)方面的风俗习尚必然呈现出封闭性、狭隘性的特点。譬如,清代的世家、名门望族多在某一地区"累世而居",或数代"同堂";一般民人也由于保甲制度的束缚,皆不能随意迁徙和易地而处。这就为以血缘为纽带的封建家族制度的兴盛和相对闭塞的社会生活,提供了最佳环境与肥沃的"土壤",更为清人地域间风俗习尚的交流变化,设置了无形的障碍。

(三)民族文化融会风俗政策与制度

由于封建王朝统治者实施"满汉一体"等民族文化融会风俗政策与制度,加之在这个封建的统一多民族国家内,各族人民通过各种渠道、途径、方式,在漫长的历史时期内,相互交往、彼此学习、互相支援,又必然使清代社会各阶层人们的社会生活与风俗习尚,在逐渐地、缓慢地发展与变革过程中,程度不同地呈现出多样化的特点。

社会生活与风俗习尚不但在内容上逐步改变其单调、贫乏，趋于多样化，而且就外在表现形式方面而论，也更丰富多彩，发展趋势更呈现出文化的多样一体化的格局。这在服饰风俗政策与制度上，表现最为明显。如清代从帝王官员到一般民人的各色各式服饰，无论就其形制而论，抑或是条文规章而言，均较以前任何一个朝代繁复。从总体上看，清政府制定的官民服饰之制，既保留了汉族传统服制中的某些特点，又不失其满族本民族的习俗礼仪。这既是清代满汉服饰风俗融会与结合的结果，也是清统治者"多元一体化"风俗政策与制度，在服饰风尚方面生动体现的结果。

二、民间的风俗观念与思想

民间的风俗观念与思想，既受统治者制定的风俗政策的制约与影响，同时，更有着源自自身生产、生活实践变迁而总结出来的思想观念。它们的具体表现形式为：其一，是"乡规"、"民约"，以约定俗成的方式，民人共同遵守；其二，通过移民、迁徙等方式，以"入乡随俗"的方式，改变或形成有别于旧传统的新思想、新观念；其三，在不同区域、不同民族之间，因地理与人文环境的差异，进而形成、传继各自具有特色与个性的民间风俗观念与思想。

（一）民间家庭的风俗观念与思想

家庭，是中国封建社会的重要支柱之一，亦是构成清代社会有机体的细胞。清人

年画《治家格言》

生活在有形与无形的社会组织中，家庭生活是一个重要的组成部分。在家庭之上，则有宗族，并建立祠堂。在政治方面，清代社会又严格区分为各个等级，各个等级的家庭和个人，在政治、经济、文化、生活礼仪、人际交往上，都要求遵循一定的行为规范与风俗习尚，不得逾越。恰因清代家庭在社会生活中的重要格局地位，故民人逐渐形成了"家和万事兴"、"成家立业"、鄙弃"败家子"的风俗观念。且由此引发出"勤俭持家"、"家有老，是个宝"的思想观念。

官僚、贵族和乡绅豪门大户，多聚族而居，且往往有四世同堂、五世同堂者。而一般平民之家，则由父子两代或祖孙三代构成；同父弟兄成年娶妻成家后，则通常分家别居，建立新的家庭。清人家庭内，家庭成员之间形成多种亲属关系，其中有父子、夫妻、祖孙等，大家庭则有兄弟、叔侄、婆媳、姑嫂、妯娌等关系。清代家庭多男性成年人为家长，故有着"男为一家之主"的风俗观念与思想。在夫妻、父子关系中，作为父、夫的家长拥有比他人较多的权力和威望。家庭经济主要由家长创造与掌握，南方女子除家务外，多半参加农业田间或辅助劳动。在纺织业发达的地区，民间更有着"男耕女织"、"男主外，女主内"的传统风俗观念与思想。女子的棉纺、棉织、养蚕缫丝、丝织、麻纺等，足供个人与家人的生活所需。此外，清代民间还有将女子作为"传宗接代"的生育工具的风俗观念与思想。她们不仅要生儿育女，且要对子女进行哺教，其生活与操劳是繁重而艰辛的。名门大户的闺秀与富贵之家的贵妇，虽不从事生产劳作，但却有繁琐礼教——"三从四德"、"别内外"的封建条规的束缚与民间风俗观念思想准则须遵循。在家庭财产继承上，民间的风俗观念与思想则是：一是财产由"男性成员"继承；二是寡妇除"从一而终"外，要由丈夫家族为其立后才有继承权；另外，"嫁出之女，泼出门之水"，女儿对娘家财产无权染指，故其财产继承上也体现出"重男轻女"的风俗观念与思想。

（二）民间婚姻的风俗观念与思想

民间婚姻风俗观念与思想，内容颇丰：一是婚姻婚配上，主张"门当户对"，既重门第又重财产，更重财势，且在良贱通婚上禁忌颇严。二是婚仪按"礼仪""民俗"进行。如男女双方订亲时，女方争索彩礼与聘金，男方则要陪嫁。婚姻仪式，无论贵族还是平民，均按礼法民仪进行，既烦琐又铺张浪费。三是婚姻形态上，"贵贱有别"、观念各异。平民家庭多是一夫一妻制，夫妻共同劳动、谋生，抚育儿女。富贵者凭借权势和财力，广纳妻妾，以三妻四妾为荣。当时无论官民，夫妻关系不管感情如何，都较为稳定，很少有离异的。四是在"家丑不可外扬"的风俗观念与思想支配下，掩盖诸多为争名利而引发的矛盾。在家庭中，由于人们各自的政治、经济地位差异，背景与阅历不同，很容易造成多重矛盾的并存，尤以家长与家庭成员的矛盾为主，具体表现为父子、兄弟、夫妻、婆媳、妯娌等之间的明争暗斗、直接间接的大大小小冲突上。

(三)民间的宗族风俗观念与思想

清人在民间宗族风俗观念与思想上,独具特色:其一,宗法的风俗观念与思想颇强。由于宗法制度甚严,加之封建礼教、法规与保甲制度,又大大强化了清代的宗法宗族制度。江南地区有的家族几十人、几百人甚至上千人聚地而居,北方及中原也多有这种情况。聚族而居的宗族,多立祠堂。祠堂内包含同一祖先的各派子孙,是未出五服的血缘近亲与出五服的亲属的联合,其构成基础则是拥有宗族成员的家庭。设有族长、族副等一套严密的组织机构,而大家族尤其完整。其二,宗族组织立有宗规族训,且有实施教育、审理、调解族人的风俗,它是基于民间通过宗族组织寻求"安全感"、"生存权"的风俗观念,以及缘于"血缘关系"、"亲情脉络"的风俗思想而产生的。故宗族组织制定宗族族训,规定族人的职业,族人对宗祠的义务,家长的理家权,以及族人的其他行为准则。它经常对族人进行宗法的、伦理的教育,审理族人内部的纠纷,惩办违犯宗法族规者,甚至拥有向政府押送族人的送审权。在清政府法命的允许下,甚至还可以处死族人,俨然是一级政权组织。宗族内部族长和有政治身份的人掌握着宗族权,从而与一般成员产生统治与被统治者的矛盾。宗族内外的矛盾也很多,在内部,族人之间常因经济利益与财产发生纠葛;在外部,不同宗族之间,常因政治、经济的原因,发生纠纷,诱酿诸多民间械斗事案。

(四)民间的等级风俗观念与思想

由于清代民人深受天命观的影响,故深信"生死由命,富贵在天"的信条,认为社会的等级、贵贱之别是"天生"与"注定"的。具体而论,清人的社会生活中,由于政治、法律、经济、文化方面的种种原因,呈现出明显的等级、贵贱有别的风俗习尚。并使之形成一个等级的宝塔形,顶尖为皇帝,其次为贵族,最底层为平民与贱民等。其顺序是:皇帝→贵族(宗室与异姓)→官僚→缙绅→平民→贱民等。

等级有序、贵贱有别的风俗观念与思想,致使清代中下层民众均有"认命"的风习,且多祈求祖先与神灵"护佑"今世与来生的"平安"。其中,从皇帝到官僚、贵族享有种种政治、经济、军事、文化、法律特权,而贱民阶层中的奴婢,有卖身的,有家生的,有投靠的,主要从事家内劳动,他(她)们是主人的财产,人身受主人控制,不能告主、叛主。政府不允许任意杀害他们,但他们的主人杀害他们却享有减免

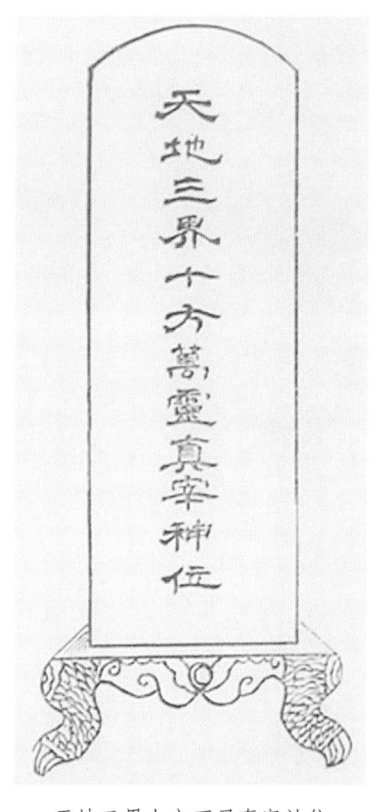

天地三界十方万灵真宰神位

罪责的特权，所以他们的生命与生存权利并无保障。

（五）民间的地域风俗观念与思想

以地域、地缘的人际关系作纽带，或以相同的职业、信仰作为生存与心理的认同点的民间地域风俗观念与思想，则是基于自身社会生活、生存、发展有效空间的"寻求"与"巩固"的需求之上。其中，清代以地域风俗观念形成的地缘群体，则有"土著"、"客家"、"徽商"、"淮商"、"晋商"、"粤商"、"陕帮"、"甘（肃）帮"等。以不同的宗教信仰、宗教习俗形成的宗教群体等。这些群体既平行共存、相互维系又相互制约。

第一章
饮 食

　　清人的饮食风俗，是清代社会生活风俗体系的基本"元素"与重要构成部分，而清人的饮食结构与方式、社会各阶层的饮食生活、饮酒与饮茶风俗、饮食思想与养生观念的状况，它们的发展与演变，既是体现各历史时期物质与精神文明程度的重要标志，更是展示清人社会生活风貌演进变革历程与轨迹的活"窗口"。

吃饭

通观清代的饮食风俗，则呈现出与以往朝代相迥异的一些文化"个性"与特征：

其一，等级性特征。饮食风尚、饮食文化等级森严，不同社会身份的人，从帝王、贵族、官僚、缙绅到城镇乡村的市民、商人、农夫、手工业者、工匠、差役等，在平日、婚丧嫁娶、人际交往等的饮食、筵宴风俗习尚方面，均有严格的等级规定，即所谓的"礼制"规范。如果稍有逾越行为，轻则以"违制"议处，重则以有"谋反"之心而论罪。从而，体现出清人饮食社会生活与风俗中的等级性这一重要特点。

其二，封闭性特征。由于清人浓厚的地域观念，加之清代政治、经济、交通、文化等诸多因素的作用，使清人在饮食物质生活（日常、寿辰饮食）与精神生活（娱乐、交往筵宴）风俗方面，呈现出某些封闭性的特点，并给清代的整个社会风俗文化以相应的影响。譬如，清代的世家、名门望族多在某一地区"累世而居"，或数代"同堂"；一般民人也由于保甲制度的束缚，皆不能随意迁徙和易地而居。这就为以血缘为纽带的封建家族制度的兴盛和相对闭塞的饮食生活、饮食文化风尚的形成，提供了最佳环境与肥沃的土壤；更为清人饮食生活风俗习尚的交流变化，设置了无形的障碍。这是清代饮食生活、饮食风俗文化中封闭性与超稳定性的具体体现。

其三，多元一体化特征。清代，在这个封建的统一多民族国家内，由于各族人民之间通过各种方式、各条途径，在漫长的历史时期内，相互交往、彼此学习、互相支援的结果，又必然致使清代社会各阶级、阶层人们的饮食生活与饮食风俗文化，处在逐渐地、缓慢地发展与变革过程中，程度不同地呈现出多样化的特点。饮食生活与饮食风俗文化不但在内容上逐步改变其单调、贫乏，趋于多样化，而且就外在表现形式方面而言也更丰富多彩；发展趋势更呈现出文化的多元一体化的格局。这是清代饮食生活与饮食风俗文化所呈现的多元一体化的重要特点。

其四，变异性特征。在清代，清人的饮食生活与饮食风俗文化中，特别是在沿海地区，由于诸多新因素的渐次注入，从而在日常及年节的饮食生活与饮食风俗文化生活（婚嫁丧葬、礼仪交往、娱乐筵宴）方面，较之于内地呈现出某些变异性的特点。其中，既有量的一定增减和变化，更有某些质的区别与不同。

其五，交融性特征。综观有清一代的饮食生活、饮食风俗文化风貌，便不难发现，一方面是满族的饮食、食宴食仪，逐步为汉族人民所接受，并成为清人的流行时尚；另一方面则是，入主中原的满族，在日常及年节饮食，在婚丧嫁娶饮宴礼尚方面，亦逐步受到汉族和其他民族饮食文化的诸多影响。这种满汉之间、满族与其他民族之间的饮食文化交流，更成为清人饮食生活与饮食风俗文化的显著特征之一，是民族之间饮食文化交融性特点的生动体现。

其六，时尚性特征。自古以来，中国是一个"以农立国"的国度，农业是社会的主要生产部门，生产活动更是社会的重要活动之一，清代亦是如此。受其影响，民间实行的"夏历"又称"农历"。同时，每年凡是"农历"的年节之时，上自宫廷，下至民间，均要进行一系列的"应时"的年节饮食文化活动。此外，平日人们的生活节律、习尚，其饮食文化生活的内容，既随季节、时令的变化而变化，更因年节而异，有不同的饮食生活与饮食文化习尚。这一切，均是由于清代的饮食生活与饮食文化风俗的时尚性特点所致，且是其外在表现。

然而，清代的饮食生活，饮食风俗文化习尚的总体特征，又可用四个字来概括，即"盛"（菜系林立、风味饮食上千种、饮食文化与饮食思想著述甚丰）、"雅"（御宴排场之豪华、宫廷宴筵与祭祀食礼食仪之庄重）、"艺"（美食美味辅以美器、烹饪技艺之巧）、"精"（调味之精、食疗健身之精到、饮食文化思想论点之精湛）。这丰富而绚丽多彩的饮食风俗、饮食文化活动，既是专业性（名厨、庖人）与群众性（家庭与民间主妇）烹饪技艺人员、能人相结合，共同创造的，更是烹饪技术上传统与创新、工艺化与实用性、民间菜肴与宫廷菜、美食与保健养生有机结合的产物。而清代的饮食思想家们，则对上述实践活动加以总结、提炼、升华，进而提出了诸多有价值的理论见解，他们的有关著述，大大地丰富了中国古代的饮食文化理论宝库，更为我国古代的饮食美学的发展，作出了独特而重要的贡献。

第一节　饮食结构与方式

　　饮食结构风俗与饮食方式风俗，不仅独具特色，且内涵十分丰富。具体而言，它又包括清人的饮食结构、饮食方式（包括餐制、宴饮的类型等）、饮食器具等。它们既是清代饮食风俗的重要组成部分，同时，更受到当时的社会物质生产水平与文化礼仪的制约、影响。进而，二者之间产生"共振"与互动效应。

饮酒场景

一、饮食结构

社会各阶层的饮食结构，具体而论，则又包括饮食的风俗整体结构、饮食的主副食风俗结构、食品的加工风俗结构三个重要的组成部分。

（一）饮食的风俗整体结构

清代的饮食风俗整体结构，内容丰富多彩。它主要由民族、民间、宫廷、贵族、地方饮食风俗构成，它们各具特色，又相互联系。

1. 民族饮食风俗结构　不同民族既有其典型食品，更因宗教、风习的各异，有其特殊的饮食风俗传统（如进餐习尚、烹饪风习、禁食习尚等）。此外，在烹饪技艺方面，在饮食风味方面，更是各有许多独创。如满族的饽饽，维吾尔族的抓饭和烤羊肉串，回族的涮羊肉，壮族的五色饭，蒙古族的手把肉，藏族的酥油茶和糌粑等，都具有其独特风味。

2. 民间饮食风俗结构　民间饮食风俗，具体包括日常主副食、进餐习俗、食性与食习（如北人嗜葱蒜，滇黔湘蜀人嗜辛辣，粤人喜淡，苏人嗜糖）、宴习与忌食等风尚。其中，最具典型和代表意义的是民间年节的饮食风俗活动。

3. 宫廷饮食风俗结构　宫廷饮食风俗，系指皇帝与皇室平日与年节、外出巡幸巡猎避暑、与少数民族王公围猎时的饮膳、宴饮食品与风俗活动而言。

4. 贵族饮食风俗结构　官居"文臣之首"的衍圣公府（即孔府）的饮食风俗活动（平日、年节与接待东巡帝王的饮宴、祭孔的祭食食品等），及风味菜肴（孔府菜），则是贵族饮食风尚的典型。

姚文瀚《紫光阁赐宴图卷》局部

5. 地方饮食风俗结构　地方饮食风俗，则指地方饮食风尚，地方菜系，地方名点名食，地方风味筵席等，则是饮食风俗整体结构中最具特色、最活跃的部分之一。

民间地方南北名小吃与风味食品，虽然种类繁多，做工考究，然而它们与其他食品一样，均有着地区性、时令性、阶层性、民族性和多样性诸特点。所不同的是，这些名小吃与风味食品的上述特色表现得尤为鲜明和突出而已。有的老字号和店铺经营的名点、名食与名菜，还需有专门的用料、专门的制作与配料、专门的加工与贮藏等等，方能保持其传统风味与特色。这亦是这些店铺与字号的经营活动，历数十年或数百年而不衰的真正"奥秘"所在。现以京师（北京）的名小吃与风味食品为例，说明其颇具典型性。对此，清人潘荣陛曾作过生动描绘："至若饮食佳品，五味神尽在都门；什物珍奇，三不老带来西域。京肴北炒，仙禄居百味争夸；苏脍南羹，玉山馆三鲜占美。清平居中冷淘面，座列冠裳；太和楼上一窝丝，门填车马。聚兰斋之糖点，糕蒸桂蕊，分自松江；土地庙之香酥，饼泛鹅油，传来浙水。佳醅美酝，中山居雪煮冬涞；极品芽茶，正源号雨前春芥。猪羊分两翼，群归就日街头；米谷积千仓，市在瞻云坊外。孙公园畔，薰豆腐作茶干；陶朱馆中，蒸汤羊为肉面。孙胡子，扁食包细馅；马思远，糯米滚元宵。玉叶馄饨，名重仁和之肆；银丝荳面，品出抄手之街。满洲桌面，高明远馆舍前门；内制楂糕，贾集珍床张西直。蜜饯糖栖桃杏脯，京江和裕行家；香橼佛手桔橙柑，吴下经阳字号。"[①] 此外，清代京师名小吃还有："都一处"的三鲜稍麦（即烧麦）、肉丁馒头；自清宫传入民间的油炸焦圈、马蹄烧饼（肉末烧饼）（据传为慈禧太后喜食）、豌豆黄、苏造肉；京师传统名食馓子麻花、荤素馅炸三角、盘香饼、麻酱烧饼、艾窝窝、八宝莲子粥、杏仁茶、炒肝；亦有民间传入宫中的御膳名点芸豆卷、小窝头等。

（二）饮食的主副食风俗结构

在清人的传统饮食结构方面，除以五谷杂粮（甘薯等）作主食外，肉食比重则较之以往有所增加。清人的主副食风俗结构方面，亦颇具特色。具体而论，则是：清代"南人之饭，主要品为米，盖炊熟而颗粒完整者，次要则为成糜之粥"。而长江、淮河以北的北方地区，"北人之饭，主要品为麦，屑之为馍，次要则为成条之面"。[②] 此外，在北方民人吃面条时，有用肴馔"佐餐"的风尚，即"北人之饭，以麦为主要品。若不食馍而食面，亦皆陈列肴馔，藉以佐餐。惟其面率为白水所煮，将进面时，即有生蔬如豆芽、黄瓜丝之类数小碟陈于几，曰面马，意以此为前马之导也。餐时，即和以调

---

① 潘荣陛《帝京岁时纪胜》，《十二月·皇都品汇》，北京古籍出版社1981年版。
② 徐珂《清稗类钞》第十三册《饮食类·南北之饭》，中华书局1986年版。

料而加于面。食竟，乃各饮煮面之原汁，谓可不至饱胀也"。[①]

（三）食品的加工风俗结构

食品加工技术的进步，体现在诸多方面，它包含主食、副食食品加工制作技术的进步，也包括饮料、调味品制作技术方面的成就。恰是这些进步，使得清代的食品加工技术达到了中国封建社会中的最高峰，且为我国古代食品科技的进步发展，注入了新的活力，增添了新的光彩。现以面食品及加工技术的进步为例，加以介绍。

面食品及加工技术的进步，主要表现为如下方面：一是面食品的种类较之前代大为增加；二是面食品的制作技术较前代大为提高；三是面食品的花色、品种，较之前代更为多样化。

1. 面食品种类数量大增　在清人徐珂编撰的《清稗类钞》一书的"饮食类"中，仅列举的面类、饼类、饺类、面点类等较之前代更富特色、更为精巧的面食品种类，即达四十余种之多。这还仅是一书的记载，按此推论与统计，清代的面食品种，当为七八百种之多，且其中的80%，均为前代所无的新品种。

2. 面食品制作技术的大提高　清代面食品的制作技术大为提高，主要表现在面食类、饺类这些常见食品的制作，较之前代更精、更细、更讲究。

饺食类食品包括饺子、馄饨等，在制作技艺上，较之前代更为提高，且更加精巧。在《清稗类钞》一书中，对此亦有记载：

饺："饺，点心也，屑米或面，皆可为之，中有馅，或谓之粉角。北音读角为矫，故呼为饺。蒸食、煎食皆可。蒸食者曰汤面饺，其以水煮之而有汤者曰水饺。"

拉面

---

① 徐珂《清稗类钞》第十三册《饮食类·南北之饭》，中华书局1986年版。

炒粉铺

面点类食品包括饽饽、馒头等，在制作工艺与技术上，较之前代，则更为精湛、细腻。对此，《醒园录》、《清稗类钞》等书中记述甚多。

做饽饽法："上好干白面一斤，先取起六两，和油四两（极多用至六两，便为顶饽饽），同面和作一大块，揉得极熟。下剩面十两，配油二两（多至三两），添水下去，和作一大块揉匀。才将前后两面合作一块摊开，再合再摊，如此十数遍。再作小块子摊开，包馅下炉熨之，即为上好饽饽。"又法："每面一斤，配油五六两，加糖，不下水。揉匀作一块，做成饼子，名'一片瓦'。"另法："里面用前法，半油半水相合之面。外再用单水之面，薄包一重，酥而不破。其馅料，用核桃肉去皮研碎半斤，松子、瓜子仁各二两，香圆丝、橘饼丝各二两，白糖、板油（如入饴糖，即不用板油矣）。月饼同法。"①

3. 面食品花色品种更加多样　在面食制品方面，清代不仅制作技艺较之前代大为提高和进步，而且在花色品种方面，则更趋多样化。仅以面食制品中的饼类而言，在《清稗类钞》一书的《饮食类》中，所列的饼名与制作、风味各异者，竟达十四种之多：如面起饼、宫笔花饼、烧饼、家常饼、春饼、松花饼、甘菊花饼、玉兰花饼、百合饼、蓬蒿饼、蓑衣饼、糖饼、盲公饼、老婆饼等。此外，清代在糕点食品（如神糕、

---

① 李化楠《醒园录》卷下，《做饽饽法》、《做满洲饽饽法》，中国商业出版社1984年版。

年糕、云英糕、三层玉带糕、沙糕、脂油糕、雪花糕、雪蒸糕、白雪糕、豆沙糕、广寒糕、栗糕、黏糕、鸡蛋糕、萝卜糕、西洋糕、绿豆糕、莴菜糕、茯苓糕、松糕、西瓜糕、山楂糕、蔷薇糕、桂花糖等）及加工技术的进步，豆腐食品及加工技术的进步；豆制品食品及加工技术的进步，豆面酱食品及加工技术的进步，酿醋及加工技术的进步，甜醪酒与果酒酿制加工技术的进步，酱腌菜食品加工技术的进步，鱼肉食品加工技术的进步等诸方面，均取得重要成就。

二、饮食方式

清人的饮食方式风俗，包括餐制、宴饮的类型等内容。

（一）清人的餐制风俗

清代，"我国人日食之次数，南方普通日三次，北方普通日二次"。"昼长之时，中等以上之人家，又有于午后三四时进点心者，其点心为糕饼等物。""至富贵之家，迟起晏寝，有日食四次而在半夜犹进食者，则为闲食之习惯，非普通之风俗矣。"①

至于在北方，"兰州为甘肃之省会，其居民日皆二食，一米一麦。米产甘州，然非贫者所得尝。贫者仅以面条置水中炊熟之，临食加盐少许，佐以辛辣品而已"。②

南方的一日三餐中，"苏、常二郡，早餐为粥，晚餐以水入饭煮之，俗名泡饭，完全食饭者，仅午刻一餐耳。其他郡县，亦以早粥、午夜两饭者为多"。③

（二）清人的饮宴宴习与忌食

民间所设宴席的类型，除年节宴、婚丧宴、命名宴外，尚有诸多商贸与社交所需的非定期临时性大小宴会。

在宴习方面，"无论在公署，在家，在酒楼，在园亭，主人必肃客于门。主客互以长揖为礼。既就座，先以茶点及水旱烟敬客，俟筵席陈设，主人乃肃客一一入席"。"席之陈设也，式不一。若有多席，则以在左之席为首席，以次递推，以一席之座次言之，则在左之最高一位为首座，相对者为二座，首座之下为三座，二座之下为四座。或两座相向陈设，则左席之东向者，一二位为首座二座，右席之西向，一二位为首座二座，主人例必坐于其下而向西。""将入席，主人必敬酒，或自斟，或由役人代斟，自奉以敬客，导之入座。是时必呼客之称谓而冠以姓字，如某某先生、某翁之类，是曰定席，

---

① 徐珂《清稗类钞》第十三册《饮食类·日食之次数》。
② 徐珂《清稗类钞》第十三册《饮食类·兰州人日皆二食》。
③ 徐珂《清稗类钞》第十三册《饮食类·苏州人一日五餐之误传》。

郎世宁《围猎聚餐图轴》局部

又曰按席,亦曰按座。亦有主人于客坐定后,始向客一一斟酒者。惟无论如何,主人敬酒,客必起立承之。""肴馔以烧烤或燕菜之盛于大碗者为敬,然通例以鱼翅为多。碗则八大八小,碟则十六或十二,点心则两道或一道。""猜拳行令,率在酒阑之时。粥饭既上,则已终席,是时可就别室饮茶,亦可径出,惟必向主人长揖以致谢意。"[①]

除此之外,清代民间,无论平日或宴会,其忌食甚多,且有一定科学道理,如"牛马驴自死者,食之,得恶疾。河豚鱼有毒,不宜食。中其毒者,橄榄汁解"等即是。但也有实为误传的,如"葱与蜜同食相反,伤命","鳝鱼多食,成霍乱"[②]等,则近乎无稽之谈。

---

① 徐珂《清稗类钞》第十三册《饮食类·宴会》。
② 徐珂《清稗类钞》第十三册《饮食类·食物之所忌》。

第二节 社会各阶层的饮食生活

清代,社会各阶层的饮食生活风俗,既丰富多彩,又各具特色。它包括宫廷的饮食生活习尚、官僚士大夫的饮食生活风俗、豪绅地主与富商的饮食生活风尚、平民百姓与其他阶层的饮食生活习俗等内容。

一、宫廷的饮食生活

宫廷中帝后妃嫔的饮食生活,内容甚丰,且规格各异。

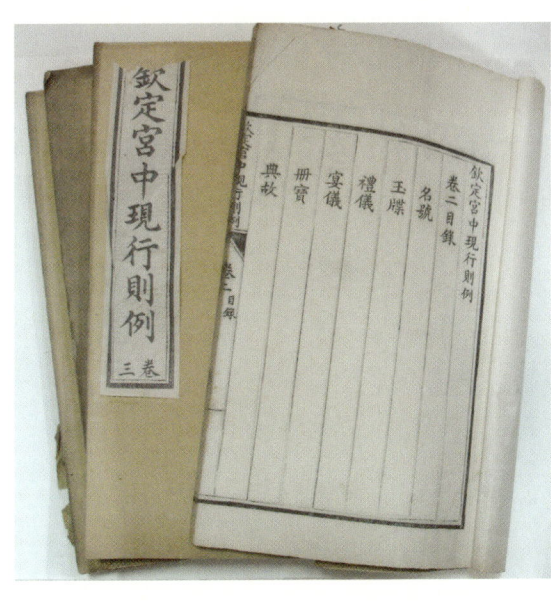
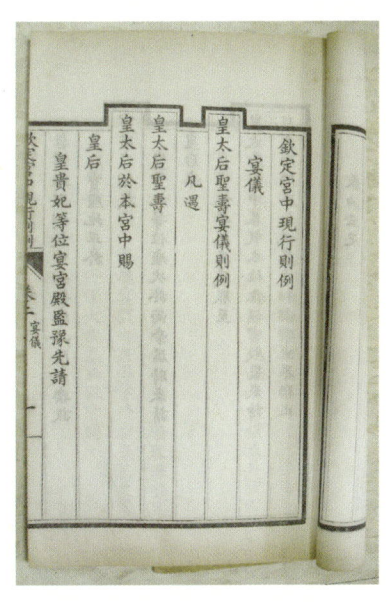

《钦定宫中现行则例》对宴仪有详细规定

（一）帝后的宫中膳食

宫中帝后妃嫔膳食的管理机构，主要为内务府和光禄寺（有时并入礼部）。具体而论，清代皇宫中的日常膳食，主要由内务府所属的御茶膳房和"掌关防处"等几个机构管理的。而宫中的筵宴，除内廷筵宴、宗室筵宴等之外，主要则由光禄寺具体办理，或由光禄寺与内务府共同办理。帝后妃嫔在宫中日常膳食方面，不但对饮食与烹饪技术十分考究，且规制也极严格、繁琐。皇帝平时吃饭称为"传膳"、"进膳"或"用膳"，其地点并不固定，多在皇帝的寝宫、行宫或经常活动的地方。皇帝每天分早、晚两次用膳，早膳多在卯正以后（早晨六七点钟）；晚膳却在午、未两个时辰（十二点至午后二点）。另外，每天晚上有酉时（晚六时）前后还要进一次"晚点"（小吃）。每到传膳的时候，太监先在传膳的地点布好膳桌，当膳食从膳房运来之后，迅速在膳桌上按规定摆好，如果没有特别旨意，任何人都不能与皇帝同桌用膳。此外，按照清代宫廷的规矩，凡皇帝、太后、皇后用膳后余下未动用过的菜点膳食，一般则赏赐给妃嫔、皇子、公主、大臣等，而妃嫔用膳后所余菜点膳食，则多赐给宫女及太监等人。

除年节外，宫中亦举行各种有政治目的的筵宴。为了鼓励和表彰儒臣翰林等官员，每当钦命编修实录、圣训之期，必在礼部赏宴总裁以下各官，到时群臣朝服预宴，行礼如仪，此为"修书宴"。如遇大军凯旋归来，必赏宴钦命大将军及从征大臣将士于京师（北京）南郊黄帐。王公大臣、钦命大将军及从征将士，皆按次为序，行酒进馔，此为"凯旋宴"。为了笼络知识分子，于顺天乡试揭晓次日，必宴主考以下各官及贡士于顺天府。主考各官朝服、贡士吉服入席，此为"乡试宴"，亦名为"鹿鸣宴"。为了宣扬皇帝的"恩荣"和"威仪"，尚有殿试传胪次日宴于礼部的"恩荣宴"；皇帝经筵礼成，宴于文华殿的"经筵宴"；临雍礼成，宴于礼部的"临雍宴"。此外，宗室筵宴，以及皇帝"万寿"、皇后"千秋"、皇子大婚、公主下嫁等等，都要举行筵宴，均作为嘉礼，写进《大清会典》，编入《大清通礼》遂成定制，相沿遵行。此外，尚有规模盛大的"千叟宴"。

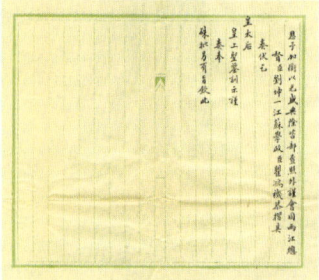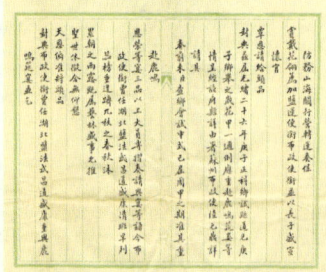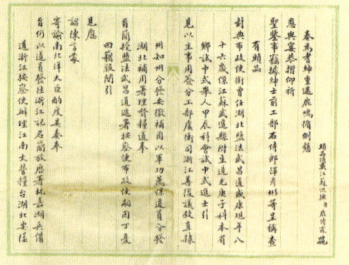

鹿钟麟等奏为耆绅重遇鹿鸣循例恩恩与宴折稿：推荐盛康与宴

根据文献记载，宫中筵席分为满汉两种，满席分六等，汉席则分一、二、三等及上席、中席五类。宫中大宴所用宴桌、式样，桌面摆设，点心、果盒、群膳、冷膳、热膳等数量，所用餐具形状名称，均有严格规制和区别。皇帝用金龙大宴桌，皇帝座位两边，分摆头桌、二桌、三桌等，左尊右卑，皇后、妃嫔或王子、贝勒等，均按地位和身份依次入座。皇帝入座、出座、进汤膳、进酒膳，均有音乐伴奏。

（二）帝王巡幸中的饮膳

康熙帝在位六十一年，曾先后三次东巡，六次南巡，创有清一代帝王巡幸之政制。尔后乾隆帝又仿遵其先祖之制，于在位期间，亦六次南巡，并多次东巡。清代宫中档案《江南节次照常膳底谱》（乾隆三十年正月十六日起至四月二十日止），便详尽记录了乾隆帝于乾隆三十年（1765）第四次南巡江南期间所经路、行宫和饮膳情况。如："二月十五日卯初一刻"，请驾伺候：冰糖炖燕窝一品。卯正一刻，游水路船上进早膳，用折叠膳桌摆：炒鸡家常杂脍热锅一品、燕窝鸭丝一品、羊肉片一品、清蒸鸭子糊猪肉攒盘一品、匙子饽饽红糕一品、竹节卷小馒首一品。上传：春笋炒肉一品。苏州织造普福进：糯米鸭子一品、万年青炖肉一品、燕窝鸡丝一品、青笋糟鸡一品、鸭子燻馅煎粘团一品（系普福家厨役做）。银葵花盒小菜一品、银碟小菜四品。随送：粳米膳一品、菠菜鸡丝豆腐汤二品（系普福家厨役做）。额食二桌，一桌十二品；饽饽六品、内管领炉食四品、盘肉二品。另一桌四品：盘肉二品、羊肉二方。上进毕，赏用。总管马国用奉旨：赏织造普福家厨役张成、宋元、张东官，每人一两重银锞二个。

乾隆帝南巡期间，仍循宫中用膳之制，早膳约在清晨六时用饭；晚膳约在午后两点用膳，晚上只吃一顿点心，不作为正餐。上述膳单还可窥知当年乾隆帝南巡饮膳的盛况。

（三）避暑山庄的皇室饮宴活动

河北的承德避暑山庄，在清代亦称热河行宫或承德离宫，是皇帝避暑和从事各种政务活动的地方，也是著名的园林胜地。在避暑山庄行宫中，举行的饮宴活动是十分频繁的。据记载，清帝在北巡途中或在行宫中用膳，较宫中简单。平日每餐仅六七个菜，最多十个左右，另备小菜四五碟。通常先由御膳房总管拟好膳单，奏请皇帝圈阅，然后照单预备。皇帝用膳毕，所余大部分赏给妃嫔和驻地蒙古王公等。

清冷牧绘《避暑山庄图轴》

皇帝进早膳大多在寝宫烟波致爽或勤政殿;晚膳大多选在风光秀丽、可坐览湖光山色的地方,如梨花伴月、水芳岩秀、烟雨楼、文津阁等处。凡寿宴、节令宴及大规模宴会,则多在澄湖畔的万树园举行。宴会上还要表演摔跤(即布库)、赛马、驯马,演奏蒙古族乐曲——什榜和大型舞蹈等。

二、官僚士大夫的饮食生活

清末聚餐

山东曲阜孔氏贵族地主,即孔府平日、祭孔时的饮食活动,是官僚士大夫饮食生活的典型。孔府,又称"衍圣公府",它是官居文臣之首的历代衍圣公在山东曲阜城内的宅第。由于孔府要迎迓祭孔与东巡的皇帝圣驾,还要交结地方各级官员,故在饮宴风仪方面十分考究;且形成一套风味独具的孔府菜。孔府的厨房分内外厨房和小厨房。其中,内厨房给内宅的衍圣公家人做饭,小厨房则只给衍圣公和夫人做饭。正因为孔府的厨房很像皇宫里的御膳房,所以它形成一套独特的传统菜谱和烹饪方法。

"孔府菜"在制作方法与饮食风味方面,既承袭了山东"鲁菜"的传统,以它为"主体"与基干,同时,又将清代江南和内地的烹饪技法,广采博收,融为一炉。恰因如此,孔府每年要数次向皇帝和皇室进贡孔府菜。

具体而论,清代"孔府菜"不仅品类繁多,如菜肴即达一百七十余种(含珍品类三十九种、鸡鸭类四十三种、鱼虾类二十七种、肉类十九种、甜菜类二十种、其他类二十二种),宴席亦在十种(含燕菜席、鱼翅席、海参席等)以上(尚不包括主食的花色品种在内），而且自成体系，有一套严密而科学的制作、配菜方法。同时，这些菜肴因宴席"规格"、"档次"的不同亦有不同。故款待的对象，则有高下之分。其中，"燕菜席"是孔府宴中规格最高的一种筵席，主要用在迎迓皇帝"圣驾"和随驾"祭孔"东巡的高级官员们享用。而"鱼翅席"也是孔府较高级的筵席，分为四大件、三大件、二大件三种规格，款式各异，主要用于宴请皇帝委派的祭孔大臣，或为"衍圣公"儿女婚嫁筵宾之席面。此外，还有孔府喜庆时作为接待亲友、或年节时作过节筵宴之用的"海参席"（有八八四大件、八八三大件、六六二大件、四四二大件等款式）；有孔府举办丧祭"白事"时，使用的"如意席"、"四四十大碗席"；有孔府在秋冬季节经常使用的便宴席面"双四鱼翅一品锅席"。至于"花宴"则是"衍圣公"结婚时，在洞房花烛使用的席面，喻其喜庆花红之意。"寿宴"更是顾名思义，为孔府专供"衍圣公"和夫人及其尊长祝寿时的特定席面，宴席上佳肴罗列，更显得富丽堂皇，气派非凡。

三、豪绅地主的饮食生活

　　豪绅地主的饮食生活，极尽奢侈，又各具特色与内容。清人曹雪芹《红楼梦》中的贾府，既是"钟鸣鼎食之家，翰墨诗书之族"，又是皇亲国戚。因此，它亦是豪绅地主的典型之一。在饮食生活方面，则别具特色：

　　其一，源自佃户的饮食原料，颇为丰富。如贾府在广大地区农村有封建庄园，故每逢年终，庄头乌进孝便按规例，送来大批银两和物品，其中有：鹿、獐、狍、暹猪、汤羊、龙猪、野猪、腊猪、野羊、青羊、鲟鳇鱼、各式杂鱼、活鸡鸭鹅、野鸡、兔子、熊掌、鹿筋、海参、鹿舌、牛舌、蛏干、大对虾、榛子、松子、桃仁、杏仁、各种米、多种炭等。用以供其平日、年节、祭祀、喜庆时的饮食、饮宴生活之用，既有山珍野味，更有家禽、果品、米粮等物，可谓丰富而实用（见《红楼梦》第五十三回）。

　　其二，在饮食生活的仪礼方面，既循传统，而又因辈有别则各随其意。对此，《红楼梦》一书中，对诸多宴会的传统仪礼的描述甚详。同时，也有不少因辈有别，而随心所欲不循规仪之事的描绘，如《红楼梦》第六十一回中描述，贾府中的小姐、少爷们高兴了，可以随时吩咐下人做几样点心吃，甚至也可自己动手烤鹿肉吃，乃至于"偶然商议了要吃个油盐炒枸杞芽儿来"。更有甚者，连丫鬟如司棋等人，也颇讲究"炖蛋"的老嫩，为"倒换口味"而与厨房的人吵闹，便是实例。

　　其三，珍肴美馔，品类繁多，且做工考究，以供其饮食生活的奢侈享受。《红楼梦》中，所列述的贾府的珍肴美馔甚多。其中，饮料中，除茶之外，尚有"惠泉酒"、"屠苏酒"、"玫瑰清露"、"绍兴酒"、"木樨清露"、"酸梅汤"等。糕点类则有"糖蒸酥

清孙温绘《红楼梦》第一百十七回贾蔷、邢大舅、王仁等在贾家外书房喝酒场面

酪"、"荷叶莲蓬汤"、"枣泥馅的山药糕"、"桂花糖新蒸栗粉糕"、"菱粉糕"、"鸡油卷儿"、"藕粉桂糖糕"、"松瓤鹅油卷"、"螃蟹小饺儿"、"奶油炸的各式小面果子"、"如意糕"、"奶油松瓤卷酥"、"豆腐皮包子"等品类。而饭粥类肴馔，则有"碧粳粥"、"燕窝粥"、"腊八粥"、"绿畦香稻粳米粥"、"鸭子肉粥"、"枣儿熬的粳米粥"、"红稻米粥"、"白粳米饭"等美馔。至于特色菜肴，更有"糟鹅掌"、"火腿炖肘子"、"炸鹌鹑"、"糟鹌鹑"、"牛乳蒸羊羔"、"叉烧鹿脯"、"野鸡爪子"、"酒酿清蒸鸭子"、"腌胭脂鹅脯"、"鸡髓笋"、"椒油纯酱"、"茄鲞"、"鹌鹑崽子汤"、"酸笋鸡皮汤"、"虾丸鸡皮汤"、"野鸡崽子汤"、"火腿鲜笋汤"等。它们不仅烹饪技艺考究而精湛，而且其色、香、味、形俱别具其"个性"与特色。①

四、平民百姓的饮食生活

平民百姓的饮食生活，既因地区之别而风尚各异；更因"食性"、"食习"之别，而呈现出色彩纷呈的历史图景。若就其饮食生活的总体水准而言，则因社会经济的繁荣与科技的进步，较之前代有所提高。具体而言，它又包括地方民人的饮食生活与兄弟民族的饮食习尚两个部分，且各具特色。

---

① 参见邱庞同《〈红楼梦〉中肴馔考略》（上）（下）两文，载《中国烹饪》1985年第5、6期。

（一）地方民人的饮食生活

一个地区"食性"、"食习"的形成与流变，既基于该地的物质生产生活条件，又受制于文化传统习俗的惯性力。对此，清代亦不例外，致使形成地方民人饮食生活的不同风貌。譬如，在清代，"苏（州）人以讲求饮食闻于时，凡中流社会以上之人家，正餐、小食，无不力求精美，尤喜食多脂肪品，乡人亦然。至其烹饪之法，概皆五味调和，惟多用糖，又喜加五香，腥膻过甚之品，则去之若浼"。在上海，民间则"沪多商肆，饮食各品，无不具备，求之至易，而又习于奢侈。虽中人以下之人，茶馆酒楼，无不有其踪迹。以常餐言，几无一人蔬食也"。①在浙江，"宁波及绍兴人日必三饭，且以饭时必先饮酒者居大多数"。②在福建、广东的民人，其饮食生活则是"闽、粤人之食品多海味，餐时必佐以汤。粤人又好啖生物，不求火候之深也"。③在湖南、湖北，民人则是"湘、鄂之人日二餐，喜辛辣品，虽食前方丈，珍错满前，无椒芥不下箸也。汤则多有之"。④在云南，"滇人饮食品之特异者，有乳线，则煎乳酪而抽其如丝者也。有饧枝，则调糯芋之粉而沃以糖缀以米也。有鬼药，则屑蒟蒻以为之也。有蓬饵，则杂缕饼饵而曝于日中也"。⑤在贵州，"贵州物产有竹荪、雄黄之类，蔬菜价值亦廉。居

纤夫吃饭

---

① 徐珂《清稗类钞》第十三册《饮食类·苏州人之饮食》。
② 徐珂《清稗类钞》第十三册《饮食类·沪人之饮食》。
③ 徐珂《清稗类钞》第十三册《饮食类·宁波人之饮食》。
④ 徐珂《清稗类钞》第十三册《饮食类·闽粤人之饮食》。
⑤ 徐珂《清稗类钞》第十三册《饮食类·湘鄂人之饮食》。

民嗜酸辣，亦喜饮酒，惟水产物则极不易得，鱼虾之属，非上筵不得见。光绪某岁，有百川通银号某，宴客于集秀楼，酒半，出蟹一箧，则谓一蟹值银一两有奇，座客皆骇，此足以见水产物之难得而可贵也"。① 至于在河南开封民间，则"汴人常餐，以小米、小麦、高粱、黍、粟、荞麦、红薯为主品。而下饭之物，则为葱、蒜、韭菜、莱菔，调料以盐、醋为主，而大米、鱼、肉、油、酱等，食之甚稀"。②

（二）兄弟民族的饮食习尚

清代除汉族外的其他兄弟民族多聚居在东北蒙古、西北、西南、中南等地区，他们的饮食习尚颇为独特，且与各自民族独特的生活习惯、宗教信仰、文化传统、伦理观念有密切关联，其中，尤以满、蒙、维、哈、藏、苗、壮、高山等族的饮食生活与食风，最具特色。

清佚名《彝族野餐图》

1. 满族　满族民人在东北地区主要从事农业，兼以狩猎和畜牧；笃信萨满教。其民间日常主食以面食为主，特点是酸、黏、酥、凉。糕点是满族的传统风味食品，种类繁多，后世有"满点汉菜"之说，足见满族糕点烹制技术之高超。满族入关后，其传统火锅与火锅菜更风行全国。此外，满族人还特别喜食卤味、酱制、熏制肉食和风味食品"酸奶子"等。

2. 蒙古族　从事畜牧业的蒙古族，饮食多以牛羊肉及乳制品（如白酸油、黄油、奶饼、奶豆腐、奶酪等）为主食，辅以谷物、蔬菜等。从事农业的蒙古族，主要以谷

---

① 徐珂《清稗类钞》第十三册《饮食类·滇人之饮食》。
② 徐珂《清稗类钞》第十三册《饮食类·黔人之饮食》。

郎世宁绘《塞宴四事图》局部

高山族的会饮（采用康熙《诸罗县志》）

物、蔬菜为主食，辅以肉食。在饮料方面，喜饮奶酒、奶子茶。其中，奶子茶系以盐与牛乳、茶等共煮而得名。"整羊席"则是喜庆和待贵宾的宴席。

3. 维吾尔族　维吾尔族肉食以牛羊肉为主。《西域闻见录》记述，其宴会总以多杀牲畜为敬，驼马牛均为上品。日常主食以麦面、黄米、小米为主，稻米次之。面食中以干馍（即馕）著名，米食中以抓饭著称，饮料以马奶酒为最好。

4. 哈萨克族　哈萨克族从事牧业。据《新疆礼俗志》载，哈萨克族能用肉（羊肉）和奶制造各种风味食品。其中，奶制品种类不少，有酥油、奶疙瘩、奶皮子、奶酪等。此外，烤馕、抓饭、"拉仁"（羊肉拌面片）、"结尼特"（用奶渣、黄小米、黄油、糖等制成）、"包尔沙克"（羊肉炸面团）等，则是平日与年节喜食食品。

5. 藏族　藏族平日之食，多以糌粑、牛羊肉、茶和奶子、奶渣、酥油等为主，且牛羊肉多生食；喜饮淡而微酸的青稞酒。

6. 苗族　清代，苗族平日主食，多以荞、粟、米、杂粮（玉米等）为主；副食则喜食牛肉、狗肉。他们自制"腌菜"，饮用玉米酿制的"哑缸酒"。

7. 壮族　壮族主食以稻米、玉米、芋头、红薯、木薯、荞麦等为主；副食方面，品类繁多，且颇具特色，如每年农历三月初三"歌节"时制作的五色饭、包生饭；还有色香味形俱佳的猪仔粽、牛角粽、羊角粽、驼背粽等，均是有着浓郁民族特色的风味食品。

8. 高山族　台湾高山族在主食方面，多以粮食为主。据《重修台湾府志》载，高山族基本上是"一日三餐"。平日饮食，副食种类甚多，既有竹笋、萝卜、南瓜、茄子、番芥蓝、葫芦匏、番姜等蔬菜瓜果；更有鱼肉、鹿肉、猪肉（家猪与野山猪）和鸡肉等。在食法方面，据《番社采风图考》等书记述，他们得鱼、虾、鹿肉等物后，先"炙熟"，再于釜内"煎煮"；有些鸟兽之肉，则"传诸火，带血而食"，其食法十分独特。

第三节　饮酒与饮茶风俗

　　饮酒与饮茶活动，既是清人日常生活与人际交往中的一个重要组成部分，同时，它又是具体体现社会不同阶层人们的心态、礼仪、思想、风尚、行为规范的重要方式。因此，它实际是一种内涵十分丰富的文化活动、风俗习尚。

清粉彩钟馗醉酒像

一、饮酒风俗

　　清代的饮酒风俗，包括清人的酒仪与酒德风尚、清宫廷与文人的饮酒礼尚、清代民间的酒肆与酒食风俗等内容，它们各具特色，又互有联系。

（一）清人的酒仪与酒德风尚

清人认为，饮酒者"乃学问之事"，故须讲究礼仪规范，讲求酒德。万不可"知己会聚，形骸礼法，一切都忘"，[1]均成好酒贪杯之徒，令观者齿冷。对此，清代有识之士为了淳风俗、明教化，专门撰著成文，对饮酒时的酒仪、酒德进行论述。其中，黄九烟便是一个突出的代表人物。

黄九烟专门著有《酒社刍言》一文，阐释酒仪与酒德。他在文中指出："古云酒以成礼，又云酒以合欢，既以礼为名，则必无伦野之礼。以欢为主，则必无愁苦之叹矣。若角斗纷争，攘臂灌呶，可谓礼乎？虐令苛娆，兢兢救过，可谓欢乎？斯二者，不待智者而辨之矣。"他还认为，"饮酒者，乃学问之事，非饮食之事也。何也？我辈生性好学，作业语默，无非学问"。"盖知己会聚，形骸礼法，一切都忘，惟有纵横往复，大可畅叙情怀。而钓诗扫愁之具，生趣复触发无穷。不特说书论文也，凡谈及宇宙古今、山川人物，无一非文章，则无一非学问。即下至恒言谑语，如听村讴，观稗史，亦未始不可益意智而广见闻。"这样看来，若饮酒时，不讲求酒仪与酒德，实际上是弃礼而从野、舍欢而觅愁之举。正因如此，他提出饮酒时的"三章之戒"，即"一戒苛令"（指饮酒时劝饮的酒令）、"一戒说酒底字"、"一戒拳哄"，[2]以成"四美之贤"[3]，作为饮者的戒律和应遵循的行为规范。

饮酒豁拳

图12

清凌云翰《醉樵图》

---

① 徐珂《清稗类钞》第十三册《饮食类·汴人之饮食》。
② 徐珂《清稗类钞》第十三册《饮食类·黄九烟论饮酒》。
③ 徐珂《清稗类钞》第十三册《饮食类·黄九烟论饮酒》。

黄九烟的论述和提出的饮酒"三章之戒",充分体现出清人在饮酒活动中强烈的风俗文化意识。通过饮酒应检验和表现出饮者的风度、礼仪、雅俗、涵养和学问之道,亦即饮者的风俗文化素养、风俗文化心态与风俗文化价值取向。清人也恰是在切中当时社会上一般饮酒活动中的种种"时弊"基础上,提出在饮酒风俗文化活动中,应遵循新的酒仪与酒德规范,从而使人们通过这一活动达到更高的文化意境。

（二）清宫廷与贵族的饮酒礼尚

清宫廷的饮酒礼尚、饮酒与酒宴活动,是清代宫廷与皇室生活中一个重要的组成部分。清代后期,慈禧太后（孝钦后）平日在宫中喜饮莲花白酒,且亲自在宫中按"御用秘方"遣人酿制此酒。然后,再将此酒赏亲信群臣。据清人记载,"瀛台种荷万柄,青盘翠盖,一望无涯。孝钦后每令小阉（按,指宫中太监）采其蕊,加药料,制为佳酿,名莲花白,注于瓷器,上盖黄云缎袱,以赏亲信之臣"。① 此酒"其味清醇,玉液琼浆不能过也"。②

宫廷与皇室王公贵族之府,凡遇皇帝大婚、王公婚娶、年节、祭祀时,都要进行一些与饮酒有关的风俗文化活动。如皇帝大婚时要用"绍兴酒"、"金银酒"等。据溥杰《回忆醇亲王府的生活》一文记述,溥杰结婚时,行"合卺"之礼,便要将两杯酒让新郎新娘各呷一口,然后互换酒杯又各喝一口。

清"对饮图"瓷酒杯

清珐琅提梁壶

---

① 徐珂《清稗类钞》第十三册《饮食类·莲花白》。
② 徐珂《清稗类钞》第十三册《饮食类·莲花白》。

在丧葬习俗中，则自亲人死去后第三天用酒实行家祭。家祭分为早、午、晚三次，每当祭时，先把一桌"祭席"摆在灵前，致祭者站着奠酒三杯（名为立奠），接着跪下奠酒三杯，名为跪奠，出殡时，各主要路口，亲友们临时搭有"路祭棚"，灵柩过时，设棚路祭的主人便出来设供奠酒致祭。

王府家凡过生日，照例要由著名的饭馆派人到家里做一席丰盛的酒筵，以示庆贺。而每逢年节，酒宴更多。正月初一日为拜年，王府家除了吃饺子之外，还须全家吃一顿丰盛的酒宴。正月十五日为元宵节，除了酒宴而外，还须有各种馅的元宵以为点缀。端午节是除了吃各式粽子之外，必不可少的还有樱桃、红白桑葚与雄黄酒。节日当天，大人们还在小孩子的耳、鼻、肛门附近抹一些雄黄酒，此外更须在小孩子的脑门上，用手指蘸雄黄酒写一个"王"字，说是象征老虎。每个人还必须呷一口雄黄酒，说是可避"五毒"的侵害。

（三）清代文人雅士的饮酒风尚

文人雅士多有"以酒会友"的习尚，甚至结"酒社"，呼朋聚饮以为快事；亦有专门对某种名酒所独好者；甚至以钱买醉，一醉方休，以求解脱者，比比皆是。

1. 文人雅士品酒，各有所好

地处天南海北的文人雅士，虽善品名酒，对各种酒的色、香、味以及亮、暗、浑、清辨别极严；然对不同酒类则各有所好。例如，清人沈梅村便喜饮女儿酒，每逢友人宴请，一遇此酒，他便"饮而甘之"，且"赞不绝口"。① 又如，裘文达则嗜饮"丁香酒"。清人记述："江右出丁香酒，甚清冽，裘文达公曰修嗜之，曾致之京邸。"一日，友人来访，文达出酒饮之，且信口说出"冲寒来饮丁香酒"句，友人则对答"怀远还思丙穴鱼"。后两人相对大笑，且"复饮至亭午而散"。② 再如，清代嘉庆时太守李许斋则喜饮"百益酒"，每有此酒，便甘之，且作酒诗，题有"仙醴回春"四字。另一太守倪又锄，乃以此四字冠首，和其诗。③ 此外，清代官员刘武慎更好饮汾酒。此人"在官勤恁，治事接宾客，未尝有倦容"。但却好饮，且饮必汾酒。饮时常独酌，一饮可尽十余斤，真可谓酒量如海。饮酒时，"左手执杯，右手执笔，判公牍，无或讹。或与客会饮，虽不拇战，而殷勤劝盏。宴毕客退，仍揖让如仪"，毫无醉翁之态。④

2. 文人呼朋聚饮，争结"酒社"

文人学士喜以酒会友，亦喜仿晋人山涛等"竹林七贤"、光逸等八人闭室酣饮，不

---

① 徐珂《清稗类钞》第十三册《饮食类·沈梅村饮女儿酒》。
② 徐珂《清稗类钞》第十三册《饮食类·裘文达嗜丁香酒》。
③ 徐珂《清稗类钞》第十三册《饮食类·李许斋饮百益酒》。
④ 徐珂《清稗类钞》第十三册《饮食类·刘武慎好汾酒》。

舍昼夜"八达"之流,呼朋聚饮,进而争结"酒社"。

福建福州府侯官林希村大令晟家居时,与林怡庵、林枳怀、叶与恪、梁开万诸人,便结酒社。他们"日高睡起,即登酒楼,终日痛饮。醉则歌呼笑骂,必夜深乃扶醉而归。归则寝,明日又往矣"。这些酒社之人,皆能不事事而沉饮,"殆晋七贤、八达之流也"。① 这是他们以魏晋名士为榜样之举,更是对世事嬉笑怒骂,不愿与浊世合流的清高之举。因而在清代颇具典型性。

3. 学者观人酣饮,以撰酒书

如前所述,饮酒活动本身是一种风俗文化活动与现象。对此,在清代文人学者中,不乏有识之士,他们已将饮酒活动上升到风俗文化现象来加以考察、评述和探究,从而得出自己的结论。这些结论虽难免流于粗疏,但其探索精神实属难能可贵。其中,吴秋渔喜观人饮,以撰成《酒志》一书的故事,便是一个典型事例。

《古今谈丛二百图》中的"鹿鸣盛宴"

---

① 徐珂《清稗类钞》第十三册《饮食类·林希村结酒社》。

乾隆时期，浙江钱塘吴秋渔，名升，曾做过杭州府知府（民间俗称太守），是一位著名的诗人。他一生"素不嗜酒，而喜观人酗饮"。通过长期的观察、体验、总结和探索，终于提出了自己对酒与饮酒文化的一整套较为科学的见解，并撰著成《酒志》一书，此书共分为二十八卷，其下有子目十二个，这些子目是：原始、辨性、述义、备法、详品、稽典、列事、纪言、考器、征令、录乡、识录等。为写成此书，吴秋渔曾"征收书籍多至千余卷"，[1] 从卷帙浩繁的典籍中，旁征博引，然后融会贯通，成此专著。

应当指出的是，吴秋渔作为一个地方官员，素不嗜酒，已十分难能可贵；而且，他同时又是一位诗人兼学者，从实践和生活中进行学习与探索，故所行其事，所著其书，实开一代风气之先。而《酒志》二十八卷，亦理所当然地在清代饮食风俗史上占有一席之地。

（四）清代民间的酒肆与酒食习尚

民间的酒肆与酒食习尚，因地区而异，各具特色。现以京师为例，加以介绍。

京师的酒肆（酒店、酒馆）共分为三种，其所出售的酒品则有南酒、京酒、药酒等类，至于佐酒之酒食，亦更加丰富多样。据清人记载，清代"京师酒肆有三种，酒品亦最繁"。酒肆经营酒品种与酒食，各不相同，饮者亦各有所好。现分述如下：

其一，为南酒店。这种酒店"所售者女贞、花雕、绍兴及竹叶青；肴核则火腿、

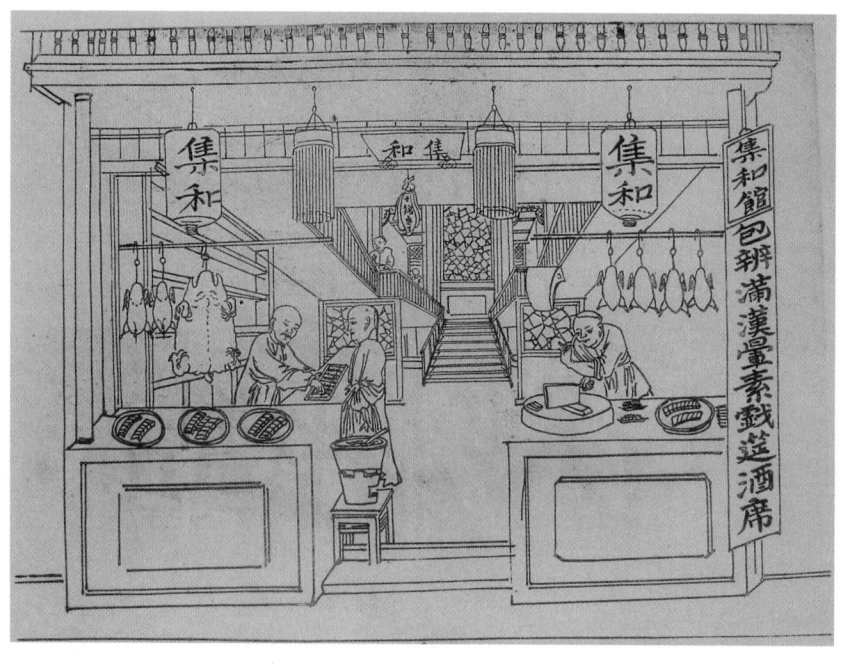

办酒馆

---

[1] 徐珂《清稗类钞》第十三册《饮食类·吴秋渔喜观人饮》。

糟鱼、蟹、松花蛋、蜜糕之属"。此种酒店经营江南一带酒类，其酒食亦是江南名菜、名点与名食，故光顾者多为江南来京的官员属僚、商人、士人、文人，以及喜食、喜饮南菜、南酒者。

其二，为京酒店。这种酒店"则为山左人所设，所售之酒为雪酒、冬酒、涞酒、木瓜、干榨，而又各分清浊。清者，郑康成所谓一夕酒也。又有良乡酒，出良乡县，都人亦能造，冬月有之，入春则酸，即煮为干榨矣。其佐酒者，则煮咸栗肉、干落花生、核桃、榛仁、蜜枣、山查（楂）、鸭蛋、酥鱼、兔脯"。这种酒肆，从经营的酒类和佐酒之食来看，完全是地地道道的北方风味、京师风味，故饮者以北人居多。

其三，为药酒店。这种酒店所售之药酒"则为烧酒以花蒸成，其名极繁，如玫瑰露、茵陈露、苹果露、山查（楂）露、葡萄露、五茄皮、莲花白之属。凡以花果所酿者，皆可名露。售此者无肴核（按，即下酒的酒食、酒菜），须自买于市。而凡嗜饮药酒之人，辄频往，向它食肆另买也"。①此酒店所售药酒，一类为浸泡中草药之药酒；另一类实为果木酒、花露酒。这两种酒，饮用后既可疗疾，亦可健身，且酒的度数较低，性味也颇为柔和，故深受民间欢迎。

清代，凡民人入京酒店饮酒，"以半碗为程，而实四两，若一碗，则半斤矣"。②这是一般的民人凡在酒肆之中，一边食酒肴，一边坐饮者的酒量，至于倘一时兴起，呼朋引友者入肆聚饮，则其量多不受此限。

二、饮茶风俗

饮茶风俗，包括清人的饮茶艺术雅尚、清宫廷与文人的品茗风尚、清代民间茶肆与茶食等内容，既丰富多彩，又各具特色。

（一）清人的饮茶艺术雅尚

清人的饮茶品茗，是茶道艺术的完成和实践阶段。因为烹茶、煎茶的目的，最终是为了饮啜和品"味"。这样它既是茶道艺术活动的延伸，同时又是饮茶艺术活动的"起点"。

清人的饮茶活动，有颇多的清规戒律，即所谓"所宜"、"所忌"之事。清初，"隐居不仕"的前明遗老冯正卿，在所著《岕茶笺》中，对此论述颇详。他提出了饮茶艺术活动的"十三宜"和"七禁忌"：所谓"十三宜"，系指饮茶之"所宜者"，共十三项：

---

① 徐珂《清稗类钞》第十三册《饮食类·京师之酒》。
② 徐珂《清稗类钞》第十三册《饮食类·京师之酒》。

"一无事",即要有饮茶的闲暇工夫和时光;"二佳客",饮茶的客人需高雅博学之辈,既能与主人交流感情和对话,又能真正品玩茶之真"味";"三幽座",环境清幽雅适,饮者怡神自得;"四吟咏",饮茗时,饮者或沉吟,以诗助兴,或与客对咏,以诗文唱和;"五挥翰",饮时更需挥毫洒翰,泼墨诗画,以尽茶兴;"六徜徉",闲庭信步,古院幽深,时饮时啜,体验古之饮茗者的闲情兴味,必将趣味无穷;"七睡起",古树下,小径旁,饮者一酣清梦,小睡再起,重品香茗,则另有一番情趣;"八宿醒",饮者如宿睡未解,醉意朦胧,则稍饮美茗,定能破之,神清意爽;"九清供",品茶时宜有清淡茶果佐饮,以供啜茗食用;"十精舍",饮茶时宜有精美清幽而雅致的茶舍,以便能更好地衬托和渲染出肃穆、高雅的气氛;"十一会心",品茗时,贵在饮者对饮茶艺术、茶的品味和茶道本身,能心领神会;"十二赏鉴",饮茶时,饮者需能真正品玩和鉴赏茶之真"味"、真"品",领悟其中的"意境"和艺术"真谛";"十三文童",饮茶时宜有聪慧文静的茶童,随侍身边,以供茶役,以遣清寂。

饮茶亦多禁忌,共有七项,即所谓"七禁忌":"一不如法",即是烹饮皆不如式得法;"二恶具",饮茶与烹茶最忌茶器、茶具粗恶不堪;"三主客不韵",饮茶亦忌主人与应邀客人,举止粗俗鄙陋不堪,无风流雅韵之态;"四冠裳苛礼",饮茶之事,乃消闲品茗之道,故戒官场交往陈规琐礼和使人拘泥的冠裳;"五荤肴杂陈",饮茶品茗贵在"清

茶馆内喝茶休闲

心"安怡,茶若染荤腥之味,果若肴杂陈设,则茶莫辨味,兴致顿消;"六忙冗",品茗甚忌繁忙冗杂,心绪紊乱,神不守舍,既无细品茗茶之"工夫",又无消闲之雅趣;"七壁间案头多恶趣",品茗时,为求饮茶主客心绪雅适,故应力戒壁间案头布置粗俗不雅,使人感到环境恶劣无趣。①

在闽粤一带盛行的"功夫茶",烹茶技艺甚精,品饮艺术亦极为讲究。如家居福建的邱子明,不仅笃嗜功夫茶,而且最喜以此茶待客。如他家居烹茶时,均用新汲泉水,每一壶茶要用三铫水。据清人记述,他常"先置玻璃瓮于庭,经月,辄汲新泉水满注一瓮。烹茶一壶,越宿即弃之,别汲以注第二瓮。侍僮数人,供炉火。炉以不灰木制之,架无烟坚炭于中。有发火机,以器淬之,炽矣"。所用茶壶,"皆宜兴砂质"。"每茶一壶,需炉铫三"。他还认为,煎水时"汤初沸为蟹眼,再沸为鱼眼,至联珠沸而熟。汤有功候,过生则嫩,过熟则老"。因此,其功夫要像王羲之初写《黄庭经》那样"恰到好处",否则将过生过老。至于待客,他必用三铫水,第一铫用以烫茶壶;第二铫用以冲茶;第三铫用以淋浇茶壶,散发茶香。故其"烹茶之次第,第一铫,水熟,注空壶中,荡之泼去。第二铫,水已熟,预置酌定分两之叶于壶,注水,以盖覆之,置壶于

清雍正花卉开光山水茶壶

清代陈曼生自铭紫砂竹节壶

清初青花英式茶壶

---

① 徐珂《清稗类钞》第十三册《饮食类·冯正卿论烹茶》。

铜盘中。第三铫,水又熟,从壶顶灌其四周,茶香发矣"。每逢客至,则注茶一小瓯以饷客,客人接过主人所奉之茶后,常"含其涓滴而咀嚼之",反复品呷其"味"。此时,客人兴致勃勃,倘若"能陈说茶之出处、功效",那么主人将"更烹尤佳"①之好茶以进客。由此可知,邱子明在烹煎和品饮"功夫茶"方面,其饮茶艺术的造诣和素养,确属精深,非同一般。

(二)清宫廷与文人的品茗风尚

京师(北京)紫禁城内,皇帝与宫中帝后日常生活中,每以饮茶品茗为雅尚、乐事。或饮奶子茶,或饮绿茶、花茶,并佐以茶食糕点。据清人记载,清高宗乾隆帝喜饮龙井新茶:"杭州龙井新茶,初以采自谷雨前者为贵,后则于清明节前采者入贡,为头纲。颁赐时,人得少许,细仅如芒。沦之,微有香,而未能辨其味也。""高宗命制三清茶,以梅花、佛手、松子瀹茶,有诗记之。茶宴日即赐此茶,茶碗亦摹御制诗于上。"

清代的儒士文人,不乏嗜茶之辈。他们或借助茶之刺激,作诗唱赋,挥毫泼墨,大发雅兴;或自视清高,退隐山林,烹茗饮茶,以求超脱;或邀友相聚,文火青烟,慢品名茶,推杯移盏,以吐胸中积郁;或夫妻恩爱,情深意切,"文火细烟,小鼎长泉",花前月下,品茗共饮,以诗唱和,不一而足。从而引出诸多或喜或悲、或愁或乐、或慷或慨、或聚或离的人间故事与情话。

"董小宛罢酒嗜茶",是清初江南才子冒襄与名妓董小宛二人通过饮茶品茗而引出的动人的爱情故事。②而清初顺治时,江苏丹徒张则之,名孝思,亦为江南文士。他一生嗜茶,且有"茶癖"。清人则记述他嗜茶,"出入陆氏之经,酌古准今,定其不刊之宜,神明变化,得乎口而运乎心矣"。而且他烹茶品茗时,最擅长"别水性",若外出他往,"必以己品定之水自随",故"能入其室而尝其茶者,必佳士也"。③

《痴人说梦记》插图中的文人饮茶场面

① 徐珂《清稗类钞》第十三册《饮食类·邱子明嗜工夫茶》。
② 徐珂《清稗类钞》第十三册《饮食类·董小宛罢酒嗜茶》。
③ 徐珂《清稗类钞》第十三册《饮食类·张则之嗜茶》。

清人大量的记述还表明,清代文人雅士,不仅烹茶品茗方式各异,且所饮之茶,亦各有嗜好与偏爱。若以文人品茗方式而论,则富者与穷书生迥不相同。光绪五年(1879),"上元顾石公"当时"侨居江宁(南京)东城委巷",谈小圃时"自吴县任所送其子归试,适与之邻"。当谈闻知顾石公好茗饮时,便出重金购其佳者,日邀过所居之地共品尝之。二人"觏火瀹泉之暇,辄自述生平行事,纤悉靡所遗",① 至为酣畅。然则,清代亦有穷布衣书生,虽良友至访,只得茶肆泼茗共饮。李客山,名果,福建长洲布衣买茶宴客便是一例。他平日"艰苦力学,忍饥诵经,樵苏不继,怡然自得"。所居亦狭小潮湿,"良友至,辄呼小童取一钱,就茶肆泼茗,共啜之"。② 今之读来,颇有穷书生呼童去茶馆买回"大碗茶"以待客的味道了。

(三)清代民间茶肆与茶食

民间市井细民,或升斗之家,或贩夫走卒,为生计所迫,终岁劳碌,尚有温饱之虞,故不可能像官宦仕家或文人雅士那样有闲,细细品茗,消磨时光。然他们偶有闲暇,则又多聚于茶肆品茶,此习清代以江南地区为盛。此外,民间茗饮时尚有佐以茶食的习惯。各种茶食,品类繁多。茶肆所售茶食,价廉物美,且小吃为多。

茶肆,亦称茶馆。平日,茶肆所售之茶,分为红茶、绿茶两大类。其中,"红者曰乌龙,曰寿眉,曰红梅。绿者曰雨前,曰明前,曰本山"。③ 清代,茶肆售茶与茶客饮啜的方式甚多,"有盛以壶者,有盛以碗者。有坐而饮者,有卧而啜者"。而进入茶肆者,"终日勤苦,偶于暇日一至茶肆,与二三知己瀹茗深谈者有之;乃竟有日夕流连,乐而忘返,不以废时失业为可惜者",④ 亦有之。

清代京师(北京)的茶馆,其售茶方式,凡茶馆皆"列长案,茶叶与水之资,须分计之。有提壶以往者,可自备茶叶,出钱买水而已"。⑤ 至茶馆的光顾者,则以旗人居多,而达官贵人以其身份高贵,权势显赫,故不涉足于此。平日,茶馆中"汉人少涉足,八旗人士虽官至三四品,亦侧身其间,并提鸟笼,曳长裾,就广座,作茗憩,与圉人走卒杂坐谈话,不以为忤也。然亦绝无权要中人之踪迹"。⑥

在江南地区,直至乾隆末叶,"江宁始有茶肆。鸿福园、春和园皆在文星阁东首,各据一河之胜,日色亭午,座客常满。或凭栏而观水,或促膝以品泉。皋兰之水烟,霞漳之旱烟,以次而至。茶叶则自云雾、龙井,下逮珠兰、梅片、毛尖,随客所欲,

---

① 徐珂《清稗类钞》第十三册《饮食类·顾石公好茗饮》。
② 徐珂《清稗类钞》第十三册《饮食类·李客山与客啜茗》。
③ 徐珂《清稗类钞》第十三册《饮食类·茶肆品茶》。
④ 徐珂《清稗类钞》第十三册《饮食类·茶肆品茶》。
⑤ 徐珂《清稗类钞》第十三册《饮食类·茶肆品茶》。
⑥ 徐珂《清稗类钞》第十三册《饮食类·茶肆品茶》。

亦间佐以酱干生瓜子、小果碟、酥烧饼、春卷、水晶糕、花猪肉、烧卖、饺儿、糖油馒首，叟叟浮浮，咄嗟立办。但得囊中能有，直亦莫漫愁酤也"。①

清代上海之茶馆，则"始于同治初三茅阁桥沿河之丽水台，其屋前临洋泾浜，杰阁三层，楼宇轩敞。南京路有一洞天，与之相若。其后有江海朝宗等数家，益华丽，且可就吸鸦片。福州路之青莲阁，亦数十年矣，初为华众会"。此"青莲阁茶肆，每值日晡，则茶客麇集，座为之满，路为之塞。非品茗也，品雉也。雉为流妓之称，俗呼曰野鸡。四方过客，争至此，以得观野鸡为快"。②可见，清末时，上海一带的茶肆，已集茶馆、鸦片烟馆、妓院为一体，实为半殖民地、半封建社会"缩影"。

清末上海南京路上的茶楼暨相邻的店铺

茶食方面，江南一些地区，民间啜茶时常有"必佐以肴"的习尚。而品茶时所佐之茶食，则又有地区的差别。如清代镇江人在啜茶时，"必佐以肴。肴，即馔也。凡馔，皆可曰肴，而此特假之以为专名。肴以猪豚为之"。③再如，清代扬州人品茶时，则有茗饮食干丝之习俗，"干丝者，缕切豆腐干以为丝，煮之，加虾米于中，调以酱油、麻油也。食时，蒸以热水，得不冷"。④此外，清代湖南地区长沙人的食茶与茗饮时的茶食亦别具风味。如"湘人于茶，不惟饮其汁，辄并茶叶而咀嚼之。人家有客至，必烹

---

① 徐珂《清稗类钞》第十三册《饮食类·茶肆品茶》。
② 徐珂《清稗类钞》第十三册《饮食类·茶肆品茶》。
③ 徐珂《清稗类钞》第十三册《饮食类·茗饮时食肴》。
④ 徐珂《清稗类钞》第十三册《饮食类·茗饮时食干丝》。

茶,若就壶斟之以奉客,为不敬。客去,启茶碗之盖,中无所有,盖茶叶已入腹矣"。①至于长沙茶肆,茶客茗饮时更有食盐姜、莱菔之风尚。"凡饮茶者既入座,茶博士即以小碟置盐姜、莱菔各一二片以饷客,客以茶赀之外,必别有所酬。又有以盐姜、豆子、芝麻置于中者,曰芝麻豆子茶。"②所谓莱菔,即萝卜之别名。

咸丰五年(1855年)以后上海城隍庙湖心亭成为茶楼。图为1907年的湖心亭

清末上海丹桂园茶园

---

① 徐珂《清稗类钞》第十三册《饮食类·长沙人食茶》。
② 徐珂《清稗类钞》第十三册《饮食类·茗饮时食盐姜莱菔》。

第四节 饮食思想与养生观念

清代的饮食思想与养生观念，是中国古代饮食思想体系中最重要的、最具个性与特色的构成部分之一，它自身的体系严整，内容丰富。同时，清代的饮食思想与养生观念，既是饮食文化生活的产物，亦是这一生活习尚的"指针"，具有一定的导向功能和作用。

一、饮食思想

清代的饮食思想，包括饮食审美思想、饮食伦理思想、饮食科技思想等内容。它们的出现和形成，不仅是清代饮食风俗活动走向成熟迈向繁荣的重要标志，更是清代包括饮食思想在内的整个思想文化体系，在新的历史、社会条件下，进行科学化、社会化、功利化、实用化、艺术化超越的必然结果。

（一）清代的饮食审美思想

清代杰出的戏曲理论家、文学家李渔在《闲情偶寄·饮馔部》中，对饮食审美的论述不少，内容甚丰。他主张人们要通过饮食的求美尚真的途径，来达到审美的目的。具体而论，这些思想是：

其一，李渔在"蔬菜第一"中，提出了饮食的"美"与"真"的标准在于"渐近自然"的审美思想。他指出："吾为饮食之道，脍不如肉，肉不如蔬，亦以其渐近自然也"。①

其二，饮食"美"、"真"的标准，李渔提出了"务鲜"的审美见解。他在论述蔬食"笋"时指出："论蔬食之美者，曰清、曰洁、曰芳馥、曰松脆而已矣。不知其至美所在，

---

① 李渔《闲情偶寄·饮馔部》。

能居肉食之上者,悉在一字之鲜。"①

其三,对饮食"美"、"真"的审美标准,李渔提出了"务洁"、"务净"的思想。他在谈及"菜"时,论述说:"世人制菜之法,可称百怪千奇。"但"务求至美"的根本之道,在于"摘之务鲜,洗之务净"的"八字诀"。否则,将会以"污秽作调和",而导致破坏"百和之香"②的恶果。

其四,李渔对饮食的"美"、"真"的审美标准,还提出了当为"精"、"细"的科学见解,具体到制糕饼时,则应是"糕贵乎松,饼利于薄"。而"食之精者,米麦是也;脍之细也,粉面是也"。因此,只有"精细兼长,始可论及工拙"。③

(二)清人的饮食伦理思想

李渔在《闲情偶寄》一书中,力主通过饮食的"食中悟道"之途,来寻求人生与生活中美的"真谛"的伦理思想。具体而论:

其一,是一悟"处世之道"。李渔在书中,通过对"葱、蒜、韭"的调味论述,悟出了"吾于饮食一道,悟善身处世之难"④的人生哲理。

其二,是二悟"识人之道"。对此,他在书中"蔬菜第一"中论述"萝卜"时,通过在烹饪加工萝卜时的技法、人们食用萝卜的饮食习尚,悟出了人"虽有微过,亦当恕之",犹如萝卜生吃"噯必秽气",但人们却"仍食勿禁"⑤一样的"识人之道"。

其三,是三悟"治国之道"。李渔从烹虾的技艺中,悟出了"治国之道"的艺术。对此,他在书中的"肉食第三"中论及虾时,写道:"笋可孤行,亦可并用;虾则不能自主,必借他物为君。"因此,"是虾也者,因人成事之物,然又必不可无之物也。治国若烹小鲜,此小鲜之有裨于国者"。⑥其意是虾这种东西只有以别的东西为主才能成为荤食,但虾又是必不可少的原料。治理国家就像烹调小小的鲜虾一样是一种艺术,也算是一种借鉴,有利于国家的治理之道。

(三)清人的饮食科技思想

李调元为清代著名的文学家、戏曲理论家、饮食烹饪艺术家,他在《醒园录》一书中,通过大量的烹饪具体方法的记述与介绍,展示了他充满活力、源自实践的饮食科技思想的丰富内涵。其中,又具体包含:饮食烹饪与禁忌的科技思想、食品防腐与保鲜的科技思想、"千里"食品制作的科技思想三部分。

---

① 李渔《闲情偶寄·饮馔部》。
② 李渔《闲情偶寄·饮馔部》。
③ 李渔《闲情偶寄·饮馔部》。
④ 李渔《闲情偶寄·饮馔部》。
⑤ 李渔《闲情偶寄·饮馔部》。
⑥ 李渔《闲情偶寄·饮馔部》。

其一，饮食烹饪与禁忌的科技思想。李调元的饮食烹饪科技思想，具体体现在他在《醒园录》中所记述的烹调之法中，如假火肉法、封鸡法、假烧鸡鸭法、顷刻熟鸡鸭法、关东煮鸡鸭法等。[①] 这些方法，均体现出他在烹饪技术中的"新"、"奇"、"特"思想。至于饮食禁忌的科技思想，他在书中强调烹饪制作时，一是身之"洁"；二是"器"之"洁"；三是防污"染"；四是防霉变"质"。

其二，食品防腐与保鲜的科技思想。为此，李调元在书中，强调"防"与"保"两方面，且采用一些自然的、物理性的技术，如酱不生虫法、鱼肉耐久法、夏天熟物不臭法、米经久不蛀法、藏橙橘不坏法、西瓜久放不坏法等，[②] 来"防蛀"、"防坏"、"防臭"，且收到了较为理想的效果。

其三，"千里"食品制作的科技思想。所谓"千里"食品，实则为外出旅游的"方便"食品。对此，李调元在《醒园录》中有颇多的记述，如千里醋法、千里茶法、仙果不饥方、耐饥丸、行路不吃饭自饱法等，[③] 均独具特色，且有很强的可操作性。既体现他制作"方便食品"的科技思想，更表明他将科技成果应用于人们饮食生活实际的务实意向。

二、养生观念

清人的养生观念，集中表现为：饮膳的"戒奢求简"的养生之途、尚洁戒浊的养生之道、时节饮食强身观念等方面及其实践活动。

（一）饮膳的"戒奢求简"的养生观

李渔在《闲情偶寄》一书中，提出了饮膳"戒奢求简"的养生观，为此，须当实行"三戒"：

一戒"饮食太繁"。他认为："食之养人，全赖五谷。"倘"肴馔酒浆诸饮杂食"太繁，则会"为精腆所误"，[④] 故须戒之。

二戒"嗜欲过度"。对此，李渔提出，人们"其疾病之生，死亡之速，皆饮食太繁、嗜欲过度之所致也。此非人之自误，天误之耳。天地生物之初，亦不料其如是；原欲利人口腹，孰意利之反以害之哉"。[⑤]

---

① 李化楠《醒园录》卷上《假火肉法》、《封鸡法》、《假烧鸡鸭法》、《顷刻熟鸡鸭法》、《关东煮鸡鸭法》、《做酱诸忌》，中国商业出版社1984年版。
② 李化楠《醒园录》卷上《酱不生虫法》诸条；卷下《千里醋法》诸条。
③ 李化楠《醒园录》卷上《酱不生虫法》诸条；卷下《千里醋法》诸条。
④ 李渔《闲情偶寄·饮馔部·谷食第二》。
⑤ 李渔《闲情偶寄·饮馔部·谷食第二》。

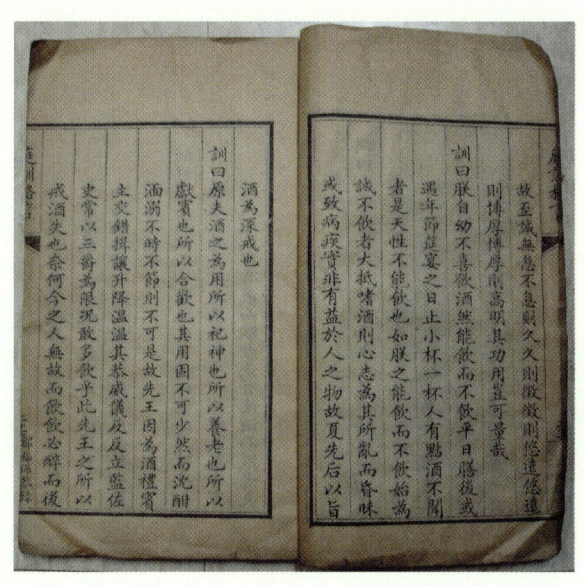

《庭训格言》：康熙皇帝论述了其亲身实践的饮食与"养生之道"

三戒"食气"胜食。李渔指出："然则人欲自爱其生者，即不能止食一物，亦当稍存其意，而以一物为君；使酒肉虽多，不胜食气，即使为害，当亦不甚烈耳。"①

（二）饮食尚洁戒浊的养生观

清人认为，为达养生之目的，在饮食制作烹饪中，须尚洁戒浊，袁枚在《随园食单》一书中，论述了此一养生观。

其一，厨艺操作须"洁净"。为此，他在《洁净须知》中提出：一是专器专用。即"切葱之刀，不可以切笋。捣椒之臼，不可以捣粉"。二是常用之器尤须洁，不可闻菜有"抹布气"，"闻菜有砧板气"。三是良厨应做到"四多"，即多磨刀、多换布、多刮板、多洗手，"然后治菜"。

其二，烹饪时须"戒混浊"。为此，为免"混浊"，"救之之法，总在洗净本身"②而已。

（三）时节饮食强身的养生观

对于人之饮食，须序时而用之，方能强身健体，这是清人袁枚对饮食强身的养生观的重要见解。他在《随园食单》一书中，专门列有"时节须知"的篇章，提出强体养生之道有三：

其一，人之饮食，应循时而进。如"冬宜食牛羊，移之于夏，非其时也。夏宜食

---

① 李渔《闲情偶寄·饮馔部·谷食第二》。
② 袁枚《随园食单·须知单·戒单》，中国商业出版社1984年版。

干腊,移之于冬,非其时也"。①

其二,人之饮食,当因季变味。如"辅佐之物,夏宜用芥末,冬宜用胡椒。当三伏天而得冬腌菜,贱物也,而竟成至宝矣。当秋凉时,而得行鞭笋,亦贱物也,而视若珍馐矣"。②

其三,人之饮食,须择时"见好"而食。袁枚指出:"有先时而见好者,三月食鲥鱼是也;有后时而见好者,四月食芋艿是也。""有过时而不可吃者,萝卜过时则心空;山笋过时则味苦;刀鲚过时则骨硬。所谓四时之序,成功者退,精华已竭,褰裳(按,即撩起衣裳)去之也。"③可见,只能择时"见好"而食,方能强体养生。

---

① 袁枚《随园食单·须知单·时节须知》。
② 袁枚《随园食单·须知单·时节须知》。
③ 袁枚《随园食单·须知单·时节须知》。

第二章
穿　着

　　清代的穿着风俗，色彩缤纷，形式多样，具有强烈的时代性、民族性、多元性、实用性、时尚性特色，进而构成一个完整的穿着风俗文化体系。在此一体系中，又分别由服制的形式与穿着方法（含服制的形式、穿着方法）、服饰风俗、化妆风俗、发式风俗等"元件"组成，它们既各具特点（因阶层、民族、区域、时尚而异），又更具"多元一统"的清代穿着（服饰）风俗文明的"共性"。

清光绪红底双喜纹女衫

第一节　服制的形式与穿着方法

满族贵族统治者自入主中原时起，除要求本民族属员保持民族习俗外，并强迫汉人遵从满族的衣着与服饰习尚。正因如此，清代的服制形式与穿着方法，较之前代而言，为之一变，显现出迥异的新的特色与个性。

一、服制的形式

早在清军入关以前，对于男子服饰、女子服饰（如冠服样式、仪礼、质地、用料等），满族统治者便有所规定，此后又从法律与制度上对部分人（主要是文武百官、王公贵族及生员、命妇等人）的服饰加以规范化。这一切，无疑对于清代服饰文明和服饰制度的形成，产生了重大的影响。清王朝定都北京以后，对此又进行过多次修订。顺治九年（1652），顺治帝便饬命礼部制订《服色肩舆永例》，经皇帝"钦定"后颁行天下。清政府不仅对文武官员朝服与常服的样式、色彩、质料、纹样作了具体规定，而且对耆老、兵民、商人的服装等，也都作了详细的规定。这样一来，使这一重要的物质文明，在职业和等级方面，在服制与穿着方法方面，有着整齐划一的规划，然而，在其总体的丰富性方面而言，较之前代又增添了

穿朝服的胡雪岩

新的内容。

（一）清代的男子服饰

男子服饰中，清政府对其有严格制式规定者，为皇帝、皇子、亲王、郡王、贝勒贝子、文武官员、士庶人等。具体而论，对他们的冠、服、袍、罩、褂、裳、衣等，以及各种饰物的颜色、质料、数目，均有具体、翔实的规范，倘有违制，即以"僭越"治罪。现根据《大清会典》、《皇朝礼器图式》、《国朝宫史》、《清史稿》等有关文献记述，且参照遗存实物，对其服饰，加以论述。

1. 清代皇帝的服饰

皇帝服饰，包括饰物、冠裳、甲胄等。

第一，皇帝冠制。朝冠，又分为冬朝冠（暖帽）与夏朝冠（凉帽）两种。冬朝冠用熏貂（黄黑色），十一月初至次年的正月十五日（上元）期间用黑狐皮毛制作。檐上仰（反折向上），上缀朱纬，长出檐，顶三层每层有四条金龙，每条龙口含东珠一颗。东珠产于混同江及乌拉宁古塔河中，匀圆莹洁，大珠内径可达半寸。顶上衔大珍珠一颗，顶的左右有小梁柱各一根，檐下两旁垂带交于颈项之下。夏朝冠，用玉草或藤丝、竹

身穿朝服的嘉庆皇帝

丝为质，表（外表）以罗，缘（滚）石青片金二层，里用红片金或红纱。檐敞（不折向上），上缀朱纬，内加圈，带属于圈。前缀金佛，饰以东珠十五颗，后缀舍林，饰以东珠七颗，冠顶与冬朝冠相同。

吉服冠，也分冬夏二种。冬吉服冠，分别用海龙、熏貂、紫貂皮制作。檐上仰，上缀以朱帏，长及于檐，顶满花金座，上衔大珍珠一颗，梁一亘于顶上，檐下两旁垂带交于颈项之下。夏吉服冠，用玉草或藤丝、竹丝为质，表以罗，红纱绸里，石青片金缘，檐敞，上缀朱帏，内加圈，带属于圈，冠顶与冬吉服冠相同。

常服冠，可分为冬夏两种。冬常服冠，红绒结顶，不加梁，余制与冬吉服冠相同。夏常服冠，红绒结顶，不加梁，余制与夏吉服冠同。

行冠，亦分为冬夏二种。冬行冠，用黑狐制作，或用黑羊皮、青绒、青呢制作，余制则同于冬常服冠。夏行冠，织用玉草或藤丝、竹丝等物，红纱里，边饰亦为红色，上缀以朱氂（同牦），顶及梁缘用黄色，前缀珍珠一颗。

雨冠，也分为冬夏两种。冬雨冠，高顶，前檐深，明黄色，有毡、羽缎，皆月白缎里，有油绸而不加里，皆用蓝布带。夏雨冠，顶平，前檐敞，余制与冬雨冠同。

第二，皇帝服制。檐服，此为祭圜丘、祈谷、祈雨时的专用服饰。服为石青色，上绣五爪正面金团龙四团，两肩及前后各一团。左肩绣日，右肩绣月，前后篆文寿字并相间以五色云纹。

朝服，分为冬夏两种。均为上衣连下裳之制式。冬朝服又分二式，俱用明黄色，但祭祀圜丘、祈谷用蓝色，朝日用红色。一式冬朝服为自十一月初至次年正月十五日（上元）间使用。披领及裳，表面用紫貂皮，袖端用熏貂皮，两肩及前后绣正龙各一，襞积（打裥）处行龙六，衣前后绣以日、月、星、辰、山、龙、华、虫、黼黻、宗彝、藻火、粉米十二章花纹，间以五色云纹；二式冬朝服为披领及袖，用石青色片金加海龙边饰，两肩前后绣正龙各一，腰帷行龙五，衽（衣襟）正龙一，襞积处前后团龙各九，裳正龙二，行龙四，披领行龙二，袖端正龙各一，前后衣裳绣以十二章花纹（其中日、月、星、辰、山、龙、华、虫、黼黻在衣；宗彝、藻火、粉米在裳），相间以五色云纹，下幅绣八宝平水（八宝为象征吉祥的纹饰，一

清圣祖穿过的朝服

清圣祖朝服像

和合,二鼓板,三龙门,四玉鱼,五仙鹤,六灵芝,七磬,八松)。夏朝服也用明黄色,但常雩祭祀时用蓝,夕月时用月白色,余制与冬朝服二式相同。

第三,皇帝袍制。龙袍。明黄为色。领、袖俱为石青色,片金缘。绣文金龙九条。列十二章纹,并间以彩云。领前后各绣正龙各一条,左、右及交襟处绣行龙各一条,袖端绣正龙各一条。下幅为八宝立水图案,襟为左右开,质料为棉、袷、纱、裘不等,各惟其时而已。

常服袍,为皇帝平常所穿的一种袍子,颜色及花纹随场合而变化,裾为四开。

行袍,其制式与常服袍相同。

2. 文武官员服饰

文武官员,包括文武一品至九品官员,以及未入流的品官等。清代官员服饰,其区别官职品级等差的,主要视其冠上的顶子、花翎、补服上所绣的禽鸟和兽类以及杂色纹样的补子的不同。

穿朝服的官员

朝冠、吉服冠

朝冠顶子	吉服冠顶
文一品，顶红宝石；武一品同。	顶珊瑚；武同。
文二品，顶珊瑚；武二品同。	镂花珊瑚；武同。
文三品，顶珊瑚；武三品蓝宝石。	蓝宝石；武同。
文四品，顶青金石；武四品同。	青金石；武同。
文五品，顶水晶；武五品同。	水晶；武同。
文六品，顶砗磲；武六品同。	砗磲；武同。
文七品，顶素金；武七品同。	素金；武同。
文八品，阴文镂花金顶；武八品同。	同朝冠；武同。
文九品，阳文镂花金顶；武九品同。	同朝冠；武同。
未入流，同文九品。	未入流，同文九品。
从耕农官，顶同八品。	一等侍卫，如文三品。
一等侍卫，顶如文三品。	二等侍卫，如文四品。
二等侍卫，顶如文四品。	三等侍卫，如文五品。
三等侍卫，顶如文五品。	蓝翎侍卫，如文六品。
蓝翎侍卫，顶如文六品。	

补服

穿补子的武官。所服补子图案是麒麟。

文官补服图案
文一品，绣鹤；都御史绣獬豸。
文二品，绣锦鸡。
文三品，绣孔雀，都御史、按察史、绣獬豸。
文四品，绣雁；道绣獬豸；道绣豸。
文五品，绣白鹇；给事中、御史绣獬豸。
文六品，绣鹭鸶。
文七品，绣鸿鶒。
文八品，绣鹌鹑。
文九品，绣练雀。
未入流，同文九品。

武官补服图案
武一品，绣麒麟。
武二品，绣狮。
武三品，绣豹。
武四品，绣虎。
武五品，绣熊。
武六品，绣彪。
武七品，绣犀牛。
武八品，如文八品。
武九品，绣海马。
未入流，同文九品。

朝带、朝服、蟒袍、端罩

穿戴朝珠补服的李经方

文武官员朝带等式样，列表如下：

文官式样

文一品，朝带镂金衔玉方版四，饰红宝石一，余如公。

文二品，朝带镂金圆版四，饰红宝石一，余如文一品。

文三品，朝带镂花金圆版，余如文二品。

文四品，蟒袍绣四爪八蟒，朝带银衔镂花金圆版四；余如文三品。

文五品，朝服色用石青，片金缘，云缎，方行蟒各一，中有襞积。领、袖石青妆缎。朝带银衔素金圆版四，余如文四品。

文六品，朝带银衔玳瑁圆版四，余如文五品。惟无朝珠。（五品以下，京堂、翰詹、科道用貂裘、朝珠。六品官以下，太常寺、鸿胪寺、光禄寺、国子监属官、坛庙执事、殿庭侍仪用朝珠）

武官式样

武一品，皆如文一品。

武二品，皆如文二品。

武三品，朝服无貂缘，无端罩。

武四品，皆如文四品。

武五品，皆如文五品，无朝珠。（三等侍卫戴孔雀翎，用朝珠）

武六品，皆如文六品。（蓝翎侍卫，朝服、端罩、朝珠均同三等侍卫，余如武六品）

文七品，朝带素圆版四。蟒袍绣四爪五蟒，　　武七品，同文七品。
余如文六品。

文八品，朝服色用石青云缎，无蟒。领、袖　　武八品，同文八品。
冬夏皆青倭缎，中有襞积。朝带银衔明羊角圆版
四。余皆如文七品。

文九品，朝带银衔乌角圆版四，余皆如文八　　武九品，同文九品。
品。

未入流，制如文九品。　　　　　　　　　　未入流，制如文九品。

3. 士庶人等服饰

举、贡、生、监谓之士，其他杂项谓之庶。他们的衣冠服饰，虽自成体系，然与清代文武官员的服饰却有相通之处。现据《清史稿》所载，表示如下：

士庶名称	衣冠服饰规制
会试中式贡士（进士）	朝冠，顶镂花金座，上衔金三枝九叶。吉服冠顶用素金。
状元	金顶，上衔水晶。授职后，各视其品。
举人	公服冠，顶镂花金座，上衔金雀。公服袍，青绸蓝缘。披领如袍式。公服带，制如文八品朝带。吉服冠，顶银座，上衔素金。
贡生	吉服冠，镂花金顶。余同举人。
监生	吉服冠，素银顶。余同举人。
生员	朝冠，顶镂花银座，上衔银雀。公服袍，蓝绸青缘。披领如袍式。公服带，制如文九品朝带。吉服冠，顶与监生同。
外郎、耆老	冠顶以锡。
从耕农官	袍以青绒为之。顶同八品。

（二）清代的女子服饰

清政府对皇后（含太皇太后、皇太后），皇子等（含亲王、世子、郡王）福晋与贝勒贝子夫人，官员命妇的服饰，均有明确的规制，需要遵循。

孝庄文皇后

1. 皇后等的服饰

皇后、太皇太后、皇太后的冠服之制相同。其冠服与饰物等，有朝冠、吉服冠、金约、耳饰、朝褂、朝袍、龙褂、龙袍、领约、朝服朝珠、采巾兑、朝裙等诸种。

朝冠，分为冬夏二种。冬朝冠，用熏貂皮制作。上缀朱帏，顶三层，贯东珠各一，皆承以金凤。饰东珠各三，珍珠各十七，上衔大东珠一，朱纬上周缀金凤七。饰东珠各九，猫睛石各一，珍珠各二十一，后金翟一，饰猫睛石一，小珠珍十六。翟尾垂珠，五行二就，共珍珠三百二。每行大珍珠一，中间金衔青金石结一，饰东珠、珍珠各六，末缀珊瑚。冠后护领，垂明黄条二，末缀宝石，青缎为带。夏朝冠，则用青绒制作，余制与冬朝冠相同。

吉服冠，皇后、皇太后、太皇太后的吉服冠，用熏貂皮制作。上缀朱纬，顶用东珠。皇贵妃、贵妃的吉服冠与此相同。

金约，是戴在冠下作为约发之用的饰物。金约上镂刻有金云十三，饰东珠各一，并间以青金石，红片金里。后系金衔绿松石结，贯珠下垂，凡珍珠三二二颗，五行三就，每行大珍珠一颗。中间金衔青金石结二，每具饰东珠、珍珠各八颗，末缀有珊瑚。

慈禧朝服图

耳饰，是耳环类的饰物。左右各三。每具金龙衔有一等东珠各二颗。

此外，尚有朝褂（其制有三式，皆石青色）、朝袍（其制有三式，皆明黄色）、龙褂（其制有二式，皆石青色）、龙袍（其制有三式，皆明黄色，领袖则皆石青色）、领约（镂金制作，饰东珠十一颗，间以珊瑚）、朝服朝珠（三盘，东珠一，珊瑚二）、采帨（绿色，绣文为五谷丰登）、朝裙（冬用片金加海龙缘，夏以纱制作）等。

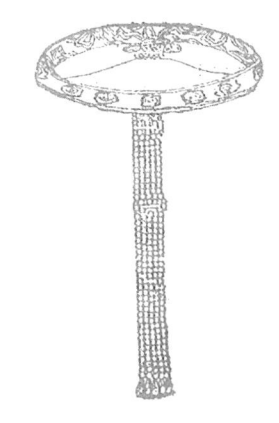

清《钦定大清会典图》所绘皇后金约

2. 清代皇子等福晋、夫人服饰

清代，皇子、亲王、郡王元配称为福晋，贝勒、贝子元配称夫人，其服式各具特色。

皇子福晋朝冠，顶镂金三层，饰东珠十，上衔红宝石。朱纬。上周缀金孔雀五，饰东珠七，小珍珠三十九。后金孔雀一，垂珠三行二就。中间金衔青金石结一，饰东珠各三，末缀珊瑚。冠后护领垂金黄条二，末亦缀珊瑚。青缎为带。吉服冠顶用红宝石。

金约，镂金云九，饰东珠各一，间以青金石，红片金里。后系金衔青金石结，贯珠下垂，三行三就。中间金衔青金石结二，每具饰东珠珍珠各四，末缀珊瑚。耳饰左右各三，每具金云衔珠各二。

朝褂，色用石青，片金缘。绣文前行龙四，后行龙三。领后垂金黄条，杂饰惟宜。吉服褂色用石青，绣五爪正龙四团，前后两肩各一。朝袍用香色，披领及袖皆石青，片金缘，冬加海龙缘。肩上下袭朝褂处亦加缘，绣文前后正龙各一，两肩行龙各一，襟行龙四，披领行龙二，袖端正龙各一，袖相接处行龙各二。裾后开。领后垂黄条，

清皇后之朝褂及冬朝袍

杂饰惟宜。蟒袍用香色，通绣九龙。

领约，镂金为之，饰东珠七，间以珊瑚。两端垂金黄条二，中贯珊瑚，末缀珊瑚各二。采巾兑月白色，不绣花文，结佩惟宜。条皆金黄色。朝裙片金缘，冬加海龙缘，上用红缎，下石青行龙妆缎，皆正幅，有襞积。夏以纱为之。

朝服朝珠三盘，珊瑚一，蜜珀二，吉服朝珠一盘。珍宝随所御。条皆金黄色。

亲王福晋吉服褂，绣五爪金龙四团，前后正龙，两肩行龙。余皆与皇子福晋同。

世子福晋朝冠，顶镂金二层，饰东珠九，上衔红宝石。朱纬。上周缀金孔雀五，饰东珠各六。后金孔雀一，垂珠三行二就。中间金衔青石结一，饰东珠各三，末缀珊瑚。冠后护领垂金黄条二，末亦缀珊瑚。青缎为带。

清孝惠章皇后朝服像

金约，镂金云八，饰东珠各一，间以青金石。后系金衔青金石结，垂珠三行三就。中间金衔青金石结二，每具饰东珠珍珠各四，末缀珊瑚。余皆与亲王福晋同。

郡王福晋朝冠，顶镂金二层，饰东珠八，上衔红宝石。朱纬。上周缀金孔雀五，饰东珠各五。后金孔雀一，垂珠三行二就。中间金衔青金石结一，末缀珊瑚。冠后护领垂金黄条二，末亦缀珊瑚。青缎为带。吉服冠与世子福晋同。

金约，镂金云八，饰东珠各一，间以青金石。后系金衔青石结，垂珠三行三就。中间金衔青金石结二，末缀珊瑚。

吉服褂，绣五爪行龙四团，前后两肩各一。余皆与世子福晋同。

贝勒夫人朝冠，顶镂金二层，饰东珠七，上衔红宝石。朱纬。上周缀金孔雀五，饰东珠各三。后金孔雀一，垂珠三行二就。中间金衔青金石结一，末缀珊瑚。冠后护领垂石青条二，末亦缀珊瑚。吉服冠与郡王福晋同。

金约，镂金云七。余同郡王福晋。耳饰亦与郡王福晋同。

朝褂，绣四爪蟒，领后垂石青条。吉服褂前后绣四爪正蟒各一。余与郡王福晋同。

朝袍，蓝及石青诸色随所用，领、袖片金缘，冬用片金加海龙缘。绣四爪蟒，领后垂石青条。蟒袍通绣九蟒。领约、朝珠、采巾兑条用石青色。余皆与郡王福晋同。

贝子夫人朝冠，顶镂金二层，饰东珠六。金约镂金云六，吉服褂前后绣四爪行蟒各一。余皆与贝勒夫人同。

郑观应母亲郑陈氏，因热心公益，诰赠太宜人，叠赠太夫人，覃恩晋赠一品太夫人

3. 清代品官命妇服饰

清代，文武品官的妻子，则为有诰命所封授的妇人，亦称为命妇。命妇的冠服，与官员服饰相较，既有类似之处，亦有自身特点。

命妇品名　冠服式样

一品命妇　朝冠顶镂花金座，中饰东珠一，上衔红宝石。

二品命妇　朝冠顶镂花金座，中饰红宝石，上衔镂花珊瑚。吉服冠顶亦用镂花珊瑚。余如一品命妇。

三品命妇　朝冠顶镂花金座，中饰红宝石一，上衔蓝宝石。吉服冠顶亦用蓝宝石。余如二品命妇。

四品命妇　朝冠项镂花金座，中饰小蓝宝石一，上衔青金石。吉服冠顶亦用青金石。朝袍片金缘，绣文前后行蟒各二，中无襞积。后垂石青条，杂饰帷宜。蟒袍通绣四爪八蟒。朝裙片金缘，上用缘缎，下石青行蟒妆缎，均正幅，有譬襞积。余皆如三品命妇。

五品命妇　朝冠顶镂花金座，中饰小蓝宝石一，上衔水晶。吉服冠顶亦用水晶。余皆如四品命妇。

六品命妇　朝冠顶镂花金座，中饰小蓝宝石一，上衔砗磲。吉服冠顶亦用砗磲。

余皆如五品命妇。

七品命妇　朝冠顶镂花座，中饰小晶一，上衔素金。吉服冠顶亦用素金。蟒袍通绣五蟒。余皆如六品命妇。①

二、服制的穿着方法

清政府对帝王、贵胄、文武官员、士庶及命妇人等的服制，有明文规定，不得违制。同时，在穿着方法上，亦有法定的形式，加以规范。实际上，这是一种成文的"风俗"礼制，对人们的社会生活有界定与强制作用。而对于特殊风俗"群体"的形成和稳固，乃至对特定风俗礼制的传承因袭，更发挥着重要的支撑功能效应。

1900年7月八国联军逼近北京，清廷任命李鸿章为直隶总督。图为离开广州前留影

---

① 参见《清史稿》卷一〇三《志七十八·舆服二》。

每年，服饰四时更换之命皆由宫中传出并发邸抄而颁行于各部署衙门，每岁春季换用夹朝衣，秋季用缘皮朝衣，定例农历九月十五日或二十五日御冬朝冠服，十一月朔至上元冠用黑狐，服用海龙缘及表面加紫貂，袖端熏貂并穿端罩，三月十五日或二十五日，则御夏朝冠服。帝后、王公贵族、文武百官均是如此。

凡遇祭圜丘等祀典，豫日诣斋宫，皇帝穿龙袍衮服，届时王公以下陪祭及执事官咸用朝服，其随从等，则俱穿吉服。至于每年元旦、长至（冬至）、万寿节等三大节期朝贺，王公文武百官则须穿用朝袍。凡外官到任、拜牌、开印、封印、丁祭、入坛，则着朝服。属员谒见上台，不许穿朝服，其送迎上司只穿补服。蟒袍，又谓之花衣，是华灿之服，遇万寿、上元、年节，都穿蟒袍。小官员可不必穿，只穿补褂即可。出师、告捷之典、凡经略大将军所过地方，守土将军、督抚；文官司、道以下，咸着蟒袍补服以迎接。顺治四年（1647），清政府定，品官寻常进衙门或往各本王以下等府，穿蟒缎、妆缎、素缎的镶领袖袍及长短外套，在院部等衙门各穿补服。皇子婚仪、公主下嫁，届期赞事大臣及福晋之父俱穿蟒袍，品官士庶婚礼，主婚者穿吉服（蟒袍）。

清末贵族妇女服饰

若遇筵燕、迎銮及一切嘉礼（礼有吉礼、嘉礼、军礼、宾礼、凶礼。嘉礼则包括御门听政、受大典、登极、上尊号、尊封、婚礼、册立册封、颁朔……贡举、筵燕等）时，俱穿蟒袍补服。每月朔日及初五、初十、十五、二十、二十五日等日，俱穿补服，其应服端罩者则用端罩代补服。期逢斋戒忌日，皆穿青外褂，谓之常服。常服的褂则无补子。月朔日，朝臣例穿补服，遇日食则穿常服。如逢皇帝、后、太后去世，则规制更不少，例如，百日之内不准剃发，停嫁娶，辍音乐，军民摘冠缨，命妇去装饰，文武官绅耆等素服摘缨。丧时入临时，则皆须反穿羊皮褂。帝死，循例继承帝位者穿长寿袍，俟其殓毕，方能易服。大臣处斩，例穿玄青外褂。皇帝燕居宫中，冠红绒结顶，皇子皇孙皆以为礼服，近支王、贝勒得赐者许常冠戴。革职人员不准戴用原翎，须仍由本案开复者乃准戴用。太监不能戴花翎，只能戴蓝翎，亦不许用红顶，许戴蓝顶，清末太监李莲英，得宠于慈禧太后，赏戴孔雀翎，亦仅此一人而已。

第二节　服饰风俗

清代，除对帝后、王公贵胄、文武百官及士庶、命妇的服饰制式、穿着方法，有明确的法定规范外，对于民人的服饰（包括冠巾、衣裳等），除男子的"剃发令"外，亦有某些相关性规定，其他则无明文的规定。现将清代地方民人的服饰风俗状况，参照《清稗类钞·服饰类》及有关地方志的记载，进行论述。

一、民人服饰风俗沿革

早在顺治初年，清政府便诏定官民服饰之制，命男子皆"削发垂辫"。是时"江苏男子，无不箭衣小袖，深鞋紧袜，非若明崇祯末之宽衣大袖，衣宽四尺，袖宽二尺，袜皆大统，鞋必浅面矣。即幼童，亦加冠于首，不必逾二十岁而始冠也"。民间服饰更

剃发梳辫

盛传有"生降死不降,老降少不降,男降女不降,妓降优不降"之说,因此,民人"生必从时服,死虽古服无禁;成童以上皆时服,而幼孩古服亦无禁;男子从时服,女子犹袭明服。盖自顺治以至宣统,皆然也"。① 清代民人的服饰,则大体沿袭此种规范而发展变化。

官民服饰,既有区别,亦有相通之处。在服饰习尚、式样、色泽等方面,更是彼此交融相互影响。如清初,袍褂有用红绿组绣者。其后吉服用绀,素服用青,别无他色。至康熙朝花样、则有富贵不断、江山万代、历元五福诸名目,又有暗纹蟒服,如宫制蟒袍而却组绣者。袍褂"皆用密线缝纫,行列如绘,谓之实行。袖间皆用熨折如线,满语名曰'赫特赫'。后惟蟒袍尚用之,他服则无之矣"。②

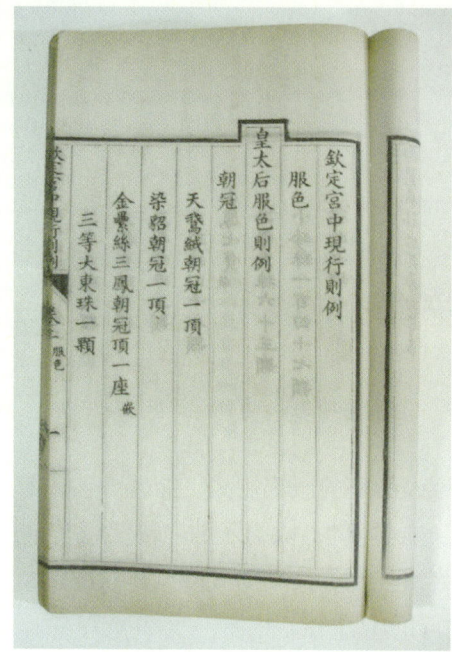

《宫中现行则例》对服色有规定

京师(今北京)一带民间,"燕居"本无穿着"行衣"的习尚。但自乾隆时"傅文忠公(按,即傅恒)征金川归,喜其便捷,名得胜褂,其后无论男女,燕服皆着之。色料初尚天蓝,乾隆中,尚玫瑰紫,末年,福文襄王好着深绛色,人争效之,谓之福色。嘉庆时,尚泥金色,又尚浅灰色。夏日纱服皆尚棕色,贵贱皆服之。衬服初尚白色,嘉庆时,尚玉色,又有油绿色,国初皆衣之,殆沿前代绿袍之意。高宗(指乾隆帝)恶其黯然近青色,禁之。嘉庆时,优伶皆用青色倭缎,漳绒等缘衣边,以为美饰,如古深衣。奴隶辈皆以红白鹿革为背子"。③

由于民人阶级地位的差异,往往导致在服饰的质地、样式方面的巨大悬殊和差别,是清代民人服饰变革中最为突出的特点。

清政府为维护整个社会的统治,在服饰方面,上下有别、贵贱有等、贫富有差,在《会典》中明确记载,凡农家许着绸、纱、绢、布,商贾之家只许着绢、布。如农民之家有一人为商贾者,亦不许着绸纱。由此,"可见吾国之贱农商,而商尤轻于农也"。④

此外,在度冬之常服方面,亦因阶级各异,而各有等差。正因为清代社会中,"人

---

① 徐珂《清稗类钞》第十三册《服饰类·诏定官民服饰》。
② 徐珂《清稗类钞》第十三册《服饰类·服饰沿革》。
③ 徐珂《清稗类钞》第十三册《服饰类·服饰沿革》。
④ 徐珂《清稗类钞》第十三册《服饰类·农商之衣》。

之阶级，析而计之，何啻万千，言其大别，则有三。一曰上流社会，二曰中流社会，三曰下流社会。上流富，中流者介于贫富之间，下流贫"。故在度冬防寒服饰方面，差异颇大。"常人眼光，每以其度冬之常服判之。上流必有狐裘，中流必有羊裘，下流则惟木棉，且有非袍者矣。"①便充分地显示了这一点。

江浙地方民人之服饰，不仅大异于北方，即在南方，亦为特殊。苏州风俗康熙时之服饰，"奇邪已甚"，时有作吴下谣者，可想见之。谣称："苏州三件好新闻，男儿着条红围领，女儿倒要包网巾，贫儿打扮富儿形。一双三镶袜，两只高底鞋，倒要准两雪花银。爹娘在家冻与饿，见之岂不寒心？谁个出来移风易俗，唤醒迷津，庶几可以辟邪归正，反朴还淳。"②

同、光间，苏州及江浙男子"衣尚宽博，眼镜咸用墨晶，裤袥镶黑锻数重，白布袜，短靿，刺花，鞋帮极窄，底厚寸许，辫发松垂脑后，夏日咸握牙柄黑折扇"。光绪中叶以降至宣统，服饰为之一变，男子则衣皆尚窄，袍衫之长可覆足，可裼背心之短不及脐，凡有袖，取足容臂而已。帽尚尖，"必撮其六折，使顶尖如锥，戴之向前，辄半覆其额。其结小如豆，且率用蓝色。腰巾至长，既结束，犹着地也，色以湖或白为多"。③

顺、康时，江浙妇女妆饰，以苏州为最时髦，犹如欧洲之巴黎。词人朱彝尊尝于席上为词，赠妓张伴月，有句云："吴歌《白纻》，吴衫白纻，只爱吴中梳裹。"④

清代后期，江浙之上海，繁华甲于全国，一衣一服，莫不矜奇斗巧，日出新裁。其间由"朴素而趋于奢侈，固足证世风之日下，然亦有由繁琐而趋于简便者，亦足见文化之日进也。衣由宽腰博带，变而为轻裾短袖，履由高底仄头，变而为薄底阔面，皆于作事行路，良多利益。光绪末，暑则雕毛扇，寒则风帽、一口钟。雕毛扇价甚昂，一柄须十余金，后则易之以五寸之纸折扇，廉而且便，风帽、一口钟亦易以大衣。此由繁琐而趋于简便之一端也"。到光绪时，"沪妓喜施极浓之胭脂，因而大家闺秀纷纷效尤，然实始于名妓林黛玉，盖用以掩恶疮之斑者也。自女学堂大兴，而女学生无不淡妆雅浮，洗尽铅华，无复当年涂粉抹脂之恶态，北里亦效之。故女子服饰，初由北里而传至良家，后则由良家而传至北里，此其变迁之迹，极端相反者也"。⑤

---

① 徐珂《清稗类钞》第十三册《服饰类·度冬之常服》。
② 徐珂《清稗类钞》第十三册《服饰类·江浙人之服饰》。
③ 徐珂《清稗类钞》第十三册《服饰类·江浙人之服饰》。
④ 徐珂《清稗类钞》第十三册《服饰类·江浙人之服饰》。
⑤ 徐珂《清稗类钞》第十三册《服饰类·江浙人之服饰》。

清末身穿"朝天马蹄袖"的上海妇女

地处中原河南东部的开封地区，民人的服饰更是别有一番式样。清人记述，汴中男女衣服，喜用青、蓝两色土布，洋布极少，绸缎更稀。孩童则红衣为多，甚至上下通红，名曰"十二红"。妇女则"衣长袖大，裤必扎腿，然不着裙，髻圆足小，面抹浓粉。行路时，老幼均用拐杖拄之，或且策蹇以代步，宣统时犹然"。①

地处西北的山陕甘地区的民人，在服饰风俗方面，较之其他地区而言，也有浓郁的地方特色。

归化城，民人男女，平日"衣帽无别，惟女子以珊瑚、玛瑙相累作坠。耳环长寸余而下锐。卷黑布如筒，贯发其中，垂于两肩。亦有耳垂两环者。项带银圈，或数珠。红锦作帕，有以八字分贴项后者。习尚最重帽，以露顶为羞"。②

清初，陕西汉中民人在服饰风俗方面，崇尚白色，"男女皆以白布裹头，强用黄绢，而加白帕其上，或谓为诸葛武侯戴孝，后遂相沿成俗。汉中太守滕某严禁之，始渐少"。但是，西凤等地"诸府亦然，而华州、渭南等处尤至。凡元旦吉礼，必用素冠

---

① 徐珂《清稗类钞》第十三册《服饰类·汴人之服饰》。
② 徐珂《清稗类钞》第十三册《服饰类·归化人之服饰》。

白衣相贺也"。①

甘肃农妇

甘肃地处西北僻地,故民人服饰,甚为古朴。其民间衣着"服饰朴素,尤甚于陕。光绪时,民皆衣褐,《孟子》所谓'褐宽博'是也。褐以羊毛织成,有粗细二种,粗者可御寒,细者中有微孔,可祛暑"。同、光间,陕甘地区发生轰轰烈烈的回民大起义,清政府派左宗棠率军镇压。其时,"左文襄公度陇,始申命将吏,辟道路,徕商旅,劝种棉,习织布,且自携南方百蔬之种移植金城,于是甘人始得衣絮布矣"。②

《皇清职贡图》第三卷所绘甘肃河州少数民族图(部分)

上海妇女服饰。同、光之交,上海"青楼中人之衣饰,岁易新式,靓妆倩服,悉随时尚。而妓家花样翻新,或有半效粤妆者。出局时,怀中皆有极小银镜,观剧侑酒,随置座隅,修容饰貌,虽至醉,亦不云鬓斜軃宝髻半偏也。至光、宣间,则更奇诡万

---

① 徐珂《清稗类钞》第十三册,《服饰类·陕西人之服饰》。
② 徐珂《清稗类钞》第十三册,《服饰类·甘肃人之服饰》。

状，衣之长及腰而已。身若束薪，袖短露肘，盖欲以标新领异，取悦于狎客耳。而风尚所趋，良家妇女无不尤而效之，未几，且及于内地矣"。其中，更有"戴西式之猎帽，披西式之大衣者，皆泰西男子所服者也"。这些女扮男装的妇女，在闹市中，常徒步而行，杂稠人中，"几不辨其为女矣"。①

闽女服饰。福建闽中妇女，惟居城镇者皆为小足妇。其民风，"自缙绅以至小家，莫不以小足相尚，妆饰与他处无甚异。此等妇女，率多不任步履，故街市中初不恒见。偶一见之，亦必拄杖而行，或倩人扶掖，与残疾者无异"。但是，乡下劳动妇女则完全为大足，充担负役，步履快捷，其服饰亦别于前者。"其居村野者，呼为乡下妹，则完全天足，入城者恒为人充担负役。此等妇女，装束特异，头绾高髻，旁插银箭一双，长七八寸及尺余者不一，中一银枪称是。耳悬银环，大几逾盘，年幼好修饰者，其环愈大，箭愈长也。下则白足，不袜不履，冬日虽身衣皮服，而跣足如故。遇令节或庆吊事，则着前缀红线如须之黑色花履也。"②

粤女的衣饰。广东粤女的服饰有三别，"一为潮州，纤趾广袖，髻发如蜻，薄蝉簇鬓，行伛偻而步蹀躞，虽有佳人，大有西子不洁之概"。"一为嘉应州，垂发挽髻，蝶翅双鬓，绰约如懒装佳人，而双跌玉洁，尤饶殊姿"。"一为广州，修髻膏发，肤脂凝雪，曲眉脂唇，惟蹑履秃颈，殊少惊鸿游龙之姿"。同时，潮州妇女"多赤足而着拖鞋，皮色黑黝。耳环有长数寸者，略似棍棒。每坐，必举一足于椅之扶手，而以双手抚摩之"。③

滇女的衣着。云南省城昆明的妇女，皆裹足，衣袍套。"其出行也，无轿，必以锦帕覆首，至老不去。大理妇女，出必持伞。皆古者女子出门必拥蔽其面之遗也"。④

二、男子服饰

马褂。马褂有长袖、短袖、宽袖、窄袖、对襟、大襟、琵琶襟等数种。常人在服用时，多穿在长衣袍衫之外，它较外褂为短，仅长及于脐，袖口是平的，不作观蹄式。康熙、雍正年间以后，穿的人日渐增多。至嘉庆时，清人马褂往往用如意镶缘；到咸丰、同治间又作大镶大沿；光绪、宣统时，南方则将其减短至脐部之上，色用宝蓝、

---

① 徐珂《清稗类钞》第十三册《服饰类·沪妓之服饰》。
② 徐珂《清稗类钞》第十三册《服饰类·闽女之服饰》。
③ 徐珂《清稗类钞》第十三册《服饰类·粤女之服饰》。
④ 徐珂《清稗类钞》第十三册《服饰类·滇女之服饰》。

天青、库灰，料用铁线纱、呢、缎等，甚至有用大红色者。

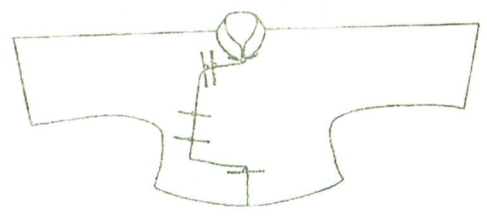

马褂示意图

清代男子极为流行穿马褂，清人记述："马褂较外褂为短，仅及脐。国初，惟营兵衣之。至康熙末，富家子为此服者，众以为奇，甚有为俚句嘲之者。雍正时，服者渐众。后则无人不服，游行街市，应接宾客，不烦更衣矣。"[1]其形样更是多不胜举，如：黄马褂、对襟马褂、大襟马褂、琵琶襟马褂、长袖马褂、翻毛外褂马褂（皮外褂）等。

戴草帽、穿马甲的铁匠

马甲。民间又称马甲为"背心"、"坎肩"，亦称为"半臂"（实为无臂）。半臂，"汉时名绣裾，即今之坎肩也，又名背心。隋大业时，内官多服半臂。《说文》：'无袂衣谓之裯。'赵宧光《长笺》曰'半臂，衣也。武士谓之蔽甲方，俗谓之披袄。小者曰背子，与古之裲裆相似，其一当胸，其一当背，亦作两当'。尤西堂有咏妇女所衣之半臂一诗，诗云：'更衣斟酌十分难，亲制轻纨祇半端。取便最宜春起草，护娇偏称晚妆残。浑疑

---

[1] 徐珂《清稗类钞》第十三册《服饰类·马褂》。

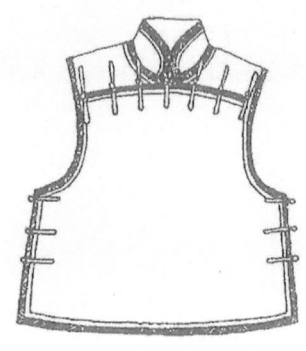

巴图鲁坎肩

断袖留遗爱,却喜专房免忍寒。曾与三郎换汤饼,重提旧事泪阑干'"。①

京师(北京)盛行"巴图鲁坎肩儿",亦称"一字襟马甲",即多钮背心。此种马甲,"各部司员见堂官往往服之,上加缨帽,南方呼为一字襟马甲,例须用皮者,衬于袍套之中。觉暖,即自探手,解上排钮扣,而令仆代解两旁钮扣,曳之而出,藉免更换之劳。后且单夹棉纱一律风行矣。其加两袖者曰鹰膀,则宜于乘马,步行者不能着也"。②后来,马甲则穿在外面,俗谓"十三太保",单、夹、棉、纱各式均有。最初,向例只有王公、公主服用,但至清后期,则民间人人均可穿服。

衫与袍。民间的衫与袍,清初,尚长,顺治末方减短而及于膝,其后又加长至踝上,且常将作御寒的衣料做为单衣。同治时,袍衫还比较宽大,袖子有至一尺余大的,直至光绪时仍如此。但至甲午、庚子以后,则变为极短、极紧的腰身、窄袖式样。

在袍的式样方面,清代有开衩袍与缺襟袍之分。衩,即衣衩,清人称衣旁开处为"衩口"。"官吏士庶皆两开,宗室则四开。衩衣,即开禊袍,唐人已有之。"③缺襟袍,其式样为右襟短缺,作为骑马者的行装之用。清代,"臣工扈从行围,例服行装,《会典》所云'行袍行裳,色随所用,行裳冬以皮为表',盖即缺襟袍也。行裳,俗呼战裙"。"京外大小文武各官,若因公出差,以礼服谒客,则行装。行装不用外褂,以对襟大袖之马褂代之,色天青,其材为织团龙之缎,或宁绸。袍必缺襟,马褂较外褂为短,便于乘骑也,惟靴、帽仍依平时。其实始为军服而及于扈从行围,后遂沿用之。"④

短衫与袄。短衫与袄,为一般民间常人所穿服。在江南农村中,民人男女大多喜其在衫袄外面加束一

穿双梁鞋、大襟长袍的男子(任伯年《玩鸟图》)

---

① 徐珂《清稗类钞》第十三册《服饰类·半臂》。
② 徐珂《清稗类钞》第十三册《服饰类·巴图鲁坎肩》。
③ 徐珂《清稗类钞》第十三册《服饰类·袍之开衩》。
④ 徐珂《清稗类钞》第十三册《服饰类·缺襟袍》。

条短的或长的腰裙。短腰裙便于劳作，可保洁、护身；而长腰裙则可作为做客的小礼服之用，亦有美观、防寒之实效，其颜色则多以浅蓝、蓝为主。

衬衫。民人衬衫与长衫相类似，一般多穿在礼服内。故清人又称衬衫为里衣，"衬衫，里衣也。《东京梦华录》云：'兵士皆小帽，黄绣抹额，黄绣宽衫，青窄衬衫。'此二字之所由起也"。至于衬衫的作用与制式，亦有所不同。衬衫之用有二，其一，是"以礼服之开禊袍前后有衩，衬以衫而掩之"；其二，则是"凡便服之细毛皮袍，如貂、狐、猞猁者，毛细易损，衬以衫而护之也"。① 衬衫的制式则如"常衫，惟衬开禊袍所用，有不用两袖者，有上布而下绸者"。② 后者因上下两色相间，又称为"两截衫"。清代民间，对衬衫的颜色，最初崇尚白色，后则喜玉色、油绿色、蛋青色等。迨至嘉庆时，优伶之辈，又多用青色倭缎、漳绒等缘其边，此时，民人又复尚其白色。

腰带。清人的腰带，分为官定与民用两种。前者满族官员多喜佩用，有黄带子（凡宗室，皆系黄带，故俗称宗室为黄带子③）、红带子（凡觉罗，皆系红带，故俗称觉罗为红带子④）、忠孝带（一曰风带，又曰佩帉，视常用之带微阔而短⑤）等。一般民人，则多在腰间束以湖色、白色、浅色的束带，其长结束下垂与袍齐，考究者亦有在腰带上绣织花纹者。此外，清人亦用带环，"国初带环，用左右二块，系以汗巾、刀觿等类。旋增前后二块，以为美观。后惟用腹前一块，带不垂下。或有左右二块嵌宝石，镀铼金银者，人人可用，不复分别等差矣"。⑥

小帽。亦称"便冠"，又名"秋帽"，俗名为"西瓜皮帽"。民人春冬所戴小帽，用缎料制作；夏秋所戴者，则多用实地纱制作。小帽"色皆黑，六瓣合缝，缀以檐，如筒。创于明太祖，以取六合一统之意"。清代因之，虽无明文规定，

戴瓜皮帽的男子

---

① 徐珂《清稗类钞》第十三册《服饰类·衬衫》。
② 徐珂《清稗类钞》第十三册《服饰类·衬衫》。
③ 徐珂《清稗类钞》第十三册《服饰类·黄带子》。
④ 徐珂《清稗类钞》第十三册《服饰类·红带子》。
⑤ 徐珂《清稗类钞》第十三册《服饰类·忠孝带》。
⑥ 徐珂《清稗类钞》第十三册《服饰类·带环》。

亦不之禁，旗人且皆戴之。咸丰初年，"其形忽尖。极尖者曰盔衬，与单梁挖云之所谓战履者，同时盛行"。至宣统时，则"檐有多至七八道者，不仅重檐也，为恶少年所喜。上有丝织之结，红色。俗名西瓜皮帽，又名秋帽"。明代士人类多方巾大袖者，至顺治元年（1644），则"戴平头小帽，以自晦匿。而禁令苛暴，方巾为世大禁，虽巨绅士子，出与平民无异。间有惜觅羊之遗意，私居偶戴方巾者，一夫窥瞯，惨祸立发。常熟有二生，于巡抚行香日，戴方巾杂行众中，为所瞥见，即杖之数十，并题奏将二生磔之于市"。到同治朝时，左文襄（左宗棠）以"陛见入都，召见时，因谢恩，免冠磕头，则头上尚戴一物，似小帽而无线结，上问何物，对曰：'西瓜皮'。上大笑"。男子若有三年之丧者，其小帽则以"黑布制之，结色黑"。① 轻丧者用蓝结子。

毡帽与暖帽。毡帽，亦沿袭明代，它在民间多为农民及市贩劳动者所戴。毡帽的样式很多，一为大半圆形；一为半圆形而顶略平；一为四角有檐反折向上；一为反折向上作两耳式，在折下可掩两耳；一为后檐向上反折而前檐作遮阳式；一为顶作带有锥状。至于暖帽，它是清代民间冬春之礼冠，"立冬前数日戴之。顶为缎，上缀红色缨，丝所织也。檐以皮、绒、呢为之。初寒用呢，次寒用绒，极寒用皮。京城则初寒用绒，次寒用呢，至于皮，则贵人用貂，普通为骚鼠、海骡之属"。②

风帽。民间又称为"风兜"，或"观音兜"。"风帽，冬日御寒之具也，亦曰风兜。中实棉，或袭以皮，以大红之绸缎或呢为之"。僧人、和尚、尼姑以及老妪、老妇人所戴风帽，则均用黑色。民间一般男子的风帽，则以紫、深蓝、深青色为多。③

戴瓜皮帽的清代男子

皮帽。民间称之为"拉虎帽"或"安髡帽"，前者脑后分开而系以二带，后者则脑后不分开。此二者为皇帝狩猎所戴，后王公争而效之"拉虎帽者，每岁木兰秋狩，皇上辄御之以莅围场。王公亦多效之，特不用红绒结顶耳。然曾赏红绒结顶者，不在此例"。④ 至于北方民人所戴者，多用毡制作，左右两旁用毛，可翻下护耳，前则用鼠皮，此帽则呼之为"耳朵帽"。

狗头帽。狗头帽多为民间孩童所戴，帽顶两旁左右开孔装上两只毛皮的狗耳朵，或作兔子耳朵样式。此帽

---

① 徐珂《清稗类钞》第十三册《服饰类·小帽》。
② 徐珂《清稗类钞》第十三册《服饰类·暖帽》。
③ 徐珂《清稗类钞》第十三册《服饰类·风帽》。
④ 徐珂《清稗类钞》第十三册《服饰类·拉虎帽》。

用绸缎呢绒制作，上镶嵌金钿、假玉。帽筒用花边缘围之，且绣花。

笠帽与凉帽。笠帽为民间农民在田间劳作时所戴，多用竹、藤、麦秸编织而成，其中，帽檐出于周围者，又称为"台笠"。凉帽，又称"纬帽"，为民人夏秋季节时所戴之礼冠。多在每年立夏前数日戴用。凉帽"无檐，形如覆釜。有二大别。一曰纬帽，初热时，用白色或湖色之罗胎也。极热时，用黄色纱胎之内有竹丝者，曰卍丝胎，上缀红缨，丝所织也"。戴凉帽者，若有三年之丧者，"戴羽缨（雨缨）帽，形亦如覆釜，惟无缘，藤织品也。以其一名凉篷而出于山东之德州也，故又称德州篷，上缀黑色缨，不用顶带"。至于行装所用之帽，"亦藤织品，缨以红色牦牛毛为之，其最佳者曰铁杆缨"。①

戴斗笠的渔夫

耳套。为北方民人冬季所戴，用棉或缘以皮制作，亦称"耳衣"。正因为"燕、赵苦寒，朔风凛冽，徒行者两耳如割，非耳衣（唐李廓送振武将军诗：'金装腰带重，锦缝耳衣寒。'则自唐已有之矣）不可耐"。故在北方"肆中有制成者出售，谓之耳套，盖以棉或缘以皮为之也"。②

手套。民间民人所用之手套，有露指与不露指，棉织、织丝、皮制之别。据清人记述："手套，加于手，有露而仅掩手背者，有并十指而悉覆之者。以绵织品、丝织品

---

① 徐珂《清稗类钞》第十三册《服饰类·凉帽》。
② 徐珂《清稗类钞》第十三册《服饰类·耳套》。

清代宫中妇女服饰

为之,其精者则用皮。"①

男女裤与套裤。清代民人的裤有单、夹、棉、皮等。其中,马夫、侍童穿短衫窄裤。同治、光绪年间,男子裤脚也有镶黑缎的。至于套裤,清代民间又称为"胫衣"或"袴","其形上口尖,下口平,或棉或夹或单,而沍寒之地,或且以皮为之。其质则为缎为绸为纱为呢,加于棉裤、夹裤、单裤之上,函于外而重沓也。大率为男子所用,若在妇女,则惟旗人及江苏镇江以北者始着之"。②山西一带男子,更有以"满裆裤"制作成套裤式者,"裤之满裆者,俗称马裤,古谓之袴。后假袴为袴,又讹袴为裤。山西男子有以满裆裤而饰套裤于上者,上之色较朴,下之色较华,远视之若二,于马裤之外加一套裤,其实一也"。③而江苏农人在耘田劳作时,所作之裤,则称为"牛头裤",其"裤甚短,形如牛头,故名。盖耘时跪于污泥中,跣足露胫,本可不裤。着此者,以有妇女同事田作,冀蔽其私处,不为所见也"。④此外,冬季天寒时,北方亦有人着皮裤者,"吴退旄尚书体弱畏寒,非皮衣五层,不能过冬,至达天听,宣宗(道光帝)屡以询沈鼎甫。每岁严寒时,且于衬裤之外,加以夹裤、棉裤、皮裤也。都人士

---

① 徐珂《清稗类钞》第十三册《服饰类·手套》。
② 徐珂《清稗类钞》第十三册《服饰类·套裤套》。
③ 徐珂《清稗类钞》第十三册《服饰类·满裆裤饰为套裤》。
④ 徐珂《清稗类钞》第十三册《服饰类·牛头裤》。

戏呼之曰'三库大臣'"。①

鞋靴与袜。清代，鞋的种类甚多，有薄底、厚底之分，厚底可厚寸许；鞋面多以缎、绒、布制作。具体的种类，则有草鞋、芦花鞋、棕鞋、钉鞋、冰鞋、拖鞋等。草鞋多为"劳动者所着"；②芦花鞋，清代"北方男子冬日着以御寒，江苏天足之妇女亦喜蹑之"；③棕鞋，则"以棕皮为之，蹑之可祛湿，遇雨即以为屐之用"；④钉鞋则是清人的雨鞋，此鞋"鞋底着钉，雨行用之，始于唐德宗时"；⑤冰鞋则是清代民人冬季在冰上行走时所用之鞋，它"着以作冰上之游戏者，北方有之"；⑥拖鞋，"鞋之无跟者也。任意曳之，取其轻便也。蹑之而出外，亵矣。光、宣间，沪之男女，夏日辄喜曳之"。⑦

清年画《洗尽铅华》

按清初规制，靴为文武各官及士庶所穿，一般士民是不能穿用的，但至清末宣统年间，绅士、富商及学界人物，亦喜秋冬季穿用。其靴种类甚繁。清前期，凡"履之有胫衣者曰靴，取便于事，原以施于戎服者也。文武各官以及士庶均着之"。"靴之材，春夏秋皆以缎为之，冬则以建绒，有三年之丧者则以布。"⑧靴有朝靴、绿牙缝靴、发靴、快靴、乌拉靴等数种。具体式样为：朝靴，"凡靴之头皆尖，惟着以入朝者则方，或曰，沿明制也。而道士之靴亦方其头"。⑨嘉庆以后，谕令军机大臣俱准穿用，"着绿牙缝靴"。乾隆时，"符幼鲁郎中曾之被服鲜奇。嫌缎袎靴有光，乃织发为之。人谓之发靴"。⑩快

---

① 徐珂《清稗类钞》第十三册《服饰类·吴退旃衣夹裤棉裤皮裤》。
② 徐珂《清稗类钞》第十三册《服饰类·草鞋》。
③ 徐珂《清稗类钞》第十三册《服饰类·芦花鞋》。
④ 徐珂《清稗类钞》第十三册《服饰类·棕鞋》。
⑤ 徐珂《清稗类钞》第十三册《服饰类·钉鞋》。
⑥ 徐珂《清稗类钞》第十三册《服饰类·冰鞋》。
⑦ 徐珂《清稗类钞》第十三册《服饰类·拖鞋》。
⑧ 徐珂《清稗类钞》第十三册《服饰类·靴》。
⑨ 徐珂《清稗类钞》第十三册《服饰类·朝靴》。
⑩ 徐珂《清稗类钞》第十三册《服饰类·发靴》。

靴，原名爬山虎，"底薄筒短，轻趫利步，武弁之如戈什哈、如差官者着之"。① 清太祖努尔哈赤之履，"以牛皮为之，饰以绿皮云头，长尺有二寸，藏陪都崇谟阁。满语呼绿皮云头为乌拉"。②

袜在清代民间，有长统与短统、纱织与布缝制之别，清后期江南沪地民人亦有在袜上刺各种花纹与图案，以作装饰、美化之用。

三、满族妇女服饰

旗装满族女子背影

满族一般民人妇女在日常的着装方面，皆以"连裳"为常服，即穿不分衣裳的长袍，而汉族民人妇女则仍以上衣下裙为主。清人记述："八旗妇女皆连裳，不分上下，盖即古人男子有裳、妇女无裳遗制也。"③ 而皇室"后、妃、主位以及宫眷之常衣，皆窄袖长袍"。但在康乾以后，满汉妇女则在服饰上的相互效尤，相互影响有所加强。为此，乾隆、嘉庆帝曾明令禁止。如乾隆二十四年（1759），乾隆帝便谕令申饬"此次阅选秀女，竟有仿汉人妆饰者，实非满洲风俗。在朕前尚尔如此，其在家，恣意服饰，更不待言。嗣后但当以纯朴为贵，断不可任意妆饰"。足见满仿汉服风气之盛。嘉庆十一年（1806），嘉庆帝又明谕"倘各旗满洲、蒙古秀女内有衣袖宽大，一经查出，即将其父兄指名参奏治罪"。至二十一年（1816）又谕"至大臣官员之女，则衣袖宽广逾度，竟与汉人妇女衣袖相似，此风渐不可长"。④ 但愈到后期，此风尤甚，甚至出现"大半旗装改汉装，宫袍截作短衣裳"的状况。至于汉族民人妇女争效满装者，则更为

---

① 徐珂《清稗类钞》第十三册《服饰类·爬山虎》。
② 徐珂《清稗类钞》第十三册《服饰类·太祖之履》。
③ 徐珂《清稗类钞》第十三册《服饰类·旗女衣皆连裳》。
④ 《清实录》卷三二四。

普遍，其中，尤以城镇中达官贵妇与缙绅、商人妇女，争着"旗袍"者为多，以示显赫与时髦。

满族一般民人妇女，平日身着开衩长袍，其袖则为形如马蹄之"马蹄袖"，致敬礼时，必放下。清代，"马蹄袖者，开衩袍之袖也。以形如马蹄，故名。男子及八旗之妇女皆有之。致敬礼时，必放下"。① 此外，在长袍上喜加罩一件短或长至腰的坎肩，后则喜加短小而绣花的坎肩。坎肩又称马甲、背心，其形制亦有对襟、一字襟、琵琶襟、大襟及斜直下襟式之别。清代后期，更演变成为镶滚多道，镶滚花边则选用各自随喜的纹样。背心更有装领子与不装领子之分，衣领高低则随时变化，清末则崇尚高领。这种长袍，后演化为汉族妇女所喜的服饰之一，即所谓"旗袍"。

满族八旗妇女中，其命妇的服饰还有披肩，"披肩为文武大小品官衣大礼服时所用，加于项，覆于肩，形如菱，上绣蟒。八旗命妇亦有之"。② 同时，八旗妇人还有礼服、补服。如"光绪朝，孝钦后（慈禧太后）六旬万寿，内务府人员定制礼服，改团龙为六合同春，形亦圆，一鹿一鹤一松枝。盖六之音，南人读之同鹿，合之音同鹤，春之音近松也。鹿鹤皆享遐龄，松亦四时常青，于以颂扬万寿耳。朝士从风而靡，团龙遂不入时矣"。③ 补服，俗称补子，"文武官吏之徽识也，缀于章服之前后心。以所补之物，分其等级，文职以鸟，武职以兽"；④ 八旗命妇着妇补服，其形制为"品官之补服，文武命妇受封者亦得用之，各从其夫或子之品以分等级。惟武官之母妻亦用鸟，意谓巾帼不必尚武也"。⑤ 此外，"八旗妇人礼服、补褂之外，又有所谓八团者，则以绣或缂丝，为彩团八，缀之于褂，然仅亲妇用之耳"。⑥

满族妇女崇尚"天足"，故她们所着之鞋，亦与汉族民人妇女有别。其鞋，鞋底极

清末街头两名便装满族女子。

---

① 徐珂《清稗类钞》第十三册《服饰类·马蹄袖》。
② 徐珂《清稗类钞》第十三册《服饰类·披肩》。
③ 徐珂《清稗类钞》第十三册《服饰类·改团龙为六合同春》。
④ 徐珂《清稗类钞》第十三册《服饰类·补服》。
⑤ 徐珂《清稗类钞》第十三册《服饰类·女补服》。
⑥ 徐珂《清稗类钞》第十三册《服饰类·八团》。

高，多为高至一至二寸间，后来更有增高至四五寸者。鞋底上宽下圆，其形如一花盆，故俗称"花盆底"。底以木制作，有"马蹄底鞋"与"平底鞋"等式样，其形制是："八旗妇女皆天足，鞋之底以木为之。其法于木底之中部，即足之重心处，凿其两端，为马蹄形，故呼曰马蹄底。底之高者达二寸，普通均寸余。其式亦不一，而着地之处则皆如马蹄也。底至坚，往往鞋已敝底犹可再用。向以京师（北京）所制之形式为最佳，着此者以新妇及年少妇女为多。"年老者旗人妇女则"仅以平木为之，曰平底，其前端着地处稍削，以便于步履也"。至于旗人"处女至十三四岁始用高底"。①当然，亦有个别地区例外，不仅其妇女缠足者多，且鞋与汉族妇女同。例如，清代"广州驻防之汉军妇女，异于他处之汉军，其妇女缠足者多，鞋与汉女略同"。②

四、汉族妇女服饰

明清之际，民间汉族妇女的上衣袖管较前代窄小，仅为尺许；其镶绣亦仅施于衣襟及袖端部分。至于一般南方中层社会妇女的服饰，则领子高约寸许，有一二领扣，此领扣用金银做成，称为"金银扣"，形如一蝶，应用似按扣。到后来才改用绸子编成

19世纪80年代后，女装流行衣裤腰身肥大，袖宽边，衣长过膝，镶边的衣领高四五分。图为清末汉口一男子与其六名女眷合影

---

① 徐珂《清稗类钞》第十三册《服饰类·旗女之马蹄底鞋平底鞋》。
② 徐珂《清稗类钞》第十三册《服饰类·旗女之马蹄底鞋平底鞋》。

短纽扣，但衣服腰间部分，还是用带子打结，不用纽扣，领间嵌一道窄窄牙子花边。到康雍时期，中层阶级妇女便服之外，领下多外罩柳叶式小云肩。乾隆时，妇女服饰又多仿苏州妇女服饰式样，女衫以二尺八寸为长，袖广尺二寸，并在袖处锦绣镶滚。冬天则用貂、狐之类的皮毛。嘉庆年间，妇女衣饰镶滚渐多，且袖口也放大。至咸、同时期，京师（北京）妇女服饰镶滚之风更盛，一道又一道地加镶，号称"十八镶"。对此，清人记述："咸、同间，京师妇女衣服之滚条，道数甚多，号曰十八镶。"①至妇女衣裙，则有琵琶、对襟、大襟、百裥、满花、洋印花、一块玉等式样。同治、光绪间，民人妇女又争仿上海妇女服饰，其袖口、衣襟仍有阔的镶滚，但出手逐渐减短。上衣较长，直至膝下，有的罩以长背心。同时，亦有着短袍窄袖者。"同、光间，男女衣服务尚宽博，袖广至一尺有余。及经光绪甲午、庚子之役，外患迭乘，朝政变更，衣饰起居，因而皆改革旧制，短袍窄袖，好为武装，新奇自喜，自是而日益加甚矣。"②至于有清一代，一般妇女的其他服饰，尚有多种，现分而述之。

坎肩。又名背心、半臂。"半臂，汉时名绣裯，即今之坎肩也，又名背心。隋大业时，内官多服半臂。"③清代，江苏及陕西潼关民人妇女，有着此者，"江苏苏五属及潼关附近各处之妇女，有于炎夏仅着坎肩，而裸其两臂者，或更赤露上体，游行入市"。④更有北方绥化城妇女，六月着棉坎肩之习，"绥化城气候迥异内地，虽六月，亦着棉裤。妇女则着棉半臂，露两臂乳房于外，招摇过市。半臂之制，亦与内地不同"。⑤

裙子。妇女的裙子，分为朝裙与普通裙子两种。其中，朝裙是作为礼服使用，"朝裙，礼服也，着于外褂之内，开衩袍之外，朝贺、祭祀用之"。⑥而普通裙子，种类甚多，穿着时，均系在上衣之内。清初苏州妇女喜穿用整幅缎子打折成百裥的"百裥裙"、一裥之中五色俱备的"月华裙"；其后又有用墨弹色而成的雅淡"弹墨裙"（亦称"墨花裙"）；康雍乾时期，又有用镶金线绣花缎条拼合而成的"凤尾裙"；咸丰、同治时，民人妇女又以争着"鱼鳞百褶裙"为时尚，此外，尚有西洋印花布裙、

穿鱼鳞百褶裙的清代妇女

---

① 徐珂《清稗类钞》第十三册《服饰类·十八镶》。
② 徐珂《清稗类钞》第十三册《服饰类·阔袖》。
③ 徐珂《清稗类钞》第十三册《服饰类·半臂》。
④ 徐珂《清稗类钞》第十三册《服饰类·妇女着坎肩》。
⑤ 徐珂《清稗类钞》第十三册《服饰类·六月着棉半臂》。
⑥ 徐珂《清稗类钞》第十三册《服饰类·朝裙》。

"金泥簇蝶裙"、"绣凤凰裙"、"百蝶裙"等;光绪时期,民妇则时新单衣裙、夏布裙式等式样。清代,江浙民妇则流行束在腰间的长短"腰裙"、"作裙"。至于婚嫁与喜庆、年节时,民人妇女则喜穿"红裙"。

云肩。清代一般民人妇女,将云肩作为新婚与平日"蔽诸肩际"的衣饰之一。光绪末年,苏、沪妇女以髻低至肩,用绒丝仿云肩式而编结为较小的云肩,以防发髻的油腻污染。其具体沿革与制式为:"云肩,妇女蔽诸肩际以为饰者。元之舞女始用之,明则以为妇人礼服之饰,本朝汉族新妇婚时亦有之。尤西堂(尤侗)尝咏之以诗,其诗云:'宫妆新翦彩云鲜,婀娜春风别样妍。衣绣蝶儿帮绰绰,鬟拖燕子尾涎涎。筵前拊鼓宜垂手,楼上吹箫许比肩。只恐巫山夜飞去,倩持飘带欲留仙。'光绪末,苏、沪妇女以髻低及肩,虑油之易损衣也,乃仿为之,特较小耳,以绒线所结者为多。"①

围巾。冬季,民妇多以棉、毛或貂皮、狐皮所制围巾,围于颈脖,用以防寒。清代,"围巾者,以棉织品、毛织品为之,其佳者则为貂皮、狐皮。加于项,旋绕之,使风不入领以御寒。女子用之者为多,盖效西式也"。②

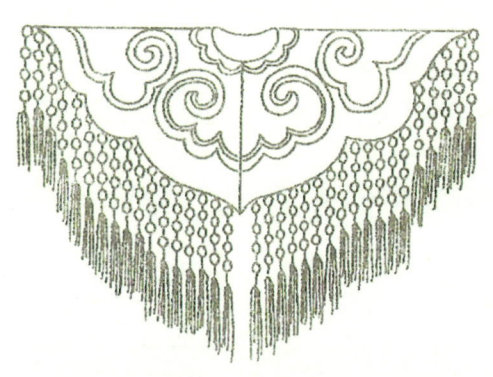 

云肩示意图　　　　　　　清彩绣云肩

饭单。它用方锦或布制作,系于颈而垂于胸前,腰间再用二带结于后。饭单"宴会时所用,以方锦或布为之,恐有饮食之污秽沾衣也。钱希白《南部新书》曰:'指坐上紫丝饭单曰:愿郎衫色如是。'是也"。③

布围。云南蒙自妇女外出遮头之饰物。清代,"云南蒙自县妇女之出外也,手必执

---

① 徐珂《清稗类钞》第十三册《服饰类·云肩》。
② 徐珂《清稗类钞》第十三册《服饰类·围巾》。
③ 徐珂《清稗类钞》第十三册《服饰类·饭单》。

一伞。伞有布围，藉以遮首，欲使人不见其面目也。如有人揭开之，即为破坏古规，必与争"。①

金气通。清代民妇首饰之一，戴于头上。"金气通，妇女之饰于首者也。光绪初，上海盛行之。似簪而中空，两端贯气以达。横于髻，可使空气输入发际。"②

红丝球。妇女头上饰物之一。清代，"京师（北京）花市常有丝球出售，大如茶杯，中纳小铃，妇女争购之，簪于髻左。燕山孙枟曾有诗咏之云：'红丝结得彩球形，步屧行来最可听。想是怕招蜂蝶至，钗头也系护花铃'"。③

方胜。又名彩结，民妇的头饰之一。清代，"以两斜方形互相联合，谓之方胜。胜本首饰，即今俗所谓彩结。彩胜有作双方形者，故名"。④

耳环。民人妇女喜用之耳饰之一。"女子穿耳，带以耳环，自古有之，乃贱者之事"，其后则为"妇女之普通耳饰矣"。如清代"苗女（贵州苗族妇女）之耳环，大如钩，下垂至肩。富者多饰以珠贝，累累如璎珞"。

板指、金指甲与指环。为妇女手上之饰物。板指，"一作搬指，又作扎邦指，又作班指，以象牙、晶玉为之，著于右手之大指，实即古所谓韘"。⑤金指甲，"妇女施之于指以为饰，欲其指之纤如春葱也，自大指外皆有之。有用银者，古时弹筝所用之银甲也。又有用银而加以珐琅者"。⑥指环，"以贵金属或宝石制之，约之于指，以为美观。初惟左手之第三，第四两指，后则惟所欲矣。亦谓之戒指"。清后期则作为"订婚之纪念品，则欧风所渐也"。⑦

手笼。又称为"臂笼"，清代"光、宣间，

戴金护指的慈禧太后

---

① 徐珂《清稗类钞》第十三册《服饰类·布围》。
② 徐珂《清稗类钞》第十三册《服饰类·金气通》。
③ 徐珂《清稗类钞》第十三册《服饰类·红丝球》。
④ 徐珂《清稗类钞》第十三册《服饰类·方胜》。
⑤ 徐珂《清稗类钞》第十三册《服饰类·扳指》。
⑥ 徐珂《清稗类钞》第十三册《服饰类·金指甲》。
⑦ 徐珂《清稗类钞》第十三册《服饰类·指环》。

戴手镯、持手帕的女子

沪之妇女盛行手笼,盖以袖短而手暴露于外,又嫌手套着指之不能伸展自由也。既有手笼,则置两手于中,风不侵矣。大率以皮为之,珍贵者为貂为狐。谓之曰笼者,状其形也。或又谓之曰臂笼"。①

手套。有护手背而护十指和露十指两种,"手套,加于手,有露指而仅掩手背者,有并十指而悉覆之者。以绵织品、丝织品为之,其精者则用皮。男女皆用之"。②

手帕,一般为妇女外出随身携带之物,后串于襟上,成为服饰饰物之一。

套裤。妇女用者不多,惟旗人妇女及江苏镇江以北地区多着此裤。套裤"其形上口尖,下口平,或棉或夹或单,而沍寒之地,或且以皮为之。其质则为缎为绸为纱为呢,加于棉裤、夹裤、单裤之上,函于外而重沓也。大率为男子所用,若在妇女,则惟旗人及江苏镇江以北者着之"。③

套袖与襕裙。民妇劳作时,喜用套袖与襕裙。"套袖者,于作事时加之于袖,以护衣,不使污损也。一名假袖。"④襕裙,"自后围向前以束裙腰,古又名合欢袜裙。江、浙乡村之男子多服之,松江太仓妇女亦有用之者"。"上海之浦南,妇女都系长裙于衣外,谓之曰腰裙,即襕裙也。腰肢紧束,飘然曳地,长身玉立者,行动袅娜,颇类西女"。⑤

又,云南"滇多风,自秋之月至春之三月,狂吼空中,昼夜靡间。妇女出游之裙,辄以布十二幅为之,多其襞积,藉以御风。盖非此重量,或为风所夹以高举矣"。⑥

膝裤与裹腿。膝裤,"古时男子所用。宋秦桧死,高宗告杨沂中曰'朕免膝裤中带匕首矣。'是也。后则妇女用之,在胫足之间,覆于鞋面"。⑦裹腿,则因清代南方妇女之裤,不紧束,故"至冬而虑其有风侵入也,则以装棉之如筒而上下皆平口者,系于

---

① 徐珂《清稗类钞》第十三册《服饰类·手笼》。
② 徐珂《清稗类钞》第十三册《服饰类·手套》。
③ 徐珂《清稗类钞》第十三册《服饰类·套裤》。
④ 徐珂《清稗类钞》第十三册《服饰类·套袖》。
⑤ 徐珂《清稗类钞》第十三册《服饰类·襕裙》。
⑥ 徐珂《清稗类钞》第十三册《服饰类·滇女之裙》。
⑦ 徐珂《清稗类钞》第十三册《服饰类·膝裤》。

胫，曰裹腿，外以裤罩之"。①

灯笼裤。清代，"晋北人夜多卧于炕，女子有自幼至老从不履地者。盖一离炕，即足软不能行也。其所着棉裤，重至十斤，土人号曰灯笼裤，状其大也"。②

腰带。民人妇女束腰带，大多束之于上衣内，始时还比较窄，用丝编鞭而不下垂流苏。至同治时用阔而长的绸带。光绪中，因下身不束裙子，故腰带垂于衣下而露出裤外，带就成为一种装饰品了。

袜船、袜套与行缠。清代由于民人妇女皆缠足，故多用袜船、袜套与行缠等物。其形制与穿戴方法为："袜船施于足，仅有下缘。或云，船，领缘也，施之于袜，形更近似。"③

"缠足妇女之加于行缠外者，曰袜套。盖以行缠有环绕之形，不雅观，故以袜套掩之也。"④"行缠，以帛或布裁为条，妇女缠足所用，束迫之使尖也，亦谓之曰裹脚。"⑤

抹胸。清代妇女所用抹胸有两种，一种是"肚兜"，"乾隆末叶，秦淮妓女之抹胸，夏纱冬绉，贮以麝屑，缘以锦缋，乍解罗襟，便闻香泽，雪肤绛袜，交映有情"。⑥另一种是束于外系于腰腹间的抹胸肚，"抹胸，胸间小衣也，一名袜腹，又名袜肚，以方尺之布为之，紧束前胸，以防风之内侵者。俗谓之兜肚，男女皆有之"。⑦

臂镯与足钏。臂镯又称为臂环、臂钏，"古男女通用，今（指清代）以妇女用之者为多，有金翡翠、白玉镶嵌、金刚钻、珠宝各种"。⑧足钏，又称足镯，清代广东妇女多用之。"足之有钏，闽、粤之男女为多，以银为之。男长大，则御之，

系抹胸的乡村女子

---

① 徐珂《清稗类钞》第十三册《服饰类·裹腿》。
② 徐珂《清稗类钞》第十三册《服饰类·灯笼裤》。
③ 徐珂《清稗类钞》第十三册《服饰类·袜船》。
④ 徐珂《清稗类钞》第十三册《服饰类·袜套》。
⑤ 徐珂《清稗类钞》第十三册《服饰类·行缠》。
⑥ 徐珂《清稗类钞》第十三册《服饰类·夏纱冬绉之抹胸》。
⑦ 徐珂《清稗类钞》第十三册《服饰类·抹胸》。
⑧ 徐珂《清稗类钞》第十三册《服饰类·钏》。

清末山西缠足的青楼女子

女非嫁后来产子不除也,而缠足者则无。"①

鞋。清代,一般妇女所着之鞋,种类甚多,有芦花鞋、拖鞋、木屐、弓鞋、睡鞋、方头鞋、画屦、高底、假践套等。其中,"芦花鞋,北方男子冬日着以御寒,江苏天足之妇女亦喜蹑之"。②而拖鞋无跟,轻便,"光、宣间,沪之男女,夏日辄喜曳之"。③"木屐,履类,底以木为之"。"各处皆雨时所用,闽人亦然。粤人则不论晴雨,不论男女,皆蹑之"。④弓鞋,"缠足女子之鞋也。京、津人所着者,宛如弓形,他处则惟锐其端,而以扬州之鞋为最尖"。⑤睡鞋,"缠足妇女所着以就寝者。盖非此,则行缠必弛,且藉

---

① 徐珂《清稗类钞》第十三册《服饰类·足钏》。
② 徐珂《清稗类钞》第十三册《服饰类·芦花鞋》。
③ 徐珂《清稗类钞》第十三册《服饰类·拖鞋》。
④ 徐珂《清稗类钞》第十三册《服饰类·木屐》。
⑤ 徐珂《清稗类钞》第十三册《服饰类·弓鞋》。

以使恶臭不外泄也"。① 乾隆末叶,秦淮妓女多着方头鞋,即拖鞋;② 沪妓在同、光间"所著画屟,镂空其底,中作抽屉,杂以尘香,围以雕纹,和以兰麝,凌波微步,罗袜皆芳"。③ 高底,"削木为之,上丰下杀,略如弓形,缠足之妇女以为鞋底,欲掩其足之大也。垫于鞋之外者,谓之外高底,垫于鞋之内者,谓之里高底,取其后高而足尖向地也"。④ 光绪年间,"天足会"成立,"奈缠足者一时不能放大,则袜中实以棉,名曰假趾套。向之木底,装于跟后;今之绵套,塞于趾前。向之裹缠,惟恐鞋之大;今则放宽,犹虑鞋之小矣"。⑤ 此外,南洋华侨"妇女率天足,所曳之鞋,上以金线绣各种花样,以处女所绣者为最工,华侨以为馈赠厚礼,一双之值,往往达银币数十圆"。⑥

清末女子妆束照片,脚上所穿为弓鞋,并覆以膝裤。

① 徐珂《清稗类钞》第十三册《服饰类·睡鞋》。
② 徐珂《清稗类钞》第十三册《服饰类·秦淮妓女之方头鞋》。
③ 徐珂《清稗类钞》第十三册《服饰类·沪妓所着画屟》。
④ 徐珂《清稗类钞》第十三册《服饰类·高底》。
⑤ 徐珂《清稗类钞》第十三册《服饰类·假趾套》。
⑥ 徐珂《清稗类钞》第十三册《服饰类·南洋华侨妇女之鞋》。

第三节　发式风俗

妇女的发式风俗，包括发型与饰物两个方面，它们各具特色，却又互相辉映。同时，更与服饰构成一个美的"整体"。

满汉妇女在发型与饰物方面，亦有许多明显的区别。

满族妇女喜梳"两把头"、"一字头"、"如意头"等发型，并佩上发饰。据《旧京琐记》一书载，"旗下妇装，梳发为平髻曰一字头，又曰两把头，大装则珠翠为饰，名曰钿子"。此发型为头顶后左右横梳二平髻，一若横二角于后，恰似一如意横在顶后，故又称"如意头"。同时，又因其二髻间插以双架成双角，又称为"架子头"；望上去像

对镜梳妆的宫妃

"一"字横写,更称之"一字头"。脑后之发左右横出,髻之长度约一尺。此外,"把儿头"发型与此相似,清人记述:"后、妃、主位以及宫眷之常衣,皆窄袖长袍,髻作横长式,可尺许,俗所谓把儿头者是也。"① 便可表明这一点。到清代后期,宫女们大都着红袄绿裙,常服惟蓝布衫或袍,上加丝绸的坎肩,梳着辫子,在耳旁戴上两朵花。初进宫之宫女,则大多梳着辫子,到宠幸后加位号才梳裹发髻。至于慈禧太后(孝钦后),不仅喜梳创新的"大拉翅"发型,此新髻式,较以往尤为高大,满族贵妇们亦争相效尤;而且,慈禧太后还好妆饰,头上好戴赤金字簪。当时,"孝钦后"在宫中,平日与年节"好妆饰,化妆品之香粉,取素粉和珠屑、艳色以和之,曰娇蝶粉,即世所谓宫粉是也。宫簪翡翠之深绿,为世所罕有,两端各镶赤金卍字七个,曰卍字簪。宫粉既涂,翠簪毕插,辄取镜顾照数四也"。② 至清末,仿效之风更甚。满族一般妇女,清初与中后期,在发型与发式上,亦有变化。据《阅世编》一书记载:"顺治初,见满装妇女辫发于额前,中分向后,缠头如汉装包头之制,而加饰其上,京师效之,外省则末也。"此后,发型则愈梳愈高,至后期成为既高且大,似在头顶着一块"小黑板"的发型样式。且头上之发饰,也较前增多。

清末发簪

贵妇梳头

汉族一般民人妇女的发型与饰物,在清代,亦几经演变。明末清初,民妇发髻仍沿明制,南方江浙妇女喜将发髻在头顶上作螺旋式,此常见式样,即晚明所谓"一窝丝杭州攒"之发型。头上花朵首饰,早期多用珠玉点缀,稍晚才戴银质广式珐琅等饰物。妇女年老者,即用锦绫包头。其他地区妇女,多仿苏州流行的"牡丹头"、"荷花头"、"钵盂头"等发型式样。其中,"牡丹头"一种高髻,高约七寸,鬓蓬松而髻光润,其发式须用假发衬垫;荷花头发型与牡丹

---

① 徐珂《清稗类钞》第十三册《服饰类·大内之服饰》。
② 徐珂《清稗类钞》第十三册《服饰类·卍字簪》。

作苏州撅的清代妇女

头相似；钵盂头发型，则形如覆盂。另有倒垂之状的"堕马髻"发式。当时，扬州地区则盛行假髻的各类发型，其中，以蝴蝶、望月、折项、罗汉鬏、双飞燕、花篮、懒梳头、八面观音、倒枕松等髻式，最为时尚。清中期，苏州又兴元宝头，鬓发如翼两张而髻叠发高盘；后改为直叠三股在髻心之上，下股压发簪的平二股发型；后又盛行"平三套"，即一半盘三股于髻心之外。嘉庆、咸丰时，高髻渐趋长髻，江南流行拖在后面的长髻"苏州摆"，杭州争趋之，名为"背苏州"发式。此外，又有"抛家髻"、"抓髻"、"牛角篆"、"元宝髻"、"扬州桂花头"、"狮子望长江"诸髻式，南北皆流行。光绪时，妇女以圆髻团结于脑后，用细线网结，髻以光洁为时尚。年轻姑娘或梳"蚌珠头"，即额旁挽一螺髻，似蚌中圆珠，或将发根为分二，左右作成空心似蜻蜓两翅；或做成左右二螺髻，加以珠翠等发饰；或在额正中作一小螺髻。更年轻者，则挽"双丫髻"，或垂辫脑后，或将辫子梳成"抓髻"式样，婚后则改梳圆髻式。至光绪庚子以后，不分年之长幼，额前均多留额发，此额覆短发，原名为"前刘海"，是幼女幼发垂额，即雏发覆额之式，后则老幼效尤。其式有平剪如横抹一线者，有微作弧形者，有垂丝如排须者，亦有似初月弯形者，等等，不一而足。最初，"刘海"时尚极短，后来越蓄越长，甚至有覆至半额者。宣统时，更将额发与鬓发相合，垂之于额两旁鬓发处，如燕子两尾分叉，北方人谓为"美人髦"发式。还有的在额发中置小木梳而以额发卷裹，遂使额上作隆起高卷状。此外，清末还有苏州撅、平三套、连环髻、巴巴头、双盘髻、长寿、风凉、圆月、麻花、双飞蝴蝶、圆髻等诸种发髻式。年长者更在髻上加罩硬纸与绸缎制作的黑色冠，绣以"团寿"字样，更有以马鬃作成篆，而加诸于发髻之上者。

发饰方面，清代民人妇女所用共分三类，一为鲜花类饰物，用以插之髻上。南方妇女喜将鲜花用彩丝穿成串，绕于髻

清博山料梳妆用具

间；北方妇女则好鲜花多种，插戴鬓边。农村妇女，亦喜在发际鬓间，插戴鲜花。插戴之花，以茉莉、素馨、蕙兰最为所喜；次为夜来香、野蔷薇、山踯躅等花。二为像生花饰物，如清代苏州即有用通草、绒绢等制作像生花者，类似鲜花且可而久戴用。之后，烧料花兴起，酷似真花，更为人们所喜。至清末又尚珠花，盛行用金翠宝玉、珊瑚制成的茉莉针，插排于发髻之上或作半环形之状。此外，亦有用翠鸟羽毛制作成翠花，供民人妇女佩戴者。三为金银、玉石制作的饰物。如各类发簪，如前述"金气通"、"红丝球"、"方胜"、"头钗"等，均用金银、翡翠、宝玉制成，其形类花朵、禽鸟、秋叶之状，民人妇女购得，或横于鬓，或簪于髻左。在簪花插戴方式上，北方青楼女子喜将此插于发顶之上，高高顶着，以示招徕之意，南方则无此式，而喜插于髻中或鬓边。

杨柳青年画中北方女子发髻花饰

第二章　穿着

金廷标《簪花图》

第三章
居住与建筑

　　居住与建筑风俗,是清人基本物质文化生活风俗的重要组成部分。遍布于全国各地城乡地区的都城城市、城镇、村落、居舍建筑群落,以及随着时代的推移,而产生的诸多居住习尚、建筑风格上的流变,恰好又折射出清人在此一生活领域中的阶级性、阶层性、多元性与变异性等特点;同时,又是中国古代居住与建筑风尚、传统,在新的历史条件下的继承、发展与创新的生动显现。

　　在清代形形色色的居住与建筑风俗中,又具体包括清人对都城、皇宫、城镇村落的选址与规划,住居的建筑,住宅的装饰与起居用具,园林,名人住宅的保护与维修等风尚。它们各自有着不同的风俗源流与流变,但从总体而言,则又构成一个清代社会风俗大系统中的"子系统"。

第一节　卜居风俗

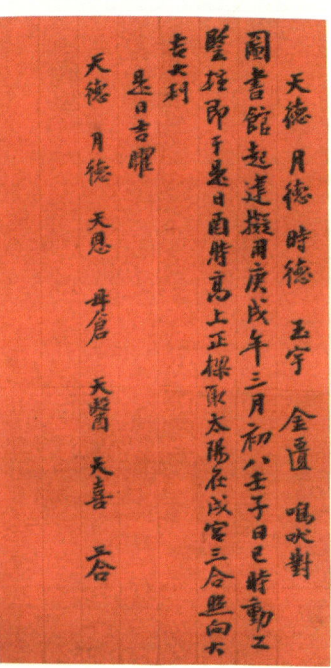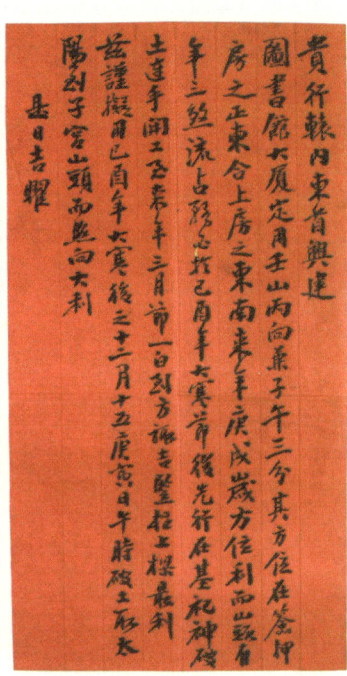

动工建房，须请风水先生查勘相度，尔后就地基风水决定修建吉日。图为清末盛宣怀在上海兴建愚斋图书馆时请风水先生选取破土动工和上梁的吉日

清人上自天子王公贵胄，下至普通民人百姓，在对住居地址的选择上，均十分慎重，且遵循古代《黄帝宅经》的理论原则，加以实践。更在长期的实践中，有着"趋吉避凶"、"天人合一"、"因地就势"、"依山傍水"等若干科学与风水迷信二者搀杂的信条，在解决城镇、村落、都城、皇宫、民宅的建筑向阳、居高、避潮湿诸"难题"上，均有一整套切实可行的办法。

一、都城地址的选择与规划

清代的都城京师（今北京）地址的选择与规划，大体上沿袭了明代永乐年间以后都城构建的原则，但又在此基础上，有所改造与扩建。

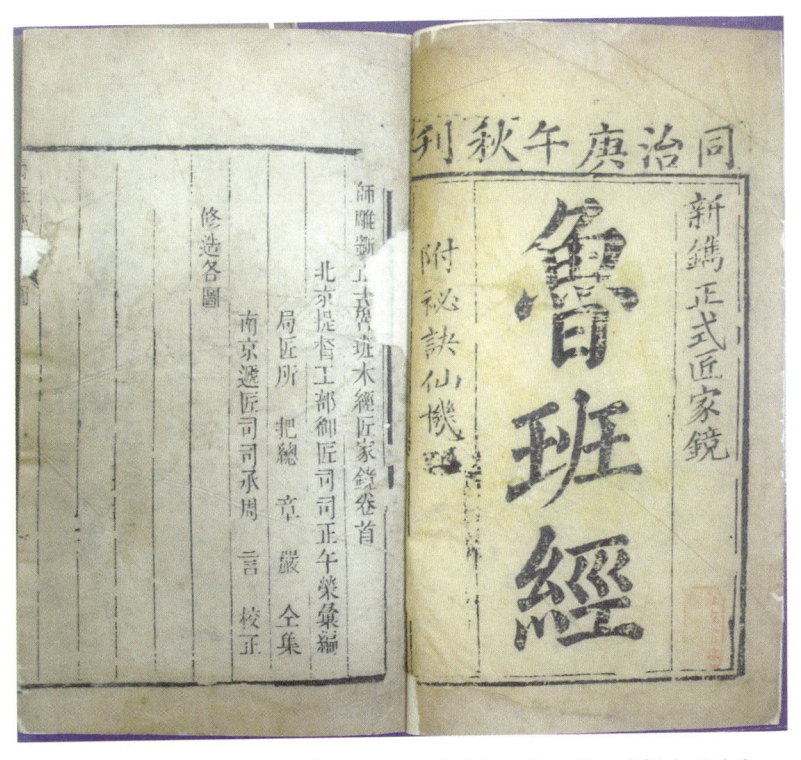

《鲁班经》：工匠的业务用书，论述了建造房舍的工序，选择吉日的方法，建筑物中的尺寸高低、左右前后与吉凶祸福的关系等。

具体而论，清代都城地址选择与规划，所承袭遵照的理论实践原则为：其一，对都城的地址选择、规划、布局上，具有整体性、实用性、科学性的规划与施工法度。此法度早在春秋末期的《周礼·考工记》中，便有系统论述，且为后世历代所尊奉。其主要内容与条规有：(1) 都城选址规划须当"正朝夕"。(2) 都城选址规划须当"水地以县"。(3) 都城选址规划须当天子之国（即宫城）应"方九里"。(4) 都城选址规划须有"旁三门"。(5) 都城选址规划须"有沟树之固"。(6) 都城选址规划须"左祖右社"。(7) 都城选址规划须"面朝后市"。(8) 都城选址规划须"九经九纬"。(9) 都城选址规划须"经涂九轨"。(10) 都城选址规划须"市朝一夫"。(11) 都城选址规划须"王宫门阿五雉"。（12）都城选址规划上，对其他王府建筑，须依爵位高低，各有等差。其二，除《周礼·考工记》外，在具体选址、规划、建设上，还遵循后世的《木经》、《鲁班经》、《营建法式》等书中详细阐释记载的具体规则。其三，清代都城的选址、规划、建设，亦遵循与符合科学、实用、自然的准则，即：一是京师地面平坦开阔，既属华北平原的东北部、亦在燕山小盆地之中。具有建设大城市的广大面积，便于开发、布局。二是有充足的水源，京师境内有永定河、潮白河、温榆河、通惠河、凉水河等，水源较为充沛。三是位于平原与盆地之中，交通便利，加之运河等水路与南口古北口狭谷沟通燕山内外陆路的通畅，导致地区经济的繁荣，为京师作为都城奠定了坚实的经济基础。四是有山河之险作天然拱护，可供防守而加以利用。如京师西面、北面、东北三面有西山、军都山、太行山、燕山、古长城居庸关等山脉、关隘可加利用，以

徐扬《京师生春诗意图轴》，作于乾隆三十二年（1767年），描绘了京师全貌

作军事上屏障。

在中国古代都城地址的选择、规划、建设中,清代京师的规模为最大,基础设施最完善,城市布局在总体上也最为典型。其特点是:(1)在总体选址、规划上,构成一个左右对称、方正严整、井然有序、棋盘式布局、能攻能防的都城。(2)在王宫宫城的选址、规划上,帝王深居宫中,远离尘世,既幽静又安全,便于实施帝王的各种行政最高权力。同时,又足以体现帝王之尊崇与天下归一的愿望。(3)在经贸活动与百姓生活方面,其规划布局,亦以便利、通畅为准则,从而形成商业相对集中于南市区一带,便于贸易活动。至于市井平民百姓则居于小巷胡同之内,相对比较安静。同时,就行政管理、治安保甲、户籍登记等方面而言,如此选址、规划、布局、建设的京师都城,则便于加强治理,分区管理,从而使都城城市生活能正常平稳运转。

二、皇宫地址的选择与规划

北京故宫太和殿

清代京师的皇宫,又称为"大内"、"紫禁城",是皇帝、后妃、妃嫔、宫女们生活之地,亦是皇帝行使最高统治权力之所。在皇宫地址的选择、规划与建设方面,所遵照、奉行的准则是:其一,是皇宫宫城构筑上,应遵循方正严整、左右对称、左祖右社、面朝后市等准则。其二,是皇宫宫城构筑上,应循方九里、旁三门、有沟树之固(筒子河)等规范法则。而"三"、"九"之数,则言其多也,是为佳数、吉数,亦为泛化之数目。其三，是皇宫宫城构筑上，遵循"前朝后寝"的便于生活起居、行使权力的建筑群体构式格局。即以"三大殿"为主体的南部为"前朝"，而乾清门以北为"后寝"（帝后妃嫔宫女的生活起居，包括帝后日常政治活动使用之所）。进而构筑成为一个体形与空间组织繁复的庞大建筑群体。其中，无论"朝"、"寝"均是由许多建筑物组合而成的。其四，是皇宫宫城构筑上，循行了"高台建筑"的原则[①]，紫禁城中的"三大殿"在建筑群体中，既是建筑物的最高者，更是高台建筑物的典型。皇帝在此行使最高政治、军事、司法权力，在建筑物的形体上，庄严、雄伟、气派，显示了至高无上、唯我独尊的皇权。其五，是皇宫宫城的构筑上，尊奉军事上"利于防御"的原则，故有垛楼之厚重坚固的宫城城墙之设。为了在政治上、军事上达到"长治久安"的目的与效应，清王朝统治者自关外入主中原、定都京师以后，又在皇宫与都城的原有基础上，进行了一系列的重建、改建、重新规划。其六，在皇宫及都城一体化的构筑与重新规划上，清王朝的满族贵族统治者，要实现其"久安"的构想。于是，在清初顺治八年（1651）时，曾下令重修承天门，工程竣工后，将"承天门"改名为"天安门"。顺治九年（1652）七月，清王朝统治者又下令改皇城的后门为"地安门"。若加上皇城原有的东安门、西安门，这样，皇城的东、西、南、北四门的重新命名中，均蕴含"长治久安"、"江山永固"之意。其次，在皇宫—都城一体化的构筑与重新规划上，还要达到与实现的是"政通人和"的构想。为此：一是在顺治二年（1645）五月时，清政府下令对紫禁城中的三大殿，即明代的皇极殿、中积殿、建极殿进行重建，完工后改名为太和殿、中和殿、保和殿。二是将紫禁城内各门的匾额，用满汉文合璧进行书写，且将原北门玄武门更名为神武门。而外城的原广宁门则更名为广安门。三是对内廷亦进行改造，如对坤宁宫按满族风俗进行改建，对宁寿宫花园的修建等即是典型事例。此外，为体现"政通人和"，在这些建筑群体内，还较之明代，举行了一系列有别于前代的、重大的政治活动，如各种年节庆典、朝会、宴飨、命将、颁朔之礼；《玉牒》（皇室谱系）的告成仪式；《四库全书》的修纂、《古今图书集成》的编纂仪礼；"秘密建储"的实施；规模盛大的"千叟宴"[②]的举行等等即是，既反映出政治功能的巨大变化，更有着特定的政治目的与效应。

[①] 以上参见杨鸿勋《建筑考古学论文集》一书，文物出版社1987年版。
[②] 参见阎崇年主编《中国历代都城宫苑》一书，紫禁城出版社1987年版。

三、城镇、村落地址的选择与规划

人们在对城镇、村落地址的选择与规划中，所遵循的原则，多源自对于自然条件、社会条件、交通条件的考虑，以及对相关伦理、风尚传统的传承、变革、创新。

具体而论，清人在对城镇、村落地址的选择与规划中，所承袭、遵循的习尚准则有：其一，依山傍水，既可依托山势对城镇、村落的防御作天然屏障，又可起调节气候、防止自然灾害的缓冲作用，如对风沙、沙暴灾害的侵害即是如此。重视傍水，可保证充足的水源，又可有交通、灌溉之利。其二，地势平坦处准则。此可利于市镇、街道建设，又可减少与外地交通的障碍。其三，多为水网、河网、交通干道之旁，或交汇之处。此对城镇、村落人们的经贸、交通、对外交往活动，均能提供诸多便利条件。譬如，清代的第二政治中心承德，其城镇及附近村落的选址、规划，便颇具典型意义。其特点为：一是距京师很近，仅二百五十公里之距，且交通

水乡苏州临河而建的住宅

便利。二是承德周围山川环绕、群峰突兀，风景秀丽。三是清初仅为一个八十户人家的小山村，气候凉爽，景色优美，山、水、林、泉俱佳。四是它为清帝每年"北巡"的必经之地，有要道之险。五是它因有前述优势，故于康熙四十二年（1703）时，清政府选址于此，大兴土木，修建行宫。承德于是遂由一个人烟稀少的小村落逐渐发展成为一个初具规模的城镇。六是避暑山庄建成后，它的城镇功能随之变化。清朝皇帝不只是每年来此避暑消遣，且有半年时间在此处理朝政，接见少数民族上层首领、外国使节，承德于是赢得"塞外京都"的美誉。

四、住宅地址的选择与规划

民人对住宅的地址的选择与规划,不仅十分慎重,而且在遵循的《黄帝宅经》、风水的原则,包含着半是迷信、半是科学的成分。具体而言,民人对住宅选址,亦称"卜宅"或"相宅",俗称"看风水"。由专司其职的"风水先生",观察住宅(又称阳宅,以别于葬地的阴宅而言)选址基地周围的风向水流等形势,以图避祸得福。此举为晋人郭璞所创立,在相宅选址时看罗盘,盘上分东南西北四方,依次以寅卯辰、巳午未、申酉戌、亥子丑划为十二个刻度,观其指针之向以别地之吉凶。多以"气散风冲"之地为凶,空阔无碍之地为吉。且杂以阴阳五行之说,力避"冲犯",以为宅基"贯气",方才能护佑子孙福禄平安。在相宅选址与规划中,运作规范为:

(一)选址须用罗盘先行占卜

对此,清人承袭古之传统,《周礼·地官·大司徒》便载:"以土宜之法,辨十有二土之名物,以相民宅。"而《书·召诰》也称:"太保朝至于洛,卜宅,厥既得卜,则经营。"至于罗盘,则是占卜必备之工具,清乾隆时的餐霞道人说过:"罗经(指罗盘图经)是堪舆之指南,无罗经则山向何由分,方位何由定。"罗盘共分七层:一层天池,二层后天八卦,三层正针,四层十二地支,五层缝针,六层天星,七层中针。风水师用它格龙砂、穴位、建房屋以定吉凶。

(二)住宅选址规划多循《宅经》

具体而言,《宅经》又称《黄帝宅经》,该书序中认为:"夫宅者,乃是阴阳之枢纽,人伦之轨模",故"凡人所居,无不在宅,虽只大小不等,阴阳有殊,纵然客居一室之中,亦有善恶。大者大说,小者小论,犯者有灾,镇而祸止,犹药病之效也。故宅者人之本,人以宅为家居,若安即家代昌吉,若不安即门族衰微"。[①] 此为清人所循之规,亦为风水师理论依据。

(三)住宅选址规划迷信"龙穴"为吉

清人在建造民宅时,请风水师选址为找"龙穴",且以此迷信为吉利。所谓风水师的与山势、水口相关联的"龙穴"有"四大类"之说:一类称"窝穴",又称"开口穴"、"金盆穴"、"窟穴",指前平后突、两边掬抱的阳结之穴。二类称"钳穴",又名"开脚穴"、"钗钳穴"、"虎口穴"、"仙宫穴",指左右两边掬抱特长而中平后凸的龙穴。三类名"乳穴",又名"悬乳穴"、"垂乳穴"、"乳头穴",指山势垂下复又高起所结之穴。第四类名"突穴",又称"泡穴",指平中起突之穴。此外,选到吉穴之后,还须

---

① 见《皇帝宅经》一书,"序"言。

善于因穴制宜，即"穴有高的、低的、大的、小的、瘦的、肥的，制要得宜，高宜避风，低宜避水，大宜阔作，小宜窄作，瘦宜下沉，肥穴上浮"，①方为妥当，才能使居住者福禄昌盛。

（四）住宅选址规划应趋吉避凶

民人选址建宅时，十分迷信宅外环境应趋吉避凶的禁忌，且加实施。宅外环境包括水、路、树、宅与宅关系等要素，须加恰当处置，否则，按阴阳家说法，即使宅内布局规划再完美，也不能使居者家人子孙完全吉利。具体而论，则是：其一，阳宅与水。卜宅者将住宅周围的水分为六种，一为朝水，如九曲水、洋朝水等。二为环水，如腰带水、弯弓水等。三为横水，如一字水等。四为斜流水。五为反飞水。六为直去水。而前三种主吉，而后三种则主凶。此外，宅前只能开挖半月形池塘，不能开挖方形池塘，因后者称为"血盆照镜"，大凶。其二，住宅与树木。风水家对住宅周围的树木也有诸多规避，如宅前不种桑，宅后不种槐等。其三，宅与宅关系。对此，相宅者认为，民宅不可与众人住宅方向相反，否则会导致"众抵煞"，使居住者不吉。

（五）住宅布局结构规划戒律多

清人在对住宅的布局结构规划上，亦深信与遵循风水家们的诸多迷信色彩的清规戒律。对此，首先从总体结构上讲，风水家将房屋分为金、木、水、火、土五行：凡金行，欲其屋宇光明，墙壁严整，四檐相照。木行，欲其屋背高耸，墙垣起伏，四檐拱照。水行，欲其屋宇整洁。火行，欲其屋宇藏风，屋脊不见尖耸。土行，欲其屋宇方正，四檐齐平，墙无缺陷。而如果是金行屋宇枯边，木行屋宇举头，水行屋宇歪斜，火行屋宇尖长，土行屋宇下垂，均属于不吉。其次，对住宅结构，风水家亦有许多清规戒律和迷信信条。如住宅的大门称为"气口"，关系吉凶甚大。而院内中心、总门、便门、房门的开启，亦有讲究。其总的原则是，应当通过门的设置使空间曲折幽雅。复次，风水家对住宅中的"天井"十分重视，认定"凡第宅内厅外厅，皆以天井为明堂、财禄之所"，在设置上应"横阔一丈，则直长四五尺乃宜也，深至五六寸而又洁净乃宜也，房前天井固忌太狭致黑，亦忌太阔散气，宜聚合内栋之水，必从外栋天井中出，不然八字分流，谓之无神"。且"天井栽树木者不吉，置栏者不吉"。②又因天井与排水相关联，故"总宜曲折如生蛇样"。③此外，对住宅中水井、仓库、厕所位置与方向，亦有许多迷信式禁忌。

---

① 见黄妙应《博山篇》。
② 《相宅经纂》卷三《天井》、《放水定法》。
③ 《相宅经纂》卷三《天井》、《放水定法》。

石敢当

（六）住宅规划中用符镇保平安

民人建宅选址与规划时，常采用图画与文字相结合的符镇以护佑其平安。此遵循的乃是风水术的原则，清人认定："修宅造门，非其有力之家难以卒办。纵有力者非迟延岁月，亦难遽成。若宅兆既凶，又岁月难待，惟符镇一法可保安全。"① 具体而论，符镇之法甚多，一是"石镇法"，即用灵石镇宅，常用刻有"泰山石敢当"、"山镇海"的大石。二是"符镇法"，常在桃、梨、杏等木或纸上画图符，或悬于宅前，或置于宅中，或埋在土中以镇祸。其图符有："五岳镇宅符"、"镇宅十二年土府神杀符"、"镇四方土禁并退方神符"、"三教救宅神符"，用以防家宅不安，或有凶神邪鬼作祟。三是"物镇法"，用作镇物的有镜子，多用"白虎镜"、"照妖镜"悬挂于住宅门首，以镇防住宅门首外有高楼、庵观、石塔、寺院旗杆与之"相冲"。另外，亦有用埋木头、泥人、泥作牲畜、动物骨血等作镇物者，以达镇妖祛邪、除魔扶正的目的。②

在清代民人住宅的选址与规划上，受上述制约与影响，最具典型性的为木构架庭院建筑中的"三合院"、"四合院"。此种民居以木构架房屋为单体，在南北向的主轴线上建"正厅"或"正房"，正房前面左右对称建"厢房"，形成次要的东西向轴线，故这

---

① 《古今图书集成》卷六七八。
② 参见高寿仙《星象·风水·运道》一书，广西教育出版社1995年版。

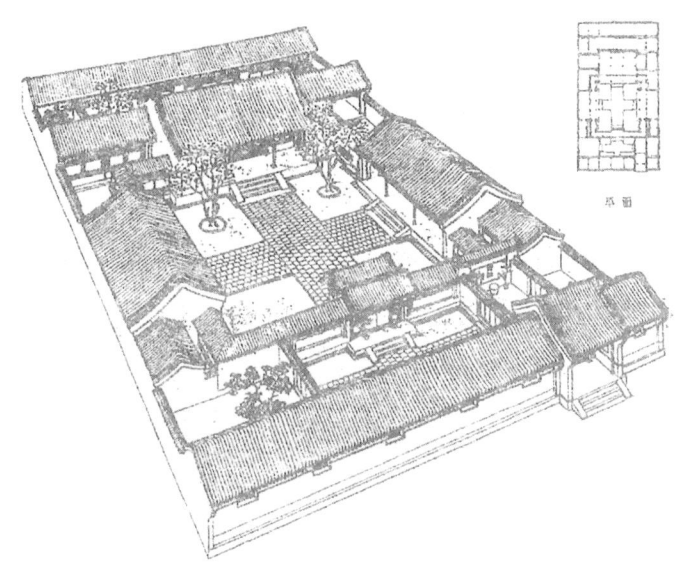

北京典型四合院住宅鸟瞰、平面图

种院落称"四合院"或"三合院"。其中,"四合院"以清代京师的四合院最为典型,且具代表性。如京师的"四合院"的三进院布局因受"风水"理论与清规戒律的影响,为趋吉避凶,大门不开在"轴线"上,而开在阴阳八卦的"巽位"或"乾位",造成路北"四合院"住宅大门开在住宅的东南角上、路南"四合院"住宅大门开在住宅的西北角上的"格局",且在大门内外修设"影壁"。至于"四水归堂"式民用住宅,在清代则多于江南地区,庭院内设有"天井",以供居住者采光、排水之用。住宅大门开于中轴线上,屋顶铺用小青瓦,墙壁则用青砖或白石灰来粉刷,加以装饰。

第二节　住居的建筑

清代住居的建筑群体，包括都城建筑、宫殿建筑、贵族官僚等的第宅建筑、平民百姓的住宅建筑等不同的建筑群体，其中既有木石的结构建筑，亦有其他结构建筑群体，且各具特色。

一、都城建筑

较之明代而言，清代统治者对京师都城又进行了扩建，具体体现在改造旧城与对郊区的开发上。

首先，在改造都城旧城上，一是改造皇城，如将明代皇城北部内府监司撤销，用地改为胡同民居；将明代皇城东南部的南内撤销，在东南角建"堂子"；又将明皇城西部西什库一带用地改为民居等。二是对明代内城进行改建，如将天安门前西侧的明五军都督府改为民居用地；东城储粮，除海运、南新、禄米仓保留外，其余改为民居；又将王府井的明十王府改为贤良寺、将台基厂改为裕王府、将西城太平仓改为庄王府、西城草厂改为果王府与慎郡王府。同时，亦占用部分民居，新建雍亲王府、履亲王府、康亲王府等。更将内城商业集中于东单、西四、鼓楼前大街，以及外城的前门外大街、菜市口一带，便于民生。

其次，加强对郊区的开发。对此，清代除将内外城的关厢发展起来外，又拓展西郊与南郊的城市用地，更在南部元代南海子基础上兴建南苑、团河行宫。其中，南苑周环一百二十里，清代将它作为帝王们习武、阅兵、狩猎的行宫和离宫。至康熙时，又建造西郊皇家园林，修建畅春园。乾隆时，又建修了清漪园、静明园、静宜园、圆明园诸园，且开发西郊水利，引水挖湖，建造多处供帝王每年长期居住、处理政务、休闲的离宫园林建筑群体。①

二、贵族官僚的宅第建筑

官府建筑与宅第,包括山东曲阜孔府以及满汉王公贵族的王府宅第等。这些宅门府第,其华美壮观,并不亚于皇宫,仅在规模、气势上及建筑高度上,逊于后者而已。

(一)清代"衍圣公"府的高门宅第

官居文臣之首的"衍圣公"所居住的山东曲阜"衍圣公"府及其他建筑群落,是一个将居住、祭祀、享堂相结合的"三位一体"的建筑群体。具体而言,它包括孔庙、孔府、孔林三部分。其中,孔府建筑,是专供孔氏贵族地主居住的。

山东曲阜城内的"衍圣公府",亦称孔府,始建于宋宝元年间(1038—1040)曲阜旧城内。明洪武十年(1377),"移县城卫庙,改建衍圣公府于庙东",②即是后来的孔府。清代时又加以扩建、增建若干建筑物,使之更具规模。清代的孔府宅第,拥有各式厅、

18世纪运河畔达官显贵的府邸

---

① 参见《中华文明史》卷九《建筑技术与建筑艺术》部分,河北教育出版社1994年版。
② 《孔府档案》未编号,(山东曲阜文管会藏,下同)。

堂、楼、阁四百六十三间，九进院落，占地二百四十多亩。前四进院落，大门至二门，大堂，二堂，三堂，为孔府"六厅"官衙，是管理、罚惩、刑治地方民人及孔府佃户的场所。后五进院落，内宅门至前上房，前堂楼，后堂楼，以及后花园是住宅。除主建筑群体外，东西两旁则有御书楼，慕思堂，红萼轩，忠恕堂，安怀堂，东西南花厅，学房，佛堂楼，一贯堂等。

（二）清代王公贵族与王府

王公贵族及显赫官宦之家的王府宅第，则属"一入侯门深似海"的深宅大院型。建筑群落多呈正方封闭型或品字型，且多重院落，层层相套。在《清稗类钞》一书中，"第宅类"下，则对清代一些王府宅第的景观，有零星、生动的描述：

恭王邸。"恭忠亲王邸在京师银定桥，旧为和珅第，从李公桥引水环之，故其邸中山池亦引溪水。珅败，既以赐庆僖亲王，其后恭王分府，乃复得之。邸北有鉴园，则恭所自筑也。"①

三、平民百姓的住宅建筑

清代各地平民百姓住宅建筑的建构，多遵循"就地取材，因地制宜"、"经济适用，生活方便"的信条与原则。这是清人在物质文化生活方面，"务实"、"求真"、"济惠"的心态和价值取向的重要体现。

若就清代各地民居住宅建筑的模式与风貌而论，它们既有共性，亦有其个性特征。其共性是，汉族民居住宅，多为土木结构的建筑，即土木院落式住宅；而个性则是，黄河中游地区多采用窑洞式院落住宅，其余地区多用木构架结构系统的院落式住宅。这一个性，又以秦岭、淮河流域为界，形成南北两种不同的风格。

（一）窑洞与拱券式平民百姓住宅建筑

河南、山西、陕西、甘肃等省的黄土带地区，民人在居住方面，鉴于客观自然与物质条件的制约和影响，为了适应这种独特的地质、地形、气候与经济条件，乃建造和构筑了各种窑洞院落式与拱券院落式住宅，以供居住。窑洞式住宅有两种，一种是靠崖窑，另一种为地坑窑或天井窑。其中，前者是在天然土壁内开凿横洞，常数洞相连，或上下数层，有的在洞内加砌券或石券，以防止泥土崩溃，或在洞外砌砖墙，保护崖面。规模较大的则在崖外建房屋，组成院落，称为靠崖窑院。而地坑窑或天井窑，则是在平坦的岗地上，凿掘方形或长方形平面的深坑，沿着坑面开凿窑洞。这种窑洞

---

① 清徐珂《清稗类钞》第一册《第宅类·恭王邸》。

窑洞

以各种形式的阶道通至地面上,如附近有天然崖面,则掘隧道与外部相通。大型地坑院有两个或两个以上的地坑相连,可住二三十户人家。此外,还有在地面上用砖、石、土坯等建造一层或二层的"拱券式"房屋,称为"锢窑",用数座锢窑组合成的院落,则称之为"锢窑窑院"。

黄河流域的土窑洞民居,古代称之为"穴居"。此种"穴居",历史悠久,远在万年以前,原始氏族公社的人们就挖地为穴居或半穴居。《易·系辞》记载:"上古穴居而野处,后世圣人易之以宫室,上栋下宇,以待风雨;盖取诸大壮。"至宋代已有大型窑洞,据宋代郑刚中《西征道里记》记载,当时武功的窑洞已有数里长,中间可住千余户人家。根据清人的有关记载,可以对晋中、豫西、陇东、陕北、冀北(察北)的各式窑洞风貌,有概略性的了解。

晋中窑洞。清代,山西晋中各府州县民人,挖筑不同形式的土窑洞,作为住宅。其中,以太原、平遥、太谷、祁县、霍县、介休等地的窑洞最为典型。

豫西窑洞。清代,河南豫西民间的窑洞,亦称为"西窑洞"。当地民人挖筑土窑,多沿着陡峭的崖面开凿。这些民窑,大体上可分为三种类型:即单项窑、天井窑、混合窑。

陕北窑洞。清代,陕北窑洞分为土窑与石窑两种:土窑口砌石边,内部为土,冬日居住十分温暖,民人多喜居此窑洞;石窑洞则是全部用石块砌筑,虽坚固整齐,但居住窑洞中,较土窑寒冷,故多用作民间的私塾、学堂、民人家用储藏室等。

清人的著述中,对此"穴居"式的民居,有着细致入微的描述:"山、陕、河南一带，颇有着仍如上古之穴处者，开山为穴，有门有窗，光可入屋，所异者，特屋顶与墙壁皆山土耳。然冬温夏凉，且收藏食物于中，可经年不坏，且造穴屋之价，有时昂于木屋。穴上仍有树木街道，不费地之面积。"① 至于城市民居，则类似"南方庙宇"，如"洛阳人民之房屋形式，如南方庙宇，矮而小，无楼，且有梁无柱，梁椽即架于壁，有谚云'田靠天，屋靠壁，人靠命。'屋瓦有阴无阳，两瓦搭界之处用泥灰涂之，以土筑墙，砖砌少有。乡人居土窑最多，故火患甚少"。②

（二）北方平民百姓住宅建筑

北方民居住宅以京师（北京）地区的四合院住宅为代表。这种住宅的布局，在封建宗法礼教的支配下，按照南北纵轴线对称地布置房屋和院落。它还因为人们的社会政治、经济、阶级地位的不同，在院落的大小、设置上，存在着巨大的悬殊。如京师"内城屋宇，异于外城。外城参仿南式庭除而屋低，内城不然，门或三间或一间，巍峨华焕，二门以内必有听事，听事后又有三门，始至内眷所住之室，俗称上房，其巨者略如宫殿。大房东西必有套房，曰耳房，左右有东西厢，必三间，亦有耳房，名曰盝顶。或从二门以内，即以回廊接至上房，其式全仿王公邸第。盖内城诸宅多明代勋戚之旧，及入国朝，而世家大族乃又互相仿效，所以屋宇日华"。③

北京街道旁的住宅

---

① 徐珂《清稗类钞》第一册《第宅类·穴居》。
② 徐珂《清稗类钞》第一册《第宅类·洛阳家屋》。
③ 徐珂《清稗类钞》第一册《第宅类·京都内城屋宇》。

北方民居住宅，在采暖与防寒设施方面，清代亦多用"火地"与"火炕"等简便而实用的办法。

"火地"，是清代关东即东北民间的习惯称法；《红楼梦》中称火地为"地炕"，则是北京民间的称呼。此种民间采暖办法，与炙地一样，均是用火把地烤烧发热。炙地是用火在地面上烤，火地则是在地面下烧。因而地面下要设有烟道，相应的还要有烧火口与排烟口、烟囱，设备配套，构造较为复杂。火地采暖在清代宫廷与民间比较盛行。清代宫廷（盛京故宫、北京紫禁城）中，采用火地的房间很多；一些王公府第、官僚住宅，以及一部分民宅，亦采用此设置。

至于"火炕"的原理与火地基本相同，主要区别是火炕从地面上高起，形如床榻，火地则是不高起的平地。清代，火炕采暖在北方民间普遍盛行。其炕的布置多靠近前槛墙，设于南窗下。清代，火炕成为北方城镇及乡村五种固定的采暖方式以后，必然引起室内装修（如室内墙壁的裱糊、窗花等饰物的出现）和家具造型等一系列变化。应运而产生了花门子（连二炕中间分隔扇）、炕屏风、炕桌、炕柜之类的新式室内用具。北方乡镇与乡村，其火炕亦与炊事连在一起，往往是炊事、采暖一把火，使能源与余热充分利用、充分循环。而在城市中，火炕取暖，则多用木炭，亦有用煤的。后者在使用时，用一种特制小车，先将煤在外燃着且烟气不大时，再将小车推入炕门子，城镇中烧柴用以暖炕的亦不少，且民居住宅之家，多亦如此。

（三）南方平民百姓住宅建筑

南方民居住宅的类型模式与建筑风格甚繁，故呈现出不同居住风貌。其中，长江下游的院落式住宅，则与浙江、四川等山区住宅及岭南的客家住宅，存在着显著的差别。

清代长江下游江南地区民居住宅，以封闭式院落为单位，房舍沿着纵轴线布置，但方向不限于正南正北。其中，大型民舍住宅，多在中央纵轴线建门厅、轿厅、大厅及住房，再在左右纵轴线上布置客厅、书房、次要住房和厨房、杂屋等，形成中、左、右三组纵列的院落组群。江南住宅的结构，一般用穿斗式木构架。以福建为例，清代"闽中房屋形式殊甚特别，其地多木材，故用木多于砖石，砖墙罕觏。官舍巨筑，率以竹木编制成壁，外附以泥，加白垩焉。平民住宅，可称之为板屋，上覆瓦片，余均用木，且建屋如制橱然，数家数十家为一宅，上下四旁，以木为框，而中嵌以板，造成，平列地上，与地不相连属，故从无倒塌之患。惟平时防火极严，设一不慎，则数十百家同时煨烬，从无一二家即止者。楼阁形式略同欧制，窗槛玲珑，纯以材木，虽三层楼亦各自为柱，盖其梁栋柱槛，均以笋互相投合，质言之，即垛厨耳"。

---

① 徐珂《清稗类钞》第一册《第宅类·闽屋之特式》。

农家院子

"厕所亦在屋中,如高足木橱,可容一二人,橱距地约三四尺,以缸承其下,前有板梯,置于院中之隙地。如厕者既入,阖其门,则院中仍可任人往来略无所碍也。"[①]

浙江、四川等处的山区民人住宅,则是另一种类型。这些地区的民人,多利用各种地形,灵活而经济地做成高低错落的台状地基,在其上建造房屋,因而住宅的朝向往往取决于地形;院落的大小、布局、形状也就不拘一格。然而,在布局上,主要房屋仍具有中轴线,只是左右次要房屋不一定采取对称方式而已。房屋的结构方面,通常采用穿斗式木构架,屋高一至三层不等。墙壁的材料,则往往就地取材,因材施用,主要有砖、石、夯土、木板、竹笆等。在屋顶的形式方面,一般则用"悬山式",即前坡短,后坡长,其出檐与两山挑出颇大,但亦有偶一部分歇山式屋顶者。山区民居住

---

① 徐珂《清稗类钞》第一册《第宅类·闽屋之特式》。

宅房屋外墙多用白色；木结构部分则多为木料本色，或柱涂黑色，门窗则涂浅褐色或枣红色，与高低起伏的灰色屋顶相配合，故其屋宇形成朴素而富于生气的外观。

客家住宅沿着五岭南麓，分布于福建西南部及广东、广西的北部地区。他们聚族而居，因而构筑体形巨大的群体式住宅。此种模式与类型的建筑群体，共分为两个类型：其一为大型院落式住宅，建筑物形体为平面前方后圆，内部由中、左、右三部组成，院落重叠，屋宇参差；其二为平面方形、矩形或圆形的砖楼与土楼。现存的清代构筑的客家土楼中，以福建永定县客家住宅承启楼最为典型。其中最大的土楼，直径达百余米，用三层环形房屋相套，房间达三百余间之多。这些屋宇中，其外环房屋高达四层，底层则作厨房及杂用间；二层储藏粮食；三层以上住人。其他两环房屋仅高一层。中央建堂，以供族人议事、婚丧典礼、祭祀祖先、奖惩族人及其他合族公共事务活动之用。在构建的结构上，外墙用厚达一米以上的夯土承重墙，与内部木构架相结合，并加若干与外墙垂直相交的隔墙。清代，聚居闽粤一带的客家，因安全关系，外墙的下部不开窗户，整个建筑物实体，外观十分坚实雄伟，且封闭性能、安全性能、生活性能十分好，既像一座遇敌易守难攻的"碉堡"，又是客家民人特殊居住习尚的实物标本。①

---

① 参见刘敦桢主编《中国古代建筑史》，中国建筑工业出版社 1984 年版。

第三节　住宅的装饰与起居用具

　　清代，全国各地区不同风格、不同构建模式的平民百姓住宅建筑，以及贵族宅第的起居用具，均各具特点。对此，在方志、档案中，记述最为丰富、完整，且翔实可信。

北京故宫养心殿西暖阁

一、平民百姓住宅的装饰

平民百姓住宅的装饰，一是依居住者的经济、社会地位、居住习尚的不同而有别；二是在装饰材料的选取上，又多就地取材。

1. 京师民宅的装饰习尚

据清光绪《顺天府志》记载，清代"京师之室，瓦上无窗以透光者，如室南向，则于南北墙俱作牖，牖去地仅二尺余，卧室土炕即作于牖下，牖与炕相去无咫尺。贫家，一麈衾枕之外即街巷，妇人安坐炕上，市贩者至，汤饼肴蔌，传食于窗牖中，或竟日不作廖炭之炊也。房舍、墙壁、窗牖，俱以白纸裱之。屋之上以高粱秸为架，秸倒系于桁桷，以纸糊其下，谓之顶棚。不善裱者，辄有皱纹；京师裱糊匠甚属巧妙，平直光滑，仰视如板壁横悬，或间以别纸点缀为丹楹刻桷状，真如油之漆之者然。冬日又防寒气内侵，多易以高丽纸，又有琉璃纸，俗谓之光明纸，用以糊窗，自内视外则明，自外视内则暗，欧阳元功（渔家傲）词所谓'花户油窗通晓旭'者，此也。裱糊多间岁一易，侈者一年四易。北地高燥，如春月亦无湿气发糊者；至夏日，又于窗纸去其一二，裱以疏布，使其除暑纳凉也，布外仍系以纸，有风沙则舒之，无则卷之。风沙之起，触处皆是，重帘叠幕，罩牖笼窗，然锁隙潜来，莫知其处，故几席间，拂之旋积。古人谓，京师软红尘土，不其然乎！人家扫除之物，悉倾于门外，灶烬炉灰，瓷碎瓦屑，堆如山积，街道高于屋者，至有丈余；入门则循级而下，如落坑谷。街道，除正阳门外，绝不砌石，故天晴时，则沙深埋足，尘细扑面；阴雨时，则污泥满道，臭气蒸天。人率当道便溺，妇女辈复倾溺器于当衢，加之牛溲马勃有增无减，以故重污叠秽，触处皆闻。二月淘沟，道路不通车马，臭气四达，人多佩大黄、苍术以辟之。正阳门外鲜鱼口，其臭尤不可向迩，触之至有病亡者。此外为屠宰市，经年积秽，郁聚深沟，一朝泄发，故不可当也"。由此可知清代京师民居及室内布置装饰、防寒、取暖、纳凉等习尚方面的情况。

2. 顺义民宅的装饰习尚

对于清代顺义县的一般民居与居住习俗的具体细节与情况，据民国时期所修《顺义县志》记述，清代顺义地方，民人以土房为多。这些房，均"筑土为墙，覆草（秫秸）为盖"。瓦房次之（百分之五）。箭杆河两岸，地势平洼，"富者积石土为台，建屋其上；贫者用秫杆为墙，稻草覆屋，称'船瓢'。正房多北五间或三间，厢房多三间或两间，形式整齐。窗皆前开。男女居住，别有定室。门用木制或秫秆编（俗称栅栏）。买卖室有栏柜或小窗（俗称'吊吊'）。惟宅居卑隘，窗狭檐低，牲栅、猪圈毗连，灶厨、厕所、粪堆接近门户，日光空气无法流通，不合卫生方法。又惑于风舆之说，院必四合或三合，门、柱、灶、厕皆有定处，高低广狭均有尺寸。近稍高柱明窗，不用檐橡，前后开窗，皆系新机关建设，乡野尚不认可"。由此可见清代后期至民初顺义的居住习尚，以及民宅结构、院落建置；民用、牲圈及乡村卫生设施的一些风貌。亦有其自身的一些特点。

3. 直隶晋县民宅的装饰习尚

据民国时期修撰《晋县志料》一书所述，该县境"居民率多平房。贫家则砖基土墙，规模狭陋；富户则内为土壁，基与表皆以砖为之，较为高爽，然屋皆平顶。又父子异宫，房多四合，则如出一式。至于高楼瓦舍，惟衙署及庙宇为然，乡间则不多觏。建筑所需木材，本地甚不敷用，多来自天津，由滹沱河船运至境"。其中，大部分反映了清后期至清末民初的城镇乡间的民居式样与居住的真实、普遍习尚。

清代起居用具

1 晚清椅背雕刻的"万代如意"图案和清紫檀嵌影木心雕"五岳真形"图椅背
2 清醇亲王载沣嫡福晋瓜尔佳氏画像上的座屏
3 清八达马座屏风
4 清红雕漆嵌玉石荷花纹宝座（局部装饰）

二、贵族宅第的起居用具

贵族宅第的起居用具,以山东曲阜孔府内的各种生活用具陈设,最为典型。

在孔府庞大的建筑群内,起居用具陈设豪华,以接待各级官员、属僚的"忠恕堂"为例,西、明、东三间摆有三百一十多件珍贵木漆具,以及古玩金银玉器等。据《孔府档案》"孔府忠恕堂陈设清单"记载:"忠恕堂西间陈设:炕机一架、镀金花盆带罩座一件、粉定瓷瓶带座一件、古铜罐一件、旧玉山带座一件、玉花篮带座一件、小炕桌一架、小铜鼎带顶座一件、碎瓷玺子带座一件、小占柜一对、八大家字帖一套、《尚书精义》二套、炕桌一架、书架一架、碧玉碗带板花带座一件、玉象带座一件、霁红碗带座一对、蓝瓷瓶带座一件、古铜鼎带鼎座一件、《昌黎集》带木盒二套、格致镜原四套、行宫图五册一套、架几一架、灯罩一对带座、霁红瓶一件带座、古铜鼎带顶座一件、太阳玉璧带座一件、书案一张、独正盘九件带罩座、木笔筒一件、大端砚一方带盒、荷叶玺带座一件、紫精笔架一件(不全)、荆葛答椅带座脚踏一件、方桌一张、黑洋漆椅二把、茶几一个、小太师椅二把、大太师椅一把、方杌一对、梅大章梅花一幅、全家福洋挂达一件、镶钳大吉挂达一对、铁大人挂对一副、蒋廷锡条山一张、山水方挂达一张、方灯四个、博古灯一架、铜穿衣镜带座一架。"①

"明间玻璃穿衣镜带座一架、书架一对、《全唐文》一百套、圆桌一张、三角月桌一张、沉香凤凰山一件带座、方桌一张、铜穿衣镜一对、靠背灯四个带座、琉璃高灯罩一对、炕几一张、自鸣钟一架、玉罩碑带座一对、方瓷瓶一个带座、古铜镜一个带架、檀香木筒一对、炕桌一张、书案一张、木花瓶带灵芝如意座一个、大架几一张、陈香山带座一个、景泰磁桃洗带座一个、景泰磁鼎带座一个、景泰磁方盘带座一个、扑翠凤凰镜带座一个、洋漆帽架一对、大力方石桌一方、大脚踏一件、太师椅八把、茶几六个、脚踏四个、藤方杌一个、十八学士图一张、金字木挂一副、皇十一子木挂对一付、瑶华道人挂对一付、大方玻璃灯四个、六楞宫灯四个、锡满堂红一对。"

东间"几一张、竹根山一个带座、玻璃灯罩一对带座、碎瓷方瓶一个带座、汗文铜盆带座一个、小炕桌一个、竹根狮子带座一个、红玉桃带座一件、多宝阁一对(少六件)、琴桌一张、竹根像带座一件、小古铜鼎一件带座、圆杌一个、龙泉瓷炉带顶座一件、条桌一张、碧玉盆一个带座、天吉壶一个带架座、碧玉碗一个带座、罗汉榻一张、玻璃占柜一对、青金石山一个带座、玉梅花洗一个带座、小片金炉一个带顶座、霁红瓷瓶一个带座、古铜铎带架一件、海棠花盆一对带罩座、玉片钟带架一件、御赐

---

① 《孔府档案》未编号。

书六木盒、胡二乐大挂达隶字一张、酿桃图一张、皇次孙对一副、崇大人挂幅四张、玻璃灯四个、博古灯一个、太师椅六把、小炕桌一张、脚踏一对、方茶几一对"。①

清代孔府接待官吏的"红萼轩"东、西两间的陈设古玩物品,亦颇为讲究。据《孔府档案》"红萼轩陈设清单"载述:东间"书架一对、廿二史全部(毛订)、琴桌一张、玉镜一个带座、方古铜瓶一个带座、石炕桌一张、小炕桌一张、古瓷碗一个瓷瓶一个,二件一座、洋瓷花墩一对、玻璃裙灯一对、字挂达一个、孙星衍木对一付、唐寅山水一张、多宝阁一架、花瓷瓶一个带座、玉鱼龙花插带座一架、珊瑚镀金盆带罩座一件、竹根狮子带座一件、《御制诗文集》木盒一套、玉捧盒带座一对、条桌一张、汉匜瓶带座一件、书案一张、木笔筒一个、砚台一方、瓷砚水壶一个、羊角灯一对"。

西间"条桌二张、玉花盆带罩座一个、碎瓷匜瓶一个带座、古铜瓶带座一个、方桌一张、黄瀛元字一张、破穿衣镜一个带座、小碧花瓶一对、条桌一张、灯罩一对带座、玉香亭一对带座、景泰瓷炉一个带座、小多宝阁一对、茶几五个、《御批历代通鉴辑览》一部、《昌黎集》一部四套、方玻璃灯一对、六楞玻璃灯一对、大脚踏一个"。此外,"红萼轩"明间的陈设物件还有:"条几一张、景泰瓷鼎一个带座、碧玉象带罩座一对、方桌一张、大小太师椅七把、琉苏灯四个。"②

香港富绅家的客厅

---

① 《孔府档案》未编号。
② 《孔府档案》未编号。

第四节　园林建筑

清代的园林建筑群体，包括皇家园林、私家园林、寺庙园林。它们是清代帝后与民人，进行政治活动、消暇与宗教活动的场所。同时，这些建筑群体的不同风格、气势、构建，也是清人在居住生活习俗中等级性、宗教性、炫耀性诸特点的真实反映。

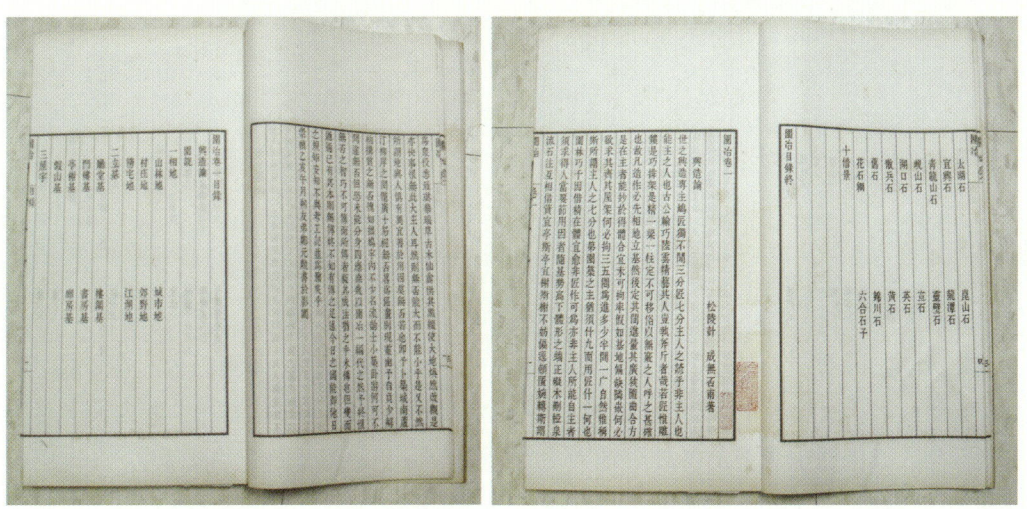

《园冶》，明代崇祯时吴江人计成撰，中国第一本园林艺术理论的专著。清代园林建造中，继承了其中的科技成就，并且在实践应用中有所创新和发挥。

一、皇家园林

清代的皇家园林，则有西苑、南苑、圆明园、颐和园、绮春园、畅春园等处。它们亦是帝后、王公贵胄休息、游乐与避暑之地，有的则是著名的皇家花园。

南苑。南苑"在京城南，为元时南海子故址，亦名飞放泊，广百余里，国初作东西二宫,有珍禽异兽,奇花佳果。乾隆以后,谒陵回跸,辄于此行春蒐之典。晾鹰台在苑之迤南,搜毕,命虎枪营人员殪虎于此。乾隆时孝圣后、道光时孝和后皆尝一幸南苑。光绪丑(1901)冬,德宗奉孝钦后回銮;壬寅(1902)、癸卯(1903)谒东西陵,均至南苑驻跸数日"。①

承德避暑山庄烟雨楼

圆明园。圆明园"在挂甲屯北,距畅春园里许,园为世宗(即雍正帝)居藩邸时赐园,康熙己丑(康熙四十八年,1709)建。高宗(即乾隆帝)六巡江浙,罗列天下名胜点缀于园,其中四十景俱仿各处胜地为之,万几余暇,题为《四十景图咏》,命词臣校录刊之,颁赐王公大臣。园有门十八,南曰大宫门,曰左右门,曰东西夹门,曰东西如意门,曰福园门,曰西南门,曰水闸门,曰藻园门;东曰东楼门,曰铁门,曰明春门,曰蕊珠宫门,曰随墙门;正北曰北楼门。为闸三:西南为一空进水闸,东北为五空出水闸,为一空出水闸。园水发源玉泉山,由西马庙入进水闸,支流派衍至园内曰天琳宇、柳浪闻莺诸处之响水口,水势遂分,西北高而东南低,五空出水闸在明春门北,一空出水闸在蕊珠宫北,水出苑墙,经长春园出七空闸,东入清河。大宫门前辇道东西皆有湖,是为前湖。大宫门五楹,门前左右朝门各五楹,其后来为宗人府、内

---

① 徐珂《清稗类钞》第一册《宫苑类·南苑》。

阁、吏部、礼部、兵部、都察院、理藩院、翰林院、詹事府、国子监、銮仪卫、东四旗各衙门等直房。东夹道内为银库，又东北为南书房，东南为档案房，西为户部、刑部、工部、钦天监、内务府、光禄寺、通政司、大理寺、鸿胪寺、太常寺、太仆寺、御书处、上驷院、武备院、西四旗各衙门直房。西夹道之西南为造办处，又南为药房。大宫门内为出入贤良门，五楹，门左右为直房。前跨石桥，度桥，东西朝房各五楹，西南为茶膳房，再西为翻书房，东南为清茶房，为军机处。出入贤良门是为二宫门，凡武职侍卫引见御此门校射，左右直房为各部院臣工入直之所，东西设两罩门，各衙门奏事由东罩门递进，茶膳房太监人等由西罩门出入。门前河形如月，中架石桥三，其水自西来东注如意门闸口，会东园各河而出"。①

圆明园欧式建筑残迹

---

① 徐珂《清稗类钞》第一册《宫苑类·圆明园》。

颐和园。"光绪乙酉（光绪十一年，1885）冬，有诏天下今已太平，可重修清漪园以备临幸，改名颐和园，然苦于筹款无术。恭邸为孝钦后言，以兴办海军名义，责疆吏年拨定款，就中挪移十之六七，园可成也。孝钦用其言。北洋海军粗以成立，甲午败后，尽移各省所解海军经费以建颐和园，常年经费亦颇不赀。白玉石阶级每年一易，易后太监必椎而碎之，碎则更修，龙舟亦然，盖必如是而始可渔利也。""园在京外西北隅，距城可二十里，依万寿山围昆明湖以为之。由东角门过仁寿门，殿宇巍巍，其上有题额曰'仁寿殿'。入殿门，门内有院，院中即月台，第一层行列四鼎，第二层行列二龙二凤二缸，皆以铜铸。殿有宝座，门皆封锁。又西行不数武，有一额题曰'水木自亲'，西即昆明池。池之北有乐寿堂在焉，堂即孝钦后寝宫，堂前亦有月台。旁有五亭，如花园暖房然，中藏柏树一株，似珊瑚状。又曲折而西，回廊湾转，约数十丈，北有山，山巅有台曰国华台，高数十仞。台下有殿。题曰'排云殿'。殿最大，向为朝贺之所。"①

颐和园佛香阁远景

绮春园。"含晖园在圆明园东，有复道相属，仁宗（即嘉庆帝）三女庄敬公主釐降时，赐于此。公主薨，额驸索特那木多尔济照例缴进，又以成哲亲王寓园西爽村均并入绮春园中。道光时，宣宗（即道光帝）尊养孝和后于绮春园，文宗（即咸丰帝）初元，

---

① 徐珂《清稗类钞》第一册《宫苑类·颐和园》。

亦奉孝静后居此，问安视膳，一如道光间礼。盖文宗幼时失母，为孝静所抚育，故即位后孝静由康慈皇贵太妃尊为太后也。咸丰庚申（咸丰十年，1860）淀园之灾，绮春园亦同归煨烬矣。"①

此外，清代京西御园有所谓三山最著称，一为"清漪园，以瓮山得名，后因孝钦后办六旬万寿，改名万寿山，就其址修颐和园"。二为静明园，"以玉泉山得名，当年园内分十六景"。三是"静宜园，以香山得名，有二十八景"。它们自"乾隆以来，皆为游幸之所"。②

二、私家园林

清代京师（北京）与江南地区的园林，多属贵族、官僚、地主、富商大贾、士绅们的私家园林。这些园林构建不同，风格与气势亦各异。

京师园林，最著名的有：京师城内及郊外的勺园、尺五庄、怡园、万柳堂、三贝

两江总督伊里布私家花园

---

① 徐珂《清稗类钞》第一册《宫苑类·绮春园》。
② 崇彝《道咸以来朝野杂记》，北京古籍出版社1983年版。

子花园等。

京师园亭。"道光以前，京师西北隅近海淀有勺园，明米万钟所建，结构幽邃，后来改集贤院，为六曹卿二寓直之所。右安门外有尺五庄，为祖氏园亭，清池一泓，茅檐数椽，水木明瑟，地颇雅洁，又名小有余芳，春夏间，时有游人宴赏。其南王氏园亭，颇爽垲，多池馆林木之盛，嘉庆辛酉（嘉庆六年，1801），为水所冲圮，明保得之，力为构葺，缮未终而明遽卒，池馆半委于荒烟蔓草中矣。"①

清年画《海上第一名园》

怡园。"京师北半截胡同潼川会馆南院有石山，曲折有致，昔与绳匠胡同（后名丞相）毗连，为明严嵩父子别墅，北名听雨楼，世蕃所居，南名七间楼，嵩所居也。康熙间，相国王熙就七间楼遗址构怡园，中饶花木池台之胜，其听雨楼遗址则归查氏，诸名士文酒流连无虚日，不及百年，池塘平，高台摧，地则析为民居，鞠为茂草，仅余荒石数堆，供人家点缀，潼川会馆之石山即东楼故物也。"②

除京师外，扬州、苏州、杭州、上海、桐城、桂林，以及松江、嘉兴二府，都是当时江南园林荟萃之地。其中，最著名的有：江南金陵（南京）的随园、薛庐、胡园、又来园、韬园；苏州的拙政园、绣谷园；上海的味莼园（亦名张园）、愚园、徐园、宸虹园、东园、西园；扬州的大虹园、洁园、王洗马园、卞园、圆园、贺园、冶春园、

---

① 徐珂《清稗类钞》第一册《园林类·京师园亭》。
② 徐珂《清稗类钞》第一册《园林类·怡园》。

《负曝闲谈》第十八回"游园图"

南园、郑御史园、篠园（此为清初，"八大名园"），片石山房、个园、寄啸山庄、小盘谷、逸圃、余园、怡庐、蔚圃等；安徽桐城的逸园；桂林的李园等。这些耗费巨大人

清代著名私家园林苏州留园

力、物力、财力建造的私家园林，其主人多系王公贵胄之家，或退隐官僚、文仕，或盐商巨贾。这些园林精美雅致，山石竹木，别有情趣。

三、寺庙园林

清代的寺庙园林建筑群体，包括两个部分：一是祭祀自然神灵的建筑群体；二为祭拜宗教神灵的建筑与园林。这些园林既是清人供奉神灵的圣地，更是人们实践信仰习尚的场所，故兼具物质与精神文化的二重性特色。

北京天坛祈年殿

清人认为，"天"是至高无上的主宰，自然界的日、月、星辰、雷电、风、雨和重要的山、河等各有其神，支配着农作物的丰歉与人间的吉凶祸福。其次，崇尚祖先，也是宗法礼制的一个重要内容。为了表现皇帝和祖先及各种神祇之间的联系，修建了许多祭祀性的建筑，如京师（北京）的天坛、地坛、日坛、月坛、风神庙、雷神庙和宗庙建筑（太庙）、祭祀有关的寺、庙、观堂等建筑。其中，最著者有：天坛、地坛、日坛、月坛、风神庙、云神庙、雷神庙、雨神庙、东狱庙、土地祠、太庙、京师孔庙、曲阜圣庙、焦山定慧寺、雍和宫、京都崇效寺、京师天宁寺、京师旃檀寺、正定大佛寺、滦阳札什伦布寺、盛京（沈阳）延寿寺、江宁（南京）灵谷寺、江宁的妙相庵、苏州寒山寺、上海龙华寺、泰安岱庙、邠州大石佛寺、开封相国寺、西宁塔尔寺、青海东科寺、循化拉布郎寺、玉树拉布寺、多伦诺尔内宗寺与外宗寺、西藏布达拉大昭寺与小昭寺、纳木喇嘛庙、广州光孝寺、广州海幢寺、福州涌泉寺、长安（西安）清真寺、河南少林寺、大梁孟子庙、杭州送子观音庙等。另据崇彝著《道咸以来朝野杂记》一书，所载京师及外地寺庙，尚有观音寺、京师左安门内法塔寺、夕照寺、崇效寺、龙树寺、法源寺、广安门外五显财神庙、江南城隍庙、西四广济寺、德胜门内拈花寺、翊教寺、北长街福佑寺、东城贤良寺、柏林寺、广化寺、延寿寺等。

清末江苏镇江金山寺

第四章

行旅交通

总督回府

清代，由于社会经济的发展，文化的繁荣，各个地区的相继开发，促进了人们彼此交往的增加，更形成了行旅交通较之前代相对繁盛的局面。且具有诸多新的特点：

清末西宁邮局邮差和骡马背驮的邮件

其一，行旅交通工具更加便捷。清代，各式各样的舟车辇舆、马匹畜力，是帝后王公乃至庶民百姓的主要行旅交通工具。只是到了清末和近代，才在部分地区（如沿海及通商口岸）出现了火车、汽车、电车、轮船、自行车、摩托车等机动性便捷运载工具。但就快捷便利而言，较之前代，仍为巨大飞跃。

其二，行旅交通活动中的等级性更为森严与规范。在清代，为了充分体现与显示皇帝"真龙天子"的威严和"全方位"炫耀其手中至高无上的权力，维护官场、法律的至尊至崇地位，以及各级官员"为民父母"、主宰和辖制一方的政治权力形象，清政府对帝后王公、各级文武官员、命妇的辂车、辇舆、舆车等的不同规制，使用礼仪，均一一作出明文规定。这是清人行旅交通生活中，等级性的反映，更是政治权力对社会生活风尚的直接干预、导向的又一充分体现。

其三，行旅交通活动风俗更突现社会发展的动态形象。清人的行旅交通生活状况，从一个重要的侧面，动态地突现出清代社会发展的形象，即：在政治上封建专制集权、等级森严、闭关自守、盲目自大；经济上自给自足的小农自然经济占主导地位；各种信息相对闭塞的真实"国情"、"民情"、"地情"与"物情"。

第一节　出行的礼仪

清代，上自帝王下至民人，由于受到封建自然经济的"守土"、"安业"传统思想的潜在影响，故对行旅交通活动，既看作是人生中一件大事加以对待；同时，又看作是一项受天地神灵制约的生命活动历程，故须慎重行事。对帝王而言，行旅中的"巡幸"活动，有其特定的政治任务与目的，理当加倍重视。即使是民人百姓，行旅交通而离乡别家"出行"，亦是有风险之事，更要做好充分准备。恰因如此，有着出行的诸多礼仪。

一、行神祭祀与卜行择吉

帝王出行时，要进行一系列礼仪活动。具体而论，即是要对"行神"例行祭祀求吉；同时，还要选择吉日良辰，先期派遣礼部官员，除在天坛、地坛、日坛、月坛进行祭祀外，还要进行占卜活动，以求"神示"。

所谓"行神"，是民间诸神中的一种。它又称之为"路神"或"祖神"，据《礼记·祭法》及有关注疏记载，行神"主道路行作。使者出，释币于行（神）；归，释币于门（神）。今时民家或春秋祠司命、行神"。又载称："国行者，谓行神在国门外之西。"至于"行神"的来历，有黄帝妻、黄帝子、共工子三种说法。至于祭祀"行神"，则既有祈求主管行路的神灵护佑之意；同时，亦有祈求行旅往返平安、趋吉避凶的预期期盼，且通过相关的出行礼仪风俗活动表现出来。

此外，清人上自帝王下至民人，凡出行均有"卜行择吉"的风俗，即选择良辰吉日出门，以图平安与顺利。据《阴阳书》载，由于噩神在四方云游，为避之，故出行者"五日正东，六日正南；五日正南，六日西南。西北仿此"。元日出行，忌向北方。山东一带，民间俗忌正月初五日出行，因为"破五"，故恐不吉。而每月的初

乾隆年间奉敕编撰，主要内容为择吉、选择用事之用的《协纪辨方》书

五、十五、二十五日，因为"黑道日"，亦忌出远门。河南虞城县民间更有"要出走，三六九；要回家，二五八"的习谚。林县一带民间，民人认为应避开初五、十四、二十三出门。萧县民人更有"三六九，向东走，二四七，向正西"的说法。《清稗类钞》亦称，"官吏上任及人民移家，每忌正、五、九月"。这是因这些月份均为"至尊之位"，故应避之。①

二、饯别与赠别

饯别与赠别活动，是清人出行礼仪中的重要组成部分。具体而言，饯别多采用在城邑之郊亭处，或酒宴、或茶宴、或别宴，以此表示主人对出行客人或亲友惜别、祝福之意。至于赠别，则多在宴席后，由主人或赠送旅费（又称"盘缠"）之资银两，或赠旅途所需衣物，或赠旅途所用行具（伞具、车辆等），或赠诗文以示惜别之情等，不一而足。

颇有意味的是，在清代，古代诗人赠别诗篇中，为清人传诵的"劝君更尽一杯酒，西出阳关无故人"中，阳关（甘肃玉门关之南）所在地的甘肃一地民人，凡对过往官员、商人，则尤为"重视饯别"活动及其礼仪。清人记述，凡遇"祖道设饯，人之常情，而当康熙时，甘肃人视之为尤重"。他们每当有官员"宦游南去"，或"贾客东归"时，

---

① 参见任骋《中国民间禁忌》一书，作家出版社1991年版。

对这些官吏、商人皆"率皆携挈樽罍,招邀于郭外之荒墩古戍间,红毡密地,毳帐如鳞,人围马住,颇极缠绵。更时有密识妖姬,牵驴道左,偷啼背面,送面添杯。行者停车助其叹悼,登高望尽,惘惘归途,此亦边人之善俗也"。① 此种饯别礼仪,既热烈又颇富边关民风民情,故称之为"善俗",亦不为过誉之辞。

---

① 徐珂《清稗类钞》第五册《风俗类·甘人重视饯别》。

第二节　行旅方式

清人的行旅方式，虽多种多样，但总的说来，又可分为陆路旅行与水路旅行两种。其中，在路线、交通工具与交通法规方面，亦有官民之别。

一、陆路旅行

（一）陆路行旅路线

清代，官民行旅多依托水陆运输驿道路线进行的。此时，全国驿道网络化已经形成，且辐射全国各地。其中，京师地区驿道称为"皇华驿"，为全国驿站总枢纽。

其一，东路行旅路线：自京师皇华驿东行，经过通州河驿等十个驿站连接关外东北驿路线路。另一条则是自京师皇华驿东行至遵化石门驿，然后东北行至喜峰口，出喜峰口后，连接蒙古地区各站的路线。

其二，东北路行旅路线：从京师皇华驿至热河，再由古北口外的鞍匠屯连接蒙古各站的路线。

其三，北路行旅路线：自京师皇华驿至独石口，由独石口接蒙古地区各站。另一条则是由京师皇华驿至张家口，再出张家口接蒙古地区各站的路线。

其四，南路行旅路线：从京师皇华驿至涿州涿鹿驿，经雄县、河间、献县、德州等驿，到山东省城济南府，再由济南府出发，通往江宁、安徽、江西、广东、江苏、浙江、福建的路线。另一条自京师皇华驿至保定，再经正定、栾城、邢台、安阳等驿，通往河南省城开封府，再由开封府通往湖北、湖南、广东、广西、云南、贵州的路线。还有一条为自京师皇华驿经保定、正定，或由居庸关外，通往山西省城太原府，再由太原出发达到陕西、甘肃、四川，然后自甘肃通达青海、新疆、西藏的路线。

（二）陆路行旅交通工具

1. 帝后王公与官员的辇舆

帝后凡陛殿、出巡、祀天祭祀时,乘用专门的车轿,通称龙车凤舆,或辇舆辂车,并有盛大的仪卫。史载:"国朝初制,玉辂、大辂、大马辇、小马辇、香步辇,并称五辇。大朝日,设于太和门东。乾隆癸亥(乾隆八年,1743),改大辂为金辂,大马辇为象辂,小马辇为革辂,香步辇为木辂,玉辂仍旧,并称五辂。戊辰(乾隆十三年,1748),钦定五辂之制。"①至于皇太后、皇后、妃子等,外出仪卫则有凤舆、凤轿等,数量、规格、颜色、纹饰,亦各有等差。此外,王公贵族、京外职官、命妇、亲王福晋的舆车,均有不同的规制与饰物。

皇帝五辂之一木辂

皇帝辇舆之一金辇

对于清一代帝后王公与官员的辇舆的演变沿革,在《清史稿》中,有详尽的记述:"清初仍明旧,有玉辂、大辂、大马辇、小马辇之制,与香步辇并称五辇。大朝日设于太和门东。又凉步辇、大仪轿、大轿、明轿、折合明轿,均左所掌之。冬至大祀、夏至祀方泽、并乘凉步辇,升殿日亦设于太和门东。乾隆七年(1742),定大祀亲诣行礼,均乘舆出宫,至太和门乘辇。祀毕还宫,仍备舆。八年(1743),改大辂为金辂,大马辇为象辂,小马辇为革辂,香步替为木辂,玉辂仍旧,是为五辂,銮仪卫掌之。遇大朝会,则陈于午门外。十三年(1748),谕定乘用五辂,自今岁南郊始。更造玉辇,改凉步辇为金辇,是为二辇。又定大仪轿为礼舆,改折合明轿为轻步舆,定大轿为步舆,是为三舆。南郊乘玉辇,北郊、太庙、社稷坛,乘金辇,朝日夕月、耕耤以下诸祀,均乘礼舆。遇大朝会,则并陈于太和门外。行幸御轻步舆,驾出入则御步舆。皇子舆车,俟分封后始制。"②此外,书中还对皇帝卫辂、皇帝辇舆、皇后舆车、皇太后舆车、皇贵妃以下舆车、亲王以下舆车、亲王福晋以下舆车、京外职官舆车、命妇舆车、庶民舆车与禁忌等,其具体规制、饰物、颜色、尺寸、图案纹样,均有记载。

---

① 徐珂《清稗类钞》第十三册《舟车类·皇帝五辂》。
② 《清史稿》卷一〇二《志七十七·舆服一》。

慈禧太后辇舆图

其中，玉辇的形制为木质漆以朱色，圆盖方座，辇为金圆顶，镂金垂云，用三十六人抬，金辇为圆盖方轸，冠以金圆顶，黄缎垂幔，用二十八人抬。礼舆舆冠为金圆顶，镂刻有金云。抬舆者十六人。此为皇帝专用。步舆，木质、涂金，不用舆幔，中为盘龙座，抬舆者十六人，此为皇帝銮驾之用。轻步舆，木质所制，漆为朱色，不用舆幔，象牙为之座。踏几漆为金色。为皇帝骑驾时所用。

二十八人抬的金辇

乾隆以前，清代京师（北京）官员，大多乘肩舆，即坐轿子上朝。乾隆以后，始易轿为车。对其沿革，史载："王文简公士祯有赠南海程驾部可则诗，有'行到前门门未启，轿中安坐吃槟榔'句。时京师正阳门（即前门）五更启钥，专许轿入，盖京官向乘肩舆也。杜紫纶太史诏始乘驴车，后渐有之，然帏幔朴素，且少开旁门者。是易轿为车，固在乾隆、嘉庆间矣。

道光初，京官复坐轿，即坐车，亦无不后档。后档者，盖辟门于车旁，移轮轴于车后，取其颠簸稍轻，乘坐安适也。至同治甲子（同治三年，1864），则京堂三品以下无乘轿者，以轿须岁费千金，一品大员始有多金可雇轿役也。光、宣间，贵人皆乘马车矣。然王公勋戚，尚有乘后档旁门车者。

或曰，雍正时，京城已有驴车。乾隆时，刘文正公统勋之车则驾白马，人见有白马车，不问而知其为刘中堂来也。自川运捐例开，骡车始出，故其时又名骡车为川运车。然刘海峰云，雍正时已有骡车矣。

骡车之有旁门，则纪文达始创之。定制，三品以上方得乘用。然光绪庚子（光绪二十六年，1900）后，乘车者为欲安适，咸争乘后档车。盖旧式车坐处，正值轮轴之

马车

上，颠簸殊苦，车底苟非编藤为之，行十余里，即困顿不堪言状。惟圉人坐处，距轴最远，所传摇动力少杀，为一车最安处。故风日清和，士夫命驾出游，或纨袴弟子竞车之戏，皆好坐其处。特奔走权贵者，不能以峨冠博带露于外耳。庚子后，西式马车盛行，风气又为之一变矣。"①

然而，即使官员乘坐的轿子，亦因轿的规制、轿夫的多寡，而有"四轿"、"八轿"、"显轿"之别。乘坐者则更因官阶、职别而大有差等。清代，对轿有二解，"一，小车也；一，竹舆也。今于凡为舆者，皆呼之曰轿，不必悉以竹为之矣"。②其中，"显轿"可露坐，其上下前后左右皆无障，显而易见也，又称之"明舆"。乘坐显轿的官吏，多为各省乡试入围时之主考、监临、监试、提调，郡邑迎春时之知府、同知、通判、知县、教官、县丞、典史③等。乘坐明舆的官吏，"必朝衣朝冠，端拱而坐。迎神赛会时，则为神所乘"。④

八轿，又称为八抬大轿，它因有舆夫八人而得名，此轿抬行时，轿夫"前后左右各二，曰开杠，盖四人舁之为直杠，八人舁之为横杠，舆前无所阻碍，古所谓起居八座者是也"。轿的四周，多帏以绿呢。此种轿舆，清代，"京官无坐八轿者。外官为督抚、学政，可于大典时乘坐，将军、提督亦偶有乘之者"；此外，凡"命妇之得其夫、其子

---

① 徐珂《清稗类钞》第十三册《舟车类·京官乘舆乘车之沿革》。
② 徐珂《清稗类钞》第十三册《舟车类·显轿》。
③ 徐珂《清稗类钞》第十三册《舟车类·显轿》。
④ 徐珂《清稗类钞》第十三册《舟车类·显轿》。

之封典者亦乘之"。①

四轿，则有舆夫四人，轿之前后夫役各二。此种轿舆，级别较前者为差。其乘坐者，多为"京官之得用舆者，及外官自藩、臬以下，及命妇之得有夫若子之封典者，皆得乘"。②此轿四周则饰以蓝呢，以为标志。

此外，有些清政府的官吏大员，为炫耀自身地位显赫与权势，外出乘轿时，亦有几十名轿夫轮替值役者，如乾隆时文襄王福康安凡出行，"辄坐轿，须用轿夫三十六名，轮替值役，轿行若飞。其出师督阵，亦坐轿。轿夫每人须良马四匹，凡更役时，辄骑马以从"。③更有总督等封疆大吏，在专用大轿中，设有小童役，装烟斟茶，并备点心数十百种，以供享用。清人记载，"某督四川，其轿甚大，须夫役十六人，始能举之。轿中有小童二人侍立，为之装烟斟茶，并有冷热点心数十百种，随时可食之"。④

《月球殖民地小说》中的清代马车

至于一般官员，凡外出长途跋涉者，则另乘"眠轿"，将应用各物置之轿中，且可偃卧以憩。此种"长途跋涉之肩舆，较普通者深而广，以常日危坐之易于疲乏也，或偃卧其中，且置应用物耳，俗呼曰眠轿"。⑤

清代后期，官吏外出，易轿为车以后，在车辆的形制、尺寸、装饰、夫役等方面，亦因乘坐者的职阶高低，大有差异。如车有方车、长辕车、大鞍车、小鞍车之别。官车中，"车有方车，有四尺长辕车，有三尺八大鞍车，有三尺六小鞍车。以上所说尺寸，皆以车厢为度，前辕后椅，不在数内"。在车饰方面，"方车围用绿呢，上顶有缨络网，妇女遇大典时所乘者"。⑥四尺长辕车围用蓝色红障泥，俗呼拖泥布，多旁开门，亦有正门者，凡遇旁门，车左右皆有。此类乘坐者多为"各部长官"。至于阔官所乘车，"前有引马，后有跟马。御车之夫不得跨沿，皆牵骡而行，谓之拉小拴。尚有一参加车夫，

---

① 徐珂《清稗类钞》第十三册《舟车类·八轿》。
② 徐珂《清稗类钞》第十三册《舟车类·四轿》。
③ 徐珂《清稗类钞》第十三册《舟车类·福文襄役轿夫三十六名》。
④ 徐珂《清稗类钞》第十三册《舟车类·轿中装烟斟茶》。
⑤ 徐珂《清稗类钞》第十三册《舟车类·眠轿》。
⑥ 崇彝《道咸以来朝野杂记》。

谓之双飞燕"。① 而三尺八大鞍车，男女皆可乘坐，"惟五品以下官则用绿油障泥"。三尺六小鞍车，又称耍车。"上者驾快骡，表里无不华美，官员所乘，前有引马，在车之后，则非若大鞍之式。其马与骡只差一头，谓之旁顶马，行走如风，足显轻肥风度也。"其余率下或标下者，胥吏仆夫所乘，备一种车而已。"车轮有中档、后档之别。无前档者。后档车，人乘之舒适稳妥，而骡曳之费力，不能快行。方车、长辕车皆如此。大鞍、小鞍皆中档，为其行走便利也。辕之下有勾心四根，此搭档处，故前后可随意挪动，按月修理，谓之挑箭，亦作闲。"②

2. 民人肩舆车轿

民间陆上的行旅交通工具，则多为肩舆车轿等。

清代前期，北方地区民间的陆上交通工具多为骡轿、小车，及骑乘（如骑驴、骑马）。如山东沿海滨多淤沙，不通舟楫，"故遵陆者必骑，骑以驴或马，或乘骡车，或乘骡轿，或乘小车。大抵即墨以南，道路平坦，骡车通行，即墨以北，嶝路崎岖，海滩泞淖，跋涉稍艰，非骑驴乘轿不可。河无桥梁，浅者徒涉，深者乘筏以渡。各村皆有小逆旅，宿一宵，费钱十余文，惟多尘垢且黑暗耳，越宿而仍车或骑矣"。③ 其中，骡轿，形如箱，长四尺弱，阔一尺强，高三尺弱，以二长杠架于前后骡之背。"杠上置轿，颇宽大，可坐卧其中，并略载行李。其行较轿车为静稳，而次于人昇之轿，北数省旅行多用之。"④ 此外，北方民间亦有肩舆，但其舆与南方绝异，"仅有南方轿之上半，而去其下半，故两足下垂，以一木板托之。坐椅之两旁，贯以两木杠，木杠之两端，系以一皮条，而舆夫之肩此皮条，两肩不时更替。其行也，非若南方轿夫之一前一后，后者之面，对前者之背也。乃两人同时面向所行方向以行，故坐者为侧坐，而行者为横行"。⑤ 车辆方面，则盛行羊角车、榻车、冰车、扒犁等。羊角车又称独轮小车，南北皆有，一人挽之于前，一人推之于后，亦有无挽而一人独推者。两旁为乘客之座，山东齐鲁一带有铺以垫者，乘之颇为安适。⑥ 榻车面积甚大，"以一寸强之厚木为板，专以载物，任重可数千斤，前挽后推，人数之多寡，视重量以定之"。⑦ 冰车，又名拖床、冰排子。"其形方而长，如床，可容三四人，高仅半尺余。上铺草帘，底嵌铁条，

---

① 崇彝《道咸以来朝野杂记》。
② 崇彝《道咸以来朝野杂记》。
③ 徐珂《清稗类钞》第十三册《舟车类·山东沿海之车骑》。
④ 徐珂《清稗类钞》第十三册《舟车类·骡轿》。
⑤ 徐珂《清稗类钞》第十三册《舟车类·泰山之舆》。
⑥ 徐珂《清稗类钞》第十三册《舟车类·羊角车》。
⑦ 徐珂《清稗类钞》第十三册《舟车类·塌车》。

民间剪纸中的妇人骑驴出行场面

清代年画中的骑驴男子

妇人骑驴出行

轿子

取其滑而利行也。人坐其上，一人支篙撑之，捷于飞骑，京师、天津皆有之。"① 扒犁，则是黑龙江一带，冬季江面封冻后，民间使用的重要交通工具。其形如凌床，但不施铁条，屈木如辕，驾二马以行于雪上，"疾于飞鸟"。②

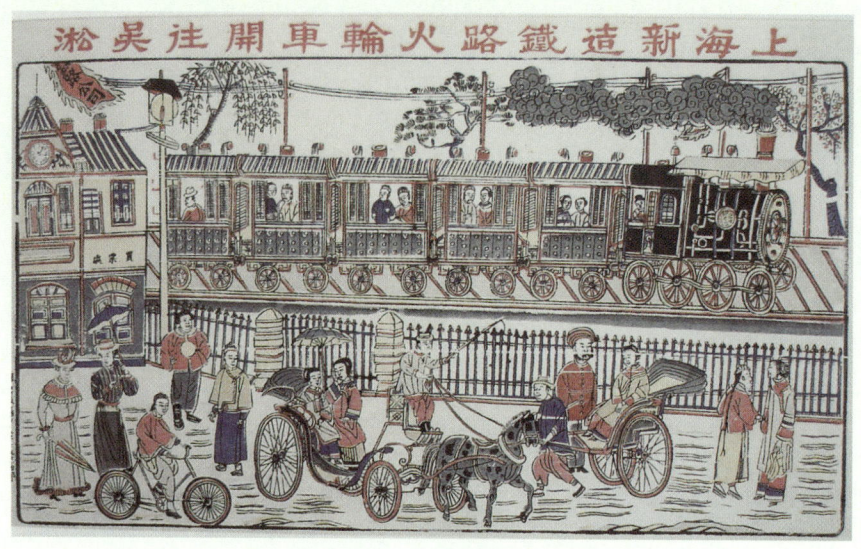

清代年画《上海新造铁路火轮车开往吴淞》

南方地区，民间所用肩舆，其形制与北方殊异。如湖南长沙一带，民间多乘用"响轿"，"长沙之轿，制亦普通，惟昇行时，辄有声格格然，行愈疾，响愈甚，盖于机捩中膏以油也，俗谓之曰响轿。纨袴少年之招摇过市者，辄喜乘之"。③ 又如广东一带，民间喜乘"飞轿"，此种肩舆大而华，捷而稳。舆夫举步极速，有飞轿之称。肩舆有四名夫、三名夫之别。"三名夫，加一横木于舆门之前，以绳系之。四名夫，再加一横木于舆窗之后，距离至近。"④ 粤西盛行"八卦轿"；滇中更有三丁拐轿。前者以"粤西乡村妇女，率多天足（大足），肩挑负贩，与男无异。柳州、来宾一带，时有昇肩舆为生者。世以阴阳爻象譬之，如坐客为男，二女肩舆则似坎卦，坐客为女，前女后男肩舆则似震卦，以此类推，则八卦全矣"。⑤ 后者之轿，"轿以竹片编成，以前二人后一人昇之。滇人名三丁拐，盖滇省万山丛积，道路崎岖，行旅至艰，俗有'路无三里平，家

---

① 徐珂《清稗类钞》第十三册《舟车类·冰车》。
② 徐珂《清稗类钞》第十三册《舟车类·扒犁》。
③ 徐珂《清稗类钞》第十三册《舟车类·响轿》。
④ 徐珂《清稗类钞》第十三册《舟车类·粤中之舆夫》。
⑤ 徐珂《清稗类钞》第十三册《舟车类·八卦桥》。

1908年沪宁铁路通车时的沪宁铁路管理处总办钟文耀与有关人员合影

无三分银'之谚"。①

车辆方面，清代后期，除两轮车（人力车）、马车外，上海、京师、天津等地，又有火车、电车、汽车、摩托车、脚踏车（自行车）、洒水车等。

京张铁路上的火车

---

① 徐珂《清稗类钞》第十三册《舟车类·三丁拐轿》。

清末上海福州路上的马车、黄包车、独轮车

二、水路旅行

（一）水路行旅路线

水路行旅路线，最主要的则是自京师的皇华驿经过通州的潞河驿，再沿大运河，通往山东、江苏、安徽、浙江、江西、福建、湖北、湖南的路线。

在海运交通的线路上，除由大沽向北与向南分别通往东北沿海、山东、江浙沿海外；福建则与台湾省有航运线路；广州往南则可通海外南洋一带。但因实行"海禁"，故其海上贸易交往不如明代之盛。

（二）水路行旅交通工具

1.官员水路行旅交通工具

除陆上交通工具外，清代官员凡行水路，则弃轿、弃车而乘舟楫以代步。官船则分为"座船"与"差船"两种。凡"官署所蓄之船，为本官所乘者，曰座船，不载客，不运货，例标本官结衔于黄布以为旗，悬于桅，以表异之。其舟子食于官"。[①]后者差船，亦属官署所有，它主要"以备本官之差遣所用者也，亦不载客，不运货，船旗标明差

---

① 徐珂《清稗类钞》第十三册《舟车类·座船》。

清代官船

船"。①

2.民人水路行旅交通工具

民间所行舟楫或肩舆车辆，则因时因地因人而异。一般而言，"南人使船，北人使马，古语有之"。"北方妇女之善骑，为南人所艳称，而南方妇女之能弄船，则每多忽之。湘、鄂不必论，以舟女皆裹足，仅能为助手也。至于江苏及浙江之嘉兴，其舟中妇女，以皆天足，故于撑篙、荡桨、曳纤、把舵之事，无不优为之，蒙霜露，狎风涛，不畏也，不怨也"。②

江南水乡多船家，他们多以舟楫为业，或捕鱼，或航运，或以船为家；更有甚者，为谋生或赢利，有专供官吏及富商大贾们享乐狎妓之用的水上业操。故舟船名目繁多，各有专司。其中，有捕捞之用的"网船"，"无锡有网船，视渔船为大，而小于无锡快。凡城乡来往之十里八里者，皆乘之"。③亦有专供航运之舟，称"无锡快"。"无锡快者，无锡人所泛之船也。往来于苏之苏州、松江、常州、镇江、太仓，浙之杭州、嘉兴、湖州。买棹者问船之大小，则于单夹弄、双夹弄之外，辄以若干档为答。档者，舟师之代名词也。其言档也，曰几个档，即几个人也。船舱之门为斜面，略如满江红。乘客餐时，必佐以所烹之青菜，味至佳，盖舟主之眷属所制者也。"④更有以船为家的"艒艒船"。清代，江淮流民多以船为家，"凡吴越间之有水可通者，无不泛棹以去，妻孥鸡犬，悉萃于中，船尾有以一人立而左右施桨者，俗谓之艒艒船。艒，音帽，小船也。

---

① 徐珂《清稗类钞》第十三册《舟车类·差船》。
② 徐珂《清稗类钞》第十三册《舟车类·江浙妇女之使船》。
③ 徐珂《清稗类钞》第十三册《舟车类·网船》。
④ 徐珂《清稗类钞》第十三册《舟车类·无锡快》。

《台湾风俗画》中的"渡溪"

清华冠《蒋士铨像图轴》中的游船

盖本于扬子方言，小舸谓之艖，艖谓之艒艒也"。① 艒艒船中之人，倘有其于乡里有家者，辄多为其冬天出门而春归，归而率其天足（即大足）之妇女，从事田亩。农事毕，则扃门而又出，岁以为常。亦有无家，自春徂冬，常年漂泊者。"其船所至之地，男子之业为皮匠，为拉车，女子之业为缝纫，俗谓之曰缝穷婆。若力作，若小负贩，若拾荒，则男女老幼同任之。诚以其耐苦，忍饥寒，皆出于天性，而大多数之妇女皆天足，故虽极人世间至污浊至艰苦之事，皆无所惮，无所避也。"② 此外，更有甚者，有专供游人玩乐狎妓之所谓"灯船"。这种灯船，清代江宁（南京）、苏州、无锡、嘉兴一带皆有，专供游者在江上游览饮宴之用。"及夕，则船内外皆张灯，列炬如昼。夏时为盛，容与中流，藉以避暑。舟子率其妻孥，为荡桨把舵之役，虽二八女郎，亦优为之，盖皆天足也。船中或有蓄妓以侑客者，春秋佳日，肆筵设席，且饮且行，丝竹清音，山水真趣，皆得之矣。""江宁秦淮河之灯船，有题曰涛园，曰宛中茶舫，曰得胜茶园，曰悦来画舫，日需赁资数十金也。""苏州人之呼灯船也，曰热水船，盖以夏夜为多故耳。"③

在北方，其舟楫又是另一类型。如渡黄河多用平底船，此舟平底，"以巨木为之，一舟可坐五六十人，约两小时之久而登岸"；④ 甘肃黄河中，更有牛羊皮船及板船，牛皮船其制法为，将牛皮"以麻线缝之，一如原式，曝干待用。用时，取二牛皮或四牛皮，

---

① 徐珂《清稗类钞》第十三册《舟车类·艒艒船》。
② 徐珂《清稗类钞》第十三册《舟车类·艒艒船》。
③ 徐珂《清稗类钞》第十三册《舟车类·灯船》。
④ 徐珂《清稗类钞》第十三册《舟车类·渡黄河之平底船》。

上束以长木数梃，更于木上横铺以板，则一船成矣"。羊皮船其制法与此同。至于甘肃所行驶之板船，"颇似浙江之大划船，橹舵略具，帆樯不施，无楼无篷，仅有舱以储百货"。① 它是清代甘肃至天津一带海口，用作贸易与交通的重要工具。此外，东北一带，松花江上另有鹹艍小船、宁古塔亦有桦皮船，用以载人、捕鱼。鹹艍，"大者可容五六人，小者载二三人……其疾如飞。松花江冰冻时，即用以代马槽。入山猎捕者，水则乘以渡，陆则负以行，殊便利也"。② 宁古塔一带，更有桦皮船，此舟"以桦皮为之，止容一人，用两头桨。如出海捕鱼，则负至海边，置水中，得风，便自驶矣"。③

《负曝闲谈》第二十一回中的灯船图

---

① 徐珂《清稗类钞》第十三册《舟车类·甘肃板船》。
② 徐珂《清稗类钞》第十三册《舟车类·松花江之鹹艍》。
③ 徐珂《清稗类钞》第十三册《舟车类·宁古塔桦皮船》。

《泛槎图》之《黄河晚渡》

清年画《上海四马路洋场胜景》

第三节　旅食与旅宿

在清人的行旅饮食与行旅住宿方面，既丰富多彩，又别具特色，且富时代特色。

一、乾隆帝南巡与东巡行旅御膳

乾隆帝在位六十年期间，曾率皇室人员先后六次南下扬州、苏州、杭州等江南一带，进行巡视。乾隆南巡，从乾隆十六年（1751）开始，到乾隆四十九年（1748）第六

徐扬《乾隆南巡图卷》第十二卷中的皇帝出巡场景

次南巡结束。前四次南巡中，乾隆帝都带了皇太后、皇后和妃嫔多人，随同乾隆帝南巡的还有王公大臣、章京侍卫官员、拜唐阿兵丁等达两千五百多人。每届南巡前一年就必须进行周密的准备。指定亲王一人任总理行营事务王大臣。派向导统领及地方官员详尽勘察沿途道路，修桥铺路，修葺行宫。

  乾隆帝及皇室人员，六次南巡，沿途一切供项极尽铺张，豪华奢靡。乾隆皇帝每天的膳食已足够精美，地方大员还随时进献山珍海味。每出入省境，都要赏扈从王公大臣、地方文武官员、休致老臣、命妇等酒宴。和在宫中一样，乾隆皇帝每饭毕，则均要赐给妃嫔等饭食肴馔。此外，还特地由京师随带茶房用乳牛七十五头，膳房用羊一千头，预先送往宿迁、镇江等地，不敷应用时则继续补送。① 每天由京师运送或由地方供应冰块、泉水。在直隶境内用香山静宜园泉水，到德州入山东境内用珍珠泉水，过红花埠入江苏境内用镇江金山泉水，到浙江境内则用杭州虎跑泉水。② 在江宁、苏州、杭州等地驻跸时，织造衙门例需演戏。乾隆二十七年、三十年南巡，还从京师随带回民扒竿绳技一班，到各地演出。据《江南节次照常膳底档》载：

  "正月十八日卯正，请驾，伺候：冰糖炖燕窝一品。卯正二刻，涿州行宫进早膳，用折叠膳桌摆皇太后赐炒大炒肉炖酸菜热锅一品、燕窝锅烧鸭子一品、猪肉馅僚包子一品。燕窝肥鸡挂炉鸭子野意热锅一品、厢子豆腐一品、羊肉片一品、羊乌叉烧羊肚攒盘一小品、竹卷小馒首一品、烤祭神糕一品、银葵花盒小菜一品、银碟小菜一品。上传叫冯鼎做鸭丝肉丝粳米面膳一品、鸭子豆腐汤一品。上进毕，赏用。正月十七日，大人福隆安传旨：明日晚膳紫泉行宫赏人饭食，钦此。正月十八日未正，上至宫门升座，茶膳房大人福隆安送上奶茶，赏奶茶毕，传膳。进晚膳用折叠桌摆：莲子八宝鸭子热锅一品、肥鸡火熏炖白菜一品、羊肉他他士一品、莲子猪肚一品、青笋香蕈炖肉一品、水晶丸子一品、奶酥油野鸭子一品。后送青笋爆炒鸡一品、摊鸡蛋一品、蒸肥鸡炸羊羔攒盘一品、象眼棋饼小馒首一品、荤素馅包子一品、烤祭神糕一品、银葵花盒小菜一品、银碟小菜四品、咸肉一品。随送粳米膳一品、树鸡汤一品。额食六桌：饽饽奶子十二品一桌、内管领炉食八品一桌、盘肉二桌，每桌八品、羊肉四方二桌。上要饽饽二品、二号黄碗菜二品一盒。酉初，上至看灯楼，看花炮盒子。放盒子时，随送上用荳灯宝盒一副、元宵一品、三号黄碗、膳房箸、茶房叉子。看花炮毕，还行宫伺候：炸八件鸡一品、醋溜脊髓一品、火熏猪肚一品、小葱拌小虾米一品、涿州饼子一品。"

---

① 《内务府来文》卷号 16《巡幸及行宫》第 3025 包。
② 档案，《内务府来文》卷号 10《巡幸及行宫》第 3022 包

二、行旅宿息

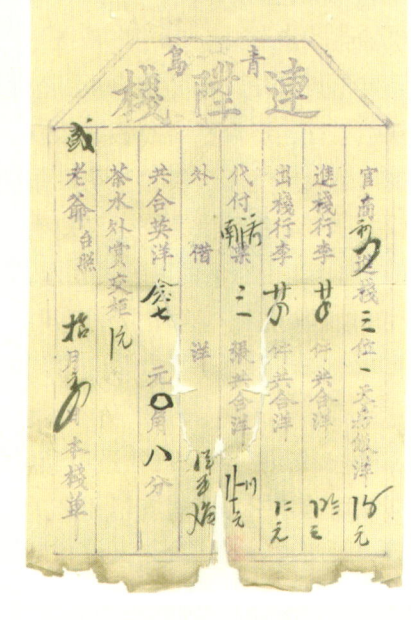

清末青岛连升栈栈单

官员与民人凡外出时，若要住宿休息，则分别有驿站、旅舍供其休憩。当然，帝王巡幸外出，则另有行宫，供其食宿。其中，旅舍又称旅店、客栈，专供民人与过往商贾住宿，它的设置，多于交通要冲之地，供过往民人旅者食宿之用。门前有圆形或方形的灯笼悬挂，且用"未晚先投宿，鸡鸣早看天"之类的幡联以招徕过往客人投宿。至于一般的仕人公卿，则多住宿"私馆"，此处的食宿条件则优于一般客栈和荒村野店。每届夜深，栈内、馆内向有值更守夜的更夫敲梆报时，且沿路招呼住宿者"小心火烛"、"收好财物"等等。

中国古代，凡是专门为政府传递公文、接待过往官食宿、换马的处所，统称为驿站或"邮驿"。到了清代，由于疆域辽阔，所设驿站，遍全国四方，共有驿站、塘二千余所。

在组织机构方面，清代的邮驿，则由驿、站、塘、台、所、铺六种组织形式构成，统称之为邮驿。对此，《光绪会典》卷五一载称："凡置邮曰驿、曰站、曰塘、曰台、曰所、曰铺，各星其途之冲僻而置焉。"

驿。驿的主要任务是传递通信、传递紧急公文，此外，亦有迎送接待过往官员食宿和运送官物之责。具体而言，《清史稿》卷一四载，"各省腹地所设为驿，盛京所设亦为驿"。清政府"设驿站原欲其递报迅速"，故"各省驿站原为驰递紧急公文而设，并不许地方官擅行轻动"。其中，腰驿，也称腰站，是在两驿之间设置的"换马处"，用以节省马力，确保紧急公文的传送。县递，则是"驿传在僻地者，仅供本州县所需，亦曰递马（或里甲马），额不过数匹"。

《童子军传奇》中的清代旅舍

站。军报所设为站。据《光绪会典》卷五一载,其常设者自京城北回龙观站起,迤逦向西分两道:一达张家口接阿尔泰军台,以达北路文报;一沿边城路山西、陕西、甘肃、出嘉峪关接军塘,以达西路文报。每站各拨千把总,外委以司道接送,其夫马钱粮仍归所在厅州县管理。吉林、黑龙江所设亦曰站,每站设笔帖管理,统于将军。直隶喜峰口、古北口、独石及山西杀虎口外所设也称站,并衔蒙古站,以在该地区六盟四十九旗。其口外各站夫马钱粮,归直隶、山西督抚奏销。蒙古站每站各设蒙古章京、骁骑校、毕齐克齐、佐领、兵丁以司接递,统于理藩院章京。

塘。清代,甘肃安西州、新疆哈密厅、镇西厅曾设军塘,以达该地区出入文报。新疆设行省以后,裁哈密、镇西两属旁边塘,安西州仍设军塘。每塘设有军塘夫以司接递,并设督司一人督率稽查,夫马钱粮归文员奏销。

台。清代,西北两路所设为台。北路张家口外各台,每台派蒙古章京、骁骑校、兵丁以司接递。在张家口、赛尔乌苏各派理藩章京一人分管,统于阿尔泰军台都统。迤逦而西,达于乌里雅苏台城,每台派喀尔喀章京、骁骑校、兵丁以司接递。每隔数台则派喀尔喀台吉一人督率稽查。由乌里雅苏台分道而北,达近吉里克卡伦设台,派喀尔喀官兵司递,统于定边左副将军。由乌里雅苏台迤逦而西达科布多。由科布多分道而北达卡伦亦设台,派喀尔喀官兵管理。由科布多分道而南达古城设台,派扎哈泌官兵管理。均统于科布多参赞大臣。由赛尔乌苏迤逦而北达库伦,再北达恰克图亦设台,派喀尔喀官兵管理,皆统于库伦办事大臣。这些站、塘、台,是清代为适应边疆地区特点,沟通边疆与内地联系的一种特殊的交通与邮驿组织形式。其共同特点是:由军卒充役,以飞递军事文报为首要任务,兼具巡逻、侦察、运输等多种职能。同时,它们亦多数是在古驿路或商路的基础上兴建起来的。

所。清代,旧设递运所,运递官物,后则裁并归驿,只有甘肃一带还保留着这种形式,各设牛车专司运输,归所在厅州县管理。

甘肃肃州东南双井驿

铺。清政府规定，各省腹地厅州县，皆设铺司。由京至各省者，称为"京塘"，各以铺长、铺兵走递公文，工食入户部钱粮奏销。清代的急递铺与明制基本相同，但规模庞大，网路纵横，较之明代更为发达。按规定，每十五里设铺一所，每铺设铺司一名，铺兵四名。铺兵由递铺附近有丁力、税粮一石以上、二石以下的农户中征派，须要少壮正身，并免去杂项差役。急递铺的主要设备与元、明相同、十二时日晷牌子一个，红绰屑（门楼）一座并牌额，铺册二本（上司行下一本，各府申上一本），遇夜长明灯烛。铺兵每名备夹板一副，铃攀一副，缨枪一条，油绢三尺，软绢包袱一块，笠帽、蓑衣各一件，红闷棍一条，回册一本。急递铺专司传送地方和中央的寻常公文，严禁役使铺兵挑送官物及行李等，若有违者，则依律严厉制裁。

按清政府的规定，凡各地驿站的人、财、物（包括夫、马、车、船及经费等），均有一定的数目，统称为"额设"，并载入于《会典》文中，以成遵从之定例。如：

驿夫。凡在驿服役的差役，统称之为驿夫，具体而言，则有马夫、驿夫、兽医、驿皂、驿船水手、扛抬夫等，他们分别专司喂养马匹、递送文书、抬轿、运物等劳役。按照有关规定，每两匹马配备驿夫一名。一般是设在通衢大路的驿站，设夫一二百名、七八十名不等，偏僻地方的驿站则只有二三十名。这些驿夫的待遇，每名日给工食银二三分以至七八分不等，均由驿站钱粮内支销。据《光绪会典》载，光绪朝全国共有驿夫七万四千八百五十九名，以每名每年工食银七两二钱计算，全年约需银五十二万两，约为全年驿站经费的五分之一左右。在清代，全国各地驿夫的名目，甚为繁多。其中，旱驿有杠夫、轿夫、青夫、白夫、囤养夫、长夫、短夫、走递夫、所夫、募夫、兜夫、堡夫等等；水驿则有水夫、纤夫等。盛京专设驿丁供差，吉林、黑龙江驿站内的领催、壮丁由旗人内派充。甘肃军塘夫于绿营兵内调派。蒙古及北路军台、蒙古喀尔喀、札哈沁昆都兵丁均由各部落派充。驿站夫役均有定额，如不敷应用，准雇民夫，以百里为一站，每站每名给银一钱，超过或不足十里者，分别增减银一分。

在马、车、船方面，则有驿马、驿车，以及驿船等。

驿马。除福建、广东、广西驿站没有驿马外，其余各省驿站均设有驿马，以备使用。其中，直隶驿站还兼设驴，吉林、黑龙江则兼设牛，北路罩台则兼设骡驴，山东、浙江还兼设骆驼。这些马匹与畜只，均按地方冲僻及差事的多少，各有定数。驿马每年倒毙减损的数额，一般多在十分之二至十分之四左右。以光绪朝为例，此时全国驿站供驱使的马、驴、骡、牛等牲只数目，总共达五万三千三百九十二匹之多。

驿车。清代，除在京师（北京）会同馆设车外，直隶、黑龙江、甘肃驿站也设有车。其余驿站则不设置车辆，必要时准雇民车。以百里为一站，每车每站给银一两，多十里增银一钱，少十里减银一钱。

驿船。清代，水驿设有船只，以供使用。这些船只名目各异，且因地而不同。其中，如江南、湖北有宣楼船、站船；浙江有站船、渡船；广东有座船、楼船、河船、马船、粮船、快船、小船、站船；江西、福建、广西有站船。一般三年小修，六年中修，九年大修，十年拆造。站船每十船编为一甲，每甲立一甲长。如不足十船，五六船也可编为一甲，或附入其他甲内。开船时，挨号衔尾停泊，不许离帮。每船给保甲牌一面，将船丁头舵水手姓名年貌籍贯注明悬挂船首。一甲之内各船互相稽查保结。驿船不敷，准雇民船，每里给银三分。应雇纤夫的，以百里为一站，每名给银一钱与船户雇用。

驿站经费。清代，在驿站经费方面，曾历经变化。清初，驿站一度实行民支（即差徭制），不久则改为官支（即募用制），驿站的经费更随地粮税征收。各省设有道库，为驿站经费的专库，由按察司（臬司）管理。驿站费用开销的项目有工料银、牛马价、廪粮、船价、雇价、修理费、租赁驿舍费、药饵费、什支银等等。清代初期，各州县驿站经费在当地征收地税银两内自行留支，如遇粮税减免缓征，以及有驿无征和数额不足的州县，从藩库地丁银内拨给。乾隆五十一年（1786），清政府为了防止地方挪用侵占，禁止自行留支，一律上解到省，由臬司按季领存给发。嘉庆五年（1800），清政府又准州县将驿站征收的粮税中，其夫马工料等款全数留支，余银上缴。征客不足，准于地丁银内扣支。至于驿银奏销册，则每省造一省总册，每府造一府总册，以节年存剩为"旧管"，以额设实征为"新收"，以夫马车船各项工料及廪给、杂支、雇募价值为"开除"，以本年支用存剩为"实在"，统于次年五月，由督抚核明具题，造册分报训科核查。全国各地驿站的经费，在清政府财政支出中占有一定比重。例如，顺治三年（1646）时，清政府户部以明万历时旧籍为准，着手编纂《赋役全书》，当时核定全国驿站经费每年3,429,030 42两，数目甚巨。至康熙初年，驿费岁额银则达3,077,813 52两，较顺治时减少十分之一。以后，历朝的驿站经费虽时有增减，或多有变动，但其支出银两，一般由保持在岁额经费银两220万两上下浮动。

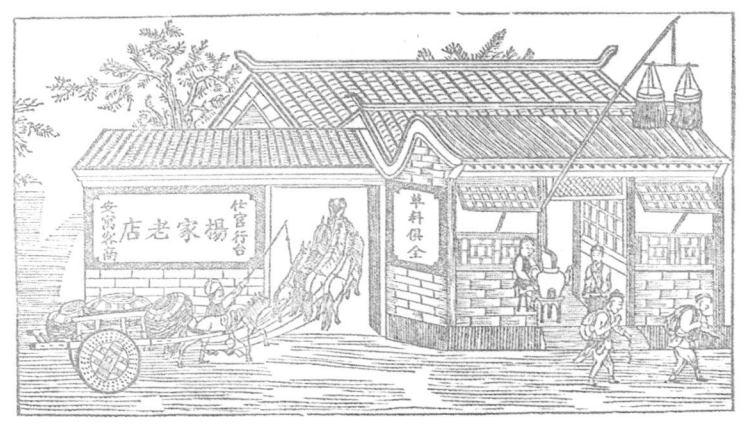

客店

第四节　行旅风尚

　　清人因社会地位、文化素养的不同，从而造成在行旅风尚上的巨大差异。具体而言，统治者与文人墨客，每到名胜之处行旅，观赏之余，总有题记诗文的风尚，这是其政治与社会价值自我实现的重要手段，亦是其以文化创造者与优胜者自居的"自我标榜"、"自我炫耀"文化心理的显现。至于一般民人商贾，出门行旅多为生计所迫，故有尚早、尚俭、尚快的风俗习尚，这是其务实求真的生活态度与哲理的反映。

一、题记风俗

苏州木渎乾隆题御码头

杭州文渊阁御碑亭

清代，上自帝王，下至官员文仕，每登临名胜之地，观景之余，多有诗文或题记、对联，作为行旅之中的纪念。江南一带，名胜之地颇多，官员文人每行旅至此，多有题诗联句之举，如：

"嘉善金眉生安清，尝过鄂渚，集古诗题曰：大江流日夜，西北有高楼。后至岳州，题曰：对此茫茫百端集，此老惓惓天下忧。至三醉亭，题曰：一月二十九日醉，百年三万六千场。"过小孤山时，金又题书联称："有美一人，中夜闻五铢环；遗世独立，下游俯两点金焦。"在南昌百花洲，则有阮元题联："枫叶荻花秋瑟瑟，闲云潭影日悠悠。"而吴城县望湖亭，相传为三国时孙吴的周瑜练水军处，官员彭玉麟有题联："战舰列千军，想当年小乔夫婿，破浪乘风，多少雄姿英发，今我戈船来寄绩，吊古凭栏，几许事业兴亡，只赢得残灰劫火；湖天开一碧，看此日大地山河，落霞孤鹜，无复活泼生机，谁家铁笛暗飞声，悲歌击筑，把那些沧桑感慨，暂付与芳草斜阳。"在黄山慈光寺则有曹振镛的题联："读经云海花飞雨，说法天都石点头。"而在杭州西湖冷泉亭，则有左宗棠的题联："在山本清，泉自源头冷起；人世皆幻，峰从天外飞来。"此联与董思白旧联："泉自几时冷起，峰从何处飞来。"一问一答，各臻其妙。①

此外，在一些著名的古刹寺院、祠庙，清代的行旅游人中，上自帝王下至官吏文人，亦在留连忘返之际，触景生情，题联写诗，以发感慨之情。

康熙皇帝在游览著名的少林寺后，便御书一联称：大地山河归宝掌，中天日月绕金轮。

---

① 徐珂《清稗类钞》第一册《名胜类·名胜联句》。

又，大梁有孟子庙，名游梁祠，清人沈春祥题联称：千里而来，何必曰利，亦有仁义而已矣；百世之下，莫不兴起，况于亲炙之者乎。

二、尚早、尚俭、尚快风俗

由于清朝疆域辽阔，沿海与内地、南方与北方、城镇与乡村之间，在地理环境、社会经济条件诸方面，均存在较大的地区性的不平衡。这种不平衡性，又大大地影响与制约着清代地方民人的行止。因此，在民人行止习尚方面，出现不同特点，形成不同风格，并非偶然。现根据地方志中的有关记载，对清代及清末民初北方（京师、直隶、山西）、江南一些地方的民人尚早、尚俭、尚快的行旅生活习尚，进行剖视。

（一）京师地方民人日常行旅风尚

顺义民人行止习尚。清代，顺义地方，据民国《顺义县志》载，"陆恃土路，大道曲径遍远城乡。清盛时，平垫东西路，每年皇舆经过，地方官派人修垫，向称御路。沿途墩铺，送往迎来。箭杆河、小中河，随处修桥。白河、温榆两水上，设立船渡，行旅往来称便。而白河航运，上通密云，下达津卫，温榆上通巩华，下至通县，商货军饷，输运无穷"。

（二）直隶地方民人日常行旅风习

晋县民人行旅风习，据民国《晋县志料》载："古云行路难，行路诚难也。县境一望平原，并无高山大川为之阻隔，然旱则风沙蔽目，雨则道路泥泞，行路不堪难乎。县民通常行路，率以车骑。骑多用驴，富者间用骡马。车有大车、轿车。大车用之运输重物；轿车用之亲戚往来。但乡间轿车甚少，多有以席篷、布帐蒙于大车上，以代轿车者。""城西北一隅，虽有滹沱河流，然严冬及初春则结冰，夏日天旱则河水涸浅，均不能行舟。即使能行舟，以水量太少，只有帆船来往"；"运输之利甚为微末。且河挟泥沙，川壅而溃之事，已数见不鲜"。

（三）山西地方民人日常行旅习尚

沁源县民人行旅习尚。据民国《沁源县志》载，"本县道路，除城区附近各村外，绝少纯土专路，非上山即沿河；山路多石，而河滩亦积石，以致沿路多有乱石。一、二区，临川农家普通有牛骡小车，为运粮粟、粪炭之用，间有为人坐乘于路者，轿车则无。三区备小车者，仅数村而已，出门系步行，必要时，不过以骡马及驴为骑乘"。

（四）江南、上海地方民人日常行旅习俗

舟车并济。清代，"有以船济人者，而羊角车或肩舆至，亦载之以渡，盖以车舆置之舟而人即坐于其中也。江、浙两省所在有之，以浙之钱塘江渡船为最大"。①

汉宜汽船。清末，"汉口至宜昌，水程约华里一千五百余里，江面较下游窄，而湍急过之，且多浅滩，航行视下游为难，往来有汽船"。"最初航行者，为我国招商局之江通，次则彝陵，次则固陵。初辟时，仅半月或一月航行一次。盖当时民智未开，往来商货，仍由内港轮舶上下，必俟客货俱满，始能启行。其后则怡和、太古，以渐航驶。迨光绪甲午（光绪二十年，1894）中日战争之后，宜昌、沙市辟为通商口岸，日本商船亦渐露头角矣。"②

汉阳之船渡。清代，"汉阳渡船最小，俗名双飞燕。一人荡两桨，左右相交，力均势等，捷而稳。且取值甚廉，一人不过制钱二文，值银不及一厘。即独买一舟，亦仅数文。故谚云：'行遍天下路，惟有武昌好过渡'"。③

满江红与小汽船。清代，"满江红，船名，江淮之船也。船之门为斜面，其大小有一号至五号之别，五号最大。行时不论风之顺逆，必使帆，以橹佐之"。"汽船、汽车未兴之时，每驶行江、浙间，自清江浦以达杭州，载运往来南北之客"。④"满江红、无锡快诸舟之往来江、浙间也，固以汽船、汽车之大通而失其利市矣。其幸而仅存者，则富贵之家以眷属众多，来往浙西之杭、嘉、湖，与苏五属之苏、松、常、镇、太者，特赁一舟而乘之，取其安适。而又以其驶行之迟缓，则别以小汽船曳之驶行，俗所谓拖带者是也。行时，以铁缆系于汽船之尾，鼓轮直进，行驶自如。拖船之舟子，安座无事，惟于转折之时，偶一司舵而已"。⑤

上海之舟车。清代，上海民间有"舢舨船，作红色，船首绘两鱼目，上海有之，其篷有租界或警察局、捐务处发给执照所载之号码。一船仅载两三人，泛于中流，随浪颠簸，望之甚危，然失事者甚鲜"。⑥至于车辆方面，"上海之有车，始于同治初，初惟江北人所推之羊角车而已。继乃有腕车，行旅便之。然士绅商贾之小有财者，每一出入，仍必肩舆。已而马车渐兴，肩舆渐废，五陵少年，硕腹巨贾，每出必锦鞯玉勒，驰骋康庄以为快。又有驾车往来于法租界之十六铺及三茅阁桥者……又有黄包车出焉，其车之形式类腕车，惟稍低，且为橡皮轮。其后又有摩托车，则借汽力以驶行，而以一人为之司机，捷于飞鸟，有公司专赁之，每租一小时，须银币四五元。脚踏车，则必习其行驶之术，始可乘之。塌车以板为之，惟以载货"。"电车为大众所附乘。摩托车

---

① 徐珂《清稗类钞》第十三册《舟车类·舟车并济》。
② 徐珂《清稗类钞》第十三册《舟车类·汉宜汽船》。
③ 徐珂《清稗类钞》第十三册《舟车类·汉阳有双飞燕渡船》。
④ 徐珂《清稗类钞》第十三册《舟车类·满江红》。
⑤ 徐珂《清稗类钞》第十三册《舟车类·小汽船拖带船舶》。
⑥ 徐珂《清稗类钞》第十三册《舟车类·舢舨船》。

有常年自蓄者，有临时租赁者。马车、腕车亦如之。羊角车，则除载物外，惟为细民所傲乘，非乡居，鲜自蓄者。电车以取值廉，乘之者不仅屠沽佣保，虽达官贵人、富商大贾，亦群趋之，漏卮之外溢不计也。然若辈亦时乘摩托车与马车，以自示其豪"。①

（五）边塞地方民人日常行旅风尚

借助风力的人拉扒犁

包赶程之车。清代，"同治以前，行陆路来往京师（北京）者，有急事，则千里长途驾骡车，戴星而行，数日可达，谓之包赶程"。②

辘辘车与扒犁。清代，"黑龙江向无各项车辆，有达呼尔随意用柳条编造者，曰辘辘车，轮不甚圆，不求准直，轴径如橼，而载重致远，不资毂輠，且以山路崎岖，时防损折，动以斧凿随之。曳车者为牛。一人尝御三五辆，载粮谷柴草类。然富人乘车，亦用毡毳为盖，以蔽风雪。间亦有用桦皮，或如棺木者，别号桦皮车，东西布特哈多有之"。③到冬季，黑龙江民人则多用扒犁代步，"黑龙江有扒犁，如凌床，不施铁条，屈木如辕，驾二马以行于雪上，疾于飞鸟"。④

---

① 徐珂《清稗类钞》第十三册《舟车类·上海之车》。
② 徐珂《清稗类钞》第十三册《舟车类·包赶程之车》。
③ 徐珂《清稗类钞》第十三册《舟车类·辘辘车》。
④ 徐珂《清稗类钞》第十三册《舟车类·扒犁》。

第五章
生 育

　　人们一向对人类自身的繁衍极为重视，普遍认同"不孝有三，无后为大"的伦理准则，恰因如此，在生育方面有一整套衍化传承的风俗习尚。具体而论，它又包括求子风俗、孕妇保健与胎教、诞生风俗、育儿风俗、成年礼俗等内容，它们反映出清人在生育活动的全过程中的习尚，更反映出清人在人生的"摇篮"阶段，重"育"、重"教"的风俗文化"主题"所在。

第五章 生育

母子

第一节　求子风俗

在清人的求子风俗活动中，既有其生育观念的传承与形成，更有其具体的向上天、向神灵"求子"的活动，进而折射出人们对自身繁衍后代的渴望，以及子女是通过人们对上天神灵的祈求而获得的"善果"等神秘文化心态。

一、生育观念

清人的生育观念的形成，一方面系由历史的生育观念传承衍化的结果；另一方面，则与统治者提倡的多生多育的鼓励性举措，其中尤以清政府制定的"滋生人丁，永不加赋"的赋役政策导向有关联。此外，缘于自给自足的小农经济对劳动力人口的需求，亦是形成其"多生多育"生育观的现实需求基础。

具体而言，清人的生育观既是指人们对生育行为的看法，更是人们的人生观与世界观的重要构成部分。而清人"多子多福"的生育观，不仅是清代社会存在在生育风俗活动中的客观反映，而且更有其相对的独立性，即它是常常落后或滞后于已经变革了的社会存在。尽管如此，它却对清人的生育行为起着重要的支配性作用。

再从清人的生育观的具体内容来看，它包括如下内涵：

其一，清人的生育动机和目的观。清人的生育动机，主要是为传宗接代，民间所谓的"续香火"。其潜意识中，更有着秉承、遵从"不孝有三，无后为大"的封建伦理理念，故为其祖宗、父母"尽孝"就必须"多生多育"。再从清人的生育目的观来看，则有着生育是为了增加家庭的劳动力、劳动人手，以及"养儿防老"的长远预期目标。此则一方面是因为，清代是一个典型的自给自足的小农经济为基础的社会，人们对土地、对家庭、对自然的依赖甚强，而防病、抗灾的能力则很弱，至于社会化养老能力更是微乎其微。在这种情况下，人们对生、老、病死的感情寄托与经济支付能力，只

能从家庭中获取。犹如"积谷"是为"防饥"一样,人们"养儿"生育的重要目的,更在于"防老",使之老有所养、所敬。再加之统治者的倡导,如康熙五十一年(1712)时,清政府规定,以五十年丁册为常额,续生人丁为盛世滋生人口,永不加赋。即是鼓励人们多生多育。而儒家学说的创立者孔子的理想社会,则是在《论语·公冶长》中所描述的:"老者安之,朋友信之,少者怀之。"至于老者如何安度晚年,则首先必须"养儿防老",使子孙繁衍,人丁兴旺,人气很足,老者方能儿孙绕膝,颐养天年。

其二,清人的生育数量观与质量观。在生育数量的意愿与要求上,清人主张多生,即"多子多福",因为子女是家庭劳动力的后备军,故须如此。子女多,"防老"、"养老"时,其赡养费用与义务,则可分头负担,即出现"多子尽孝"的局面。而在生育的质量

清年画《百子图》

观上,清人则有性别歧视,即家庭中普遍存在"重男轻女"的现象。具体表现在清代溺杀女婴的恶习十分流行。

由于封建的"夫权"思想和"重男轻女"的社会偏见,以及封建财产的继承制(男

清年画《多福多寿多男子》

继女不继）的影响，致使溺杀女婴的恶习十分流行。对此，光绪四年（1878）时，翰林院检讨王邦玺请禁民间溺女奏折便写道："民间生女，或因抚养维艰，或因风俗浮靡，难遣嫁，往往有淹毙情事，此风各省皆有，江西尤盛。该省向有救溺六文会章程，行之多年，全活不少。无如地方官奉行不力，致良法未能遍行，请饬责成州县劝办。"此折上奏后，清政府谕令，要求江西巡抚刘秉璋督催州县官认真办理六文会，并晓谕军民，"嫁娶务从简俭"，以清溺女之源。还令咨行各直省督抚，一例照此办理。① 但大量的记载表明，此溺杀女婴的恶习却在许多地区存在。现列表如下：

地区　　溺女婴状况

江西　　于都"溺女相沿已久，皆以为当然"。

宜黄"民俗多溺女"。

乐平"生女辄溺之"。

石城"溺女，邻邑皆然，石为甚"。

兴国"溺女之俗由来已久，目下为少。"

浙江　　金华府"江右风俗多溺女，浙江而金华尤盛"。

永康"俗产女多溺"。

浙东"吴恩诏任金衢严道，禁当地溺女"。

镇海"俗生二女辄不举"。

永嘉"奁资盛而女溺"。

长兴"俗多溺女不举"。

安徽　　和州"俗多溺女不举"。

泾县"俗多溺女不举"。

芜湖"风俗喜男厌女，弃者众"。

宁国府"俗多溺女"。

旌德"女多辄不举"。

徽州府"俗多溺女"。②

---

① 《大清律例新增统纂集成》卷二八《刑律斗殴》。
② 同治《雩都县志》卷五《风俗》；孙星衍《平津馆文稿》下《连江知县王艺山行状》；嘉庆《松江府志》卷五七《朱衮传》；道光《石城县志》卷一《风俗》；同治《兴国县志》卷一一《风俗》；钟琦《皇朝琐屑录》卷三八《风俗》；嘉庆《松江府志》卷五七《沈藻传》；民国《歙县志》卷三《官赜》；光绪《嘉定县志》卷一六《张骏业传》；光绪《永旁县志》卷六《风俗》；光绪《锡金县志》卷二五《顾璞传》。

铜陵"旧习产女有勿举者，近严溺女之禁"。①

福建　尤溪"俗生女多不育，相效淹溺"。
　　　古田"其俗溺女"。
　　　漳州"俗多溺女"。②

《点石斋画报》报道，浙江嘉兴府嘉善县有溺毙女婴之风，某老翁收养弃婴

由此可见，溺女恶习风行全国。此外，清代之所以只溺女婴而保存男婴，除了王邦玺所述原因外，封建的继承制和重男轻女的传统思想亦作祟和起着重要作用。尽管清王朝政府针对全国许多地方溺女婴的风习而设有育婴堂、六文会之类救济机构，企图从经济上资助贫人，促其养育女婴，但由于经济力量的限制，它只能作为统治阶级推行"善行"、"善举"和"仁政"的点缀品而已。

其三，清人的生育年龄观与间隔观。对此，清人主张并盛行早婚早生早育，且生育间隔甚短，即盛行密生。特别是一些名门望族与有产富裕之家，由于盛行"一夫多妻"的婚姻形态，妻妾成群，故早婚与密生现象更多而普遍。如清代的奉天（今辽宁）的满人，富裕人家男子，"生十三四岁即结婚，至二十岁以上方结婚者，俱为贫人"。③汉族地区，男子十五六岁结婚，女子十四五岁等早婚早育现象，亦甚多，穷人之家，更盛行"童养媳"的风习，故使之早婚早育的现象，亦得以滋生。恰因如此，清代民间盛行"早生儿子早享福"、"早生儿子早得济"的民谚，反映出此种生育观。

其四，清人的生育态度与方式观。清人在生育方式上，认为子女的多少是"命中注定"，更是"神灵所赐"与"前世带来"，或是"祖宗所佑"的结果，恰因如此，多对生育持"宿命论"的生育态度与盲目生育的方式。

---

① 民国《吴县志》卷六八，"宋里仁传"；嘉庆《泾县志》卷一九，"壹恣行"；嘉庆《芜湖县志》卷二〇，"育婴堂碑记"；光绪《嘉定县志》卷一六，"程候本传"；嘉庆《旌德县志》卷一，"风俗"；道光《徽州府志》卷一二，"余铭传"；乾隆单修《铜陵县志》卷闵，"风俗"。
② 乾隆《尤溪县志》卷九，"恤政"；同治《上元江宁两县志》卷二四，"叶世经传"。
③ 中华全国风俗志》下卷卷一，"奉天"。

二、求子活动

对于期盼"多子多福"、"早生儿子早得济"的清人而言,婚后自然盼望早生贵子。但亦因种种原因,有的已婚妇女在三年后,仍未怀孕,于是民间便有一系列的求子风俗活动的产生。

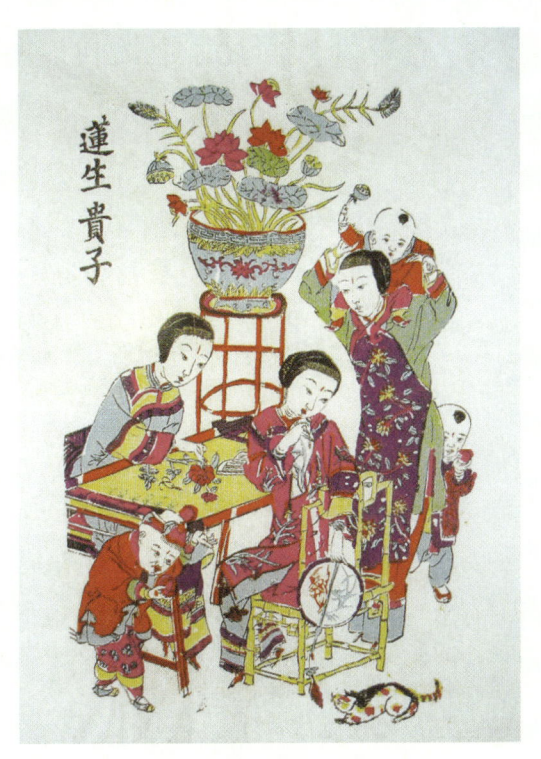

清代年画《莲生贵子》

具体而言,则有:

其一,祈求神灵的求子活动。清人既然认为,人生孩子是神灵赐予的,那么,暂时未能受孕,首先便须向神灵、尤其是主管生育的神灵,如碧霞元君、送子观音、金花夫人、子孙娘娘、张仙等祈求,或为之修祠建庙,或敬献祭品。其中,"碧霞元君"又称泰山娘娘,民间传说中,该神能使妇女多子,又能保护儿童,所以清代妇女信奉尤虔,不仅泰山有庙,即使全国各地亦有"娘娘庙",专供求子妇女拜祭。至于"张仙送子"的传说,清人赵翼在《陔余丛考》一书中有过考证。此传说起于五代。而苏老泉(苏东坡)谓其名为张远霄,眉山人,游青城山成道。其像皆绘持弓弹状。因古时生男子有"悬弧矢"之俗,而祀高禖祈子之礼,于所御者带以弓靶蜀,授以弓矢,后人

清年画《榴开百子》

或写其意于图，以为祈子之神像。此外，清代民间祈祭求子的神灵还有送子观音、金花夫人、子孙娘娘等。妇女求子时，有婆婆、大娘、婶子等陪同前往，用带去的香蜡、红烛、纸钱，以及其他供品，一齐祭神，并祈求得孕生子。祭祈之后，则要进行在神前"拴娃娃"的求子活动，即祈神妇女从神灵前的供案上的一大堆泥娃娃中，挑选一个取走，或是用红绳套在泥娃娃脖子上，将泥娃娃的小鸡鸡（生殖器）掐下来带回家，泡水喝下。倘若日后果然生下孩子，求子妇女还要再前往庙中敬神还愿，以谢神灵。清代各地民间，妇女祈祭神灵以求子的日子，以及"拴娃娃"、"领娃娃"的仪式，多选择在正月十五日前后，或者传说中送子的神灵的生日那天进行，以求神灵显灵，而祈子妇女得以"应验"怀孕。

其二，他人"送子"的求子活动。清代，民间妇女求子的另一种活动形式，则是由亲朋好友或他人，向欲求子者"送子"，以求通过此举而真的受孕。具体而言，一是由他人送给求子妇女某种食物，如南瓜、鸡蛋、芋头、生菜等，民间传说吃了它们，妇女可以迅速有孕。据《中华全国风俗志》等书载，清代贵州地区民间，即有八月中秋节"偷瓜送子"的风习。偷瓜多在晚上进行，且故意要使瓜园主人知晓，使之激怒而怒骂不止。瓜偷得后，再绘上人的眉目状，且穿上衣服，类似小孩儿状，然后再用竹舆抬送至求子之家，且送瓜时一路敲锣打鼓，以示庆贺。求子之家在接待"偷瓜送子"

队伍时,要请他们吃月饼,以示感谢之意。然后,求子妇女将类似小孩儿状的瓜,置于床上伴睡一宿,次日清晨再将瓜煮熟后食用,谓之可以怀孕生子。二是由它人给祈子的妇女之家,送去带有多子多孙含义的"吉祥物"品,如"孩儿灯"、"麒麟送子图"、用口袋盛好的百谷、瓜果之类等。三是由他人配合元宵节舞龙灯活动,进行"送子"活动。如在清代湖南长沙民间,每届元宵舞龙灯时,当龙灯到达求子人家时,则由他人请求龙身绕求子妇女身一次,又让一男孩骑在龙身上,在堂前绕圈,称之为"麒麟送子"。除此之外,还有"拍喜"、"棒打求子"等求子风习。如清代福建闽侯地区一带民间,每逢正月十五日时,亲邻们均用竹杖拍打"新妇",其意是拍

送子观音

打走新妇身上的邪气,使之早日怀孕生育。而在陕西一带民间,求子妇女更组成"乞子会",于三月初三日到"娘娘庙"去集体祭神求子,且通宵达旦而不眠,谓之"坐夜",以感动神灵而赐子于己。

其三,生殖器象征物祭拜与性行为模仿求子活动。民间还有一种求子活动,是在特定的神圣时间、地点与场合,对生殖器象征物祭拜,并进行性交媾行为的模仿。譬如,在清代云南永宁摩梭人的"祭山"求子活动中,就有求子妇女与石祖"久木鲁"

杨柳青年画《连(莲)生贵子》

177

天仙送子

（摩梭语，意为生孩子的石头，与男根"巴窝"同义）接触的内容。其仪式为求子妇女首先在"东巴"（巫师）的带领下祭拜岩洞主人"吉泽乍马"女神，随后至水池边洗澡沐浴，用水冲去附在身上的恶鬼"乔"，接着到"久木鲁"附近，用细竹管饮用三次"哈机"水，"哈机"水贮存于"久木鲁"顶端凹坑之中，有精液之意。最后再由东巴施行送"乔"魔术。① 此外，清代民间一些地方还有"投石求子"的习尚，如安徽民间有让求子妇女往深山中的石洞丢石子的风俗，传说此举可使妇女很快受孕生育，且将洞口视为生育婴儿的女性"阴门"的象征。而在清代的苏北民间的"偷桩求子"，京师正月十六日夜求子妇女结伴的"走桥求子"、"摸城门铜钉求子"等风俗，均蕴含有原始生殖崇拜的内容。②

其四，祈孕巫术的求子活动。民间亦有采用原始宗教迷信残余的巫术祈孕的仪礼，来达到尽快使求子妇女受孕生育的目的。早在《诗经·大雅·生民》中便载称："厥初生民，时维姜嫄，生民如何？克禋克祀，以弗无子。"可见，古代周族的始祖母姜嫄，是企图通过祭神（即禋祀）的巫术仪式，方才求得怀孕生子的。恰因如此，清代云南永宁纳西族便有多种祈孕巫术的求子仪式活动。其中，如有的村寨妇女，在过婚姻生活后三年仍不生育怀孕者，就举行"火把节"，村民在村寨附近游行，以火把来驱赶灾祸。有的则用糌粑捏一个生育女神像，在像的腹部放一个鸡蛋，象征怀孕；然后再对女神像供奉麻线、麻布、鱼类、腊肉、鸡蛋、牛奶和牦牛酪，再由巫师向求子妇女加以祝祷："保佑女人怀孕，顺利生下娃娃来。"以此来祈求神灵，使求子妇女能迅速怀孕生育。此外，清代壮族地区民间的"安花"、"架桥"求子仪式，也大体有类似的目的，只不过用敬祭"花神"来祈求神灵赐子而已。

---

① 参见宋兆麟《生育神与性巫术研究》一书，文物出版社1990年版。
② 参见钟敬文主编《民俗学概论》一书，上海文艺出版社1998年版。

五子日升

张仙送子

张果老

玉女常怀及第郎

【 第二节　孕妇保健 】

民间对人生礼仪中的"摇篮"阶段的准备事宜，极为重视，有诸多对孕妇的保健之法与胎教之方。这些方法，虽限于人们对自身生命活动的进程，尚处于初始阶段，加之科学技术条件的限制，不甚完美。但在当时社会生产力条件下，能实施如此，已尚属可贵了。民人对孕妇的保健途径，主要有两条，其一为民间禁事保健，其二为医学保健。且二者相互关联，有着互补功效，故相辅相成。

一、民间禁事与孕妇保健

在民间禁忌与孕妇保健方面，汉族地区与民族地区则各有其保健之法。

汉族地区　汉族地区民间对"身怀六甲"的孕妇，为保护其能顺利生产出孩子，故有诸多禁忌需要遵从，且家人、丈夫均须共同遵循与配合。具体而论，这些保健方法为：其一，禁犯神灵。清人认为，女人生育之事是由"胎神"主管，故孕妇不可冲犯，须在卧房用红纸书写一张"胎神在此"，在房内墙上张贴，以安神灵。其二，室内禁事。如禁动砖瓦土石；禁钉钉子，以防将胎儿"钉死"腹中；禁张挂人物画像，以防"换胎"，《清稗类钞》的"鄂妇妊忌"条中便载称："湖北妇人妊子，避忌最甚。有所谓换胎者，言所见之物入其腹中，换去其本来之胎也。故妇人妊子，凡房中所有人物画像，藏之弃之，或以针刺其目，云其目破不为患矣"；禁动剪刀针线，以防伤及胎儿耳眼；禁捆绑什物，以防生育时胎儿脐带绕脖；禁塞瓶口，清代浙江温州民间此风尤甚，以防闭塞胎儿五官；禁拆堵门窗，以防胎儿眼盲；禁孕妇手臂上举，以防"奶筋"断裂；禁搬动大型家具器物，以防流产滑胎；禁声响过大，以防胎儿耳聋；禁烧烤东西；禁属虎的人闯入；禁睡卧在熊皮、獐子皮上；禁用冷水洗浴，恐伤胎气；禁肩披线绳，以防胎儿绕脐。其三，室外禁事。则有：禁手抓食盐跨过户磴，以防得罪门槛神，导致难产；禁在门口伸头缩脑，以使生育时能顺产；禁夜晚不归或在外露宿，以防冲犯神灵及伤身；禁爬果木树，以防早产；禁接近牲畜，以防撞蹄咬伤孕妇及胎儿；禁跨过戥秤，以防产期延长至十六月；禁将澡盆拿至室外，以防夜间触怒黑虎神或孤魂野鬼，对胎儿不利；禁坐房檐下，以防胎儿中风；禁坐葡萄架下乘凉，以防生葡萄胎；禁在异地大小便，以防难产；禁见月蚀月晕，以防生下残缺婴儿；禁看戏曲，防生怪胎，清代湖北民间此风尤甚。《清稗类钞》的"鄂妇妊忌"条载："又一妇人偶观优，及生子，头上有肉隆起，如戴高冠，两耳旁各有肉一片下垂，如以巾幂之者然。因忆观优时，有优人之冠如是，为其换胎矣。"这些禁事，有的纯属迷信，无稽之谈，但其中亦有不少科学保健的合理成分与方法。

民族地区　　在民族聚居地区，他们的孕妇保健方法，亦颇具特色。具体而论，这些保健方法有：其一，清代满族妇女怀孕后，亦有许多禁事：如不准坐锅台、窗台、磨台；不准进产房；不准听人说某家某妇人难产；不准侍奉祖先和参加他人的婚礼。在怀孕五个月以后，不准进马棚牵马，不准扭身坐，不许大哭大笑。[①] 这些禁事，实际上是为了从心理、生理上，以及身体上维护产妇健康的保健措施，且较为实际。其二，清代台湾高山族妇女在怀孕后，被视为"不洁"，有诸多禁事，如禁止参加祭祀活动；禁止动刀斧；禁止食用动物内脏；禁止夫妻同房[②] 等保健措施。其三，清代瑶族称胎神为"胎魂"，而民间传说，凡正月、七月怀孕的，胎魂在正门，禁修理正门及在正门挖地；二月与八月怀孕的，胎魂在庭院，禁在庭院放重物；三月与九月怀孕的，胎魂在舂米的臼里，禁移动米臼；四月与十月怀孕的，胎魂在厨房，禁在厨房淋水；五月与十一月怀孕的，胎魂在卧室，禁修理与移动卧室；六月与十二月怀孕的，胎魂在孕妇的腹腔，禁将孕妇的衣服泡在开水里。否则，将引起流产、怪胎、难产等。此外，清代鄂伦春人有孕妇禁坐卧在熊皮、獐子皮上，以防流产；畲族有禁孕妇跨过牵牛绳，以防难产；云南彝族有禁将孕妇衣裤晒在蜂窝旁，[③] 以防生怪胎等保健风俗，反映出特定的民族文化心理与保健意识。

二、医学与孕妇保健

中国古代医学发展到一定高度，特别是其中的妇科、儿科学中，有许多关于孕妇

---

① 杨英杰《清代满族风俗史》，辽宁人民出版社 1991 年版。
② 刘如仲、苗学孟《清代台湾高山族社会生活》，福建人民出版社 1992 年版。
③ 参见任骋《中国民间禁忌》一书，作家出版社 1991 年版。

保健的知识。妇科仍称女科，名医傅青主便擅长女科，著有《女科·产后编》。其中，《女科》二卷，论述妇科各病的诊治。《产后编》二卷，内容有产后总论，产前、产后、方症、宜忌及血块、血晕、厥症等共四十三种产科疾病的诊治。内容简要，选方实用。在民间流传甚广，影响较大。公元1684年，肖赓六撰有《女科经论》八卷，记述妇科病证一百六十三条，对妇科临床病症与保健，有一定参考价值。其他如叶其蓁的《女科指掌》，沈尧封的《女科辑要》，竹林寺僧的《女科秘传》等，都对女科疾病治疗与保健之道，有所记述。

有关胎产的专著，则有公元1730年阎纯玺著的《胎产心法》三卷，书中对胎前、临产、产后各种病的诊断治疗均有论述。公元1780年汪喆著《产科心法》二卷，扼要介绍妊娠及临产、产后一些疾病的诊治。公元1715年亟斋居士著《达生篇》一卷，主张临产时镇静，孕妇掌握"睡、忍痛、慢临盆"六字诀，尽可能不服或少服药物，这些保健措施甚为实用。公元1762年唐千顷又撰《大生要旨》五卷，论述胎产、儿科常见疾病及护理保健事项，内容简要易学，在社会与民间流传甚广。①

---

① 参见杨医亚主编《中国医学史》一书，河北科学技术出版社1989年版。

第三节 诞生风俗

清人的诞生风俗,内容丰富,且各民族各地区独具特色。具体而言,它又包括催生风俗、产房风俗、诞生风俗礼仪、取名风俗等内容。

一、催生风俗

在催生风俗方面,以江南浙江杭州等地民间,最为流行。凡孕妇将分娩,其娘家父母或亲人送礼品至婿家,以祈产育顺利吉祥。这些礼品有喜蛋、桂圆、襁褓衣物之类。并携一笙,吹之而进,意为催生("吹笙"与之谐音);有的还外加红漆筷子十双,取快生快养(筷,与快谐音)。对此,地方志中有载:

(一)杭州催生风俗:送"催生礼"

据《杭州府志》载,清代凡"杭城人家育子,如孕妇入月,于月初外舅姑家以银盆或彩盆盛粟秆一束,上以锦或纸盖之,上簇花朵、通草贴套五男二女吉祥图案",并"以彩画鸭蛋一百二十枚,膳食羊、生枣、栗果及孩儿绣绷彩衣送至婿家,名'催生礼'"。此处粟秆,意祈孕妇顺产速(粟,与速谐音)生。

催生娘娘

（二）遂安催生风习：送衣物"催生"

浙江杭州府遂安县民间，据《遂安县志》载称，凡民人"子将生，母家先送衣物，曰'催生'"。此举既有对孕妇祝祈之意，亦有为将降生的孩子早备衣物，供其养育之用。

（三）双林镇催生习尚：送糖枣"催生"

据《双林镇志》载，浙江嘉兴府双林镇民间，"凡人子将生，外家备衣服、襁褓、粽子、糖蛋、风鱼、火腿等物送至婿家，谓之'催生'。（贫家不及备物，略具规模而已）亲戚馈产妇以鸡蛋、鱼、肉、糖、枣等，或二色，或四色"。此俗中，亲友们馈送枣、糖之物，意蕴有快生、早生（枣，与早谐音）与顺产祝祈等内容。

（四）安吉催生风俗：送"解缚盘"

浙江湖州府安吉县民间，据同治《安吉县志》载，民人"女将生子，母家先送食物、果品，谓之'解缚盘'，丰俭不等"。此俗亦有祝祈孕妇顺生，而免于难产的意愿。

（五）鄞县催生风尚：送孩衣"催生"

据光绪《鄞县志》载，在清代浙江宁波府的鄞县民间，凡民人"妇人临蓐之月，外家送孩衣数事，谓之'催生'"。意即希望孩子早日降生。

（六）定海县催生风习：送襁褓"催生"

浙江宁波府定海县民间，据《定海县志》载，凡民人"女子嫁而有孕，先知母家，母家乃制备婴儿衣物、襁褓，纤微毕具，俟产期濒近令人送至婿家，谓之'催生'"。

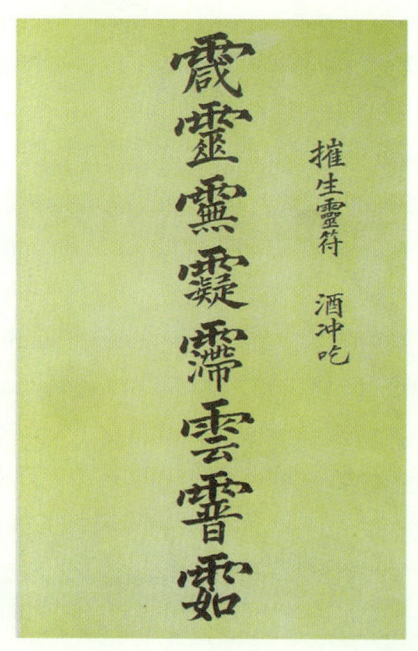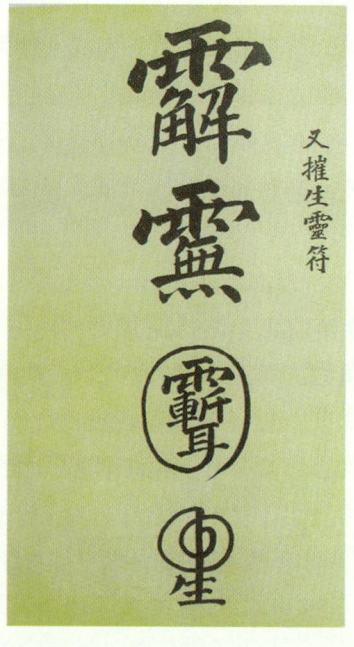

催生符

此俗，亦有家人祝愿孕妇顺利生育孩子的意思。

（七）路桥催生风俗：送"催生饭"

浙江台州地区的路桥民间，民人"催生"则另有一番风俗。据《路桥志略》称，民人"新妇有孕将产，女家送酒席，谓之'姑爷饭'。又半月未产须再送，曰'催生饭'"。

（八）太平县催生习尚：送过洋饭"催生"

浙江台州地区太平县民间，据光绪《太平县志》载，凡民人"女子孕过期，亲戚馈饭催生，曰'过洋饭'"。此俗中，过期未生的孕妇，实蕴风险，而送"过洋饭"催生，则含有战胜风浪，顺利抵达岸边，即孩子顺利降生之意愿。

二、产房风俗

在民间，民人妇女产子后，在产房的设置与禁忌方面，有一系列的风俗习尚。

（一）产房门前悬挂习尚

民间产房前有专门的悬挂物品，以示生男或生女之别。开原县民间，据《开原县志》载，此地民人"生孩之家，先于门外作一表示，生男则悬弧于门左；生女则设帨（按，即古代的佩巾，类似现代的毛巾）于门右"。在清代的西丰县民间，据《西丰县志》称，该地民人之家，凡"生男悬弧于门左，生女设帨于门右，此古礼也"。至于在营口县民间，清代民人亦有相似的风俗。据《营口县志》载称："古礼生男悬弧于门左，生女设帨于门右，今犹沿用之。"

（二）产房设置与生产风俗

民人生产时，产房的设置则直接与产妇的生育过程相关联。然因地域与民族生活习尚方面的差异，故其习俗则又有区别和不同。

在东北的辽宁辽中县民间，民人称生孩子为"落草"，且有诸多特色独具的产房风习。据《辽中县志》载称，清代该地民家，凡"小孩出生，谓之'落草'，盖以草铺炕，置儿于上，以防燥湿，习俗然也。产妇食米粥一月，每餐必有鸡卵数枚，借壮身体"。

（三）产房的禁事风尚

在民间的产房有诸多的禁事风尚，目的是为产妇保健与母子免受灾害的侵袭。

产房

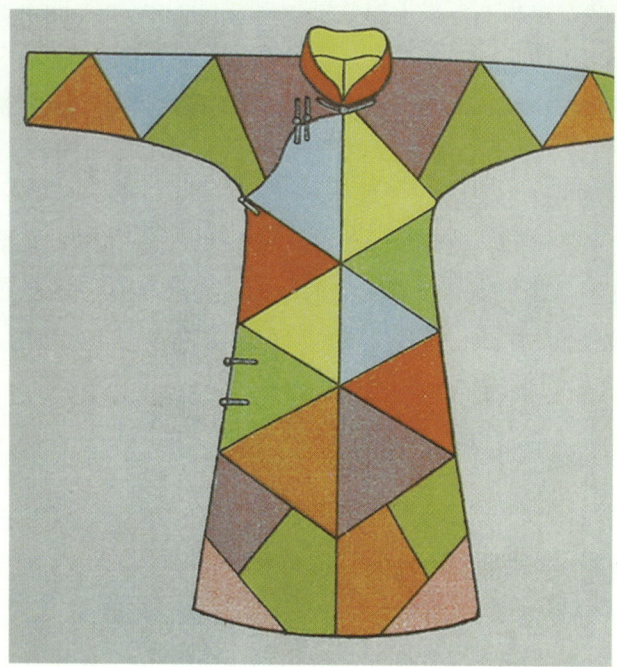

穿百家衣

穿和尚衣

在汉族地区或民族地区,凡是产妇临产时,多回避包括丈夫在内的男人。其次是在台湾高山族的阿美人认为,根据民间传说,婴儿从怀胎到降生,均由生命女神特娥及其八个子女主宰创造,故生育时要回避猎手,更要回避被视为不祥的寡妇。此外,在彝族聚居地区,清代时,民人的产房常设在卧室内,贫苦人家无卧室者,则设在正屋门后或灶边。每当产妇临产时,除丈夫要远出回避外,对屡生不育的妇女也要回避。这些屡生不育的妇女,生产时只能在室外,乃至在田间或水沟旁。倘若产妇难产,则须请呗耄念经、念符咒、请菩萨、赶鬼等仪式,为产妇驱邪,以使婴儿顺利降生。① 而在广西壮族地区,凡民人妇女生产后,主人立即用木叶插在门口,三日之内忌生人入产房,为的是怕冲了财气,孩子长大后挣不到钱,故有"见死不见生"的谚语。倘有不知情的生人闯入,主人则立即要客人喝一口茶以解邪气。②

三、诞生礼仪

清人的诞生礼仪风俗中,具体包括三朝、三腊(按,宋代《东京梦华录》一书载,育子七日,为之一腊。且有一腊、二腊、三腊等名,届时庆贺。清时已将此与做满月之庆仪合并)、满月、百日、周年等活动,每逢自婴儿出生至满周岁时止,均有一系列的诞生活动的礼仪习尚。

(一)"三朝"礼仪风俗

凡是家中有孩子诞生,之后的第三天,要举行"三朝"的庆典仪式,有的地区又称为"洗三"。届时舅舅家要送红鸡蛋、十全果为婴儿祝福。有的地方要给婴儿沐浴,设宴欢庆,欢迎他进入社会。且在汉族与民族地区,有不同的仪式与习尚。在华东地区,浙江昌化县民间,据乾隆《昌化县志》载,此地民人"始生子者,先以羊酒报于外家,谓之'报喜'。其外家则具绣裸、衣及金银铃、钱、牲醴诸仪以贶焉。三日洗儿,

《月球殖民地小说》插图中的贺生场面

---

① 参见马学良《彝族文化史》一书,上海人民出版社1989年版。
② 梁庭望《壮族风俗志》,中央民族学院出版社1987年版。

抱见舅姑，唤以乳名。诸族人各送来蛋之类以望产母，其余亲友或贺、或不贺"。又，据光绪《嘉兴县志》称，清代浙江嘉兴县民间，民家凡"生子三日，作'汤饼会'"，此习则是独具特色。而在浙江桐乡县民间，据嘉庆《桐乡县志》载，清代该地民人"生子三日"，则有"邀亲友吃馄饨"的习俗。至于在清代浙江鄞县民间，据光绪《鄞县志》称，民家妇女"既产，三日洗儿，谓之'解厌'。外家馈牲，用以祀神，谓之'还落地福'"。可是，在清代浙江定海县民间，其三朝又称"洗床诞"，且有祭祀活动。《定海县志》便载称，民人"三朝，设祭床前，稳婆为洗儿，谓之'洗床诞'"。但在江西的袁州府，清代该地民间的三朝礼仪，却甚为繁多。据乾隆《袁州府志》载，民人"丈夫初举子，即日以鹅酒馈外家"，称为"报生"；三日后"外家以猪羊、襁褓、衣被来"，谓之为"做三"（即三朝也）；接着，"受贺宴客，先上饭于家庙，告以生月、日、时及乳名"，称为"烧三"；而"是日浴儿，煮鸡子，以苏木汁相饷"，则谓之"洗三"。

在华北地区，河北万全县民间，据《万全县志》称，产妇生子后"第三日，用艾泡水洗儿之周身"，谓之"洗三"。又，"是日，并供奶奶纸许愿，盖认儿之生也，纯为奶奶神所赐，不得不重酬之也。人人既认小儿之来源皆来自奶奶庙，故求儿者对奶奶神甚为重视。每年于奶奶庙会时，有儿者必送高约五寸之泥人于奶奶庙，后面并写某家外甥、某家子，谓之'替身'，至十二岁始止。盖恐奶奶之反口，召回所赐之小儿也。替身既为儿童之代表，故求子者有盗替身之举。法用红绳于奶奶庙会时，乘人之不备，系之而返，藏于密处，即可生子矣"。

在西南地区，清代四川合川县民间，则据《合川县志》载，此地民人，"子生三日，以陈艾煮鸡卵浴之"，称为"洗三"。同时，"三日宴客，妇父母具襁褓及食物至婿家"，谓之"汤盘"，而此日之宴会，俗则谓之"打三朝"。

民族地区的"三朝"诞生礼仪，以满族与壮族地区最具典型意义。在满族地区，孩子出生后的第三天，要举行洗礼，俗谓"洗三"。洗浴婴儿前，须将接生婆或儿女双全、且有威望的老太太（俗称为姥姥），用车接至产妇家中。届时，姥姥在炕上盘腿坐好，由别人端来一个大铜盆，盆里装着用槐树枝、艾蒿叶熬成的热水。趁着水冒热气，前来祝贺的亲友们将带来的铜钱、花生、鸡蛋等各种东西放入水中，边放边说些祝吉的话，俗称为"添盆"。添盆之后，再由姥姥给新生婴儿洗身。边洗边说："洗洗头，做王侯；洗洗腰，一辈倒比一辈高；洗洗蛋，做知县；洗洗沟，做知州！"洗完之后，用姜片和艾团灸脑门和身上的各个重要关节。据说这样洗浴、熏灸之后，孩子体格健壮，不得病。之后，用一块新布沾些清茶水，用力擦磨孩子的牙床。若是孩子放声大哭，便是大吉大利之兆，亲友们再次祝吉，欢笑。是举，俗称"响盆"。最后用一根大葱打三下，边打边说道："一打聪明，二打伶俐，三打明明白白。"孩子的父亲把大葱扔到房上去。扔完，亲友们一齐向孩子的父母道喜。当日，用面条来招待前来祝贺的亲友，

清年画《慈母哺稚》

意为祝孩子长命百岁。饭后，送给姥姥浴儿钱，并将添盆的铜钱、花生、鸡蛋等一起奉上，用车将姥姥送走。①

（二）"三腊"及其遗风

如前所述，"三腊"的诞生礼仪，在宋代民间及宫中十分盛行。及至清代，却仍有一些地区民间，有为孩子出生，过"腊"的遗风。

广东普宁县民间，据乾隆《普宁县志》载，民人之家凡"生子，弥月作汤饼会，亲友毕贺。其在月内时，交厚者皆往道喜索饮"，此谓之为"食美酒"。"然必俟十二日之后"，则称为"过腊"。可见，这些地区的民人仍称产后每七日为"一腊"，且顺推有"一腊"、"二腊"、"三腊"之谓，届时尚有宴请亲友至交之习尚。

（三）满月、百日、周年礼仪风尚

在民间，民人为刚诞生的婴孩，还有满月（又称弥月）、百日（又名百晬）、周年（又称周晬或对晬）的庆贺礼仪，且在汉族与民族地区，有着相异的风尚。

东北地区　辽宁新民县民间，据《新民县志》载，民家"生子以豚蹄、面、糖、鸡卵等物馈遗，俗谓'下奶'。弥月，镕金制送金银麒麟锁、状元牌、手镯等物"，称为"作满月"。在辽中县民间，据《辽中县志》称，清代此地民人生子作"弥月"时，"亲族、戚党咸至"，作"汤饼会"。同时，"主人设筵款待，必蒸馒首"，俗呼为"吃满月酒"。而在辽阳县民间，则据《辽阳县志》载，民人产子之家，凡作"弥月"时，"母家以花冠、绣裸、服饰、玩具赠小儿"，称为"作满月"。"其他亲友各赠以资。主人设筵款客"，称作"汤饼会"，俗称"吃满月酒"。至百天，"母家赠馒首百枚"，称为"蒸百岁"，"赠钱百枚"，称为"百岁钱"。到"周岁试儿"时，"男用弓矢、笔墨，女用刀尺、针线，及珍宝、玩物置儿前，任其自取，以观其志"，名为"周晬盘"。但此俗仅"惟绅家行之"。

华东地区　在浙江嘉兴县民间，据光绪《嘉兴县志》载，民人生子作"弥月"时，"令工剃胎发，丸之贯彩缕悬帷帐"。满周岁时为"晬盘，杂置各物，视所取以占趋向"。而在清代浙江桐乡县民间，据嘉庆《桐乡县志》称，民家生子作"弥月剃乳发，亲友致馈遗"，称为"贺满月"。"弥岁"时，作"试儿会"，名为"拿周"。至于浙江安吉县民间，据同治《安吉县志》载，清代此地民人生子，"周岁送盘"，谓之"晬周"。"有用金银饰帽，或制项圈、手镯等物以遗之者。虽生女亦然。俗谓初生为'头生'，故其礼甚费，虽贫富不同，亦不能概从减省"。至于在清代浙江的太平县民间，则据光绪《太平县志》载，该地民人生子，"儿弥月剃发，剃工送画鹰，取英俊。外孙初至外家"，更有"以墨点额"的风习。清代江西南城县民间，则据同治《南城县志》载，此

---

① 参见杨英杰《清代满族风俗史》、梁庭望《壮族风俗志》等书。

剃胎发：剃发时，堂上点"状元红"蜡烛，摆放供品，祀神祭祖

地民人生子"七日，外家以荤素仪及小儿衣物"，谓之"开斋"、"送七朝"。到孩子满月时，则要"浴儿剃发，外家又送煮鸡子百千及衣服、银器、荤素等物"。至周岁"晬日，具晬盘，如古式，陈笔墨、戈印、金钱诸物于儿前，视其所取以觇成立"，谓之"拈周"。届时，"外家皆有贺有馈，其厚者衣服、银器外兼饩羊、豕"等物。

西南地区　四川的大邑县民间，据《大邑县志》载，民家生子做"弥月"时，有"送粥米"之习；而做"周岁"时，则要"设晬盘，悉如他处"。又，在清代的洪雅民间，据嘉庆《洪雅县志》载，民人生子"迎（满月）月"时，有"汤饼会"的习俗。此外，清代四川的合川县民间，据《合川县志》记述，民家生子女时，做"周岁"时，则另有一番风俗，即"子女周岁时，先盥沐，服新衣、装饰。男则有弓矢、纸笔，女则用刀尺、针线，并列饮食、物品及珍宝、玩器，观其发意所在，以验贪廉智愚"，此俗则谓之为"抓周"。

四、取名风俗

一个人的名字将伴随他（她）的一生，且更与宗族的字辈及传宗接代有关。故在命名时，不仅十分慎重，且有一整套风俗礼仪。命名仪礼，不同民族和地区举行仪式的时间迟早不一。有的在胎儿出生后数日举行，有的在胎儿脐带脱落后一两个月内举行，有的则在三四个月小儿会笑时才举行。命名时间的迟早，有的还以性别区分。如清代独龙族男孩出生后七天命名,女孩则九天命名。

台湾的基隆地区,据《基隆县志》载,清人为孩子取名,还有一定的礼仪程序:

其一,须占卜:婴儿出生后"旬内请星相家占卜婴孩终身命运,如谓出生时日不佳,女婴则请设法改换,即于命书上记载改造之诞辰时日;男婴如认其'八字'缺少五行中之一或二,于命名时补其短少。如有'媳妇仔命',则多给他姓为养女,台湾养女之风特盛,此亦一因"。

其二,论伦序:命名时,"除多有伦序,俗称字辈命名外,常以相反之压胜心理取不雅名字,如猪、狗、戆、乞等,意即非如此则易早夭。或信阴阳五行干支之说,以金、木、水、火、土或干支为名,取相生之义,以补八字之缺憾"。

民族地区的小儿取名风俗,别具特色。高山族小孩多无乳名,生下后不久就要命名,命名的时间及方式各有不同。最早者于脐带脱落后命名,如赛夏人、曹人,泰雅人多数在脐带脱落后一二日进行;晚者得小孩长至三四个月进行;布农、阿美等人小孩出生后,得吉梦则命名。命名的方式各人不一样:有的有简单的仪式,曹人命名由母亲抱小孩外出,父亲持食品祈祷后命名;布农人由父亲至山中捉一小鸟给小儿食后祝福命名;赛夏人则于小孩额上贴一小草喷上水祝福命名。主持者大多是父亲,少数由母亲主持,卑南、阿美人则由外祖母主持,赛夏人由姑母主持。亦有由巫师主持仪式,家族及氏族之女子参加,在屋中北向之一角,先以灵罐盛酒后与槟榔、米糕等置于命名处祭祀祖先,巫师手舞足蹈请示祖先,然后,根据各族祖传之名选定,不合者再更换,直至合适为止。命名之后七天,若小孩生病、大便不通及遇有不祥之兆等,即再请巫师予以换名。

高山族命名,有许多使用传统的名谱,就是把祖先的名字重复给子孙使用,人们称它为"袭名制"。此外,还有其他许多命名方法,如"创名"、"借名"、"换名"。由于"袭名制"盛行,因此在高山族中有许多同名人。

袭名者,主要承袭祖辈之名,它在高山族中占绝大多数。袭祖辈之名,如系男子,绝对禁止男孩与父兄同名,女孩与母姐同名。多袭祖父及外祖父之名,女孩则袭祖母及外祖母之名,也有以父之母及父之父之名来作后代之名。其次是袭父母之同胞姐妹兄弟之名,如系母系氏族社会,则多袭母亲之姐妹兄弟之名,也有的地方袭外祖母以上远亲之名,但是所袭者较少。也有袭取客名者,如生男孩,则以女客之名为名,但这种袭名较少。赛夏、布农、阿美、卑南、曹人皆保存有长子袭祖父名的习惯,其他男孩不限。在阿美人、卑南人的一部分也保存有长子袭祖母名的习惯,反映了母系氏族残余的存在。清中叶以后,在一些地方,如排湾、鲁凯等人的名字带有身份特征,酋长与平民各不相同,反映了阶级社会的发生与发展。

创名。有以地为名者,如以出生之地、路或广场等名为名;也有以时间为名,如以除草季节、天热、丰收、割稻等时间来命名；还有以事件来命名，如出生时正值地震，或出生时正遇洪水等，便以此来命名。

借名。入清以后，由于汉族和其他文化的传入，高山族受其影响，进步很快，因此，他们也借用外族人之名字，特别是借取汉名者较多。高山族的名字较多连名，大体是同性亲子女连名，即父子连名，或母女连名，就是以自己的名再加上父亲的名，有的若因继父赘入，则以自己的名再连上继父之名。如系被人收养者，则以自己的名，连上养父或养母之名。女孩很少连父名。有自己连自己名者，就是将己名与别名并呼。还有的连配偶名，如妻连夫名，或夫连妻名。

壮族地区民间，民人产子之家，给婴儿的"命名礼"则是与"满月"礼同时进行的。对此，届时用外婆送来的三牲（即一条猪肉、一只鸡、一条鱼）敬过神之后，巫觋当神灵之面命名，如果是第一胎，也同时给父母命名。譬如婴儿名"龙"，父亲就叫"波龙"（意为龙儿之父），母亲叫"姆龙"（意为龙儿之母）。除了特殊情况，一般人不再呼叫父母的学名，老一辈也这样叫他们。龙之前加一个"特"字，这是专门用于男性青少年的名量词，叫特龙。特龙结了婚，就不能再叫这个小名，要叫名字，否则被认为是侮辱人格，有时甚至为此发生冲突。而有的壮族地方则不举行命名礼，而是在周岁以内时由爷爷或父母命名，有了小名，则人们对父母的称呼也随之改变。

第四节　育儿风俗

育儿风俗，既是生育风俗的重要构成部分，而且是求子、孕妇保健与胎教、诞生风俗的延伸。具体而论，它又包括育儿之道、育儿的内容（含日常生活规范、道德修养、功名思想、学术文化等的教育）等，且较之前代，传承更有特色。

一、育儿之道

给小孩留箍以求平安长大

清人的育儿之道，基本上遵循儒家的传说礼教程序进行与实践的。具体而言，所循育儿之道，恰如《三字经》所述："人之初，性本善。性相近，习相远。苟不教，性乃迁。"恰因如此，礼义、生活规范、道德修养、功名思想、文化等观念与习尚的树立，必须自幼学起。且有一整套实用、灵活的方法：

（一）寓（教）育于乐

清人的育儿，大体上可分为三个阶段，其第一阶段为零到三岁的婴幼儿时期，此一阶段中，育儿主要是寓教寓育于乐，包括成人、朋友、亲戚参与的游戏或庆典、祭仪活动，其目的在于试其人之"本性"（如"抓周"）；同时，还要消灾免难（如系红线或祭神占卜），以确保孩子健康成长。

（二）寓（教）育于识

当出生的子女在四——十岁时的幼儿时期，

则清人的家庭对其进行育儿的第二阶段的教育活动,其育儿之道,则是寓教寓育于(常)识,通过儿歌、谜语等,教给子女自然、社会生活的常识,以及健康之道。

(三)寓(教)育于礼

当民人所生的子女,成长至十——十五岁时的少年时期时,清人的家庭、父母,或进行家庭教育,或进行学校与家庭相结合的教育,其育儿之道则是寓教寓育于礼,即使孩子的心性、行为、道德、文化,均要符合"礼"制的要求,而不得越轨。也即是其言其行均要循"礼"之规,蹈"礼"之矩。否则,社会与人们则会认为"苟不教,父之过",父母将受到责难。

清孙温绘《红楼梦》第八十二回"老学究讲义警顽心"之私塾图

二、育儿的内容

民人在育儿的内容上,汉族与兄弟民族之间,既有相似之处,亦有相异的一些习俗。

(一)婴儿"乞奶"育儿

台湾基隆地区民家,据《基隆县志》载,在"婴儿出生后四个月内,乞取已满四月之异姓婴孩之母乳一次以饮之,谓如此则长大后,得早日成婚"。

(二)婴儿"系红丝"育儿

台湾基隆民间,"婴儿出生后,满月内必以红丝系结手足,否则谓长大后必将为非作歹。生后二十四日剃头,其选择二十四日者,取二十四孝之意,期成孝子。是日煮鸡蛋为祝。剃发时,将小石三或十二颗,铜钱十二文,染红之鸡蛋、鸭蛋十二个放水盆中;剃后,由水中取出红蛋在其头轻滚三下,同时偏(边)滚偏(边)念'鸡卵身,鸭卵面，好亲成，来相配（音似垫）'，然后以蛋黄与葱汁混合在其头上作涂抹，意为弃垢，能聪明，有财气官运，壮健可期。发与石头包以红纸放在屋顶"。

（三）婴儿"祀祖"、"敬神"祝祈育儿

台湾基隆民人生子，在"弥月"时，要"敬神祀祖，治酒席宴客。外祖父母馈送衣服、身饰等礼物，称曰'送头尾'；并送红圆，俗称'外妈圆'，红龟粿、红桃、礼烛、礼款等。亲朋于十二或二十四朝未送贺礼者，仍可此日送贺，以鸡酒、油饭、红桃（馒头）为答礼。每逢朔望，拜祭'床母'，祷祝婴儿自出生以至成人，将受床母保佑，永托平安。是日有'喊鸥鹩（鸢）'之习，由母亲或祖母抱至门外，或由兄姊背之，用鸡棰（赶鸡用竹竿）敲地呼喊：'鸥鹩飞上山，囝仔快做官；鸥鹩飞高高，囝仔中状元；鸥鹩飞落低，囝仔快做老爸'。而后分送旁观小孩红蛋一个。未满月前，产妇不拜神佛，不出月内房，颇多禁忌"。

教子祭拜

（四）婴儿育儿之"禁忌"

在台湾基隆地区民间，凡"未满四个月婴孩"，育儿时"亦多有禁忌，如一是禁在婴孩面前谈猴子，忌说婴孩肥胖。二是忌婴孩坐帽上、算盘，忌在砚上写字。三是忌婴孩食肉类、蛋类、鸡肠、猪脚蹄。四是忌用尺打婴孩。五是忌滴眼泪于夭折小孩尸上"。

（五）婴儿"收诞"育儿

台湾基隆民人，生子"满四个月，以面制红龟及红桃，并备牲醴祀祖先，外祖父母又赠衣服礼物。此日，家备酥饼，串以红丝悬儿颈，请长辈、亲朋、邻右取开酥饼在婴儿口边作揩抹状，念吉祥语句"，此俗则谓之为"收诞"礼仪。

（六）婴儿"试周"观性育儿

在台湾基隆县民间，婴儿周岁称"度晬"，其育儿礼仪则是，"以书本、印章、笔、墨、算盘、钱币、田土、稻草、秤、尺、斧、葱、芹菜、鸡腿、猪肉等十二种物纳于竹筛中，使婴儿任意攫取之，以卜其将来命运。书、笔、墨主读书文士，印主作官，算盘、秤主商贾，钱币主财主，尺主工，葱主聪明，芹菜主勤勉，各有含义。此名为之'试儿'或'试周'，即古之晬盘之仪。备牲醴敬神拜祖，宴戚友，以红龟粿赠亲朋邻右，外祖父母赠衣物金饰。通常亦于此时断奶。生女亦祝周岁，惟较简单"。

（七）巫师"压惊"以育儿

在台湾基隆地区民人，在育儿过程中，若"孩童遇事惊悸，则请巫觋，俗称'先生妈'者施法压惊收魂。未成年，不食鸡爪，谓将撕破书皮，不成文士"。

民人对所生子女在幼儿、少年时期的育儿教导，则除读书识字的学校教育外，则主要用童歌童谣、猜谜语、唱山歌等方式和渠道，来对子女进行日常生活规范、生产生活常识、道德修养、功名思想、学术文化等方面知识的传播，此法既生动活泼有趣，又使少儿易记易懂。民族地区育儿的内容，既丰富又具特色。其中，最具典型性的为满族与台湾高山族的育儿方式与内容。汉族育儿，随意让小儿头自由滚动，不加限制，任其发展。而满族风俗与此迥异，其以"扁头"为美。无论贵贱，皆有为小儿睡扁头之风。即让小儿仰卧，以小米或高粱米等充实枕头，枕在孩子头下，俗称"睡头"。久之，小儿后脑勺齐平，成为扁头。如果哪个孩子头没睡好，人们就会笑话母亲。东北地区的汉族受满族风俗影响，也有睡头的习俗。

民谚说："关东外，三大怪：窗户纸糊在外，姑娘叼着大烟袋，养活孩子吊起来。"所谓"养活孩子吊起来"，系指清代满族育儿悬挂"悠车"的风俗。悠车是满族人家传统的育儿工具，形如船，木制。前后两头的左、右两侧，各系前后两环，以长条或绳

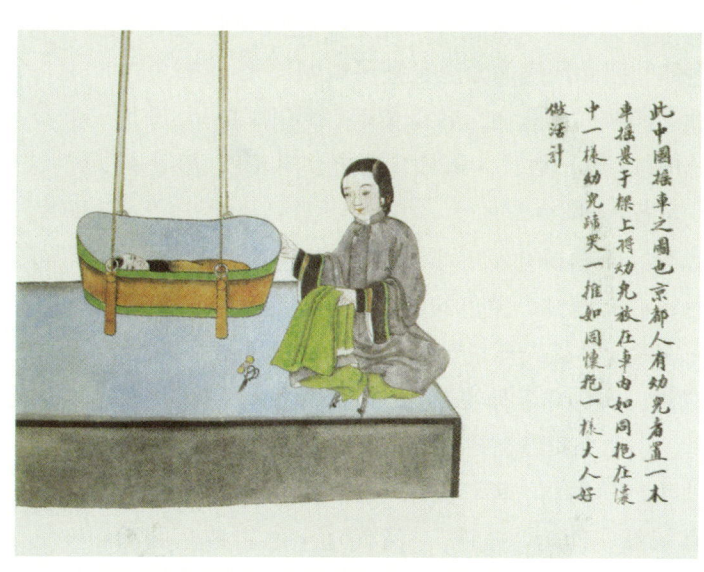

清《北京民间风俗百图》中的《摇车图》

给小孩戴锁以求平平安安长大。

穿环内，悬于梁上。车外绘以彩画，车内垫薄板，离地三四尺。小儿哭则乳之，不哭则悠之。为吸引小孩不哭闹，车上多系小铃或花朵等玩饰。孩子睡在悠车里，为避免有因翻动而掉出来的危险，要用介子（裹孩子的布片）将孩子包起来，再在胳膊肘、腿膝盖、脚脖子三处用布带捆起来，孩子在悠车中便万无一失。孩子下悠车多是在满月那一天。如生男孩，悠车由外祖父或舅父赠送。并且要亲自送到外孙或外甥家。送悠车时，还要随带压车钱，给双不给单。满族育儿睡悠车的古老风俗，始于原始社会的射猎时代。父母骑射狩猎，携带幼小婴儿不便，在森林中将孩子放在地上又不安全。这样，便常常将孩子悬挂在树上。定居生活、住上房屋之后，将孩子吊在树上的习俗逐渐转变为于屋内梁上悬挂悠车的风俗。但是，直至清末、民初，居于黑龙江和吉林的所谓"鱼皮鞑子"等部，仍然还是"多束缚襁褓儿，悬诸林木间"。真实地再现了悬挂悠车习俗的古老风貌。

清代，满族信奉多神崇拜的萨满教。小儿生病以为鬼魅作祟，不延医吃药，只请巫驱祟。《黑龙江纪略》记载黑龙江满族其俗："多魅，为婴儿祟者，形如小犬而黑，潜入土圮坐，惟巫能见之。巫伏草间，伺其入，以毡蒙突，执刃以待，纸封圮坐门，燃灯于外。魅知有备，辄冲毡而出，巫急斩之，婴顿苏。"满族人又认为人的灵魂是可以离开肉体而独立存在。小儿生病是灵魂遇到了某种鬼的阻拦，使灵魂长时间游离在外，不能附体，因此治病的方法是把灵魂喊回来。《黑龙江外记》卷六记载：满族"小儿病，其母黎明以杓击门，大呼儿名：'博德珠'，如是七声，数日病辄愈，谓之'叫魂'，处处有之。'博德珠'，家来之谓"。

满族育儿风俗，小孩降生后，要于亲戚家乞线为之作锁。线用蓝、白二色，亦有用红、黄色的，聚为一束粗线作圈，在线头接合处结一疙瘩，结处缝三块小绸，俗名"百家锁"。满族供奉护佑小儿之神，称为"子孙娘娘"，又名"佛托妈妈"。在祭祀柳枝娘娘时，小儿小女跪在神前，萨满太太用柳枝蘸净水，洒在小儿小女头上。然后将"锁"挂在小孩的颈上，男孩挂红彩线，女孩挂蓝彩线，即为"挂锁"。清代辽宁岫岩地区的满族，挂锁仪式多是在小儿小女四五岁时举行。早晨天亮时，小

戴八卦

戴耳垂子

戴圈

戴钱

儿小女跪在祖宗位前（即佛托妈妈），家中老太太右手拿一碗水，左手拿一香碟，香碟在小儿小女头上绕三圈，水向头上喷三次，口中祝告：保佑小儿小女一年四季身强力壮，头清眼明，不生病不生灾，不长疮、不烂盖……之后将二三尺长的五彩线挂在小儿小女脖子上，下午落日前将五彩线取下，系在子孙绳上（佛托妈妈口袋中的长索）。至下次祭祀时，将锁取下，另挂新锁，俗称"换锁"。清代中期以后，所挂之锁三日后即可取下，藏于袋中，下次祭祀时再戴上以俟换。换锁一般是在春秋大祭时进行。但是，如果孩子生病，日久不愈，也可以随时许愿换锁。先择好祭祀日，祭祀日前一日上午，令一妇女为病儿出走，化七家小黄米，可多可少，不足自备；下午轧面。祭日早晨，先在西炕放净桌一张，将南边祖上香碟请下来，点香悬幔，将蒸好的饽饽，每个上面粘上小豆粒三四个，摆好后叩头三遍。主祭的老太太立身向上祝赞为谁许愿，因何许愿，礼毕，将香碟、神幔均请上南祖宗板，将饽饽撤下。晚上，桌北外边点一盏灯，请下北祖宗板、香碟，其他礼节与早上相同。挂锁与换锁意味着可以得到子孙娘娘的庇护与赐福，小儿小女即可长命百岁，所以清代满族人家十分重视。

满族自其先世始，数千年来多以射猎、畜牧为业，以弯弓盘马为能事，是维生创业之本，故俗尚骑射。清代，满族人家的孩子，从幼儿时期始即进行崇尚骑射的教育。黑龙江、吉林等地满族有一流行很广的《摇篮曲》："悠悠喳，巴卜喳，小阿哥，睡觉吧，领银喳，上档喳，上了档子吊膀子，吊膀子，拉硬弓，要拉硬弓得长大。拉响弓，骑大马，你阿玛出兵发马啦。大花翎子亮白顶喳，挣下功劳是你们爷俩的啊！"这首摇篮曲是母亲对孩子进行崇尚骑射的启蒙教育，反映了她们希望孩子以骑射建功立业的心情。满族儿童到六岁的时候就利用木制的弓箭练习射鹄。十三四岁就开始随父、兄参加行围射猎。满洲入关之后，历朝皇帝都非常重视保持骑射之风。康熙皇帝还特别

乾隆射箭

规定，宗室和八旗子弟必须自幼习骑学射。十岁后每年要进行小考。考试由皇子、军机大臣等主持，并由皇子先射。清人赵翼《檐曝杂记》记载帝王之家教儿习射事："上（乾隆帝）坐较射，皇子、皇孙以次射。皇次孙绵恩方八岁，亦以小弓箭一发中的，再发再中。上大喜，谕令再中一矢赏黄马褂。果又中一矢。"由于最高统治者率先提倡发扬满族骑射之风，重视骑射家教，"故一时勋旧子弟莫不熟习弓马"。① 不仅男孩学习骑射，女孩亦然。清代诗人赞颂满族幼儿习骑射之风："经过妇女多骑马，游戏儿童解射雕。"②

步箭　　　　　　　　　　马箭

满族初重武轻文，把披甲征战、弯弓骑射视为第一，所以不重读书。天聪五年（1631）大凌河之役后，皇太极从明军将士死战而不溃散的忠勇精神中认识到了"读书明道理"的重要性。对诸贝勒大臣下谕："自今凡子弟十五岁以下，八岁以上，俱令读书。"③ 如不让子弟读书，就不令其披甲出征。入关之后，更加重视习文读书。还建立了各种类型的学校。如教育宗室子弟的宗学、教育八旗贵族子弟的官学、教育八旗平民子弟的义学等等。幼童十岁以上入学校学习。在校除教习骑、射之外，即是学习满语与诵读儒家经书。尊孔读经是各类学校对学童必须进行的教育。"敦品行，习仪礼，胥

---

① 昭梿《啸亭杂录》卷一。
② 杨宾《柳边纪略》卷五。
③ 《清实录·太宗文皇帝》。

于学校是赖。"①清朝最高统治者，对尊孔读经非常重视。雍正皇帝曾说："若无孔子之教，势必以小加大，以少陵长，以贱妨贵，尊卑倒置，上下无等，干名犯分，越礼背义。"②由于满族封建化进程的发展和最高统治者的大力提倡，满族学童特别是北京等大城市的八旗子弟，尊孔读经遂成风气。一些满族人家"课子甚严、经史日有程，偶误，则扎贾楚立施"。③康熙朝顺天府的一次院试，八旗子弟应试者五百人，考取六十多人，占录取者一半以上。当时有人说："初谓旗下无文章，不意成章二百多卷，取之不尽，尚有三十多卷，皆遗珠也。第二名蔡某……真神童也，年十二，通《五经》，日可成十余篇，莫谓旗下无才也。"④由此可见，清代满族文化育儿的成功。⑤

射天狗

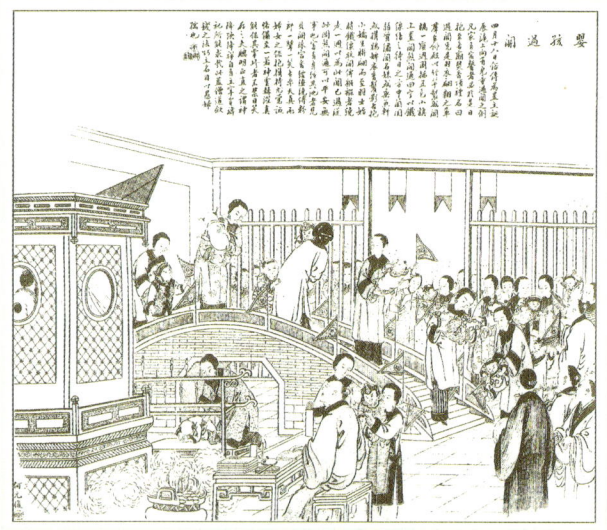

俗信，小孩成年之前会遭遇许多关煞，必须设法禳解过关，才能平安成长，形成"过关"的习俗。图为《点石斋画报》载上海四月十六日过关习俗

---

① 《八旗通志·学校志》。
② 蒋良骐《东华录》。
③ 徐珂《清稗类钞》第二册《考试类·康熙朝旗童应院试之多》。
④ 徐珂《清稗类钞》第二册《考试类·康熙朝旗童应院试之多》。
⑤ 参见杨英杰《清代满族风俗史》一书。

第五节　成年礼俗

中国古代，男女成年时，则要举行"冠笄之礼"的成人礼仪。具体而言，冠的"冠礼"，又称结发、加冠，是男子到二十岁时举行的"成人礼"。男人举行"冠礼"后，表示男子已经成熟，可以结婚了。笄是"笄礼"，也叫结发、加笄，是指女孩到十五岁时举行的"成人礼"。笄礼的举行，是女子到了婚龄的标志。但实际上，一般而言，定婚年龄，男子循古礼则以二十岁为期，女子则以十五岁为期。结婚的年龄，则男子多以三十岁、女子以二十岁为限。对此，《礼记·内则》称："男子二十而冠始学礼，三十而有室始理男事。女子十有五年而笄，二十而嫁，有故二十三年而嫁。"又，《谷梁传·文公十二年》载："男子二十而冠，冠而列丈夫；三十而娶。女子十五而许嫁，二十而嫁。"《礼记·曲礼》则注："许嫁则十五年而笄，未许嫁者二十而笄。"

对古代男子在成年时所行的"冠礼"，在《礼记·曲礼上》则说，凡男子二十岁时要行"加冠礼"；而《仪礼·士冠礼》更说男子十九岁而冠。后代此礼虽废，但仍保留"已冠"、"未冠"、"弱冠"等说法。清代，作为成年礼仪的男女"冠笄之礼"，仍在一些地区举行着，且汉族地区与民族地区在礼仪与形式上有不同的特色内容。

汉族地区的成年礼俗，有的地区不再举行，有的地方则仍举行，但较之古代礼仪，多有变异。其中，有的地区或在士大夫、缙绅之家，或在民人之家，此礼仪则多在婚礼前举行，且内容甚具特色。

一、东北地区成年礼俗

辽宁的辽中县民间，成年古礼仪虽不行，但在取名上仍有遗风。对此，光绪《辽中县志》便载："冠，三加之礼虽皆不讲，而冠而字之，约在将及弱冠之年。"即在将及弱冠之年时，男子将正式取"官名"（大名）与"字号"，以示成年。而在辽宁海城县民间，清代此地的士大夫家亦间有举行此"冠礼"者。《海城县志》便称："《礼记》：'男子二十冠而字，女子许嫁笄而字。'古者男子年二十而冠，谓之成人，始行冠礼。女子十有五年而笄，故女子成年者，曰'及笄'。此礼久废。士大夫家行者尚罕，民间更无论矣。"至于黑龙江省的宾县民间，在清代仍有古之"冠礼"的遗风。据《宾县县志》记述，民家"男子及长，随时加冠，不拘古礼"。但清代时，"如今子弟至成童后，即使缨冠袍褂见诸亲邻长者，是亦古冠礼之遗也"。

二、华东地区成年礼俗

山东乐陵民间，民人的冠礼，据乾隆《乐陵县志》载："冠礼，古者男子十五至二十皆可冠。告诸宗庙，肃宾三加元服，致祝语，去幼志，顺成德，巨典也。古礼之废也久矣。旧志，男子十五以上随便加冠，女子受聘时乃笄，绅士家亦然。"又，在山东的东平县民间，清人则将成年冠礼与婚礼合二为一举行。《东平县志》便载："冠者，礼之始也。古者，男子二十冠而字，有始加、再加、三加之词，将以责为成人之道，故礼仪至为详备。汉唐以来，此礼渐废，东平亦久无行此礼者。然男子迎娶新妇时，期前至戚友家行礼"，称为"告冠"，而戚友家送礼亦谓之为"冠敬"，"殆将冠婚之礼合而为一欤"。

浙江安吉县民间的成年的礼仪据同治《安吉县志》载："冠礼久废，虽士大夫家鲜有行者。男子十二三岁总角者少。女子将嫁始笄，笄之日父母必以筵款"，此俗谓之"上头"。而在浙江太平县民间，清代此地士大夫之家，不仅举行冠礼，且行加笄之仪。康熙《太平县志》便称："士人家择瑞日行加冠礼。谒家庙，请字于长者，次第拜父母伯叔，设庆贺筵席。平民家礼从简，拜礼亦如之。"而"女笄，则于将嫁前数日，父母设筵席，会诸姑母婶，为之加笄"。

三、西北地区成年礼俗

在陕西地区民人，虽古之三加成人冠礼不再举行，但其遗风仍存。或于婚嫁，或在命名上，均有相应的成年礼俗。对此，雍正《陕西通志》便载，该处民间虽"人不知冠（礼）久矣"，而民家"娶妇者，前一日"却要"冠带拜见尊长，尊长斟以酒，或其遗意欤"。届时，"男子多麻冠。妇人虽浓妆，亦必以白布饰其首。盖西方金也，山曰太白，故多尚白，从来远矣"。至于此俗的文化内蕴与民人文化心态，则显现于一种特定的文化审美认同之中，即"冠加于首，所以象天也，最宜雅重。古时制度无论已；今制夏凉冬暖，各有定制，又有帽顶以别贵贱，用之者不可不审也"。又，在清代陕西泾阳县民间，成年的礼俗，则称为"冠巾"之礼。宣统《泾阳县志》载称，此地"冠礼虽久废，然县俗于子娶妇之前夕为酒食，召戚族姻党会集，其父为子加冠命醮，子跪受之"，名为"冠巾"，"盖犹古冠礼遗意"。而"童子读书至应试时，犹有已冠、未冠之目。今则孩提而冠，僭亦甚矣"。在清代陕西的渭南民间，成年冠礼，据光绪《新续渭南县志》载，此礼"士绅家间行之"，然一般民间"乡人了无仪节，惟择日加冠，拜尊长而已"。至于清代陕西的临潼县民间，虽古时"冠礼久废"，但民人"娶妻者，前一日冠带拜见尊长，尊长斟以酒，或其遗意焉"。

四、西南地区成年礼俗

四川的峨眉县民间，成年冠礼士大夫之家仍举行，且有相应礼仪。嘉庆《峨眉县志》即载："冠礼，惟士大夫家行之。近俗男冠巾，即照女冠髻日。女家冠髻，多在嫁娶之前数日，择吉设筵，请男家父母及亲戚宴会。"而在清代的四川黔江县民间，其成

多子多福是当时深入人心的观念。图为詹天佑与夫人及八个孩子合影，时间约1909年

年之礼，则另有一番风俗。光绪《黔江县志》便称，冠礼"俗无行之者。惟年将二十，亲故为取字相赠，后遂字之，而不多。女则嫁之前夕，婿家以衣饰至女家，请族戚中娴妇道而多男者为加笄"。

清钱慧安《和睦人家》

第六章
婚 姻

　　婚姻风俗礼尚，是清代社会风俗中最具特色的重要组成部分之一。其突出特点在于，这一风俗礼仪，既具有清代社会物质生活与精神生活的二重性，同时又是沟通二者的特殊手段。因此，体现在清代的婚姻风俗礼仪之中的，一方面是清代社会各阶层的物质性消费；另一方面，则是清人满足其特殊政治需求（如王公贵族的联姻、婚嫁礼制）和精神需求（家族的兴旺、人口的繁衍和孝悌的实现）的最佳途径。这亦是清代社会中，从皇帝到平民，为何高度重视和实践这一礼仪的实质所在。

清孙温绘《红楼梦》第九十七回贾宝玉、薛宝钗婚礼图

第六章 婚姻

　　中华民族素以具有高度文明的"礼仪之邦"著称于世。清代，更是中国古代历史文明高度繁荣和灿烂的时期，其各种礼制之缜密、内容之广博，封建礼仪之繁缛、影响之深远，更达到历史上前所未有的水平。再加之清代满族贵族统治者由边隅之地的少数民族入主中原，作为一种生机勃勃的向上力量，又给这种传统的历史文明注入了新的血液和文化基因，从而使古老的风俗礼仪文化有了新的内涵，焕发出新的活力。这一切，又理所当然地给予包括婚姻礼仪在内的清代社会风俗生活以诸多方面的影响。此外，清代统治者更大肆奉行封建礼制信条，不遗余力地制定各种繁琐的礼仪，进而来对整个社会生活施加权威性的影响；他们要求各社会成员（包括宗室成员、王公贵族、官僚士绅直至贩夫走卒、贱民、奴婢，以及边疆的各少数民族成员）从婚姻礼仪到交际往来，均必须依"礼"而行，使社会成员处于一个上下有等、尊卑有序、贵贱有别的等级体系之中，整个社会则形成一个身份有所差别的社会。这样，各种礼制与礼仪，便成为清代封建统治者手中防僭越、辨尊卑、明贵贱，以及维护封建等级体系的有力工具和禁锢人们思想的重要精神枷锁之一。社会各阶级、阶层和各民族成员的婚姻风俗礼仪，虽由于政治、经济、文化以及地区与民族差异等诸多因素的作用影响，呈现出千姿百态、杂色纷呈的状态，但其最具特色的还是它的礼制性、等级性、地区性、变异性与民族性内涵和特质。

第一节　婚姻观念

婚姻观念系指清人的择偶婚配的标准而言，它的形成是历史上传统婚姻观念传承的结果，更是在清代政治、经济、军事与伦理观念作用下，使其呈现新的特色，进而产生变异所致。具体而言，清代既是中国传统封建社会的最后一个王朝，又是中国近现代的开端，这使清人的婚姻观念、婚姻形式呈现出多种形态并存的特色：一是在政治上，择偶重"门第"。二是在经济上，婚姻"重财富"又"别贵贱"。三是在军事上，重满汉之别与官阶之异。四是伦理上，清代是封建贞操观念较为严格的时代，婚制上除继承明代的诸多流弊外，对妇女的贞节的要求更达到登峰造极的地步。五是在演变上，清后期的太平天国运动、资产阶级革命运动，在一定程度上、一定范围里，改变、冲击了封建传统的婚姻道德观念和礼仪，为婚姻风俗的变革与进步注入了一股新的活力。

一、婚姻政治观："重门第"与择偶

《光绪皇帝大婚图》之大征礼图

礼制缜密、繁仪缛节,等级森严,不可僭越违制,一切须循礼而行,是清代婚嫁礼仪中婚姻政治观的突出特点。按照清代的封建礼制和仪礼规定,不仅皇帝的大婚、皇子的成婚、皇孙成婚、皇曾孙和玄孙的婚礼均须遵循一定的规格和等级,决不容僭越,而且凡公主下嫁礼、亲王婚礼、世子郡王婚礼、贝勒婚礼、贝子婚礼、镇国公婚礼、辅国公婚礼、镇国将军婚礼、辅国将军婚礼、奉国将军婚礼、奉恩将军婚礼、闲散宗室婚礼、觉罗婚礼、王公以下婚娶通例、郡主于归礼、县主于归礼、郡君于归礼、县君于归礼、乡君于归礼、郡主以下于归礼通例和官员士庶婚礼等,均有严格的规制、等级需遵循,决不容许随意违制,否则依清律将给予严惩。而刑部户律婚姻条,则对清代平民阶层的男女婚姻、典雇妻女、妻妾失序、逐婿嫁女、居丧嫁娶、父母囚禁嫁娶、同姓为婚、尊卑为婚、娶亲属妻妾、娶部民妇女为妻妾、娶逃走妇女、强占良家妻女、娶乐人为妻妾、僧道娶妻、良贱为婚姻、外番色目人婚姻、嫁娶违律主婚媒人罪等诸种婚姻行为,均有明文条律规定,必须严格遵守和奉行。从而使得清代金字塔式的等级婚姻制度与各项礼仪,得以用封建法定的形式确定;封建的伦理纲常亦得以维护与加强。至于清代边疆地区各少数民族的婚姻形态,则随着社会经济的发展、文化的繁荣,而有所发展进化。其中,绝大多数的少数民族实行一夫一妻制的婚姻制度,而且不同的阶层有自己的择偶标准,一般都要考虑门当户对,贫富之间绝少通婚,如藏族实行严格的阶级内婚制,贵族绝不容许与平民通婚;彝族各个不同等级之间亦禁止通婚等即是如此。可见,清代少数民族的婚姻活动中,其等级特点也是十分严格的。

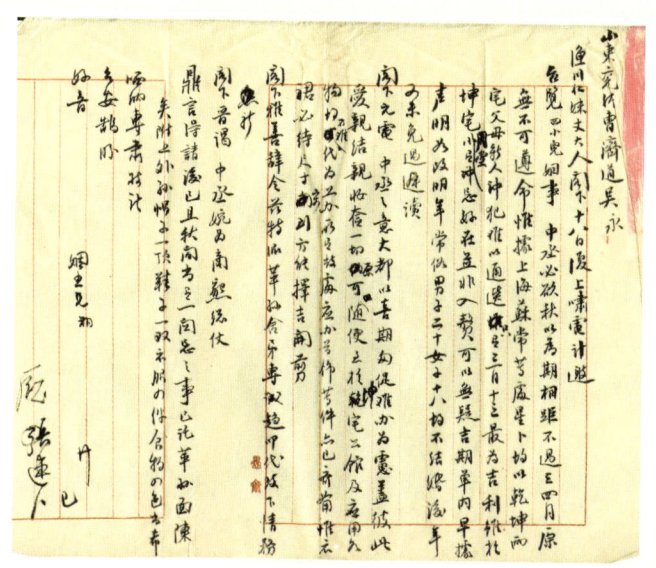

婚姻讲究门当户对。图为盛宣怀致吴永函底稿,函中正商讨清末高官盛宣怀之子盛恩颐与同样为高官的孙宝琦之女婚姻之事。

另一方面，由于各民族社会政治、经济、文化发展的不平衡性，导致一些少数民族中，还保留着各种古老婚制的残余，形成了丰富多彩的婚姻习俗。如侗、彝、苗、景颇等族，姨表兄弟姐妹不得通婚，这可溯源于母系氏族制时期的氏族外婚。由于姐妹的子女属于同一氏族，所以在禁婚之列。与此相反，有些民族却盛行姨表婚，如珞巴族认为姨表兄弟姐妹通婚是"金子换不到的婚姻"等即是。如此种种，致使清代的婚嫁礼仪，更加仪态万千，且其婚姻风俗文化社会生活的内涵更为宏富。

（一）法律上的婚姻禁令

清政府制定颁布实施的《大清律例》卷一"户律·婚姻"中，即有诸多对官员、民人的婚姻禁令，从而对强化清人的"重门第"，婚配择偶须"门当户对"的婚姻政治观，具有重要的导向作用。这些禁令为：

其一，禁官员"娶部民妇女为妻妾"：清代，"凡府、州、县亲民官，任内娶部民妇女为妻妾者，杖八十"以治罪。

其二，禁"娶乐人为妻妾"：清代，"凡文武官并吏娶乐人妓者为妻妾者，杖六十，并离异。归宗，不还乐工，财礼入官。若官员子孙应袭荫者娶者，罪亦如之。注册，候荫袭之日，照应袭本职上降一等叙用"。

其三，禁"良贱为婚姻"：清代，"凡家长与奴娶良人为妻者，杖八十。女家主婚人减一等。不知者，不坐。其奴自娶者，罪亦如之。家长知情者，减二等，因而入籍指家长言为婢者，杖一百。若妄以奴婢为良人，而与良人为夫妻者，杖九十，妄冒，由家长，坐家长；由奴婢，坐奴婢。各离异改正。谓入籍为婢之女，改正复良"。

其四，禁"与番人结亲"：清代，凡"福建、台湾地方民人，不得与番人结亲。违者，离异。民人照违制律杖一百，土官通事减一等，各杖九十。该地方官如有知情故纵，题参，交部议处。其从前已娶生有子嗣者，即安置本地为民，不许往来番社。违者，照不应重律杖八十"。

（二）王公贵戚"指婚"联姻

王公贵戚通过"指婚"而相互联姻的现象，普遍存在。目的在于借助联姻之力，使之"亲上加亲"，巩固"门第"之尊，强化其政治实力。对此，《清稗类钞》一书的"婚姻类·指婚"条下即载：近支王贝勒贝子公及外戚之子女既及岁者，开具婚氏年龄进呈，即由太后指配与满洲、蒙古、汉军之贵族联姻。指定后，明发懿旨，以某女婚某王，或某某，名曰指婚，满语又谓之"拴婚"。这种"指婚"联姻的婚姻习尚，虽仅限于王公贵戚内部小范围而已。但此由太后亲自明令"指配"的形式，显然是以"重门第"为其行为旨归。因此，它既是一种政治指令性行为，在高层王公贵戚婚姻活动中的再现，同时，它更是清代"重门第"的婚姻政治观的具体、生动的反映。

（三）官员违政"忌"嫁娶革职

官员民人的婚姻生活活动中，不仅有诸多法律上的明禁，且有不少政治上的"忌讳"的制约，如有违犯，则要遭到惩处制裁。对此，清代的两位高官长叙、葆亨，因违政"忌"，这对儿女亲家，被双双革职丢官。《清稗类钞》一书的"婚姻类·长叙葆亨以子女嫁娶革职"条载："光绪六年（1880）十一月，以侍郎长叙护理山西巡抚，布政使葆亨于圣祖（即康熙帝）忌辰为儿女嫁娶，交部严议，皆革职。"即使是高官大吏，但在儿女婚嫁上，如果违反政"忌"，在康熙帝的去世大丧忌辰之期，来进行此喜庆活动，当然为最高统治集团和政治伦理所不容。它又从一个重要侧面，展现出清人婚姻政治观的牢固，以及其对社会生活风俗的强大渗透力。

清代结婚场景

（四）"阶级内婚制"以固门第之尊

藏族贵族内部在婚姻上，则实行严格的"阶级内婚制"，目的则是为了巩固贵族政治上的实力地位、财产，以及门第之尊。对此，《西藏见闻录》称，清代藏族"婚媾亦遴选坦腹，重门第，婿以识字者为佳，媳以善经营、能货殖者为淑"。《西域遗闻》也载，清代藏人"婚姻富贵者论门户，择婿女。通媒妁、纳采、问名，先以哈达；既允，回以哈达。乃令媒氏择日以绿松石饰于女首"，名曰"色贾"，仍"以衣装、金银、茶羊为聘礼。未允，则不接哈达"。又，宣统《西藏新志》亦载："凡婚姻必择门户，男以识文字为佳，女以善贸易、识物价、理家务为善。"且这些"论门户"、"重门第"、"择门户"的婚姻习尚，"此有官职者乃然"。又，在《清稗类钞》一书的"婚姻类·西藏婚嫁"条下，更详述："藏人婚姻之年龄无定限，通常为十五至二十五，而女常长于男。"而在通婚上，"其阶级之严，犹逊印度"。且"惟王室及阀阅之家，其女不适下级人民，苟不得相当之偶，宁送其女于僧院尼庵也"。

（五）"等级内婚制"以固政治血统

彝族的统治阶级内部，实行"等级内婚制"，以巩固其"高贵"的政治血统及"纯洁"性。《清稗类钞》一书的"婚姻类·倮倮婚嫁"条下，即载：清代"倮倮结婚，必以同族。结婚之法，互择门第相等者，由新郎赠品物，订约词，其承诺与否，视女家之纳品物与否，纳者为成约"。马学良等编著的《彝族文化史》一书，亦称：清代彝族婚俗中，严格限制不同等级之间通婚，如处于统治等级的兹莫、诺合不许与被统治等级的曲诺、阿加、呷西结婚。即使在诺合内部，通婚也受血缘限制。但诺合女子可上嫁兹莫男子，然而，如果诺合女子与曲诺男子通奸，双方必处死。如诺合男子与曲诺女子通奸，双方将受社会舆论责难，男方将受到家支的惩处。

这一切表明，政治与权力在婚俗中所留下的深深烙印，婚姻只不过是实现其特定政治目的的工具、途径与手段而已。

二、婚姻经济观：重富贵与择偶

随着社会经济的发展与繁荣，给清代的婚姻习俗以巨大影响，致使清人在择偶上，重富贵而轻贫贱，甚至择婿时，提出"岁入须逾万金"的具体要求，便不足为奇了。

为通过联姻，而达富贵之目的，在清代后期，则多出现官员与商贾通婚联姻的状况。对此，《清稗类钞》一书的"婚姻类·赵国麟与刘藩长联姻"条便载："咸、同以前，绅之家蔑视商贾，至光绪朝，士大夫习闻泰西之重商，官、商始有往来，与为戚友，若在彼时，即遭物议。乾隆初，大学士赵国麟与商人刘藩长联姻，为高宗所责。盖乾隆六年（1741）六月，因仲永檀劾赵往奠俞姓之事而及之"，乾隆帝谕令说："赵国麟素讲理学，且身为大学士，与市井庸人刘藩长缔结姻亲，且在朕前保荐。朕已明降谕旨，较之仲永檀参奏之事，其过孰为重大。"同时，更"斥刘为市井庸人"，可知"商之为世所轻乃如此"。然世事沧桑，岁月无情，世风日变。光绪时，不仅官商联姻，前者图财贪富，后者图贵贪尊，各获其利，相互乐从而成风习。至有高官之子而娶木商女，虽遭弹劾落职而不悔之事例发生，便为典型事例。《清稗类钞》的"婚姻类·阎锡龄子娶木商女"条称："光绪二十五年（1899），某道监察御史阎锡龄，山右人，为子娶木商女。女曾认某福晋为义母，迎娶日，妆奁多至百余起，璀璨耀目，半为福晋所赠，远近争羡艳之。壬寅，两宫回銮，张文远公百熙为总宪，傲居中城，闻人言阎事，乃疏劾之，谓其巧于钻营。阎落职，侨京师，以书画自给。然其人实谨厚一流，为子议婚时，木商女甫二龄，初不知其异时之母福晋也。"由此可见此风习之盛。

《清俗纪闻》卷八《拜天地》

《清俗纪闻》卷八《合卺》

在清代民间，民人通婚在择门第的同时，更趋于富贵之家而择偶。山东平原县民间，乾隆《平原县志》载，民家"今惟嫁女适他邑乃论聘财"之多少，而选婿。又，在山东东平县，《东平县志》载，清代该地民人议婚时，须"择两家门第相当，资产相埒及子女年龄相若者"，方可"提亲"。

三、婚姻军事观：重军阶与择偶

军事对清人婚姻观念的形成，亦施加其影响，进而形成军民通婚中，重军阶、重身份、重赡养而择偶的婚姻军事观。对此，《清稗类钞》一书的"婚姻类"中，所载事例甚多且典型。

其一，重身份。清代，在官场、社会与民间，重满而轻汉、满汉有别的现象，普遍存在，汉人女子与在八旗的军官、旗人男子结婚时，一个重要目的，在于通过此联姻途径，使之提高女方家族的社会地位。对此，在"满蒙汉通婚"条下即载：清代"满洲、蒙古之男女类皆自相配偶，间或娶汉族之女为妇，若以女嫁汉族者，则绝无仅有。其于汉军，则亦有婚媾，不外视之也"。又，顺治五年（1648）二月，世祖（顺治帝）谕礼部："方今天下一家，满、汉官民皆朕赤子，欲其各相亲睦，莫如缔结婚姻。自后满、汉官民有欲联姻者，听之。其满洲官民娶汉人之女实系为妻者，方准其娶。"又，"康熙时，圣祖妃嫔有年佳氏、王佳氏、陈佳氏，仁宗生母孝仪后为魏佳氏，皆汉人而投旗者，故称为某佳氏"，而"佳"为"家"之"叶音也"。

其二，重军阶。清代，在一般民人心中，凡军民通婚联姻，则多重军阶，以获实惠。在"李四娘嫁谢参将"条下，所载实例，便是明证：清代"乾隆时，有水师参将谢某者，以勇名。初从狼山总兵，以长江皆枭匪，无能为，闻太湖盗能且众，自请入太湖督水师。大吏素多其能，且患盗，许之"。接着，谢参将"乃分数十艘为数起，各自为队，悉依商船式，偃旗息鼓，惟以暗号相通问，而自率其一以前。期月，得大盗数十，悉戮之，湖面肃清，谢意得甚，大吏亦奏奖其能"。而"四娘为淮上人，父母早亡，幼从妪居，其技勇得妪传。妪，义母也"。其后，通过肃清湖上残盗及乡里无赖之徒，李四娘多助谢参将一臂之力，结果，李四娘其"妇竟归于谢，偕老焉"。

其三，重赡养。在清代，由于受传统封建礼教的束缚，妇女社会地位低下，谋生技能缺乏。故其生存多依赖父母、夫婿、子孙的供养。恰因如此，在清代湖南民间，军民通婚，看重的是兵丁的"月饷"收入，以供赡养家口之资。如"凤凰女喜嫁兵"条，即称：清代，"湖南凤凰厅女子喜嫁兵丁，以其有月饷可资赡养也。故男子之欲得妇者，必先求入伍。然此与西女之愿嫁军人者有别。盖彼俗尚武，此则志在谋生而已。亦以见吾国工艺之不讲,生计之枯寂,女子之多倚赖性也"。男子入伍而娶妇,女子图养而嫁兵丁,可谓两得其利的"双赢"之举,实则为清人婚姻军事观中,追求赡养实利价值观的体现。

四、婚姻伦理观:重贞操与求偶

  清代是中国封建社会的最后一个王朝,是封建礼教盛行、束缚妇女身心、扼杀人性最残酷的时代。受其影响,民人的婚姻伦理观中,最重女子之贞操与否。为此,在清代广东中部地方,民间新婚之仪中,更有对新娘"验贞"的恶习,最为酷烈,亦最为湮灭人性。在"粤中婚嫁"条下,对此有详述:清代粤中民间,婚俗中,凡"新妇入门,直入洞房,新郎即与新妇登床而寝,室门亦砰然而阖,新郎之父母宗族戚属皆静待于房外。少焉,室门辟,新郎手捧朱盘,盘置喜娘所授之白巾,盖以红帕,曰喜帕者是也。在门外者见新郎手持喜帕而出,则父母戚属皆大喜,贺客至是始向新郎道贺。其未见喜帕之先,例不道贺,盖恐新妇不贞,则不以为喜而转以为辱也"。接着,"新郎既捧喜帕而出,女家之舆从已在男家门中立俟,新郎高捧朱盘,登舆端坐,直至女家。女家闻新郎至,外舅外姑迎于门,外舅揖新郎,新郎傲不为礼,直捧喜帕至外姑卧室,置于外姑之床,然后修谒见外舅外姑之礼,盛款而还"。但如果是相反,"验贞"后,"如新妇不贞,则即以女家来舆迫令新妇乘之大归,即须涉讼公庭,追索聘礼焉。故新郎新妇之交拜,必须俟至诘朝也"。这种仅以"朱帕"(即沾有新郎新娘交媾时,新娘处女膜破裂的血染红的"喜帕")来检验新妇"贞节"与否的重要手段,既体现出清人婚姻的伦理中的"顽固",更突现出封建礼教的野蛮性。

五、婚姻观念的变革

  清代末期的太平天国运动,带来了崭新的婚姻观念和主张,且在运动的队伍中和实践中,加以实施。
  金田起义前,洪秀全在《原道醒世训》中便主张:"天下多男人,尽是兄弟之辈;天下多女子,尽是姊妹之辈,仅得存此疆彼界之私,何可起尔吞并我之念。"在婚姻问题上,太平天国农民起义军在《天朝田亩制度》中主张:"凡天下婚姻不论财","婚娶所用,取之于国库"。同时,还下达了禁止纳妾、禁止买卖奴婢和取缔娼妓的命令,且告示全国军民:"一夫一妇,理所宜然。"太平天国起义军政府发给结婚男女的"合挥"上,载有婚姻当事人的姓名、年龄、籍贯,类似现代的"结婚证书"。在经济上,《天朝田亩制度》则规定:"凡分田,照人口,不论男妇。"政治上,太平天国则设有女官制度。军事上,则设有女军共四十军,约十万人。这些主张与举措,在封建礼教禁锢下的清王朝社会,以及人们的传统婚姻观念面前,无疑是一个巨大的冲击。

清末,孙中山领导的革命运动中,在同盟会成立时,他便在《同盟会宣言》中提出:"我汉人同为轩辕之子孙,国人相视,皆伯叔兄弟,诸姑姐妹,一切平等,无有贵贱之差,贫富之别。"邹容在《革命军》中,更主张:"凡为国人,男女一律平等,无上下贵贱之分",并以此为"革命独立之大义"。这些"男女平等"的主张,在当时也具有划时代的意义,对于人们的婚姻观念的变革,无疑是起到了推波助澜的重要作用。

《天朝田亩制度》

《文明小史》第十六回插图

【第二节　婚姻形式】

在清代的婚姻诸多形式中，除常见的一夫一妻制、一夫多妻制、一妻多夫制外，尚有残存的掠夺婚、买卖婚、交换婚、服役婚、招赘婚、指腹婚、典妻婚、冥婚等特殊的婚姻形式，它们既是清代人们婚姻观念的产物，同时，更是传统的、落后的婚姻形态的"遗物"。

一、掠夺婚

《点石斋画报》描绘的清末发生在上海的抢亲事件

清代无论在汉族地区,抑或是民族地区,在婚姻形式上,尚残留有古代掠夺婚的遗风遗俗。

劫婚风尚 清代,在江苏、浙江某些地区存在的"劫婚"风尚,即为掠夺婚的遗风。《清稗类钞》一书的"婚姻类·劫婚"条下,即对此有介绍:"劫婚者,仓猝毕姻,不备礼,而强迫从事也。然亦有先日订明,而出于彼此之自愿者。"由此可见,有所谓"真抢"与"假抢"两种形式。清代,民人"张阿福,绍兴人,寓于杭,自幼聘王氏女为妻,年三十矣,贫不能娶。女亦年二十有七,其母屡托媒媪趣阿福婚"。但媪却说:"彼贫,奈何?"母则答:"彼无婚费,我亦无嫁资。无已,其抢亲乎?"接着,"媪以告阿福,阿福大喜,乃期于某月日纠众劫女去,母故招集比邻至,张氏夺女,则合卺已毕,贺客盈门矣"。面对此情此景,媒媪则劝曰:"事已至此,复何言!当令其明日来谢罪也。"结果,"母若为悻悻者而归"。又,清代"苏州葑门内有王七者,与富仁坊巷某姓有连,自其父在时,即呼某姓妇为干阿妳。父卒后,某姓抚育之,视犹子也。妇有一女,与年相若,初意即以为婿。及王年长,则一流荡子也,妇乃悔前议,许嫁其女于门外某生。娶有日矣,王闻之,纠合无赖少年十余辈劫其女归。女至王家,闭门号泣,久之,无声,或自门隙窥之,则雉经矣。破门入,救之,复苏。女遂绝食求死。事闻于官,官以王劫婚,非礼也,笞之百",以示处罚,且谕之曰:"汝谓某姓先曾有婚姻之议,然空言无实据。女既誓死不汝从,汝又何爱焉?男子岂患无妇哉!"接着,官员"乃判某姓妇归以银币五十畀王,使为异日婚资,而全曩时抚育之义,女则归之某生"。

抢亲与抢婚风俗 在清代的云南霑益州地方民间,据光绪《霑益州志》载,婚礼中亦有"抢亲"风俗:"十乡土住(著),凡男女婚嫁有年月未协,两家先自言定,男家备轿马于半路,女家引女至会场,为男家抢去",俗称"抢亲"。至次日,"婿往翁家谢,

清年画《湖丝厂放工抢亲图》

请其女父母照备妆奁送之"。又，清代云南怒江的泸水县彝族民间，亦有"抢婚"风俗。《泸水志》称："除汉族婚礼依据古制外，其夷族（指彝族）婚礼半多自由婚，或抢婚。抢后，请地方父老议礼金，甚至抢后二三年始议礼金者有之。此夷族之婚礼也。"

二、买卖婚

买卖婚系指以付给一定财物，作为女儿出嫁条件的婚姻形式。它萌生于父权制氏族出现之时，随着私有制的确立，普遍流行于阶级社会，此种婚姻形式在某些地区，还较为盛行。

标银售妇　康熙时亦发生过公开标银价以售妇的事例，此为公开的买卖婚习。《清稗类钞》一书的"婚姻类·夫妻老少之互易"条下便载：清代"康熙时，总兵王辅臣叛，所过掳掠，得妇女，不问老少妍媸，悉贮之布囊，四金一人，任人收买。三原民米某年二十未娶，独以银五两诣营，以一两赂主者，冀获佳丽。主者导入营，令自择"。这是买卖婚姻的典型事例之一。

嫁娶周堂图

以牛行聘　在贵州八寨的苗族地区，男子为娶亲，则以牛行聘，作为聘礼。对此婚习，《清稗类钞》一书的"婚姻类·八寨苗以牛行聘"条下，载称：清代，"贵州八寨苗为黑苗类，近寨置空舍，男女未婚者群聚唱歌其中，情洽，即以牛行聘"。此外，"女嫁一二日即归女家，仍向婿索钱，曰鬼头钱，不得则另嫁"他人。在此风习中，行聘牛为实物，而"鬼头钱"则为银钱，其实男方用实物与钱财娶婚，实则所付女子的"身价银"两，这亦是买卖婚俗的遗风。

交"外甥钱"准嫁　贵州苗族聚居地区，亦有交献"外甥钱"，方准获嫁的独特婚俗。《清稗类钞》一书的"婚姻类·爷头苗有外甥钱"条下，有载：清代，"贵州之爷头苗为黑苗类，婚嫁，以姑女定为舅媳。舅无子，必重献银钱于舅，曰外甥钱，无则终不得嫁。或私召少年与合，呼为阿妹。男女多苟合，惟洞崽不敢通爷头，盖洞崽为下户，爷头为上户也"。这是女子为获嫁而向舅，即女方向男方须交"外甥钱"才准放行的奇特婚俗。它源于苗族传统婚姻中,姑与舅结表亲获"优先权"的习尚所致。恰因"舅无子",姑女须另择婿时,则通过"外甥钱"而获准,实为婚配"转让费"而已。此又为古代买卖婚习的一种"变相"。

三、交换婚

交换婚亦是古老的婚姻形式之一,在清代,在诸多地区盛行的"姑舅婚",即姑家的女儿,须优先嫁给舅舅的儿子,这种所谓的"亲上加亲"的婚习和婚姻形式,便是"交换婚"的表现形式之一。

贵州的麻江县聚居的苗族的婚俗中,即有"姑舅婚"的习尚。对此,《麻江县志》便载:清代的"夷俗婚礼"则是"其嫁娶,则姑以一女配内侄",俗称为"还娘头",且以此"为惯例"。而"如兄弟无子,姑女适他人者,得视适者贫富而取",名"外甥钱"。至于"聘女以银",则称"礼金",亦"视求女者之贫富而定,在迎女时兑清"。

四、服役婚

服役婚又称为"劳役婚",它是原始社会末期由母权制向父权制过渡阶段时期,所产生与演化的一种婚姻形式。这种婚姻形式的特点,是男子为换取妻子的身价,使之成为自己财产的一部分,故到女家服一定时期的劳役。其服役时间不等,短者几个月,长者数年为止。此种婚姻形式,既是对女方丧失女儿的一种补偿,也是用"劳役"代替娶亲的"聘金"的一种变通之法。

在清代,一些民族地区也盛行此种婚姻形式。如彝族男子在幼年时即赴女家,替其服劳役,时间约为二至十年不等。在此期间,男与女同食同寝、同劳动与同玩乐。倘若双方感情相投,则由女方择定吉日,通知男方准备结婚。届时,除女家备牛羊、布匹、花毡等若干物件外,男家则应装饰,男家兄弟则骑马担酒、背猪到女家,将一对青年夫妇迎回。但在男家

一些地区,新娘从轿内出来,两脚必须放在鞍上,意为"平安"

住三天后,新娘又须回娘家,住一年或半年。新郎则往返两家之间,直至新妇怀孕后,方才重返夫家。① 此可谓服役婚的典型婚姻形式。

五、招赘婚

《台湾风俗图》中的"赘婿"

招赘婚又称入赘婚、招养婚,民间则呼之为"入赘上门"。这是一种由男出"嫁"到女子家中为婿,近似"倒插门"的婚姻形式,它是古代母系氏族社会中,族外婚制的遗存与衍化的婚姻形态。在清代,它不仅在某些汉族地区存在,且在一些民族地区的婚习中,占有一定位置。

其一,清代,陕西的府谷县地区民间,即有"招婿"的婚习。据乾隆《府谷县志》载,该地的婚姻风尚中,"亦有男赘女家者",名之为"招婿"。

其二,在清代的陕西洛川县地区,民人的"招亲"赘婚风尚,颇为流行。对此,《洛川县志》中,有详细载述:

(1)清代该地"赘婚",俗称为"招亲"。

(2)清代此地"赘婚种类"上,"赘婚有两种:一、富裕之家,子死不愿媳妇改嫁,而为之招夫;二、有女无子,为之招婿,以婿作子",俗称"招夫养老"。而"大家巨族则禁招婿、要子;有之,亦不得顶门立户"。至于"被招之人,分不卖姓、半卖姓、卖姓三种,须事先与合族人商定之"。"不卖姓者:老而复回本宗;招婿后子女全归本宗,成长子不回,余仍回;被招者不参加妇家之祭祀"。"半卖姓者:名字上须冠二姓(如王姓招李妻,即称王承李等);其继承权则被招人不能享受;亦不参加祭祀;年老是否回本宗,自行决定。""卖姓者:永不回本族;改姓;有继承权。"

---

① 参见马学良等《彝族文化史》一书。

（3）清代，该地民间在"赘婚手续"上，则是"先由媒人说定，择日领往妇家"，俗称为"进门"，"不讲仪式，但拜天地"。届时，"妇家设筵，遍请族人，被招人酌酒叩头"。此则谓之"合户"，男方则"不用财礼"。

六、指腹婚

指腹婚这种婚姻形式，又称为"指腹"、"指腹联姻"、"指腹裁襟"、"指腹之盟"、"指腹之约"等婚习。这种婚姻风尚，是中国古代一种极为独特的订婚形式，父母双方为尚在怀孕妊娠中的子女订婚，待生育长大后，不论贵贱悬殊，均不得改变婚约。此婚尚在南北朝时，颇为盛行。元代时，一度被禁止，但清代仍偶有存在。

其一，清代，河南上蔡县地区民间，此婚习不仅存在，且儿女长大后，因无"婚书"，致使"毁盟"之事屡屡发生，以至康熙时，该地方官员，不得不出面加以制止。据康熙《上蔡县志》载，清代该地"近俗婚姻，两家契合"，甚至"指腹为婚"，即"于酒肆换钟为定，每多事后毁盟"，以至"蔑礼极矣"。为此，"康熙二十五年，刊示永禁，又刻婚书格式，令民送行"。清政府的"告示"称，今"上蔡风俗，动以片语投机"，乃至"指腹为婚"，便即"换钟为定，既无六礼，又无婚书，两家毫无凭据。至于年深日久，每以炎凉起见，或有先富后贫，始定而终悔者；或有许大易小，许小易大者；或有两女许两家，而一女死亡，两家争执现在之女者；或有并无影响，冒执换钟为名，希图诓骗者，种种不一，难以枚举。揆厥所由，皆因婚书不立，遂致彼此混赖，风俗恶薄，莫此为甚"。为此，刊示永禁，以正"风化"。

其二，在清代，"指腹为婚"的婚习，又衍化为有关联的"襁褓婚"和"襁褓联姻"。在河北的武安县地区民间，便盛行此风。据《武安县志》称，清代"武俗论婚襁褓，两家门户相当，由冰人执柯，男具红柬送女家曰，敬求金诺。女以红柬回答曰，惟命是从"。俗称之为"占亲帖"。接着，"换已，藏帖于箧，是为定亲"。于是，儿女双方的婚姻终身大事，就这样在父母的安排下决定了。

七、典妻婚

典妻婚是一种古代的畸形婚姻风俗，它主要是指雇者将受雇人的妻、女作为自己"典雇"的"妻子"，以达到生育子嗣、繁衍后代的目的。早在元代，元政府曾明令加以禁止。清代，清政府在《大清律例》卷一的《户律·婚姻》中，曾列出"一百零二，典雇妻女"条，明令禁止且加以刑惩。该条文称：

凡将妻妾受财立约出典验日暂雇与人为妻妾者，本夫杖八十。典雇女者，父杖六十，妇女不坐。若将妻妾妄作姊妹嫁人者，杖一百，妻妾杖八十。知而典娶者，各与同罪，并离异，女给亲，妻妾归宗，财礼入官。不知者，不坐，追还财礼。仍离异。

尽管如此，但在清代某些地区，此婚习不仅存在，还颇流行。对此，《清稗类钞》一书，在"风俗类"的"宁绍典妻"、"甘人租妻"条下，便对此婚习有记述。

其一，宁绍典妻婚尚。"浙江宁（波）、绍（兴）、台（州）各属，常有典妻之风。以妻典与人，期以十年五年，满期则纳资取赎。为之妻者，或生育男女于外，几不明其孰为本夫也。"

其二，甘人租妻婚习。在"雍、乾以前，甘肃有租妻之俗。盖力不能娶而望子者，则僦他人妻，立卷，书期限，或二年，或三年，或以得子为限。过期，则原夫促回，不能一日留也。客游其地者，亦僦之以遣岑寂。立卷书限，即宿其夫之家，不必赁屋别居也。限内客至，夫辄避去，限外无论。夫不许，即其妻素与客最笃者，亦坚拒不纳。欲续女子，则更出僦价乃可"。

八、冥婚

冥婚，又称"冥契"、"冥配"、"幽婚"、"鬼婚"、"配骨"等，此种婚习是为已经死亡的男女举行婚礼并迁葬在一起。旧时迷信认为，人死后其灵魂至阴世冥界，故称此为死者结婚为冥婚。具体而言，这种婚习有两种情况：一是男女已互相定婚但尚未结婚而夭亡，双方家族仍为其举行虚拟的婚礼，且将死者葬在一起。另一种则是男女尚未定婚而夭亡者，家族为其找一年龄相当的异性夭亡者，虚合婚配且迁葬一处。

清代，这种"冥婚"陋习，仍在某些地区民间存在。对此，《清稗类钞》一书的"婚姻类·山西冥婚"条下，便载：在清代，民间婚"俗有所谓冥婚者，凡男女未婚嫁而夭者，为之择配。且此男不必已聘此女，此女不必已字此男，固皆死后相配者耳。男家具饼食，女家备奁具"。其冥婚的仪式为，"娶日，纸札男女各一，置之彩舆，由男家迎归，行结婚礼。此事富家多行之，盖男家贪女家之奁赠也"。且在清代，"此风以山右为盛，凡男女纳采后，若有夭殇，则行冥婚之礼。女死，归于婿茔。男死而女改字者，别觅殇女结为婚姻，择吉合葬，冥衣、楮锭，备极经营，若婚嫁然。且有因争冥婚而兴讼者"。由此，可见山西民间在清代时，"冥婚"习风之盛。

第三节　婚姻程序

在中国古代，由于婚姻是人生的大事，又是关系着宗族的人丁繁衍的社会行为，故对此上系国之安危、社会稳定，下关家之存亡、宗族传接的婚姻事宜，历代统治者均十分重视，且将婚姻程序纳入"礼制"的范围，加以规范。同时，又制定相关法律条文，加以实施。

清代的婚姻程序，更趋礼制化、法规化、传统化，它主要包括行聘订婚、结婚礼俗两方面内容，前者为确定其婚姻关系之举，后者则为正式实施结为婚姻的活动仪程。这两项活动的显著特点是：一须遵循有关婚姻的法律条文行事。二须循礼制规仪作为行为的准则。三须按传统风俗进行婚姻活动的运作，不得"出轨"、"逾格"，以循人伦风仪之序。总之，对上述三点，均须"循规""蹈矩"。

清皇帝大婚的洞房坤宁宫东暖阁

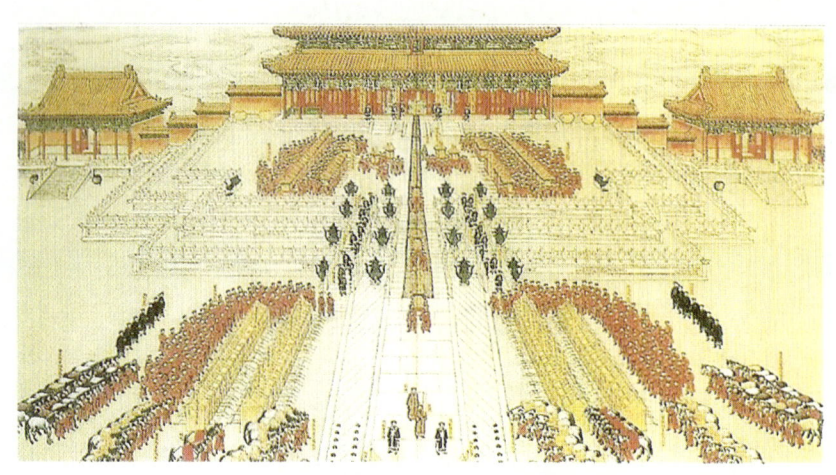

清《光绪皇帝大婚图》局部

一、行聘订婚

清代,行聘订婚系指男女缔结婚姻的方式而言,且男方以娶之程序而娶,女方以聘之程序而嫁。其中,聘的含义为:一是通过父母之命,媒妁之言,此所谓"明媒"。二是要有聘约、聘礼,此所谓"正娶"。三为须按礼书规定的婚礼仪式进行,此所谓"明婚"。清代法律对按"聘娶婚"程序进行的婚姻,称合法婚姻,故多予以保护。对此,《大清律例》卷一的"户律·婚姻"中,"一百零一,男女婚姻"条,便规定:

《劝放脚图说》中的"媒婆引看"图

凡男女定婚之初,若或有残废或疾病、老幼、庶出、过房同宗乞养异姓者,务要两家明白通知,各从所愿,不愿即止,愿者同媒妁,写立婚书,依礼聘嫁。若许嫁女已报婚书及有私约谓先已知夫身残疾、老幼、庶养之类,而辄悔者,女家主婚人答五十。其女归本夫。虽无婚书但曾受聘财者,亦是。若再许他人未成婚者,女家主婚人杖七十。已成婚者,杖八十。后定娶者,男家知情主婚人与女家同罪,财礼入官。不知者,不坐。追还财礼,给后定娶之人,女归前夫。前夫不愿者,倍追财礼，给还其女，仍从后夫。男家悔而再聘者，罪亦如之，仍令娶前女，后聘听其别嫁，不追财礼。

至于在清代，具体的行聘订婚仪程上，则又大体遵循《仪礼》一书所载，对男女行聘订婚到完婚的手续过程，即"六礼"礼仪程序进行的。具体而言，则是：

（一）纳采

即男家请媒人至女家提亲，若女方同意议婚，则男家再去女家求婚，且须携带活鲜礼物。

（二）问名

男家托媒人询问女方名字与出生年月日，准备合婚的仪式。问名后，占卜男女双方生辰八字阴阳，以定婚姻吉凶，若八字合，即可成婚。清代，问名礼亦扩展至议门第、财产、家庭权位、容貌、健康等诸方面。

描绘合婚算命的清代年画

（三）纳吉

将问名后占卜合婚的消息告知女方的礼仪。男家卜得吉兆后，备礼复至女家决定婚约，此为订婚阶段的主要仪礼。经议婚到婚定，进入"小聘"阶段，俗称送定、过定、定聘等，礼品多为首饰、彩绸、礼饼、礼烛等物。

（四）纳征

又称为纳币、大聘、过大礼，男女两家缔结婚姻后，男家将聘礼送往女家的仪礼。此礼仪十分繁缛，通常备有礼单，礼品名取吉祥语，其数取双忌单，装置箱笼，或挑或抬，甚至伴以鼓乐，在媒人、押礼人护送下至女家，女家受礼后回礼，或将聘礼中

收受聘礼

食品的一部分退回，或将女家给男方准备的衣帽鞋袜等物，送与男家。

（五）请期

俗称提日子、送日头等，男家送聘礼后择定结婚日期，备礼去女家征求意见时的仪式。清代，民人有时将此项礼仪从简，通常在送聘礼的同时决定婚期。

（六）亲迎

此为迎娶新娘的仪式。清代，或用花轿，或用车马，或用船载，至男家时，由门外进入室内的全过程，则有迎轿、下轿、祭拜天地、行合卺礼、入洞房等多种程序，每一程序又有几种或十几种具体的做法，且大多是表示祝吉驱邪的仪式。

《清俗纪闻》卷八女家亲人送轿图

这些礼仪，有的地区民人婚习中，则名称各异，且仪程加以简化、合并。有的地区，则随男女双方家境的状况、风尚的变异等，而有所增减。

晚清由全福人搀扶新娘上轿

二、结婚礼俗

（一）王公贵胄的婚姻礼仪

世居京师（北京）的王公贵族，他们为了维护自身阶层的种种封建特权和政治、经济上的殊荣地位，他们还在社会生活（包括婚嫁礼仪、人际交往、日常行止、文化与生活习尚等）方面，形成了一个相对独立、颇具特色的"体系"。而尤以其既有别于封建帝王，又有别于一般仕宦之家的婚姻礼仪习尚，更具典型意义。据载涛、恽宝惠著《清末贵族之生活》一文描述，当时京师（北京）王公贵族的婚礼是，如探得或相准某家之女，可以为子妇，则先托与女家相熟之亲友，为初次之征询，如同意，则随便以钗、钏、戒指等物（不拘多少大小）央媒持往，谓之放"小定"。或本是老亲旧友，则由男家径自求亲。亦有如汉族之算八字合婚者。过此则为放大定。由男家备整身玉如意一柄（亦有用紫檀三镶玉者），以栏杆桌抬往，请全福太太（即有夫、子女之妇人）两位押往女家，并将如意捧进内室，亲置于未来之新妇怀中。

及至婚期已定，举行"通信"，其礼节如汉族之过礼（即给女家送聘礼）。男家将礼物上抬（栏杆桌），每抬以两人抬之，鼓乐前导，继以猪、羊、鹅、酒、禽畜随之。其羽毛皆略染红色，酒则整坛花雕，外加彩画，数必成双。头抬如意一柄、礼单及通书，内写迎娶吉期，何时上轿、喜神在何方，及在新妇应避忌之属相。次为新妇所穿之衣服，所戴之头面、钗钏（均钉在玻璃糊锦匣内），合欢被、褥之里、面，及装新之棉花，并备半斤重之馒头（上印红双喜字）二百个（至少一百个），分作两抬，随同前述之猪、羊、鹅、酒送往女家，是为男家聘礼。

女家妆奁，有木器（最讲究的是紫檀、花梨，次为硬木），有不为木器者，其丰俭不同，亦称家有无之意。送妆奁在迎娶之前一日，或当日，除沿俗例不赔送刀剪外，必力求周备。其带木器者，则有穿衣镜、衣箱（用香樟木做）、顶箱、立柜、几案、方桌、圆桌、琴桌、炕桌、炕几、罗汉椅、方凳、圆凳等，皆在其列。后来西式家具盛行，亦备沙发、靠椅、小圆桌之类。屋内门帘、窗帘、幔帐、铜盆（内扣皂鞋，取同谐之音义）、书架、洗脸盆、案上座钟、盆景、帽筒、帽镜、全桌瓷器、大瓷掸瓶——内插鸡毛掸（红油把）及吉庆谷穗等，按类均用红绿绒线缠扎。方桌正中为大果盘，须装苹果满盘。至手使匙箸，桌上、炕几各物，如新妇梳头之镜箱、各种瓶罐、化妆品、文房四宝、插红烛之锡铜烛阡（大抵为四川制刻龙凤花纹之方形红烛）及锡油灯一架（内盛香油和蜜，取蜜里调油之意，象征夫妇亲密和美，燃以红头绳，备吉夕点用）、壁间挂钟、挂镜暨字画挂屏之类，无不应有尽有。并将男家送来之被褥之里、面及棉花做成齐备，配上枕头，随妆送到男家。接着是男家迎妆和谢妆的礼仪。

及至迎娶，男家租备大红呢官轿一乘，八抬，轿窗玻璃上水银，画六龙，裹帏则红缎平金绣花。前导为牛角透明质画双喜字高架灯十六对、二十四对、三十二对不等（满族迎娶，多在夜间，恰合古婚礼之意），后跟戴帽穿靴著外褂之家人四名或八名，

《清俗纪闻》卷八"送嫁妆"图

手持长杆大藏香一支,官吹、锣鼓、细乐随行吹奏。出发前须候喜房铺设(铺床须请全福太太)齐备,先在院中吹奏各一通,同时由童男一个持大锣一面,在喜房内敲打三声,名曰响房。喜轿随即出发。

新妇于上轿前,例须将头发挽一丫髻(俗称抓髻),戴上头绒花(取"富贵荣华"之意),花上并有通草制的人形,如麒麟送子之类。所穿之上轿袄裤,向系絮棉旧衣,不用新制,或男家传代,或借自亲戚本家,既肥且大,且不知已经若干人穿过,以为穿的人愈多、愈旧、愈吉祥也。上轿鞋为蓝布制,鞋端绣双喜字,钉单股带子,系于

《清俗纪闻》卷八中的"亲迎"图

哭嫁

足胫（俗称腿腕）；其女家所备之鞋，交陪房妈妈带走，俟到男家下地时，始许更换。于发轿迎娶之时，娶亲太太先乘车到女家，与送亲太太（皆须为全福太太，并属相相宜）为新妇上头，即由娶亲太太将大红绸盖头盖于新妇头面之上，向喜神方向端坐，静候轿到迎娶。于是送亲太太随轿前往女宅。此时男家已预约定亲友四人或八人，往女宅迎亲，名为娶亲老爷。迨新妇娶回时，由女家将合卺所用之饭碗一对，连筷子两双拴好，由茶房递与某一位亲家老爷带回，谓之偷碗，不知有何用意。女家亦预约定亲友四人或八人（视男家来人之数而定），随轿往男宅，名为送亲老爷，其本与男家熟识，应行人情（即道贺送礼）者，另自请安称贺，皆坐于棚内官座，临时烦人相陪，本家并不周旋，候礼或即行。

喜轿一到，临时关门，由送亲者递进喜封启门；以铜钱向上扬撒，名曰满天星，仍由执香之家人前导，轿经过火盆（须将木炭燃炽），盖取兴旺之意。轿在院中落平，其时喜房外间已预设天地神马桌（纸印各种神像，染以极粗劣之彩色），桌上并陈列弓箭、新秤杆（以红纸裹之），即由新郎向轿门射三箭，盖益驱除邪祟之意；轿夫将轿抬至屋外，紧对屋门。新妇下轿时，皆须脚踩红毡（上轿同），不令鞋沾地。于是由全福太太搀扶新妇下轿，与新郎同拜天地神马，新妇跨马鞍子（木质金漆，摆在里屋门槛上）进屋，与新郎并坐木炕上，即将幔帐放下，名曰坐帐。少顷再打开，以预备之秤杆，由新郎将盖头挑下，并亲手将新妇头上所戴之绒花摘下，插于喜神方向之窗或墙壁上。两人复在炕上盘腿对坐，喝交杯酒，吃阿什不乌密（羊腿）及子孙饽饽（即清水饺，由女家包制，在男家煮熟）。事毕，新郎退出，新妇遂盘腿坐于炕上，不得随便下地，名曰坐财。大抵娶妇进门，若在前半夜（即亥正以前）即当夜合卺，翌晨即可下地；若已届子时，即为次日，而新郎不得在屋内停留，须另觅宿处，新妇则须坐一昼夜，第二日夜间合卺。复日晨间下地。

新婚夫妇临睡之前，在炕上对坐，中间扣铜盆，吃长寿面（由女家预备）后同寝。次早新妇下地、开脸、梳头、戴钿子、穿氅衣、外褂，先往厨房祭灶、佛堂祭神、祠堂祭祖；夫妇到上房叩见父母、翁姑（中设双椅并坐），谓之行双礼；次分大小，本家及亲戚长辈，请坐受礼；平辈相对请安行礼；小辈向新婚夫妇请安行礼。礼毕回屋，夫妇对坐炕上，由全福太太将两人长衣之襟扯搭在一起，中间铺红挖单（即包袱皮），

232

为倒宝瓶。此瓶本质金漆,由喜轿铺租用,预装五谷杂粮,以红绸扎口,届时启瓶倾出(此种风俗礼仪,或亦寓预祝丰收之意)。时约近午,女家男女偕来,谓之吃梳头酒,或曰坐筵席。是日男家门首彩绸(红、黄两色)排子,及垂头彩子,皆不拆下。女亲入门,进上房见礼后,即在棚内(席棚亦过是日始拆)官座分别序坐;男家设果席相款,敬酒安座,上大菜,沿俗皆不动筷。新郎须按桌磕头,上汤后,即放赏封起席。

拜堂

合卺

次即新妇开箱,谓之开箱礼(此礼满汉皆同),自翁姑、伯婶、长亲,皆须备物进献,兄弟、子侄晚辈亦均分别赠给。大抵为尺头(绸缎衣料)、鞋、袜、活计(分七件头、九件头,皆装匣之类,一切皆由女家预备)。丰俭并无规定,其高门大族,人口众多者,则供应尤丰。

次为回门(即归宁),大约择双日子,如结婚后第二、四、六等日。是日新妇须于黎明前登车(俗谓不见婆家瓦,亦极滑稽)回家;新婿则可日上三竿,始着衣冠继往。岳家照例设宴款待,而后双归,归时则不得迟至日落。

其王公府第之迎娶礼节,大同小异,惟应在神殿东间合卺,殿之西间,设备略如坤宁宫之制。次日新妇下地后,一切礼节完毕,即于西间跳神吃肉。按旧制,婚后应每日跳神,萨满太太亦每日必至,后来礼节从简,仅举行一次而止。夫妇于神殿东间须住满一个月,始回卧室,其女家妆奁,概安置于卧室之内。由此可知,清代聚居于京师(北京)地区的王公贵胄之家的婚姻礼仪,一方面既有别于帝王大婚的礼制与礼仪,另一方面,却又有着诸多民间婚嫁礼仪的"影子"。这固然是由于封建礼仪的等级性所决定的,但也应看到的是,清代社会生活与民间风俗礼仪,对这一特殊阶层的婚姻活动的礼仪的"启迪"与"影响"作用,亦是颇为巨大的。二者的区别,则仅在于婚姻活动心态（政治的、文化的）价值取向（政治的、经济的）的差异而已。

（二）官员士庶的婚姻礼仪

清代，对于品官士庶的婚姻礼制，清政府也有严格的规定和限制，各级品官必须遵循，不得违越，以使名分上下有别，贵贱有等。清制规定：凡品官的婚礼，必以媒妁通言二姓，选择黄道吉日，行纳采礼仪。自公侯伯至九品以上官员，"各具簪珥、约领、衣服、衾褥有差"。"主人吉服，命子弟为使，从者赍礼物如女氏。至门，女氏主人吉服迎入，从者陈礼物于厅事，宾致命，主人只受，告于庙，乃礼宾，宾退，主人送于门，使者还复命。"是日，品官家设宴庆贺，对公侯以下各官的设宴规格，清政府也有十分具体的规定。婚期的前一日，女方以"奁具往陈婿家，至日，婿家具合卺宴于室。婿吉服以俟，乃设仪卫，以妇舆如女氏，女氏主人告于庙，箪而命之，醴女以俟迎者。迎者至，女母奉女升舆，行至门，女侍导妇入室，婿妇交拜讫，行合卺礼"。是日，设宴宾客，其规格与纳采宴相同。品官之子，未受职者，"礼得视其父，已受职者，各从其品。士婚礼得视九品官"。庶民纳采首饰，数以四为限，舆不彩饰，"余均得视士"。越三日，主人主妇率新妇见于庙，"分不得立庙者，见祖祢于寝，如常告仪"。① 至于品官的纳采日聘礼、筵宴规格，成婚日的设宴桌张等，清政府亦均有明确规定，如雍正元年（1723）便规定：公的纳采礼有金约领一具、金簪三枝、金耳饰一副、缎衣四袭、缎衾褥三具。纳采日设宴，用牲九；成婚日，具宴二十席。侯的纳采礼与公相同。纳采日设宴，用牲八；成婚日具宴十八席。伯的纳采礼与侯相同。纳采日设宴，用牲八；成婚日，具宴十七席。一品官的纳采礼定制缎衣三袭，其余与伯相同。纳采日设宴，用牲六；成婚日，具宴十五席。二品官纳采礼有缎衣二袭、缎衾褥二具，其余与一品官相同。纳采日设宴，用牲四；成婚日，具宴十三席。三品官的纳彩礼有金簪二枝，其余与二品官相同。纳采日设宴，用牲三；成婚日，具宴八席。四品官的纳采礼，有金约领一具、金耳饰一副、缎衣一袭、缎衾褥一具。纳采日设宴，用牲二；成婚日，具宴六席。五品官的纳采礼与四品官相同。纳采日设宴，用牲二；成婚日，具宴五席。六品以下官员的纳采礼与五品官相同。纳采日设宴，用牲二；成婚日设宴用牲三。并且规定："自四品以下，约领、耳饰各听其力能具者备用。"军民人等的纳采礼有衣一袭、衾褥一具。纳采日设宴用牲一；成婚日具宴用牲二。还明确有"凡有品级官员婚嫁，或用本官执事"，"鼓乐人不得过十二名，灯不得过六对。无品级人及生监军民不得僭用执事，鼓乐人不得过八名；灯不得过四对。一应糜费，概行严禁"。此外还特别规定：汉人婚娶、纳采及成婚礼，四品官以上，用绸缎不得过八匹、金银首饰不得过八件，食品种类不得过十。五品以下的官员各减二。八品官以下有顶

---

① 光绪《大清会典事例》卷三二五《官员士庶婚礼》条。

戴的人员以上,又各减二。军民人等,其绸绢不得过四,果盒不得过四,"其金银财礼,官民概不许用"。如庶民妇女,有僭用冠帔补服大轿的,必须严加禁止,违者罪坐夫男。[①]由此可见官员士庶婚礼礼仪等级之森严,以及封建法定制约色彩之浓厚;更是其政治性的"最佳"体现。

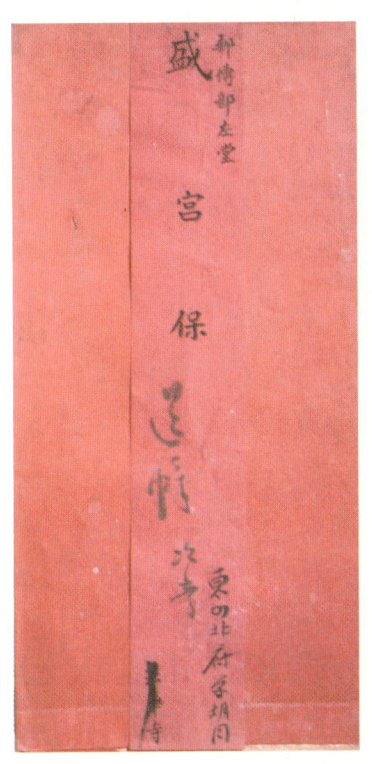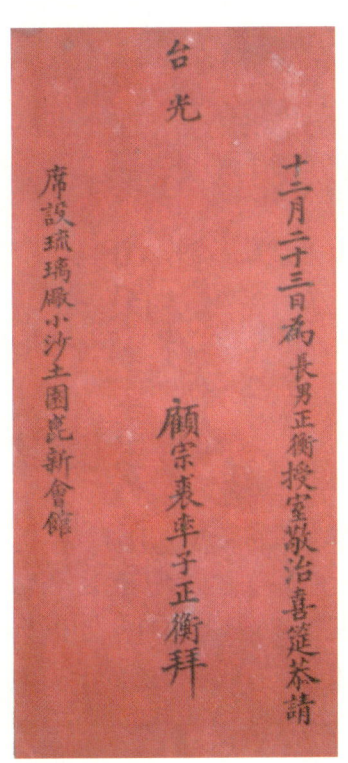

清末盛宣怀收到的赴婚宴的请柬

(三)民人的婚嫁礼仪与特点

民人婚姻的礼仪,虽因各地风习与礼仪繁简的差异而有所不同,但均未超出古时"六礼"的范围。所谓"六礼",即是《仪礼》所称"纳采、问名、纳吉、纳征、请期、亲迎"等六种礼节。此外,"拜堂"、"合卺"二礼,在六礼中虽未列专章,然亦属亲迎范围。

清代民人的婚嫁礼仪程序是:一、议婚;二、订婚(办理"纳征"、"请期"手续);三、结婚(其中有送嫁妆、迎亲、拜天地、入洞房、喝喜酒、闹洞房、开脸等礼仪);

---

① 光绪《大清会典事例》卷三二五《官员士庶婚礼》条。

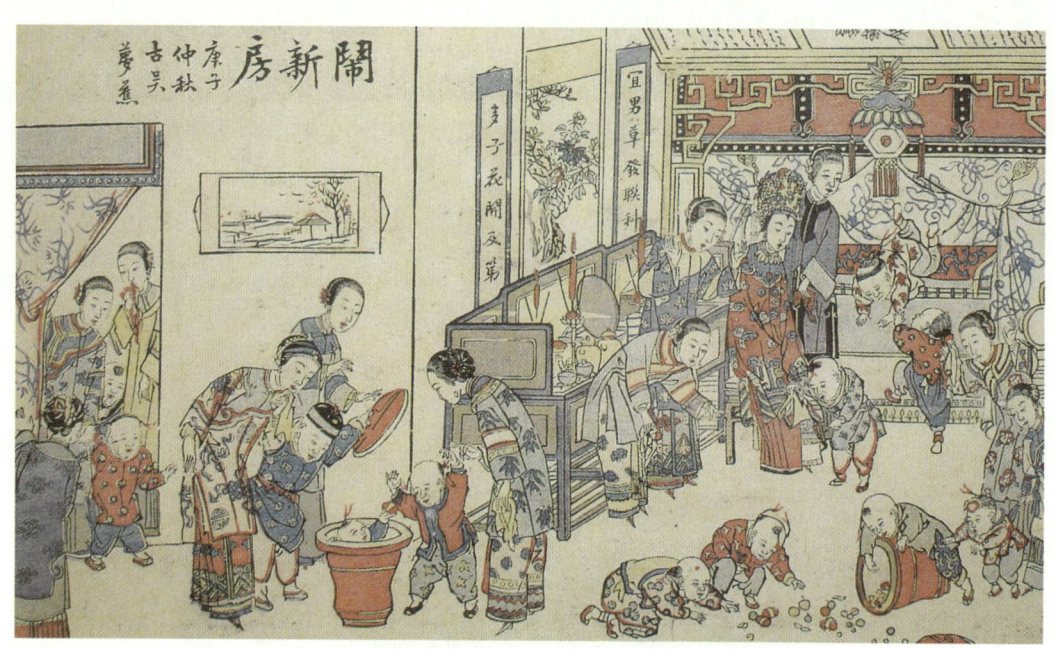

清代年画《闹新房》

四、婚后礼仪（包括贺喜、上拜、拜街、认大小、倒宝瓶、拜祖宗、回门、下地饭、归宁等礼仪程序）。文献记载，清代民人婚期多在秋冬，尤以腊月廿三日至除夕为最佳。这是因为，民俗谓"送灶"后，家中已无司命纠察，故嫁娶之事可随意举行；再则此时正值农闲岁尾、秋收冬藏之后，家有盖藏、人有闲暇、农事间隙，亦便于举行婚嫁活动。现举例剖析如下：

例一，据光绪《通州志》风俗"婚礼"条载，民人婚礼，选遣媒妁问名，取女年庚，合婚。亦有男女亲长作保亲者，不必合婚，谓之"撞婚"。行定礼，用钗钏、绸帛及羊酒、果饼等物。将行娶，聘引礼，用衣饰及羊酒、果饼等物，俗名"下茶"，又名"过礼"。将娶先期，婿家备礼物及酒席送女家，曰"催妆"。接着，女家送妆奁，仍以酒席归婿家，曰"铺床"。"妆奁丰俭，各称其家"。娶前一日，曰"花烛"，男女家均有戚友备礼称贺，各设吉席款待。娶之日，间有亲迎者，但"近亦罕行"。娶之次日，女家送果品等物，曰"点茶"。"三日复送席，曰'媒饭'。娶后几日，择吉行庙见礼，女家亲戚咸往婿家，曰'会亲'。九日，女家迎婿、女至家，曰'回九'。十八日，女家亲戚咸往婿家，曰'作双九'；或女家复迎婿、女回家，曰'回双九'。及一月，女家迎婿、女至家，曰'住对月'。或婿先返，择日送女归。"可见，其婚习较特殊，既有古"六礼"的内容，又颇具时代与地区特色。

例二，道光《大同县志》风俗"婚礼"条云，此地婚礼媒妁通言，两家父母既许诺,然后送庚帖合婚,卜日下聘,名曰"换帖",即古之问名、纳采礼。迎娶有日,行纳币礼,名曰"下茶";即以请期书附之,名曰"通书",即古之纳吉、纳征、请期礼。迎娶之前一日,婿家备肉、面纳于女家,俗称其肉曰"离娘肉",面曰"离娘面",名曰"催妆"。而"女家即以所资妆奁,纳于婿家。及期,婿家备肩舆,择女眷中娴礼者两人以迎女,名曰'娶亲'。女家亦择女眷中娴礼者两人,舆至婿门,名曰'送亲'。绅士家行亲迎礼,庶人多不亲迎,仅以女眷摄之,婿则俟于门外而已。既迎入,于中堂外设香案行礼。婿拜,女不拜,名曰'拜天地'。行合卺礼,如古制。次日,新夫妇同拜先祖及父母及长族亲,名曰'拜堂',即古庙见,见舅姑礼也。是日,女家具酒馔送于婿家,即古馈舅姑礼也。婿见妇之父母,有于三日行者,有三五日后,卜吉行者。女亦随婿省亲,名曰'回门'。至弥月,亦如之。女住一月乃还,名曰'住对月'。此则礼俗也"。总之,清代民人的婚姻礼仪活动,虽因地区风习的不同及贫富条件的限制和影响,在礼节与程序上有繁简之别;但封建礼制、传统道德观念、文化心态和价值取向、约定俗成的风俗习惯,却自始至终贯穿于整个婚姻礼仪活动之中,并形成了诸多具有时代特色的特点,如:

1. 严等第、明良贱的婚姻观念与封建包办婚姻制度更趋强化

清政府为巩固封建礼制与强化封建礼教,故坚决维护父母决定子女婚姻的权力。并规定,"婚嫁者由祖父母、父母主婚,祖父母、父母俱无干,从余亲主婚"。① 若祖父母、父母犯死罪被囚禁,子孙的婚姻亦需由他们安排,倘若自作主张嫁娶,则要受杖八十的刑罚。② 此外,对妻妾失序、居丧嫁娶、娶亲属妻妾、尊卑为婚者等,清代法律均有明文的限制性规定及违制时的处罚律文。在宗法与家族势力强大的地区,祠堂以族人联姻关乎宗族盛衰为由,也要出面干预族内的男女婚姻选择。如清代江苏宜兴筱条里任氏宗祠便要求,当家长为子女议婚将成时,必须报告祠堂的宗子、宗长,由他们来最终决定婚姻的成败与否。这样,婚姻的当事人男女双方均无权力选择自己的配偶,不管他(她)们愿意与否,均得服从家长及宗长的安排。③ 这种典型的封建包办婚姻,正是清代婚姻形态中的"主干"。而家长在为子女择定配偶时,所遵循的主要原则有二:一是论门第;二是论贫富。

清代社会封建等级制度森严,人们的联姻也同其他社交一样,直接受等级制的制约。如雍正《浙江通志》卷一,"风俗"条载,宁海县"婚姻择,先门第";道光《祁门县志》卷五"风俗"也称,该县婚俗是"婚姻论门第";同治《石首县志》也载该地

---

① 光绪《大清会典事例》卷七五六"刑部·户律婚姻"。
② 光绪《大清会典事例》卷七五六"刑部·户律婚姻"。
③ 《宜兴筱里任氏家谱》卷二五《婚娶议》。

"男子十岁以上，女子十岁而下，门第年齿相匹，即为定盟"。① 光绪《崇明县志》更说当地"婚姻论良贱，不论贫富"。② 可见，"论门第"、"严良贱"是联姻时遵循的重要准则。清政府为严禁良贱通婚，法律还专设有"良贱婚姻"的条文："凡家长与奴娶良人为妻者杖八十，女家减一等"；"奴自娶者，罪亦如之"；"若妄以奴婢为良人，而与良人为夫妻者杖九十"；"各离异"。因婚入籍为奴的女子，改正为良。③ 法律中还有"娶乐人为妻妾"的专条，禁止官吏及其子孙与贱民中乐贱人户通婚："凡官并吏娶乐人为妻妾者，杖六十，并离异；若官员子孙娶者罪亦如之，注册，候荫袭一日，降一等叙用。"④ 可见，明文规定良贱不得通婚，决不许良人以上的家庭搀有贱民的血统，以维持封建的良贱等级制度。清代，宗族祠堂作为封建宗法与"族权"势力的代表者，更极力维护婚姻论门第、严良贱的原则。结果，不准望族与寒门联姻，更不准与贱民通婚已成为一条不可动摇的天经地义的婚姻准则。

清代，尽管有的地区婚姻论良贱而不计贫富，但在更多的地区，既别良贱又计较贫富。如在江苏无锡，"婚姻之家，必量其贫富而后合"。⑤ 在宁国府，更是"婚嫁论财"。⑥ 因虑及女儿出嫁后的衣食保障，故女方亦注重观察男方的经济实力。当时婚姻论财突出地表现在讲究聘礼与嫁妆上，尤以聘金的多寡，常成为婚姻成功与否的重要因素。清人陆耀的《切问斋文钞》卷四"昏说"便称："将择妇，必问资装之厚薄，苟厚矣，妇虽不德，亦安心就之；将嫁女，必问聘财之丰啬，苟丰矣，婿虽不肖，亦利其所有而不恤其他。"

2. 早婚与童养媳制度成为十分普遍的现象

清政府为了达到使"天朝"人丁繁衍和兴旺的目的，始终鼓励早婚多育；明文规定男子十六岁、女子十四岁即达到结婚年龄，并可以自便。⑦ 民人为传宗接代和补充劳动力，亦多乐于早婚多育。此外，早婚还体现在童养媳制度的普遍与风行上。童养媳又称"待年媳"，就是由婆家来育女婴、幼女，待到成年才正式婚配。它的风行有着十分深刻的社会原因，其一是由于贫穷人家生女多无力养活，于是将其给人，长大后再成为抚养者家中的媳妇；其二则是由于结亲聘礼重，婚礼财力支付甚巨，嫁女者亦需嫁奁，这种婚习使常人之家均无力负担。但童养媳制度却可大大缓解此"矛盾"，因为

---

① 同治《石首县志》卷三《民政·风俗》。
② 光绪《崇明县志》卷四《风俗》。
③ 光绪《大清会典事例》卷七五六《刑部·户律婚姻》。
④ 光绪《大清会典事例》卷七五六《刑部·户律婚姻》。
⑤ 光绪《无锡金匮合志》卷三〇《风俗》。
⑥ 嘉庆《旌德县志》卷一《风俗》。
⑦ 俞正燮《癸巳类稿》卷三《媒氏民判解》。

男方抱养待年媳不需财礼，等及正式完婚，仪式亦大为简化，花钱少，而同时女方亦免赔嫁妆，无破家嫁女之忧，故"农家不能具六礼，多幼小抱养者"。① 其三，清代社会中还有公婆或丈夫病重提前娶媳妇的"陋习"，俗称"冲喜"或"芫亲"，企图病人就此好起来，这也是出现童养媳的一个重要原因。此外，从文献记述来看，清代童养媳的命运和处境十分悲惨。

3. 寡妇的生活十分悲凉，且许多地方还存在"殉夫"制度

封建统治者为了捍卫封建的礼教和伦理，严禁寡妇和离异的妇女再婚，而要她们保持贞节，"从一而终"，并给身体力行的"殉道者"建立"贞节坊"、"烈女祠"。在这种情况下，寡妇的生活自然十分悲凉，且许多地方还存在着野蛮的"殉夫"制度。然而，大量的文献记载都表明，在清代，寡妇再婚的现象却十分普遍。如在上海，"闾阎刺草之家，因穷饿改节者十之八九"。② 这为一个侧面，即"穷饿"是当时寡妇悲惨命运的真实写照和反映；另一方面更表明，随着时代的进步，寡妇们以自己的"改节"行动对那种泯灭人性的封建旧礼教进行了抗争。

《点石斋画报》"节妇为神"报道

---

① 同治《新城县志》卷一《风俗》。
② 同治《上海县志》卷二四《列女》。

4. 清代已婚妇女完全处于"家庭女仆"的地位

无数事例表明，无论是明媒正娶的、童养的，抑或是再婚过门的妇女，在家庭内部由于受"别内外"、"勿听妇言"等封建礼教"训条"的制约和影响，完全被排斥在"家政"活动事务之外，屈居于附属地位。她们实质上成为封建的"家庭奴仆"及丈夫的"生育工具"；更有甚者，有的还被剥夺了最基本的人身权利，被当作财产"典当"和出卖。从而使得清代妇女所受的封建压迫更为深重。

（四）少数民族的婚俗与礼仪

边疆地区的少数民族，绝大多数实行一夫一妻的婚姻制度；但不同的阶级和阶层成员，则有不同的择偶标准，且贫富之间绝少通婚。此外，由于边疆地区社会经济发展极不平衡，加之受传统观念和社会风俗习惯、宗教信仰习尚的影响，致使许多少数民族仍保留着诸多古老婚制的残余，从而形成丰富多彩的婚姻习俗。例如，清代黎族地区就有"放寮"的习俗；广东北部的壮族有称为"放牛出栏"的风尚，即每年自夏历除夕开始，未婚男女，均可寻找自己喜欢的对象，在田峒间、林阴下相互对唱山歌，倾诉爱慕之情，这一习俗源于古老的群婚时代。在苗、瑶、壮、侗、怒、傈僳等族中，则盛行姑舅表婚的习俗，即所谓"有女先问舅"的婚习，它源于原始氏族的男女之间互相婚配，实际上就是兄弟的子女与姐妹的子女之间互通婚姻。在哈萨克、柯尔克孜、鄂温克、怒、景颇、黎、彝、苗、壮等族中有"转房"的婚习，即死去丈夫的妇女有再嫁给已故丈夫的兄弟的义务和权利。这一婚习则应是古代兄弟共妻的遗迹；但在阶级社会中，随着生产资料私有制的发展，妻子实际上成为家庭中的一笔活的"财产"，故她与其他财富一样，不能外溢，只能在族内继承。独龙族中也有姐妹共夫的婚俗。总之，与汉族地区相比，尽管清代少数民族在婚姻上有较多的自由，但总的说来，各族女子大多处于被压迫、被奴役的地位，在家庭中仍多受男姓家长和封建礼教的统

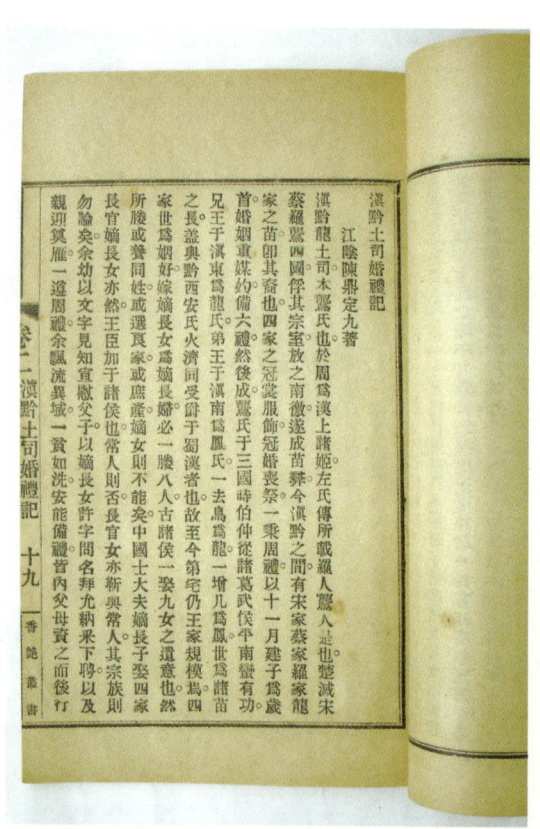

清代陈鼎《滇黔土司婚礼记》记述了云贵地区少数民族的婚礼习俗

治与束缚，同样没有多少人身自由可言。在剥削制度下，婚姻实际上变成了变相的买卖婚，男子可以用牲畜、物品或货币作为支付妻子身价的手段。至于在剥削阶级内部，其成员之间缔造的婚姻，亦不过是政治、经济利益结合的体现，并无多少"情感"可言。

第四节　离婚与再嫁

　　离婚与再嫁，既是人们在对偶婚时期，婚姻活动的中止与继续；又是两种特定内涵的婚姻形态。在中国古代，"离婚"又称"离"或"离异"，它系指配偶生存期间，依照法律规定，解除婚姻关系的一种行为。清代处于中国封建社会末期、传统礼制极盛的时代，其离婚多采取专权离婚主义。具体而论，则是丈夫具有离婚的特权，而妻子则无离婚的自由。对此，清政府在法律上亦保护男子丈夫的这种特权，有专门的条文对丈夫"出妻"离婚的诸多规定，均是有利于丈夫，且严重损害妇女妻子的基本人权的。

　　再嫁，又称之为"再婚"。在清代，则呼之为"再醮"。它源于古代男女婚嫁时，父母为新郎新娘酌酒的仪式，这种仪式称作"醮"，元明清三代，则将"再醮"一词，

《点石斋画报》"逼媳为妾"报道：夫刚死去，公婆就将她卖给富室为妾

专指丈夫死后，女子再嫁的婚姻形态。具体而言，再嫁或再婚，系指离婚或丧偶后的一方，或双方又与他人结婚的行为。这种行为，在清代虽有诸多限制，但仍受到法律的保护。然而，再嫁的妇女，却受到社会的诸多歧视，更受到宗族势力的刁难与迫害，故生活境况大多甚为悲苦。

一、离婚

清人在离婚方面，既要遵循有关的法律条文，又须顺应各地区、各民族的社会风俗习尚，故是一种特殊的民俗事象。

（一）维护夫权的法律条文

在《大清律例》卷一的《户律·婚姻》之"一百一十六，出妻"中规定：

凡妻于七出无应出之条，乃于夫无义绝之状，而擅出之者，杖八十。虽犯七出，无子、淫逸、不事舅姑、多言、盗窃、妒忌、恶疾，有三不去与更三年丧、前贫贱后富贵、有所娶无所归。而出之者，减二等，追还完聚。若犯义绝应离而不离者，亦杖八十。若夫妻不相和谐而两愿离者，不坐。情既已离，难强其合。若夫无愿离之情，妻辄背夫在逃者，杖一百，从夫嫁卖。其妻因逃而辄自改嫁者，绞监候。其因夫弃妻逃亡，三年之内，不告官司而逃去者，杖八十。擅自改嫁者，杖一百。妾各减二等。有主婚媒人，有财礼乃坐。无主婚人不成婚礼者，以和奸、刁奸论。其妻妾仍从夫嫁卖。若婢背家长在逃者，杖八十。因而改嫁者，杖一百，给还家长。窝主及知情娶者，各与妻妾、奴婢同罪。至死者，减一等，财礼入官。不知者，主娶者言，俱不坐。财礼给还。若由妇女之期亲以上尊长主婚改嫁者，罪坐主婚，妻妾止得在逃之罪。余亲主婚者，余亲，谓期亲卑幼及大功以下尊长。卑幼主婚改嫁者，事由主婚，主婚为首，男女为从；事由男女，男女为首，主婚为从。至死者，主婚人并减一等。不论期亲以上及余亲、系主婚人皆杖一百，流三千里。

从上述法律规定看，这明显是袒护男子的权利：其一，凡有女子犯"七出"之条，对封建伦理有违犯时，丈夫随时可抛弃、遗弃妻子。其二，如果"夫无愿离之情"，妻背夫在逃，不仅要受刑惩"杖一百"，且"从夫嫁卖"。其三，妻出逃改嫁者，更要受严惩治罪，且有参与者、知情者坐罪之惩。当然，此律也允许"夫妻不相和谐而两愿离者"，得以离婚，这是一种社会与文明进步的表现。同时，对于丈夫"弃妻"逃亡者，亦要求三年内告官司，且不得擅自改嫁，如有违反，须惩治男女双方。应当说，这是对合法婚姻的法律维系，亦警告男子不得擅自弃妻出逃。更是对法定离婚的一种认可，一种保障。

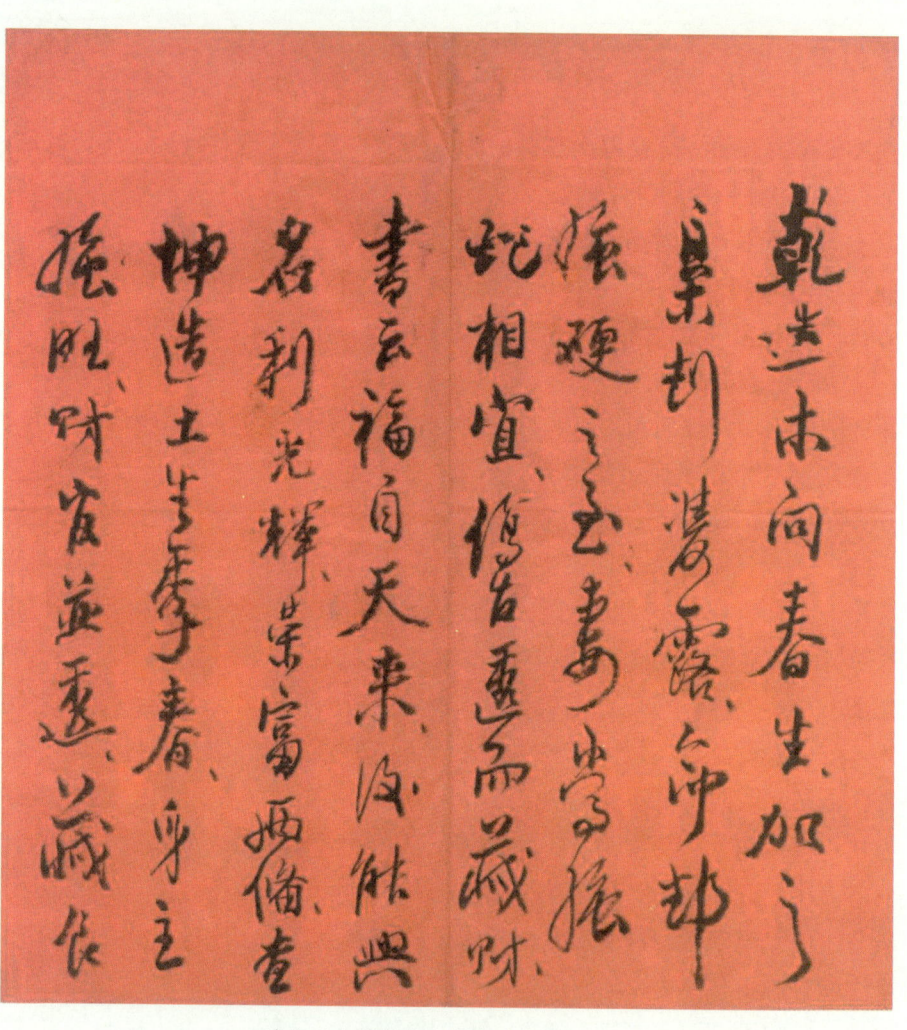

清代以生辰八字合婚算命书帖（一）

清代以生辰八字合婚算命书帖（二）

（二）离婚的社会民风民俗

清代，在汉族地区的离婚风习中，因各地民俗习尚的差异，故其名称与方式有别。其一，浙江定海县民间，称离婚为"活出离"。据《定海县志》称，清时该地凡"男子未亡而妇女生离者，谓之'活出离'"。在离婚的方式上，该地民间则是，凡"大抵离婚出自男子者，须予妇赡养费用；出自女子者，女家须偿还聘金，女子则由父兄收领云"。又，"赘婚，乡村多有之。大抵父母无子，故招婿以为之子"，俗谓之"进舍夫"。"男子妻亡无力续娶，或妻久不育，常在外别谋一妻，订立契约，限以岁月。时期久者"，谓之"典妻"；暂借，谓之"租妻"。且"期至各离，所生子女则归男子"。其二，贵州的平坝县地区民间，离婚风习又别具特点。据《平坝县志》载，一是"离婚至不易易"，其"无论夫妇若何困难同居，在士夫之家率多隐忍讳言，在官吏之裁判上，亲友之和解上，恒以委曲迁就而求全，撤散离婚"，为"不道德"。二是"如万不得已必离婚（或因生计，或因生理及病理，或因不正当之行为等），无论已嫁娶、未嫁娶，裁判上、和解上之救济标准，除人的离异外，大约双方已得之物互相退还（不能还物时，折合金钱），或经济力优裕之一方，更补助于对手之一方"。且"离后各自婚配"。

二、再嫁

凡丈夫去世的妇女，或"守节"不嫁，或改嫁。对离异的妇女而言，出路有两条，或改嫁，或独居。而对于再嫁妇女来说，清政府有相关的法律规定，但社会舆论却多维护女子应"从一而终"的封建伦理准则，为其施压，致使其基本人权难以保障。

（一）清政府有关妇女再嫁的法规

在清政府颁施的《大清律例》中，载有妇女再嫁的法规。在《户律·婚姻》的"一百零五，居丧嫁娶"的"条例394"载：

孀妇自愿改嫁，翁姑人等主婚受财，而母家统众抢夺，杖八十。夫家并无例应主婚之人，母家主婚改嫁，而夫家疏远亲属强抢者，罪亦如之。其孀妇自愿守志，母家夫家抢夺强嫁以致被污者，祖父母、父母及夫之祖父母、父母杖八十；期亲尊属尊长杖七十，徒一年半；大功以下尊属尊长杖八十，徒二年；期亲卑幼杖一百，徒三年；大功以下卑幼杖九十，徒二年半。娶主不知情不坐。知情同抢，照强娶笞五十律加三等杖八十。未致被污者，父母、翁姑、亲属、娶主各减一等，妇女均听回守志。这就表明，在清代妇女再嫁活动中，"受财"、"强抢"、"被污"、"强嫁"等违背妇女意志的事象普遍存在，清政府不得不采取法律措施加以惩治。同时，也表明对合法的再嫁活动，法律上是予以保护的。然实际上妇女再嫁却受诸多无形因素的阻碍。

再醮不成：传说康熙年间有寡妇再嫁之时，家中所养之狗突然扑上去撕咬，寡妇破相，终于未能再嫁。此传言正是社会上反对寡妇再嫁思想的反映

清末画报中以"贞节可贵"为题作关于姑媳两代孀居的报道

（二）汉族地区的再嫁风尚

汉族地区的妇女再嫁，因各地区的社会发展的不平衡性，致使风尚各异。

其一，辽宁的昌图府民间，据宣统《昌图府志》记述，其再嫁风习为"女子夫死再瞧（醮）者有之；有不瞧（醮）与人伙度者；更有夫外出而妻与人伙度，狐绥淇粱（梁），不以为怪，盖陋俗也"。

其二，浙江的遂安县民间，妇女再嫁风习，则别有规仪。《遂安县志》即称："寡妇再醮，则由双方面约，夫家主婚，即期迎归。"而若"夫亡不嫁，另赘他婿"，则谓之"招亲"，这实为另一种"再嫁"形式。

其三，在清代的陕西横山县民间，妇女再嫁风习，则以"有子"或"仅有女"而加以区别对待，且有相关习尚。对此，《横山县志》有详载："邑中妇女素重节操，不幸中途夫故，青年有子者：中资之家恒抚孤守节，社会钦誉不置；倘以环境所迫，不得赡养者，则再醮改嫁。"若"其仅有女无子者，其父母以宗祧承继；有延外姓入门为赘婿，但以血统所关，立宗族近支同辈者为嗣"。这就表明，除存在再醮（嫁）风习外，尚有寡妇"招赘"入门的风尚，这则是另一种改嫁再婚的习俗。

苏州山塘街现存的贝氏节孝牌坊

(三) 民族地区的再嫁风俗

清代,除汉族外的其他民族,较之汉族而言,因存在经济、文化、宗教、民族传统、风俗上的诸多差异,致使在妇女再嫁的习尚方面,亦各自有不同特点。

其一,蒙古族再嫁风尚蒙古族婚后重生育,倘新娘婚后"三年不育",则令"大归",且听其再嫁。《清稗类钞》一书的"婚姻类·蒙古婚嫁"条,即载:蒙古"新妇三年内生子,应得外家财产一半,如三年不育,勒令大归,并追还原聘,听其择人再醮"。可见,妇女再嫁,较汉族相对自由。

其二,哈萨克族再嫁民俗哈萨克族妇女,倘若丈夫去世,允许再嫁,但首先应嫁亡夫的兄弟。对此,《清稗类钞》一书的"婚姻类·哈萨克婚嫁"条下称,哈萨克妇女"夫死,妇不得嫁异族,其夫之兄弟娶之。不愿再醮者,亦弗强也"。此俗在于防止子女、财产的流失,或因妇女再嫁而带走转移。若妇不愿再嫁,亦不强逼,较为尊重妇女的个人意愿,有其一定的社会进步意义。

第七章
卫生保健与养老

  清代的卫生保健与养老风俗,具有时代性、科学性、地域性特点,且人的一生中,从生至死,均将参与到该风俗活动之中,恰因如此,它是一种有着特定科学文化内涵的社会群体事象。具体而论,清代的卫生保健与养老风俗,又包括卫生保健风俗、疾病医疗风俗、敬老风俗、寿诞风俗等内容,它们虽各自有其特定的科学文化事象,然彼此却又相互关联,进而构成一个社会风俗文化体系。

寿

孙温绘《红楼梦》第十回张太医给贾蓉妻子秦可卿诊病

第一节　卫生保健风俗

清代，既是中国封建社会的晚期，同时，又是近代社会的开端。因此，关于人体的卫生保健的现代科学知识，清末时才由西方传播到中国。基于此，清人的卫生保健思想和风俗，则是源于"天人合一"、"阴阳互补"、"医食同源"等东方式传统养生之道，且加以发展衍化而来的。恰因如此，"卫生保健"又可称为"养生保健"。

中国古代，传统的卫生保健方法，历来为人们所重视，故形成具有中国特色的卫生保健之道。这些卫生保健之道的理论与实践有如下特点：

其一，是卫生保健必须顺乎自然界的四季气候变化，即所谓"和于阴阳"。只有认识与掌握人与自然界的规律，且顺应自然规律，才能有利于人体的健康。

其二，是卫生保健须"形神兼养"、"形神兼调"，只有形、神健全，才是健康无病之人，才有可能长寿。形神之中，首重养神养气，认为神是一切生命活动的主宰。对此，《内经》称：人体"得神者昌，失神者亡也"，即谓此意。

其三，是卫生保健以讲究适度为重要原则，即在人的精神情志活动、饮食五味及体力、房事上均应适"度"。否则，超过此临界线，就会走向反面。

其四，是在人的卫生保健中，人的健康状况、寿命长短、生育年限与先天的因素有很大关系，但后天的调摄、保养也很关键。与此相应，各年龄段的人，因其生理状态的不同，应有不同的卫生保健原则。

其五，是卫生保健中，应注意地理环境、天时地利的制约与多种影响。

其六，是卫生保健的方法，主要有：情态调摄卫生保健法、饮食调理卫生保健法、生活起居卫生保健法、房事谐调卫生保健法、劳作运动卫生保健法、气功调摄卫生保健法、经络穴位卫生保健法、药物调理卫生保健法等。

一、清人的卫生保健观

社会经济的发展和科学技术的进步,导致了饮食文化的繁荣,与此同时,亦有不少有识之士和接受过近代科学熏陶与启示的学者,对饮食卫生、饮食节律、饮食加工技艺与人体保健关系等方面,提出过一系列较为系统的见解,这些见解至今看来,仍有一定的科学道理。在《清稗类钞》一书"饮食类·饮食之卫生"条中,对此记述最详,现归纳其要旨,可分为以下六个方面:

(一)饮食需有节制

清人认为,"人情多偏于贪,世之贪口腹而致病,甚有因之致死者,比比皆是,第习而不察耳。当珍馐在前,则努力加餐,不问其肠胃胜任与否,而惟快一时之食欲,此大忌也。人本恃食以生,乃竟以生殉食,可不悲哉! 人身所需之滋养料,亦甚有限,如其量以予之,斯为适当。若过多,徒积滞于肠胃之间,必至腐蚀而后已。故食宜有一定限制,适可而止者,天然之限制也。顺乎天,即顺乎道矣"。

(二)讲究饮食卫生,切戒"急食"与"默食"

清人主张,"于饮食而讲卫生,宜研究食时之方法,凡遇愤怒或忧郁时,皆不宜食,食之不能消化,易于成病,此人人所当切戒者也。急食非所宜(不咀嚼之谓),默食亦非所宜(不言语之谓)。食时宜与家人或相契之友,同案而食,笑语温和,随意谈话,言者发舒其意旨,听者舒畅其胸襟,中心喜悦,消化力自能增加,最合卫生之旨。试思人当谈论快适时,饮食增加,有出于不自觉者。当愤怒或愁苦时,肴馔当前,不

寿为先

食自饱。其中之理，可以深长思焉"。

上述两条，从现代人体生理卫生、心理卫生，以及饮食卫生的科学角度来考察，清人的这些见解和主张是符合时宜的，亦是有科学价值和意义的。

（三）定时、定餐、定量

清人指出，平日饮食时，"宜从容不迫，午餐、晚餐之前，必休息五分时，餐后至少休息十分，能以二刻为最佳。食品中以富于滋养料而又易于消化者为上品，油煎之物与糖果之类，皆难消化，自以不食为是。具奋兴性之物，如胡椒等类亦然。三餐宜有定时，有节制，一切杂食均不宜进"。清人的这一见解，如果从现代营养学、饮食卫生学的角度来观察，亦是有科学价值的。

（四）采用科学的烹饪与加工方法，使食物既可口，又富于营养，且易消化

清人提出，牛乳饮时必煮沸之。伪造者，辄搀沍水，或以提取乳油之余料，其有腐败者，更加碱以灭其臭味。又有臭气或酸味者，以及病牛之乳，服之皆有害。且牝牛患结核病（传于人身即成肺痨）者极多，故榨得之乳，尤宜多煮。

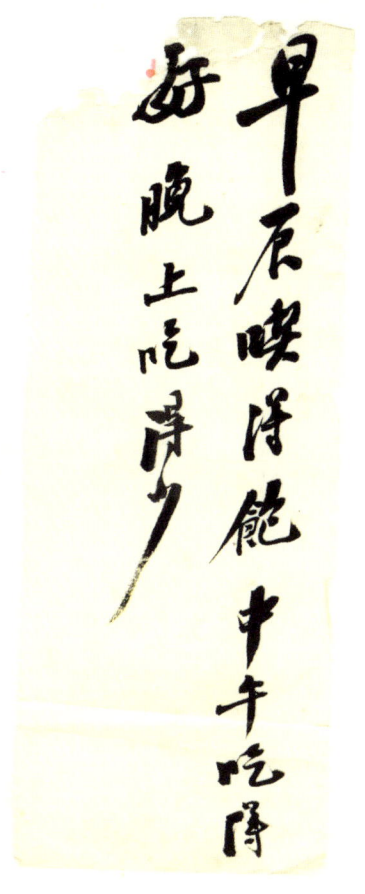

盛宣怀档案中保存的养身便条

鱼鸟兽等肉，中多含滋养料，其成分大都为蛋白质与脂肪，若烹调之法不同，消化亦有难易之别。其中以焙烧为最，蒸煮次之。至牛豚及鱼等肉，每含寄生虫之卵，故最不宜生食。又细小之鱼骨、骨片以及一切尖细之物，若误食，其为害甚剧。以肉入水久熬之汁，仅含灰质及越几斯（按，即尼克酸），其蛋白质则凝结而留于肉中，故滋养料已少。至鱼鸟等肉熬出之汁，功用亦同。

卵含滋养分最多，内分卵白、卵黄两种。卵白乃水与蛋白质合成，卵黄则悉为脂肪。若生食，或烧煮得适当之火候，皆易消化，煮之过熟，则消化甚难。

贝类含水虽多，然含蛋白质亦甚富，中以牡蛎为最良。甲壳类肉质，亦与贝类无大异。惟此两类之物，煮时过多，则其质坚硬，食之不易消化。

谷类为米、大麦、小麦、稞麦、粟、稗、黍、玉蜀黍、荞麦等。米中所含之蛋白质与脂肪虽少，然多含小粉质，煮为饭而细嚼之，则消化吸收皆易。大麦、小麦及其他谷类等，其外面皆有木材质包之，故颗粒甚坚，食之不易消化。若磨成粉末，制为面包、糕饼等物，则功用转胜于米。

豆类为大豆、小豆、豌豆等，皆富蛋白质。大豆所含之脂肪，多于牛肉、故为廉价滋养品中之第一。豆类之皮膜，较硬于谷类，调制若不得宜，不易消化。若能磨成粉末，为最善。至豆腐、豆酱，均属滋养之美品，且易消化。

菜类之叶、茎、根、块茎等，皆可食。若白菜、菠菜，其中多含小粉与植物细胞质，惟含蛋白质甚少，其质老者颇难消化。薯、萝卜、茄、藕等物之功用，皆与菜类同。

果类无滋养之质料，惟含有糖质及果酸，可助消化，且能通利大便。食时宜去皮核，亦可加糖煮之。若食其未成熟者，或食之过多，即易致疾。小儿至夜，尤宜戒食。

菌类，即香蕈等，略含蛋白质，不易消化。更有数种含毒之蕈，误食即死。

海菜类为苔菜、海带等，虽有香味，而含滋养分甚少，然易消化。

香辛料为蕃椒、胡椒、姜、山嵛菜等，皆助消化，惟其害与酒同。

就在清人提出采用科学的烹饪方法与加工技艺，烹制美肴时，难能可贵的是他们还对各类食物的成分、加工方式、功用与利弊等，提出了较为科学的见解，这是应予以充分肯定的。当然，由于受时代与历史条件的局限，在分析时，亦有不足之处，如认为果类、海菜类所含滋养分或无、或甚少，均有片面性。按现代营养学观点，上述食物所含各种人体所需维生素甚丰甚多。清人对此，只不过无所了解罢了，我们亦无须过分苛求于他们。

（五）对酒茶以少饮为宜

清人力主对酒类、茶类饮料，以少饮为宜，多则伤身致害。他们认定"酒类，如米酒、麦酒、葡萄酒等之仅由发酵所成者，烧酒等之由蒸馏法而得者，要皆含有酒精。惟成于发酵之酒，其酒精较蒸馏者所含为少。饮酒能兴奋神经，常饮则受害非浅，以其能妨害食物之消化与吸收，而渐发胃、肠、心肾等病，且能使神经迟钝也，故以少饮为宜。茶类为茶、咖啡、可可等。此等饮料，少用之可以兴奋神经，使忘疲劳，多则有害心脏之作用。入夜饮之，易致不眠"。实践表明，清人的上述见解和主张，不仅是正确的；而且，它还具有一定的科学道理。

（六）饮食须注重时节与洁净

清代学者袁枚，既是文学家，亦是美食家。他一生精于烹饪技艺，讲求美食美味；同时，亦更注重食物的营养与饮食卫生。在《随园食单》一书中，他开宗明义，便提出烹饪加工的"须知单"，其中有先天须知、作料须知、洗刷须知、调剂须知、配搭须知、独用须知、火候须知、色臭须知、迟速须知、变换须知、器具须知、上菜须知、多寡须知、洁净须知、用纤须知、选用须知、疑似须知、补救须知、本分须知等。这些须知单中，表面上都在谈论食物的加工、烹调技艺，而实际上，则均与饮食的卫生、食物的营养有关。特别是他主张饮食须注重时节与洁净的诸多论述，更加弥足珍贵。

二、卫生保健风俗

清代是中国古代保健养生学的鼎盛时期,不但在理论上有所建树,而且有关知识和技术,已经普及到民众之中,对增进人们的健康长寿,起到很大积极作用。具体而论,它又有着如下特点:

江湖郎中

(一)手段多样

清人的保健养生手段多样且有实效,具体包括:

一为气功保健养生术,它通过对练功者的主观能动性的充分调动和发挥,来达到防病治病、增智益寿、陶冶性情的目的。而综合性的呼吸、按摩、肢体动作及意识训练,是气功练习的基本特点,至于强调动作姿势、呼吸方法与精神意识的自我调整是气功保健养生的基本内容。从医学原理上看,气功能够调整人体紊乱的生理功能,促进和增强人体正常的生理功能,进而通过保精、炼气、调神达到精足、气旺、神全的保健养生效果。清代是气功保健养生术的繁荣时期,在民间得以普及。实践表明,它对于心血管、消化系统、呼吸系统、精神神经系统、内分泌系统的各种慢性病及病后康复有着较好的疗效。

二为五禽戏保健养生术,它又名虎鹿熊猿鸟"五禽操",各有动作类型,且作用不同。如练虎势能强肌健骨,精力旺盛;练鹿势能引申经脉,益腰肾;练猿势能灵活脑筋,增强记忆;练熊势能增强脾胃功能,壮健力量;练鹤势能加强肺呼吸功能,提高平衡能力。

三为易筋经保健养生术，"易"指改易、增强之意，"筋"则泛指肌肉、筋骨。此为强健筋骨以祛病延年的保健养生之术。清人认为它是天台紫凝道人托达摩之名所创。其方法有二：一种是练功时采站立姿势，上肢动作较频；另一种采取姿势多样、全身运动、动静结合的方法，配合呼吸、意念，动则全身用力，静则全身放松。其姿势则有韦驮献杵势、摘星换斗势、出爪亮翅势、倒拽九牛尾势、九鬼拔马刀势、三盘落地势、青龙探爪势、卧虎扑食势、打躬势、掉尾势等。它有强肌肉、内脏的保健功能。

四为八段锦保健养生术。它是清代民间流行的由八种形体动作（即八段）组成的防病健身方法。它又分为南北两派，南派动作以柔为主，法简易学；北派动作以刚为主，多用马步，法较繁难。其歌诀为：双手托天理三焦，左右开弓似射雕，调理脾胃需单举，五劳七伤往后瞧，摇头摆尾去心火，背后七颠百病消，攒拳怒目增气力，两手攀足固肾腰。

五为回春功保健养生术。清代，因此功有归顺脏腑、畅通气血、培元回春之功效，故有此名。其动作为先深呼吸，后全身放松，后左右转肩，交替协作进行。它可防治腹泻、腹胀、便秘、痔疮等疾，且对人体泌尿器官也有显著保健作用。

六为太极拳保健养生术。太极拳是以太极阴阳哲理为依据，由太极图形组编动作而成的一种拳法。它结合古代导引、吐纳之术，若常年锻炼，可起益气、固肾、健脾、通经脉、行气血、养筋骨、利关节的保健养生作用，亦可治疗神经、循环、呼吸、消化诸系统及关节、肢体等多种疾病。清代全国城乡民众练太极之风颇盛。

七为按摩保健养生术。按摩的基本方法是运用手、手指的技巧，辅以器械，在人体一定的经络穴位上，进行推、按、点、拿、拍、搓、捏、揉等连续动作，促进肌体的新陈代谢。清人用此法养生，可起畅通经络，行气活血，梳理毛窍，调和营卫，松弛肌肉，灵活关节，推动精气调养人体五脏的保健作用。

八为散步保健养生术。清代，散步保健之风，因无须设备，简便易行，故多在民人中盛行。通过散步，可使人气血流通，经络畅达，利关节而养筋骨，畅神志而益五脏。更对多种慢性疾病有辅助治疗作用，清代养生家推崇此术，民人对散步更倍加推崇，谚语中"饭后百

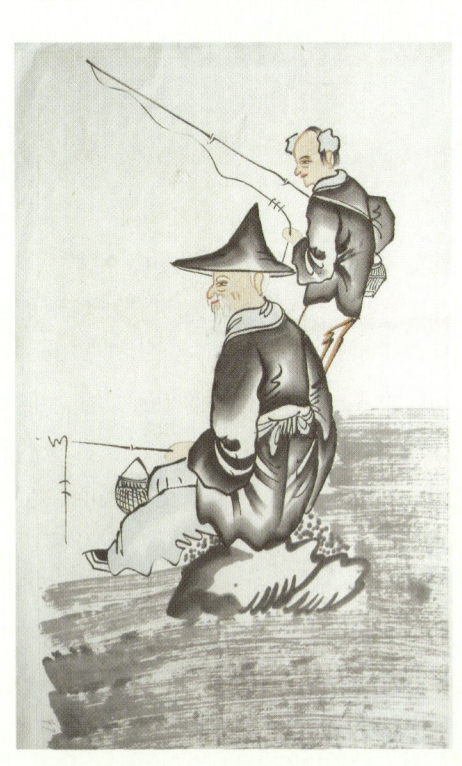

垂钓

步走,活到九十九",即道出了它的保健养生功能。

九为钓鱼保健养生术。清代,这是一种颐养心神的保健养生方法,明代大医药学家李时珍即认为垂钓可消除"心脾燥热"。在清代,人们对此增益身心的保健方法,广加运用。

十为书画保健养生术。清代,民间流行"书画人长寿"之说。通过书画练习,可增加指、腕、肘、肩及关节活动,进而使人神志畅达,气血流通,兼收调心神与动身形、利身心的保健功效。

十一为放风筝保健养生术。在清代,这是在城乡老幼中,均喜爱的娱乐性保健活动。它通过放风筝时,拉线奔走,张弛有节,可收到乐情怡性、身心保健之效。

放风筝

(二)著述宏富

清代有关保健养生的著述颇为宏富。清人曹慈山在《老老恒言》中,根据自己长寿的经验,从日常生活琐事,衣食住行等方面,总结出一套简便易行的保健养生方法,还根据老年人脾胃虚衰的特点编制了粥谱一百多种,既养生保健,又治疗疾病。清代张映汉则在《尊生导养编》一书中,重点介绍了自我按摩的保健养生法。另外,清代的王祖源等还编了《内功图说》等书,介绍了"十二段锦"、"易筋经",并结合保健按摩术,以图解进行说明。又,到了清末和近代,较重要的保健养生著述则有,任廷芳的《延寿新书》,胡宣明的《摄生论》等,而蒋维乔著的《因是子静坐法》一书则在沪、港一带颇为流行。由是可知,清代不仅是保健养生学的鼎盛时期,在理论上有所建树,而且已普及到民众之中。

第二节 疾病医疗风俗

清代,疾病疫疠流行情况甚为严重。自顺治元年至道光十九年(1644—1839)间,见于记载的疾病大流行,即达二百四十七次之多,平均每年达一次多,且每次大疫,"人死无算",致使生命财产遭受重大损失。此种状况的发生,基于社会的医疗保障制度未能确立,广大民众缺医少药,只能相互自救互助。同时,也促使中国的传统医学与医生,在治疗实践中,取得新的成就和突破。加之清末国外西医的传入,以及太平天国对医疗设施的建立和主张,均使得疾病医疗风俗,有新的变化。

一、太医院与宫中治疾规仪

为了给皇帝及后妃们治病,并掌管宫中的医疗事宜,清政府于顺治元年设立"太医院"这一机构。院中设有院使一人(汉员一人,秩正五品,为太医院主官,掌管考察院属九科医务官员才能,且率御医、吏目、医士等为皇帝、后妃、王公、大臣等治病业务);左右院判(俱汉员,太医院副主官)各一人,秩正六品。乾隆五十八年(1793)始特简满大臣管理院务。在院使和院判以下,所属官员则有:御医、吏目、医士、医生等百余人,除管理大臣外,皆为汉人。院内设有大方脉、小方脉、伤寒、妇人、疮疡、针灸(院内有专用的针灸铜人)、眼、口齿、正骨九科。初期曾设有痘疹、咽喉科,后来将痘疹科并入小方脉,咽喉则与口齿并为一科。至清末,光绪年间时,又将九科合并为大方脉、小方脉、外科、眼科、口齿等五科。御医、医士、医生各专一科医技治术。

此外,在清代的太医院中,还设有御药房、药库,以及为宫廷培养医务人员的教习厅(同治年间,又改立医学馆)。平日,太医院的医官们按科在宫中侍值,为皇帝及后妃们看病。其中,在宫内值班称为"宫值",在外廷值班则称"六值"。凡皇帝出巡外幸时,则有医官随侍。且在圆明园药房、西苑寿药房等处,也有太医院派出的医官值宿，以供帝后们治疾之用。

在宫中治疾活动中，有一定规仪须加以遵循：若皇帝有病疾时，有专门奉侍皇帝的御医七人，按病跪诊息脉，皇太后、皇后及妃嫔有病时，则有奉侍皇太后的御医六人，采用御医跪于幔帐之外，将手伸入帐内诊脉之法。诊脉完毕，书写病源、病状、药方，供皇帝、皇太后阅览之后，再交药房配方。医生则依处方笺，用药调配二剂送内务府。医官及近臣尝其中一剂，然后送上另一剂。凡调配药剂有误或封题错误时，医官及近臣将被处以杖一百的处罚，而未尝调药者则要被答五十。在试药时，则有提调官在一旁监视。诸皇子、公主及文武大臣有疾病时，则太医院的医官要奉旨诊视，且具状复奏。而"六值"的医官，则分六处值宿，以应六部官衙诊治需要。又，太医院人材的选拔，多由举人、拔贡、文生员、监生中精通医学，身无过犯且有太医院医官三人担保，经考试录取优秀者为"候补"，待有缺时任实官。考试每年两次。

二、民间疾病医疗风俗

清代，一般地方官吏与城乡民人，凡有疾病、生育时，多找民间医师、稳婆（收生姥姥）进行诊治、接生，然后去药铺抓药。至于一般的小疾患，则多自疗。真正的医院，直至清末时才出现。

（一）民间医师与稳婆

清代，医师共分为两类：一类为"官医"，即供职于宫中太医院的医师。另一类为"医生"，其中又包含世医、儒医、医人三种。"世医"，为世代从事医业者；"儒医"则

《点石斋画报》中北京某西医馆医治病人的情景

为儒者（知识分子）而通医术者；"医人"则为自己学得医术者。在城乡民间开业行医的医师中，以医人为最多，次之为儒医行业，而官医最少。

除太医院中的官医，如前所述，经过考试选拔外，清代，民间医生资格的确认，则无相应的考试选拔制度，故多熟读医书，通晓医学大要，且有一定实践经验者，均可开业为医。但清代涌现的诸多名医，却大多为世代以医为业，且承继医学功底较深厚，勇于实践探索者，如杰出的医学家、《医林改错》一书的作者王清任即是其代表。此外，清代的名医还有喻昌、张璐、叶桂、薛雪、柯琴、徐大椿、吴瑭、王士雄、赵学敏、汪昂、雷丰、林澜、祁坤、邹岳、傅山、吴道源、单南山、汪琪、黄庭镜、肖福庵、李昌仁、曾恒德、许襐等人。民间医师初开业时，友人上门道贺，选良辰吉日，门上挂行医招牌，且四处张贴，宣传其高明医术功底，得自家传或奇人传授，且拥有祖传秘方，丹膏丸散，对症用药，保证药到病除，以招徕顾客上门。对于清代京师（今北京）的行医状况，清人李虹若在《朝市丛载》一书中，"行医"条下有描述："满城贴报播声名，'世代专门'写得清，怂恿亲朋送匾额，封条也挂'御医生'。"可见，其行医队伍中，人员素质亦是良莠不齐，乍观一时难辨高下。①

民间医师治病，分内、外、妇、儿等科，行医时，可坐堂待客诊治，亦可外出行诊，以挽危疾。诊治后开处方，患者去药铺购药，亦有自制丹膏丸散供患者服用者。外出"行诊"，患者须付"马钱"（即出诊费）。凡坐堂行医的官医或名医，则收"门钱"（即诊断费），有时贫民则可免收，以示济人之心。医师诊断时，则采用中国传统医学（即中医）的望闻问切四诊法。

诊病

清代民间，为产妇诊治接生者，称收生婆，又称"稳婆"、"收生姥姥"或"姥姥"。她们的医术，或源自家传，或来自师承。其开门行业者，门上挂有"某氏收洗"四字的木牌，以招揽顾客。民人妇女始妊娠时，即来求诊，"姥姥"问月经有无，并切脉断其孕否，且压妇人中指两侧，左指脉大而盛为男胎，右指脉大而旺为女胎。令孕妇服"宫方子"的安胎药，并教保胎之法。之后，每月赴妊妇家中一次。"临盆"生产时，令孕妇跪坐于地上或炕上，裸出腰部以下，两手置于高处，腰下铺单纸、草纸，备瓦盆。又令家中妇人抱孕

---

① 李虹若《朝市丛载》卷七《时尚》，北京古籍出版社1995年版。

妇腰部,"姥姥"按其腹,用以助产。婴儿出生称"落草"、"落婴",若不哭,则取其足、头朝下,摇动数十次,则会啼哭。后用川莲、甘草煎汤擦洗婴儿口内,以绢包脐带。胎盘及污血收入瓦盆,埋于屋角。

(二)民间药铺药店

清代,民间的药店甚多,专门制售秘方所产专用药品。其门前招幌,上书"本家秘制何药治何病奇效如神",以招揽购者。此外,则有药铺,多为世代专营药业之家,故名声远播,为世人信赖,如京师的"同仁堂"即是药铺业内的"老字号"。这些药铺,或由患者自寻医师诊治后,持处方配药;或在铺堂内聘雇名医,为患者坐堂诊治,然后按方购药。所售之药多为中草药,或为丹膏丸散成药,或为方剂汤药。清代,"定州眼药"有奇效,故眼疾患者多赖此药,此为成品药

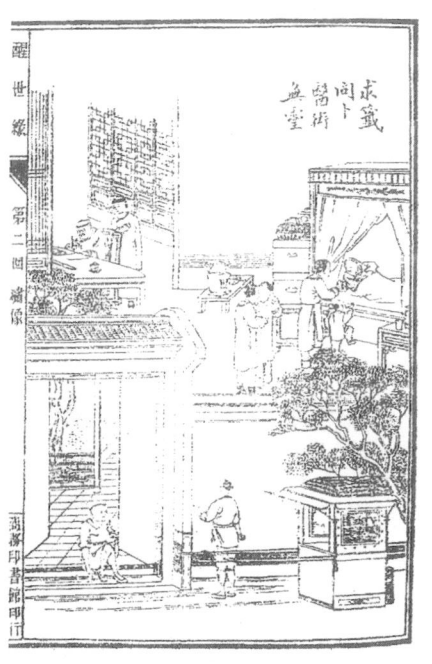

《醒世缘》第二回插图中的民间医师外出行诊场面

物。在北方,清代直隶的祁州为药品的集散批发市场,每年的四月、冬月(四月三十天,冬月二十天)在该地开市,各省的药材多于此时此处集中销售,贸易颇为兴旺。①

清代药铺

---

① 参见《清末北京志资料》一书,北京燕山出版社 1994 年版。

（三）民人的自疗与互济

在清代，民人对自身或家人患有一般的小疾、常见病，则多用流行"偏方"进行自疗或互济。如《台北市志》中，"信仰民俗·处世备要"条下，便载有自疗处方，如：

民方一：煮食白果（银杏）七枚，则经日不小便。

民方二：小便数多者，临床时坐床垂足闭气，舌抵上腭，目视顶，提缩谷道，手磨两肾俞穴各一百二十次，行数十日自有效，且固精。

民方三：病人寒热，宜看小便，黄而短者为热，清而长者为寒。惟久泻者，虽寒而小便亦黄。

民方四：妊妇多食生芝麻，则小儿少疮疥。

民方五：妊妇不宜食干姜及桑葚。

民方六：妊妇七八月，脉洪大者吉，沉细者凶。

民方七：妊妇准头红，或唇白者，须防产厄。

民方八：妇人难产，用扎发油透之旧头绳一条，烧灰加人参一两煎服，即顺流而下。

民方九：产后，用童便冲无灰酒服之，百病不生；有病服此，亦佳。产后忌用参术，误服往往不救。

民方十：妇人血崩，取荔枝壳烧灰存性研末，空心酒服二钱即止，重者三五服。

这些民用"偏方"，既简便易行，又有一定疗效，故在民间颇受欢迎，常用以"自疗"与互济。

（四）清代民间药膳与药粥

药膳与药粥，是我国古代民间传统的疗疾和养生方法之一。它更是我国古代传统的营养疗法与药物疗法二者有机结合的产物。到了清代，由于这一方法，取材容易、造价低廉、简便易行、煮制方便、安全有效、无毒无副作用，因此，更为民间所广泛采用。对此，清人的有关著述中，介绍的民间药膳与药粥，达数百种之多。限于篇幅，不可一一涉及，仅将常用的祛病延年的药粥数种，胪列于后。

其一，红枣粥 清代民间喜用红枣、粳米煮粥服用，可治疗体质虚弱、病后体衰、气血两亏、营养不良、脾胃虚弱等症。

其二，木耳粥 清人多用白木耳或黑木耳、粳米、红枣等熬制。其中，对痔疮出血、大便带血者，可选用黑木耳；体质虚弱、肺痈咯血者多用白木耳。由于木耳粥有润肺生津、滋阴养胃、益气止血和补脑强心的作用，故民间患者服食后，颇有疗效。

其三，白扁豆粥 清代民间，民人用炒白扁豆或鲜白扁豆、粳米等物，制成此药粥。且喜于夏秋早晚服用。它可治脾胃虚弱、食少呕逆、慢性久泻、暑湿泻痢、夏季烦渴的患者。

其四，芝麻粥 此药粥用黑芝麻炒熟研细同粳米一起熬成。芝麻有补益五脏、防衰抗老之效,故清代民间多用此药粥,治疗体虚气弱、早衰发白、大便干结、慢性便秘、头晕目眩、贫血等症。

其五,赤豆粥药粥用赤豆、粳米熬制。赤豆有清肿、解毒、利尿、清热去湿、健脾止泻的功效,清代民人用此粥治心衰肾亏、肝脾不健、脚气浮肿等症,故甚有疗效。

其六,萝卜粥清人多用鲜萝卜与粳米煮成此粥。它对咳嗽痰多、胸闷气喘、消渴病等症患者,食之甚为有益。

其七,百合粥清代民间,多用鲜百合、粳米煮粥。此粥能润肺止咳,养心安神。故多对肺阴不足、久咳、口干、痰咳不爽、心神烦乱的患者服用,服时加蜂蜜调味,疗效更佳。

其八,荷叶粥清代民人将新鲜荷叶,洗净煎汤,再用荷叶汤同粳米、冰糖少许煮成此药粥。它清香可口,清凉解暑,有时亦作饮料服用。

其九,菊花粥清代民间熬制此药粥的方法是,将菊花(秋季霜降前采摘去蒂者)晒干磨粉,先用粳米煮粥,待粥将成时,调入菊花粉末,再稍煮一二沸即成。此药粥不仅是清代民人夏季常用清凉饮料,而且对风热头痛、肝火目赤、眩晕耳鸣等症,有一定的疗效。

三、清末疾病医疗风俗的变迁

清末,随着太平天国起义的产生,以及西医的传入,致使在治疾风俗上,发生一些变化。

(一)太平天国的医疗移风举措

太平天国定都天京(今南京)后,在医疗上有诸多移风举措:

其一,是兴办医院。太平军在进军途中,便提出"努力护持老幼男女病伤"的主张,定都天京后,即积极兴办医院、疗养院,称为"能人馆"。洪仁玕在住所设立医院,且为群众治病。

其二,是招聘医生。太平军定都后,在南京出告示招聘医生,先考试后聘用。在政府里设国医一人,负责卫生工作。军队中设恩掌检点督医将军一人,下设内医、掌医、诊脉医生、拯危急(军队医生)等,还有骡马医(兽医),专治军马,且有药库。

其三,是开展卫生活动。太平军在城市里设立"老民残废馆",收养跛、盲、聋、哑、老残之人。在农村设立"乡兵",洒扫街道,清除垃圾,预防疾病发生。

其四,是禁毒禁酗酒。太平军明令军民禁抽鸦片,如违反将受法律制裁,且禁酗酒。

（二）西医传入与教会医院建立

西医传入与教会医院建立，是伴随着西方列强的文化侵略而来的。道光七年（1827），英国传教医生郭雷枢在澳门首开诊所。1844年，英国教会医生洛克哈特在上海设立医院。1847年美国传教医生伯驾在广州开设博济医院。至光绪二年（1876）时，中国已有外国教会医院十六处，诊所二十四处；到光绪三十二年（1905）时，教会医院增至一百六十六处，诊所增至二百四十一处，且有三十九个教会医院招收中国学徒。①

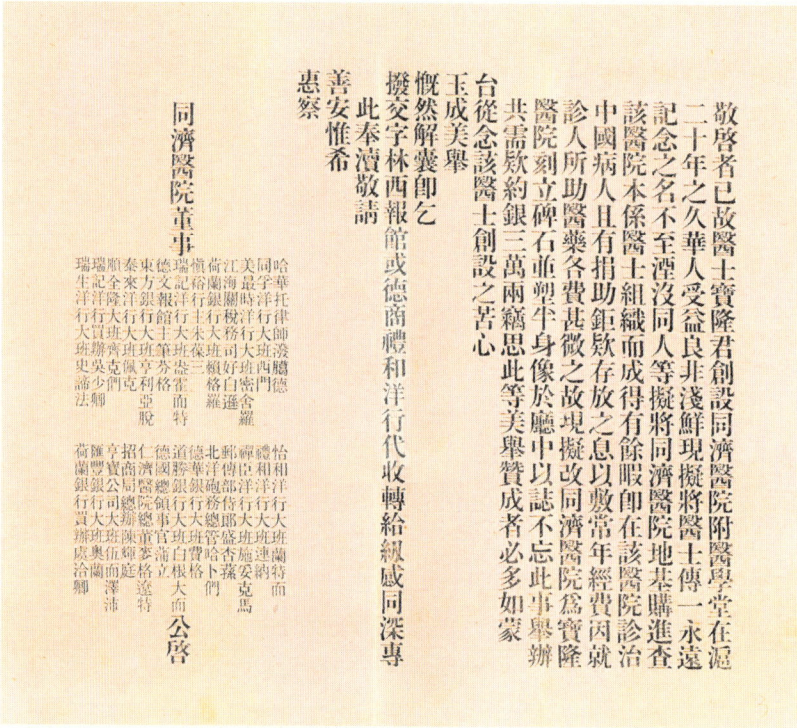

同济医院改名宝隆医院暨募捐公启。该医院由德国医生宝隆1900年创建于上海，1909年改名为宝隆医院

---

① 参见杨医亚《中国医学史》一书，河北科学技术出版社1994年版。

第三节　敬老风俗

清亲王恭祝同治皇帝三十岁生日祝寿文

中国古代，自汉以降，由于历代统治者均将儒家思想确立为"独尊"的官方哲学，故源于儒家思想的"忠""孝"伦理，成为上自君王，下至庶民百姓，均加以遵循的生活行为准则。同时，由此更衍化出历代诸多的敬老风俗与事例。清代，在承继历代敬老风习传统的基础上，在朝廷政府"优老"方面，又有不少新举措；而在民间，民人更在"敬老"风尚的内容上，赋予一些新特色。

一、清政府的优老举措

根据《礼记·曲礼》的记载，人生"六十曰耆，指使；七十曰老，而传；八十、九十曰耄;耄虽有罪,不加刑焉。百年曰期颐"。清代,对于老人的界定,亦自六十岁起始。据《皇朝政典类纂·户役·户口》载,清代十六岁以上男子为成丁,必须为官府服徭役;年满六十岁的男子为除丁,方能免除徭役。

(一)乡饮酒礼宣扬"忠孝"

"乡饮酒礼",本是民间祭祀神灵、庆丰收、敬老与欢送参加科考士人的礼仪,清政府则通过此礼,宣扬"忠孝"之义。对此,据《大清会典》记述,康熙四年(1665),清政府颁布的诏令中,便明确指出:"朝廷举行乡饮,非为饮食,凡我长幼,各相劝勉,为臣尽忠,为子尽孝。"同时,《大清律例》的"礼律·仪制"一百八十二"乡饮酒礼"更规定:"凡乡党叙齿及乡饮酒礼,已有定式。违者,笞五十。""乡党叙齿,自平时行坐而言。乡饮酒礼,自会饮礼仪而言。"同时,又在"条例"中载:"乡饮坐叙,高年有德者居于上。高年淳笃者并之。以次序齿而列。"可见,对敬老又加以法律上的保障。

陕西永寿县民间,据光绪《永寿县志》记述,"乡饮,率以春季举行,大宾、介、僎,必推齿德兼优者。然仪简节疏,不能尽合于古"。"乡饮,孟冬朔、孟春望。今永寿亦然。至执事生员八九人,歌诗童子六七人,则惟兴平有之,各县俱无,不独永寿也。"又,甘肃的灵台民间,据《重修灵台县志》载:"每年正月望、十月朔,先由儒学斋长等择士绅之有齿德者荐为大宾,诸生之有齿德者荐为介宾,庶民之有齿德者荐为耆宾;乡举学,学详县,预期下启。至日,县令尉谕二官率谒明伦堂,宴饮扬觯读卧碑,酬酢拜跪,俱遵典礼,亦古之尊高年而重有德之遗意。"通过这些礼仪,确在民众中,有宣扬与深化忠孝观念的作用。

清佚名《乾隆万寿演剧图》

（二）帝王对老人的优渥赏赐

对年老的官员或高龄的庶民，帝王出于政治目的，多加各种优渥赏赐，借此以示仁爱之心，以增加臣民对政权的向心力、凝聚力。同时，以向世人宣扬封建王朝的"盛世"，以及帝王的"圣德"。

其一，皇帝赏赐 据吴振棫的《养吉斋丛录》一书记述，凡朝中"一品大臣年六十以上，遇旬寿每有赐寿之典"。届时，"先期命内三院卿一人"斋捧皇帝的"赐物至，以御书匾联为冠，余则福寿字、寿佛、如意、朝珠、玉甏铜陈设、蟒袍、绸缎等，无定制"。对于高龄庶民，据《清朝通典》的"嘉礼"载称，康熙帝曾下诏，老人满百岁时，各地官府要颁给"升平人瑞"匾额，且建牌坊。雍正朝时，雍正帝又传旨，凡满百岁的老人，由朝廷赐予白银三十两，超过一百一十岁，赐予六十两，届满一百二十岁，则加两倍赏赐。乾隆皇帝在即位初年，为弘扬敬老风俗，以示升平盛世，更谕令全国，凡七十岁以上老人，家中可免一个成年男丁的赋役，八十岁以上老人，则赐予官服顶戴，以示朝廷的优渥。

其二，巡幸赐官 乾隆三十年（1765），乾隆帝南巡江南，至浙江遂昌，为县训导、一百零七岁老人王世芳题写"黉席期颐"四字匾额，且赐六品官衔，以示优待。《清朝通典》的"嘉礼七"还载，五年后乾隆帝再次南巡时，王仍健在且接迎"圣驾"，惊喜之余，乾隆帝亲自接见，且赐国子监司业官衔，以示恩宠。又，据清人王士祯在《香祖笔记》一书中记述，康熙帝南巡至杭州，山阴老人王锡元率兄弟五人及家人三十余人朝见，兄弟中两人年过八十岁，最小者也七十五岁。康熙帝见此，又是行宫赐宴，又是赐兄弟锦缎各一匹，并钦赐"一门人瑞"匾额。皇太子更赐对联："五枝锦树荣今代，百秩仙寿萃一门。"以示喜悦之情。在《清朝通典》卷五七的"嘉礼"中，更称，乾隆帝巡幸热河，路经常山峪，对迎驾的一百零二岁老人赵可立，赐予饮食及御制诗一篇。又一次，幸游直隶宁津，对迎驾的李友益长寿之家（李一百零三岁，三子已八十余岁，侄孙八十岁），除赐御书匾额诗篇外，还令赏赐每人银牌与锦缎，以示"皇恩"。

其三，恩赏落第老人 为安抚落第知识分子，清政府重要举措之一，则是恩赏落第老人。对此，《清朝通典》一书"嘉礼七"记载，乾隆元年（1736）各省乡试时，清政府即令对会试落第的年老举人赏以官衔，且为成例实施。其中，乾隆十七年（1752）九月，诏令对该年北京会试落第的老年举人：八十岁以上者赐翰林院检讨，七十岁以上者赐国子监学正的官衔。乾隆三十一年（1766）四月，又赏赐会试落第年老举人：年满八十岁以上者，赐予六品京官衔，七十岁以上者赐七品京官衔，六十岁以上或未满六十形神俱衰者，赐八品京官衔。并规定，凡逢科考，会试落第年老举人均可得同样恩赏。到嘉庆朝时，据《清朝续文献通考》一书"学校六"称，嘉庆十四年（1809）时，

该年参加会试落第的年过七十岁举人,由皇帝恩赐为翰林院编修、检讨官衔者,达三百七十余名之多。

其四,减免徭役　早在顺治元年(1644)时,清政府即诏令天下:全国军民中,凡年满七十岁以上的老人,准许免除其家中一个成年男丁的差徭。据《清朝通典》一书"嘉礼七"记载,至乾隆元年(1736)时,清政府又重申了这一老人优免政策。

其五,放宽刑惩　清政府对高龄老人犯罪,放宽刑惩有诸多举措。据《清朝文献通考》一书"刑十五"中载称,顺治三年(1646)清政府规定:凡年满七十岁以上老人,犯罪应判充军流放之刑者,可以杖笞刑代惩。而年满八十岁以上老者,若犯死罪,须报皇帝亲自钦定裁夺。如果仅犯伤人或盗窃罪者,可用钱财赎罪而免刑惩。到雍正九年(1731)时,清政府又进一步规定,流放中的犯人,若年龄超过六十岁者,可不再服刑,而入官办养济院养老,且给予口粮。

其六,赐宴老臣　康熙帝与乾隆帝基于政治目的,且为之安抚效命老臣,以示敬老,曾先后四次举行"千叟宴",赐宴满汉老臣。康熙五十二年(1713)三月,朝廷赐宴各省现任、休致文武大臣官员年满六十五岁以上者,共二千八百余人,此为首次千叟宴。康熙六十一年正月,朝廷设第二次千叟宴,赐宴满汉文武老臣官员一千余人,康熙帝即席作《千叟宴诗》,赴宴老臣奉和。乾隆五十年(1785)正月,朝廷举行第三次千叟宴,在乾清宫赐宴三千余位耆老官员老臣。乾隆六十年(1795),又谕令于次年,即嘉庆元年(1796)举行千叟宴。届时,在宁寿宫、皇极殿入宴老臣官员达五千余人之众,此为第四次千叟宴。此次宴会规模空前,仅大铁锅即使用一百十六口,送膳与推

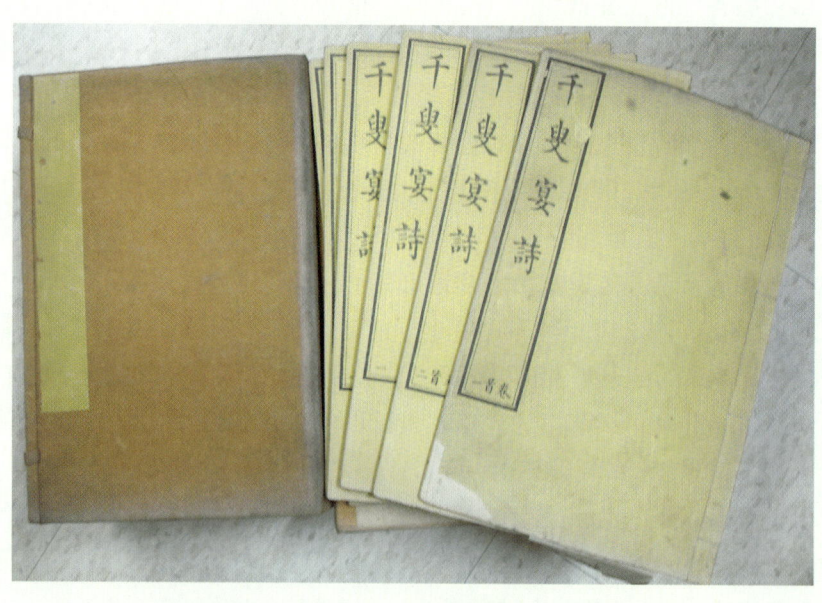

记载了乾隆五十年(1785)"千叟宴"的《千叟宴诗》

运行灶，雇用夫役一百五十六名。每次千叟宴后，皇帝与皇室还给赴宴老臣赐给鸠杖、金玉如意、貂皮、锦缎、笺纸、银牌等物。席间，更命皇子们为老臣敬酒，以示恩宠之意。

二、民间敬老风尚

自古以来，中国即是一个敬重老人的国度，到了清代，民人承继这一优良传统，在"敬老"方面，社会形成一种普遍认同的风尚。

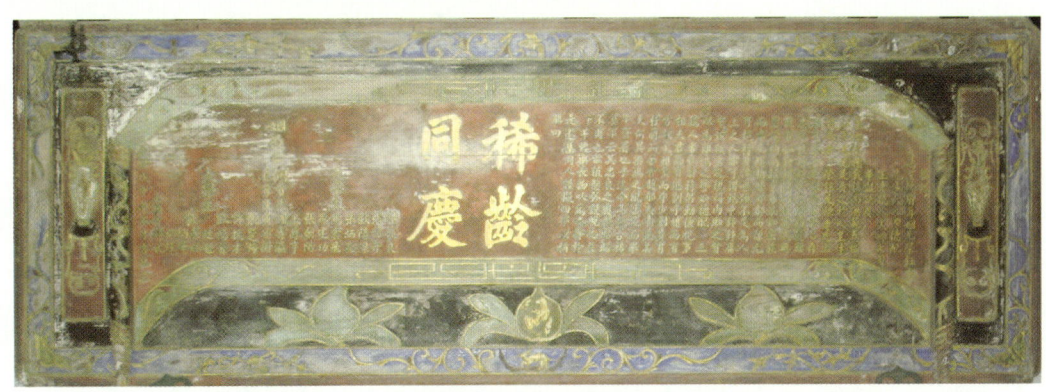

光绪三十四年祝陈荣钰夫妇七旬大寿的匾额

（一）"十恶"之罪与"劝孝"民谣

在《大清律例》中，清政府将"不孝"作为"十恶"大罪之一。在《大清律例》卷四"名例律上"的"十恶"之中，"七曰不孝。谓告言、咒骂祖父母、父母、夫之祖父母、父母，及祖父母、父母在，别籍异财，若奉养有缺。居父母丧身自嫁、娶，若作乐、释服从吉。闻祖父母、父母丧，匿不举哀。诈称祖父母、父母死"。法律中对不孝行为的惩治范围，实际上亦是向世人宣示了对"不孝"行为的界定，这对于民人的孝悌行为起着启示与导引作用。

促使清代民风中敬老风尚的形成，除上述法律因素外，民谣中"劝孝歌"的流行，亦有着道德"净化剂"的作用。如在甘肃文县民间，据光绪《文县志》载，便流行《劝民歌》："劝吾民，孝顺好，孝顺传家为至宝；试看乌鸦能反哺，何以人而不如鸟。""语云：在家敬父母，强似远烧香。"又《劝妇女十二贤歌》也教化民人，一贤为"贤妇女，孝爹娘，问安进饭洗衣裳；凡事殷勤听教训，自家有错自思量"。"三年乳哺，恩德难忘。莫学恶女，忤逆癫狂。"二贤为"贤妇女，事公婆，谨慎小心没折磨；做人媳妇能贤慧，胜似泼名嗤笑多"。"孝顺公姑，如同父母。事事小心，听其吩咐。"

在山东的夏津县民间，据《夏津县志续编》记述，民人中也流传着《劝孝歌》的歌谣："世有不孝子，浮生空碌碌，不知父母恩，何殊生枯木。"接着，在历数父母对子女的养育之恩，子女成人后，恋贪酒色，不孝父母等诸事后，劝戒人们不要学习此辈行径，而应行孝道："不念二亲恩，惟言我之福，嗟哉若此辈，何异兽与畜。慈乌尚反哺，羊羔犹跪足，劝汝为人子，经书勤诵读。""如何今世人，不效古风俗，为你作长歌，分明为世告。勿以不孝口，枉食人间谷；勿以不孝身，枉着人衣服。天地虽广大，不容忤逆族，早早悔前非，莫待天诛戮。"理当说，这些民歌民谣，对于敬老风尚的形成与传承，有着潜移默化作用。

清年画中的二十四孝

（二）民间敬老孝亲习俗

清代，民人敬老孝亲诸多实例中，为父伸冤者有之，愿代父戍者有之，事继母如母者有之，愿赎父罪者亦有之。对此，《清稗类钞·孝友类》均有载述。

其一，为父讼冤。"山阴杨宾，字大瓢"，其父"安城以友人事牵连，戍宁古塔，宾赴阙讼冤，圣祖鉴其诚，谕令之柳条边，迎父归养，塞外人称为杨孝子"。

其二，愿代父戍。清乾隆时，"长芦运使蒋国祥以事谪戍军台，其子韶年屡求代，不得"。之后，"出塞省之，恸哭求于台帅。帅怜之，为奏请，果获俞旨。国祥归，寻卒，韶年旋亦放还"。

其三，孝事继母。清雍正时，"南靖王侍御麟瑞八岁丧母，能尽哀，事继母如母，母病渴，思食青梅，侍御绕树呼号，绝食三日。父殁，庐墓三年，突遇虎，虎却避之"。其敬老孝行为世人所传颂。

（三）施粥厂与社会"济老"之举

清代，对孤贫无助老人，采用施粥厂等社会救济办法，加以救助。这些救济老人的机构，称为"厂局"。光绪《顺天府志》卷一二的"厂局"中，便对清代京师（今北京）厂局的情况有记载：光绪时京师的"厂局"共有四十八所，其中，设立最早的为"增寿寺饭厂"（顺治七年）与"承光寺饭厂"（同年）。至于广宁门外的"普济堂粥厂"，则于康熙三十六年（1697）冬，由僧人寂容和尚始创，且得到王廷献及社会捐助。康熙四十四年（1705），康熙帝闻讯，亲赐"膏泽回春"匾额；雍亲王决定出资一千两白银，每年进行资助，后成惯例。乾隆时，朝廷每年赐粟米三百石；嘉庆时，又赐白银五千两生息；至同治朝，又每年加赐该厂小米五百石。而自嘉庆朝始，普济堂粥厂每年即由顺天府派官吏轮流管理，遂由民办而变为官办。此外，在京师与普济堂粥厂齐名的还有德胜门外的"功德林粥厂"，其规模与建立沿革，与普济堂大同小异。①

对清代后期，京师的施粥厂及济老之举的总体状况，在《清末北京志资料》一书中，有详细介绍：施粥厂分为"官府经营"和"私人经营"两种。

官设施粥厂有：玉泉庵（中城）、普济堂及崇善堂（南城）、砖塔胡同及礼拜寺（西城）、圆通观及公善堂（北城）、挂甲屯粥厂（海甸）、悦生堂（宣武门内）。

"私设施粥厂很多，其中著名的有北城的继德堂及同德堂等。此等皆系多数志同道合者共同经营。"且"作为暖厂收容五十岁以上之贫民"，于每年十月至次年三月底施粥，"有的留宿以度过严寒"。

---

① 参见谢元鲁、王定璋《中国古代敬老养老风俗》一书，陕西人民出版社1994年版。

第四节 寿诞风俗

康熙帝万寿图局部

清代，各地民间高龄老人寿诞时都有庆贺活动，但其风俗则因家境贫富、社会地位、地域传统的差异，而有不同。

合资贺寿 在浙江昌化县民间，据乾隆《昌化县志》载，民人"寿自五旬、六旬以上方受贺，亲友各具羊酒、盒礼及折仪（即礼金）之类往祝，酒筵则佐以优唱。或主人固辞而后已。近有平民市井家，各出分资制屏障、卷轴相侈耀者，亦时俗之一变也"。

出游避贺 江西南城县民间，同治《南城县志》则载，民人"寿诞，三四十岁前无过问者；五十，亲友间往贺，亦不甚盛。近今三四十诞亦有贺客，其粉碟酒席，五十尤甚。若六十以上，子孙视其家力通知戚友，制锦称

清代寿桃纹食盒图案

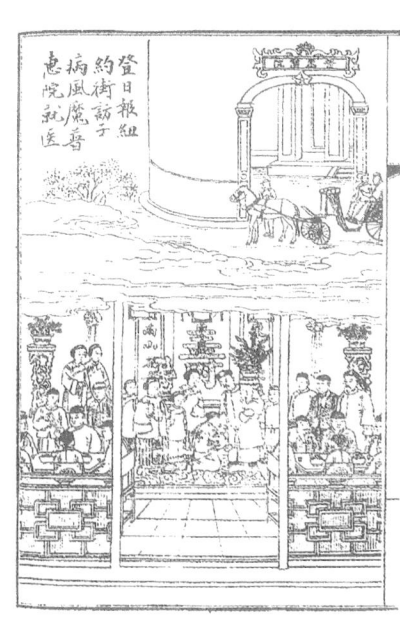

近人小说插图中的祝寿场面

筵，歌优杂进，大率可以荣其亲者无弗为也。间有寿翁厌烦费者，出游避之"。

寿名各异　清代，在台湾基隆民间，有诸多自福建泉州、漳州祖辈移居而来的民人，据《基隆县志》记述，民人"至五十岁始称寿，尔后每十年而祝"，称曰做"大生日"，并称六十岁为"下寿"，七十岁为"中寿"，八十岁为"上寿"，九十岁为"耆寿"，百岁为"期颐"。但逢十祝寿为泉州风俗，而"漳州籍"民人则"逢十一，即五十一、六十一、七十一、八十一"岁时"祝寿"。更有七十七岁称为"喜寿"，八十八岁称为"米寿"的风习。

星图贺寿　在清代陕西中部民间，民人"俗祝男女寿均在六十岁后（六十岁前虽有行之者，然只限于家中，不动亲友）。其仪式，于庭中正座供寿星图，寿者先拜，子女晚辈依次拜。（六十岁后，亲友方送匾额或屏障）"

鸡酒礼寿　甘肃的合水县民间，据清代《合水县志》记载，该地民人"凡人家"中，有"老亲之寿，皆有贺。各持钱百文，少者二数十，即以为礼；至厚者，用泥头酒，佐以鸡。"以此为贺寿祝寿之礼物。

演戏祝寿　陕西葭县民间，据《葭县志》称，该地民人贺寿之习则是，凡有"年高硕望，间有开寿筵者。亲戚祝寿者间以酒肉、花炮、蜡烛等项为寿仪，缙绅之家或有送屏帏者，平民中绝少。主人惟款以八簋常品，而珍错盛馔、演戏宴客者，尤属罕见"。可见，其贺寿别有一番风俗。

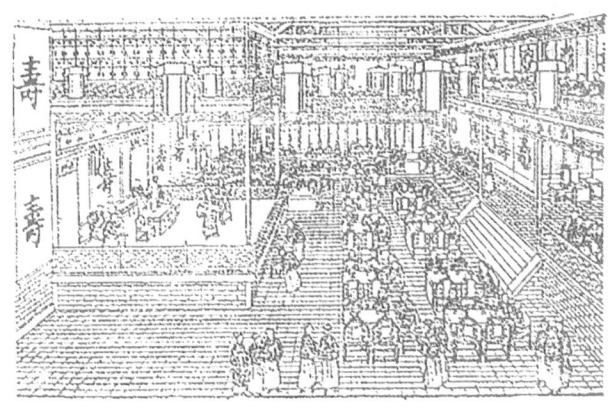

《吴楚公所寿筵图》（采自清光绪十八年石印本《合肥相国七十赐寿图》）

宣统三年八月二十三日《慎食卫生会章程》

《黄帝内经灵枢注证发微》九卷《黄帝内经素问注证发微》九卷

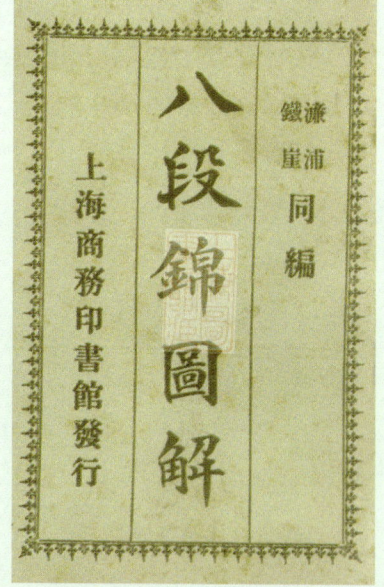

民国七年出版的《八段锦图解》

第八章
丧 葬

丧葬风俗仪礼,是人生最后一项"通过仪礼",也是最后一项"脱离仪式"。如果说诞生仪礼是接纳一个人进入社会的话,那么丧葬仪式则表示一个人最终脱离社会生活,它标志着人生旅途的终结。

孙温绘《红楼梦》第十四回贾蓉妻子秦可卿出殡场面

第八章 丧葬

　　丧礼，民间俗称"送终"、"办丧事"等，古代视其为"凶礼"之一。它是处理死者时，殓殡奠馔、拜诵哭泣的礼节。故《周礼·春官·大宗伯》有以"丧礼哀死亡"之语，就说明它的主要内容是对死者表示哀悼之情。但到了清代，其丧葬制度除继承古代丧葬礼仪之外，又增添了不少新的内涵。这是与清代封建统治者高度重视礼制、社会教习和孝悌之道，在立国与治国、维护封建统治秩序方面，所发挥的特殊重要作用（政治的、精神的、人伦的、道德的作用）有关。故清政府对社会各阶层的丧葬仪礼，规定得既详尽又细密。从而使人们无论在生前还是死后，均各安其位、各行其道、各施其礼，最终则各听其命，永远顺服命运的摆布和封建统治者的安排。

　　具体而言，清代的丧葬风俗，包括清人的丧葬观念，清代的帝王官员与民人的丧葬礼仪，清代的墓室与棺椁规制，清人的服丧风俗，清代的冥器与殉葬制度等，它们均各具特色，且其风尚更因时易而有所变化。

第一节 丧葬观念

自古以来,在丧葬观念上,即有厚葬与薄葬的分别,更有其不同主张。在实践风俗上,人们则由于自身社会地位、经济实力、文化观念的悬殊与差异,而大有区别。清代而言,王公贵族、官员与富商多主张实施厚葬,而一般民人,以及一部分有识之士与学者,多主张施行薄葬。

一、清人的厚葬观及实施风尚

清代,帝王、贵胄、官员及富商大贾,他们或拥有政治经济大权,或拥有巨额财富,为在生前死后维护自身的权力威势,以及社会优势地位,主张厚葬且加以实施。

(一)厚葬观的法律基础

中国古代,统治者制定的法律,对人们的行为规范的制约作用、价值取向的导向功能,是不言而喻的,清代亦是如此。在《大清律例》中,"不孝"作为"十恶"大罪之一,其中与丧事有关的罪行界定为"居父母丧身自嫁、娶,若作乐、释服从吉。闻祖父母、父母丧,匿不举哀"等等,而"十恶之人,悖伦逆天,蔑礼贼义,乃王法所必诛"。至于先前事孝,死后对祖父母、父母进行厚葬,既是遵循社会传统礼仪风习,使亲人灵魂得以安息之举,更是继续尽孝,以教育后辈的示范行为。更何况最高统治者的修陵建寝的厚葬活动,其"上行"的"典范"作用,自然会对官民的"下效"行为,有倡导、鼓励意义。

(二)厚葬活动及其实施

基于清人浓重的厚葬观及其影响所及,则有厚葬活动及其实施的盛行。其活动的特点是:其一,丧事活动礼仪隆重繁杂,且耗时日,从帝王贵胄到庶民百姓,均是如此,以后将详述。其二,是丧事中,殉葬、陪葬、焚销物品甚多,尤以宫廷为最。如清人吴振棫在《养吉斋丛录》卷二五即载:"火化,国制也。无贵贱皆然,平时服御各物,殁后尽焚之。遇大丧,则所化者积如山阜。"可知葬焚物品之巨。其三,是葬事与丧事活动,支出巨大,耗费大量物力财力。

在民间一些地区厚葬之风也很盛行。如雍正《陕西通志》载,在韩城县民人"稍有力则用椁,名曰'套材';扯布散衣,名曰'破孝';又以各色纸结金银山斗、层楼、驼、狮、马、象及幡幢、帛联;广作佛事斋醮,名曰'同坛'。富贵家更侈张戏乐,走马上竿,亲执挂帐,猪羊油盘,食桌动辄数十",因厚葬耗资费财而"丧家破产"者,亦"往往有之"。

焚纸屋

二、清人的薄葬观及施行风俗

与厚葬观主张及实施相反,清代,亦有不少有识之士,主张丧事从简并薄葬,且加以施行,实属移风易俗之举。

(一)清人的薄葬观及主张

世居京师附近的直隶宝坻林亭口的有识之士李光庭,在嘉道时期,目睹厚葬与丧事苛繁的危害,在《乡言解颐》一书中,主张应"群起而攻之",须革则革,可减则减:

其一,他认为厚葬与丧事大办为"非礼""非情"之习。他借时人所作《西江月》词:"盼得一声告奠,快把地方先占。三百铜钱小分资,落得长吞大咽。吹吹打打笙歌,整整齐齐席面。孝子一遍谢不周，还说将他怠慢。"讥讽此"素服哀吊之日，而乐酒醴笙簧"，实为"非礼"；至于"以衰麻可矜之人，而责其跪拜礼数"，更是"非情"之事，故为应革除之"陋习"。

其二，对厚葬之风"不可从者"有三："亲死之日，即请僧道念倒头经，逢七念经，送三、送殡用僧道鼓吹"，此其一。"送三之夕，妇女步行送灵牌至五道庙"，此其二。"入殓择时，不与化命相冲便是，必请阴阳定时，虽暑月亦不敢违，及出殃、回煞等说"，此其三。

其三，至于"可从减免者"亦有：送三之夕，"不必街上设位行礼"；逢七"只可家祭，不受外礼"；择葬日，"以与山向、化命、主祭之命不冲便是，断不可细讲，以致稽迟"；开吊一日，"除远亲外，本镇远近朋情，俱不送讣，不受礼，不备席"；辞灵家祭三献礼，"似可并行"；侑食时不必"彻烛合门"，幡、伞等类不必多设，"影亭亦不必用，恐致损坏"；涂车、刍灵，自古有之，有便是了，"多亦何益"；死者入土为安，"非定以有椁为孝也"。① 这些均为切中时弊，改革厚葬陋习的可行主张。

（二）薄葬之举与实施风习

清代，薄葬之举虽罕有，但却有其风习。在陕西商州民间，据雍正《陕西通志》载，"近时，殡仪多用剧，尚花火；知州王廷伊以事不合礼，悉议革之"。这位官员终以"合法"名义，对薄葬之风，加以倡导。至于韩城县民间，民人无财力，"贫者悬棺而葬"，只得丧事葬仪一切从简尚薄。然而，就在陕西泾阳县民间，据宣统《泾阳县志》记述，清末时，确有一些有识之士，为挽厚葬盛行之"颓风"，而实施薄葬，虽是"间有一二守礼之家"，丧葬时一"不用乐"，二是"亦不以酒食宴宾"。这些薄葬之举，尽管"寡不敌众"，但却有警世与开风气之先的作用。

---

① 以上参见李光庭《乡言解颐》卷三《人部·丧祭》，中华书局1982年版。

第二节 丧葬礼仪

清代，在清人的丧葬礼仪方面，因社会阶层不同而异，更因地区习尚的差别而导致风俗的各具特色。但就总体而论，帝、后、王公、品官的丧葬均循礼制规仪而行，民人则多遵地方传统葬习与丧事风俗行事。

一、帝、后等的丧葬礼仪

清代帝、后、王公、外藩蒙古与品官等的丧礼，既隆重又繁琐，从而耗费掉大量的人力、物力和财力，旨在显示其死者生前死后的权势与殊荣。

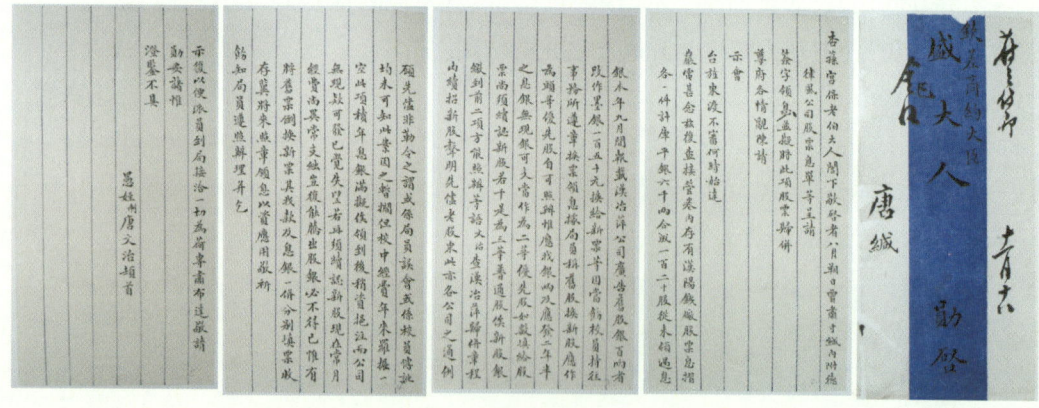

国丧期间，来往文牍都用蓝印蓝标。图为光绪三十四年十一月十八日唐文治致盛宣怀函。

皇帝是全国的最高统治者和主宰，故其丧事称为"国丧"，全国上下均要为皇帝服丧，届时，清宫还要举行隆重的葬礼。

皇帝死后，在上谥号入葬之前称为"大行皇帝"。死之当日要进行"小殓"，继嗣皇帝、诸皇子、王公、百官、公主、福晋以下、宗女、佐领、三等侍卫、命妇以上，男摘冠缨截辫，女去妆饰剪发。小殓后，当日或次日，或过几日进行"大殓"丧仪，按定制，命亲王以下，顶戴官员以上，和硕福晋以下，佐领三等侍卫妻以上等，均要到乾清门内瞻仰大行皇帝的遗容，近支王公、公主、福晋等要到乾清门内的丹陛上，随嗣皇帝行"大殓礼"，以后遂为定制。按清制，皇帝皇后的棺木以稀有的梓木（或楠木）制作，故称"梓宫"。梓宫必须按规定漆饰四十九次，四周由喇嘛敬缮"西番字样"，梓宫外边浑饰以金，内衬织金五色梵字陀罗尼缎五层，各色织金龙彩缎八层，共计十三层。大殓后，灵堂设地乾清宫内，正中宝床上停放梓宫。由于明清两代，乾清宫均属皇帝的寝宫，皇帝于此停灵，含有"寿终正寝"的意蕴。死在承德的嘉庆、咸丰二帝，大殓后，梓宫一时运不回京师，故暂将灵柩停在避暑山庄的"澹泊敬诚"殿，待移京后，仍在乾清宫停留数日，再运往殡宫暂安。

与此同时，嗣皇帝还要命王公大臣具体恭理大行皇帝的丧事，礼仪有：

（1）亲王以下的文武大臣及闲散宗室觉罗、公主、福晋以下，乡君及宗室之女以上的成员，一律成服；内务府所属各官员，男截辫、女剪发，一律成服。在京的外藩王公、台吉、额驸及外国贡使等人，均令成服。（2）头三日，朝、晡、日中三个时辰，嗣位皇帝要到灵前举茶、上食，奠酒行礼。（3）在京的文、武候补及候补官员、教司、进士、举贡、肄业监生、吏典、僧道官等，均穿素服，冠去缨纬，齐集顺天府三日，早、晚行礼举哀。（4）专司坛庙、堂子、奉先殿、寿皇殿、坤宁宫祭神殿及陵寝一应祭祀事务的官员、内监及出征在外的官兵和军营办事人员，均免成服。平民百姓若家有父母新丧、子女出痘者，也免成服。（5）近支宗室，二十七个月内，远支宗室及在京王公大臣一年之内，都不许嫁娶，二十七个月内不许作乐宴会。在京军民百姓，男去冠缨、女去首饰，素服二十七天，不准祭祀，一百日之内不许嫁娶和作乐。全国的军民百姓，从皇帝死时算起，一百天之内不准剃头。（6）所有在京城内的各寺庙，一律撞钟三万杵。（7）各部院的章奏俟十五天后具奏，二十七天之内的奏疏、文移均用蓝印，一百天之内的上谕批本要使用蓝笔。

在办理皇帝的丧事中，要向国内外颁发大行皇帝的遗诏，颁诏要举行十分繁琐的仪礼。诏到各省时，文武官员要摘冠缨、穿素服，至郊外跪迎，回到衙署跪听宣诏，然后供诏正堂。此后三日内，文武各官每日朝夕两次举哀行礼。从遗诏到时算起，二十七日后除服，一百天内不准嫁娶和作乐。遗诏还要送往蒙古诸部及朝鲜、琉球、缅甸等国，各处迎诏的仪式也极为繁冗。若大行皇帝无遗诏或来不及写遗诏，则死后由内阁大学士或军机大臣代拟一个"遗诏"，以同样的形式向各地转发。

大行皇帝的梓宫在乾清宫停放时间不宜太长，一般在葬入陵寝地宫之前，还要奉移到殡宫暂安一段时间。清代的殡宫有景山内的寿皇殿、观德殿、雍和宫的永佑殿等，不在固定地方。梓宫奉移殡宫之前要先进"启奠礼",嗣位皇帝亲自祭祀行礼。俟奉移时,再行奉移礼。其间的丧仪仪礼亦甚多。在梓宫未入地宫安葬之前,还要举行多次祭祀活动。除初祭、大祭和释祭之外,满二十七日行"释服礼",满月行"初满月礼",继之要行"二满月礼"、"三满月礼",满百日行"百日礼",遇清明节行"清明日祭礼",七月十五日行"中元礼",十月朔行"奠献礼",遇大行皇帝生日行"圣节致祭礼",年终行"岁暮礼",恭题神主升祔太庙和奉先殿时,行"恭题神主礼"和"升祔礼",满一年、二年时,均行"周年致祭礼",最后,梓宫奉移陵寝地宫时,还要行"奉移致祭礼"等等。每次致祭都要用羊、酒陈供,设饭食供桌若干张,且焚烧纸钱,纸制金银锭、五色纸,乃至皇帝的衣冠服饰等物。

清代皇帝丧仪的最后一项重要内容,是将梓宫从殡宫奉移陵寝地宫安葬,其间礼仪甚繁。梓宫奉移日期由钦天监决定。奉移前三日,遣官告祭天、地、太庙、奉先殿和社稷坛,前一日(或二日)行"祖奠礼",由向导官查看梓宫赴陵寝的路线,划定宿程,每程设芦殿,搭凉棚,修理道路。沿途有王公等官员到指定地点跪迎。梓宫安放入享殿正中后,嗣位皇帝进殿于灵前行"奠献礼",并遣官告祭各陵和皇陵山神。次日,再行"享奠礼",以后照常行礼祭祀。继之,嗣位皇帝把载有梓宫的龙輴,顺木轨送入地宫,奉安在宝床上,随入的香册、香宝安放在梓宫左、右两侧的石案上,一切安置完毕,一应人员退出地宫,将地宫石门封好,新皇帝和文武官员在祭台前行"告成礼",并遣官告祭陵山、土地之神。至此,繁琐的皇帝丧仪才告结束,以后的每日供献、满月致祭等礼全部停止,仅平常祭祀了。皇帝死后,嗣位皇帝还要为他恭上庙号和谥号。

皇太后和皇后的丧仪也十分繁冗,如康熙二年(1663)二月,康熙帝母亲、慈和皇太后佟佳氏崩逝时,康熙帝便"截发成服,擗踊哀号,水浆不入,近侍感泣。日尚三食,王公大臣二次番哭。停嫁娶,辍音乐,军民摘冠缨,命妇去装饰,二十七日。余凡七日。四日后,入直官摘冠缨,服缟素。五日颁诏,文武官素服泣迎,入公署三叩九拜,听宣举哀,行礼如初。朝夕哭临三日,服白布,军民男女素服如京师。上尊谥孝康章皇后,梓宫移坝上,帝祭酒行礼攀号","太皇太后,皇太后念帝冲龄,止亲送,与世祖合葬孝陵,升祔太庙"。① 由此可知,凡皇太后、皇后丧时,全国上下也要为她举哀致祭,以示"尊崇"之意。

---

① 《清史稿》卷九二《凶礼一》;光绪《大清会典事例》卷四六二至四八一《丧礼》。

二、士庶人等的丧礼

士庶虽处于清代统治阶级中的最低层，但与民人仍有区别，故清政府对其丧葬仪礼仍有明文规定。据顺治初年定制，士庶卒，用朱棺，"椁一层，鞍马一。初祭用引幡，金银楮币各一千，祭筵三，羊一，大祭同。百日、期年祭，视初祭半之。一月殡，三月葬。墓祭纸币、酒肴有定数。通礼，士敛衣复禅各一，袭常服一称，含用金银屑三，用铭旌。庶人复衾一，含银屑三，立魂帛。士茔地围二十步，封高六尺"。墓门石碣，圆首方趺。圹志二，如官仪。柩舆上竹格垂流苏，杠饰红垩，无翣。"引布二，功布一。灵车一。明器从俗。庶人茔地九步，封四尺。有志无碣。舆以布衾覆棺，不施帱盖。杠两端饰黑，中饰红垩。余略仿品官，制从杀"。①此外，清廷还对各级品官丧服仪制

倒头饭

---

① 《清史稿》卷九三《凶礼二》。

亦有详尽规定，限于篇幅，此不赘述。

三、民人的丧葬仪礼

民人的丧葬仪礼，较之帝后王公贵族、品官士庶的丧葬礼仪而言，实有颇大差别。它是在继承我国古代"生有所养，死有所葬"的传统基础之上，在新的历史条件下形成的，故有一些新的特色与内容。在这一历史时期，清王朝统治者为了维护其封建统治，除对帝后王公、官员士庶的丧仪有严格规定外，对一般民人的丧仪亦有诸多规定和限制，要求民人凡有丧之家，必须依礼安丧，决不容许"惑于风水及托故停柩在家，经年暴露不葬"。否则依律处罚，决不宽贷①。从而将其纳入礼制和孝治轨道。

由于清代封建统治者明文规定，不准民人"从尊长遗言，将尸烧化及弃置水中"，②所以中原汉族的葬式一般均采用土葬。尽管由于各地区经济发展与具体风习的不同，其丧仪有繁简、丰啬之别，但清代民人的一般丧礼，在继承和发展传统丧葬礼仪的基础上，形成了下列大体相同的几项程序：（1）停尸：人死后的第一个仪式，便是把尸体安放在规定的地方，所谓"死于适室，巾无用敛食"即指此。此时举行的迷信仪式有供饭和点灯。（2）招魂：按古礼俗，招魂自前方升屋，手持寿衣呼叫，死者为男，呼名呼字，共呼三长声！以示取魂魄返归于衣，然后从后方下屋，将衣敷死者身上。（3）

开丧

---

① 光绪《大清会典事例》卷七六八《刑部·礼律仪制》。
② 光绪《大清会典事例》卷七六八《刑部·礼律仪制》。

吊丧:丧礼的公开。首先由死者家属进行报丧,多由死者近亲晚辈到亲族家门口。"叩报丧头",通知死讯。吊丧期间,家属亲友禁忌颇多,通常非丧事不谈,面垢禁洗,女忌脂粉,食米粥淡饭,不食菜果,以示哀恸。(4)殡仪:又称"入殓"、"大殓"。有饰尸仪式、洗尸,按制更衣,入棺前先书铭,写好柩位;入棺时,下铺上盖均十分严格;入棺的时辰要由家族占卜,届时守灵。后世入棺盛殓,一律由亲属守在左右,抬尸时由孝子抱死者头部,盖棺时人们高喊死者称谓,大叫"躲钉"。入殓时均有随葬物同时入棺的习俗。盛殓后,设灵堂举行奠礼。(5)送葬:又称下葬,是全部葬礼的最后程序。送葬前,土葬法先有掘墓破土卜吉仪式,有的富豪官宦人家生前就营造了墓室,大多数采取死后破土掘墓,随后有"请启期告于宾"的通知亲友下葬日期的程序。送葬日辰、行例、祭品供物都各有惯习。祭品包括猪、羊、鱼、枣、栗等,都按制分等,祭酒也有定制。送葬行列十分繁杂:富户人家从先导"打路鬼"、各仪仗、僧道鼓乐,直到杠抬灵柩,孝子驾灵扛幡,孝女及亲族送灵车,浩浩荡荡。由于清朝法律规定"民间丧葬之事,凡有聚集演戏","该地方官严行禁者,违者照违制律治罪",故此,清代民间丧葬期间无有敢于"扮演杂剧等类,或用丝竹管弦演唱佛戏者"。①

清光绪《昌平州志》风俗条载,"初丧迁居正寝,属纩含殓。男括发,女去头饰,乃成服。告于乡社之庙,日三次,三日乃止,谓之'报庙'。书死者姓氏、年月榜于门,谓之'殃榜'。遣人讣告戚友,三日来吊。这夕用纸人、车马,书死者姓名于纸,孝子负之奉以登车,焚之,谓之'接三'。自是朝夕哭奠,葬乃止。葬之前一日,成主堂祭,读祝文,讲《礼经》。明日葬,戚友扶孝子至墓所。这日卒哭。六十日、百日、大小祥、禫皆祭,二十七月服除。"

清代各地民人丧仪虽大同小异,但在此仪礼的生活文化主旨方面,却有其共同点,一是表现生者对死者的哀悼之情;二是怀念死者生前的功德;三是超度亡灵,使死者的灵魂得以安息;四是通过信仰和禁忌仪式,来免除生者对死者的惧恐心理,并寄托对死者的美好祝愿。

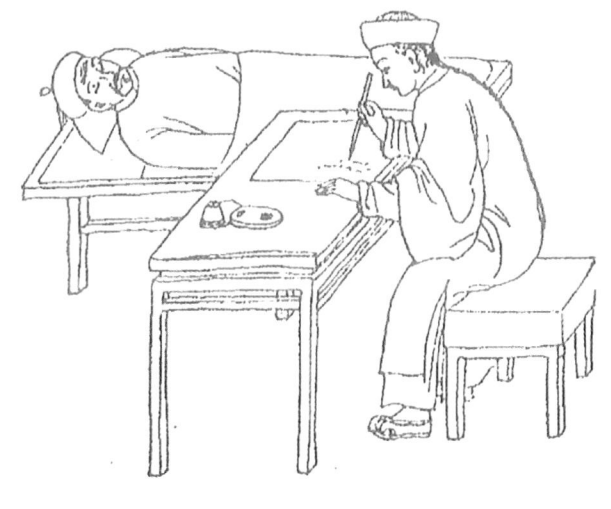

批殃榜

---

① 光绪《大清会典事例》卷七六八"刑部·礼律仪制"。

第三节　葬法与葬式

在各民族聚居地区，其葬法与葬式各异，有土葬、火葬、天葬与野葬、树葬、水葬、塔葬，以及洞穴葬、崖葬等不同风习，更有其相关的丧事礼仪。

水乡出殡场景

边疆地区少数民族的丧葬方式与礼仪，由于受其社会经济发展水平的制约，各自的民族生活习惯与宗教信仰的影响，因而呈现出多样化、地区化、民族化的特色。民间普遍存在着逝者"灵魂长存"的观念的影响，并认定它（指死者"灵魂"）既能赐予人以吉祥，更能降人以灾祸，因此，除伴随一定的葬式有一整套特殊而繁琐的丧葬礼仪之外，亦有颇多禁忌。

清代出殡场景

一、土葬

土葬是将死者遗体埋于土中的一种葬式,它在少数民族葬习中最为普遍。但在清代各少数民族在采用土葬时的具体葬仪却很不相同。如东北地区的鄂伦春和达斡尔等族在举行土葬时,便多在棺内安放一些死者生前物件作为随葬品,有的地区更有杀死死者生前所骑马匹作为殉葬品的遗风;在广西西部壮族中,有人死埋葬五年十年后,还有将骨骸拣移至风水好的墓地重葬的习俗丧仪。在清代云南部分彝、哈尼等民族地区,还流行着一种滚鸡蛋选择墓地的风尚,所滚鸡蛋在哪里摔碎就在哪里挖穴为墓,安葬死者。

二、火葬

火葬是用火焚化遗体的一种葬式,它是仅次于土葬而在清代少数民族中较为流行的一种丧葬方式。此种葬式在历史上甚为盛行,如彝、白、纳西、拉祜、哈尼、羌、畲等民族,均普遍采用过火葬葬式,但后来由于与汉族长期交往及其他方面的原因,在清代这些民族聚居的大部分地区已先后改为土葬。但是,清代川、滇大小凉山彝族地区却仍保留着火葬这一葬式。据《皇朝职贡图》载,云南"黑亻罗鳌死则覆以裙毡,罩以锦缎,不用棺木。缝大布帐,用五色帛裁为云物,谓之远天锦。生前所用衣物悉展挂于旁，事毕焚之。打牛羊猪以祭三五七日，举而焚之于山，以竹叶草根，用必磨裹以锦，缠以彩绒，置竹筒中，插箴篮内，供于屋深暗处。三年附于祖，供入一木桶内，别置祖庙以奉之，谓之鬼桶。打牛羊犬祭其先，谓之祭鬼（必磨，倮倮之巫师）"。① 而彝族的"白倮倮"，亦是丧无棺，缚以火麻，"裹毡舁于竹椅，前导七人，环甲胄，执枪弩，四方射，名禁恶止杀。焚之于山，既焚，鸣金执旗招其魂，以竹裹絮少许，置小箴笼，悬生者床间，祭以丑月念二日，插以榛三百枝于门，列箴笼地上，割烧豚，每笼各献少许，侑以酒食，诵彝经，罗拜为敬"。② 而永北直隶厅的彝族"死则火化，置之深山不许人知"。③ 云南纳西族的火葬仪式也有自己的民族特色，史称，"又土人亲死既入棺，夜用土巫名刀巴者，杀牛羊致祭。亲戚男女毕集，以醉为哀。次日送郊外火化，不拾骸骨，至每年十一月初旬，凡死人之家，始诣焚所拾灰烬余物，裹以松枝瘗之，复请刀巴念夷语，彻夜西祭以牛，名曰葬骨"。④ 畲族的火葬也有其特点，即人死先入殓将棺木停放于野外，经数年后才火化，再将骨灰贮于罐内埋于土中。

三、树葬

也称风葬、林葬、挂葬、空葬，或与天葬一起归为露天葬。鄂伦春、鄂温克等民族中盛行此种葬式。其具体葬法和葬仪是人死后即日为死者更衣，用柳条或松木作棺入殓，无棺的则以桦树皮将尸体包裹，然后在树林里选择几棵大树为桩，高架横木，将棺木或包裹尸体置放架上，由巫师（或萨满）念咒语和亲属祭奠后便结束葬仪，尸体听其腐朽。同时，死者男女均有生前的用物以作随葬物品。

四、水葬

此种葬法，在清代门巴、藏族、独龙、傣族等少数民族中流行。据《中甸县志稿》所记藏族的水葬葬法是，"无论春夏秋冬，凡人死后，即将其尸抛入江河中，任其漂流而去，亦间有子女，不忍其父母尸体逐去而系之于附近之深渊者"。傣族中，凡遇有凶

---

① 康熙《云南通志》卷一百八十二。
② 康熙《云南通志》卷三十七。
③ 《永北直隶厅志》卷七《蒗蕖土知州》条。
④ 余庆远《维西闻见录·夷人》。

死和暴病、妇女难产、儿童病亡者，也多采用水葬葬式，将死者尸体直接丢入河中。

五、塔葬

又称灵塔葬，它仅限于清代藏族中极少数转世活佛死后，才能享有这种被称之为最高规格的葬式。塔葬的具体葬仪是，用香料将尸体保存起来，置于金属铸成的塔内，供人们祭奉，仪式非常隆重。其中，以西藏拉萨布达拉宫十三世达赖的灵塔规模最大。

六、瓮葬

清代台湾高山族中，即用此法。即以大瓮缸（陶罐）作棺，瓮底有孔，瓮上有盖。以尸体坐于瓮中，身体必须向北，然后将瓮置于地下，盖上瓮盖。①

买路钱

---

① 参见刘如仲、苗学孟《清代台湾高山族社会生活》一书。

七、崖葬

清代台湾新竹地区高山族流行此葬俗,即将尸体悬在高山崖石之间,不埋土中作冢椁。

八、石棺葬

清代台湾高山族葬式之一,用珊瑚石或灰石做成石棺,棺底无石板,上盖以石板。①

---

① 参见刘如仲、苗学孟《清代台湾高山族社会生活》一书。

第四节　墓室与棺椁

在丧葬礼仪风俗中，墓室的选建与棺椁的使用，是其重要的组成部分。正因如此，它有着时代演变的特征与印记，更因民族风习与社会阶层之别，而各具特色。具体而论，它们包括墓地制度、墓室、棺椁、墓上建筑（石刻）等有关的礼仪与风俗习尚。

一、墓地制度

自古以来，"墓地"既是死者的归宿之地，更是"阴宅"（墓室）的依托之所，故受到上自帝王贵胄，下至庶民百姓的普遍重视，清代亦是如此。值得注意的是，由于清人普遍迷信风水堪舆之术，故墓地的选择，一定要经过此术的堪测筛选，以避凶趋吉，才能最后确定。"堪舆术"，又称风水、卜宅、相宅、青乌、青囊、形法、地理、阴阳、山水之术等。清代不仅有专门从事此职业者，俗称"阴阳先生"、"风水先生"，还有使用专门的工具"罗盘"、风水术书籍等物进行活动的。

（一）帝王陵墓之制

清代，历朝帝王陵墓墓地的选择，因受汉族文化的影响，故广泛使用墓地堪舆之术。而各帝、后妃陵寝或园寝的选址与营建，则强调龙、沙、穴、水、土壤、明堂、近案、远朝的相互协调关系。

清代东陵图

其一，慎重择地。对皇陵的选址，选钦派王公大臣、堪舆人员（风水官或相度官）利用罗盘仪器赴陵区各处实勘，称"望势"、"寻龙"、"查穴"、"观四面之山峦，望两旁之水势，看山在何处住，水在何处合"，以"寻求落脉结穴之处"。此处的"穴"则是指龙穴，即棺椁置放之地，亦是陵寝建筑布局核心。有时皇帝还亲自参与此事的确定，如清东陵即是由顺治皇帝亲自选定确址的。又据《清世宗宪皇帝实录》卷八九记载，清西陵在雍正七年（1729）即已初卜，始欲择吉地于东陵界内，而"堪舆人俱以为无可营建之处，后经选择九凤朝阳山吉壤……堪舆臣工再加相度，以为规模虽大而形局未全，穴中之土又带沙石，实不可用……今据怡亲王、两江总督高其倬等奏称，相度得易州境内太宁山"。

其二，南向为尊。在山势选向上，清代王陵均循"南向为尊"，"南为正向"与"负阴抱阳"的准则而选定。故多取南或偏南的方向。同时，来龙左右须有起伏错落而下的沙山，形成对穴区的环抱拱卫辅弼态势，此则谓之左辅右弼，或左右护沙，或龙虎沙山，更要对称和谐。为此，清陵沙山亦经修补。至于穴区前中轴线上近对

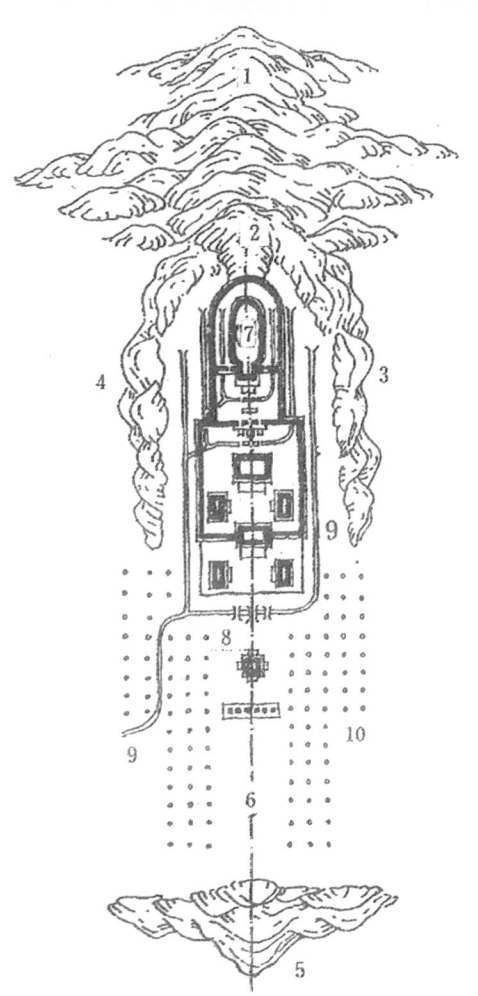

清代帝陵风水形势模式图（1）大帐（2）来龙（3）左砂（青龙）（4）右砂（白虎）（5）案山（6）山向（7）区穴（8）明堂（9）水法（10）仪树（采自王其亨《清代陵寝地宫金井考》，《文物》1986年第7期）

浅岗与远对峰峦，风水谓之"近案"、"远朝"，更要求"案如贵人几席，可俯而凭也"，"朝如人臣面君，敬对而拱拜也"。可知，体现出生为居龙尊之位，死亦居龙穴之所的"价值"。

其三，得水为上。《大汉原陵秘葬经》更认为，"凡好山不如好水，一丈之岗不如一尺之水，地平百里无山只要此水，葬之吉"。至于对墓地之水的要求则是"来宜曲水向我，去宜盘旋顾恋"，而最忌"直冲走窜，激湍陡泻"。清代的帝王陵墓除达这些要求外，还对墓地范围内土壤的质地、色泽、含水量，穴区四至、树木情况，均按堪舆理

论加以实施，不足之处，则用人工的修、补、填、挖、削、整等手段，加以补救。①

（二）民人墓地之习

在民间，诸多民人在择墓地时亦迷信风水之术。如在清代浙江衢县民间，据《衢县志》载，民人对"阳基阴宅均有忌避，必经堪舆师相定，而阴宅（指墓地）尤甚。家有祸福，皆以为风水之所致，是以亲死停柩至数十年不葬，葬而争地涉讼，以致家破人亡，时恒有之"。又，在浙江的龙游县民间，清代亦有此习，据《龙游县志》称，该地民人遇有丧"葬，中人之家大较数日即为安厝，富家巨族则好需善地，至有权厝数年者"。其中，所谓安葬"善地"，即风水好之墓地，由此可见，民间对堪舆之术迷信之深。

二、墓室

清代，在帝王陵的墓室建造形制方面，基本上承袭明制，但又有所改易：

其一，陵墓由古代的方形改为前方后圆形，称为"宝顶"（坟丘）。此循明制，但有改易。

其二，是循明制，缩小寝宫（下宫）建筑，扩大祭殿（上宫）规模。

其三，是陵园围墙从方形改为长方形，并从前向后分为三个院落：第一院落包括陵门、碑亭，东西朝房。朝房则专作祭祀时供奉果品、物供、茶点的场所。第二院落有殿门、隆恩殿与东西配殿，配殿则为祭祀时用作念经的场所。第三院落有内红门、牌坊、

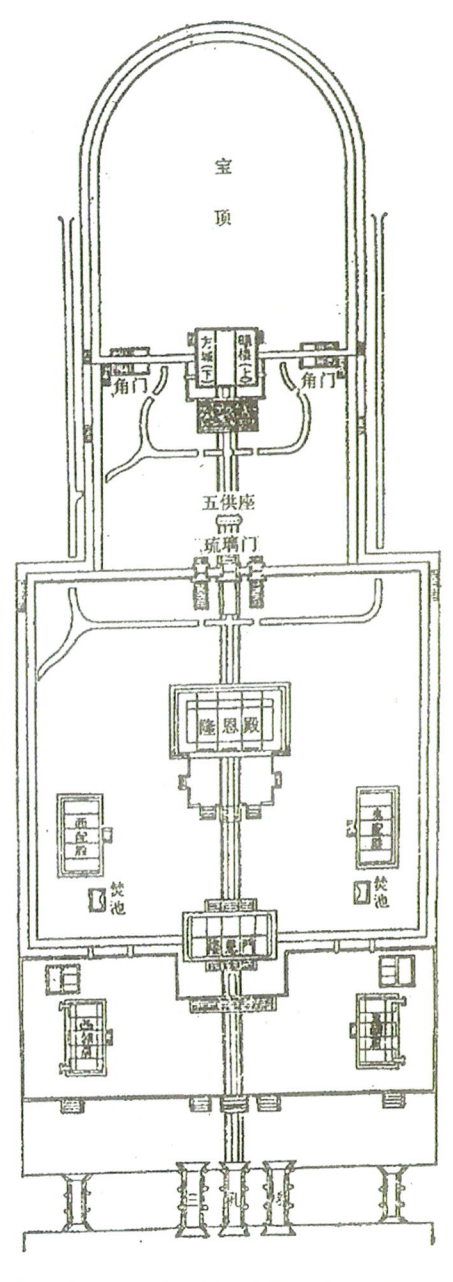

清崇陵平面图

---

① 参见徐吉军、贺云翱《中国丧葬礼俗》一书，浙江人民出版社1991年版。

五供台（一个香炉、两个香瓶、两个烛台）和方城明楼，方城后为前方后圆坟丘。① 此循明制而有改易。

其四，在墓室地宫建造上，亦具特色。如"裕陵地宫"，葬乾隆帝及其二皇后、三贵妃，是一座石结构巨形地下建筑，进深五十四米，落空面积三百三十七平方米，全部为拱券式。三堂券室由四道石门连接，由前至后依次为明堂券、穿堂券、金堂券，均为长方形，使地宫形成"主"字形。在装饰上，八扇石门上浮雕菩萨立像，门楼上雕出檐瓦垅、鸱吻斗拱，金券堂壁上有图案、佛像和用梵文（古印度文）、香文（藏文）镌刻的经文达三万余字。明堂门洞两侧浮雕四大天王坐像大小与真人相仿，券顶浮雕"五方佛"，穿堂两壁浮雕"五供"，金堂内有石刻室床。堂中央放置乾隆帝的棺椁，两旁分置二后、三贵妃灵柩。

至于清代品官的墓室建造，亦有相关规定："一品（官）茔地九十步，封丈有六尺，递杀至二十步封二尺止。缭以垣。公、侯、伯周四十丈，守茔四户；二品以上周三十五丈，二户；五品以上周三十丈，一户；六品以下周十二丈，止二人守之。"②

在墓室建造的形制方面，清代最具特色的是少数民族的墓穴。对此，夏之乾先生在《中国少数民族的丧葬》一书中，有所介绍："从我国各少数民族的墓穴形状来看大致有长方形、方形和圆形竖穴土坑等几类形式。"但从总的情况来看，清代"绝大多数民族地区都为长方形竖穴土坑，一般长约二米五，宽约一米左右，如德昂、景颇等民族即是如此。西藏墨脱县门巴族和珞巴族墓穴为圆形，而四川道孚县藏族和台湾省南投县'布农族'（按，高山族部族之一）墓穴为方形"。其原因则与民族葬式葬法有关，一般来说，凡实行"直肢葬者"，墓穴都为长方形。而实行"屈肢葬"、"蹲坐坐式葬"的民族聚居区域，其墓穴则为圆形与方形。③

三、棺椁

棺与椁均为葬器，棺又可称为内棺，椁则可称为外棺或套棺，用此则可作为一定社会身份地位的显示，使死者得以享受某种殊荣。清代，帝后死后所用之棺，称为"梓宫"，它是用梓木做成的灵柩，漆四十九次，浑饰以金，内衬梵字陀罗尼缎五层，各色妆龙彩缎四层，共九层。至于帝后以下的王侯臣属则不得用此葬具，否则，则称为"违

---

① 参见徐吉军、贺云翱《中国丧葬礼俗》一书。
② 《清史稿》卷九三《凶礼二》。
③ 参见夏之乾《中国少数民族的丧葬》一书，中国华侨出版公司1991年版。

制"之举。对贵妃、王侯及臣属死后，所用之棺，清政府均有明确规定：贵妃、妃、嫔等死后，用"金棺"。① 皇太子死后，"金棺用桐木"制作。②

康熙时规定皇子死后"凡皇子殇，备小式朱棺，祔葬黄花山，惟开墓穴平葬，不封不树"。③ 乾隆时，"皇长子"死后，"金棺用杉木"制作，④ 此较一般皇子用棺为优。

凡民人之家，家境一般者，则多用木棺葬死者；贫者无棺，只得"裸葬"死者于土内；富者之家，则既用"棺"，亦用"椁"。

其一，棺椁葬习。陕西地方民间，据雍正《陕西通志》载，因丧事上"贫富不等"，故"稍有力则用椁，名曰'套材'"。又，在陕西渭南县民间，据光绪《新续渭南县志》载，民人办丧事，所用"棺椁，富者以柏或以松、楸，内外用漆"。可知，其用资不菲。

其二，用棺葬习。在陕西靖边县民间，据光绪《靖边志稿》载，民人丧葬"富家用松柏木，贫者用杨柳板，有棺无椁"。在清代海南的黎族地区，黎族用土葬，据《琼崖志略》记载，该地黎人"则用土葬。棺用佳木，而各地形式不同：有刳整木为棺者；有以板为之者；有掘地作长方形，而于上下四方列板为墙，置尸其中，以土掩盖者"。可见其用棺葬习亦甚多样。

其三，无棺葬习。无棺葬习多用之于贫穷之家，在陕西永寿县民间，据光绪《永寿县志》则载称，民人"丧葬有棺无椁，贫民不能买棺，则掘土数尺而埋之"。观此习，确有"裸葬"的遗风了。

四、墓上建筑

清代，墓上的石刻建筑物，因是死者身份地位、权势的象征，更是其标志、标识性建筑，故清政府对此均有严格规制：

（一）帝王陵墓上建筑

其一，孝陵墓上石刻建筑。孝陵为顺治帝陵墓，在清东陵（今河北遵化马兰峪）内。陵上石刻有：五间六柱十一楼"石坊"，高十三米，宽三十二米。在砖石铺面的神道两旁，依次建有大红门、更衣殿、圣德神功碑楼（大碑楼）、石望柱、石象生、龙凤门、石桥、神道碑亭（小碑楼）、神厨库、朝房、隆恩门、配殿、隆恩殿、明楼、宝顶

---

① 《清史稿》卷九二《凶礼一》。
② 《清史稿》卷九三《凶礼二》。
③ 《清史稿》卷九三《凶礼二》。
④ 《清史稿》卷九三《凶礼二》。

奉天昭陵隆恩门

等数十座建筑物。其中,"石象生"又称"石像牲",即石兽十八对,有狮子(一称獬豸)、骆驼、麒麟、马、虎、羊等,更有文臣武将各两对;石兽每类两对,一蹲一立。

其二,清东陵墓上建筑。清东陵除孝陵外,还有景陵(康熙帝)、裕陵(乾隆帝)、惠陵(同治帝)、定陵(咸丰帝),共埋葬五帝、十四后、一百三十六个妃嫔。除孝陵外,其余四陵均无石碑坊、更衣殿、龙凤门。此外,孝陵有石象生十八对,裕陵八对,景、定陵各五对,惠陵则无神道、大碑楼和石象生。

其三,清西陵墓上建筑。清西陵(今河北易县永宁山)内,有泰陵(雍正帝)、昌陵(嘉庆帝)、慕陵(道光帝)、崇陵(光绪帝)等帝陵四座、后陵三座,公主、妃嫔、王公园寝七座,共葬七十六人。陵内殿宇千余间,石建筑及雕刻一百余座,气势恢宏。

其四,泰陵墓上建筑。泰陵为雍正帝陵,其墓上建筑,自最南端联拱式汉白玉五孔石拱桥起,沿二公里半的神道向北,依次建有石牌坊、大红门、具服殿、七孔石桥、石象生、龙凤门、隆恩门、隆恩殿、方城明楼、宝顶等建筑物及精美的石雕艺术品。

(二)官员的墓上建筑

其一,石雕规制:凡"公至二品"官,墓上用"石人、望柱暨虎、羊、马各二";三品官"无石人";四品官"无石羊";五品官"无石虎"。① 六品及六品以下官员不得

---

① 《清史稿》卷九三《凶礼二》。

西太后陵

设石刻。

其二，勒碑规制：其"墓门勒碑"，公、侯、伯"螭首高三尺二寸，碑身高九尺，广三尺六寸，龟趺高三尺八寸"。一品官"螭首"，二品官"麒麟首"，三品官"天禄辟邪首"，四至七品"圆首方趺"。首视"公、侯、伯递杀二尺至尺八寸止"，碑身"递杀五寸至五尺五寸止"，广递"杀二寸至二尺二寸止"，趺递"杀二寸至二尺四寸止"。①

其三，圹志规制：官员"刻圹志用石二片，一为盖，书某官之墓，一为底，书姓名、乡里、三代、生年、卒葬月日及子孙葬地"。妇人则"随夫与子孙封赠。二石相向，铁束，埋墓中"。②

清西陵神道望柱和石像生

---

① 《清史稿》卷九三《凶礼二》。
② 《清史稿》卷九三《凶礼二》。

【第五节 服 丧】

做斋

清代的官员与民人凡遇国之大丧或亲人去世，均有服丧的风习与规制。具体而论，一是在服饰上有变化，即使用"丧服"，以示忠孝；二是在生活起居上有变化，即过居丧生活。这些礼仪风尚，虽沿自古代，但至清代时，亦有相应的变化与规制，需要遵循。

一、丧服制度的新变化

清代丧服的形制,清政府有具体明确的规定,顺治时将此"列图于律,颁行中外";道光时又载入《大清通礼》。其"五服"为:

(一)斩衰服——此为最高等级的丧服,服期为三年。

形制:斩衰服,用"生麻布,旁及下际不缉。麻冠、绖、菅履、竹杖。妇人麻屦,不杖"。①

服用法:凡"子为父、母,为继母、慈母、养母、嫡母、生母;为人后者为所后父、母;子之妻同。女在室为父、母及已嫁被出而反者同;嫡孙为祖父、母或高、曾祖父、母承重;妻为夫,妾为家长同"。②前述人等在三年服丧期间,均着此服。

(二)齐衰服——此为丧服中的第二等级。服丧的时间有一年、五月、三月三种。其中,一年服又分为"杖"(甚悲)、"不杖"(毋过悲)两种。

形制:齐衰服,用"熟麻布,旁及下际缉,麻冠、绖,草屦,桐杖。妇人仍麻屦"。③

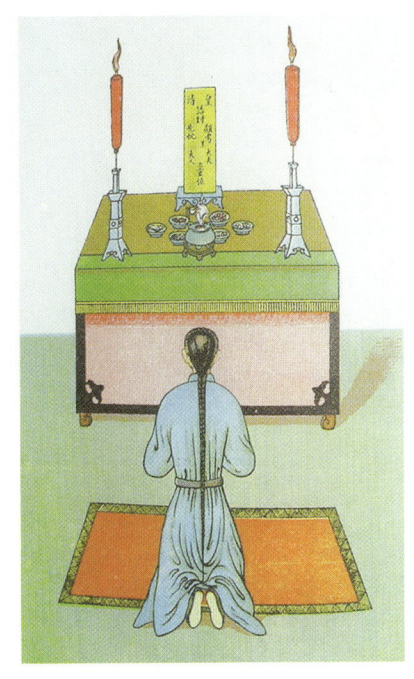

祭奠亡人

服用法:一为"齐衰杖期",凡"嫡子、众子为庶母;子之妻同;子为嫁母、出母;夫为妻;嫡孙祖在为祖母承重"。④前述人等在一年服丧期间,均着此服。

二为"齐衰不杖期",凡"为伯、叔父、母;为亲兄、弟;为亲兄、弟之子及女在室者;为同居继父两无大功以上亲者;祖为嫡孙;父、母为嫡长子及众子;为嫡长子妻;为女在室者,为子之为人后者;继母为长子、众子;孙为祖父、母;孙女在室、出嫁同;女出嫁为父、母;为人后者为其本生父、母;女在室或出嫁而无夫与子者为其兄、弟、姊妹及侄与侄女在室者;女适人为兄、弟之为父后者;

---

① 《清史稿》卷九三《凶礼二》。
② 《清史稿》卷九三《凶礼二》。
③ 《清史稿》卷九三《凶礼二》。
④ 《清史稿》卷九三《凶礼二》。

妇为夫兄、弟之子及女在室者；妾为家长之父、母与妻及长子、众子与其所生子"。①前述人等在一年服丧期间，均着此服。

三为"齐衰五月"，凡"为曾祖父、母，女虽适人不降"。②前述人等在五个月的服丧期间，均着此服。

四为"齐衰三月"，凡"为高祖父、母，女虽适人不降；为继父昔同居者；为同居继父两有大功以上亲者"。③前述人等在三个月的服丧期间，均着此服。

（三）大功服——此为丧服中的第三等级，因此服装的衰裳以大功布为之。

形制：大功服，用"粗白布，冠、绖如之，茧布缘屦"。④服丧期为九个月。

服用法："大功九月"，凡"祖为孙及孙女在室者；祖母为诸孙，父、母为诸子妇及女已嫁者，伯、叔父、母为侄妇及侄女已嫁者；为人后者为其兄、弟及姑、姊、妹在室者；既为人后，于本生亲属皆降一等；为人后者之妻为夫本生父、母；为己之同堂兄、弟及同堂姊、妹在室者；为姑、姊、妹已嫁者；为兄、弟之子为人后者；女出嫁为本宗伯、叔父、母；为本宗兄、弟及其子；为本宗姑、姊、妹及兄、弟之女在室者；妻为夫之祖父、母及伯、叔父、母"。⑤前述人等在九个月的服丧期间，均着此服。

（四）小功服——此为丧服中的第四等级。其衰裳所用之布，其缕粗于缌麻而细于大功布，故谓之"小功"。

形制：小功服，用"稍细白布，冠、屦如前"。⑥屦，为古代的一种鞋子。

服用法："小功五月"，凡"为伯、叔

招亡

---

① 《清史稿》卷九三《凶礼二》。
② 《清史稿》卷九三《凶礼二》。
③ 《清史稿》卷九三《凶礼二》。
④ 《清史稿》卷九三《凶礼二》。
⑤ 《清史稿》卷九三《凶礼二》。
⑥ 《清史稿》卷九三《凶礼二》。

祖父、母；为同堂伯、叔父、母及同堂姊妹已嫁者；为再从兄、弟及再从姊、妹在室者；为同堂兄、弟之子及女在室者；为从祖姑及堂姑在室者；祖为嫡孙妇；为兄、弟之孙及孙女在室者；为外祖父、母；为母之兄、弟、姊、妹，及姊、妹之子；为人后者为其姑、姊、妹已嫁者；妇为夫兄、弟之孙及孙女在室者；为夫之姑、姊、妹、兄、弟及夫兄、弟之妻；为夫同堂兄、弟之子及女在室者；女出嫁为本宗堂兄、弟及姊、妹在室者"。① 前述人等在五个月的服丧期间，均着此服。

（五）缌麻服——此为五服中，服制最轻者。"缌"为布名，因衰裳用缌布做成，而其经带又用澡麻，故有此名。

形制：缌麻服，用料"细白布，经带同，素屦无节"。②

服用法："缌麻三月"，凡"祖为众孙妇；祖母为嫡孙、众孙妇；高、曾祖父、母为曾、玄孙，为乳母；为族曾祖父、母，族伯、叔父、母；为族兄、弟及族姊、妹在室者；为族曾祖姑及族祖姑、族姑在室者；为兄、弟之曾孙及曾孙女在室者；为再从兄、弟之子及女在室者；为祖姑、堂姑及再从姊、妹出嫁者；为姑之子、舅之子；为两姨兄、弟；为妻之父、母；为婿；为外孙及外孙女；为兄、弟孙之妻；为同堂兄、弟之妻；为同堂兄、弟子之妻；妇为夫高、曾祖父、母；为夫伯、叔祖父、母及夫祖姑在室者；为夫堂伯、叔父、母及堂姑在堂者；为夫同堂兄、弟及同堂、弟之妻；为夫同堂姊、妹；为夫再从兄、弟之子及女在室者；为夫同堂兄、弟之女已嫁者；为夫同堂兄、弟子之妻与孙及孙女在室者；为夫兄、弟孙之妻及兄、弟之孙女已嫁者；为夫兄、弟之曾孙及曾孙女在室者；女已嫁为本宗伯、叔祖父、母及祖姑在室者；为本宗从伯、叔父、母及堂姑在室者；为本宗堂兄、弟之子及女在室者"。③ 前述人等在三个月的服丧期间，均着此服。

这些服制规定，在乾隆、道光、同治时期，又略有变动，有一些补充，④但整个清代丧服之制，仍循此规仪。

清代的丧服制度，既是清代丧葬礼仪中重要的物化"标识物"，更是对服用者进行封建孝道伦理教育的最佳途径、有效手段之一。《礼记·丧服小记》称："亲亲，尊尊，长长，男女之有别，人道之大者也。"又，古代还具体确立了服丧的六个原则，即《礼记·大传》所载："服术有六：一曰亲亲，二曰尊尊，三曰名，四曰出入，五曰长幼，六曰从服。"后来，又经历代儒家学者的演义，据此而衍化为正服、义服、降服、加

---

① 《清史稿》卷九三《凶礼二》。
② 《清史稿》卷九三《凶礼二》。
③ 《清史稿》卷九三《凶礼二》。
④ 《清史稿》卷九三《凶礼二》。

服、报服、生服等不同等级与名目。清代亦是如此，至于丧服的确立、服用期的长短，所遵循的根本原则，则是视其亲、疏、贵、贱之别，而加确定。

二、居丧生活

作为丧葬风俗礼仪中重要一环的居丧，又称之为丁忧、守丧、值丧等，它是生者为死者寄托哀思的一种重要方式。儒家为了宣扬"忠孝"之义，以巩固封建的伦理与社会秩序，于是将它纳入人们理当共同遵守的"礼"的范畴。据《礼记》、《仪礼》等文献记述，在古代，人们居丧期间，日常生活举止行为方面，有诸多严格的限制。如饮食：《礼记·间传》曰"斩衰三日不食"。即君父始死，须绝食三天等。居处:《仪礼·丧服传》称，斩衰"居倚庐，寝苫枕块"。即居门外庐舍，睡草垫，枕土块等。哭泣:《仪礼·丧服传》载，斩衰"哭昼夜无时"、"朝一哭，夕一哭"、"哭无时"。即在庐中哭、朝夕阼阶下哭等。容体:《礼记·间传》称"斩衰貌若苴"。即要作出内有哀情，外似苍黑的恶貌状。言语方面，《礼记·间传》载："斩衰唯而不对。"即对别人说话，尽量沉默而不作应答、应对，以示哀戚等。①这些清政府只在有关的法律条文中有所规范，然实际已是违礼成风、违制成习了。

在《大清律例》中，"户律·婚姻"类的"一百零五"条规定"居丧嫁娶"："凡男女居父母及妻妾居夫丧而身自主婚嫁娶者，杖一百。若男子父母丧而娶妾，妻居夫丧、女居父母丧而嫁人为妾者，各减二等。若命妇夫亡虽服满再嫁者，罪亦如之，亦如凡妇居丧嫁人者拟断，追夺敕诰并离异。知系居丧及命妇而共为婚姻者，主婚人各减五等，财礼入官。不知者，不坐。仍离异，追财礼。若居祖父母、伯叔父母、姑兄姊丧除承重孙外而嫁娶者，杖八十，不离异，妾不坐。若居父母、舅姑及夫丧而与应嫁娶人主婚者，杖八十。其夫丧服满，妻妾果愿守志而女之祖父母、父母及夫家之祖父母、父母强嫁之者，杖八十，期亲加一等，大功以下之又加一等。妇人及娶者，俱不坐。未成婚者，追归前夫之家，听从守志，追还财礼。已成婚者，给与完聚，财礼入官。"

---

① 参见徐吉军、贺云翱《中国丧葬礼俗》一书，浙江人民出版社1991年版。

第六节 冥器与殉葬

冥器，即随葬而制作的器物；殉葬，则分为人殉与牲殉，它们均是源自远古的丧葬风俗之一，到了清代，随着时代的变迁，则又各具新的特色。

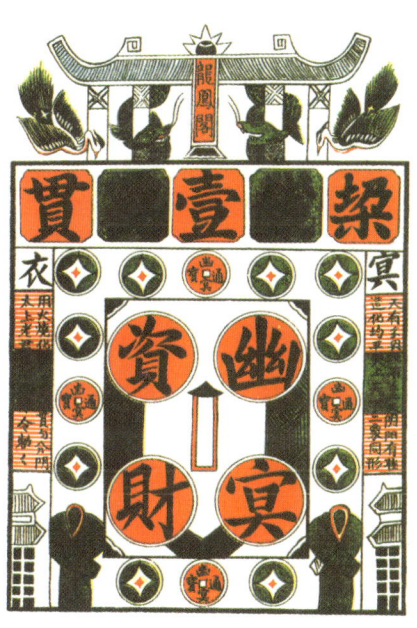

冥币

一、冥器制度与风习

清代，专为随葬而制作的器物"明器"，又称"冥器"、"盟器"，它们多用金属、玉、石、陶、土、竹、木、纸为原料，加工而成。其用途是作为死者随葬至"阴间"所享用之物品，故多模仿人类日常生活器物等。作为帝王，多用金玉等制作随葬物品；而品官则规定"明器从俗"，①士庶人等亦是如此。至于民人，则视其贫富而数量有增减，但清代盛行纸与竹木制作的冥器。

（一）皇后的随葬物品

据清代档案记述，光绪帝的嘉顺皇后的随葬物品有：金镶珍珠石凤钿一顶，珊瑚朝珠、金珀朝珠、蓝碧玡珥么珠、茶香念珠各一盘，红碧玡珥么手串、蓝碧玡珥么手串、正珠手串、绿玉手串、伽南香手串、伽南香四喜手串、紫金锭手串各一盘，珊瑚手串二盘，金长簪、金扁簪各一只，金镶红碧玡珥么抱头莲一枝，金钳子、金小钳子、金龙头钳子、金镶珠小钳子、白玉钳子各一对，金镶大钳子三对，金镯子、白玉镯子、金镶珊瑚镯子、金镶珠玉镯子、绿玉镯子各一对，红碧玡珥么坠子一对，正珠戒箍一对，金戒箍四对，金镏子、金穿珠镏子各二件，珊瑚镏子一件，金指甲套四对，绿玉圈、白玉圈各一件，金花囊一件，绿玉戒指二件，白玉戒指、金镶红碧玡珥么戒指各一件。

衣物则有：藕荷江绣棉氅衣二件，桃红油绣棉氅衣一件，藕荷江绣绣花卉棉衬衣各一件，大红、桃红、果绿、葱绿藕荷棉半宽袖各一件，蓝羊绉棉马褂、桃红缎夹马褂、月白闪缎夹马褂、月白圆银缎夹马褂各一件，藕荷缎夹马褂二件，绿绸绣夹紧身二件，藕荷缎夹紧身、蓝绉绣夹紧身、浅绿缎夹紧身、桃红缎紧身各一件，上栓白玉佩的荷包一对。除此之外，光绪帝还向嘉顺皇后的"梓宫"内安放白玉烟壶一件，汉白玉葫芦珮、青玉瓜式珮各一件，白玉玩器二件。

咸丰帝的丽皇贵太妃、婉贵妃、祺贵妃、玫贵妃、吉妃、禧妃和庆妃等人，也各向嘉顺皇后的梓宫内安放小荷包一个。

道光帝的佳贵妃则安放黄缎荷包一个，青玉坠一件；彤贵妃安放红缎纸袱一个；成贵妃安放黄缎荷包一个；恒嫔安放挂镜一件，青玉坠一件；豫嫔安放青玉佩一件；瑜妃安放小荷包一个（内盛八宝四件），白玉坠一件。

同治帝的珣妃安放小荷包一个（内盛八宝四件），白玉佩一件；珈晋嫔安放小荷包一个（内盛八宝四件），硝石坠一件。②

在这些皇后随葬物品中，既有饰物、衣物，更有诸多玩赏之物，供其在身后"阴间"享用。由此可见，葬仪如生仪这一原则又在此处显现，其尊崇显赫权势地位，通过随葬物品的珍贵价值、诸多数量、品类等，再现出来。同时，亦反映出清人的浓厚的封建迷信思想，对人世之外，深信还并存一个"阴间"世界，它恰似人在水中的"倒

---

① 《清史稿》卷九三《凶礼二》。
② 参见万依、王树卿、刘璐著《清代宫廷史》一书，辽宁人民出版社1990年版。

影"一样。即使帝王、皇室，对此亦大加宣扬，目的则在于加固其现世的封建统治秩序与统治地位。

（二）民间的冥器种类与使用习俗

在民间，民人多用纸、竹木等材料，制作冥器，送葬后加以焚烧，以供死者在"阴间"生活使用和享用。其种类则多为生活用具、或作驱使的工具、房屋、纸钱，甚至还有模拟纸扎的仆人等。以上均以家资的厚薄而有别，亦因地区不同而风俗各异。

西北地区民间冥器　　据雍正《陕西通志》载，陕西民间民人，在办丧事时，"又以各色纸结金银山斗、层楼、驼、狮、马、象及幡幢、帛联"以作为冥器，供祭奠之用。在陕西三原县民间，据光绪《三原县新志》载，民人"丧葬侈用纸钱，饰以金银，且为纸人、纸马之类"。可见，使用冥器数量甚多。而在甘肃的甘州府民间，据乾隆《甘州府志》称，民人办丧事，"殡之日，以方相开路，舆前列功布、翣牌、铭旌、冥器，并纸作鹿、马、狮、猎孔、车、旗、仆从等类，参用鼓吹、僧道"，其情景蔚为壮观。而明器的种类、数量均甚多，且声势显赫，表明死者的家境较为富裕。

其他地区民间冥器　　清代山东滨州地区民间，据康熙《滨州志》载，民人之家办丧事时，"至为殉俑、舆马、幡幢、楼阁以付火炬，羡门棚彩，备极工致，用纸片时，动费多金，或值风雨摧残，则物料之破不可胜计"。由此可知，此地盛行大办冥器以奠死者之风。至于在江西新城县民间，则据同治《新城县志》称，民人之家，办丧事"殡时，富贵家途次设方相、铭旌、纸马、鼓亭、冥器，生时职事，鼓乐前导，以多为荣"。虽是另一番景象，却表明，置办冥器，既要品类全，更要数量多，且以此为荣。目的在于，通过送葬队伍，冥器陈列，以显示死者的荣华富贵；同时，炫耀其家庭、家族权势与社会地位。

二、殉葬风俗

早自古代，即有用战俘、奴隶、仇人，用作为死者殉葬的风俗。它具体又分为"人牲"、"人殉"两种。人牲，又称人祭，是将活人像牛、马、羊一样作"活祭品"杀掉，供祭祖先和神灵。"人殉"则是活人为死去的特权人物从死殉葬。到了清代，"人殉"现象不仅存在，且变相的人殉，即"殉父"、"殉母"、"殉节"（即殉夫守节）等现象，亦比比皆是，加之统治者的提倡，树"贞节牌坊"，更助长了此风的蔓延和孳生。

（一）清代的"人殉"

据有关的历史文献记载，清前期仍保留有生人殉葬制度，且加以鼓励实施。其具体事例有：

其一，努尔哈赤死后，随即有三人殉葬：一是努尔哈赤最为宠爱、且较他小三十一岁的大妃阿巴亥；二是两位"庶妃"。至于努尔哈赤的元后叶赫纳喇氏死时，更有四个奴婢被迫从殉而殉葬死去的"主子"。

其二，皇太极死时，则有章京敦达里、安达里二人为其殉葬。

其三，顺治皇帝死时，在临去世时，即有贞妃董鄂氏、侍卫傅达理二人从殉。

其四，多尔衮死时，侍女吴尔库尼也为其"主子"而生殉。

此一"人殉"的制度和习尚，直至康熙初年时才被禁止。①

（二）民间的"殉父""殉母""殉节"

在清代，变相的殉葬之风，亦十分盛行：

其一，汪鱼亭殉父。据《清稗类钞》载："乾隆朝，杭人汪宪，字鱼亭，尝官刑部员外郎，在京数年，以亲老归，不复出。居父忧，食苴服粝，期不变制，遽以毁卒。"②

其二，王品璋殉母。据《清稗类钞》一书称，"王品璋，海宁人，家贫，负贾于吴门。道光壬辰，闻母病，徒步归，侍汤药惟谨。越七日，母殁，庀丧具，昼夜长号，旬日骨立，旁观者忧之，而品璋不觉也。常蒲伏侍柩侧，癸巳春正月八日夜将半，呼家人言曰：'吾将从母往矣。'问何往，曰：'归位'。逾时卒，距母丧未百日也"。③

厦门曾厝坡下，人们正到墓前祭奠亡人

---

① 参见万依、王树卿、刘璐著《清代宫廷史》一书。
② 徐珂《清稗类钞》第五册《孝友类·王品璋殉母》。
③ 徐珂《清稗类钞》第五册《孝友类·王品璋殉母》。

其三，孙兰贞殉母。《清稗类钞》记述，湖北“襄阳孙兰贞者，孝女也。性温柔，年十五，父早丧，寡母抚之成人，家无遗产。尝从母纺绩，母病痰喘，不能吐，兰贞乃口含母唇而吸之。晨夕侍奉，割肱进汤，然终不见效。及亡，兰葬之，礼成，痛哭，绝食七日而亦死。死时方严寒，女单衣，盖已质棉衣等物以葬母也。乡人贤之，为葬于母旁”。[①]

此外，在《清稗类钞》一书的“孝友类”中，所载述的殉父、殉母事迹还有：“王瘦山殉母”、“殷润之殉母”、“傅氏女殉父”、“中州丐殉母”、“王继谷殉母”、“张四殉母”

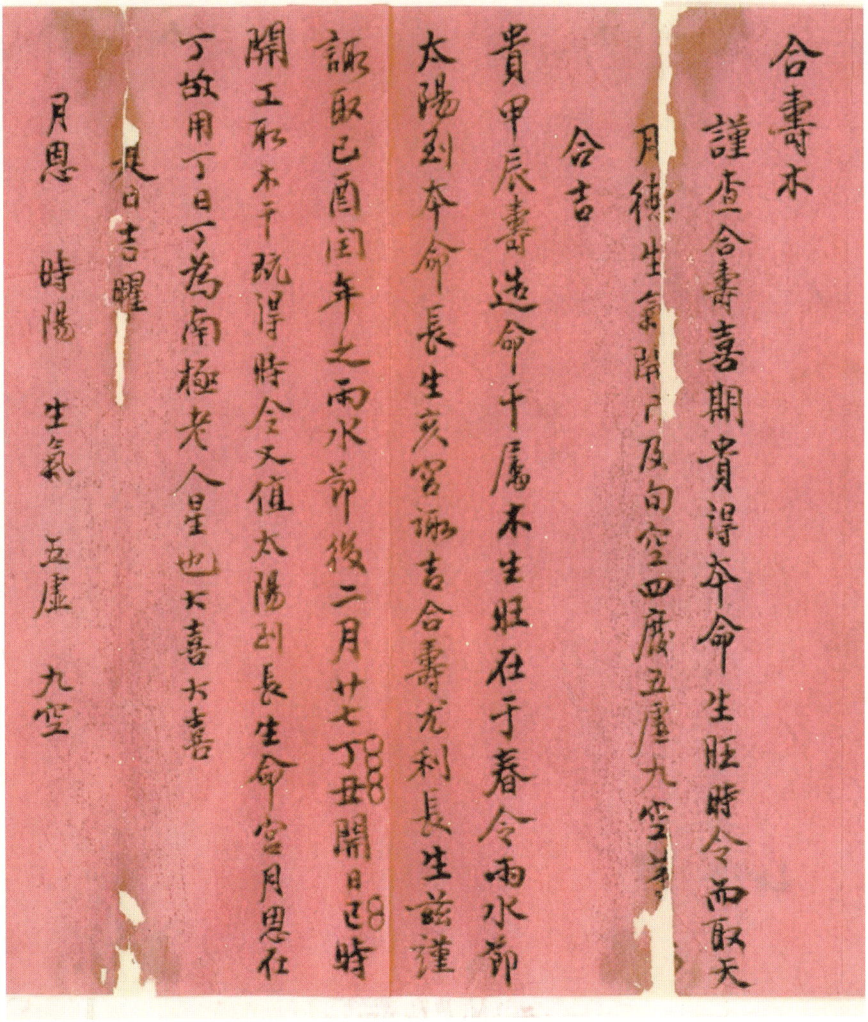
合壽木
謹查合壽喜期貴得本命生旺時令而取天
月德生氣陽刃及句空四廢五虛九空等
合吉
貴甲辰壽造命干屬木生旺在于春令雨水節
太陽到本命長生亥宮諏吉合壽尤利長生茲謹
諏取己酉閏年之雨水節後二月廿七丁丑開日己酉時
開工取本干既得時令又值太陽到長生命宮月恩在
丁故用丁日丁為南極老人星也大喜大喜
是日吉曜
月恩 時陽 生氣 五虛 九空

合寿木不喜期诹吉单

① 徐珂《清稗类钞》第五册《孝友类 · 孙兰贞殉母》。

等条。至于"贞烈类"中,所记贞女节妇从殉的事例,更甚多,均不赘述。

这种风俗习尚的盛行,绝非偶然,更有其特点:一是实践此风俗者,既有官员,也有民人;既有男人,更有妇女。表明涉及的面之广,参与者之众。二是封建统治者对此加以提倡和表彰,这是从维护封建统治秩序与伦理的目的出发的。三是殉父殉母者,既表明其对父母感情的深厚,更表明要以身实践封建统治者提倡的"忠""孝"的人伦道德。因此,他(她)们在一定程度上,亦是吃人的封建专制制度的殉葬品和牺牲品。通过这些风俗事例更表明:清代确已走到了封建的末世,"人殉"之风盛行,丝毫不能显示封建专制制度的强大,相反却深刻地暴露出它的腐朽、罪恶本质。

第九章
生　产

　　生产习俗是指人们在从事物质生产过程中，创造和传承的具有相对固定特征的活动方式。这些方式既反映出生产者在具体的生产实践活动中积累和传播的经验习惯，又展示了不同条件下形成的劳动模式所包含的个性内容。

第九章 生产

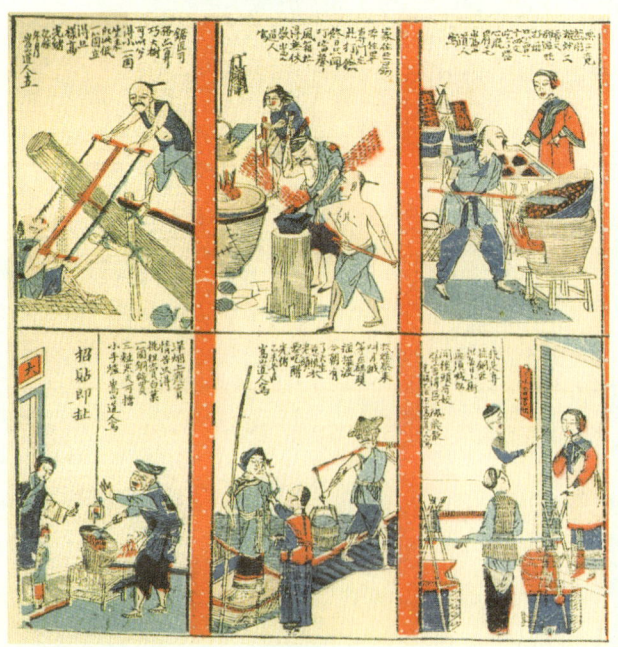

市井各业

一个社会的物质生产是保障社会成员生存的最基本活动，因而直接反映并影响着人们日常生活的方方面面，而它所涉及的风俗事象无疑具有十分丰富的内容。清代是我国最后一个封建王朝，各种生产风俗仍然不同程度地表现出封建社会经济体系所固有的特点。首先，中国自古以农立国，农业是封建社会最重要的物质生产部门，迄至清朝，满族入主中原后，统治者在逐步接纳汉民族文化的同时，对农业经济重要性的认识亦日益加深，农业生产的总体水平呈现出稳步上升的趋势。其次，养殖业一直是中国传统农业生产体系中必不可少的补充成分，其中茶业与养蚕业都占有较大的比例，它们在清代均有兴旺发展的时期。再者，受自然条件的限制，传统意义的畜牧业主要经营于北方地区，清代驯养、放牧的方法与技术较前代有所改进和提高，但随着社会人口剧增，农耕范围不断扩大，致使北方传统的畜牧业在清初之后迅速萎缩，各地的家畜饲养成为主要特色。同时，相对于传统的农业社会，渔业并非主要的生产门类，但在江河湖海之滨，特别是我国东南沿海地区水网较为稠密的地区，渔业生产早已形成了独特的模式，与当地的农业生产活动有机地融为一体；而满族入主中原后，不少世代相习的古老的生产风俗仍然得以保持，传统的狩猎、游牧等方面的生产活动，为清代社会经济生产增加了特色。另外，明中叶以后在某些手工业行业中出现的资本主义萌芽，在清代社会生产中进一步活跃，商品经济的不断繁荣促使清代的手工业与商业贸易达到了我国封建社会前所未有的高峰，与之相应的各种风俗组成了清代社会经济生活多姿多彩的万花筒。总之，清代的生产习俗，呈现出多元发展的格局，所涉及的方面较前代更为广泛，所表现的内容也更为繁富，在保持农业经济传统特色的前提下，又在不同范围内融入了某些新的经济元素，从而为我们了解整个清代社会的真实风貌，提供了一幅幅生动活泼的风俗图画。

【 第一节　农业风俗 】

中国是世界上农业传统最悠久的国家之一，清代的农业生产在国家经济活动中仍占有绝对的主导地位。满族入关后，结束了中原农业民族与北方游牧民族长期军事对峙的局面，经过一段时期调整，社会经济一步步复苏，为农业生产的持续发展创造了十分有利的条件。清中叶以后社会人口空前膨胀，又给农业生产带来相当大的压力，在耕地日益不足的情况下，清政府不断加大垦荒力度，通过开荒拓植、围湖造田等多种手段，使农业生产保持了较高的水准。另外，清政府还十分注重提高土地的利用率，大力推广多熟复种制度，像江南地区稻麦两熟制在清代已经十分普遍，而北方黄河流

康熙皇帝行春耕礼

域二年三熟制、三年四熟亦趋定型，传统农业开始向纵深方向发展，精耕细作达到前所未有的水平，这些都说明农业在整个封建社会经济体系中，仍然发挥着无可替代的作用。与此同时，资本主义萌芽的出现，刺激了商品经济的繁荣，农业商品化不断提高，东南传统农业区内部出现了从以耕种粮食为主逐渐转向经营获利较为丰厚的其他经济作物的明显趋势，时风所及，使农业生产的风俗亦随之发生了相应变化。

一、农事的安排

农事活动具有明显的季节性，数千年来中国农业生产的传承发展，积累了异常丰厚的生产经验，农人们早已习惯于根据不同的物候与气象特征来安排农事活动。

清人笔记中记载："春耕夏耘，秋获冬耷，固为农人四时之所有事。然勤于农功者，一岁无不有事，且男女同任之，亦云劳矣……正月，棉花地翻泥（或以人督牛，或人自为之）。二月，麦田菜地施肥料，种紫荷草。三月，捞水中草泥（捞时置之舟中），加泥于田塍，种菱养鱼。四月，获麦，稻田布种，俗曰'种秧田'。种棉花，种芋。五月，插稻秧，耘稻（人立于田中，或跪，以手拔去其草，手或有套）。稻田车水，棉花地削草，豆地削草，种黄豆，种芝麻。六月，荡稻（荡，器名，一长方之木板也。其意义则移行也，动也。人持一器，立于田中以器荡之，使泥悉平，有直荡横荡之别）。稻田施肥料（豆饼菜及人畜粪也。如酷暑须加石膏）。稻田戽水，棉花地削草，获瓜。七月，搁稻（此与陶朱公书所谓稻田立秋后不添水，晒十日余，谓之搁稻者不同。搁稻之法，

农事安排与二十四节气密切相关。图为年画《二十四节气图》之一

有荡扒之别,扒,器名,其形略如梳,以梳之)。稻田戽水。八月,获稻,获棉花,获绿豆,获豇豆,获芝麻,种竹,稻田有戽水者。九月,获稻,获稷,获麦,种蚕豆,稻田有戽水者。十月,获稻,种麦,种菜。十一月,捕鱼,樵薪,垦桑地。十二月,樵蒹葭,樵绿柴(为染料之用),种苔菜。"① 从上面详细的罗列中,我们可以看出各项农事被安排得错落有序,几乎称得上是一幅清代农家每年农事活动的全景图。

在农事安排中,季节性的特点十分突出,如《吴郡岁华纪丽》中"布谷催耕"条记载:"四月有鸟,其名自呼,曰:'家家播谷'……农人候此鸟飞鸣桑间,则犁耙上岸,五谷可布种也。"又如"秋农占候谚语"条记载:"凡稻田收刈,皆以霜降为候,谚云:'寒露没青稻,霜降一齐倒'。"另外,有不少农谚生动形象地反映了农人们对自然物候和农时节气规律的认识经验,如:"谷雨抢头种,立夏种河湾";"小满前后,安瓜点豆";"芒种急种黍,夏至也不迟";"七月白露麦种早,八月白露麦种迟","天旱锄田,雨潦浇园"② 等等。说明农谚作为生产经验的总结,对农人们安排农事活动有着重要的指导作用。

二、耕耘习俗

高山族妇女插秧

耕耘是重要的农业生产事象。每年春季是农事活动的开始阶段,围绕耕耘形成的各种风俗,反映了农业社会人们对耕种活动的重视。首先,清朝统治者对农业耕种生产有严格规定。后金时期,"天聪九年(1635),禁滥役妨农。崇德元年(1636),禁囤积米俗,令及时耕种,重农贵粟自此始"。清代统一全国后,继续强调农业的地位,"顺治十一年(1654),定岁仲春亥日行耕耤礼。先期,户、礼二部尚书偕顺天府尹进耒耜暨穜稑种。届期,帝亲飨祭献如朝日仪。毕,诣耕耤所,南向立。从耤者就位。户部尚书执耒耜,府尹执鞭,北面跪以进。帝秉耒三推,府丞奉青箱,户部侍郎播种,耆老随覆。毕,尚书受耒耜,府尹受鞭。帝御观耕台,南向坐,王以下序立。三王五推,九卿九推,府尹官属执青

---

① 徐珂《清稗类钞》第五册《农商类·农业》。
② 祁隽藻《马首农言·农谚》。

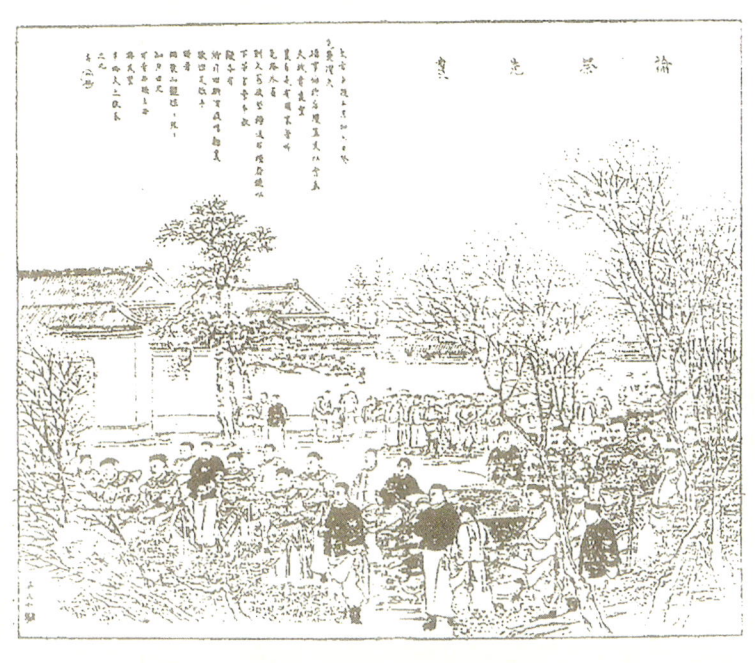

清人绘画作品中祭祀先农的情景

《雍正祭先农坛图》局部

箱播种，耆老随覆。毕，帝如斋官。府尹官属、众耆老行礼。农夫三十人执农器随行。礼毕，从府、县官出至耕耤所，帝赐王公坐，俟农夫终亩，鸿胪卿奏礼成，百官得庆贺礼。赐王公耆老宴，赏农夫布各一匹，作乐还宫……康熙时，圣祖尝临丰泽园劝相。雍正二年，祭先农，行耕耤。三推毕，加一推。颁新制《三十六禾词》。赏农夫布各四匹，罢筵宴。颁赐各省《嘉禾图》。"①至清中叶，先农礼的内容又有所变化。"乾隆三年，帝初行耕耤礼，先期六日，幸丰泽园演耕，届时飨先农，行四推。二十三年谕曰：'吉亥耤亩，所重劝农。黛秬青箱，畚镈蓑笠，咸寓知民疾苦至意。吾民雨犁日耘，袯襫维艰，炎湿遑避。设棚悬彩，义无所取。且片时所用，费中人数十户产也，其除之。'三十七年，群臣虑帝春秋高，吁罢视耕，不许。命仍依古制三推。嘉庆以降，仍加一推如初。"在全国各省，清初也都相继设立了先农坛，如清代反映江南苏州一带社会民俗的《吴郡岁华纪丽》中记载："先农坛在长洲县治南新桥西，坛制在耤田后，累石为之，高二丈一尺，宽二丈五尺。中正北一室，供先农神主，外缭以垣，门南向。耤田制四亩九分。岁仲春亥日，郡僚致祭先农神，礼毕，耕耤田。中丞秉耒，县令执青箱，郡守播种，耆老一人牵犊，农夫二人扶犁，九推九反，农夫终亩。农具用赤色，牛黑色，箱青色，籽种以土之所宜。每当莺声唤晓，南园始春，翠盖青旗，遥临绮陌，济济群僚，咸亲履亩。于时杏花村里，绿女红男，招邀游瞩，具见在上者重农教稼之深心焉。"②每年春季，国家祀典中的耕种仪式代表了封建统治者奉行以农为本的传统治国政策，实际的田间耕种习俗则通常由各种耕作事象所决定。

　　清代农作物的耕种水平较前代又有所提高，当时江南水田农业区一年两熟十分普遍，像闽、粤地区由于气候湿暖，甚至可达到一年三熟的程度。据清初广东番禺人屈大均记载："南方地气暑热，一岁田三熟，冬种春熟，春种夏熟，秋种冬熟……若勤于耒耜，则一年有三熟之稻矣。"③而北方旱作农业区则多二年三熟、三年四熟制。清代的耕种技术，如《授时通考》所总结的，大致包括了垦耕、耙耢、播种、淤阴（即施肥）、耘耔、灌溉、收获、攻治等方面。清人杨屾的《知本提纲》称："耕序苟能详明，必且自家之常足。"其弟子郑世铎作注称："耕垦、栽种、耘锄、收获、园圃、粪壤、灌溉之次第，苟能一一详明，自然善于耕稼，而出息倍收，身家常足矣。"康熙年间完成的《御制耕织图》对江南稻作耕种的各生产环节都进行了详细的记述，所配图中还描绘了具体的操作姿势。在耕法上，《授时通考》记载："耕地之法，未耕曰生，已耕曰熟，初耕曰塌，再耕曰转。生者欲深而猛，熟者欲浅而廉，此其略也。北方农俗所传：春宜早

---

① 《清史稿》卷八三《志五八·礼二》"先农"条。
② 袁景澜《吴郡岁华纪丽》卷二《祭先农》。
③ 屈大均《广东新语》卷一四《谷》。

晚耕，夏宜兼夜耕，秋宜日高耕。中原地皆平旷，旱田陆地一犁必用两牛、三牛或四牛，以一人执之，量牛强弱耕地多少，其耕皆有定法。南方水田泥耕，其田高下阔狭不等，以一犁用一牛挽之，作止回旋，惟人所便。此南方地势之异宜也。"通过深浅不同的耕作方法，可以避免将生土翻出地表，有利于作物的生长发育。另一方面，南方多水田，在耕种方法上有自己的特点。《沈氏农书》称："古称深耕易耨，以知田地全要垦深，切不可贪阴雨闲工，须要晴明天气，二三层起深。每工止垦半亩，倒六七分；春间倒二次，尤要老；晴时节，头番倒不必太细，只要棱层通晒，彻底翻身。若有草则压在底下，合圩仑倒好。"同时，清人在耕作习俗方面更重视对天、地、人三要素的强调。如生于乾隆末的山西人祁隽藻，在他所撰的《马首农言》中就提出了因地、因时、因物制宜的耕种方法。如因地："凡犁田，深不过寸，浅不过寸半。山田四寸为中；河地，秋三寸，春二寸半。"如因时："春犁宜浅，秋犁宜深。"如因物："麦子犁深，一团皆根；小豆犁浅，不如不点。"

三、茶业风俗

茶是受自然条件影响较大的经济作物。我国素称茶的故乡，至清代，茶树的种植较明代有了更普遍的推广，除原产茶地四川、湖北等省外，北方的河南与陕西省也有茶叶出产，南方茶树种植则遍及江淮流域各省区。据《清稗类钞》记载："茶产安徽、江西、浙江、福建、湖北、湖南、云南、四川；而绿茶以安徽之徽州、浙江之杭州为著；

清代江南小镇制茶场景

红茶福建之武彝为著。"①在这些省份中,有不少人是以种茶为生,如安徽省霍山县近县百里皆种茶,"民惟茶以生";浙江余潜县"乡人大半赖(茶)以资生"。

《清史稿》称:"明时茶法有三:曰官茶,储边易马;曰商茶,给引征课;曰贡茶,则上用也。清因之。"②其中官茶即指茶马互市,又称茶马贸易。由于我国西部和北部边地少数民族聚居的牧区多产马匹,而中原地区则茶源充裕,故自唐始,西北兴起茶马贸易,而后历朝相沿,成为民族间交易往来的一种习俗,亦为官方茶业的大宗。清初,由于军事征战对马匹需求既多且急,因此统治者十分重视茶马贸易,将其作为重要的经济手段。同时还定期大量赏赐,对少数民族实行羁縻政策。但是,随着清政府在西北地区不断建立养马牧场,军马之需已非急务,至清乾隆中叶,茶马贸易逐渐衰落。

自明以来,社会上饮茶之风渐为活跃,清代则愈显盛行。随着商业贸易的发展,江南、福建、四川、云南、贵州等地的茶叶种植均十分可观,从清初开始,茶叶便陆续出口,鸦片战争后,西方对中国茶叶的需求剧增,茶叶一度风靡欧美诸国,成为出口的大宗商品,甚至出现出口超过内销的情形,极大地刺激了民间茶业经营规模的扩大。如乾隆《宁德县志》记载:"其地山陂,洎附近民居,旷地遍植茶树……计茶所收,在春夏二季,年获息不让桑麻。"嘉庆后,"泰西诸国通商茶务因之一变。其市场大者有三:曰汉口,曰上海,曰福州……福州红茶多输至美洲及南洋群岛"。③

经过发酵处理的红茶自清中叶始,因其色、香、味特色突出,在对外出口中占据了相当大比重,堪称极一时之盛。《清稗类钞》记载:"湘乡朱紫桂,初赤贫,读书村塾,三月而缀,以樵采营生。成童,执爨于米肆,甚勤。巨商刘某委之司店事,尤干练。越数年,以所得薪资红利自设一肆,积千余金,遂业红茶,岁盈万金,时同治丁卯(同治六年,1867)也。紫桂既小康,即以少年失学为憾,而补读。既而逐岁贸茶,积资近百万,湘皋、汉浒,几无不知有朱紫桂名矣。"④因茶致富,在当时十分常见,南方各地更是茶商出没,获利巨万。又如同治《平江县志》记载:"道光末,红茶大盛,商民运以出洋,岁不下数十万金";"近岁红茶盛行,泉流地上,凡山谷间向种红薯之外,悉以种茶。茶市方殷,贫家妇女相率入市拣茶……茶庄数十所,拣茶者不下二万人,塞巷填衢,寅集西散"。⑤红茶之盛,令人称叹。于是,江西、湖南、湖北等地争相仿效,纷纷改植红茶。光绪《巴陵县志》载:"道光二十三年与外洋通商后,广人每挟重金来制红茶,土人颇享其利,日晒色黝红,故名'红茶'。"巴陵为今湖南岳阳县,在广

---

① 徐珂《清稗类钞》第五册《农商类·商品》。
② 《清史稿》卷一二四《志九九·食货五·茶法》。
③ 《清史稿》卷一二四《志九九·食货五·茶法》。
④ 徐珂《清稗类钞》第五册《农商类·朱紫贵业茶致富》。
⑤ 同治《平江县志·物产》。

东及各省茶商的倡导下，红茶遂成出口的主要商品。而像清后期崛起的乌龙茶也与此相似。乌龙茶是半发酵茶类，介于红茶与绿茶之间，所谓："乌龙茶，闽、粤等处所产之红茶也"，其制法为："当生叶晒干变黄后，置槽内揉之，烘之使热，再移于微火之釜而揉结之，以布掩覆，便发酵变红而成。香味浓郁，为茶中上品。"① 福建茶多产自武夷山区，如出产于崇安武夷山一带的大红袍、铁罗汉等均为乌龙茶的名品。清人称："武夷焙法，实甲天下。"② 连与之相毗邻的浦城也都将茶运抵此处加工，"盖浦城本与武夷相接壤……浦茶之佳者，往往转运至武夷加焙，而其味较胜"。清代闽茶特盛，乌龙茶的问世，说明福建武夷等地制茶工艺确有独到之处。

茶为喜阴性植物，对气候条件要求较高，属特产之列，故制法须十分讲究。乾隆《石城县志》载："邑茶多取资于福建崇安、宁化，本处山谷虽产亦不佳，惟县南五十里通天岩有异茶，善制者往往携囊就岩采制，清芬淡逸，气袭幽兰。"茶叶的采摘一年分春、夏两季，所采摘者以嫩为贵。同治《襄阳县志》引宗景藩《种茶说十条》称"种茶至白露时摘取茶籽，晒干，垦地一方，将土锄细。取茶籽一二升，匀铺地上，如布薯种、芋头种之式。铺好盖土约二三寸厚，土上再盖草须一层，能买茶饼、或豆饼、或菜饼，研碎拌入土内，得肥更妙。如旱干，宜用水浇之"，"茶发芽后，须搭盖阴棚，夏则避太阳蒸晒，冬则避霜雪冻凌。茶发芽后经二春，即可移栽。以大者两茎为一兜，小者三茎为一兜，每兜须相离三尺，以便发长。移栽后一二年，茶树高二尺许，枝叶蕃茂，即可采摘茶叶"。③ 每年五六月间，还要将茶树旁的空土挖松，芟去杂草，使土肥而茶茂，且宜早不宜迟，故有"五金、六银、七铜、八铁"之说。如果是做青天茶，要雨前摘取嫩叶，用锅略熟炒后，用簸箕盛作一堆，用手力揉，去其苦水，再炒，再揉，然后用炭火焙干，火势不宜过大。若做红茶，也要雨前摘取茶叶，用晒垫铺晒，晒软后合成一堆，用脚揉踩，去其苦水，踩过之后再晒，至手捻不粘，再加布袋盛贮扎紧，需三时之久，待其发烧变色，则谓之上汗，汗后仍晒，以干为度。当茶做好之后，要用纸包固，以石灰贮缸内，将茶包放置其中，缸口封盖严密，则茶叶香味能持久不散。一般来说，三月为头茶，可做青茶。四月底五月初为二茶，六月初为荷花茶，七月为秋露，均用以做红茶。各地植茶虽多有名品，但其采摘也有相通之处。俗称：雨前是上品，明前是珍品。意思是清明、谷雨前所采茶叶多属珍品。光绪《武昌府志》载："茶之属，山乡多种于隙地，隔年播种茶子数十颗，至次年便生，烈日须用树枝遮之，三年便可采，有雨前、明前、雀舌诸名。土人以嫩为贵，故味清而不腴，产黄龙

---

① 徐珂《清稗类钞》第五册《工艺类·制乌龙茶》。
② 梁章钜《归田琐记》卷七《品茶》。
③ 同治《襄阳县志》卷三《物产》。

山巅者名云雾茶，极佳。"光绪《郁林州志》记载："茶宜于山，近山者之利，嫩芽清明前采，故未明。茶比他省雨前尤早，茶味厚而色近浊，土人不善制之故。"

贡茶是经由地方官府向皇宫进贡的茶品，它们多来自产茶名区。清代的贡茶在品种上有所增加。如产于江苏太湖的碧螺春，据载："康熙间，东山碧螺峰石壁产野茶数株，土人持筐采撷，以供日用，岁以为常。忽一年，茁叶较紧，筐不胜贮，采者因掇置怀间。茶得人温气，异香忽发，常年所未有，因呼为'吓杀人香'。自后，采茶者贮不用筐，悉置怀间。山中人朱正元独精制焙，出自其家，尤称妙品。己卯岁（注：康熙三十八年，1699），①翠华临幸，中丞宋荦以此茶进御，赐名'碧螺春茶'。每岁谷雨节前，邑侯采办入贡。"再如安徽歙县老竹岭的老竹大方茶。据《歙县志》记载："明隆庆间僧大方住休宁之松萝山，制茶精妙，郡邑师共法，因称茶曰松萝……然其时仅西北诸山及城太函山产茶……降至清季，销输国外，遂广种植。""共采摘计分二次。头茶名春茶，二茶名子茶。其制而售诸国内者，有毛峰、顶谷、大方、雨前、烘青等目。大方以旱南有大方山而得名，或云仿僧制法，故以僧名之，产诸旱南者，味极浓厚，原为邑产佳品。"②乾隆十六年（1751），乾隆帝南巡，大方茶被作为贡品进献，从此每年都有专人采办，送往京城。

四、养蚕风俗

男耕女织是中国传统农业社会的典型特征，在农业生活中养蚕制丝占有极其重要的地位。所以，清代的养蚕业同样受到政府的重视，国家祀礼中便规定有先蚕礼："康熙时，立蚕舍丰泽园，始兴蚕绩。雍正十三年（1735），河东总督王士俊疏请祀先蚕……部议然之。"随后，"乾隆七年（1742），始敕议亲蚕典礼……建坛苑东北隅。三面树桑柘。坛东为观桑台，前桑园，后亲蚕殿，后浴蚕池，池北为后殿。宫左为蚕妇浴蚕河。南北木桥二，南桥东即先蚕神殿也。左曰蚕署，北桥东曰蚕所，皆符古制云"。③民间养蚕业比较发达的江南地区，特别是杭、嘉、湖一带，人们也多有供祀先蚕庙的习俗。据光绪《嘉兴府志》记载，当地的先蚕庙为"国朝乾隆五十九年（1794）知府邢奉文建立。先是，奉上谕吉庆奏浙省乡民饲蚕，每年在轩辕黄帝庙后殿祈祀。蚕神向不官为致祭，蚕桑本与稼穑并重，浙省嘉、杭、湖三府尤比户饲蚕，以资生业，允宜

---

① 袁景澜《吴郡岁华纪丽》卷三《碧螺贡茶》。
② 民国《歙县志》卷三《食货·物产》。
③ 《清史稿》卷八三《志五八·礼二·先蚕》。

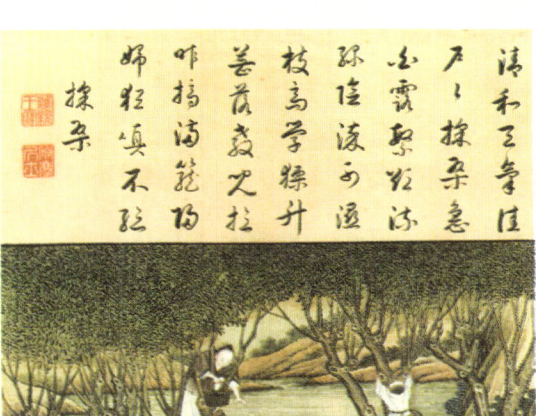

清代焦秉贞绘《耕织图》之一采桑

恭祀。此后每年官为致祭,均载入该省祀典,并御书匾额,发往悬挂轩辕黄帝庙及先蚕后殿,以祈神贶"。① 先蚕庙建制为设木主二,一是轩辕黄帝位,一是司蚕之神位。庙东隅设马头娘像,西隅设大姑、二姑、三姑像。传说帝高辛之世,有马皮卷女飞栖桑树之间。后化身为蚕,食叶吐丝成茧,于是人们塑女子像,披马皮,谓之"马头娘",民间私祀已久。

江南蚕事历来较盛,并以桑蚕培植为特色。"夫桑蚕之地,北不逾松,南不逾浙,西不逾湖,东不至海,不过方千里",② 说明杭、嘉、湖地区在清代是主要的桑蚕业发展地区,有的地区甚至以蚕代耕,使蚕业取代稻谷生产而成为主业,所谓"农桑并重,而湖俗之桑利厚于农",③ 所以,人们对蚕事多予特殊的重视。《吴郡岁华纪丽》记载:"吴俗岁晚,乡村田家,就田中插长竿,以秃帚、麻秸、竹缚诸竿首,燃为高炬,夹以爆竹,流星乱洒,和以钲鼓,喧闻四野,以照烛田塍,烂然遍垅。每深更举火,视

---

① 光绪《嘉兴府志》卷三〇《农桑》。
② 唐甄《教蚕》,《清经世文编》卷三七。
③ 同治《长兴县志》卷八《蚕桑》。

火色赤白，以占水旱。焰高明亮者，为丝、谷丰稔之验，谓之'照田蚕'，一名'烧田财'。"①

桑蚕

又，俗以十二月十二日为蚕生日，这一天要开始浴种："取清水一盂向蚕室方，采枯桑叶数片，浸以浴种，去其蛾溺毒气也。或加石灰，或加盐卤，浴后于无烟通气房内晾干。忌挂苎麻索上，孕妇、产妇皆不得浴。"②而二月十五日俗谓"花朝"，"凡育蚕之家皆祀蚕神。花朝日并祀灶，其元旦及诸令节如之。其育蚕前后亦如之。凡祭物以猪首、鸡、鱼及酒、果等，若村庄有蚕神庙，则蚕生日及育蚕前后，更到庙中祀之"。③每年春天，江南流行祈蚕习俗。"吴郡西山及太湖诸山村民，多以蚕桑为业，四月谓之蚕忙。比户壶醪豆肉，争向神祠叠鼓祈蚕。巫讴杂进，杯珓占年，小姑拈香献祝，童子舞柘跳跙，笑语喧哗，日斜人散。自此桑苎金芽，衾中蚁动，正蚕帖粘门，俗多禁忌时矣"。④养蚕多始于清明前后，故农历三四月是江南养蚕人家最为忙碌的时节，俗称"蚕月"。此时蚕家纷纷贴红纸于门，谓之"蚕禁"。养蚕的方法则十分讲究。据《沈氏农书》记载：养蚕的方法以清凉干燥为主，忌潮湿郁蒸；以西北风为贵，以南风为忌。育蚕的蚕房固宜邃密，尤宜疏爽。晴天北风时应该打开窗牖通风以舒解郁气。有

---

① 袁景澜《吴郡岁华纪丽》卷一二《照田蚕》。
② 同治《湖州府志》卷三〇《舆地略·蚕桑上》。
③ 张中孚《蚕事要略·祈报》。
④ 袁景澜《吴郡岁华纪丽》卷四《祈蚕》。

地板者最佳，否则用芦席铺垫，以免湿气上行。四壁用草薦围衬以收潮湿，大寒则重帷障之，别用火缸，取火气以解寒冷。蚕室固要避风，但尤不可不通风。同治《湖州府志》记载："蚕事始于清明初。此日虽男之远适，女之归宁，亦必聚于家室。越十余日，收上年所布纸上之子，以帕裹之，置熏笼一宿，随帖胸取暖，谓之护种。率以谷雨为期。"① 蚕本娇弱，养蚕人家遂称之为"蚕宝宝"，而且蚕生长期比较短，养蚕之事殊为不易，各项技术环节都要经过长期经验的积累，稍有不慎，便可能造成难以挽回的损失，故而称"育蚕如炼丹，力最劳瘁，成败亦在转盼间"。②

由于幼蚕娇嫩，形如蚂蚁，俗称幼蚕为"乌蚁"。从催青出蚁到吐丝作茧，要数次脱皮才能变成老茧，生脱一次称一眠。蚕过三眠，谓之"出火"，此时蚕茧收成在望，人们往往磨米粉杂叶作粉团，青白相间，名为"茧圆"，礼祀蚕神，以示小庆。结茧时，蚕农们可以出外走动，此谓"蚕开门"。苏州一带则又有"开蚕党"习俗："环太湖诸山皆石田，不宜稻，民则以蚕桑为务……育蚕者谓之蚕党，或畏护种出大辛苦，于立夏时，买育成三眠蚕于濒湖诸村，谚云：'立夏三朝开蚕党。'谓开买蚕船也。"③ 此际，乡亲邻里纷纷"具牲醴飨神，而速亲宾以观之，名'落山酒'"，自是往来如故。④ 大家携带花果糕点相互探问，俗称"望蚕讯"。除此之外，养蚕地区还盛行祛蚕祟的习俗，《农桑经》中称："闺阁信巫，故为存压禳之法。事亦无害于义，且祭余又可致蚕公也。"人们用各种画符神像或法术，驱赶有害蚕事的鬼邪虫害，不啻是一种原始的卫生防疫措施，其中当然不乏迷信成分。蚕丝丰收之后，蚕农家还要宰鸡具酒以谢蚕神："蚕事毕矣，古有谢蚕神之礼，示不忘本也。如丝多者，当用三牲酒醴，丝少者或止割鸡焚香，奠醴可也。先设先蚕位，献新丝于神前，敬设牲醴香烛，率阖家长幼跪读报祝之文曰：'龙精一气，功被多方。圣母作则，降福无疆。锡我茧丝，制此衣裳。室家之庆，闾里之光。敬帅长幼，虔诚升香。设俎于俎，奠醴于觞。工祝致告，神

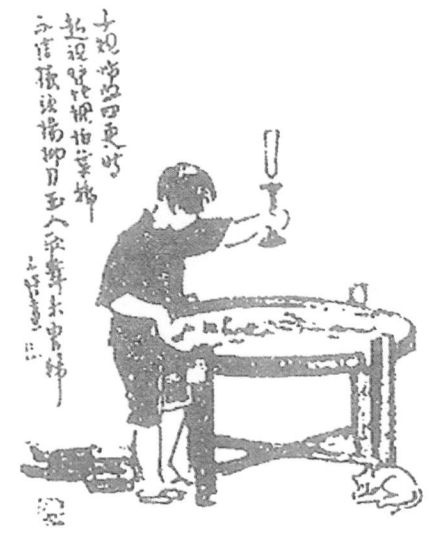

照田蚕

---

① 同治《湖州府志》卷三〇《舆地略·蚕桑上》。
② 光绪《石门县志》卷一一《杂类志·风俗》。
③ 袁景澜《吴郡岁华纪丽》卷四《立夏开蚕党》。
④ 乾隆《吴江县志》卷三八《生业》。

德弥彰。'读毕，斟酒，阖家下拜，此谢神之礼，古今皆然。"① 养蚕业的兴旺还直接带动了相应的买卖市场的繁荣，以至于"南方至蚕忙之月，官长停其讼诉，里民停其婚丧，亲友息其往来，专心事蚕。里有蚕市，春日卖筐箔帘荐，一切蚕事器具，卖桑树，卖蚁，卖蚕，卖桑叶，卖茧，无不毕具"。② 又如："蚕丝既出，卖与郡隍庙前之收丝客。每岁四月始聚市，至晚蚕成而散，谓之'卖新丝'。"③

　　清代，除桑蚕盛于南方外，还有柞蚕。柞蚕是山蚕的统称，像柞、槲、橡、柘等树均可放养山蚕，其初多为山野放养，明中叶时中山东胶东半岛一带放养柞蚕的技术最优，至清代，山蚕放养始受重视。清初，山东益都的孙适铨著《山蚕说》，随后柞蚕放养的风俗逐渐向各地扩散，特别是在辽宁、陕西、河南与西南川黔等地得以传播。如宣统《西安县志略》载："近日，发生出产不占田利者，则有山茧。山茧者，异乎家养蚕之称也。以春、秋两季放虫于山，春以三月至五月初，秋以五月至八月。虫食柞树叶饱，则自裹茧，乃取之家。"

清年画《蚕花茂盛》

---

① 杨屾《豳风广义》卷二《谢蚕神说》。
② 杨屾《豳风广义》卷二《解桑多蚕广做法》。
③ 顾禄《清嘉录》卷四《四月·卖新丝》。

第二节　畜牧业风俗

牲畜饲养是传统农业经济的一个重要组成部分，清人称："夫牧畜者……佐耕桑而收余利，继树艺而裕民财。"[1]指的就是这层意思。清代官方农书《授时通考》将畜牧归入农余一门，畜牧仍作为农区的副业，反映了我国传统农业农畜结合的特征。清代疆域辽阔，北方塞外有大面积的天然草原牧场，因此仍保留了一定的放牧区。后来，随着边疆垦殖规模的不断扩大，不少牧场改垦成为农业耕地，逐水而居的传统畜牧业呈现出萎缩趋势，且仅局限于北方边地以及蒙古地区，如《清稗类钞》记载："汉人之业畜牧者，蒙旗草地皆可任便纵牧。岁由蒙官收水草租钱，计牛、马一头各约三百文，羊约三十文。又有分配于蒙人使代牧者，惟圃食其乳酪，不给工资，且自认为佃户。"[2]相比之下，家畜饲养始终是传统农业经济的重要补充，像南方地区受自然条件限制，无法经营大规模的牲畜牧养，所谓"江南寸土无闲，一羊一牧，一豕一圈，喂牛马之家，鹜刍而饲桑"，[3]农家普遍以粮喂猎，积粪肥田，以桑叶养羊，用羊粪壅桑，形成了农畜结合的农业生产结构。所以，清代最为普及的畜牧业还是以家畜饲养为主。饲养的品种主要有牛、马、猪、羊等，其中北方多兼养，南方以牛的饲养最为常见，许多农书中载有家畜饲牧的习俗。

清代家养畜禽的饲养，仍以牛、马、猪、羊、鸡、鸭等为大宗，但相对于不同地区，又呈现出各自的特点。首先，牛是重要的生产资料，在农业耕种中作用最大，我国至少在春秋时期已有牛耕犁田的记录，牛的畜养相当普遍。清人称："牛为农之本，腴田百顷，非牛莫治。其兴地利，不止代七人之力。"[4]在民间流行每年立春日设土牛劝

---

[1]　杨屾《知本提纲》卷五《修业章·农则畜牧一条》。
[2]　徐珂《清稗类钞》第五册《农商类·汉人牧于蒙》。
[3]　徐光启《农政全书》卷八《农事·开垦》。
[4]　丁宜曾《农圃便览·岁·养牛》。

农耕的风俗。"古制于国城南立土牛以示民,如立春在十二月望,则策牛者近前,示其农早也;如立春在正月望,则策牛者在后,示其农晚也。今立春日,州县制土牛,以彩杖鞭而碎之,事与古殊,然相沿已久。"① 土牛的形制亦有讲究,如嘉庆《长沙县志》中记载:土牛胎骨用桑柘木,身高四尺,按四时;长三尺六寸,按三百六十日;头至尾长八尺,按八节;尾长一尺二寸,按十二时;鞭用柳枝,长二尺四寸,按二十四节气。牛色以本年为法,头角耳用本年天干,身用本年地支等。策牛者站立的位置形象地反映了一年农耕的早晚宜忌。因此在立春之日,"郡守率僚佐,以彩仗鞭春牛碎之,谓之'打春',农民竞以麻麦米豆抛掷春牛"。官府彩仗鞭牛时,人们则在官府外争买小春牛,满街的花灯彩饰,热闹非凡。又如京城一带的打春风俗:"打春即立春,在正月者居多。立春先一日,顺天府官员至东直门外一里春场迎春。立春日,礼部呈进春山宝座,顺天府呈进春牛图,礼毕回署,引春牛而击之,曰'打春'。"②

春牛迎春

由于牛是得力的役畜,所以"养犊最为农家之利,或畜牸(引者注:雌牛),或买犊,一年之间可致倍获。犍牛其利尤多……但不可售于屠肆。牛之勤苦,其功甚大,羸老则轻其役而养之可耳"。③ 清朝律例对私宰耕牛明令禁止,其规定:"宰杀耕牛,并私开圈店,及贩卖与宰杀之人,初犯,俱枷号两个月,杖一百;再犯,发附近充军。杀自己牛者,计只,照盗牛例治罪。故杀他人牛者,仍照律,杖七十、徒一年半。若

---

① 袁景澜《吴郡岁华纪丽》卷一《打春拜春》。
② 富察敦崇《燕京岁时记·打春》。
③ 祁寯藻《马首农言·畜牧》。

计只重于本罪者，亦照盗例治罪，俱免刺，罪止杖一百、流三千里。"①在盗牛罪中，所定更为详细："凡盗牛一只，枷号一个月，杖八十；二只，枷号三十五日，杖九十；三只，枷号四十日，杖一百；四只，枷号四十日，杖六十、徒一年；五只，枷号四十日，杖八十、徒二年；五只以上者，枷号四十日，杖一百、徒三年；十只以上，杖一百、流三千里。盗杀者，枷号一个月，发附近充军，俱照盗例刺字。"②

我国役畜用牛以黄牛分布最普遍，而南方地区多水牛，其性好浴，相法称："水牛眼要环大，瞳要光明，耳要紧小，去角近者耐暑，角要长细，大过于身者，有寿。"③北方牧场大多可以牛羊群牧，像青海等地："牧户殖产，率以畜之多寡计，牛、羊、马、驼以群为名，少以数十为群，多则千，巨室更以谷量牛羊……游牧之法曰：牛群可无羊，羊群不可无牛。羊得秋气，足以杀物；牛得春气，足以生物。羊食之地，次年春草必疏；牛食之地，次年春草必密。草经羊食者，下次根出必短一节，经牛食者，下次根必长一节。牛羊相间而牧，翌年之草始匀。"④

马为古代六畜之首，用途比较广泛，无论是农区还是牧区都被广泛饲养，特别是它的军事价值十分突出。明代重视马政，导致民间养马较盛。清代统治者出于自身利益的考虑，废除了明代官督民牧制度，对中原内地的民间养马业多实行抑制政策，凡有胆敢违禁贩马者，要被处以绞刑。满族本身尚骑射，以游牧、狩猎为业，财富常以牲畜多寡相论，因此还保留了不少传统的畜牧风俗。入关之初，满人几乎家家养马，《黑龙江述略》记载："江省牲畜，遍放于野，不以豆料麦屑饲之，至秋后畜于家厩，则喂以羊草。长尺许，色青而润，经冬不变，郊外随地皆有，四月即生，七八月将枯时，土人争往刈割，堆平房顶上，约可供牲畜冬春之需……羊草饲马极肥泽，胜豆麦远甚。"⑤成群牧养是满族的旧俗，但转入农耕生活后，受牧放条件限制，满人养马风俗日趋减弱，清代民间马业遂不复振。不过，清代在养马技术上有所发展，如合群配种问题，规定每五匹骒马搭配种一匹。马在农业生产中主要用为运输工具，其奔驰能力更受重视。如广东东莞盛行的马会："东莞盛时，喜为马会，以驰骋相雄。每会日，于平原广野，设步障，陈鼓乐，数百里外皆以名马来赴，其下者不得杂驰，即上驷，亦须主人举觞以请乃驰。"⑥清人李声振的《百戏竹枝词·鞿妇》中还专门描述了北方女子参加民间赛马的情景。

---

① 《大清律例》卷二一《兵律·厩牧》。
② 《大清律例》卷二四《刑律·盗贼》中。
③ 张宗法《三农纪》卷八《牛》。
④ 徐珂《清稗类钞》第五册《农商类·阿里克牧务》。
⑤ 徐宗亮等《黑龙江述略》卷六。
⑥ 屈大均《广东新语》卷二一《马会》。

清中叶以后，人口压力激增，人均占有土地面积不断缩小，役畜的饲养受到影响，与此同时，猪、羊、鸡、鸭等家养畜禽呈现出兴旺发展的趋势。猪繁殖力特强，肥质亦优，堪称农家最易饲养的品种，农人几乎家家都有喂养。清人对养猪的重视程度要高于明代，许多少数民族地区也都加强了对猪的饲养。猪虽易养，但在繁殖方面农人多重视其品种的选择，如《三农纪》中称：以喙短扁，鼻孔大，耳根急，额平正，腰背长，胸膛小，尾垂直，四蹄齐，后乳宽者易养。反之，喙长则牙多，不善食；气膛大，食多难饱；耳根软，不易肥，鼻孔小则翻食。至于作种者，生门向上，易乳；乳头匀者，产生易。产后两月而思孕，不失其时，一岁二生其豚。《豳风广义》更明确提出："其共食乳时居下者最佳"，① 应该特别挑选出来，重点饲养。

猪在古代是重要的祭牲，江南农家每年岁末还有用猪祭神的风俗，如："乡人豢猪于栏，极其肥腯。俟腊月宰之，充年馈祭神享先之用，谓之'岁猪'……里俗岁终祀神，尤尚猪首，必选择猪首如寿字纹者为佳。于是腌透风干，至年外犹足充馈。"②

牧羊

羊亦属常见家畜，早在狩猎时代先民就注意驯化野羊。"大抵南方之羊，少味发；北方之羊，味厚大补。盖土地使然也。"③《豳风广义》中专有《饲肥羊法》，称："羊须骟

---

① 杨屾《豳风广义》卷三《饲豚子法》。
② 袁景澜《吴郡岁华纪丽》卷一二《岁猪》。
③ 杨屾《豳风广义》卷三《论羊》。

过最美。羊生十余日便骟，名曰'羯羊'。饲时不拘多少，初饲时，将干草细切，少用糟水拌过，饲五六日后，渐次加磨破黑豆，或诸豆，并杂谷壳、烧酒糟子，稠糟水拌。每羊少饲，不可多与，与多则不食，浪弃草料，又不得肥。勿与水，与水则溺，多退肥表。当一日上草六七次，勿令太饱，亦不可使饥。拦圈常要洁净，勿喂青草，否则减肥表破腹，不肯食枯草矣。亦间饲食盐少许，不过一两月即肥。"北方多山羊，南方嘉杭湖一带的羊种多为蒙羊驯养而成的湖羊，那里人多地少，羊多用舍饲，饲料除青草外，常喂以养蚕所余桑叶，形成了独具特色的桑基鱼塘。

家禽饲养品种以鸡、鸭最常见。鸡为古代六畜之一，甲骨文中已有"鸡"字，其种类颇繁，《豳风广义》记载："五方所产，大小名目甚殊。朝鲜一种长尾鸡，尾长三四尺；辽阳一种食鸡、一种角鸡，味俱肥美；南越一种长鸡，昼夜啼鸣；南海一种石鸡，并高三四尺；江南一种矮鸡，脚高二寸许；江西一种太和鸡，按时而鸣。我秦中一种边鸡，一名斗鸡，脚高而形大，重有十余斤者，不札巴屋，不暴园，生卵甚稀，欲供者多养之；又有一种柴鸡，形小而身轻，重一二斤，能飞，善暴园，生卵甚多，欲生卵者多养之。"① 矮鸡是江南有名的鸡类品种，清代广东地区有产之者，故俗又呼为"广东鸡"。母鸡孵化小鸡，俗称为"抱"，每窝二十余个，费时二十余日，如："抱母鸡一只，大者可覆二十二卵，小者覆十八卵。窠忌近打鼓、纺车、砧杵、脚蹋罗、舂捣，及振动有声之处。窠不宜低，低则恐有虫害。母鸡伏四五日合起，与之食饮。伏至二十一日而雏生。雏之出时，不可用手剥取，须听其自出。既出之后，饲之以小米、干饭一顿。次后饲以小米，饮以温水，候五七日方可下窠，任食无妨。一岁可抱数次。晚抱者形小，而肯多生卵。"② 另外，有所谓"火抱法"的习俗，即设置密室，用火炕孵化，适度调节温度，以免雏鸡冻死，其方法类似于现在的温室养鸡，说明当时的人工孵化技术已经十分成熟。

鸭的孵化与鸡大致相同，在品种上，选择鸭种讲究"头欲小，口上有小珠，满五者生卵多；满三者生卵少，择其多者养之"。③ 清人笔记中还记载了养鸭以除农害的习俗："广东濒海之田，多产蟛蜞，岁食谷芽为农害，惟鸭能食之。鸭在田间，春夏食蟛蜞，秋食遗稻，易以肥大，故乡落间多养鸭。"④ 蟛蜞是一种小蟹。明代中叶以后，农人又掌握了养鸭治蝗的技术，清人陆世仪的《除蝗记》记载："（蝗）尚未解飞，鸭能食之。鸭群数百，入稻畦中，蝻（引者注：蝗幼虫）顷刻尽，亦江南捕蝻一法也。"⑤

---

① 杨屾《豳风广义》卷三《论鸡》。
② 杨屾《豳风广义》卷三《抱鸡雏法》。
③ 杨屾《豳风广义》卷三《相鸭生卵法》。
④ 屈大均《广东新语》卷二一《鸭》。
⑤ 《清经世文编》卷四五。

另外，我国养鹅历史亦久，尤其东南地区乡村多养鹅习俗。鹅本属草食家禽品种，其生长较快，以体健易养闻名，故颇受农家喜爱，品种则远不如鸡多。如《补农书》记载:"吾地无山不能畜牛，亦不能多畜羊；又无水泽，不能多畜鸭，少养亦须人看管，惟鸡、鹅可畜。然多畜鸡不如多畜鹅。鸡多防攘窃，鹅不忧攘窃；鸡食腥则长，鹅食草谷而已。鸡畜一年不及五斤，鹅三月即有六斤。若非留种及家用，则六七斤即宜卖。"①

---

① 张履祥《补农书》卷下。

第三节　渔猎风俗

　　渔业不是中国传统农业经济主要的生产事项，但自古以来江南地区水网稠密，得自然之利，很早就形成了淡水养殖的传统。东南近海一带受季风气候影响，定期有大量鱼群出没其间，天然渔场为人们世代捕养创造了优良条件，像背山面海的福建地区就有"海为田园，渔为衣食"的说法，这里网罟相接，鱼群特盛。不同的自然条件与渔业资源又使各地形成了不同的渔业风俗，清代在南方水乡，基塘养殖渐成趋势，渔业与传统的农桑经济生产相融为一体，发展出较为合理的生态农业形式，渔业以其自身的特点，为传统农业的发展注入了新的内容。北方地区，除传统的农业经济生产外，以满族为代表的游牧民族，在清朝建立之后，仍保留了一定的尚武善骑、狩猎游牧的生产习俗，从而表现出浓郁的地方特色。

　　清初实行海禁，对福建、广东、浙江、江苏、山东等地的渔业生产造成了严重损

渔船

失。康熙朝中叶全面开禁，渔业方始复振。像福建地区，"田少海多，民以海为田，自通洋弛禁，夷夏梯航，云屯雾集，鱼盐蜃甲之利，上裕课而下裕民"。① 而江南一带"邑濒长江，江鱼之市聚焉。四境往往多陂池，勤于治生者，市鱼苗而市畜之，其傍湖居民又多恃网罟为生计，故饶于鱼"，② 这些地区的渔业经营已呈现出"渔倍于农"的局面。

清代渔业在渔船、渔具及渔法等多方面都有所进步。首先，渔船名目繁多，如南海等地："捕鱼者曰香舠，亦曰乡舠，曰大捞罾、小捞罾，其四橹六橹者曰小舠，八橹曰大舠。曰索罛船，曰沉罾。其曰朋罛者，以船数十艘为一朋，同力以取大鱼，故曰朋罛，亦曰'摆帘网船'。其上滩濑者，曰匾水船，即艑艓也，亦曰'扒竿船'。又二木于船首，以张帆席，故曰扒竿。竿即樯也。蜑人所居曰艇。"③ 专记闽中海产的《海错百一录》记载："渔船名目：海人讨海之船，以渔为生者名讨海。名目不一：曰'竹编网船'，曰'旋编船'，曰'竹编舱船'，曰'拖钓网船'，曰'手摇钓船'。渔者各有其技，各乘其船，各取其鱼，非一船能取诸鱼也。"④ 每种鱼的捕取都有固定类型的渔船，渔业兴旺可见一斑。又如渔网："网制不一，名亦各异，曰'牵丝运网'，曰'沿岸撒网'，曰'拖沙连网'，曰'方网'，曰'插竹木系网'，曰'网斗'，曰'扦揪小网'。渔人之技不同，故所用之具亦异。"在捕鱼方法上：如捕捞与黄花鱼相似的鲖命鱼："鲖命鱼，又作鳖鱼，脑骨脆而味美，大者长丈许，百余斤，四明谚云：'宁可弃我三亩稻，不可弃我鳖鱼脑。'……钓鲖命鱼者，钩之倒刺在前，钓黄花鱼者，钩之倒刺在后。谚曰：'鲖命鱼好进又不进，黄花好退又不退'，言鲖命鱼进，黄花退，皆可脱钩而遁。鱼癖不同，钩与饵亦各异。"某些地区还发现了光诱捕鱼的办法，如《广东新语》中记载的鹅毛鱼："取者不以网罟，乘夜张灯火艇中，鹅毛鱼见光辄上艇，须臾而满，多则灭火，否则艇重不能载。"

捕鱼品种中，石首鱼的捕捞在清代有较大发展。乾隆《福宁府志》记载，每年四月，石首鱼（指黄花鱼）成群应候而至，"绵亘数里，声闻如雷。海人以竹筒探水底，闻其声乃下网，截流取之。宁德、福安、霞浦等地渔船往来如织，远近渔商连宵达旦，灯火辉煌，数日方散"。带鱼渔业的兴起是清代渔业的又一个特点，据记载："带鱼，身薄如带，长至三四尺，中阔至三四寸，锐口尖尾，仅一脊，骨无鲖更，无鳞，皮白积臊如腻，海滨呼大北风为恶风，诸鱼皆匿，独带鱼上钓，故泉州、兴化呼'恶鱼'，台

---

① 道光《厦门志》卷一五《风土记》。
② 光绪《常昭合志稿》卷四六《物产志》。
③ 屈大均《广东新语》卷一八《战船》。
④ 郭柏苍《海错百一录》卷一。

清代绘画中高山族人的罩鱼和射鱼

湾呼'银刀',小者名'带柳',即'虾鲜',带在虾鲜中挑出也。肥厚者鲜货之腌者装载上游,其市最广……带身长,好鱼贯,故钓带者多截带尾为饵,一钓偶得二三带,腌带者略刃其尾,使盐力易透,重刃则尾断,所云'相御而尾脱',非也。带鱼初上,渔者罕得,集数家而腌之,前后需时,鱼不鲜故味逊。至钓多则各渔随得随腌,自面筐箧,名曰'网仔',鱼鲜故味腴。"① 在清代,人们对鱼苗的认识亦有提高,《广东新语》中对广东西江一带鱼苗的分布有详细记载:"鱼花(引者注:即指鱼苗)产于西江。粤有三江,惟西江多有鱼花……其类不一……凡取鱼花,自三月至于八月。当日落时,望某方电脚高,则知某方无雨,某江之水不长;某方电脚低,则知某方有雨,某方之水长,长则某鱼花至矣。西南为南宁左江,其水多土鲡令,正西为柳州右江,其水多鲡廉鲡祟;西北为桂林府江,其水多草鱼。草鱼者,鲡爱也。鱼花以此四种为正,畜于池易长,故务取之。"

渔人以捕鱼为生,各地渔俗均十分丰富。如《海错百一录》中记载的福建一带渔人

---

① 郭柏苍《海错百一录》卷二。

捕鱼经验，称："凡以纪孟钓为生者，曰'讨海'；所得之货曰'海水'。专候风信，故有'海水好呆'之语。凡海面微雨不波，日暖风和，群鱼上游，唼水曝鬐。或乘阴瞖欲雨，海气上蒸，诸鱼噞喁水面，急载网罟，则海水好。阴雨晦明，狂风吼激，或干风不雨，名曰'风痴'，则海水呆。春暴畏始，冬暴畏终；南风多闲，北风罕断；南风舟从南，北风舟从北之类，谓之'上风'，此虽舟诀，亦渔诀也。"像崇明地区，"崇土瘠民贫。自本分农业外，惟赖渔樵为活。（康熙）二十三年（1684）大开海禁，大小船只春往南洋贩鲳鱼，北洋打鳓鱼……名曰'春熟'"。① 而浙江东南镇海一带的渔人，则"凡绝岛穷岸、人迹罕到之区，冒险往来，率以为常"，② 每年初夏："黄鱼（即石首鱼）起发，谓之'渔期'。渔船出洋，乘潮捕鱼，水底能鸣，其出入以三汛为度，俗名头水、二水、三水。每汛将毕，名船衔尾而进，即捕乌船亦然。招宝山下，沿塘一带，樯帆如织，四方商贾争先贸易。至六月初旬，三汛方毕，除渔户终岁捕鱼外，农民仍归陇亩。"③ 当地渔人使船的习惯亦有特殊之处："舟人摇橹皆向右，浙东操舟者多向左。"地近太湖的吴江县的渔人行舟之技则十分有名，如："邑滨太湖，其最近处仅二三里为入郡经行之路。此外，湖荡或广十余里，或广三四五里者，以数百计。小民生长波涛中，其行舟便利巧捷，他处不能及，古称'习流'。"当地人"使船如使马，内有鸭嘴船，亦尖头船者，邑东南境乡民皆业此，无虑以万计。妇女操舟之神与男子等。男子十岁以上即可称'舟师'，一日夜行二百五十里，南至杭州崴至镇江，近且渡河淮，而至北通州，此他处所无者"。④ 蛋户是广东地区最早的居民之一，其中有以渔为业者称"渔蛋"。《广东新语》对广东当地渔户生活有生动的记述："诸蛋以艇为家，是曰'蛋家'……蛋人善没水，每持刀櫜水中与巨鱼斗。见大鱼在岩穴中，或与之嬉戏，抚摩鳞鬣，俟大鱼口张，以长绳系钩，钩两鳃，牵之而出。或数十人张罟，则数人下水，诱引大鱼入罟。"⑤

杭、嘉、湖一带河网繁密，素为鱼米之乡，当地俗称渔区为"荡"，多养鲭、鲢等鱼。如《吴郡岁华纪丽》中记载的苏州"起荡鱼"风俗："吴郡水乡也……荡鱼之家，设人守御，若舟鲛焉。每至冬月，渔人毕集，来此打鱼，必向荡户言价，抽分其利，俗称'包荡'。然后筊箸争投，鸣榔四绕，谓之'起荡'。荡主视其具，衡值之低昂，而矢鱼之多寡，各有不同。鱼价较常顿杀，俗谓之'起荡鱼'。"⑥

---

① 雍正《崇明县志》卷九《风俗》。
② 雍正《崇明县志》卷九《风俗》。
③ 雍正《崇明县志》卷九《风俗》。
④ 乾隆《吴江县志》卷三八《生业》。
⑤ 屈大均《广东新语》卷一八《蛋家艇》。
⑥ 袁景澜《吴郡岁华纪丽》卷一一《起荡鱼》。

渔人终年与水相伴，时常会遭遇恶劣气候，捕鱼的风险性相当大，因此，渔人生活中祭祀水神是不可缺少的内容，而各地因习俗的不同，水神对象亦各有特色。在水神中被广为祭拜的要数天妃娘娘。天妃娘娘又称天后、妈祖，清代被封为"天后圣母"，是渔民中影响最大的保护神，沿海地区大多供有天后宫，俗以农历三月二十三为其诞日，要举行热闹的天妃庙会。又如太湖地区专祠太湖神，表现出浓厚的地方色彩。俗传太湖神为郁使君，同治《湖州府志》记载湖州、苏州两郡各有湖庙，祀神水平天王，所指即郁使君。

明清时期淡水养殖以太湖、杭嘉湖地区和珠江三角洲最为发达。这些地区因水网交错，地多湿洼，很早就有田、塘结合的生产习俗。明代，广东地区"诸大县村落中，往往弃肥田以为基，以树果木，荔枝为最，茶桑次之，柑橙次之，龙眼多树宅旁，亦树亦基，基下为池畜鱼。岁暮涸之，至春以播稻秧，大者至数十亩"。[①] 这种基塘形式称"果基鱼塘"，在对水利资源的利用上有了突破。后来，蚕丝业渐盛，进而出现了桑基鱼塘的形式。与果基鱼塘相比，桑基鱼塘将种稻、栽桑、养鱼、饲蚕数者结合起来，形成了一种良好的生态循环，因此更切合江南农业生产的实际需要，至清代以桑基取代果基逐步成为趋势。有不少的"业蚕之家，将洼田挖深，取泥覆四周为基，中凹下

《大雅楼画宝》卷四所绘的清人捕鱼场面

---

① 屈大均《广东新语》卷二二《养鱼种》。

为塘"。① 其比例多以基六塘四为标准，由于"基"的地势较高，既可排除内涝，又可种植桑树果木，塘内则畜养鱼类，"桑叶饲蚕，蚕矢饲鱼，两利俱全，十倍禾稼"。又如渔桑业较为发达的九江地区："九江地狭小而鱼占其半，池塘以养鱼，堤以树桑，男贩鱼花，妇女喂爱蚕，其土无余壤，人无敖民。"② 在太湖一带，自明中期嘉靖年间开始，江苏常熟县的谭晓、谭照兄弟就有意识地利用基塘进行多种经营，因当地湖田多低洼荒芜，乡民纷纷逃离耕垦而转向渔业经营，被弃置弗耕的田地数以万亩，晓与照薄其值而买之，然后雇佣乡民百余人，凿其最洼者为池，余则固以高塍，辟而耕之，一年下来，岁入视平壤三倍。池以百计则皆畜鱼，池之上架以梁为艺爱舍，畜鸡豕其中，食其粪而肥。又易肥塍之上，植梅桃诸果属，其汙泽则种菰、茈、菱、芡，可畦者以艺四诸蔬，皆以千计。③ 在基塘基础上的多种经营提供了一种新的农业经济发展的途径。而嘉兴、湖州等地到清初时，桑基鱼塘的经营日趋增多。《补农书》中记载："凿池之土可以培基，基不必高，池必宜深，其余土可以培周池之地。池之西或池之南，种田之亩数，略如池之亩数，则池之水足以灌禾矣……池中淤泥，每岁起之，以培桑竹，则桑竹茂而池益深矣。"④ 又如乾隆《湖州府志》记载："傍水之地，无一旷土，一望郁然。"稻鱼互长，渔桑兼利，说明桑基鱼塘的发展已处于比较成熟的水平。农、桑、

晚清照片中的猎人

---

① 光绪《高明县志》卷二《地理·物产》。
② 道光《南海县志》卷四《舆地略》。
③ 光绪《常昭合志稿》卷四八《轶闻》。
④ 张履祥《补农书》卷下《附录·策溇上生业》。

鱼、畜相互结合的基塘经营则展示了一种较为合理的生态农业雏形，这在清代称得上是比较先进的生产形式，农人们充分利用当地的自然条件，在各种资源的综合利用上，达到了相当高的程度，使渔业十分自然地与传统的农桑经济融合为一个整体。

狩猎是古老民族较为原始的生产方式，东北地区丰富的动物资源为狩猎活动提供了得天独厚的有利条件，满族入主中原后，仍然在一定程度上保留着这种习俗。清朝统治者为表示不忘武备，对狩猎活动表现出浓厚兴趣，并且划定了几个较大的围猎区，称之"围场"，尤其是清初的几个皇帝，定期在围场举行春猎、秋狝活动，甚至将之定为皇室例行的制度。像康熙二十一年（1682），藩乱渐除，四海初定，康熙东巡塞外，出山海关，日射三虎，可谓神勇。乾隆帝亦喜行猎，史载乾隆八年（1743），乾隆帝特作《射虎行》。二十二年秋，乾隆帝在木兰围场力射数虎，传为佳话。著名的木兰秋狝便是康熙、乾隆两朝较为频繁的皇家狩猎活动。

第四节 手工业风俗

　　手工业属于中国封建社会经济体系中的除农业之外最重要的传统生产行业。清初废除匠籍制度，放宽了对民营手工业的限制，各业工匠可以自由赴工应役，官营手工业渐处次要地位；相比之下，自明中叶以后民间渐次兴起的民间手工业获得了较大发展机会，主要表现为大的手工业门类基本形成，不论生产规模还是市场规模都相应扩大，其中不少手工行业在城镇中形成了有组织的专业性经营活动，专业化手工业生产形式的兴旺为社会经济的转变提供了契机。至清中叶，城市民间手工业达到空前繁荣的程度。

清康熙三十五年（1696）焦秉贞绘《耕织图》之一

西方人绘 18 世纪末期的中国人酿酒场景

一、拜师祭祖风俗

中国民间手工行业最初多是由家庭技艺或副业延续而成，带有明显的封建经济烙印，清代社会各个行业拜师祭祖风俗盛行，表现出浓厚的封建伦理色彩。经过世代相传，不同的行业都逐渐形成了与本行业密切相关的行业祖师，他们有的是本行业的开创者，有的是历史上对所从事的行业有特殊贡献者，当然也有些是经由神话传说附会出来的人物，这些人通常被某个行业视为自己的行业保护神。如嘉庆年间湖南长沙香店条规："盖凡艺业，各有先师。本行葛祖真人，创香艺为伊始。我同行辈，自应齐心竭力，捐资敬奉以及瑞诞庆祝之用。"[①] 葛祖系指晋代道士葛洪，由于他擅长炼丹之术，炼丹时必以焚香佐助，故而祀之。同时，颜料业、印染业，甚至酒业亦奉葛洪为祖师。如光绪六年（1880）颁布的上海《印花坊整规》中称："吾业印花染坊，向有成规……今爰集同业，重整条规，已于正月二十四日在邑庙恭敬葛大真君伯府大神座前，清音宴待一永日。凡我同业永守恒规。"（彭编《史料集》，第 697 页）究其缘由，盖因古代这些行业和炼丹一样，所用原料在制作过程中都会不同程度发生化学反应，故均祀葛洪

---

① 彭泽益主编《中国工商行会史料集》第 309 页，中华书局 1995 年版（以下简称彭编《史料集》）。

为祖师。

清代工商业的空前繁荣，也相应带动了行业神崇拜的兴旺，当时传统手工行业达百余种，如木业、石业、铁业、银业、染业、鞋业、帽业、成衣业、皮革业、玉器业、丝织业、餐饮业、典当业、扎彩业、剃头业等，举凡衣食住行、三教九流，各行各业的行业祖师在清代蔚然大观。不过，由于手工业自身的特点所限，最初各行业拜祭祖师的传承方式多为口耳相授，难免有所讹误，兼之地域上的差异，相同行业所尊奉的祖师在历史上的表现又不尽相同，其产生的时间也未必一致，从而导致不少行业多祖共存，像理发业、整容业即同时尊奉罗祖、吕洞宾为行业祖师。另一方面，多祖共存现象也造成不同行供奉同一个行业祖师的结果，如葛洪既是香烛业祖师，又是颜料业、印染业、酒业等行业的祖师。随着民间行业组织剧增，祀神活动日益繁复，特别是一大批工商行会组织出现后，相继制订了不少行会规约，其中对各自行业的祭拜祖师活动提出了明确规范，用专门条款开列出每年固定的祭祀本行业祖师的日期。如咸丰四年湖南长沙刻字店条规称："每年二月初三日，恭逢文昌帝君圣诞之期，凡同行人齐集寿坛，拈香礼拜，以昭诚敬"（彭编《史料集》，第294页）；光绪三十一年（1905）湖南长沙笔店条规称："笔业一行，每年二月初二日虔奉蒙公师祖，所有值年人等，各自整肃衣冠，齐集公社庆祝，以昭诚敬，违者议罚。"（彭编《史料集》，第289页）不少条规还规定，凡是参与祖师诞日祭祀者，均须缴纳一定数额的香资钱，以充公用。如道光八年（1828）湖南长沙酥食汤点条规规定："每年六月二十四日，恭逢雷祖瑞诞，各出香资，铺家捐钱二百文，客师捐钱一百文。又每年九月初九日，欣逢梅公师祖瑞诞，铺家捐钱五十文，客师捐钱三十文。其两次香资均须先期十日交值年承办。"（彭编《史料集》，第421页）又如光绪九年（1883）湖南长沙辫线丝带店条规称："每岁先师庆祝，先期一日，铺户作坊客师各备香资钱六十四文，以作庆祝之用。"（彭编《史料集》，第255—256页）除此之外，有的行业还特别规定在祖师瑞诞之期要演戏敬神，以示虔诚。

拜师祭祖风俗的另一个重要内容是拜师为徒。拜师祭祖师崇拜观念的延续，又深刻反映了传统手工业师徒传业的特点。传统的拜师学徒有一套相沿成习的规定，如"投师之手续，先由亲友为之介绍，经本号经理人许可，即由徒弟书立投师文书字据，亦有由其父兄书立者……当徒弟进师之日，须按照通常礼式，备酒请师（俗谓之进师酒），由其父兄或介绍者带领徒弟拜本号之经理人为师（亦有拜号主为师者）"（彭编《史料集》，第527—528页）。学徒者经人介绍获准入行学艺后，首先要订立师徒合约。合同中规定学徒要交纳一定数额的师俸钱。随后，学徒的一方照例置备酒席，行拜师礼，所谓"学徒勿论亲友，须要治酒拜师"（彭编《史料集》，第537页）。学徒期间，学徒者寄食于师傅，丝毫没有独立身份可言，必须严格遵师训诲，"自拜之后，任师教训……倘有不听师言，任师责罚。年限未满，毋得自去加行"（彭编《史料集》，第529

页）。凡学徒期间学徒者的一切灾病忧疾，乃至死亡、失踪等意外，均与师傅无涉。出师时，徒弟依例置备酒席拜谢师恩，交纳出师钱后，还要帮师一至二年不等。此项虽不列入投师字书，但却是必须遵守的惯例，成为拜师过程的一个重要环节，即"甫经出师，类多不准遽入他号帮伙"。清人笔记称："江浙间，凡学艺者必三年而成，成后役于其师者三年，不取值，故俗语谓之'学三年，帮三年'，六年之后，任其所往。"①而且徒弟出师，为表示尊重师道，尚应尽问其师，如果师傅明确表示没有挽留的意思，才能随其自便。即便出师后，徒弟仍然要礼敬师傅。如光绪三十二年（1906）湖南武冈漆店条规称："学徒三年已满出师，不许忘义，亦不得抢夺生理，违者公逐。"（彭编《史料集》，第485页）有的条规还称："出师徒弟，各遵各教，如有得艺忘师、不守正业，公同革除。"（彭编《史料集》，第495页）总之，各行业中有关拜师祭祖活动的规范化，反映出清代城市民间手工业发展日趋成熟的一面。

铁匠

二、技艺传授风俗

在封建社会，手工业始终处于封建社会经济体系的控制范围之内，传统的作坊式手工业生产模式制约了手工业发展的规模。手工业生产者多为技艺能手，当经营资本有所扩大，他们便会拥有一定数量的雇工和学徒，但为避免竞争，又必须严格控制技术秘密的传授范围，特别是特殊工艺和关键工序。于是，这些特殊的生产经验与制作技艺被视为各个行业赖以生存的根本，一技之长通常可以决定一个行业的兴衰。掌握

---

① 俞樾《右台仙馆笔记》卷八。

技艺的业主或师傅对本行业的手工技艺大都采取秘而不宣的态度,仅通过口耳相授的方式使之世代相续,这种技艺传授风俗成为中国古代行业民俗语中独具特色的部分。另外,在传统的封建等级思想的影响下,男尊女卑观念严重禁锢着人们的头脑,不论哪一种手工业行业,都尊奉着传艺中传男不传女的习俗。

中国传统的手工业技艺传授方式明显带有封建家长制的特点,学徒者投拜师傅后,必须听师教诲,任师责罚,技艺传授则十分苛刻,所谓"朝学洒扫、应对进退及供号内杂役;夕学书计,及本业内伎艺。有不遵规、不勤习者,其师片惩戒之,遣斥罚跪,甚且加以夏楚焉。"①学徒者除日常习艺外,还要帮作诸务杂役,格外辛苦。对于学徒者入门学艺的期限更有严格规定,如咸丰十年(1860)湖南长沙砚店条规称:"凡带徒学习三年,帮师未满,逞刁出店者,不许另投别家从新学习。"②同时规定,同行之间对于学未出师者,不得雇用,如光绪二十一年(1895)湖南长沙成衣店条规:"未出师徒弟,同行不得雇请帮做,至同官来省未入班者,我行不许帮做,违者公同议罚。"③另外,学徒者学艺期间的劳动所得,要悉归师傅所有;倘有中途缀业者,所议俸钱,仍照原数奉缴,不得退还。可见,封建时代学徒者的地位十分低下。有些地方学徒者学艺三年外,还要帮师三年,甚至有的行业竟规定"尚须再帮半年,以补偿饭食之需耳"。④即便这样,学徒者也往往未必能够学到足够的本领立业安身,如同治十二年(1873)五月十三日《申报》所载《论苏帮玉器作行规应酌改议》一文称:"习业之苦楚,如冬令淘沙洗料,手为之裂,固可勿论。恶极者,六年已满之后,如果手艺出色,习于雕琢者,每日可得一二百文之工价;若车锯等工,色艺稍次,则必逐之,使其自行谋就,并无师父举荐之规矩也……故习成亦无吃饭之处。可怜若辈习业者,大都极贫人家子弟,自幼至壮,光阴几何,业既习成,徒归何益!人已壮年,又难再习别业矣。"因此作者慨叹说:"最苦者,学徒辈也!"对于封建社会广大的手工业者来说,这种带有明显弊端的技艺传授方式,实在是害人至深。

---

① 彭编《史料集》,第 529 页。
② 彭编《史料集》,第 293 页。
③ 彭编《史料集》,第 375 页。
④ 彭编《史料集》,第 687 页。

第五节　商业贸易风俗

清代前期社会经济经过一段恢复时期后，逐步进入了上升轨道，农业与手工业的发展大大超过了前代，至清中叶，社会经济出现持续繁荣的景象，商品经济的总体水平迈向高峰，为商业资本的积累创造了极为有利的条件，商贸活动遍及各地，经商人数大为增加，富商大贾满于海内。嘉、道时期，社会人口压力凸显，内忧外患同时并起，吏治败坏，政治衰退，商业发展也受到了一定的影响。然而，有清一代，民间商贸风俗的活跃程度则是前所未有，以北方的北京和江南的苏州为例。前者为当时全国

商人

清徐扬《姑苏繁华图》中的商业活动场景

政治、经济、文化中心,"京师最尚繁华,市廛铺户,妆饰富甲天下,如大栅栏、珠宝市、西河沿、琉璃厂之银楼、缎号,以及茶叶铺、靴铺,皆雕梁画栋,金碧辉煌,令人目迷五色。至肉市酒(楼)饭馆,张灯列烛,猜拳行令,夜夜元宵,非他处所可及也"。① 像每年城中各处庙会如潮,更是让人应接不暇。后者则素为江南名郡,至清代繁荣更盛,被称为东南一大都会,所谓"五方商贾,辐辏云集,百货充盈,交易得所",由此可见,全国的商贸活动呈现出丰富多彩景象。

一、集市贸易

集市是中国传统市场贸易的一个重要组成部分,是流行于各地乡镇,按俗定时间进行买卖交易的最普遍的商贸形式。唐、宋以来,坊市制度逐渐被废弃,草市、墟集等交易形式趋于活跃,至清中叶,人口增长迅速,社会经济持续稳定,促进了集市贸易的繁盛,几乎所有的乡村都有定期的集市贸易活动,并随地域不同,名目称呼亦各异,如"南方曰市,北方曰集,蜀中曰痎,粤中曰墟,滇中曰街子,黔中曰场"。② 各地集市数量之多、分布之广、密度之大均达到一个前所未有的高度,构成了庞大繁密的集市网络,而且逐日数量剧增,进而又促成了区域性商贸中心的出现。

卖衣服摊

---

① 杨静亭《都门纪略·风俗》
② 陆以湉《冷庐杂识》卷八《市》。

如著名的四大镇,所谓"北则京师、南则佛山、东则苏州、西则汉口",①皆为工商辐辏之地,汇集了为数众多的商业经营者。这些商贸中心大大突破了早期农村集市的规模,既满足了乡村广大民众的生活需要,还进一步满足了他们的娱乐需要。它们的繁荣又带动了一大批新兴市镇的崛起,"然东海之滨,苏州而外,更有芜湖、扬州、江宁、杭州以分其势,西则惟汉口耳",尤其清朝后期,商业性市镇遍及大江南北,集市贸易在民间的影响更为深入普及。

庙会集市

集市

---

① 刘献廷《广阳杂记》卷四。

清《北京白云山庙会图》

清《盛世滋生图》局部

清北京前门大街

清北京兴发号切面铺

清丁观鹏等绘《陶冶图》之《琢器造坯》、《醮釉吹釉》

在清代集市贸易中，庙会占有十分重要的地位。庙会，又有货会、山会、庙市等称法，它的出现与古代寺庙在宗教活动之外亦参与一定的经营活动有密切关系，明清时期商品经济日趋繁荣，特别是明中叶以后，寺庙经济也呈现出日益活跃的特点。起初，受佛道信仰的影响大批人群前往各地庙宇参与礼佛，经由商人的设市参与，在当地逐渐形成了具有一定规模和时间性的交易市场，同时各种民间娱乐活动也加入其中，商贸活动通常在寺庙节日或规定的日期举行。由于它集祭祀、娱乐、贸易等多种功能于一体，因此在人们的社会生活中产生了重要影响。清代的庙会发展尤为迅速，据统计，康熙年间全国就有佛寺道观近八万处，许多方志都记载有当地庙会的盛况。因此，庙会逐渐成为中国城乡一种特有的商贸交易形式。据光绪《顺天府志》记载，当时京城的庙会就有：每

清人绘画作品中的蟠桃宫庙会和庙会演剧图

月逢三在土地庙，逢四在花儿市，逢七、八在护国寺，逢九、十在隆福寺；每月初一、二十五、二十六在东岳庙；每逢初一、十五在药王庙；每逢正月初三至十五在火神庙、厂甸、曹老公观；五月在都城隍庙；三月初一至十五在蟠桃宫；正月十八、十九在白云观；清明、七月半、十月初一在南城隍庙；正月十五、二十三日在黄寺、黑寺。可谓种类繁多，形式多样。如北京的城隍庙会："都城隍庙在都城之西……惟于五月朔至八日设庙，百货充集，拜香络绎。至于都门庙市，朔望则东岳庙、北药王庙……俱陈设甚夥。人生日用所需，以及金珠宝石、布匹绸缎、皮张冠带、估衣骨董，精粗毕备。羁旅寄客，携阿堵入市，顷刻富有完美矣。"①炫采居奇，相互贸易，场面热闹非凡。又如江南苏州新年庙会的情景："城中玄妙观，尤为游人所争集。卖画张者，聚市于三清殿，乡人争买芒神春牛图。观内无市鬻之舍，支布幕为庐，晨集暮散，所鬻多糖果、小吃、琐碎玩具，间及什物而已，而橄榄尤为聚处。杂耍诸戏，来自四方，各献所长，

---

① 潘荣陛《帝京岁时纪胜·五月·都城隍庙》。

以娱游客之目。"① 喧闹景象，令人难忘。

相对来讲，庙会周期往往以年计，一年中最多者不过数次，远不如集市频繁，但也正因如此，庙会在影响范围上又比集市贸易大得多，其商品汇聚的程度要大大丰富于普通的集会。所以，在中国封建社会经济生活中形成的集市庙会，以自己独特的交易形式，在社会文化生活的舞台上扮演了十分重要的角色。

二、市商经营

市商经营是商贸活动发展到一定阶段的产物。招幌是市商经营活动中较早出现的一种招徕性的行业经营标志，用以突出商店出售货物的特色，又称"市招"。

清末上海福州路商店

中国传统招幌中最早见于文献记载的是酒旗。如清人李斗的《扬州画舫录》中记载了乾隆年间，扬州虹桥西岸一座名为"跨虹阁"的酒家高悬酒旗的情形："跨虹阁在虹桥爪。是地先为酒铺，迨丁丑（注：乾隆二十二年，1757）后，改官园。契归黄氏，仍令园丁卖酒为业……阁外日揭帘，夜悬灯。帘以青白布数幅为之。下端裁为燕尾，上端夹板灯，上贴一酒字。"② 清代市商经营中招幌的使用十分普遍，成为经营习俗中的一个重要特点。《清稗类钞》中有《市招》一则，其依照形制将招幌大致分为招牌与幌子

---

① 顾禄《清嘉录》卷一《新年》。
② 李斗《扬州画舫录》卷一三。

清末上海郊县纺纱妇女

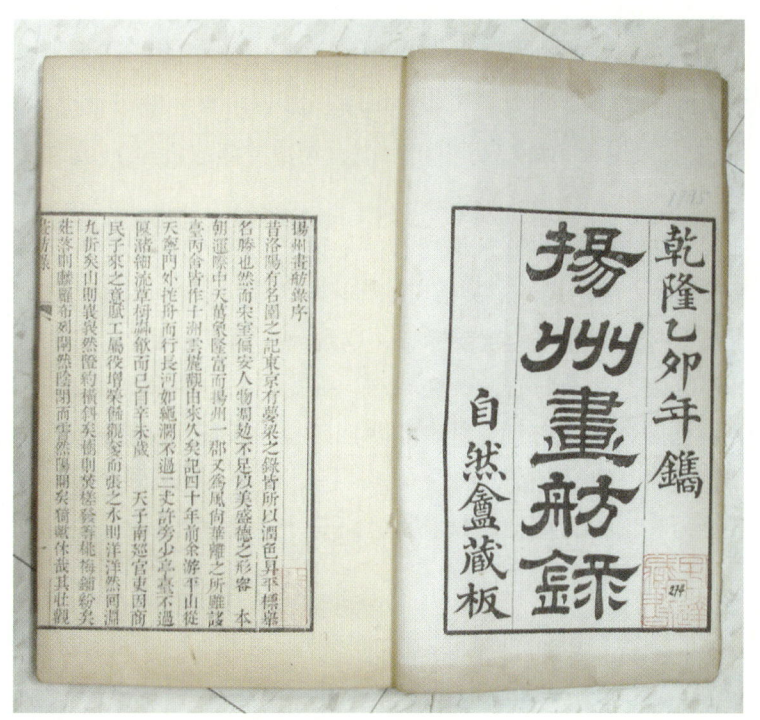

《扬州画舫录》书影

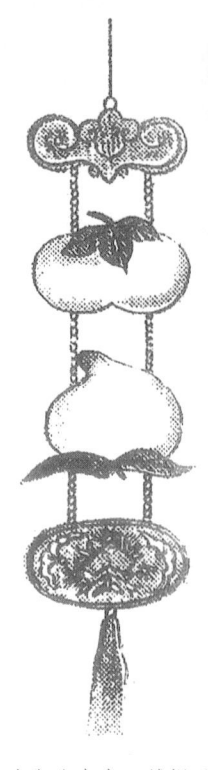

清代北京点心铺幌子

两类,称:"商店悬牌于门以为标识广招徕者曰'市招',俗呼'招牌',大抵专用字,有参以满、蒙、回、藏文者,有用字兼绘形者。更有不用字,不绘形,直揭其物于门外,或以象形之物代之,以其人多不识字也。如卖酒者悬酒一壶,卖炭者悬炭一支,而面店则悬纸条,鱼店则悬木鱼,俗所谓'幌子'者是也。"① 还有像《帝京岁时纪胜》记载:"秋日……酒垆茶设,亦多栽黄菊,于街巷贴市招曰,某馆肆新堆菊花山可观。"② 这里的"市招"只能说是一种简单的招牌了。

在商贸经营中,除招幌之外,还有叫卖吆喝或以各种器物有击打等声音特征为经营标志的买卖活动。其击打者,《清稗类钞》中记载了京城小贩以打鼓招揽生意的习俗:"京师细民有以打鼓收买敝物为业者,持小鼓如盏击之,负箱笼巡行街巷中,无论破败残缺之物,苟有所用,即以贱值买之,而转售诸肆,可得微息。然都中夙多巨室,所藏珍物每为奴婢所窃。更有世家中落者,不知爱惜,急于易钱,旧书古器、块金砾珠,时或出售,打鼓者往往以薄值而得至宝。故京师语云:'怕甚苦,且打鼓;怕甚饿,日检货。'盖相传操是业者,岁必有一暴富者也。"③ 其叫卖者,如《燕京杂记》中所记载:"京师荷担卖物者,每曼声婉转,耸人听闻,有发数十字而不知其卖何物者。呼卖物者高唱入云,旁观唤买,殊不听闻,惟以掌虚覆其耳,无不闻者。"后来,清末有人专辑市贩诸行叫卖市声,录成《燕市货声》(别作《一岁货声》),堪称一奇。

古代商业经营者大多是男姓,但在有些地区亦有例外,如雍正《崇明县志》记载了苏州地区常以妇人守店的风俗:"吴俗市肆每用妇人守店,买卖亲授,男女无别。"④ 商店里面的摆设布置是经营形象的重要标志,以致商人们争相攀比,不甘落后。《燕京杂记》记载:"京师市店,素讲局面,雕红刻翠,锦窗绣户,招牌至有高三丈者。夜则燃灯,数十纱笼角灯照耀如同白日。其在东西四牌楼及正阳门大栅栏者,尤为卓越。中有茶叶店,高甍巨桷,细槅宏窗,刻以人物,铺以黄金,绚云映日,洵是伟观。总之,母钱或百万或千万,俱用为修饰之具。茶叶则贷于茶客,亦视其店之局面,华丽者即

---

① 徐珂《清稗类钞》第五册《农商类·市招》。
② 潘荣陛《帝京岁时纪胜·九月·赏菊》。
③ 徐珂《清稗类钞》第五册《农商类·京师小贩之打鼓》。
④ 雍正《崇明县志》卷九《风俗》。

清《北京风俗百图》中的饮食小贩
1 卖豆腐脑　2 卖凉粉　3 卖吊炉烧饼
4 卖豌豆糕　5 卖槟榔　6 卖糖锣

无母钱,存贮亦信而不疑。倘局面黯淡,虽楼积于万,亦不敢贷矣。金玉其外,败絮其中,所由来也。"在经营方式上,各地商人也是争奇斗巧,花样百出。《清嘉录》记载:"年夜以来,市肆贩置南北杂货,备居民岁晚人事之需,俗称'六十日头店'。熟食铺豚蹄、鸡、鸭较常货买有加……酒肆、药铺,各以酒糟、苍术、辟瘟丹之属馈遗于主顾家。"① 如此的年节促销手段,反映了商人经营的精明之处。当然,商业经营不可避免要引起同行竞争,激烈的竞争往往暴露出商人虚伪巧诈的一面,如《清稗类钞》中记载经营京城银号的四大恒因嫉恨同行生意,陷害不成反受其累,便是生动的一例,其称:"京师某钱肆初无赫赫名,而营业日盛,四大恒忌之,乃谓某肆将倒,于是凡藏某肆钱票者,相率往取,如是三日。某肆从容应付,绝不支绌,谣言乃息。后某肆知四大恒之算已也,乃发巨金遍收四大恒票,四大恒闻之,惧,乞人关说,乃已。盖某肆有实钱四百万,每发一票,必贮一票之货本于肆中,不出空票,故不为人所窘。四大恒虽名震一时,而未尽实,故一闻某肆收票,即惴惴也。"② 除市商经营外,民间还有零星散布的小市,这些小商小贩的经营虽远不能与市商相抗衡,却仍在民间商业活动中占有一席之地。据载:"京师崇文门外暨宣武门外,每日晨鸡初唱时,设摊者辄林立,名'小市'……又名'黑市',以其不燃灯烛,凭暗中摸索也。物既合购者之意,可随意酬值。其物者少,赝者多;优者少,劣者多。虽云贸易,实作伪耳。好小利者往往趋就之,稍不经意,率为伪物,所得不偿所失也。"③

三、经营习俗

趋利发财既是商业活动所固有的经营原则,又是商人阶层所具有的共同心理特征。在传统的封建社会等级制度严密控制下,商人的社会地位始终受到抑制,清中叶以后,商业经营规模不断扩大,促使商人队伍的数量迅速膨胀,商业的经营原则与道德规范也随之受到广泛的重视,各种经营习俗表现得更为活跃,并且逐渐渗透到整个社会的风俗习尚之中。

商海变化莫测,商业活动巨大的风险性极容易造成商人的迷信心理,因此,财神观念在商人群体中十分盛行,尤其清代商业十分繁荣,各地遍布的商会无不崇尚供奉财神,商人们笃信财神的法力,以求免灾致福。财神是民间诸神中出现较晚的一种,

---

① 顾禄《清嘉录》卷一二《年市》。
② 徐珂《清稗类钞》第五册《农商类·京师四大恒》。
③ 徐珂《清稗类钞》第五册《农商类·京师小市》。

北宋的《东京梦华录》中始有"财门"之称，财神崇拜的盛行应该说是社会经商活动趋于活跃的必然结果。尤其清代，财神已不再仅仅是商贾们奉若神明的神祇，而且发展成为一种相当普遍的社会信仰风俗，影响着人们的日常生活，民间修造财神庙与财神拜祭现象相当普遍。如《燕京岁时记》中的"财神庙"条所记载的情形："财神在彰仪门外，每至九月，自十五日起，开庙三日。祈祷相属，而梨园子弟与青楼校书等尤为多。士大夫之好事者，亦或命驾往观焉。"可见，前往财神庙祭拜的人绝不仅仅是商人。

俗以正月初五为财神诞日，各地市商大都要设财神堂，祭拜各种财神。《吴郡岁华纪丽》记载，民间有祭五路财神之俗："（正月）初五日，俗称财神五路诞日。五路者，为五祀中之行神，东西南北中耳。求财者祀之，取无往不利也……吴俗标于厅事，参以元坛神，谓掌天库之财。是时，连街接巷，鼓乐爆竹声聒耳，人家牲醴毕陈，以争先为利市……店肆争于是日开市贸易，尘涨百廛，人喧万瓦。"①

民间财神有文武之分，清代武财神最受欢迎，而被供奉最多的要数赵公明和关羽。赵公明的名字最早出现于晋代干宝的《搜神记》中，明代成为小说《封神演义》中的峨眉仙人，曾助纣抗周，后被姜子牙封为正一龙虎玄坛真君，下辖招宝天尊、纳珍天尊、招财使者、利市仙官等，俨然就是一尊财神爷。清人笔记中还有以赵公明为回族人的说法，如《清嘉录》中记载："十五日为玄坛神诞辰。谓神司财，能致人福，故居人多塑像供奉。又谓神回族，不食猪，每祀以烧酒、牛肉，俗称'斋玄坛'。"②将赵财神属籍回族也许与中国自古同西方波斯、阿拉伯商人多有贸易往来相关。

至于关羽成为财神，则主要归功于清人的尊崇信奉。因关羽最重忠义，其思想有利于封建统治，故自宋朝以后被列入国家祀典，清朝统治者对关帝屡加敕封，使其在民间影响更为深入。《帝京岁时纪胜》记载："关帝庙遍天下，而京师尤胜。入祀典者，地安门外西步量桥白马庙、正阳门月城右之庙，春秋致祭。除夕开正阳内门，由内城居人瞻拜；夜子后开西门，城外居人瞻拜，香火

五路财神

---

① 袁景澜《吴郡岁华纪丽》卷一《接五路财神开市》。
② 顾禄《清嘉录》卷三《斋玄坛》。

极胜。岁之五月十三日为单刀会，是日多雨，谓天赐磨刀水云。殿祀精严，朱楹黄覆，绮槛金龛，中奉圣祖御书额曰'忠义'。西庑下有明董文敏书焦太史所撰碑记，传为二绝。"① 又如《吴郡岁华纪丽》记载的江南习俗："汉前将军、汉寿亭侯关帝庙宇遍华夏，岁月有增，灵爽显赫。五月十三日为帝君诞日，郡僚刑牲致祭于各邑武庙。城西各商会馆俱建关帝祠，所以敦崇信义。盖商贾集朋友为之，多以义合者也，其栋宇靡不宏丽。"②

五路大神

关帝信仰得以广泛传播，反映了当时社会中商人们在认同封建伦理道德秩序的同时，普遍标榜以诚待人、以信接物、以义为利的经营原则，有的还提倡"轻货财，重然诺"，以蹈道守礼的姿态将经商活动融入传统的儒家思想的轨辙之中。如明中后期开始活跃于江南的徽商，即因宗族势力和文化积累的传统十分深厚，形成了一批贾而好儒、儒而好贾的豪商富贾。他们大多服膺于传统的儒家思想，视其经营，往往"一贾不利再贾，再贾不利三贾，三贾不利犹未厌"，③将传统的儒学观念与经商活动有机地结合起来，因而享有"儒商"的美誉。应该说这种商业道德观自有其合理的一面，像诚、信、义等原则，本身就是商业活动应该提倡的品德；但另一方面，它亦在很大程度上掩盖了私有制下商人唯利是图，渴望发财致富的本性，因而不可避免地带有一定的欺骗性；而且，用儒家伦理学说的主流思想来统御商道经营活动，其结果等于自觉认同封建社会的道德价值观念，这就使商业经营无法真正摆脱传统社会的束缚，导致经营思想裹足不前。

随着商业的持续繁荣，商人足迹遍及天下，影响所致，商人的社会地位空前提高，于是社会上出现了工商亦可为本的新型价值观念。像北方山西地区自然条件不利于农，地少人众，土质不腴，故不少人流寓四方，外出经商，在清代前期晋商之繁盛可谓执北方商界之牛耳。晋商普遍持有"重利之念，甚于重名"的思想，虽然商人仍

---

① 潘荣陛《帝京岁时纪胜·五月·关帝庙》。
② 袁景澜《吴郡岁华纪丽》卷五《磨刀雨》。
③ 光绪《祁门倪氏族谱》卷下，《诰封淑人胡太淑人行状》，引自《明清徽州经济选编》，黄山书社出版。

居四民之末，但他们却明确提出崇富趋利的思想，人称："山右积习，重利之念甚于重名。"在当地，人才出众者要先入贸易一途，中材以下才去读书应试，这与传统的诗书传家的社会观念形成迥然差异，甚至商人阶层中还出现了唯利是图、不惜廉耻的趋尚。清人叶调元在《汉口竹枝词·序》中慨叹称："富商大贾，拥巨资，享厚利，不知黜浮崇俭，为天地惜物力，为地方端好尚，为子孙计久远，骄淫矜夸，唯日不足。中户平民，耳濡目染，始而羡慕，既而则效，以质朴为鄙陋，以奢侈为华美，习与性成，积重难返。"

商业的发达又不可避免地滋养了商人的奢靡风习，而且直接影响和造成了社会上逐富拜金风气的日益加重，甚至"嘉庆及道光初年，地方官更艳商人之利，惟商人之命是听"，①连官场也不得不为之所动，可见其风之烈，甚至不少地方出现了官商合流的现象。如《广东新语》记载："吾粤金山珠海，天子南库，自汉唐以来，无人而不艳之……故今之官于东粤者，无分大小，率务朘民以自封。既得重赀，则使其亲串与民为市，而百十奸民从而羽翼之，为之垄断而罔利。于是民之贾十三，而官之贾十七。官之贾，本多而废居易，以其奇策，绝流而渔，其利尝获数倍；民之贾虽极其勤苦，而不能与争，于是民之贾日穷，而官之贾日富。官之贾日富，而官之贾日多，遍于山海之间，或坐或行。近而广之十郡，远而东西二洋，无不有也。民贾于官，官复贾于民，官与贾固无别也，贾与官亦复无别。无官不贾，且又无贾不官，民畏官亦复畏贾。"②商业经营在封建权势贪婪无度的重重劫掠中，显得步履格外沉重。

清代，商人在长期从事商业活动过程中，还积累了大量丰富的经商经验，其中有不少被载录成书，成为指导商人经营活动的重要原则。如清代休宁商人所辑录的《士商十要》中称："凡待人，必须和颜悦色，不得暴怒骄奢，高年务宜尊重，幼辈不可欺凌。此为良善忠厚……凡与人交接，便宜察言观色，务要背恶向善，处事最宜斟酌，不得欺软畏强。此为刚柔相济……凡有事，

财神赵公明

---

① 段光清《镜湖自撰年谱·道光二十八年戊申》。
② 屈大均《广东新语》卷九《贪吏》。

第九章 生产

清萧晨绘《耕织图局部》

决要与人商议，不可妄作妄为，买卖见景生情，不得胶柱鼓瑟。此为活动乖巧。"①其中所强调的和颜悦色，既是经商者所应恪守的经营准则，又是善贾获利的不二法门。《清稗类钞》记载："京师、广州各肆，凡交易而不成者，亦怡悦其颜色以对之。如交易已成，则于买主临行时，必致声道谢，虽数十钱之微，亦然。其意殆谓吾既设肆以求利，则无论买者出钱购物之多寡，皆为我获利之源、衣食之本，故堆一钱之贸易，亦不可不谢也。"②这与现代社会中奉顾客为上帝的提法颇有相似之处。又如《士商规略》中所总结的经商经验："货贱极者，终虽转贵。快极者，决然有迟，迎头快者可买，迎头贱者可停；价高者只宜赶疾，不宜久守，虽有利而实不多，一跌便重。价轻者方可熬长，却宜本多，行一起而利不少，纵折却轻。堆货处要利于水火，买卖处要论之去头。买要随时，卖毋固执。如逢货贵，买处不可慌张；若遇行迟，脱处暂须宁耐。货有盛衰，价无常例。放账者纵有利而终久耽虚，无力量一发不可；现做者虽吃亏而许多把稳，有行市得便又行。得意者，志不可骄，矣则必然有失；遭跌者，气不可馁，馁则必无主张。买卖莫错时光，得利就当脱手。"③面对竞争残酷的商海，商人的投机行为亦成为一种合理的经营观念，被普遍加以倡导，从一个侧面反映出清代商业活动繁荣的特征。《买卖机关》中则强调"是官当敬，凡长宜尊"，对于为官者、年长者要谦虚恭敬，认为这是生意兴隆的一个重要因素。这说明商人十分善于观察分析社会不同阶层的行为特征，因此造成商人多势利的普遍看法。清人钱泳在《履园丛话》中曾感慨说："余谓天下势利，莫过于扬州，扬州之势利，莫过于商人，商人之势利，尤萃于奴仆，似能以厘戥权人轻重者，当为古今独绝。"④

由于封建统治者对商业的严密控制，封建官僚体制始终对商人阶层形成严重的制约，因此商人无奈之下总要寻求封建权势的庇护，在这种依赖性中，商人只能沦为封建统治的附庸，经营观念也必然被深深打上封建思想的烙印。

---

① 憺漪子《士商要览》卷三《士商十要》。
② 徐珂《清稗类钞》第五册《农商类·京粤商肆善于交易》。
③ 憺漪子《士商要览》卷三《士商十要》。
④ 钱泳《履园丛话》卷二一《势利》。

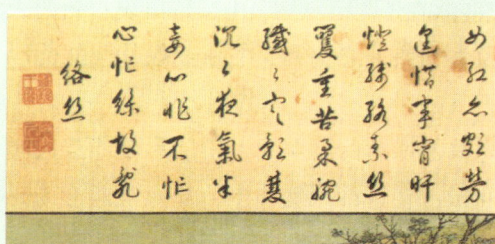

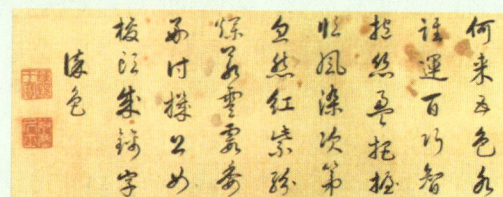

清焦秉贞绘《耕织图》

第十章
信 仰

　　民俗是人们在长期共同的生产实践与社会交往中形成的复杂而具有相对稳定特征的生活模式，其中既包括有物质生活的内容，又涵盖了社会生活与精神生活的事象。信仰民俗则是从这些纷繁多姿的事象中积累、凝结和浓缩而成的经验习惯与观念文化，它反映了人们对自然、社会以及人自身的基本认识，因此涉及着社会生活的诸多层面，表现出异常繁复而丰赡的内容。

第十章 信 仰

从本质上讲,民俗信仰是一种文化现象,作为一种历史过程的产物,它又必然地表现为人们对人类原始信仰的承袭与发展,并且通过具体的手段与仪式展示于民众生活事象之中。这之中有远古时代遗留的自然崇拜、灵物崇拜、鬼魂崇拜等原始习俗,有民间传承、发展的带有宗教信仰色彩的各种行为惯例,有溯源于原始巫术的包含大量迷信内容的施巫法术,也有普遍存在于生产、生活等日常事象中的尊崇规定与禁忌俗约。总之,民俗信仰的内容最为庞杂,但也最贴近人们的日常生活,因此在信仰对象上具有多元化的特征,在表现形式上呈现出多样性的特点。的确,每一种信仰风俗的产生都连带着十分复杂的社会背景,同时也散发出异常活泼的生活气息;每一种信仰风俗在发展过程中一方面被人们虔诚信奉和传承,另一方面亦由于环境与条件的不断改变,而适时地发生着各种嬗递与变异。清代作为最后一个封建王朝,经历了异常急剧的社会变革,与之相应,民间的信仰习俗在总体上表现出更为活跃的态势,深刻反映了封建社会末期的时代内涵。总的来说,清代社会的信仰习俗植根于丰富多彩的生活沃土,一方面与各阶级、阶层人们的精神素养、价值观念紧密相关,另一方面又对其思维方式、社会行为与文化生活产生着重要的影响作用。

西方人绘中国人烧香场景

第一节　自然崇拜与灵物崇拜

　　自然崇拜与灵物崇拜主要是由于远古时代的人们对复杂的自然现象、社会现象及其人的自身缺乏理性认识，对这些事象所表现出的神秘性一方面充满着神奇幻想，另一方面又因难以抗拒而产生强烈的敬畏或依赖心理，从而赋予它们以超人的力量。在几乎被动和本能的思维意识驱使下，万物有灵观念在人们的精神世界占据了主导地位，民俗信仰便从这种原始的崇拜观念中逐步发展起来。在清代，封建社会晚期所带来的社会生活全方位的成熟与活跃，使民俗信仰在更广泛的基础上向社会的各个层面交叉辐射，蔚成大观。社会中自然崇拜与灵物崇拜现象仍然久盛不衰，各种各样的信仰风俗表现得十分生动。其中表现形式最为充分的莫过于封建社会隆重的国家祀典与千姿百态的民间庙神拜祭，如清代许多地方志中都记载有关于龙王庙、土地庙、雷公庙、火神庙、东岳庙等祠祀的资料，说明当时民俗信仰中自然崇拜与灵物崇拜现象极为普遍。

一、天地崇拜

　　先民最初关于自然界的认识来自对天地万物的观察，他们所感知到的不外乎是日月星辰、山川物种等各种具体物象，此时，天还只是一个相当笼统的概念。随着万物有灵观念的产生，人们开始探寻能够主宰自然与社会的那种异乎寻常的异己力量，于是天逐渐演变成抽象的概念。所以，天神崇拜是一种超自然崇拜现象。

　　在封建礼法的严密控制下，祭祀天地无疑是统治者展示其特权的重要手段，最高统治者自称天子，并且屡屡通过亲诣祭告，显示虔诚的敬天信仰，对臣民们刻意强化奉天承运的统治意志。清朝统治者同样如此，他们将祭祀天地定制为大祀。祭天又称郊祀，后金时期，清太宗皇太极即于"天聪十年（1636），度地盛京（今沈阳），建圜丘、方泽坛，祭告天地，改元崇德"，①称帝建元，由此郊祀之制始备。方泽又称后土或皇地祇，现今北京的天坛和地坛分别是清朝帝王举行祭祀天地典礼的场所。清朝规定："天坛制圆，三成，上成九重，周一丈八尺；二成七重，周三丈六尺；三成五重，周五丈四尺：俱高三尺。垣周百十有三丈。地坛制方，二成，上成方六丈，高二尺；下成方八丈，高二尺四寸。垣周百三十有三丈。制甚简也。世祖奠鼎燕京，建圜丘正阳门外南郊，方泽安定门北郊，规制始拓。"②

北京圜丘坛

其中冬至日举行隆重的祭天祀典，夏至日则祀方泽。另外，凡国家重要事务，诸如皇帝登基、出巡等，也都要派遣官员祭告天地，以示诚敬。

在清代，民间信仰中天地崇拜表现得更为多元。如满族所信奉的萨满教中，以祭天来表现对天神的崇拜，这种形式被称为堂子祭。所谓"堂子祭天：清初起自辽沈，有设杆祭天礼"。③满族入关后，这种习俗仍受提倡。这种风俗既是上层统治者所规定的仪典，又表现出鲜明的民族特点。汉民族中则有正月祭祀天诞的习俗，其中的天神是唐朝以来在民间信仰中形成的玉皇大帝。俗以每年农历正月初九为天诞日，人们在这一天要设祭斋天。当时的北京在天诞日："禁屠宰。大高玄殿建皇坛，各道观设醮，拜朝天忏，锡福解厄。"④

---

① 《清史稿》卷八二《志五七·礼一·坛壝之制》。
② 《清史稿》卷八二《志五七·礼一·坛壝之制》。
③ 《清史稿》卷八五《志六〇·礼四·堂子祭天》。
④ 潘荣陛《帝京岁时纪胜·正月·天诞》。

《清嘉录》中记载江南一带的风俗称:"(正月)九日为玉皇诞辰。玄妙观道侣设道场于弥罗宝阁,名曰'斋天',酬愿者骈集。或有赴穹窿上真观烧香者。"①

还有人将姓名书写在黄疏之上,然后放火焚烧。一时之间,男女毕集,焚香敬礼,观者如堵,足见人们对天帝信仰的执着。

土地是与人们生存联系最为密切的物质基础。中国自古以农立国,由于地能生长万物,因此从很早的时候开始,人们便将代表土地神的社与代表五谷神的稷结合起来,作为社稷进行祭祀,春祈丰收、秋祀报赛,春秋社日习俗在民间亦表现得丰富多彩。清人记载:"二月二日为土神诞日,城中庙宇,各有专祠,牲乐以酬。乡村土谷神祠,农民亦家具壶浆以祝。神鳌,俗称田公、田婆,古称社公、社母。社公不食宿水,故社日必有雨,曰'社公雨'。醵钱作会,曰'社钱'。叠鼓祈年,曰'社鼓'。饮酒治聋,曰'社酒'。以肉杂调和铺饭,曰'社饭'……田事将兴,特祀社以祈农祥。"②再者如秋社:"中元,农家祀田神,村翁里保敛钱,于土谷神祠作会。刑牲叠鼓,男女聚观,与会之人,归持各携花篮、果实、食物、社糕而散。又或具粉团、鸡黍、瓜蔬之属,于田间十字路口,祝而祭之,谓之'斋田头'。"③

不难看出,农人们对土地神有着极为深厚的信仰与祈望。城隍是古代城市的保护神,它来源于周礼腊祭八神中的水庸神,后被道教吸收,成为护国保郡的神。清代民间仍十分重视城隍,各地城镇大都建有城隍庙,每年农历五月的城隍庙会更是格外热闹。

上海城隍庙

---

① 顾禄《清嘉录》卷一《斋天》。
② 袁景澜《吴郡岁华纪丽》卷二《土神诞日作春社》。
③ 袁景澜《吴郡岁华纪丽》卷七《斋田头作秋社》。

二、日月星辰崇拜

太阳神

日月星辰是天地万物中与人类生存联系十分密切的物象,是初民社会各种原始观念信仰产生的重要基础。日月星辰崇拜均归属自然崇拜范畴,即以自然事物为崇拜对象,集中反映了人类祈求自然给予福惠的愿望。

太阳是天际中给予大地光明和温暖最多的发光体,所以太阳崇拜在原始社会便是相当普遍的现象。清代北京东郊的日坛为国家祭祀太阳神的地方,规定每年春分日卯刻举行。民间风俗以农历二月初一为太阳星君诞日,保存着原始太阳崇拜观念的遗痕。据传其俗源于唐朝,至清代仍甚流行。是日,各地人们多有供祀太阳的习俗。《帝京岁时纪胜》记载:"京师于是日以江米为糕,上印'金乌圆光',用以祀日。绕街遍巷,叫而卖之,曰'太阳鸡糕'。其祭神云马,题曰'太阳星君'。焚帛时,将新正各门户张贴之五色挂钱摘而焚之,曰'太阳钱粮'。"①

又如《燕京岁时记》记载:"二月初一日,市人以米面团成小饼,五枚一层,上贯以寸余小鸡,谓之'太阳糕'。都人祭日者,买而供之,三五具不等。"②京城内还建有太阳宫,前殿塑太阳星君像,另塑雄鸡像。每年逢农历二月初,按例开放三天,供人礼祀。

月神代表着黑暗中的光明,自古民间就流传着不少关于月神的故事。月神又称嫦娥、月姑等,也称太阴星主。在国家祀典中,顺治八年(1651),清帝曾谕建夕月坛于西郊,规定每年秋分日酉时致祭。民间月神崇拜则由来甚久,其中表现最为热闹的莫过于每年农历八月十五的月夕节,即中秋节的拜月习俗。

《吴郡岁华纪丽》记载:"吴俗中秋,人家各设炉香灯烛,供养太阴,纸肆市月光纸,绘月轮桂殿,有兔杵而人立,捣药臼中,极工致。金碧璀璨,为缦亭彩幄,广

---

① 潘荣陛《帝京岁时纪胜·二月·中和节》。
② 富察敦崇《燕京岁时记·太阳糕》。

清代《祀兔成风》图

寒清太虚之府,谓之'月宫纸'。又以纸绢为神,具冠带,列素娥于饼上,谓之'月宫人'。取藕之生枝者,谓之'子孙藕';莲之不空房者,谓之'和合莲';瓜之大者,细镂如女墙,谓之'荷花瓣瓜'。佐以菱芡银杏之属,以纸绢线香,作宝塔形,钉盘杂陈,瓶花樽酒,供献庭中,儿女膜拜月下。拜毕,焚月光纸,撤所供,散家人必遍。嬉戏灯前,谓之斋月宫。比户壶觞开宴,灯球歌吹,莫盛于阊门内外、南北两濠……自十五至十七日,每夕如是。里门夜开,金吾无禁,人在光明世界,真胜景哉。"①

在京城,拜月又不啻是一项国家祀典,"至于先丁后社,享祭报功,众祀秋成,西郊夕月,乃国家明禋之大典也"。②至于民间拜月,仍然充满欢乐祥和气氛。据载:"京师谓神像为神马儿,不敢斥言神也。月光马者,以纸为之,上绘太阴星君,如菩萨像。下绘月宫及捣药之玉兔,人立而执杵。藻彩精致,金碧辉煌,市肆间多卖之者。长者七八尺,短者二三尺,顶有二旗,作红绿色,或黄色,向月而供之。焚香行礼,祭毕与千张、元宝等一并焚之。"③

京城还有俗谚称"男不拜月,女不祭灶",说明京城民俗中拜月者多为女性。

---

① 袁景澜《吴郡岁华纪丽》卷八《斋月宫玩月》。
② 潘荣陛《帝京岁时纪胜·八月·中秋》。
③ 富察敦崇《燕京岁时记·月光马儿》。

星辰崇拜与先民们对古代星象的观察与认识密切相关，由于星辰位置变化与农业生产活动往往形成某种有规律性的联系，因而产生了星象崇拜的习俗。传说我国上古时代就设有占星之官，先秦时期占星术已露端倪，可见在民间信仰中星辰崇拜具有广泛的心理基础，后来人们逐渐又将某种星象变化与世间的吉凶祸福相附会，以至对某些星宿形成了特殊信仰，如太白主凶、彗星为妖等，使星象崇拜观念搀杂了大量迷信成分。清代国家祀典中有太岁祀仪，顺治元年（1644），曾谕建太岁殿于先农坛东北。民间的星象崇拜同样盛行，如民俗中传说每年农历正月初八为诸星下界的日子，故有祭星习俗。《帝京岁时纪胜》记载："（正月）初八日传为诸星下界，燃灯为祭。灯数以百有八盏为率，有四十九盏者，有按玉匣记本命星灯之数者。于更初设香楮，陈汤点，燃而祭之。寺观释道亦将主檀越年命星庚记注。于是夕受香仪，代具纸疏云马，为坛而祭，习以为常。"①

每年农历二月初三，许多地方都要举办文昌会，以祝祀文昌帝君的诞辰。据《史记·天官书》记载："斗魁戴匡六星，为文昌宫"，有司命、司中、司禄等多项职责。后来，这个居于北斗之上的文昌星逐渐被附会为专司仕进文运的星神，还被列入国家祀典中。《吴郡岁华纪丽》记载："二月初三日，为文昌帝君诞日。郡僚刑牲致祭，用太牢。各邑俱有专祠。城东隅巽方有钟楼高峙，内奉帝君像。以文昌在天，临莅巽方，故用形家言，于娄蔀间高建此楼。以壮吴郡文峰。因是科第郁兴，盛于他郡。是日钟楼开敞……士大夫酬答尤虔，众庶亦纷集殿庭，焚香敬礼，名'文昌会'。"场面之热闹，可见一斑。

三、气象崇拜

所谓气象，是指与人类生活有密切联系的云雨风雷等自然现象。同具有较为固定规律的日月星辰等天象相比，云雨风雷无疑富有较大的变易性，其对农业生产的影响具有更为直接的威慑作用，尤其在以农耕形态为主的中国古代社会，这些表现无常、神秘莫测的自然现象更易于使人们产生强烈的敬畏心理。因此，在民间信仰崇拜中气象崇拜占有重要地位。

在清代国家祀典中，云雨风雷诸神被安排在天神坛享祀，顺治朝初即谕令在先农坛南修建天神坛，其坛设有四青白石龛，镂刻云形，分祀云师、雨师、风伯、雷师，按时祭祀。风伯是先民创造的一个神祇，我国古代围绕对风的风俗还发展出风角术。

---

① 潘荣陛《帝京岁时纪胜·正月·星灯》。

风伯

雨师

雍正六年（1728）谕旨修建风神庙，选址在景山东，因其地属箕位，而风师俗以为指箕星，故建之，赐号"应时显佑"，规定前殿祀风伯，后殿祀八风神。第二年，又以云师、雷师尚厥专祀，谕令修建雷师庙和云师庙，分别赐号"资生发育"和"顺时普应"。同时又以时应宫龙神为雨师而合祀。

在民间，云雨风雷诸师则有各自不同的表现形式。如清代，民间仍多祈雨之风，龙王信仰十分盛行，从而取代了国家祀典中雨师的地位，以至各地龙王庙香火特旺，江南一带还有"龙挂"之说："五六月之间，每雷起云簇，浓云中见若尾堕地，蜿蜒屈伸者，亦止雨其一方，谓之'龙挂'。深山大泽，龙蛇所居，其久而有神，行雨分役，亦若人之有官守职者。"①

风由于对渔业影响颇大，而多受渔民的供奉。如江南渔民以农历十月初五为五风生日，届时"太湖渔者千余家，泛六桅船，候风暴以行，船飨濒湖神祠，祈是月有风"。②

雷神崇拜是民间信仰中较为活跃的一项。俗以农历六月二十四日为雷神诞辰。像江南苏州一带，是日："城中玄妙观、阊门外四图观，各有神像。蜡炬山堆，香烟雾喷，

---

① 袁景澜《吴郡岁华纪丽》卷六《龙挂》。
② 袁景澜《吴郡岁华纪丽》卷一〇《五风信》。

殿前宇下，袂云而汗雨者，不可胜计。庙祝点烛之贽，何止万钱……自朔至诞日茹素者，谓之'雷斋'，郡人几十之八九，屠门为之罢市。或有闻雷茹素者，虽当食之顷，一闻虺虺之声，重御素肴，谓之'接雷素'。"①

《广东新语》记载当地的雷神庙时，称："雷州英榜山，有雷神庙，神端冕而绯，左右列侍天将。一辅髦者捧圆物色垩，为神之所始，盖鸟卵云。堂后又有雷神十二躯，以应十二方位，及雷公、雷母、风伯、雨师像。"②

四、山川水火崇拜

山川水火崇拜亦属自然物崇拜范畴，在民俗信仰中同样表现出自身的特色。山川是一种自然生态现象，由于中国地形复杂，各地山川都具有十分突出的地理特征，其神祇也就呈现出多样化的特点。在原始社会末期，尧、舜就开始祭拜大山，进入封建社会，五岳诸山都形成了自己的神祇，历代统治者屡行致祭大典，对它们累加封号，祭祀山神成为一项重要祀典。清朝顺治初建立了地祇坛，以祀天下名山大川，此坛位于天神坛之西，坛中设五石龛，镂刻山水之形，分祀五岳、四海等。民间信仰普遍认为山川为神灵寄居之地，祭拜山川无非是祈求风调雨顺，物阜民丰，山神信仰十分盛行，靠山地区经常组织规模不等的山神会，像东岳庙神祇习俗就早已遍及民间。俗以农历三月二十八为东岳帝诞辰。《吴郡岁华纪丽》记载："（三月）二十八日为岳帝诞辰。圆妙观有东岳殿，殿宇宏丽，士女瞻拜者，月朔望毕至，左右门无闲阒，座前拜席为暖，化纸钱炉，火相及无暂熄。俗谓神掌人间生命禄籍修短，故酬报尤虔。城乡并有岳庙，诞日赛会，拈香者阗咽，翠盖红旗、锦幢羽葆，辉映衢巷间，楼船野舫，充塞塘河……入夜，庙中陈设供席，张灯演剧，百戏竞陈，游观若狂。"③

又据《巢林笔谈》记载："三月二十八日，俗称'岱诞'，各乡之神朝于岱庙。庙有数处。石牌，介昆山、常熟间，赛会尤盛。届期水陆毕集，加以鼓枻游拳，飞艎竞渡，玉箫金管，蛩逸响于清波；翠袖红妆，流彩葩于涟漪。"④ 场面如此的铺张，是何等热闹！

---

① 顾禄《清嘉录》卷六《雷斋》。
② 屈大均《广东新语》卷六《雷神》。
③ 袁景澜《吴郡岁华纪丽》卷三《东岳草鞋香》。
④ 龚炜《巢林笔谈》卷四《岱诞赛会》。

颐和园镇水铜牛

水是自然界最普遍的存在，人类早期的农业文明无不与水结下不解之缘。在传统农业社会，水是决定农业收成丰歉的重要因素。清代，人们对水的崇拜仍表现得多种多样。在国家祀典中有江、河、淮、济四大水神，在民间则有龙王、湘君、河伯等众多水系神祇，其中各地龙王庙香火最盛。我国民间龙的观念起源甚早，并与水密切相

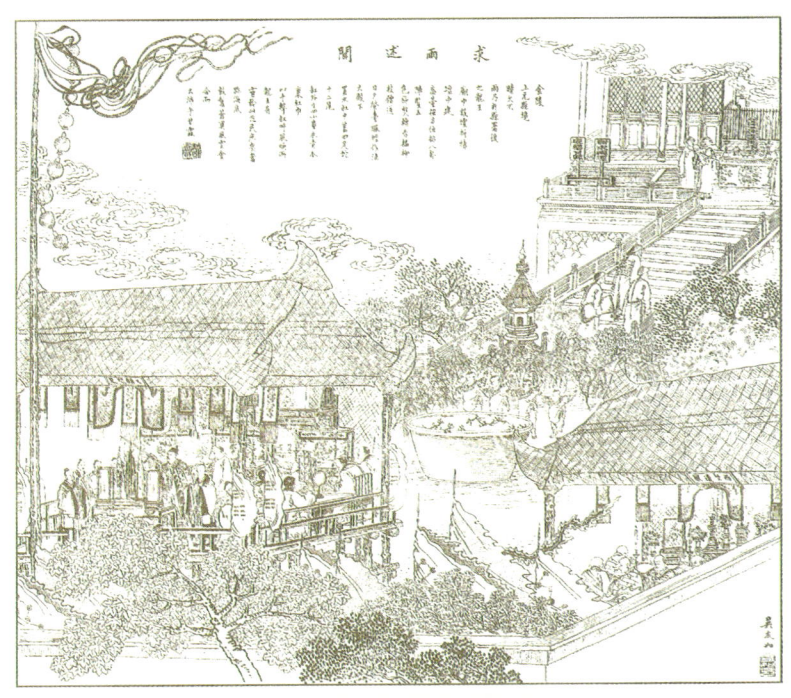

《点石斋画报》关于南京上元县在龙王庙设坛求雨的报道

关，人们普遍认为龙能兴云雨，善变化，故祭土龙以求雨。《广东新语》记载广东人祭祀土龙的风俗，称："广东亢旱，以水日雩祭于社而请雨。以土为龙，身皆黑而尾白，长九尺。使丈夫八人、小儿八人，皆衣黑衣。丈夫舁龙，小儿喧呼曰：'乌龙头，白龙尾，小童求雨天公喜。'自北而南，又自南而北，乃归于社息焉。"① 江南民俗中以农历三月二十八日为白龙生日，《吴郡岁华纪丽》记载："吴中，泽国也，龙以为蓄，则田禾无旱暵之患。三月二十八日为白龙生日，前后旬日阴雨不常，是日雨，人言龙归省母也。" 龙王成为民间与雨水关系最为密切的信仰对象。

火的崇拜源于人类与火微妙的关系，自然现象中的火具有二重性，一方面它带给人们以温暖和光明，另一方面又会经常造成难以抗拒的灾害，这就使人们愈发感觉到火的神秘性，因此对火奉若神明，火的崇拜成为一种普遍的原始信仰形式，中国古代对火神祝融以及火德星君的崇拜便是这种信仰的生动反映。清代不少地区建有火神庙，《清嘉录》中记载："（六月）二十三日为火神诞，以神司火，祷谢者众。至是或有不御荤酒者，谓之'火神素'。"火神最初以炎帝、祝融为信奉对象，发展至清代，火神与灶神的区别已经不十分明显，像苏州一带，每年六月初四、十四、廿四日，各户都用素篚祀灶，谓之"谢灶"。谚云："三番谢灶，胜于清醮。"

五、动植物崇拜

动植物崇拜也是万物有灵观念作用的结果。由于动物与人们的生活、生产活动密切相关，而且同人类一样表现出鲜活的生命力，因此动物崇拜较植物崇拜更为普遍。远在人类原始的渔猎时代，原始的动物崇拜信仰便已十分盛行，像我国古代极为流行的四灵观念，即所谓龙、凤、麟、龟四种灵物，在先秦时期已经定型。又如传统的十二生肖观念成熟于两汉，也是动物崇拜信仰的历史反映。清代民间动物崇拜信仰仍有丰富的表现，如对蛇的崇拜便是受古代龙蛇神话的影响，俗以农历四月十二日为蛇王生日，《清嘉录》记载苏州一带民俗称：是日"进香者骈集于娄门内之庙，焚香乞符。归黏户牖，能远毒蛇"。②

清代狐仙崇拜十分盛行，清人笔记小说《聊斋志异》、《阅微草堂笔记》中都有关于狐仙的故事。再者，如对虎的崇拜。在中国古代神话中，虎就是先民图腾崇拜的对象，民间则有除夕画虎以镇宅避邪的风俗，《清嘉录》中记述江南腊月喜剪老虎花以除岁，

---

① 屈大均《广东新语》卷二二《土龙》。
② 顾禄《清嘉录》卷四《蛇王生日》。

奉天狐仙庙

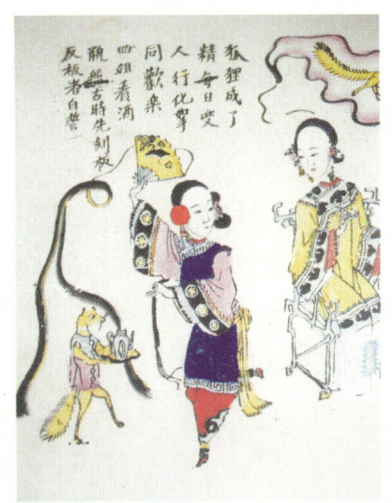
狐狸精

清代《祝花神诞》图

称:"年夜,像生花铺以柏叶,点铜绿,并剪彩绒为虎形,扎成小朵,名曰'老虎花'。有旁缀小虎者,曰'子孙老虎'……闺阁中买以相馈贻。"[1]《吴郡岁华纪丽》所记端午女红节物中,则有"以彩绒缠铜钱……编钱为虎头形,系小儿胸前,以示服猛"。[2] 像

---

[1] 顾禄《清嘉录》卷一二《老虎柏子花》。
[2] 袁景澜《吴郡岁华纪丽》卷五《端午女红节物》。

满族所信奉的萨满教中有不少动物神,虎则被视为有灵性的动物,占有突出地位,人们在行猎时都要尽量避免与虎遭遇。另外,如民间普遍流行的祭祀蚕神习俗,多以马头娘为蚕神,以至享祀先蚕神被列入国家祀典中。这些都反映了清代动物崇拜观念多样化的特点。

植物崇拜实际上与远古时代人类采集生活有关,像树木、花草、谷物等都是采集劳动的主要对象,但采集生活相对较为简单的活动方式,又制约着人们的对植物崇拜不如动物崇拜那样丰富多样。在清代,民间有关植物崇拜的信仰依然在某些地区保持着,如江南流行的农历二月十二日祭百花生日习俗,即属植物崇拜的遗风,《吴郡岁华纪丽》记载:"宋制,守土官于二月十五花朝日出郊劝农……今吴俗以二月十二日为百花生日……是日,闺中女郎为扑蝶会,并效崔元微护百花避风姨故事,剪五色彩缯,系花枝上为彩幡,谓之'赏红'。虎邱花农争于花神庙陈牲献乐,以祝神釐,谓之'花朝'。是时春色二分,花苞孕艳,芳菲酝酿,红紫胚胎,天工化育,肇始于兹。故俗以是日晴和,占百果之成熟云。"①

在北方,《帝京岁时纪胜》则记录了北京的花朝风俗:"(二月)十二日传为花王诞日,曰'花朝'。幽人韵士,赋诗唱和。春早时赏牡丹,惟天坛南北廊、永定门内张园及房山僧舍者最胜。除姚黄、魏紫之外,有夭红、浅绿、金边各种。江南所无也。"②

1895年前后的上海龙华塔

---

① 袁景澜《吴郡岁华纪丽》卷二《百花生日》。
② 潘荣陛《帝京岁时纪胜·二月·花朝》。

第二节　祖灵崇拜

祖灵崇拜信仰的产生来源于先民们原始的灵魂观念。灵魂观念构筑了人类早期宗教信仰最初的基石，从自然崇拜转向灵魂崇拜，标志着人类原始思维水平的巨大飞跃，是人类从观念形态上对自身文明认同与肯定的表现。通过笃信灵魂的存在，人们在自我意识中自觉地构造了一个万物有灵的众生世界，自然界的一切无不被赋予灵魂的意志，这样就为祖先崇拜打开了心理的空间。祖先意识与灵魂观念相结合，最终形成了在中国文化发展史上影响深远的祖先崇拜文化。

祖容像轴

一、灵魂崇拜

招魂

灵魂观念的产生是原始人类自我意识不断发展的结果,是人们对超自然力崇拜的一种基本形式。清代民间灵魂崇拜主要表现在丧葬习俗中。如《清稗类钞》中记载的淮安丧礼的情形,当家中某人死去后,要有人为他守灵。"头七"被认为是死者上望乡台的日子,此时家中所发生的事情,死者还都能看到,反映了所谓灵魂不死的观念。所以,家中成员均要身着白色孝服,通宵不能睡卧。又俗传人死后三日之内到不了阎王殿,而暂时住在本地的土地庙中,所以要有人每天前往送饭一次,并且尽量多焚纸钱等物,意思是请那里的土地神多加关照。又如东北地区的送魂习俗:"人死三日,既薄暮,其子以纸囊盛纸钱负入土地祠,即神前曳囊三匝,觉重,曰亡者收去,出而焚之,谓之'送褡裢'";又记:"客死者柩还乡时,请鬼票于城隍庙,遇关津焚之,云不然魂不得过。"①

灵魂观念经过嬗变,进一步又发展出鬼魂观念。先秦时期的鬼魂崇拜盛行,汉代以后,鬼魂崇拜信仰与外来佛教相融合,鬼魂观念遂成为民间信仰中的重要内容,直至清代仍有较大影响,清人笔记、小说中多有所反映。如《清稗类钞》中记载:"朱云甫,名其昂,浙江候补道,宝山人,侨居上海。其家世以沙船为业,谙熟海道……光绪戊寅(光绪四年,1878),在大沽分局,偶感时疾,旬日而亡,年未五十。亡之次日,由汽船寄信其家。船甫至,信犹未达也。其家一婢忽仆地,作朱语,告家人以死期,且云:'本尚可活十二年,为医药所误,今附某船南归,至矣。'举家方共惶骇,而船中之信至。"②这则笔记反映了民间所传说中灵魂附体的迷信观念。又如民俗中每逢新年在家门上悬挂桃符,用意就是要驱鬼避邪。《吴郡岁华纪丽》记载:"吴俗多以漆板画八卦形,或画苍龙形,钉门楣以镇宅。"《清稗类钞》记载闽人祀鬼习俗称:"闽人信鬼,鬼

---

① 西清《黑龙江外记》卷六。
② 徐珂《清稗类钞》第十册《迷信类·朱云甫魂归》。

且有姓名。其于子女初生也，即赴丛葬处招新死之鬼，虚奉而归，永久祀之，以祈终身之福。更有所谓下爷者，曰'地主'，亦家祀之，实则所祀者乃病疠而死者也。"可见，鬼魂信仰是世俗迷信的重要内容，人们祀鬼的目的无非是企图通过巫术来支配自身的命运。

二、祖先崇拜

祖先崇拜本质上是一种灵魂崇拜形式，它反映了人们对祖先灵魂虔诚的膜拜意识，是中国民间信仰的一个基本特征，早在几千年前，我们的先民就用他们的文字为后代保留了这方面活动的大量记录。进入封建社会，严密的封建宗法制度终将敬天尊祖作

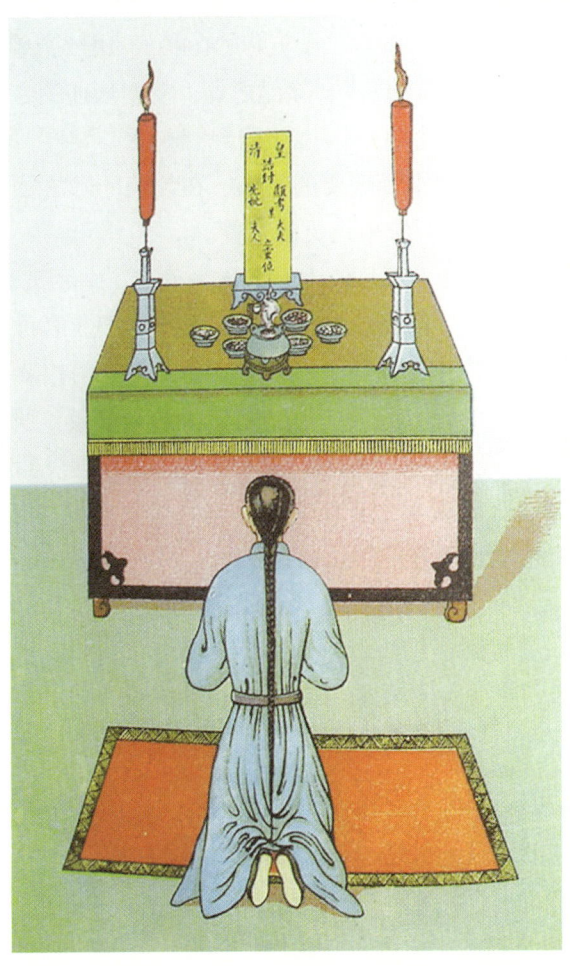

祭祖

为核心原则，在以血缘关系为纽带的传统社会中，祖先崇拜成为维系人们社会伦理道德的基本准则。所以，敬天祭祖既是中华民族悠久的文化传统，也是祖先崇拜信仰中最重要的内容。清朝是中国封建统治的继承者，统治者为显示其合法的正统地位，在政治、文化政策上仍然将传统的封建礼制思想奉为圭臬，各种祭祖活动表现得十分隆重。

后金初无太庙之制，后来清太宗皇太极于天聪后期始在盛京建立了太庙，供奉太祖努尔哈赤神位。定鼎北京后，国家的祭祖大典便规定在北京的太庙举行，其位置设在紫禁城正门午门之左，每年四次大享太庙，称为"四孟时享"。另外又辟奉先殿，如太庙寝制，供皇室贵族日常祭祀之用。雍正朝，谕建寿皇殿，供奉圣祖康熙圣容，开创了供奉皇室列祖遗容的先例。同时，清朝统治者特别强调皇帝亲祀太庙的做法，将此定为家法，认真履行。如雍正十年（1732）曾颁谕："国家典礼，首重祭祀，每当斋戒日期，必检身竭诚致敬，不稍放逸，始可以严昭事而格神明。"① 而且，对陪祀及执事人员再次提出严格要求。此前，康熙二十五年（1686），康熙帝曾因祀典过程中有"喧语失仪"者，而"谕诫陪祀官毋慢易"。除此之外，清朝依前朝之制，还修建了历代帝王庙，制定相应的祀典，以强化敬天尊祖的统治思想。

同样，祭祖是民间祭祀中最重要的祭事，在传统的宗法社会中，祭祖更具有特殊的意义。民间祭祖多表现为对家中亡灵的祭奠。

习俗中通常将农历七月十五日的中元节称为鬼节，中元又称地官，主司赦罪转投，故称"鬼节"，通常又将它与清明和十月朔日（或冬至日）合称三鬼节。在这些特定的日子，人们往往要举行各种各样的祭祖事鬼活动，像清明扫墓早已沿袭成为祭拜祖先的重要的民俗事象，而中元节的祭奠活动则显得最为隆重，所谓"中元祭扫，尤胜清明"。据《清嘉录》记载："中元，俗称'七月半'，官府亦祭郡厉坛。游人集山塘，看无祀会，一如清明，人无富贵，皆祭其先。新亡者之家，或倩释氏羽流，诵经超度，至亲亦拜灵座，谓之新七月半。"②

---

① 《清朝文献通考》卷一〇一。
② 顾禄《清嘉录》卷七《七月半》。

第三节　佛教风俗

清朝的宗教呈现为多教并存的格局，满族入关前，主要受萨满教与藏传佛教的影响；入主中原后，则以兴文教、崇儒学为治国之策，因此，在清朝官方宗教中，佛、道的影响并不显著。不过，清朝初期，统治者立足不稳，根基未固，他们意识到有必要对汉地宗教加以利用。而且，不少汉族士大夫经过天崩地裂般的鼎革剧变，也纷纷遁迹佛门，拒仕新朝。所以，清初统治者并未从政策上对汉地佛教进行排斥，而是作出较为宽容的姿态，注重加强对藏传佛教与汉地佛教上层的笼络工作。另一方面，萨满教也深受藏传佛教的影响，如萨满教所供奉的神灵中便有如来、菩萨等诸神像，所

佛寺

以佛教对满族的影响程度要比其他宗教大得多，在民间，佛教风俗也因此得以普遍发展。

清代民间佛教信仰活动盛行。据《清稗类钞》记载：当时"寺院遍郡邑，供奉文殊、普贤、释迦、观音诸像"，中下社会多信之者。如民俗中以农历四月初八日为佛诞日，称佛诞节或浴佛节。这一天，人们持斋礼忏，结众为放生会，以水盆盛铜佛，大家争舍钱财，赛会迎神，各寺院的僧众纷纷以水灌洗佛像。《吴郡岁华纪丽》记载："世俗浮屠遂以四月八日为释迦生辰，各寺院建龙华会，香花供养，以小盆坐铜佛，浸以香水，复以花亭饶鼓遍行闾里，迎往富家。以小杓浇佛，提唱诵偈，男妇布舍钱财，居人持斋礼忏，名曰'浴佛'。"①

受此影响，民间有许多有趣的放生活动，被称为"放生会"。如："释迦生日，居人持斋礼忏，结众于寺院，为放生会。笼禽鸟，盆鱼虾，筐螺蚌罗佛前，僧作梵语数千相向，纵羽飞空。蛰者落屋上，移时始去。水之属投大云庵放生池、南园流水居并城河禁网罟笱饵之处。至于牛羊鸡豕之属，亦有买放畜养于城外西园，并施舍饲养刍料之费给僧领之，竟日乃罢。"②

又如俗以农历二月十九日为观音诞日，各地要组织观音会。据传观音菩萨是农历

清桃花坞年画《姑苏报恩进香》

---

① 袁景澜《吴郡岁华纪丽》卷四《浴佛》。
② 袁景澜《吴郡岁华纪丽》卷四《放生会》。

二月十九日出生、九月十九日出家、六月十九日得道,因此这三个日子都要举行享祀活动。《帝京岁时纪胜》记载:"(二月)十九日为观音大士诞辰。正阳门月城内观音香火极盛,城外白衣庵、观音院、大悲坛、紫竹林,庙宇不下千百,皆诵经聚会。六月十九日登莲台,九月十九日传妙道,如前行之。有善信唪大悲咒戒荤酒者,二、六、九食素三月。"①

农历七月十五日的中元节,则是佛教中最大的祭日。按佛教说法,七月十五日为解夏日,僧徒安居期满,要行忏悔,即所谓"佛自恣日",又称"佛欢喜日"、"佛腊日",恰好与民间鬼节之期不谋而合,因此,这样的节日便显得多姿多彩,除自恣活动外,还要举行丰富多样的放灯会、盂兰盆会等。盂兰盆会之俗源于佛教中佛祖弟子目连救母的传说,此兴起于梁武帝时,此后一直延续不衰。如《吴郡岁华纪丽》所记载的情形:"吴下中元节日,闾里醵钱结会,集僧众设坛礼忏诵经,拯济孤魂,施瑜珈食,名放焰口。纸糊作鬼王像以临坛,精冥镪钜万,香亭旛盖击鼓鸣锣,有七叶功德,

近代小说插图中的妇人信佛诵经场面

---

① 潘荣陛《帝京岁时纪胜·二月·观音会》。

杂以盂兰盆冥器之属，于街头城隅焚化，名曰'盂兰盆会'。或剪纸作莲花灯，浮于水次，为放河灯，名'水旱灯'，谓照幽明之苦。"①而《帝京岁时纪胜》则记录了北京风俗："街巷搭苫高台、鬼王棚座，看演经文，施放焰口，以济孤魂。锦纸札糊法船，长于七八十尺者，临池焚化。点燃河灯，谓以慈航普渡。如清明仪，昇请都城隍像出巡，祭厉鬼。闻圣祖朝，曾召戒衲木陈玉林居士居万善殿。每岁中元建盂兰道场，自十三日至十五日放河灯，使小内监持荷叶燃烛其中，罗列两岸，以数千计……至今传为盛事。都中小儿亦于是夕执长柄荷叶，燃烛于内，青光荧荧，如磷火然。又以青蒿缚香烬数百，燃为星星灯，镂瓜皮，掏莲蓬，俱可为灯，各具一质。结伴呼群，遨游于天街经坛灯月之下，名门灯会，更尽乃归。"这样的节俗实在是热闹非凡。

---

① 袁景澜《吴郡岁华纪丽》卷七《盂兰盆会》。

第四节　道教风俗

道教是中国的传统宗教，由来已久，发展至清朝，道教的社会影响大为减弱，清朝统治者对道教的重视程度远不如其对藏传佛教与汉地佛教，而且最高统治者中除雍正帝对道家养气斋醮略感兴趣外，素无崇奉道教者，故从未对道教予以热心提倡，道教在清朝总体上呈现了日益衰落的趋势。所不同的是，道教信仰在民间的发展并未受此影响，反而随着清代民间宗教的兴旺而得到了更广泛的发展，成为人们社会生活中表现较为活跃的风俗信仰。

一、道士与政治

道教自宋元以来基本分为南北两派，即南方的正一派（又称天师派）与北方的全真派。至清朝，满族贵族入主中原，在统治者眼中，道教自然而然地被视为汉人的宗教而遭到冷落，道教与清朝政府的关系更趋冷淡。但清初，满族入关不久，国家统一的格局尚未形成，统治者出于政治的原因，不得不对道教采取了适当的笼络政策。如顺治初，顺治帝曾晓谕龙虎山正一道天师世家，表示不废正一清静之教，还令五十二代天师张应京入觐，封赐正一嗣教大真人，给一品印。五十三代天师张洪任袭封，并敕免本户及上清宫各色徭役。顺治十三年（1656），顺治还允许全真道中天龙派第七代律师王常月在京城白云观主讲教法，度弟子千余人。康

铜陵峡清江阁道观

熙初，王常月又率弟子南下南京、杭州等地立坛授戒，收罗了不少弟子。康熙帝也曾封五十四代天师张继宗为正一嗣教大真人，并授光禄大夫品级，赐第京师，张继宗奉敕进香五岳，祈雨治河。雍正朝又沿成例敕封五十五代天师张锡麟，赐银修龙虎山上清宫并为诸宫购置香火田数百亩。另外还召白云观及龙虎山道士入宫治病驱邪。其中像正一教的道士娄近垣颇精于学，雍正九年（1731），他受召入宫，设坛礼斗，声名大显。据《清稗类钞》记载："娄道人，名近垣，江西人。世宗召入京师，以光明殿居之。有妖人贾某为患，道人为设醮祈祷，祟立除。又于世宗前结幡招鹤，颇有左验，特封为'妙应真人'。"①

总之，清朝统治者对这些人都给予了很高的待遇，像王常月死后，康熙帝还赐号"抱一高士"，足见统治者对笼络道教上层颇为用心。但同时，清朝统治者却并未放松对道教的限制。当初，顺治帝赐封五十二代天师张应京时，就明确晓谕他不得干预教外诸事，不得妄行异端邪术，康熙帝也曾颁行过类似的谕旨。雍正时，白云观道士贾士芳入宫给雍正帝治病，本极受宠信，但只因言语有侮圣颜，即惨遭横祸。又如，乾隆五年（1740），乾隆谕旨礼部，今后正一道人不再入朝臣班行；乾隆十二年（1747），谕令正一真人从正一品降为正五品，后虽略有提升，但道教地位屡屡受抑却是显而易见的事实。因此，道教在清初的社会影响十分有限，如康熙初期道教徒人数仅两万余，显然大大少于佛教僧众；而乾隆朝以后，清朝的统治根基日趋稳固，对道教的限制也逐渐加强，致使道教在政治上的影响迅速走向衰落。

二、民间的道教活动

道教是中国民间土生土长起来的宗教信仰，其内容在民间流传极为广泛，各种神仙信仰显得庞杂繁芜，其中影响比较大的像玉皇大帝、东岳大帝、土地爷、天妃、吕祖、龙王等，对它们的信仰崇拜构成了民间各种各样的风俗。如前面已经述及的东岳大帝，为道教所奉的泰山神，属五岳之尊。道教认为东岳大帝主冥，三月二十八日是他的诞辰，自南宋以来江南一带始终有祭祀演戏的风俗。如《清嘉录》中记录苏州地区的情景："城中玄妙观有东岳帝殿，俗谓神权天下人民死生，故酬答尤虔。或子为父母病危而焚疏假年，谓之'借寿'；或病中语言颠倒，令人殿前闹魂，谓之'请喜'。祈恩还愿，终岁络绎，至诞日为尤盛。虽村隅僻壤，多有其祠宇。在娄门外者，龙墩各

---

① 徐珂《清稗类钞》第十册《方外类·娄道人为真学道者》。

村人，赛会于庙，张灯演剧，百戏竞陈，游观若狂。"①

天妃娘娘也是清代民间道教信仰中较著名的神仙。天妃娘娘即天后，又称"妈祖"，在闽南、台湾等地区亦有呼为"马祖"者。宋代徽宗时颁赐封号，元代封为"护国天妃"，清康熙二十年（1681）加封"天后圣母"，道光朝又重建天后宫碑。天妃成为南海渔民最大的保护神，尤以东南沿海各地对其崇拜长期不衰，信奉最诚，《清稗类钞》中记载："闽海船中之舵要，皆有小神龛，龛中安设天后牌位。"②

道姑

另外，像民间流行的三元斋会，是颇有特色的祭拜风俗，追溯其源，则来自道教中对天、地、水三官的信仰。《清嘉录》记载："上元、中元、下元日为三官诞辰。俗以正、七、十月朔至望日嗜素者，谓之'三官素'。或以月之一七、十日待斋，谓之'花三官'。遇三元日，士庶拈香，骈集于院观之有神像者……至日，舆舫络绎，香潮尤盛，归持灯笼，上衔'三官大帝'四字，红黑相间，悬于门

浙江宁波天后宫

---

① 顾禄《清嘉录》卷三《东岳生日》。
② 徐珂《清稗类钞》第八册《丧祭类·闽海船祀天后》。

第十章 信仰

清佚名《关公像图轴》

首，云可解厄。或有以小杌插香供烛，一步一步拜山者，曰'拜香'。"①

在清代，民间道教乃至民间信仰中最受尊崇的人物是关羽，其忠信勇武、重义轻利的形象特别流行，关帝庙更是遍布中国城乡，当时仅北京就有关帝庙百余座。神庙之外，几乎家家都供奉香火，清人赵翼称："今且南极岭表，北极塞垣，凡儿童妇女未有不震其威灵者，香火之盛，将与天地同不朽。"② 而满、蒙等族亦相当重视祭礼关帝，就连清朝统治者也对他十分推崇，像这样被儒、道、佛和满、蒙、藏、汉均尊崇供奉神灵，历史上恐怕绝无仅有。统治者更是充分利用这一信仰资源，来强化封建礼教思想，明万历年间曾赐关羽"三界伏魔大帝神威远镇天尊关圣帝君"封号，清初顺治九年（1652），则加封"忠义神武关圣大帝"。清世祖未入关前，先征服蒙古诸部，与蒙古诸汗约为兄弟，引汉民族桃园结义的故事，满族以蜀国刘备自认，蒙古则自比关羽。故《清稗类钞》称，清人"羁縻蒙古，实用《三国志》一书……累封……关圣大帝，以示尊崇蒙古之意。是以蒙人于信仰喇嘛外，所最尊奉者厥惟关羽"。③

在满语中关羽被称为"关玛法"，"玛法"即"祖"的意思。满族原信奉萨满教，常举行跳神仪式，跳神在室内举行。满族最尊贵的神龛首供观音，其次便是供奉关帝，再次为土地，故用香三盘，表明关帝祭祀也已完全融入了满族信仰中。咸丰五年（1855），谕旨又追封关羽曾祖为"光昭王"、祖父为"裕昌王"、父亲为"成忠王"，三王一帝，何等显赫！祀典的规格也相应升至中祀，春秋由官员行祭。至光绪朝，关帝封号更是累加至二十六字之多。

道教中称关羽为"关圣帝君"，民间由此呼之关圣、关帝。俗以农历五月十三日为关帝生日，各地都要举行规模盛大的赛神活动。如《清嘉录》所记："（五月）十三日为关帝生日，官为致祭于周太保桥之庙。吴城五方杂处，人烟稠密，贸易之盛，甲于天下。他省商贾，各建关帝祠于城西，为主客公议之所，栋宇壮丽，号为会馆。十三日前，已割牲演剧，华灯万盏，拜祷惟谨。"像各地的民间会馆大都供奉关帝以求神灵庇护，有的地方还将与关帝信仰相关的劝善文镌刻刊石，关公俨然成为一尊护国之神。

---

① 顾禄《清嘉录》卷一《三官素》。
② 赵翼《陔余丛考》卷三五。
③ 徐珂《清稗类钞》第八册《丧祭类·以祀关羽愚蒙》。

【第五节　巫】

巫术表现了人类企图对自然界及人自身进行控制的一种特殊行为，巫术信仰则代表了人类原始意识发展过程中所产生的观念文化，也可以说它是在人类社会发生得最早的原始信仰。由于人神之间无法直接沟通，自称可以通晓神灵奥秘的巫师便以某种方式担当起这个任务，于是出现了巫术信仰。随着人类认识水平的不断进步，人类对其自身认识能力的局限性的理解会趋向理性化，但巫术信仰却是极为复杂的文化现象，由于它本身并不是一种独立的宗教形态，所以虽会受到社会生产力发展水平的制约，但与人们社会生活中长期积淀的信仰风俗关系更为密切。因此，不少巫术在历史的发展过程中始终被民俗信仰虔诚地传承保留，乃至衍化嬗变，成为民俗信仰重要的组成部分。我国古代很早的时候便有了关于巫的记录，像传说时代的颛顼，就是能够"绝地天通"的大巫，后来巫逐渐为统治者所垄断，上古时期的巫师在社会生活中扮演着举足轻重的角色。与此同时，早已在民间生根发芽的巫术信仰则在民俗活动中保持了巨大的活力，尤其是中国民间多神崇拜、祖先崇拜观念长期盛行，为巫术信仰的传播提供了广泛空间，使之得以渗透到社会生活的各个角落，成为一种世代相沿、久盛不衰的民俗事象，从而构成了我国民族信仰中一个十分特殊的文化形态。

一、巫术的种类和内容

中国古代巫术的发展至少已有五千年的历史，远在殷商时代民间巫风就已十分炽盛，从古至今，巫术信仰始终是中国古代民间信仰中特色显著的部分。通常，施展巫术被认为是与神灵沟通的过程，神灵的意志通过某种奇特的方式展示出来，使人们面对巫术的结果直观地感受到一种非凡法力的存在。一旦这种神奇的魔力被表现出来，便愈发渲染出巫术本身所特有的神秘色彩；而反过来，其变化莫测的神秘性又进一步加强了人们对巫术崇拜的信念。因此，巫术信仰经过历代的发展嬗变，仍然保持着极其深厚的民俗基础。清代统治者信奉萨满教，萨满教中的跳神活动即是一种巫术信仰的表现形式，如清人昭梿所撰的《啸亭杂录》中便详细记载了跳神仪式的内容，里面还提到有蒙古跳神，说明当时在东北地区满族及蒙古族中间跳神风俗广为流行。而统治阶层的嗜尚对社会风习往往会产生重要影响，满族跳神既然得到提倡，民间的巫术信仰自然难以禁行。

此外，从社会背景看，受宋、元以来战乱动荡及大规模移民、垦荒等活动的影响，明清时期水土流失现象异常严重，极大地破坏了自然生态系统，导致自然灾害数量急剧增长，至清代发展至高峰。据统计，清代是我国封建社会自然灾害最为严重的时期，水灾、旱灾、蝗灾等严重性灾情比比皆是，尤其是清后期，灾荒过后的难民动辄上千万，贫困交加，病疫肆虐，直接导致社会动荡、经济萧条，结果，民间迷信风气泛滥，中国古代民间巫术的许多形式在清代都得到了表现。

巫术直接来自人类原始的宗教信仰习俗，而且具有突出的行为特征，因此它的种类十分庞杂。从本质上说，巫术是人们出于不同的心理预期而举行特殊形式的活动方式，所以在实际生活中，祈求巫术、神判巫术、预兆巫术、避邪巫术、驱鬼巫术、符咒巫术、招魂巫术、施蛊巫术等形式最为多见。

祈求巫术是人们出于某种目的通过一定的祭拜方式而寻求神灵福佑的巫术形式，这种巫术在社会生活中十分普遍，像民间求雨巫术，国家典祀中的大雩礼仪等都可以被视为祈求巫术的形式。

神判巫术也可以称为感应巫术，是指在对发生争执的事情进行判断的过程中，借助某种手段来推测神灵的意志，从而实现裁决的巫术形式。如清人屈大均在《广东新语》中所记载的粤人作神判的情形，其称"广有三界神者，人有争斗，多向三界乞蛇以决曲直。蛇所向作咬人势则曲，背则直。或以香花钱米迎蛇至家，囊蛇而探之，曲则蛇咬其指，直则已"。①

驱邪灵符

预兆巫术是指借助一定方式探知神意对某事未

---

① 屈大均《广东新语》卷六《二司》。

来发展的安排。这种巫术在民间占有较重要的地位，像卜卦、算命等均可被视为预兆巫术的不同表现形式。清人陈其元在《庸闲斋笔记》中就记载了无锡人唐雅亭因误信扶乩算命而丢掉性命的故事。

避邪巫术是指使用某些特定的物品来祛除被认定的鬼怪邪物，避免受其伤害的巫术形式，是民间较为流行的一种巫术信仰，不少节俗中都有避邪禳祸的内容。如《广东新语》所记地方风俗："博罗之俗，正月二十日以桃枝插门，童稚则以桃叶为佩，曰'禁鬼'也。"

驱鬼巫术是指由巫师依靠特定的仪式来完成请降神灵，驱除鬼魂威胁的巫术形式，像民间某些地区流行的傩祭、萨满教中的跳神仪式等都属此类。

符咒巫术是指通过纸符或咒语所表达的信念，求得神灵去达成某种意愿的巫术形式，它们可以通过人们对符咒直观的感受，加深对超自然力量的膜拜心理，因此在巫术习俗中占有重要的位置。清代巫风盛行，符咒巫术亦常见。

《痴人说梦记》插图中挂牌营业的占卜者

招魂巫术是指借助一定的法术将受到神鬼作弄的灵魂招回身体的巫术形式。如《清稗类钞》中所记"采药招魂"的风俗："采药之风，盛于怀宁之石碑。无论贫富之人，一经染病，不先延医，但舁木偶至药肆采药。药肆略诘病源，遂将药名一一报告。木偶一动，即隐示需用此药。归而悉煎之，不问药性。问有因此而戕身者，转诿之于命数。如不效，则至夕又舁木偶于途，明火狂奔，鸣锣高喊以招魂。"①

施蛊巫术是指以蛊虫制成毒药进行施放的巫术形式，民间传说中有不少关于巫蛊方面的故事，如清人袁枚在《子不语》中称："云南人家家畜蛊"，② 原因是"蛊能粪金银以获利"，所谓食男子者粪金，食女子者粪银。以至每晚放蛊之时，家家争相将小孩藏起来，恐为蛊所食，"养蛊者别为密室，命妇人喂之。一见男子便败，盖纯阴所聚也"。

---

① 徐珂《清稗类钞》第十册《迷信类·采药招魂》。
② 袁枚《子不语》卷一四《蛊》。

二、淫祀

淫祀，指未被纳入封建社会国家典祀的民间神灵崇祀。国家祀典中的神灵谱系虽然庞大，但作为封建宗教礼法的重要组成部分，有严格的祭祀制度，是表现封建专制统治权威的重要手段；相比之下，民间的神灵崇拜则显得十分杂芜，通常没有严谨的等级排列，更缺乏系统的理论支持。严格地说，古代祭祀本是原始巫术一种最基本的表现形式，多样化的神灵信仰在日常生活的祠祀中表达着人们祈望神灵护佑，渴求灵验效果的虔诚意愿，这些信仰在历史上为正统宗教的发展提供了足够的养分，并不断被后者适当地加以吸收和利用；而反过来，正统宗教又在不同程度上对民俗信仰施加影响。这样，民间崇祀的诸神变得更加纷繁多端，它们有的是从正统宗教中讹变或化脱出来的形象，有的则直接来自于民俗自身的创造与传承，这些形象一经产生便获得了社会性意义而广为人们膜拜，成为民间风俗信仰真实而生动的折射。所以说，淫祀在很大程度上反映了民间巫术信仰多元化的特征。自古江南多淫祀，像吴越、闽粤等地都是淫祀十分盛行的地区。而清代巫风炽烈更有着深刻的社会背景，如民间多崇祀刘猛将军，便是清代蝗灾较盛造成的。尤其咸丰年间，蝗灾之巨，几遍大江南北。因民间传说中刘猛是捕蝗英雄，农历正月十三为其祀日，既然驱蝗无术，乞灵于神成为人们不得已的选择，故当时刘猛将军庙尤多。如《清嘉录》记载："（正月）十三日，官府致祭刘猛将军之辰。游人骈集于吉祥庵，庵中燃铜烛二，大如杯棬，半月始灭，俗呼'大蜡烛'……前后数日，各乡村民击牲献醴，抬像游街，以赛猛将之神，谓之'待猛将'。穹窿山一带，农人舁猛将，奔走如飞，倾跌为乐，不为慢亵，名曰'赶猛将'。"① 清代民间淫祀之所以大行其道，由此可见一斑。

进一步看，民间神祇普遍具有明显的实用性功能，求神佑护的心理期望是各种神祇

江苏海州地区崇祀的大姑二姑像

---

① 顾禄《清嘉录》卷一《祭猛将》。

产生的重要基础。相对于正统宗教而言，人们所崇祀的对象更多地表现为杂神，这些神祇往往在某个领域拥有十分虔诚的信众。诸如流行于民间的送子娘娘形象，其来源就有多种传说，清人屈大均在《广东新语》中所记载的广州当地民俗便将送子娘娘归属于西王母，其称："广东多有祠祀西王母，左右有夫人，两送子者，两催生者，两治痘疹者，凡六位，盖西王母弟子……相传西王母为人注寿注福注禄，诸弟子亦以保婴为事，故人民事之惟恐后。"又称，祠庙墙壁上多绘有保婴题材的故事，名为"子孙堂"，"人民生子女者，多契神以为父母"。① 清代民间淫祀中出现较普遍的是五圣神祀。五圣又称五显、五通，其来源颇为杂芜，在清代民间所祀最盛。光绪《归安县志》记载："湖俗淫祀，最信五圣，姓氏原委，俱无可考。但传其神好矮屋，高广不逾三四尺，而五圣夫妇将佐间以僧道共处，或塑像，或绘像，凡委苍空园及屋檐之上、大树之下，多建祀之。"②

康熙朝，汤斌受命抚吴，曾奉旨勒碑永禁淫祠滥祀，他在《奏毁淫祠疏》中对民间淫祀屡禁不绝的现象十分感慨，文称："苏松淫祠，有五通、五显、五方贤圣诸名号，皆荒诞不经，而民间家祀户祝，饮食必祭。妖邪巫觋创作怪诞之说。愚夫愚妇为其所惑，牢不可破。苏州府城西四十里，有楞伽山，俗名上方山，为五通所踞几数百年。远近之人，奔走如鹜。牲牢酒醴之饷、歌舞笙簧之声，昼夜喧闹，男妇杂沓，经年无时间歇。岁费金钱，何止十百万！商贾市肆之人谓称贷于神可以致富，借直还债，神报必丰……荡民志、耗民财，此为最甚！"淫祀发展到这种地步，不但不利于封建国家礼教秩序的稳定，更对普通百姓生活造成了极大的伤害，当然有必要令行禁止。

总之，清代淫祀难禁是民间巫风炽盛的重要标志，尽管清朝统治者对它屡有禁令，但淫祀禁而不绝，甚至愈禁愈烈却是不争的事实。清人毛祥麟称："三吴风俗，信祀淫祠。康熙间，汤文正公抚吴，曾经奏毁，久而禁驰。僧人渐搭房屋，香火复盛，祈祷者又接踵于途矣。道光乙未（道光十五年，1835），江苏按察使裕谦，复毁上方山五通祠，获僧傅德、成镒等，严加惩办。并禁民间，如有私奉五通、太母、马公等像者，以左道论，由此始得稍息。"③

可见，淫祀之盛既是民间长期积淀的浓厚的迷信风习的一种必然结果，同时不可否认，佛、道两教中的僧、道人员经常参与其事也产生了推波助澜的作用。

---

① 屈大均《广东新语》卷六《西王母》。
② 光绪《归安县志》卷一二。
③ 毛祥麟《墨余录》卷六《淫祀》。

三、巫术

清代巫风盛行，处处都可看到古代巫风的遗迹和影响，不同的巫术形式在不同的地区被广为信奉，对人们的生活习俗产生了重要影响。举凡民间祭神祀鬼、禳灾祈福、驱邪逐疫等诸多事象，均不同程度地透视出巫术的影子。从形式上看，巫术是一种以神灵信仰为基础，企图与这种神灵的力量达成某种联系的特殊的行为方式，它最重要的特征是借助特有的法术方式来影响虚设的神灵，从而完成某种期望的效果，其所强调的是一套特殊的操作程序。如《清稗类钞》所记载："巫有降神之术，尝以之为人治疾病，觅失物。有延之者，辄红巾裹头而至，从以侍者二。入门，即踞高座，披发瞪视。未几而回袖作舞，侍者亟挟持之，乃以刀刮舌使破，喷血书符以焚之。至是而神降，有所问，即答，声甚微，侍者为达之。语毕而更以舌血作符，焚之于室隅。若治疾，则又焚之于净水中，使饮。久之而安坐如常人，则神去矣。"①

在巫师施展法术的过程中，行为特征十分明显，而且这种行为的奇特性是巫术能够惑人心智的关键。当然，也有对巫术的把戏看不惯者，《清稗类钞》中记载，北京人陈五就曾以妙法破除了家人对巫术的笃信，其称"有武人陈五者，家京师，厌其家人崇信女巫，莫能激悟。一日，口含青李于口中，作患疮状，不语亦不食，呻吟竟日。家人视其颊之突肿也，恐甚，亟召女巫治之。巫至，降神，谓五之患素有口过，此特神道降罚，非仓猝可以解救。家人罗拜哀求，五愈伴作痛楚状，以手作势，欲家人招巫入视。迨巫近身，五突起批巫颊，吐李，使视之，巫大愧恨而去，自是家人无信巫者"。② 毕竟，当时像陈五这样有见识者太少了，因为巫术的盛行有着深刻的社会背景，其影响之巨绝不是几个人的努力可以消除的。

在施展巫术的过程中，通常是综合运用多种施巫手段，以增强巫术效果，达到预期目的。这

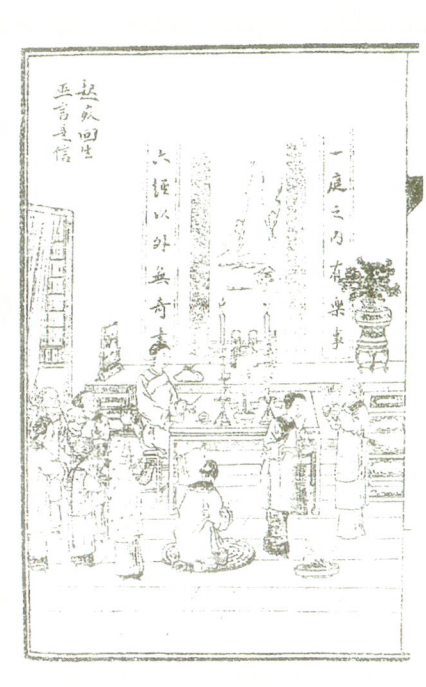

《醒世缘》卷二插图中的求签问卜场面

---

① 徐珂《清稗类钞》第十册《方伎类·巫降神》。
② 徐珂《清稗类钞》第十册《方伎类·陈五破巫术》。

其中，既有施蛊巫术，又有符咒巫术，多种巫术信仰交叉影响，致使人们对巫术崇奉的态度更为虔诚。

在民间以巫治病驱鬼是清代巫术风俗的主要表现形式，清人屈大均到广东东莞时，每夜都会听到驱鬼之声，称："至于东莞，每夜闻逐鬼者。合吹牛角，呜呜达旦作鬼声，师巫咒水书符，刻无暇晷。其降生神者，迷仙童者，问觋者。妇女奔走，以钱米交错于道，所在皆然。"① 再如光绪《嘉兴县志》记载："吾里则凡遇疾病，均以驱祟为急务，供神马，煮猪首以祀。主人拈香拜跪，巫者唱神歌侑酒。祷毕，缚草鸣锣而送诸途，名曰'献猪头'。有一病而数数为之，贫者不胜其费。乡愚无知，甚有专重巫祝而竟废医治者，可慨也。"②

巫术乃骗术，在巫祝的表演中暴露无遗，无论巫祝如何掩盖，无非是让无知的人上当受骗，以便从中渔利。对此，毛祥麟在《墨余录》中详揭其术，深痛恶之，直斥其为"妖巫"，所谓："或谬托双瞳，或捏称鬼附，妄论休咎，武断死生。而于富室婢媪，必预勾结，借之熟私亲，探琐事，名曰'买春'。设偶有病，或家宅不安，婢媪辄捏造见闻，以耸主妇之听。延巫入门，必发其阴事，使人惊为前知，遂妄言病者有何冤孽……病家倘求禳解，则又揣其肥瘠，以索酬劳。其术，如赴庙招魂，名曰'叫

求签

---

① 屈大均《广东新语》卷六《祭厉》。
② 光绪《嘉兴县志》卷一六。

喜'……其所最盛行者，曰'宣卷'。有观音卷、十王卷、灶王卷诸名目，俚语悉如盲词。若和卷，则并女巫搀入。又凡宣卷，必俟深更，天明方散，真是鬼蜮行径。其称女巫则曰'师娘'，最著名者，非重聘不能致，出必肩舆，随多仆妇。次者曰紫仙，曰关亡、曰游仙梦。最下则终日走街头，托捉牙虫，看水碗，扒龟算命为活者。要其诡诈百出，殊难殚述。在富家贵宅，即或浪费金钱，亦尚无害；而平等病家，医药已属不资，乃又质衣典产，供此妖巫。万或病有起色，犹之可耳；否则异时孤寡，因是致难为朝夕谋，恐长逝者，魂魄亦将赍恨重泉矣！世之甘受其惑而卒不悟者，不诚深可悯哉！"①

---

① 毛祥麟《墨余录》卷九《巫觋》。

第六节 禁　忌

姜太公在此百无禁忌

禁忌是建立在巫术信仰基础上的十分普遍的民间信仰观念，在民间信仰中禁忌占有相当重要的位置。无论禁忌还是崇拜，均属于人类对神秘的自然现象与社会现象在心理上建立的反应方式，二者又都是以万物有灵为信仰原则。相对而言，崇拜主要是出于人们对这种神秘魔力的屈从而祈望神灵赐福，禁忌则是人们出于敬畏的心理而更多地导致对自身行为的限制。它们分别代表着神灵信仰的不同方面，归根于异向而同构的民俗心理机制。与宗教信仰不同的是，禁忌在社会风俗中表现得更为宽泛，它往往通过口耳相传和行为示范，成为普遍尊奉的习俗惯例，从这个意义上说，禁忌是民间风俗中表现得最为普遍的文化现象。禁忌意识起源甚早，人类文明早期的各种社会习惯便包含了丰富的禁忌内容。在人们的社会生活中，禁忌观念一经产生，往往会在其特有的领域对人们的行为产生重要的影响作用。当然，不少民间禁忌习俗不可避免地包含了浓厚的迷信成分。从人类认识发展的角度看，这些带有明显迷信色彩的禁忌观念一方面真实地反映出人们对世界认识的局限性；另一方面，禁忌观念作为民间风俗特有的表现形式，也在某个领域中被约定俗成地视为具体的社会规范，而受到广泛认同与尊崇。它从一个侧面为我们提供了了解一个民族历史文化的活的化石，称得上是一笔相当丰厚而特殊的文化遗产。应该承认，作为一种广布民间的观念信仰，禁忌风俗历久不衰，始终在丰富多彩的民俗沃土中汲取着无穷的营养，顽强地开拓着自身的生存空间。清代社会迷信风习盛行，禁忌现象普遍存在于社会的各个阶层、各种行业之中，禁忌风俗亦发展至相对的高峰。

一、人体禁忌

人体禁忌是指以人的身体或身体的部分器官，以及与身体密切相关的事物作为某种禁忌习俗的对象，通过对他们作出带有强制性的约束或主动性的回避，以达到对自身保护的目的。所以，人体禁忌具有明显的象征性，很大程度上是通过联想来发生作用。

在文明社会，身体裸露在许多场合都是禁忌的对象。《清稗类钞》中"吉林俗尚"条的记载便十分有趣，其称："阖家尊卑老少长幼男女共寝一炕，虽外来之亲友，假宿之孤客，亦无上下床之别，且卧必赤身，故相率不燃灯，中上之家，则稍施以间隔。"对人体其他部分的禁忌，在清代表现得最激烈的应是对留发的禁忌。满族本有剃发旧俗，入关以后，清政府屡颁剃发令，并以汉人是否剃发作为顺逆标志，谕令："向来剃发之制，不即令划一，姑听自便者，欲俟天下大定，始行此制耳。今在下一家……若不划一，终属二心，不几为异国之人乎……不随本朝制度者，杀无赦。"[①]可谓是"留发不留头，留头不留发"，这种带有强烈政治色彩的人体禁忌，必然造成激烈的满汉冲突。

又如缠足，是自宋代以来流行于民间的一种针对妇女身体的十分野蛮的禁忌陋俗，封建士大夫中亦不乏患寸莲淫癖者，把是否缠足作为评判妇仪、妇容的重要标志。清人笔记称"元、明以来，士大夫家以至编民小户，莫不裹足，似足之不能不裹，而为容貌之一助也"，[②]而"四五岁之间，即将两足以布条阑住，不使长，不使大"。《听雨丛谈》中称，人们往往"以足之纤钜，重于德之美凉，否则母以为耻，夫以为辱，甚至

---

① 《清圣祖实录》卷一七。
② 钱泳《履园丛话》卷二三《裹足》。

缠足女子

亲串里党传为笑谈,女子低颜,自觉形秽"。①

女子从小便在心灵与肉体上备受折磨。缠足浸透着无数妇女的血泪,从一个侧面暴露出封建礼教摧残妇女的野蛮与残忍。由于满族妇女一向无此陋俗,所以清初统治者屡有禁令,然而民间缠足之风反而愈禁愈烈,无奈之下,康熙朝初只得罢禁令,悉听民便,于是一发不可收拾,连不少旗人妇女也纷纷效仿。清人袁枚在给友人的信札中曾不无感慨地说今人"每入花丛,不仰观云鬟,先俯察裙下,亦可谓小人之下达者矣",②并愤然斥之为"败俗伤风"。

封建礼教对妇女压迫的又一典型表现是对妇女的性禁锢,特别是明清以来对妇女贞节的严格控制,不啻是诸多人体禁忌观念中最为颓败者。清朝虽未在法律上禁止妇女离婚、改嫁,但却沿袭封建礼教的传统,大力旌表贞女、节妇,各种家法族规也莫不视此为甚。而民间对女贞之嗜,更是无以复加。清人俞樾的《右台仙馆笔记》中称:"直隶永平府某县,其地闺范极严。凡女子初嫁,母家必使侦探。成婚之次日,夫家鼓乐喧阗,贺客杂沓,则大喜;若是日阒然,则女家为之丧气,女子留否,惟夫家为政,不敢与争矣。积习相传如此,虽其意固善,然亦敝俗也。"在封建礼教的桎梏下,妇女的身体便是男性的私属,在这种畸形变态的封建贞节禁忌观念中,不知多少妇女守节殉身,沦为不幸而悲惨的牺牲品。

---

① 福格《听雨丛谈》卷七《裹足》。
② 袁枚《小仓山房尺牍》卷五《答人求娶妾》。

二、性别禁忌

性别是组成人类社会最基本的单元，在不同的社会环境中，基于人们对性别观念认识上的差异，会产生不同的文化内涵，性别禁忌便是以强调对两性中的某一方进行限制或约束为前提，来满足人们某种风俗信仰的需要。

在民间日常生产、生活过程中日久形成的性别禁忌反映了某种经验积习或迷信心理。如《清稗类钞》记载江苏江宁地区的风俗，当地忌讳新娘新婚时来家做客，称："江宁之新娘，非于一月以后不能入人家，如或误犯，必责令斋百怪以祓除不祥。斋百怪者，须备香烛、纸马、牲牢、酒醴以往，且必男着女衣，女着男衣，夫妇双双顶礼，斋毕偕归。"①

这种禁忌观念与神祇信仰有直接关系。《燕京岁时记》记载，京城祭灶禁止妇女参与，另外，"（正月）初五日谓之破五，破五之内不得以生米为炊，妇女不得出门"。同样，南方亦有禁止妇女祭灶的习俗，如嘉庆松江府志记载："（十二月）二十四日，以夜祠灶神，谓之'送灶'，妇女不得参祀。"②

而清代与男性禁忌相关的习俗则如妇女临产，产房宜忌男人，江南一带，蚕房亦忌男人等。清人谈迁在《北游录》中记载，江南芜湖县梁山枭矶上有孙夫人庙，庙俗中有禁男性涉足者，称是庙为："吴王权女弟适刘先主者也，神极灵验，寝殿男子不得入，薰沐衾被，朝夕严洁，有男子拭其榻，遽腹痛死。"③

中国封建社会以男性特权为中心，传统的封建伦理道德观念对妇女充满歧视，对妇女施加种种限制是中国封建社会性别禁忌的重要内容。如光绪年间刊行的《女儿经》中称："为什事，两截衣，女人不与丈夫齐。百凡事体须卑顺，不得司晨啼牝鸡。"要求妇女尊奉三从四德的封建家法，妇女的生存空间被严重扭曲。所谓牝鸡司晨，就是指责妻子有干预家政的倾向，意味着对封建夫权的破坏，此等行为绝对在禁止之列。

男女授受不亲是中国封建礼教的产物，妇女往往被视为祸根恶源，因此对妇女行动的限制十分严厉。如《清稗类钞》记载："道光时，京城剧团演剧，妇女皆可往观，惟须在楼上耳。某御史巡视中城，谓有伤风化，疏请严禁，旋奉严旨禁止。而世族豪门，仍不敛迹，园门虽揭文告，仍熟视无睹也。某愤甚，思有以创之。一日，赴园，坐楼梯旁，遣役登楼宣言，谓奉旨明禁妇女观剧，宅眷自谙禁令，来此者必为妓女，今召

---

① 徐珂《清稗类钞》第十册《迷信类·新妇忌入人家》。
② 《中国地方志民俗资料汇编·华东卷》第5页，书目文献出版社1992年出版。
③ 谈迁《北游录·纪闻上》。

尔等下楼，候点名。宅眷不听，某又使人传谕曰：'果为宅眷者，则弁髦圣旨之罪，当更加等，速言夫家、母家姓名、官职听参。'诸大人惧，图窜，乃勒令各具不再观剧甘结，事乃寝。"①

在封建家法中，特别强调闺门规范，妇女教化更与封建礼教融为一体，清代不少族谱都为此制订了十分严厉的戒规。如光绪《即墨杨氏家乘》中规定："妇人不许干预外事，妇人非其至亲之家不得住，妇人不许往疏亲家饮燕。异性卑幼，妇人不许辄见；小姑之夫见；侄婿非大事不见；堂侄婿大事亦不见。妇人不得入庙焚香，不许游山玩景，不许与男子语。妇人遇翁则避，年节生日拜，则卷帘立门内，妇拜门外，叔翁则重帘。又如嘉庆《湘江赵氏族谱》记载的规训，称：男不入，女不出，外内不共井，不共湢浴，不通寝席，不通乞假，不近衣裳。甚至说：闺门之内如朝廷焉，则渎慢奢淫之弊绝，而雍睦之象兆于庭帏。在封建末世，传统礼教对妇女从人格到行为的控制反而愈演愈烈。

三、饮食禁忌

饮食是直接关系着人类社会生存最重要的物质基础，饮食活动作为社会生活不可或缺的部分，自古以来在中国文化传统中占有显著地位。人们在长期的饮食实践过程中，形成了丰富的饮食风尚与习惯方式，饮食在满足生理需要的同时，更表现出社会文化的深层内涵，饮食禁忌便是展示这种文化内蕴的一个重要方式。饮食禁忌内容主要包括饮食对象、饮食习惯和饮食仪规。

饮食可以直接对人体产生影响，因此日常饮食事象通过各种各样的禁忌将人们对饮食的认识与社会心理生动折射出来，其中有的是源于经验总结，有的则来自俗定的习惯。饮食对象的禁忌主要是避免进食神圣的或不洁的食物，如清代不少地区禁止食牛，主要是因为牛作为必不可少的耕作工具，终年劳苦，又通人性，故不忍宰食。又如江南地区祭社时忌幼儿进食所献祭的糖果诸物，《清稗类钞》中记载，南昌人多忌食龟鳖，称："南昌人畏龟与鳖，呼之为'老爷'。南康府附近有老爷庙，所祀为龟老爷。相传明太祖与陈友谅战时，曾救御舟出险。赣人祀之甚虔，且相戒不食龟鳖，恐犯老爷之怒也。"②

这些禁忌的产生都是出于对饮食对象的崇拜心理。也有的地方是由于对某种事物

---

① 徐珂《清稗类钞》第十一册《戏剧类·京师妇女观剧》。
② 徐珂《清稗类钞》第十册《迷信类·鳖为老爷》。

产生了禁忌习尚而禁食之，如《清稗类钞》中记载的有关兰州人忌食鸽子的习俗："兰州多鸽，盈城皆是也，常飞入粮食肆啄米麦，肆主辄听之。盖兰人不食鸽，谓食之必有灾。"①

禁食不洁食物是饮食禁忌的又一个重要内容。中国自古有"医食同源"的说法，人们对食物有许多有独特的品鉴方式和经验，其中不乏科学成分，如《清稗类钞》所记，清人认为"牛、马、驴自死者，食之，得恶疾。河豚鱼有毒，不宜食"。②

饮食习惯是指人们在进食过程中所形成的带有固定特征的行为方式。清人认为："凡遇愤怒或忧郁时，皆不宜食，食之不能消化，易于成病，此人人所当切戒者也。"另外，"急食非所宜（不咀嚼之谓），默食亦非所宜（不言语之谓）"，③这些禁忌都强调要有较为合理的饮食习惯。

饮食礼仪禁忌主要表现在对进食仪规的要求上。如光绪年间修撰的《即墨杨氏家乘》中称："饮宴于异姓，尊长在，揖而后就座，酒食至，尊长未取，不许受卒事。"饮食禁忌在一定程度上反映了封建礼教思想的影响。

四、语言禁忌

语言是人们日常生活中必不可少的交际工具，语言禁忌则是禁忌观念在语言符号系统上的具体表现。人们往往出于对吉凶、功利、礼敬等方面原因的考虑，对某个领域的用语作出具有限定性或约束性的规定，企图通过语言交流过程中有意识避免某些不宜于出现的用语，以免除可能导致的不利结果。语言禁忌现象的产生，表明人们在语言运用过程中，经常将某些语言的实际功能夸大到具有超人或超自然的能力的程度，从而赋予语言以强烈的神秘色彩，以至形成了许多约定俗成的用语禁忌习惯。语言禁忌是语言交流中十分活跃的因素，语言禁忌现象在各行各业中都普遍存在着。

称谓禁忌多出于礼敬尊重，像晚辈对长辈切忌直呼，而有些禁忌则是封建礼教秩序的产物，如封建帝王的名讳，则是绝对不容冒犯的。还有的禁忌带有一定的政治色彩，如《清稗类钞》记载："国初，盟会盛行，凡投刺无不称盟弟。甚而豪胥市狙能翕张为气势者，缙绅蹑屣问讯，亦无不以盟弟自附。康熙初，朝廷以法律驭下，严行禁革，

---

① 徐珂《清稗类钞》第十册《迷信类·兰人不食鸽》。
② 徐珂《清稗类钞》第十三册《饮食类·食物之所忌》。
③ 徐珂《清稗类钞》第十三册《饮食类·食物之卫生》。

遂不称同盟而称同学矣。"①

日常用语禁忌多与人们的道德观念相关,《清稗类钞》记载,京城百姓忌讳骂人之语,称:"都人忌骂,与夫走卒之酬对,亦绝少江南恶口吻,而于辱及祖宗父母之谩辞,尤深恶而痛嫉之。苟有犯者,立攘臂与斗,甚且白刃相加,决诸生死。京东诸郡县如之。"②

又如:"北人骂人之辞,辄有'蛋'字,曰'浑蛋',曰'吵蛋',曰'倒蛋',曰'黄巴蛋',故于肴馔之'蛋'字,辄避之。"③

大清律例中对骂人行为有严厉的惩处条款,如:凡骂公、侯、驸马、伯、及京师省文职三品以上,武职二品以上官者,杖一百,枷号一个月发落。凡奴婢骂家长者,绞。凡骂祖父母、父母者,并绞。④

另外,有些用语由于具有特定含义,因而受到人们的忌讳而禁言,如《清稗类钞》记载,京城人忌言"龟"、"兔"二字,其称:"京师忌讳,莫如'龟'、'兔'二字……尝有人定梨园花榜,一须生以李龟年相喻。翌日,须生觅定榜者而殴之。又有在乡会场中,以试贴诗用'兔魂'二字,致遭摈弃者。"⑤

五、行业禁忌

行业是由社会分工不同而形成的职业门类。行业禁忌一般与各行业的生产内容密切相关,各行业本身的行业特征对于禁忌的形成具有不可忽视的作用,即便是某些明显带有迷信色彩的禁忌习俗,也长期被行业内部的人们严格尊奉,作为一种特定的行业法则,师徒传承,代代延续,构成了特有的行业风貌。

清代社会商品经济的相对繁荣,使各个行业的发展十分活跃,而反映行业特点的行规亦日趋完善。行规中的规约条款往往着眼于行业的共同利益,对诸多不利于维护正常经营秩序的行为明确予以禁止,如规定不得把持价格、不得私行钻夺,不得跨行经营等。湖南长沙武陵刻字店行规称:"生意无论大小……务必任客投店,毋得低价钻夺,概不准与外行合伙,亦不准请外行帮做。"(彭编《史料集》,第300页)其次,像有关限制同业竞争的禁忌,如1828年湖南长沙花馆条规称:"铺面对门以及上十下十,

---

① 徐珂《清稗类钞》第五册《称谓类·圣祖禁称社弟盟弟》。
② 徐珂《清稗类钞》第十册《迷信类·都人忌骂》。
③ 徐珂《清稗类钞》第十三册《饮食类·京师食品》。
④ 《大清律例》卷二九《刑律·骂詈》。
⑤ 徐珂《清稗类钞》第十册《迷信类·都人忌言龟兔》。

不准同行开铺。"（彭编《史料集》，第437页）有些禁忌规约则显然与从业人员的职业纪律相关，如光绪二十九年（1903）北京玉行规约称："馆内不准招聚赌博，并不准闲人往来逗留。"①

另外，有些行业的禁忌规约的制订与该行业生产和经营的特点密切相关，如光绪二十年（1894）湖南长沙绸布庄条规称："我行通商，务必开设门面，悬挂招牌，交易公行，方有信实。近有射利之徒，肩挑夏布、棉布、青绢等项，负贩沿门，无非取巧鱼目混珠之意，此种恶习，准其禁革，倘敢不遵，公同禀究。"（彭编《史料集》，第259页）

再者，有些行业的禁忌规定又与其经营内容相关，如书肆经营则"不准贩卖悖逆邪书、花柳淫说及犯禁报章，并刻刷匿名传贴等类"。（彭编《史料集》，第287页）《清稗类钞》中记载的梨园业演戏禁俗中称："优人演剧，每多亵渎圣贤。康熙初，圣祖颁诏，禁止装孔子及诸贤。至雍正丁未（雍正五年，1727），世宗则并禁演关羽。"②

总之，清代的行业禁忌风俗十分丰富，至于像娼妓这样的贱业都有自己独特的禁忌规定，如京城妓俗禁与优伶、阉人共宿："京师……妓女若与优伶共宿，则人皆贱之；若与阉人共宿，则闻者不复顾。"③如此禁俗，堪称奇闻。

六、岁时禁忌

自古以来，岁时节令便与人们的生产活动和社会生活息息相关，我国古代先民很早就认识到岁时节令的重要作用，具有周期性的岁时风俗，不断创造着丰富多彩的民俗事象。而岁时禁忌则反映了人们对不同的岁时节令所形成的特殊认识，属于岁时信仰的一个部分。在清代，民间各种岁时活动中，也不免时时伴随着禁忌习俗的影子。

正月为一年伊始，人们无不祈盼平安吉顺，故禁忌颇多。《清嘉录》记载："元旦为岁朝，比户悬神轴于堂中，陈设几案，具香蜡，以祈一岁之安。俗忌扫地、乞火、汲水并针剪。又禁倾秽、澼粪，讳啜粥及汤茶淘饭。天明未起，戒促唤。"④光绪《临安县志》记载，元日"不炊生米，不倾水，不洒扫"。⑤

---

① 彭泽益《清代工商行业碑文集粹》第33页，中州古籍出版社1997年版。
② 徐珂《清稗类钞》第十一册《戏剧类·禁演圣贤之事》。
③ 徐珂《清稗类钞》第十一册《娼妓类·京师之妓》。
④ 顾禄《清嘉录》卷一《岁朝》。
⑤ 《中国地方志民俗资料汇编·华东卷》第611页，书目文献出版社1992年版。

三月，素有寒食禁火风俗，"两浙俗，养火蚕亦于此日禁火"。① 又如五月，民间多视其为恶月，《吴郡岁华纪丽》记载："是月俗称毒月，百事多禁忌，不迁居，不婚嫁。"《帝京岁时纪胜》亦称："京俗五月不迁居，不糊窗槅，名之曰'恶五月'……五月多不剃头，恐妨舅氏。"再者，"五月朔日、端阳日，俱不汲泉水，于预日争汲，遍满缸釜，谓避井毒也"。

九月天气初肃，草木凋零，民间多驱邪祈祥习俗。《帝京岁时纪胜》记载："九月不迁徙，不糊窗槅。以菊花叶贴户牖，解除凶秽以招吉祥。不缉被褥，恐犯九女星，则育女多，不宜男矣。"

岁末多祀神习俗，与禁忌相关者如《帝京岁时纪胜》中记载："廿五日俗传为上帝下界之辰，因廿三日送灶上天，奏人间一年之善恶，故上帝于廿五日下界，稽查臧否，降之祸福。故世人于是日谨起居，慎言语，戒小儿毋得詈骂恶言，恐招不祥。"在江南地区，腊月还有做"口数粥"的习俗："（十二月）二十五日，以赤豆杂米作粥，大小遍餐，有出外者亦覆贮待之，虽襁褓小儿、猫犬之属亦预，名曰'口数粥'，以辟瘟气。或杂豆渣食之，能免罪过。"②

---

① 袁景澜《吴郡岁华纪丽》卷三《过节寒具》。
② 顾禄《清嘉录》卷一二《口数粥》。

【第七节 祭 祀】

祭祀是人们对所尊崇的神祇表示虔诚意愿的一种行为仪式，是信仰民俗重要的表现方式。在封建社会，祭祀作为政治生活的重要内容被列入国家典祀，从而纳入到封建礼教秩序之中。清代统治者规定：凡祭三等，圜丘（天）、方泽（地）、祈谷、太庙、社稷为大祀。天神、地祇、太岁、朝日、夕月、历代帝王、先师、先农为中祀。先医等庙、贤良、昭忠等祠为群祀。乾隆时，改常雩为大祀，先蚕为中祀。咸丰时，改关圣、文昌为中祀。光绪末，改先师孔子为大祀，殊典也。天子祭天地、宗庙、社稷；有故，遣官告祭。中祀，或亲祭，或遣官。群祀，则皆遣官。国家祭祀活动统属礼部掌管，不同的祀祭内容，均有相应配套的严格规定。

满洲贵族入主中原，与传统汉民族文化圈不同的是，满族有属于自己的宗教信仰系统，因此在国家宗教祀典中不可避免地搀杂进不少满族的旧俗，如堂子祭："世祖定鼎燕京，沿国俗，度地长安左门外，仍建堂子。正中为飨殿，五楹，南向，汇祀群神，上覆黄琉璃。前为拜天圜殿，北向。中设神杆石座，稍后，两翼分设各六行，行各六重，皇子列第一重，次亲王、郡王、贝勒、公，各按行序，均北向。东南为上神殿，三楹，

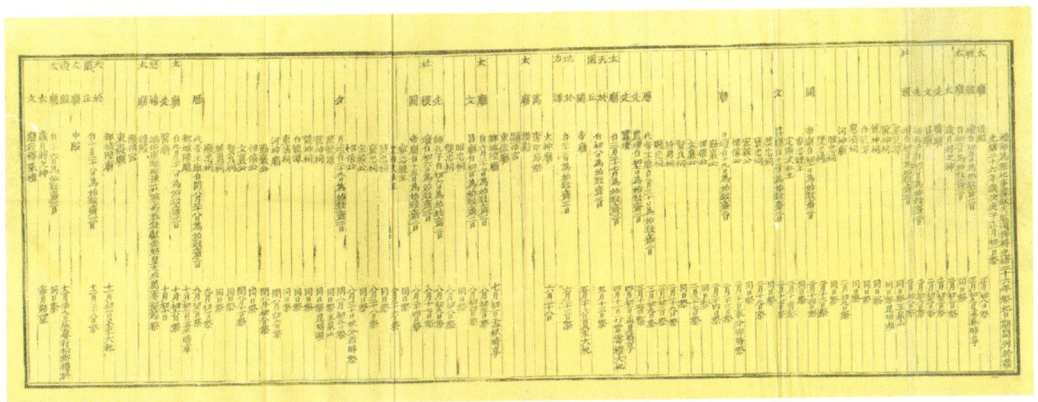

光绪二十六年祭祀日期

南向。祭礼不一,而以元旦拜天、出征凯旋为重,皆帝躬祼。"①

除祭天外,堂子祭还有月祭、马祭等多种内容。

在清代,各地民间祭祀风俗特甚,如《清嘉录》记载,每年正月民俗中有"拜喜神"和"上年坟"的活动,所谓"拜喜神"就是拜尊亲的遗像;"上年坟"则为携带糖果、茶叶、果盒至祖先坟墓祭拜。每年冬至更是家无大小,皆市食物以供祀祖先,有的人家还要悬挂祖先遗像。随着民俗活动日益活跃,祭祀信仰则更多地融入了多样化的节俗赛会等丰富多彩的民俗事象中,像清代最为流行的庙会,由于佛、道两教世俗化的倾向日益突出,庙会已经集祭祀、娱乐、贸易等多种功能于一体,在民间文化生活中占据了重要地位,在此影响下,祭祀的娱乐色彩也就愈发凸显。即便像清明祭扫这种传统的祭祀先祖活动,在有些地区也带有相当浓厚的娱乐性质,《吴郡岁华纪丽》记载:"吴俗,清明前后出祭祖先坟墓,俗称'上坟'。大家男女,炫服靓妆,楼船宴饮,合队而出,笑语喧哗。寻常宅眷,淡妆素服,亦泛舟具馔以往……拜扫哭罢,必就其路之所近,趋芳树,择园圃,游庵堂、寺院及旧家亭榭,列座尽醉,杯盘酬劝。踏青拾翠,有歌者,哭笑无端,哀往而乐回,以尽一日之欢。"②祭祀的严肃气氛在阵阵喧闹的笑语声中已荡然无存。总之,各种祭祀对象在民间风俗中承担着不同的现实功能,对人们的生产与生活产生着实际的影响。

广州大雄宝寺

---

① 《清史稿》卷八五《志六〇·礼四》。
② 袁景澜《吴郡岁华纪丽》卷三《寒食上冢》。

泰山碧霞祠御香亭

第十一章
岁时节日

清代，从宫廷到民间，从城市到乡村，从内地到边疆，每逢季节性节日、节令性节日、宗教及纪念性节日时，均有一系列的岁时节日习尚，它们内容丰富，更因民族、宗教文化的影响，而各具特色。即使在汉族地区，亦因地域的不同，在风俗上各有差异。

清姚文瀚《岁朝欢庆图轴》元旦民间欢庆景象

颁行历书

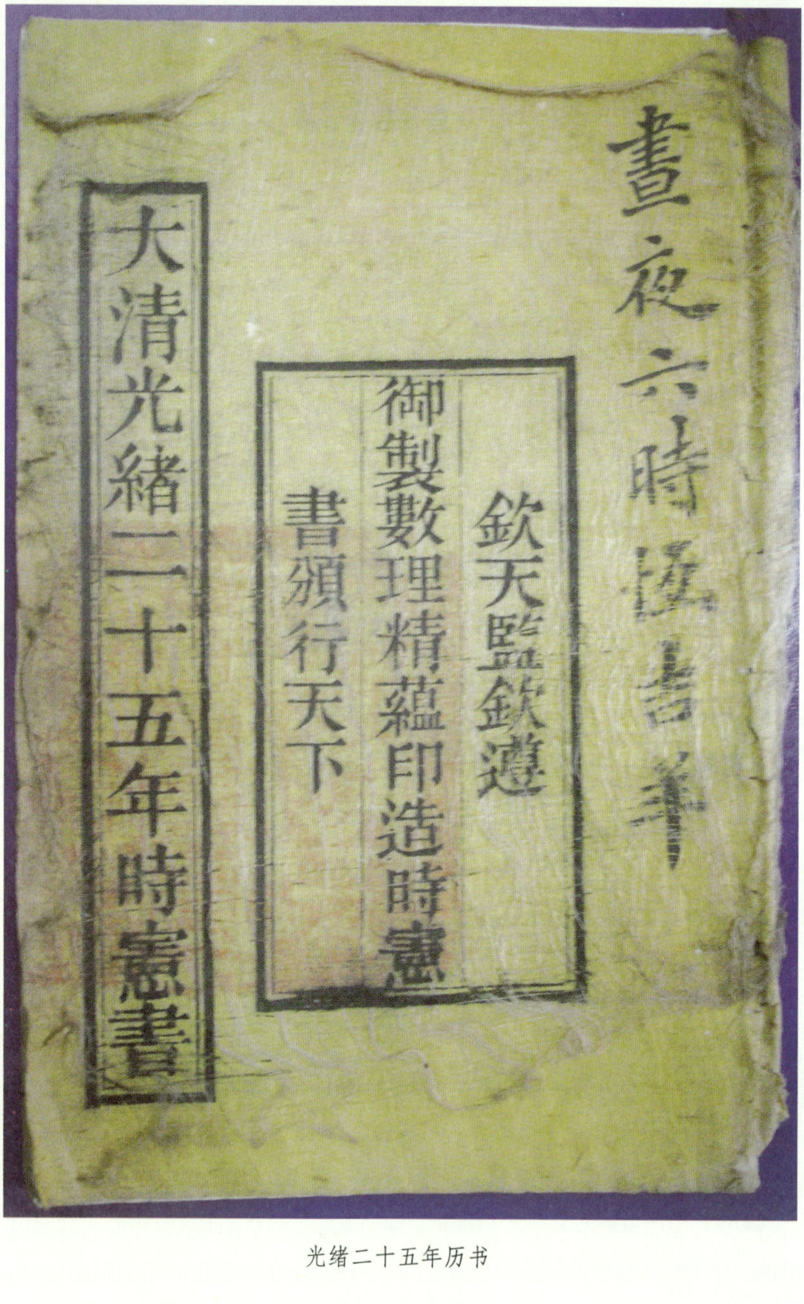

第十一章 岁时节日

光绪二十五年历书

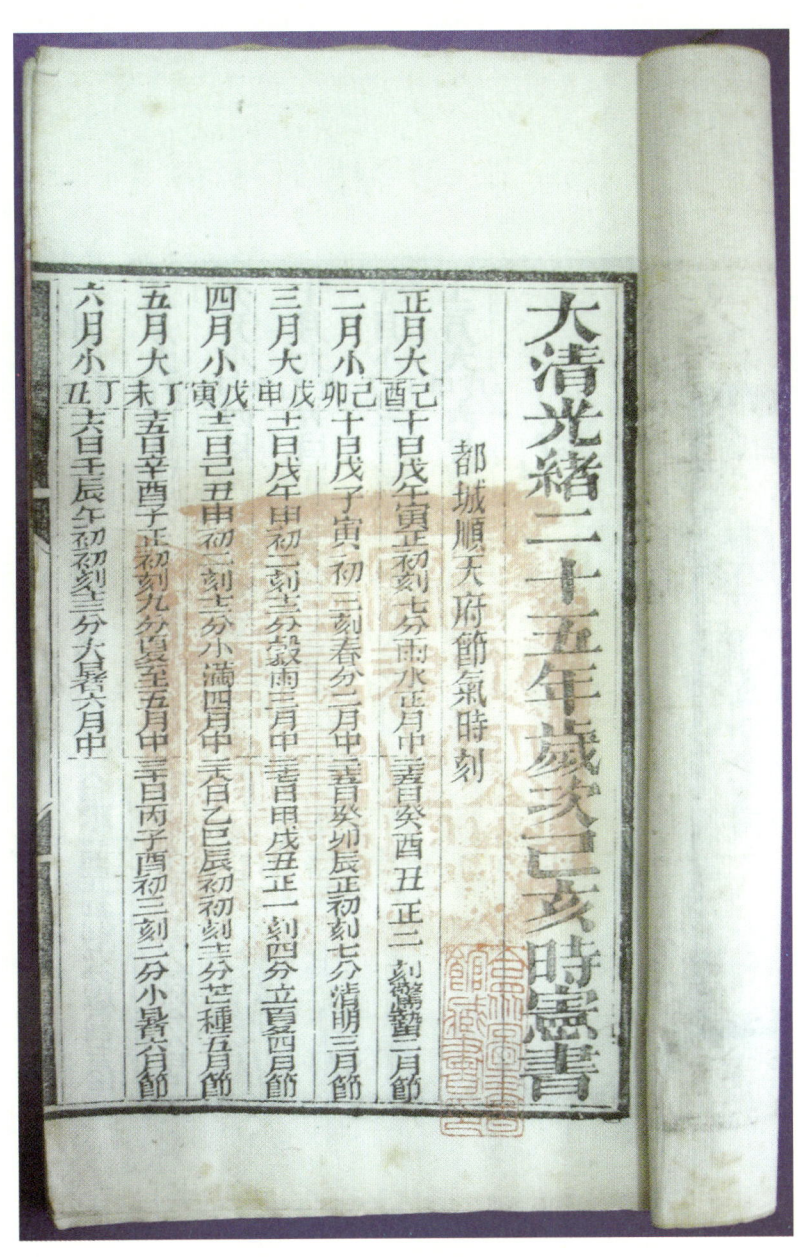

光绪二十五年历书

第一节 节令性节日风俗

清代,源于传统的农业社会与农时生产活动的汉族节令性节日中,有一系列的饮食文化活动与游艺活动。

汉族地区的节令性节日,因地域不同、风俗各异而有大同小异之处,具体而言,可细述为:农历正月有元旦、立春节、上元节(或称灯节)、元宵节和填仓节;二月有中和节或称"龙头节"、春社、"文昌会"和"花朝节";三月有"上巳"节、寒食节和清明节;四月有浴佛节;五月有端午节;六月有天贶节;七月有"乞巧"节、中元节;八月有中秋节;九月有重阳节或称"重九"节;十月有寒衣节;十一月有冬至节;十二月有腊八节和"灶王节"。

一、农历正月

(一)元旦

元旦是从夜里子时算起的,年节活动亦从此时开始。元旦的首要事项是祀神祭祖,同时拜尊长。在亲朋互相贺岁、贺元旦、拜年时,一般要留下喝春酒;并在元旦期间,相互请客吃饭,名为"年节酒"。对于清代民间在元旦期间丰富多彩的饮食活动和各种肴馔,《帝京岁时纪胜》一书中,对京师(北京)地区的情况作了介绍。在该书"元旦"条下载:

"元旦。除夕之次,夜子初交,门外宝炬争辉,玉珂竞响。肩舆簇簇,车马辚辚。百官趋朝,贺元旦也。闻爆竹声如击浪轰雷,遍乎朝野,彻夜无停。更间有下庙之博浪鼓声,卖瓜子解闷声,卖江米白酒击冰盏声,卖桂花头油摇唤娇娘声,卖合菜细粉声,与爆竹之声,相为上下,良可听也。士民之家,新衣冠,肃珮带,祀神祀祖;焚楮帛毕,昧爽阖家团拜,献椒盘,斟柏酒,饫蒸糕,呷粉羹。出门迎喜,参药庙,谒

清年画《合家欢》含祝福新年吉祥喜庆之意

清代绘画作品中拜天地、祭祖先场面

影堂,具柬贺节。路遇亲友,则降舆长揖,而祝之曰新禧纳福。至于酬酢之具,则镂花绘果为茶,十锦火锅供馔。汤点则鹅油方补,猪肉馒首,江米糕,黄黍饦;酒肴则腌鸡腊肉,糟鹜风鱼,野鸡爪,鹿兔脯;果品则松榛莲庆,桃杏瓜仁,栗枣枝圆,楂糕耿饼,青枝葡萄,白子岗榴,秋波梨,苹婆果,狮柑凤橘,橙片杨梅。杂以海错山珍,家肴市点。纵非亲厚,亦必奉节酒三杯。若至戚忘情,何妨烂醉!俗说谓新正拜节,走千家不如坐一家。而车马喧阗,追欢竟日,可谓极一时之胜也矣。"①

此外,清人尚有在北方吃水饺(又名馄饨,煮饽饽),南方吃元宵(汤圆)之习俗。元旦,"无论贫富贵贱,皆以白面作角而食之;谓之煮饽饽,举国皆然,无不同也。富贵之家,暗以金银小锞及宝石等藏之饽饽中,以卜顺利。家人食得者,则终岁大吉"。②

---

① 潘荣陛《帝京岁时纪胜·正月·元旦》。
② 富察敦崇《燕京岁时记·元旦》。

第十一章 岁时节日

爆竹迎新年

（二）立春

"立春"既是一个节气，同时又是农历正月里，继元旦之后的另一个民间节日。每岁届"立春日，各省会府州县卫遵制鞭春。京师除各署鞭春外，以彩绘按图经制芒神土牛，舁以彩亭，导以仪仗鼓吹。交春之刻，京兆尹帅两学诸生恭进大内"。在饮食习俗方面，清人在立春日，有吃春饼、萝卜、生菜等做成的春盘的传统，谓之"咬春"。清代立春日民间吃春盘这一饮食习俗，多在包括京师（北京）在内的北方地区流行。

春牛迎春

（三）上元节

农历正月十五是上元节，又称元宵节、灯节，这是民间又一个隆重的节日。在北方，一般是正月十四、十五、十六日，欢庆三天。南方则持续四五日。

上元节的主要活动，一为张灯结彩，二为盛吃元宵（南方则称汤圆）。清代京师地区，每岁上元节时，正月"十四至十六日，朝服三天，庆贺上元佳节。是以冠盖蹁跹，绣衣络绎。而城市张灯，自十三日至十六日四永夕，金吾不禁。悬灯胜处，则正阳门之东月城下、打磨厂、西河沿、廊房巷、大栅栏为最。至百戏之雅驯者，莫如南十番。其余装演大头和尚，扮稻秧歌，九曲黄花灯，打十不闲，盘杠子，跑竹马，击太平神鼓，车中弦管，木架诙谐，细米结作鳌山，烟炮攒成殿阁，冰水浇灯，簇火烧判者，又不可胜计也。然五夜笙歌，六街骄马，香车锦辔，争看士女游春，玉珮金貂，不禁王孙换酒。和风缓步，明月当头，真可谓帝京景物也"。①由此可见，民间在观灯时，还有其他许多游艺活动，借以助兴。除此之外，清代上元节亦有放烟火的习俗，"烟火花炮

---

① 潘荣陛《帝京岁时纪胜·正月·上元》。

之制，京师极尽工巧。有锦盒一具内装成数出故事者，人物像生，翎毛花草，曲尽妆颜之妙。其爆竹有双响震天雷、升高三级浪等名色。其不响不起盘旋地上者曰地老鼠，水中者曰水老鼠。又有霸王鞭、竹节花、泥筒花、金盆捞月、叠落金钱，种类纷繁，难以悉举。至于小儿顽戏乾，曰小黄烟。其街头车推担负者，当面放大梨花、千丈菊；又曰：'滴滴金，梨花香，买到家中哄姑娘。'统之曰烟火，勋戚富有之家，于元夕集百巧为一架，次第传爇，通宵为乐"。① 更有各种"元宵杂戏，剪彩为灯"，如博戏，则有骑竹马、扑蝴蝶、跳白索、藏朦儿、舞龙灯、打花棍、翻筋斗、竖蜻蜓；闲常之戏则有脱泥钱、踏石球、鞭陀罗、放空钟、弹拐子、滚核桃、打尜尜、踢毽子等，② 十分热闹。与时同时，在饮酒饮食活动方面，民间盛吃元宵。故此时"市卖食物，干鲜俱备，而以元宵为大宗"。③ 元宵，清人又称为汤圆、面圆、粉团等，南方多用糯米做成。

上元节期间，南方北方民间不仅盛吃元宵，而且，还用元宵等食品作为"祭食"，来礼神祭祖。如清代河南泌阳县民间"祀祖祭先，常供以外，复设汤圆、水茶、枣卷、面灯"④ 等物。山西保德州民间，则有用"元宵拜扫先茔"习俗。⑤

庆元宵

---

① 潘荣陛《帝京岁时纪胜·正月·烟火》。
② 潘荣陛《帝京岁时纪胜·正月·岁时杂戏》。
③ 富察敦崇《燕京岁时记·灯节》。
④ 道光《泌阳县志》卷三《风土记》。
⑤ 康熙《保德州志》卷三《岁时》。

清《庆赏元宵图》

除民间的年节与饮食活动外,在清代皇室与宫廷中,上元节期间,亦有放和合、廷臣宴、上元盛典赐宴群臣等娱乐与饮宴活动。

(四)填仓节

每年农历正月二十五日,北方地区要过"填仓节"。有些地区称正月二十日为小添仓,二十五日为大填仓。此节亦称为"天仓节"、"添仓节"。这是一个以烹调饮食和祭仓神为主要内容的民间节日。

关于清代北方地区"填仓节"的含义和祭神、烹治饮食等活动的情况,《燕京岁时记》的"填仓"条载:"每至二十五日,粮商米贩致祭仓神,鞭炮最盛。居民不尽致祭,然必烹治饮食以劳家人,谓之填仓。"又据《帝京岁时纪胜》的"填仓"条载:"念五日为填仓节。人家市牛羊猪肉,恣餐竟日,客至苦留,必尽饱而去,名曰填仓。惟是京师居民不事耕凿,素少盖藏,日用之需,恒出市易。当此新正节过,仓廪为虚,应复置而实之,故名其日曰填仓。今好古之家,于是日籴米积薪,收贮煤炭,犹仿其遗意焉。"此外,在清代北方一些地区的农村,"填仓节"时则有以粱黍、米面等做成食物供品,虔祀仓官的风俗。如,清代山西阳城县民间,称"填仓节"为"天仓节",每逢这一天"各家以粱黍为屑作饼,虔祀仓官,名曰补天穿,俗曰添仓"①。而陕西府谷县民间,每逢此节,家家户户则"午食米面蒸食,不食虚粥,夜用米面作灯盏,或作人物、捧盏,名曰仓官,凡有窗处,点一二盏"。②

---

① 同治《阳城县志》卷五《风俗》。
② 乾隆《府谷县志》卷四《风俗·岁时》。

二、农历二月

(一)龙头节

二月初二日,民间有过龙头节的习俗。传说这一天为龙抬头的日子,故有一系列祭祀和饮食风俗。龙头节古称"中和节",始自唐代。清代北方地区,此节民间各种风俗尤多,且均与"龙"有关。京师地区,龙头节时,每年二月初一、初二日,民间要吃太阳糕,并用以"祭日"作供品;同时,还要食"龙鳞饼"、"龙须面",油糕、油煎糕点等,后者且名曰熏虫。可见民间节日饮食之风之盛。

此外,清代东北吉林地区民间,于龙头节这一天,家家"多食猪头,啖春饼"①。而陕西府谷县则更有此节时,户户"或食豆面,或食菜饼,谓之骑龙头"②的饮食风尚。

广东揭阳惠来县文昌阁

(二)春社节

广大南方地区,于每年农历二月,民间有祭祀土地神的春祈活动,这一活动亦称为春社。清人对祭社祀谷十分重视。因此,将春社祀神活动,也称之为祈年。这一天(立春后,五戊日即为社日),不仅是祭祀神祈谷的日子,而且,更是人们欢聚饮宴的节日。祭祀毕,人们要吃"余分肉,群饮为欢"。并将这些活动称作为:"打社"、"饮福"、"散福"。

(三)文昌会

农历二月初三日,民间传说是文昌帝诞辰的日子,而文昌帝在人间有"赏功进士"的功能,所以,官府与士人都要为他祝寿,取名为"文昌会"。据《清朝续文献通考》记载,清代,由于天下府县,处处建立文昌庙和文昌宫,故每逢"文昌会"时,儒生士子均"秩而祀之"。他们不仅供奉各种"祭食"和供品,祈求来年"金榜题名",富贵显荣;而且,还在祭祀后作会饮宴。例如,清代甘肃成县地区,每年二月初三日文昌会时,儒生士人便聚集"文昌宫祝寿,作会饮酒"。③

---

① 光绪《吉林通志》卷二七《风俗》。
② 乾隆《府谷县志》卷四《风俗·岁时》。
③ 乾隆《成县新志》卷二。

（四）花朝节

农历二月十二日（有的地区为二月初三，亦有的地区则为二月十五日），传为花王的生日，故民间和士人有过"花朝节"的风俗。这一天，民间幽人韵士，不仅要赋诗唱和，而且还要赏花、饮花朝酒、聚宴。据《帝京岁时纪胜》的"花朝"条下载，清代京师地区民间，每年二月"十二日传为花王诞日，曰花朝。幽人韵士，赋诗唱和春早时赏牡丹，惟天坛南北廊、永定门内张园及房山僧舍者最胜。除姚黄、魏紫之外，有夭红、浅绿、金边各种。江南所无也"。而地处江南的江西瑞州府地区，清代花朝节（为二月十五日）时，学者士人则有"采百花酾饮赋诗，各学徒争饮谒长，谓之花朝酒"的习俗。①

三、农历三月

农历三月，则有上巳、寒食节与清明节等节令性节日。节日期间，民间春游踏青，或家家户户祭扫祖坟茔，其中，均有许多与饮食有关的活动。

（一）上巳节

每年农历三月初三日，民间认为就是古之上巳节。每逢此节，有携酒食出游、踏

清明扫墓

---

① 同治《瑞州府志》卷二《风俗》。

青聚饮之习俗。例如，地处中原的河南泌阳县地区，每年三月三日"人多出游，追上巳拔除之遗风"。① 又，江南地区的江西瑞州府，上巳节时，民间则"携酒盒郊游踏青，士民皆然"。② 而京师地区，民间每年三月初三时，则有游蟠桃宫致祭饮宴的习尚。

（二）寒食节

清明节是农历三月的一个全国性的民间节日，而寒食节只在一些地区单独盛行，有的地区则是二者一起过，更多地区则是寒食节已融并为清明节的节日活动内容，且为清明所取代。

清明节最主要的内容是家家户户制作各种"祭食"，以祭扫祖先的坟墓。因此，它不仅是民间规模盛大的祭祖活动，而且，亦是内容丰富多彩的饮食活动。至于清代民间清明节的具体饮食习俗的内容，则据有关地方志记载：陕西宜川县地区，清明节民间有"戏秋千、拜坟，作馒头相馈，上缀多样虫鸟，名为子推，谓晋文公焚山，禽鸟争救子推也"③等风俗。地处江南的浙江云和县民间则是"清明插柳，谓之挂清；拜扫先茔，悬楮钱，谓之标墓。"湖南永州地区，该节日家家户户除"插柳于门"外，亦"具酒肴登陇墓"，以祭奠先人。④

至于京师地区，民间每届此节，扫墓人数与声势更浩大，"祭食"品种更丰。此外，普济堂、育婴堂等，节日亦有施粥、赦孤之义举。《帝京岁时纪胜》的"清明"与"赦孤"条下有载："清明。清明扫墓，倾城男女，纷出四郊，担酌挈盒，轮毂相望。各携纸鸢线轴，祭扫毕，即于坟前施放较胜。京制纸鸢极尽工巧，有价值数金者，琉璃厂为市易之。清明日摘新柳佩戴，谚云：'清明不戴柳，来生变黄狗。'又以柳条穿祭余蒸点，至立夏日油煎与小儿食之，谓不疰夏。"

当然，清代此节时，也有的地区用"祭食"供祭祖先，非郊外扫墓，而是在宗祠内进行的。如安徽繁昌县地区，世代聚族而居，节日祭祀毕后，常聚饮于祠，并"按丁分享胙稻、胙肉"⑤。可见其节日祭祀与饮食风尚，殊于别地。

四、农历五月

农历五月，清代民间有端午节这一重要的节令性节日，在这一天，不仅有赛龙舟

---

① 道光《泌阳县志》卷三《风土记》。
② 同治《瑞州府志》卷三《风俗》。
③ 嘉庆《延安府志》卷二九《岁时》。
④ 道光《永州府志》卷五上《风俗志》。
⑤ 道光《繁昌县志书》卷二《风俗》。

端午节画王字与挂布虎

等盛大的节日活动，而且，家家户户有争饮雄黄酒、菖蒲酒和吃粽子、办家宴等丰富多彩的饮食风尚。

每年农历五月初五日，北方、南方广大地区民间，均要过端午节。这一天，不仅要赛龙舟，家家以蒲艾插户，人皆佩艾、戴符、挂香囊等物；而且，还争饮雄黄、菖蒲酒以避虫毒，吃粽子，举行家宴以贺节。清代，粽子常称为角黍，它的种类很多，节日时，家人食用，且分赠亲戚朋友。京师地区，每届"五月朔，家家悬朱符，插蒲龙艾虎，窗牖贴红纸吉祥葫芦。幼女剪彩叠福，用软帛缉逢老健人、角黍、蒜头、五毒老虎等式，抽作大红硃雄葫芦，小儿佩之，宜夏避恶。家堂奉祀，蔬供米粽之外，果品则红樱桃、黑桑葚、文官果、八达杏。午前细切蒲根，伴以雄黄，曝而浸酒。饮余则涂抹儿童面颊耳鼻，并挥洒床帐间，以避虫毒"。① 与此同时，该节日亦极胜游览之风，"或南顶城隍庙游回，或午后家宴毕，仍修射柳故事，于天坛长垣之下，骋骑走繣。更入坛内神乐所前，摸壁赌墅，陈蔬肴，酌余酒，喧呼于夕阳芳树之下，竟日忘归"。②

五、农历六月

农历六月，民间要过天贶节。在这一节令性节日里，亦有一些特殊的饮食之道。

六月初六日，时值盛夏，为感戴天日给人间的造化，民间要过天贶节。节日里，人们亦有祀神祭祖习尚。而天贶节民间的"祭食"，则主要是制作尝新解暑避热的食品，

---

① 潘荣陛《帝京岁时纪胜·五月·端阳》。
② 潘荣陛《帝京岁时纪胜·五月·天坛》。

以供献给土神、谷神、田祖和各自的祖先。如清代陕西延绥镇地区，每逢此节，民间家家户户"鸡初鸣，作绿豆汤，俗名浆水。迟明各携至祖茔浇奠，名解炎热，人以后至者为不孝"。① 北方一些地区，在天贶节时，民间则有酿酱造醋的风俗。如清代山西朔州地区，民间在这一天便要家家

"晒曲作面合酱"。② 而甘肃西和县民间，"人家于是日汲水，可以久蓄不坏，采百草和曲以酿酒"。③

六、农历七月

农历七月，民间有过"七夕"和中元节节令性节日的习俗。在这两个民间节日里，

清代绘画作品中的乞巧场面

---

① 嘉庆《延安府志》卷三九《岁时》。
② 雍正《朔州志》卷三《风俗》。
③ 乾隆《西和县志》卷二《风俗》。

除乞巧和祭拜祖先等活动外，则有丰富多彩的传统饮食风俗。

（一）七夕

农历七月初七日晚，民间有姑娘、童女乞巧的风俗。因此，这一天亦称为乞巧节或七夕。它的主要活动是家家陈瓜果等食品和焚香于庭，祭祀牵牛、织女二星乞巧。而祭祀用的瓜果，种类颇多，其中，江南地区乞巧用的"巧果"便很有特色。如苏州民间，在清代，每年"七夕前，市上已卖巧果，有以白面和糖，绾作苎结之形，油氽令脆者，俗呼为苎结，至是，或偕花果，陈香烛于庭，或露台之上，礼拜双星，以乞巧"。[1]而安徽繁昌县地区，清代民间七夕时，则有"闺秀设茶果于露台乞巧"之习。[2]至于京师地区七夕时，民间除乞巧外，亦有街市卖巧果、家人设宴欢聚等节日饮食活动。

此外，清代皇宫中，每逢七夕，亦有设果桌祭牛女，皇后亲行拜祭礼之习。

（二）中元节

清代，每年农历七月十五日，是人们祭祀祖先、怀念亡灵的日子。民间称中元节亦为鬼节、七月半或麻俗节。清代民间向有"中元祭扫，尤胜清明"的说法。节日期间，家家户户要制作各类"祭食"，以奠祭先人。如清代山西阳高县地区民间，中元节有做面人祭祖之习，该地"十五日墓祭，家家送面人"。[3]而阳城县民间则是"搏面肖麻谷、人物各形，竟祀田祖，并上冢焚纸祀先"。[4]

京师地区，每逢中元节时，民间除作各种"祭食"祀祖外，寺观则设盂兰会，超度亡灵，并燃河灯，以普渡慈航。

七、农历八月

农历八月十五日，民间都要过中秋节这一重要节令性节日。节日期间，家家户户不仅要赏月、拜月，而且还要吃月饼、瓜果等节日饮食。

中秋节民间亦称八月节、八月半。由于此节时，家家户户合家团聚，共赏明月，因此，也称团圆节。

每年中秋节拜月时，有"男不拜月，女不祭灶"的说法，故多由妇女与儿童进行拜祭。人们先将月饼、瓜果供月，然后参拜。如清代浙江云和县地区，中秋节民间的

---

[1] 顾禄《清嘉录》卷七《巧果》。
[2] 道光《繁昌县志书》卷二《风俗》。
[3] 雍正《阳高县志》卷二《风俗》。
[4] 同治《阳城县志》卷五《风俗》。

秋社

习俗则为"儿童陈月饼,罗拜于庭,谓之拜月"。[①]拜月后,家家户户则一边赏月,一边品尝各种月饼、瓜果。至于清代京师地区民间,每逢中秋佳节时,人们供月和品尝的月饼、瓜果则更为丰盛。除各种月饼外,还祀以切成莲花瓣形的西瓜、苹果、枣、李、葡萄、梨、毛豆、石榴、丹柿、莲藕、鸡冠花等。中秋月夜,"皓魄当空,彩云初散,传杯洗盏,儿女喧哗,真所谓佳节也"。[②]

八、农历九月

农历九月,民间有"重阳节"这一重要节令性节日。在节日中,清人亦要进行一系列与节日有关的饮馔活动。

每年农历九月初九日是重阳节,民间亦

清院本《月令图》中的《五月图》、《九月图》

---

① 同治《云和县志》卷一五《风俗》。
② 富察敦崇《燕京岁时记·中秋》。

称"重九"。重阳节时,清人有插茱萸,饮茱萸、菊花酒,吃重阳糕,登高赏菊等习俗。其中,在饮食活动方面,是日,民间除饮重阳酒外,亦有吃花糕(重阳糕)的传统。花糕制作精美,配以图案,且品种繁多。以清代京师地区为例,"京师重阳节花糕极胜。有油糖果炉作者,有发面累果蒸成者,有江米黄米捣成者,皆剪五色彩旗以为标识。市人争买,供家堂,馈亲友。小儿辈又以酸枣捣糕、火炙脆枣,糖拌果干,线穿山楂,绕街卖之。有女之家,馈遗酒礼,归宁父母,又为女儿节云"。① 至于市肆供应之花糕,有两种,一以糖面为之,中夹细果,两层三层不同,此最精美;另一种为蒸饼之上星星然缀以枣栗,此为次之重阳糕。每届节日,多预为制作以应市。

除喜吃花糕外,还喜"提壶携榼",去天宁寺、陶然亭、西山八刹等处,"出郭登高"赏菊,"赋诗饮酒,烤肉分糕,洵一时之快事也"。② 同时,也有的都人结伴相邀,或西山看红叶,或"治肴携酌","痛饮终日"以"辞青"。至于更多的民人,是日或制作酒食,去道院献供祭拜;或家家户户合家团聚,皆谓"重阳时以良乡酒配糟蟹等而尝之,最为甘美"。③

九、农历十月

(一)寒衣节

每年农历十月初一日,为寒衣节。这是一个以"祭食"祭祀祖先,并为祖先亡灵送寒衣的民间节日。其"祭食"供品,则与中元节大致相同。

(二)占风

每年农历十月,天气渐寒,皮货商人见西北风急烈,皮革肯定得价,于是争相庆贺。京师地区皮货商人有占风饮宴之习,届时,众商"治酌陈肴",杯觞交错,通宵聚饮方散。

十、农历十一月

农历十一月时,民间普遍地要过节令性节日冬至节。冬至以后,则开始一年中最

---

① 潘荣陛《帝京岁时纪胜·九月·重阳》。
② 富察敦崇《燕京岁时记·九月九》。
③ 富察敦崇《燕京岁时记·糟蟹》。

为寒冷的数九寒天。清人对冬至节十分重视，此节"仪如元旦"，某些地区称其为"亚岁"，甚至有"冬至大如年"的民谚。

（一）冬至节

节令性节日冬至节时，宫廷与官员十分重视，常至南郊大祀外，北方与京师地区民间，也"预日为冬夜，祀祖羹饭之外，以细肉馅包角儿奉献。谚所谓'冬至馄饨夏至面'之遗意也"。① 馄饨之形"有如鸡卵，颇似天地混沌之象，故于冬至日食之"。②

每岁冬至时，不仅清朝皇上要"亲诣圜丘，举行郊天大祭"，而且在祭天后，有将"冬至胙肉纳之怀"，"携回斋宫"之习。③

此外，清代南方广大地区民间，每届冬至节时，则盛行作节令食品，或家众团乐而食，或送亲馈友，共度佳节。清代，福建地区民间冬至节时，家家户户有做果圆"添岁"的习俗，如汀州"人家作米圆，家众团乐而食，谓之添岁"。④ 广西地区民间冬至时，则喜吃粽子，如北流县"祭祀祖先，各家多包米粽，送亲友，并给佣人"。⑤ 而广东增城县地区，每年冬至节，民间均"作糍以祀祖先"。⑥ 云南楚雄县地区，时届冬至，民间户户皆以"食糯饼饭饵"为贺节之乐事。⑦

（二）冰上宴饮

每年农历十一月，京师地区已时届隆冬，冰天雪地，都人则以冰上之"拖床"或"冰床"作交通工具，以"冰舟"、"冰车"代行。此冰床以人力肩负拖之，其行甚速。富贵之家，往往将数床并结，然后治酒陈肴于上，欢饮高歌，并饱览沿途冰雪世界之奇景，是为"冰上宴饮"。

十一、农历十二月

农历十二月，已届年终岁尾之时，民间此月，则有过腊八节和祭灶的风俗。而在这两个节令性节日中，则更有一些独具特色的饮食活动。

（一）腊八节

---

① 潘荣陛《帝京岁时纪胜·十一月·冬至》。
② 富察敦崇《燕京岁时记·冬至》。
③ 徐珂《清稗类钞》第十三册《饮食类·冬至胙肉纳于怀》。
④ 乾隆《汀州府志》卷六《风俗》。
⑤ 光绪《北流县志》卷九《风俗》。
⑥ 嘉庆《增城县志》卷一《风俗》。
⑦ 宣统《楚雄县志》卷二《风俗》。

腊八粥

每年农历十二月初八日,为腊八节。据说这一天是佛祖释迦牟尼得道成佛的日子。因此,寺院要作佛会,并熬粥供佛或施粥贫者;民间亦要用各种米、豆、果品等物,熬制"腊八粥",或合家聚食,或祀先供佛,或分赠亲友;而在笃信佛教的清王朝统治者宫中,亦极重视此节,不仅派王公大臣监视雍和宫熬腊八粥供佛,而且,宫内亦要用大锅煮粥供佛并分赐王公大臣品尝。这又是将食道官道和医道(祈求平顺)巧为结合的生动事例之一。

除腊八食粥之外,民间与宫中还有许多其他的饮食风俗。或该节时,凿冰祀神、贮窖;或于是日家家争做腊肉、腊醋、腊酒、腊水等。而地处南方的湖北荆州府地区民间,则"是日人家汲水贮盆,谓之腊水,酿秋曰腊酒,盐脯曰腊肉,盖亦周礼之腊酒，大易之腊肉也"。①

（二）祭灶

清代，农历十二月二十三日或二十四日晚上，民间有祭灶祀神的风俗。因此，此日亦称为"灶王节"。有的地区则称此时为"小年"、"小年夜"、"小除"等。"祭灶"的日子，一般说来北方地区多在腊月二十三夜进行，而南方地区则多在腊月二十四日夜举行，也有地区较为特殊，如湖北宜昌府地区民间，则于腊月二十三日祀灶，广东的遂溪县民间更在腊月二十五日送灶。

清人每年此时祭灶，这是由于民间认为此日灶王爷要上天去汇报人间的善恶事，因此人们要为他送行，请他吃好的，从而为人们除恶扬善，"上天言好事"，然后"下地保平安"。故清人家家祀灶时，均有专门的"祭品"，这些祭品除羹汤灶饭外，亦有糖瓜糖饼，此外还有为灶王爷所骑神马摆设的供品。人们为防止灶王爷上天时说坏话，想出种种办法：供祭糖饼，使之"胶牙"；更有甚者，一些地区民间竟用酒糟涂抹灶门，使灶王爷成"醉司命"，而不能乱说话。

清代，京师地区民间每年祭灶的日子为十二月二十三日夜，届时家家祀灶，祭品颇丰。民间多用南糖、关东糖、糖饼及清水草豆等物以供祭。

祭灶

---

① 光绪《荆州府志》卷五《风俗》。

第二节　宗教和纪念性节日风俗

清代，除汉族外，各民族因宗教信仰习尚方面的差异，文化背景的不同，导致包括汉族在内的各民族，在宗教和纪念性节日风俗上，各具自身的一些个性和特色。

汉族地区的宗教与纪念性节日，在清代存在着地区差别，有的是泛地区的，如"浴佛节"；有的则因地区民间信仰的不同，而属行业性或地区性的，如"妈祖节"以及在闽、台民间的祭祀、纪念性节日，即是如此。

一、浴佛节节日风尚

农历四月初八日，民间要过浴佛节。民间传说四月初八日是佛祖的生日，因此要过此节以示纪念。届时，不仅要浴佛、祭祀，而且有禁屠宰、寺院撒豆结缘、做乌饭相馈送等饮食习俗。

浴佛节期间，寺院与民间撒豆结缘之风，尤以京师地区为盛。因此，每年四月"八日为浴沸会。街衢寺院搭苫棚座，施茶水盐豆，以黄布帛为悬旌，书曰普结良缘。禁屠割。都人多于悯忠寺（按，即法源寺）游玩，施斋饭僧，讲经于讲堂，听讲者甚夥"。①除此之外，民间亦有施"舍缘豆"之俗。"四月八日，都人之好善者，取青黄豆数升，宣佛号而拈之。拈毕煮熟，散之市人，谓之舍缘豆。预结来世缘也。"②

南方地区的浴佛节，还有做乌饭相馈送的风俗。乌饭，又称为青精饭等名，它是用桐叶等树叶的汁蒸饭，从而使饭色黑有光，呈乌亮头。每逢此节，有许多民家做乌饭相馈送，而以佛寺尤盛。

---

① 潘荣陛《帝京岁时纪胜·四月·结缘》。
② 富察敦崇《燕京岁时记·舍缘豆》。

由于满族贵族统治者重视佛教,故入关前就有浴佛,入关后则仍继续实行。每年四月初八日浴佛节时,清皇宫中亦煮青豆,分赐宫女、大臣人等,谓之"吃缘豆"。直至清末光绪年间,此风仍很盛行。据《清稗类钞》的"浴佛节之缘豆"条载:"四月初八日为浴佛节,宫中煮青豆,分赐宫女内监及内廷大臣,谓之吃缘豆,以为有缘者方得啖之也。光绪间,驻京各使眷属订期四月初九日,觐见孝钦后(按,即慈禧太后)于宁寿宫。外部侍郎联芳奉派为翻译,先一日入宫,察看布置之是否合法。是日适为浴佛节,孝钦与诸宫女方作投琼之戏,大啖缘豆。联芳趋经宫外,低首疾驰。孝钦遥望见之,大声呼其名,联惊而趋入,赐以缘豆一小碟,联就阶下跪啖,叩首谢恩而退。"①

二、闽台宗教性节日风尚

在福建、台湾地区,每年有诸多宗教性节日,民间届时要举行祭祀、娱乐、饮食等活动,以示对神灵的敬奉,并祈求神灵能消灾赐福。由此,更成为该地区民间宗教信仰与精神寄托风尚活动的独特景观。对此,在台湾《基隆县志》的"岁时民俗"中,记述甚详,且按农历逐月介绍:

二月的宗教性节日风尚

二日,为"社公辰",亦即"土地公诞辰"。闽台"街衢里巷,鸠金演剧,为当境土地神庆寿"。

台湾新竹文昌宫

---

① 徐珂《清稗类钞》第一册《时令类·浴佛节之缘豆》。

三日为"文昌公诞辰"。此日,闽台一带"士子集文昌庙,举行祭祀"。

十二日,俗称"百花生日",称曰"花朝节",闽台地区"乡人以阴晴占农作物之丰啬"。

十五日,为"开漳圣王诞辰"。开漳圣王本为漳州移民之保护神,"陈姓宗亲是日祭祖,拜开漳圣王,圣王乃开漳之陈元光也"。

十九日,"观世音诞辰",届时,闽台民间"善男信女多往观音寺,备寿面、生果、齐食礼拜"。

二十二日,为"广泽尊王"之例祭,尊王又称保安尊王、郭圣王、郭王公,"乃清光绪年敕封者,泉州移民之守护神。民间信奉不衰,是日祭祀"。

三月的宗教性节日风尚

十五日,"保生大帝吴真人诞辰"。是日,闽台一带"吴姓宗亲聚会,设坛祭祖,拜祭大帝"。

二十日,为主司怀孕、生产、褓幼之"注生娘娘诞辰"。闽台地区民间,"参拜者多为妇女,求子女取神前花簪插发辫,带病儿乞坛上小绣鞋穿以红线挂于病儿颈项,心愿达成,一年后此日双倍还愿"。或以"锁牌"、"锁钱",穿红线悬挂胸前,谓之"绾綵"。年达十六岁者,"备牲醴、红龟粿等叩谢庇佑"。

四月的宗教性节日风尚

十日,为仙祖"李铁拐诞辰",闽台地区"各地仙祖庙及乞丐寮均有祭祀"。

二十八日,为"神农大帝诞辰"。本神亦称五谷仙师、药王大帝、开天炎帝、五谷王。神农播五谷,尝百草,后世赖其功,农家最为信仰。同时,闽台地区"药界人士亦多奉祀,是日举行祭祀"。

六月的宗教性节日风尚

二十四日,"关圣帝君诞辰",闽台一带民人在"关庙如代天宫、通淮宫、天德宫举行盛大祭祀,民间惯例一年祭祀二次,即正月十三日与六月二十四日,商人亦在此日在家祭祀"。

七月的宗教性节日风尚

七日,传为"魁星诞辰",士子多于是日为

文星射斗

山西襄汾丁村清代民居木刻所表现的社火表演活动——跑驴

清年画《新正诳厂甸》

"魁星会"，清代，闽台地区士子届时要"置酒欢饮。祭以羊首，上加红虬寻"，谓之"解元"。其会意为"以羊有角为解，并虬寻形若元字也"。

九月的宗教性节日风尚

九日，为"中坛元帅诞辰"，俗称"太子爷生"，闽台民人"祀哪吒太子之家户，备供祭祀"。

十月的宗教性节日风尚

十五日，为"下元节"，亦为"水宫大帝诞辰"，俗称"三界公生"。闽台一带，届时"漳籍人家于午夜以后、黎明以前备鲜果、香花、牲醴祀之"。其法一如"上元节"夜祀天官大帝然。三界公者，即天官、地官、水官，"上元"为天官，"中元"为地官，"下元"为水官。

是日，亦为平安祭，俗称"谢平安"。届时，闽台地区民间"里邻，或数里联合，在当地寺庙，或结坛棚，由值年主事，迎请年初祈求平安之诸庙神祇，集中供里邻人家参拜"，并演戏酬神，谓之"谢平安"。

十二月的宗教性节日风尚

十六日，清代闽台地区民人，于此日"祀土地公"，谓之"尾牙"，并"祭地基主"。是日，"商店祀神，宴牙户，以酬劳伙友并订来年雇聘。俗于筵席时，全鸡头指向某人，即表示解雇某人之职"。

二十五日，天神下降，清代闽台地区民人，"俗以此日玉皇上帝带天神下降，代替前日升天诸神巡狩，以赐人间祸福，故忌吵架、坏物，不得讨账讨债，禁忌颇多"。此日以后，"各户忙于炊甜粿、咸粿、发粿及过年祭品之制购"。

三、闽台纪念性节日风尚

闽台地区的民人，对历史上或传说中的名人，为纪念其功绩，或寄托怀念之情，故在一些区域性的纪念性节日期间，有举行特定的祭祀、饮食、娱乐活动的风尚。对此，在台湾《基隆县志》、《苗栗县志》的"岁时民俗"中，有所介绍与记述：

三月的纪念性节日风尚

十九日，闽台地区传为"太阳公诞辰"。此日，民间"各户日出后，向东供拜生果"。但此节究其根源，却是一个纪念性节日，"实则明思宗（按，即崇祯帝）殉国乃是日，昔以面制豚羊、豚九头，羊十六头，象征太牢之礼，望东祭之。家家点灯，欲其明也。盖遗民惓怀故国，借以寄思，历久成俗"。

二十三日，传为"天上圣母诞辰"，俗称"妈祖生日"。对此一纪念性节日的来历，

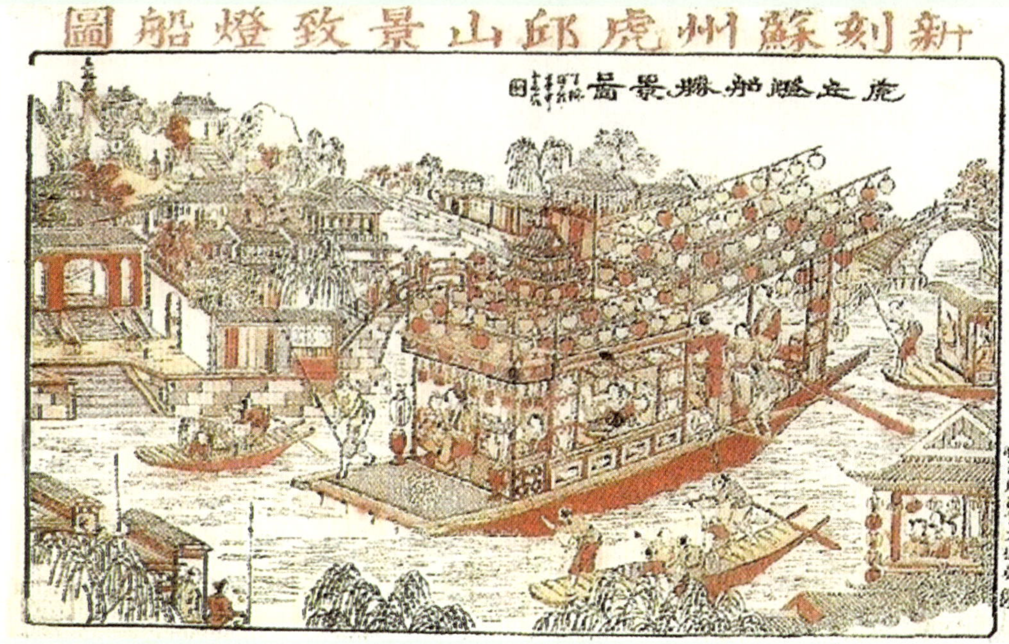

清年画《虎丘灯船胜景图》

在《苗栗县志》的"岁时民俗"中有载：妈祖，"以为乃福建林姓之孝女，行第六，名默娘，幼得异术。年十六，随父兄渡河，舟覆，泅水救父，因以孝称，后屡救人于水厄，望重乡里。年二十八，殁为海神，能挽船舶于倾危"。又，郁永河《海上纪略》云："海神，惟妈祖最灵，即古天妃神也。凡海舶危难，有祷必应。"故航海者莫不祀之，有难则祷焉。

六月的纪念性节日风尚

二十四日，清代闽台地区民间，为"西秦王爷诞辰"。西秦王，相传系唐玄宗皇帝，因生前"酷爱音乐、戏剧，后世尊为西秦王爷，梨园奉为祖师爷"。故戏曲界届时"祭祀极隆"，同时"演戏庆祝"，更举行"饮宴"活动。

八月的纪念性节日风尚

十六日，为"护国城隍诞辰"，相传为纪念清代台湾基隆的一官员，他生前为官清正，死后被封为神，"署基隆城隍"。届时，民间要举行游街"扮八将"、"扎夯架"活动，以及其他祭祀。

二十三日，为"田都元帅诞辰"，或谓"圣公生"。田都元帅，相传为唐玄宗时乐工雷海青，任皇帝供奉，司管梨园，后世祀为"乐神"。另一说，田都元帅为战国齐相孟尝君田文。此日，台湾基隆民间有祭祀活动。

九月的纪念性节日风尚

十八日，为"仓颉先师诞辰"，清代闽台地区民间，称仓颉为"制字先师"。此日，在供奉牌位处（如基隆在庆安宫），由私塾师生"集体祭祀"。

十月的纪念性节日风尚

十日，为"水仙尊王诞辰"，清代闽台民间届时（基隆民人在清宁宫）在宫庙中，举行祭祀。而"尊王指大禹、伍员、屈原、王勃、李白等神集体尊称，船户及捕鱼业者之保护神"，故为一个民间纪念性节日。

十二月的纪念性节日风尚

二十日，为"鲁班公诞辰"，清代闽台一带地区，对春秋时鲁国的"巧人"公输班即鲁班，"木工业者，奉之为巧圣先师"，届时泥水木工匠人，要为其举行"祭祀"活动。

第十二章

游 艺

　　游艺风俗反映了一个社会精神文化生活的内在要求,同时也折射出该社会物质文化的发展水平,从一个个丰富多彩的侧面生动展示着整个民族文明进步的基本水准。

清代社会商品经济的相对繁荣，刺激了社会文化生活多方面需求的增长，从而造成传统的娱乐游艺多样化的发展格局，其中民间游艺风俗表现最为丰赡，诸如民间文学、民间工艺、民间美术、民间歌舞、民间游戏、民间竞技、民间杂艺等等，作为民俗生活重要的调剂方式，以其特有的审美内涵和实用的娱兴功能，使社会民众的娱乐生活出现了前所未有的活跃景象。尽管清王朝的统治者出于维护封建专制的需要，在许多方面对民间游艺活动采取严厉的禁限政策，但与民众生活紧密相连的各种娱乐游艺形式、民间艺术创造，仍然按照自身的发展规律，顽强而健壮地生存和发展着，并且迸发出令人瞠目的艺术光彩。众多民间艺术形式在清代臻至顶峰，相当一批娱乐游艺活动达到了空前高超的水平，既表现出对我国民间文化艺术生活的总结，更展示了对传统游艺文化的嬗递与创新。同时，清代社会多民族间相互影响、相互融合的特点，也为整个社会游艺文化的繁荣奠定了坚实基础；而西方文化渐次渗透、移易旧尚的事实，也给游艺文化内部带来更新变异的时代契机，从而创造出千姿百态的游艺风俗奇观。

杂耍

第一节 语言风俗

清代是传统语言全面繁荣的时期，在许多方面取得了辉煌的学术成就，而作为民俗事象重要内容的民间语言也相应获得了巨大发展，像方言、俗语、谚语、谜语、隐语、行话等诸多语言现象，都从不同侧面反映出民间语言的特性，提示了社会生活的丰富内容。

一、方言

方言是语言地域化的产物，是语言地方化的变体。中国传统悠久的历史使汉语始终处在比较稳定的发展状态中，但辽阔的地理分布，客观上也造成区域间语言习惯的差异，经过长期的沿袭和传承，导致民间语言呈现出多姿多彩的风貌，故清人称之："言语不同，系乎水土，亦由习俗。"① 因此，方言首先表现为语音上的差异，如《清稗类钞》所记成都方言，称："成都言语之发音多用尖音，故平仄每混为一。如绿读为卢，米读为迷，福读为扶……"② 其次，地方语汇的繁富多样，是方言发展的又一个突出特征。如天津方言称："没根，事之不能详悉者也。有根，事之确晓者也。"③ 广东方言称："老公（老读作鲁），正式之夫也。老婆，正式之妻也。阿奶，妾为阿奶，如有数妾，依次序呼之，自二奶以至十奶也。"④ 另外，在清代，方言研究受到学者的普遍重视，涌现了一批以收录某个地域方言为主的方言志著，如康熙年间毛奇龄的《越语肯綮录》、乾隆

---

① 李光庭《乡言解颐》卷三《言语》。
② 徐珂《清稗类钞》第五册《方言类·成都方言》。
③ 徐珂《清稗类钞》第五册《方言类·天津方言》。
④ 徐珂《清稗类钞》第五册《方言类·广州方言》。

年间吴文英的《吴下方言考》、道光年间茹敦和的《越言释》、光绪年间张慎仪的《蜀方言》等，都保留了不少方言语词的内容。

二、避讳语

避讳语是指在某种场合不便直说或直书而用其他语汇予以替代的用语方式，主要表现为对语言所要表达的对象包含某种忌讳的成分，因而采取既可以表达原意又能够避免不利后果的用语，以一种约定认可的替代形式，达到避讳目的，从而保障正常的语言交流功能的实现，像规避凶险、嫌恶避丑、强调礼貌、别于尊贵等均是避讳语产生的重要原因。《红楼梦》第一一四回中，描写王熙凤之死，称："宝钗走到跟前，见凤姐已经停床，便大放悲声"①；《儒林外史》第一回中，牛布衣与蘧公孙相见，道："适才会见令表叔，才知尊大人已谢宾客，使我不胜感伤。"②其中的"停床"、"谢宾客"都是死亡的避讳语，在清代小说和笔记中，避讳用语可以说比比皆是。历史上，作为封建专制统治下所特有的一类避讳语曾对人们的日常生活产生过重要影响，这就是出于维护封建等级需要的名称避讳，据《清稗类钞》记载："属吏上大宪书，向用'恭惟大人'四字。乾隆朝，庄滋圃相国有恭总督河南，僚属具禀，改为'仰维'，或作'辰维'，避'恭'字也。"③至于封建王朝的统治者们所特别看重的帝王姓名避讳，则堪称国讳，大凡遇到书写与他们的名字相同的字时，必须严格按照替字、缺笔或空字的方式来处理，如清圣祖康熙的名字为玄烨，当时刊刻书籍如果遇到玄字，则大都以"元"字代替。《大清律例》中对此亦有详细规定："凡上书若奏事，误犯御名及庙讳者，杖八十。余文书误犯者，笞四十。若为名字触犯者（误非一时，且为人唤），杖一百。"④

稍不小心，犯了名讳，轻则笞杖，重则就可能招致杀身之祸。清乾隆四十三年（1778），河南人刘峨售卖《圣讳实录》，书中乾隆圣讳的名字依本字正体刊刻，以便教人知道如何进行避讳，不想被人告发，朝廷派人责查，追究幕后主使，结果没有抓到刊著者，刘峨倒做了替死鬼，《圣讳实录》也被列为禁书，触犯圣讳的代价何其高也！此外，更有所谓没由头的政治避讳，让人不胜其防。清代以异族身份入主中原，因而对汉民族的反抗特别敏感，如雍正四年（1726），浙江人查嗣庭为江西正考官，"查所

---

① 曹雪芹《红楼梦》第817页，黄渡人校点，齐鲁书社1992年版。
② 吴敬梓《儒林外史》第62页，王申等校点，齐鲁书社1993年版。
③ 徐珂《清稗类钞》第五册《称谓类·称谓避庄有恭嫌名》。
④ 《大清律例》卷七《公式·上书奏事犯讳》。

出题为'维民所止'，忌者谓'维止'二字，意在去雍正二字之首也，遽上闻",① 于是龙颜大怒，斥其心怀悖逆，最终将查嗣庭处死狱中。欲加之罪，避之不及，在严酷的封建专制禁锢下，这样的圣讳无论如何都是绝难防范的。

三、隐语

隐语属秘密语范畴，是指经过遁辞隐义处理后，为某种特定范围内人群所共同认可、遵循与使用的交流语汇或特别符号，具有明显的行业性特征。如乾隆年间，汪启淑所著《水曹清暇录》中"市语"一条记载："贸易暗号：一曰扁担，二曰缺工，三曰眠川之类，总名市语。其他尚有锁子语、细语、葫芦语、练语，惜无暇考证之。"如果从语言变异的角度分析，隐语的文化内涵既丰富又复杂，举凡市井江湖、各行各业，都是隐语产生的重要来源，而行话、市语、切口、春典、黑话等则是隐语的不同表现形式。清代民间秘密宗教活动特别活跃，致使隐语发展极为迅速，《清稗类钞》中记载三合会所用隐语称："公所曰红花亭，曰桦柏林；新人入会曰入圈，曰拜正，曰出世；集会曰开台，曰放马；会员曰香，曰洪英，曰豪杰；外人曰风，曰疯子……"② 此外，还有符号及茶碗阵，凡遇有要事，以白扇徐摇三四次，即招其旁近会员的之证。或欲探其是否为同堂兄弟，"有以茶碗、烟管、鸦片管及种种器物授之，观其接受之状态，以试其确实与否"。这些都反映出隐语所具有的特殊交际功能。

四、谜语

谜语具有隐喻的特点，在一定程度上可以视为隐语的一种形式。严格说来，谜语既是一种语言现象，又是以益智为特征的传统文字游戏。清代，谜事活动随着民俗生活的不断拓展而特显活跃，出现了一批以谜事为主要活动内容的文人谜社，其中著名的像隐秀社、射虎社、寅社等，有关谜事的著述亦十分丰富，不少文人青睐于谜语制作，如曹雪芹、李汝珍、吴趼人等，都将谜语有机地融入自己的文学作品之中，像《红楼梦》中不仅描述了许多有趣的猜谜场面，而且运用各种形式的谜语，隐喻暗示小说情节发展与故事人物结局，可谓是别具巧思，独运匠心，堪称清代文人谜作的魁首。

---

① 徐珂《清稗类钞》第三册《狱讼类·查嗣庭以文字被诛》。
② 徐珂《清稗类钞》第八册《会党类·三合会》。

另外，民间谜语以其通俗易懂、贴近生活而大受欢迎，其中最有趣的谜俗要数每年正月元宵节的猜灯谜活动。据《清嘉录》记载："好事者巧作隐语，黏诸灯。灯一面覆壁，三面贴题，任人商揣，谓之'打灯谜'。谜头皆经传诗文、诸子百家、传奇小说及谚语什物、羽鳞虫介、花草蔬菜，随意出之。中者，以隃糜、陟厘、不律、端溪、巾扇、香囊、果品、食物为赠，谓之'谜赠'。"① 于是，观灯者纷纷驻足骋思，立想慢射，颇为可观："于时，灵者、蠢者、通文翰者、粗识字者，骈肩累迹，以意猜，作非想非非想……得者色喜欣欣然自矜焉。思致拙滞者，至瞠目冥想弗得也，必灯烬兴阑，乃相率踏月步砌归。"② 民间谜事之盛，可见一斑。受此影响，就连清末的慈禧太后也对灯谜产生了兴趣，据称："孝钦（慈禧谥号）后喜春制灯谜，其得意者，射中之，每条赏银五十两。"③

《点石斋画报》"以诗为博"：绍兴某退休官绅命家丁设摊，以诗谜博彩

五、俗语

俗语，也可称俚语，指约定俗成、广为流行的民间语句，清代商品经济发达，以城市为中心的市民生活十分丰富，市井俚语不断增加，清人小说中有大量的俗语内容。如《红楼梦》中第五二回，描写病中的晴雯吃了药后身体仍不见好，急得乱骂大夫，麝月则在一旁劝解道："俗语说：'病来如山倒，病去如抽丝。'又不是老君的仙丹，哪有这样灵药！"④ 至于说谚语，其本身亦来自俗语，可以视为俗语的一种固定化形式。谚语通常反映人们在生产、生活中所积累的社会经验，从某个侧面提示事物发展的道理，

---

① 顾禄《清嘉录》卷一《打灯谜》。
② 袁景澜《吴郡岁华纪丽》卷一《猜灯谜》。
③ 徐珂《清稗类钞》第八册《文学类·孝钦后喜谜》。
④ 曹雪芹《红楼梦》第362页，黄渡人校点，齐鲁书社1992年版。

像前面涉及的生产活动中的农谚就是典型代表。嘉庆年间，由江苏人王有光编辑刊刻的《吴下谚联》，便是以博采民谚见长，作者还对每条谚语详加注释，可谓庄谐互见，雅俗共赏，如"世间无难事"条称："此谚有二：一则曰'世间无难事，只要有心人'；一则曰'世间无难事，只要老面皮'。有心人取其钻得进，老面皮取其钻不进。"①总之，俗语与谚语都直接来自民间语言的创造，但相对而言，俗语的表现形式较为灵活，语句不太拘泥于固定格式的限制，而谚语则更像是口语化的成语。

年画《新刻稀奇一笑图》，将民间流行的歇后语用图画形式表现出来

---

① 王有光《吴下谚联》卷一。

第二节 工艺美术风俗

清代的工艺美术承袭明代基础,发展普及程度明显达到一个新的高度,艺术门类丰富多彩,艺术流派争奇斗艳,理论著述琳琅满目,展示出商品经济的迅速繁荣,对民众社会生活方方面面都产生了重要影响。精彩纷呈的艺术创作,极大地丰富了清代社会的物质创造、精神生活与文化享受。兼之西方工艺的大量传入,与封建王朝已有的文化成果相互影响,导致审美风尚更趋奢华靡丽,充分满足了社会不同层面的多样化需求。与此同时,丰富多彩的社会生活,也使民间工艺美术发展获得了赖以滋生壮大的沃土和养料。

一、书法绘画

清代的书法绘画成就在我国艺术史上享有十分重要的地位,其技法造诣之精湛、师承流派之繁杂与总结著述之丰富,形成了艺术史上屈指可数的繁荣时期。书法中,清初帖学受宠,至中叶则一改旧尚,突破了宋元以来帖学独盛的樊笼,以碑学的崛起为标志,给书界的发展注入了新鲜血液,营造出一个碑帖更替、书道中兴的书艺时代。绘画中,传统的宫廷画、文人画、民间画等品种各竞风流,都呈现出绚丽夺目的异彩。另一方面,社会生活各个方面的繁荣气象,也为书法绘画创作提供了丰富的表现题材与广阔的表演舞台。

清初书学承明遗绪,晚明集帖学大成者董其昌受新朝赏识,被定于一尊,康、雍之际,一批帖学名家主持书坛,其技法尊帖习董,手摹心追,斤斤于法,致使馆阁大臣、翰林学士无不景从,甚至连科考也惟董体是依。乾隆时期,帝王嗜尚转向元代赵孟𫖯圆腴甜润一路,馆阁书体遂风靡南北。康有为称之:"康、雍之世,专仿香光;乾

《弘历古装行乐图页》：描绘年轻时的弘历正在贝叶上写字

隆之代，竞讲子昂。"①

然而不论香光（董其昌号香光居士）、馆阁，皆以奉求"乌、方、光"的笔墨效果为圭臬，二者交替而兴，妍婉秀媚的"馆阁体"书风使传统帖学走向极致，同时也造成书坛千手雷同、拘谨乏味的萎弱局面。迄至乾、嘉，碑碣墓志大批出土，促成金石考据的学术时尚，许多摹拓不胫而走，流传于世，其浑厚雄劲的篆、隶气韵，令书界为之一振，一些富有艺术个性的书法家开始领风气之先，逐渐从拘谨古板、陈陈相因的馆阁书风转向追求返朴归真的艺术旨趣，纷纷摹碑弃帖，究心碑版，另辟蹊径，碑学遂勃然兴起，风行成潮。碑学理论著述亦随之而出，如阮元的《南北书派论》、《北碑南帖论》，包世臣的《艺舟双楫》、康有为的《广艺舟双楫》等，无不从中推波助澜，掀动巨澜，终于构筑了蔚为可观的碑学体系，开创了清代书坛百花争妍的局面。

清代绘画艺术就表现形式而言，可以分为宫廷画、文人画与民间画。其中，宫廷画之盛与清代统治者对绘画艺术的大力提倡和采取相应的保护政策有着密切关系。文人画中则有正统派与野逸派的分帜，在清初画坛，前者以四王（王时敏、王鉴、王原祁、王翚）为典型代表，后者则以四僧（髡残、弘仁、朱耷、石涛）的创作为标举，此外，龚贤为首的金陵八家②以高士面目称世，形成了不拘古法的自由画风。清中期以后，

---

① 康有为《广艺舟双楫》。
② 张庚《国朝画征录》。

宫廷画仍沿袭山水、花鸟传统题材，技法渐趋保守；而文人画中以扬州八怪为代表的创作群体另出奇峰，主张抒发性灵，追求自我法度，活跃于雍、乾时期的画坛，影响最著。由于他们大多寄食扬州，鬻画为生，对社会下层有着深入了解，其取材视野十分广泛，而扬州一带商品经济的繁荣也造成艺术品需求市场的相对膨胀，客观上为画风的争奇斗怪，提供了有利的发展契机。于是，有所谓"怪以八名，画非一体"之说，扬州八怪得以成为野逸派的中坚。民间画派在清代则堪称是绚丽多姿的奇葩，其充满生活气息的创作实践取得了令人瞩目的艺术成就。像民间版画，随着小说、戏曲的渐兴，涌现了一大批精美的插图佳作，专业画家与民间艺匠的结合，又使得版画由民间步入宫廷，形成了殿刻版画的艺术品种。像康熙年间刻就的《御制耕织图诗》、《万寿盛典图》等，均可称为其中的名品。清后期，西方石印技术传入中国，石印版画走俏一时，石印画报广受欢迎。而民间版画发展中特别值得关注的是，明中叶以后流行民间的木版画、年画艺术在清代获得了强大的生命力。

　　作为一种特有的民间美术创作形式，贴年画习俗可以追溯到很早，一般认为源于古代以门神驱邪的风俗，由门神装饰发展而来，同时保留了古代造型艺术的某些风范。年画是民间岁时信仰的一种表现方式，其喜闻乐见的朴素题材，包含了祈福求祥、避祸驱邪的思想内容，充分表现了庶民百姓的审美情趣。清人李光庭《乡言解颐》所言

门神秦琼

尉迟恭

"新年十事"中便有"贴年画"一项,其称:"扫舍之后,便贴年画,稚子之戏耳。然如《孝顺图》、《庄稼忙》,令小儿看之,为之解说,未尝非养正之一端也。"清代是我国民间年画创作的高峰期,年画的生产几乎遍及中国大江南北,各地相继出现了一批木版年画的刻印、销售中心,其中著名的有:天津的杨柳青、苏州的桃花坞、山东潍县的杨家埠、陕西的凤翔、河北的武强、四川的绵竹、福建的泉州、广东的佛山等,这些产地聚集了众多的民间画师、工匠、艺人,形成了自成体系、风格各异的年画品类,满足了社会与民众的广泛需求。而且,清代年画不论是题材内容,还是表现手法都有创新和提高。清初以来,通俗文学风行民间,像历史故事、戏文人物、传奇小说、时事风俗等,为年画创作提供了大量素材。康熙末年,西人郎世宁入清宫如意馆为画师,民间年画受其影响,出现了借用明暗透视技法的年画作品,被称为"仿泰西画法"。像福建泉州、广东佛山等通商口岸,每年都有大批的年画出口到东南亚一带。乾隆末年,各地戏班纷涌京城,大量戏曲题材的年画作品流行市肆,民间说唱艺术的活跃,进一步促进了年画的发展。及至晚清时期,帝国主义列强以武力叩关,使中国社会陷入了半封建、半殖民地的苦难深渊,年画中则集中涌现了一批以反帝爱国思想为特征的富有时代气息的作品。总之,年画以其不同于宫廷画、文人画所特有的造型构图方式,用炫目的色彩和浓重的笔墨,勾画出明快艳丽的艺术形象,因而久盛不衰。

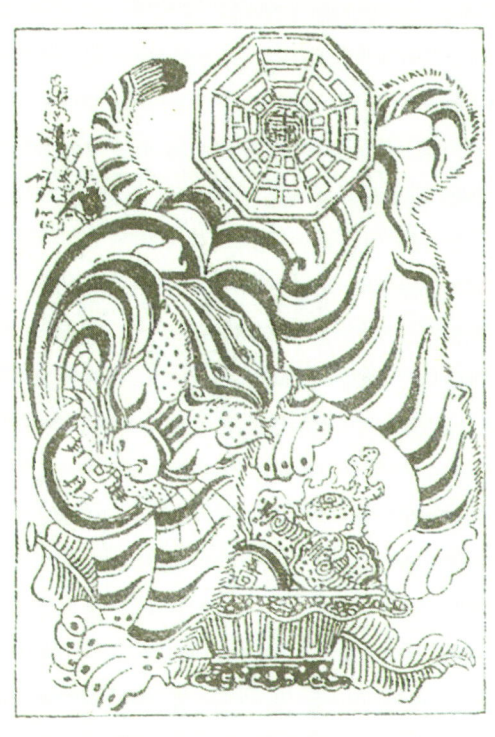

福建泉州民间木刻年画《镇虎图》

江苏苏州《黄金万两》

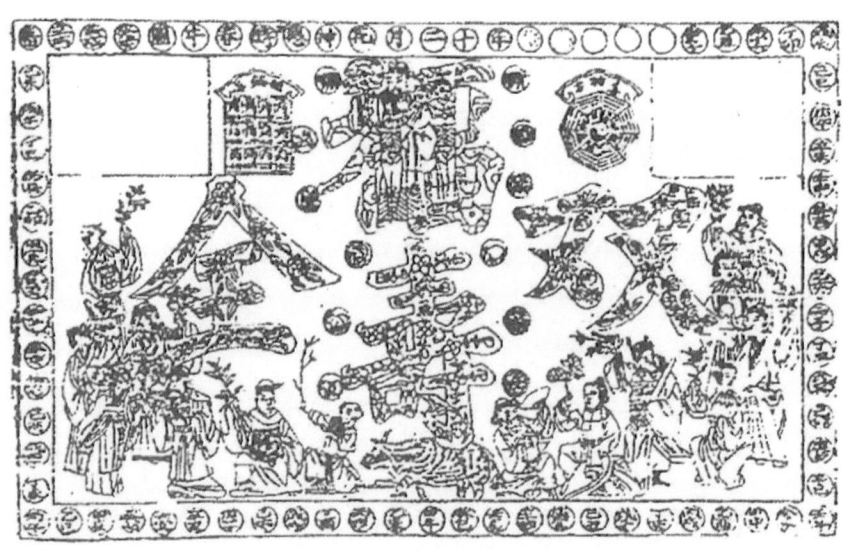

上海历画《福寿双全》图

二、民间工艺

民间工艺植根于民俗的沃土之中，呈现出独特的审美风貌。清代民间工艺美术技巧十分完善，各种手工业行当都表现出相当纯熟的水准。

清陈枚绘《月漫清游图》：宫中贵妇正在绣制和欣赏刺绣图案。

染织刺绣是民间工艺的重要组成部分。清代的染织工艺发展规模较明代大为完备，清政府在江南苏、杭等地设置织造局，许多优秀的民间艺人被征集到官营作坊工场。民间织锦技艺发展十分普及，形成了许多风格相异且有鲜明地方特色的织锦品种，如苏州的宋锦、四川的蜀锦、南京的云锦，以及西北的回回锦、西南的傣锦等。乾隆时，中国又引进了大量西方染织工艺纹样，使传统勾线方法得以改进，丰富了织造技术。另外，流行于民间的手工艺制品刺绣在清代异军突起，无论是在题材、造型、色彩以及针法等方面，都超越了宫廷刺绣，表现出蓬勃发展的势头。其中江南以苏、湘、蜀、粤四大名绣为代表，北方则有京、鲁、汴等地方名品，兼与浙江的瓯绣并列四小名绣，清人笔记称："同、光间，首推京绣，有五彩、平金、拉索、打子之别，五彩尤精……至宣统朝，而湘绣盛称于时，书画皆有，则驾苏绣、京绣之上。"① 由此可见，各地名绣

---

① 徐珂《清稗类钞》第五册《工艺类·画绣》。

皆有所擅，往往可领一时风骚。

　　同样，清代陶瓷工艺在中国工艺史上亦占有特殊意义。清初诸帝均酷爱瓷器，使清代瓷业发展自始便呈现出兴旺局面。清代陶瓷生产仍然以明季制瓷中心景德镇为御窑重地，由于废除了匠籍制度，民间经营成为主流，瓷业生产则形成了官搭民烧的格局，乾隆年间更是出现了官民竞市的繁华景象。从工艺特点上看，首先，爱慕古风习的影响，清代瓷业相应表现出普遍的仿古特色，清人称："袭历朝之形式，无所不仿，且亦一一皆得近似。"① 尤其是末叶所仿，最为全面，所谓"前所不敢仿之贡品，今则无所不敢矣"。其次，制作技术更趋完美，像康熙青花瓷，"集其大成，制品特多"，② 堪称历代青花瓷之冠，其间有纯为白地者，有兼油底红者，有略施油面绿者，有用铁沙圈者，有为金漆缘或棕色缘者等。又有称："康熙瓷釉备而画工，质佳而色耀，价值之昂，殆无与匹"，说明当时的釉上彩技术十分出众。釉上彩是指在烧成的陶瓷釉上面进行彩绘，然后再作低温烘烤处理。清代釉上彩以康熙时的五彩最为精妙："康熙五彩，以绿、红、黄、赭、蓝为主"，因其堆起甚厚，彩色过浓，而有"硬彩"之称。最富创新

咸福宫藏清康熙窑五彩花鸟瓶

者当属康熙时期出现的粉彩："白地而绘彩者，谓之粉彩。" 粉彩是将明代景泰蓝铜胎画珐琅技术移植为瓷胎画珐琅法，用铅粉搀入绘瓷色料，在素烧瓷胎上作画，然后再入窑烘彩。借助粉彩方法，釉上彩的色调趋于柔艳清逸，会产生明暗层次，形态更显逼真、风格与硬彩形成鲜明对比，故又有软彩之名。康熙年间，西方画珐琅器输入渐多，对制瓷工艺产生了重要影响。人们在制瓷施彩时开始引入某些西洋彩料，于是又有称五彩为古彩，称粉彩为洋彩者。根据粉彩技术制成的珐琅彩瓷，在一定程度上受到了欧式装饰技巧的影响，艺术效果臻至上乘，是釉上彩的珍品，在康、乾时期乃极为名贵的宫廷御器，堪称内廷秘玩，时人皆以"古月轩"名之。清人记载："乾隆瓷以古月轩声价为最巨。古月轩所绘，乃于极工致中极饶清韵，物尤难得……当时由景德镇制胎入京，命如意馆供奉画师绘画，于宫中开炉烘花。"③

---

① 徐珂《清稗类钞》第五册《工艺类·瓷之仿色》。
② 徐珂《清稗类钞》第九册《鉴赏类·李乘骥评本朝名瓷》。
③ 徐珂《清稗类钞》第九册《鉴赏类·许守白论古月轩瓷》。

1910年南洋劝业会工艺馆内江西瓷器展区

剪纸，是清代民间工艺中影响较广的又一品种。剪纸又称刻纸、纸彩，民间剪纸集中反映了劳动人民自娱性的艺术创造才华，故流传十分广泛，生命力极其旺盛。又由于它所特有的装饰功能，使其成为民间造型艺术的珍品。远在商代，我国工艺制作中就有雕镂花纹的传统，战国时期的镂空刻花已属剪纸的雏形，至迟在宋代便出现了专事剪纸的行业。清代民间剪纸发展迅速，更为普及。像民间馈送食物时，往往在盘中覆上红纸一块，或方或圆，中间嵌空雕镂"生命富贵"、"诸事如意"等吉祥用语，这些代表祥字的礼花题材形式的剪纸，反映了剪纸艺术趋向多样化。像民间过年悬贴的挂钱也属剪纸之列，《燕京岁时记》载："挂千者，用吉祥语镌于红纸之上，长尺有咫，粘之门前，与桃符相辉映。其上有八仙人物者，乃佛前所悬也。是物民间多用之，世家大族鲜用之者。其黄纸长三寸，红纸长寸余者，曰'小挂千'，乃市肆所用也。"剪纸艺术一方面受到民间百姓的欢迎，涌现出不少专业性的剪纸民间艺人。另一方面，随着商品经济的繁荣，民间自娱性的民俗活动也影响到宫廷，剪纸便是其中的一个例证。像北京故宫中的坤宁宫是清代皇帝举行婚礼作新房的地方，其室内墙壁四角就贴有黑色的双喜字剪纸角花，顶棚则贴有龙凤双喜团花的剪纸造型，宫殿两旁走廊墙壁上也贴有角花剪纸。剪纸虽属小技，却能遍及百姓之家与帝王宫室，可见其妙趣之足。

第三节　音乐舞蹈风俗

民间艺术是依靠民俗土壤的哺育成长起来的民俗事象，诸如音乐、舞蹈、曲艺、戏曲等，都是包含了朴素的艺术审美内蕴的民间艺术品类，其共同特征是注重听觉的审美感受，以声音曲调为纽带，追求悦目娱心的综合性审美效果。同时，它们又无不具有古老的传承渊源和独特的表现形式，其在清代民俗发展史上表现出的艺术风采最为突出，所创造的艺术成就也最为显著，其纷繁多姿的变化，深刻反映出整个社会审美需求的嬗递。

一、音乐

中国传统的音乐艺术在不同时期，都显示出鲜明的艺术特色，清代社会生活相对繁荣，艺术消费民众化的需求与日俱增，除隆重威严的宫廷音乐仍然表现出礼仪典制的特征外，俗乐的应时而兴是这个时期音乐风俗的主要特征。俗乐大多直接来源

调筝图

于民俗生活中广为流行的民歌、俚曲、说唱等音乐形式，具有鲜活的生命力和丰富的表现力，其所涉及的广泛社会内容，反映着不同阶层人们的时尚情感，因而受到民众的普遍欢迎。我国不少地区都有歌会民俗，歌会中汇聚了大量的民歌、小调，《广东新语》记载当地歌会情形，称："粤俗好歌，凡有吉庆，必唱歌以为欢乐……其歌也，辞不必全雅，平仄不必全叶，以俚言土音亲贴之。唱一句或延半刻。曼节长声，自回自

1906年成立的开明演剧社主要成员汪优游（中）、朱双云（左）等

复，不肯一往而尽。辞必极其艳，情必极其至，使人喜悦悲酸而不能已已。"①像民间小调，在社会下层传播特别迅速。如乾隆末叶，江南秦淮一带盛行《绣荷包》新调，以致"画舫青楼一时争尚，继则坊市妇稚、担夫负贩者能之，久且卑田院中人，藉以沿门觅食者，亦无不能之。"②这些民间俗曲，因其无拘无束，大胆热情的表现手法，得以在各地流传。俗曲中，说唱音乐以北方的鼓词和南方的弹词的影响最大。鼓词脱胎于宋代的鼓子词，清代鼓词主要受明代词话影响，表演特点是曲文说唱相间，"唱鼓词者，小鼓一具，配以三弦，二人唱书，谓之'鼓儿词'。亦有仅一人者，京、津有之。大家妇女无事，辄召之使唱，以遣岑寂"。③鼓词所唱概为韵文，顿挫扬抑，声情并茂，具有独特的感染力。像清后期有名的京韵大鼓，最初由操河北乡音者演唱，人称"怯大鼓"，后经民间艺人改进，以京音主之。光绪年间，河北沧县的刘宝全随父入津献艺，在表演大鼓的同时，悉心学习京剧的吐字发音，使鼓词中的"怯味儿"为之顿改，创造出一路高亢激昂的大鼓唱腔，被誉为京韵大鼓的创始人。弹词亦属词话的变种，得名于伴奏所用弹弦乐器，所谓"以故事编为韵语，有白有曲，可以弹唱者也……弹词为吴郡所有，而越有平调，粤有盲妹，京、津有鼓词，其声调有足与弹词相颉颃者"。至于

---

① 屈大均《广东新语》卷一二《粤歌》。
② 徐珂《清稗类钞》第十册《音乐类·唱绣荷包调》。
③ 徐珂《清稗类钞》第十册《音乐类·鼓词》。

声调，则"惟起落处转折略多，余则平波往复，至易领会，故妇孺咸乐听之。开场道白后，例唱开篇一折，其手笔多出文人，有清词丽句，可作律诗读者。至科白中之唱篇，半由弹词家自行编造"。① 南方弹词以苏州弹词的传统最属悠久，有清一代，名家辈出，流派竞起。嘉、道年间有陈遇乾、俞秀山、毛菖佩、陆瑞庭四大家，咸、同年间又涌现出马如飞、姚士章、赵湘舟、王石泉等后四大家，使苏州弹词始终占据着弹词曲种之冠的位置。苏州弹词的另一个特色是，女性舞台表演曾影响轰动一时，成为社会风气渐开的一种标志。《清稗类钞》记载："上海称女弹词曰'先生'，奏技于书场曰'坐场'，又曰'场唱'。开场各抱乐具，奏乐一终，急管繁弦，按腔合拍。乐终，重弄琵琶，则曼声长吟，率为七言丽句，曰'开篇'。其声如百口转春莺，悠扬可听……女弹词以常熟人为最，其音凄婉，令人神移魄荡，曲中人百计仿之，终不能并。"② 当时弹词女伶演出，观睹如云，盛况空前，其声艺出众，应该是其中的重要原因。

此外，受民间歌舞、戏曲等艺术形式的影响，民间音乐得以不断丰富。像流行民间的秧歌戏、花鼓戏、采茶戏等，都为民间音乐的发展提供了有利条件。如《广东新语》记载："潮人以土音唱南北曲者，曰'潮州戏'。潮音似闽，多有声而无字，有一字而演为二三字，其歌轻婉，闽、广相半，中有无其字而独用声口相授者。"③ 又据《清稗类钞》记载，清初人刘献廷"尝客衡山，曾卧听《采茶歌》，赏其音调，而于辞句懵如也。翌年又至，则于其土音虽不尽解，然领其意义者，十可三四"。④ 再者，如民间戏曲的声腔剧种，在清代十分发达，皮黄、梆子、弦索等，可谓八音繁汇，异彩纷呈，吹歌唱曲，卓然成风，使民间音乐的生命力得到丰沛的补给。

二、歌舞

歌舞是生活的艺术化再现，我国历史上各个时期都有不同形式的歌舞传统，以及各种形式的民间小戏，民间歌舞的覆盖面十分广泛，地方特色尤为浓郁。这种自娱兼代表演的娱乐形式具有强烈的生活气息，故特受到人们的喜爱。清代我国民间舞蹈活动十分常见，而民间音乐、民间戏曲等多种艺术门类的成熟，与歌舞艺术彼此借鉴，相互影响，结果，传统舞蹈出现戏曲化的发展趋势，有些民间歌舞表演逐渐成为有情

---

① 徐珂《清稗类钞》第十册《音乐类·弹词》。
② 徐珂《清稗类钞》第十册《音乐类·女弹词》。
③ 屈大均《广东新语》卷一二《粤歌》。
④ 徐珂《清稗类钞》第十册《音乐类·刘献廷听采茶歌》。

节的歌舞戏,像秧歌戏、采茶戏等,都是来自于民间朴素的歌舞自娱性活动。另外,像清人《百戏竹枝词》中所列的霸王鞭、打花鼓、太平鼓、大头和尚、跳钟馗、扎高脚、闹五鬼、旱船、龙灯斗等,亦为民间常见的舞蹈形式。特别值得注意的是,歌舞中的秧歌一门在清代的发展尤为迅猛。

秧歌本为农民插秧耘田时所唱歌曲,后来逐渐发展成为民间歌舞体裁,以及有情节的民间小戏。清人吴锡麒称:"秧歌,南宋灯宵之村田乐也。所扮有耍和尚、耍公子、打花鼓、拉花姊、田公、渔妇、装态货郎、杂沓灯术,以得观者之笑。"①清初,统治者为巩固封建专制秩序,对民间群体性的歌舞活动采取严厉的防范措施,民间流行的秧歌多次遭禁。然而,这种风格质朴、表演粗犷、为人喜闻乐见的歌舞形式却显示出强大的生命力,有清一代南北各地秧歌,舞风四起,刚柔并呈,竞彩翻新,汇成了民间舞蹈一道亮丽的风景线。据《广东新语》记载:"农者每春时,妇子以数十计,往田插秧。一老挝大鼓,鼓声一通,群歌竞作,弥日不绝,是曰'秧歌'。"②在北方,满族人亦尚秧歌舞戏,

清《北京民间风俗百图》中的高跷表演

《柳边纪略》记载:"上元夜,好事者辄扮秧歌。秧歌者,以童子扮三四妇女,又以三四扮参军,各持尺许两圆木,戛击相对舞,而扮一持伞灯卖膏药者前导,傍以锣鼓和之,舞毕乃歌,歌毕更舞,达旦而已。"③相比之下,北方秧歌的舞姿更为粗犷,身体摆动幅度更为夸张。如高跷秧歌,又称扎高脚、踩高跷,原是古代一种踏跷艺术,至清代与秧歌表演相结合,成为民间大受欢迎的娱舞项目。《百戏竹枝词》称:"农人扮村公、村母,以木柱各二,约三尺,缚踏足下,几于长一身半矣。所唱亦秧歌类。"诗咏云:"村公村母扮村村,展齿双移四柱均。高脚相看身有半,要知原不是长人。"④舞蹈者脚系木腿,鹤立鸡群般扭摆舞动身体,样子十分活泼有趣。清末,秧歌戏甚至还流传入宫中,

---

① 吴锡麟《武林新年杂咏·秧歌》。
② 屈大均《广东新语》卷一二《粤歌》。
③ 杨宾《柳边纪略》卷四。
④ 李声振《百戏竹枝词·扎高脚》。

受到慈禧太后的垂青。据《清稗类钞》记载：晚年的慈禧"衰老倦勤，惟求旦夕之安。宠监李莲英探孝钦（慈禧谥号）意，思所以娱之，于观剧外，辄传一切杂剧进内搬演。慈意果大悦，尤喜秧歌，缠头之赏，辄费千金，遂至一时风靡，近畿游民，辄习秧歌，争奇斗异，冀以传播禁中，得备传召，出入大内，藉势招摇，而梯荣罔利者，坐是比比矣"。①

花鼓实际是秧歌的另一种形式，流行于清代。清人袁启旭《旭燕九竹枝词》中这样描述："秧歌初试内家装，小鼓花腔说凤阳。如蚁游人拦不住，纷纷挤过蹴球场。"②《百戏竹枝词》称之"打花鼓"："凤阳妇人多工者，又名'秧歌'，盖农人赛会之戏。其曲有'好朵鲜花'套数。鼓形细腰，或古之搏拊然。"诗咏云："赛会时光趁踏青，记来妾住凤阳城。秧歌争道鲜花好，肠断冬冬打鼓声。"③

茶歌来源于采茶的生产劳动，从中发展而成的采茶舞是我国南方的较常见的一种集体性民间歌舞形式，在清代亦很活跃。清人吴震方称："湖州灯节，有鱼龙之戏。又每夕各坊市扮唱秧歌，与京师无异，而采茶歌尤妙。丽饰姣童为采茶女，每队十二人或八人，手挈花篮，迭进而歌，俯仰抑扬，备极妖妍。又以少长者二人为队首，擎彩灯，缀以扶桑、茉莉诸花，茶女进退作业，皆观队首。"④这种歌舞的特点是边歌边舞，无论是自娱，还是观赏，都有颇值得回味的民间俗趣。

大头和尚与闹五鬼都属于面具舞形式，与原始宗教中的傩舞有关。像闹五鬼："童子戴面具，绣帽持花棒，五人相舞。俗以面具为鬼脸，殊可笑。"⑤

跑旱船，顾名思义是一种在陆地上模仿水面行舟的舞蹈表演，清人称："跑旱船者，乃村童扮成女子，手驾布船，口唱俚歌，意在学游湖而采莲者。"⑥又有云："陆地行舟，以锡片铺地作水形，亦水银江海之意也。"⑦诗咏云："罔水行舟古所难，居然一叶下银滩。无边陆海吾何惧，稳坐鳌鱼背上看。"

龙灯斗，乃龙灯舞的别称，属我国古代龙舞的一种形式，其历史悠久，据说汉代已有史籍记载。清代民间的龙舞活动规模盛大，成为年节赛会的重头戏。《百戏竹枝词》称：龙灯斗"以竹篾为之，外覆以纱，蜿蜒之势，亦复可观"。又如光绪《龙游县志》所载："迎神赛会……街市悉张灯彩……制龙灯自数十节至一百节不等，进城祀神，并

---

① 徐珂《清稗类钞》第十一册《戏剧类·秧歌戏》。
② 《清代北京竹枝词》第6页，北京古籍出版社1982年版。
③ 李声振《百戏竹枝词·打花鼓》。
④ 吴震方《岭南杂记》。
⑤ 李声振《百戏竹枝词·闹五鬼》。
⑥ 富察敦崇《燕京岁时记·跑旱船》。
⑦ 李声振《百戏竹枝词·旱船》。

1862年建上海跑马场

游街市。"足见龙舞气势之壮观。

　　狮舞与龙舞相似，均属模拟性舞蹈，且规模庞大，表演酣畅，场面热闹，极富感染力。狮舞最初与佛教传入有关，后来发展成为民间舞蹈中富有特色的一种舞蹈形式。在清代，民间狮舞与龙舞一样，广为流行，南北皆尚，久舞不衰。《百戏竹枝词》就记录了"狮子滚绣球"舞的情景，称："以羊毛饰为狮形，人被之，滚球跳舞。"狮子虽凶猛威严，然舞之者却尽力表现出柔顺驯服的姿态，展示狮舞特有的美感。

三、曲艺

　　曲艺是中华民族各种说唱艺术的统称，它经由民间口头文学和歌唱表演的长期发展演变，形成了各具特色的表演形式。由于它根植于人民大众的生活之中，因而源远流长，具有深厚的民间性、群众性基础。清代说唱艺术继承了明代时曲小调发展的特点，说唱音乐得到极大丰富，像南方弹词与北方鼓词都得益于民间的时曲小调，并形成了各具代表性的曲艺品种。伴随市民阶层的成长，民俗生活中的文艺需求剧增，特别是自清中叶开始，不少地方曲种如雨后春笋般大量涌现，一方面原本有文人参与创作的说唱作品的内容逐渐从雅而俗，另一方面各种地方性曲种进入城市后，弃粗而精，逐渐注入了艺术的成分，两者相互影响借鉴，促成了清代曲艺蓬勃兴旺，臻至极盛的局面。像《百戏竹枝词》中所罗列的十不闲、打盏儿、鼓儿词、弹词、平话、八角鼓、莲花落、唱道情等，都是清代曲艺中十分活跃、富有民间特色的品种。

弹词是一种说唱相兼的板腔式曲艺品种，明中叶以后开始流行于江南地区，清代又渐兴于北方，表演时因伴奏使用弹拨乐器而得名，其形式有一人自弹自唱，二人轮流弹唱，以及多人弹唱等，道具则以琵琶、三弦为主。清代弹词艺术发展较盛，产生了不少有名的艺人，如乾隆时期的王周士，嘉道年间的陈遇乾、俞秀山，咸同时期的马如飞等。有名的唱本如《珍珠塔》、《再生缘》、《桃花扇》等。

鼓词，又称鼓儿词，是流行北方的一种民间说唱。清代鼓词在流传过程中，因地域和方言的不同，形成了许多地方性品种，如梨花、梅花、乐亭、西河、奉天、安徽、湖北、京韵等，达数十种之多，其中有代表性的包括流行于河北的西河大鼓、流行于山东的梨花大鼓和流行于北京、天津的京韵大鼓。另外，与鼓词相关的曲艺品种还有子弟书、八角鼓、唱道情等。

子弟书源于清代军中流行的俗曲，乾隆初年，北京一些旗籍子弟以此种调式为基

听戏

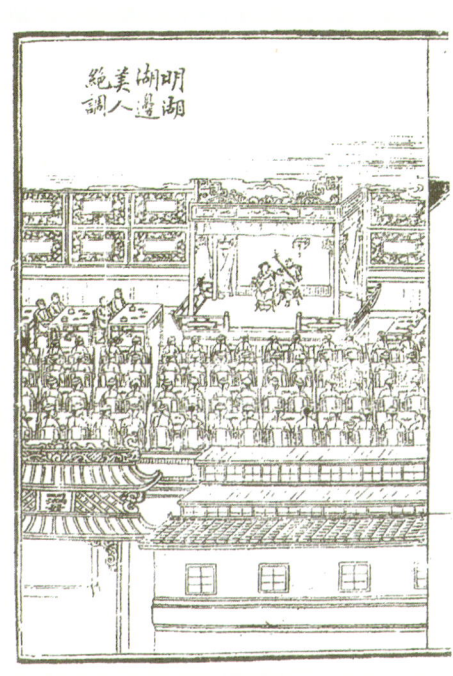

清代版画弹词表演

础,参照民间鼓词形式,创造出一种七言为体,无说白韵文与唱曲相结合的书段,演唱时以八角鼓击节,用三弦伴唱,本称"八旗子弟书",简称"子弟书"。它最早形成于东城,故又称"东韵子弟书",调式雄阔激昂,适合演唱忠烈故事,后来,西城仿之而有"西城调"。西调近于昆曲,缠绵婉转,多唱花月风情,清人称:"西城调尤缓而低,一韵萦行良久。"①

八角鼓为清代盛行一时的满族曲艺形式。八角鼓因伴鼓呈八角而得名,框用木制,原为满族人行围打猎之余,自歌自娱的一种放松活动,据说八角象征满族八旗,击之表示吉祥如意,后来流入京津等地,与民间杂曲、小调等演唱故事相融合,成为一种说唱艺术形式。乾隆朝时期,一度在八旗军中盛行,清朝末期又活跃于京城。清人称:"八角鼓乃青衣数辈,或弄弦索,或歌唱打诨,最足解颐。"②

评话即指说书,又名平词、平书,《百戏竹枝词》描述清代评话艺人的表演,称:

戏曲年画《四杰村》

---

① 震钧《天咫偶闻》卷七。
② 富察敦崇《燕京岁时记·封台》。

"其人持小扇指画,谈古今稗史事,以方寸木击以为节,名曰'醒木',亦鼓词类,颇叠叠不倦也。"①评话始于唐宋以来的"说话"、"讲史",明末清初,逐渐形成南方评话、北方评语两大分支,前者有名的像扬州评话、苏州评话等,明末清初的柳敬亭便以善说书而闻名于大江南北。《扬州画舫录》记载:"评话盛于江南,如柳敬亭、孔云霄、韩圭湖诸人……郡中称绝技者。吴天绪《三国志》、徐广如《东汉》、王德山《水浒记》……皆独步一时。"②后者则以北京评书为代表。莲花落,也称"落子",多用四块竹板击打节拍,故又称"四块玉",最初源于唐、五代时期的散花乐,后来成为乞丐沿门乞讨时的演唱调式。据《清稗类钞》记载:"乞丐截三寸竹为两,以绳贯其两端,指揿之作声,歌而和之,作乞怜及颂祷语,亦有演故事者,名之曰'莲花落',亦曰'莲花闹'……苏州有李阿七者,所唱独佳,每入市,唱于商店之门,人不厌其聒,或且招之使唱。"③

相声是清末京城曲艺中成熟起来的一枝奇葩,道、咸年间著名的八角鼓艺人张三禄,因与同行龃龉,无人与其搭档,遂改说相声,成为清代相声艺术的创始人之一。光绪年间,天桥"八大怪"中称"穷不怕"的朱绍文以唱太平词闻名,兼善单口相声,又与弟子"贫有本"合演对口相声,为相声艺术发展作出了重要贡献。清末民初,著名艺人李德锡以"万人迷"之名享誉南北,足迹遍及"京、津、沪、汉、奉、鲁、苏、杭等处",④轰动一时,极大提高了相声的知名度。

四、戏曲

中国戏曲剧种与剧目的大部分都来自民间戏曲,其中尤以民间小戏的剧种最为多样。清前期,社会日趋稳定,促进了商贸经济的发展,民间岁时节会、迎神赛会、集市庙会等多种形式的娱乐性活动迅速活跃起来,为各种地方戏种的兴起,提供了巨大空间,不少民间地方戏班也开始出入乡村与市镇之间,使清代地方戏曲表现出全面发展与高度综合的特征。经过宋、元时期的孕育,至明代,传统的北方杂剧走向衰落,而以南曲为主的各种声腔戏种逐渐形成主流,出现了余姚、海盐、弋阳、昆山四大著名声腔,影响最广。清初,昆曲受到统治者的青睐。昆曲又称吴音:"吴音,俗名昆腔,

---

① 李声振《百戏竹枝词·评话》。
② 李斗《扬州画舫录》卷一一。
③ 徐珂《清稗类钞》第十一册《乞丐类·李阿七唱莲花落以行乞》。
④ 庄荫棠《都市丛谈》九一《相声》。

京剧表演

又名低腔,以其低于弋阳也。又名水磨腔,以腔音皆清细也。"① 清朝贵族一方面对民间戏曲采取了严厉的禁抑政策,另一方面,又大力扶持昆腔戏曲,所谓"国初最尚昆剧",② 昆曲得以正声姿态居于统治地位,封建文人士大夫亦无不靡然从好,纷纷染指戏文,雕词琢句,审音协律,将自己的审美趣味融入其间,清人称"近士大夫皆能唱昆曲,即三弦、笙、笛、鼓板,亦娴熟异常",③ 致使昆曲一枝独秀,愈益丰满,成为风靡南北的官腔剧种,时称雅部。

与之形成对照的是,乾隆年间,不少地方戏曲剧种渐显活跃,许多来自民间俗曲、小调、说唱,特色各异的新腔不断涌现,在调式上开始突破传统的曲牌连套形式,转而以板式变化为主要表演手段,一时间诸腔竞作,纷纭不类,但因见别于正声,遂被称为花部、乱弹,颇含鄙视之意。雅部即昆山腔,花部为京剧、秦腔、弋阳腔、梆子腔、罗罗腔、二簧调,统谓之"乱弹"。④ 得益于民间浸染的花部,广受下层社会的欢迎和推崇,就连地方官绅亦不得不受其影响。兼之乾隆几度南巡,声娱乐享,各方应承,扬州跃为江南戏坛重镇,各地优伶登场献艺,客观上也促进了南北戏曲交汇。在北方,京师中内廷戏班蓄养亦蔚成风气,皇家庆典,极尽排场,规模宏大的内廷演剧为江南戏班的入京创造了机会。

最先与昆腔相抗衡的是四大声腔之一的弋阳腔。弋阳腔又名高调,声腔亢激嘹亮,

---

① 李声振《百戏竹枝词·吴音》。
② 徐珂《清稗类钞》第十一册《戏剧类·戏剧之变迁》。
③ 钱泳《履园丛话》卷一二《度曲》。
④ 李斗《扬州画舫录》卷五。

《吴友如画宝·海上百艳图》中的戏房内部情景及下场门

《申江胜景图说》卷下厅堂式剧场演出"猫儿戏"图

"金鼓喧阗，一唱数和，都门查楼为尤盛"①，因之被称为京腔。由于弋腔仍属于联曲体式，在曲牌上本与昆腔无异，故亦逐渐为清廷贵族喜尚，从而昆、弋并举，同列雅部。据《都门纪略》记载："我朝开国伊始，都人尽尚高腔，延及乾隆年，六大名班，九门轮转，极称盛焉。其名班各种角色，亦复荟萃一时。"②

花部之盛的重要标志是梆子、皮黄两大声腔崛起。梆子腔最初由陕西、甘肃、山西等地的民歌调、弦索调演变而来，特点是以硬梆子击节，调式高亢激越。皮黄腔则为西皮、二黄两种腔式的合称。西皮起源于秦腔，二黄则来自南方，是由徽调的高拨子演变而成的唱腔。昆、弋并盛，在一定程度上削弱了昆曲的独尊地位。继之而起的花部，则首推秦腔。

乾、嘉之际，湖北流行的二黄与汉调、秦腔（西皮）等调式相互借鉴，形成了一种声腔新调，即皮黄腔。后流传至安徽，又与徽调多有融合。乾隆五十五年（1790），时值乾隆帝八旬寿诞，浙江盐务承办皇会，经由推举，安徽人高朗亭"以安庆花部，合京、秦两腔，名其班曰'三庆'"，③奉旨入京祝寿，随后，四喜班、春台班、和春班等相继入京，嘉、道年间京城戏坛形成了四大徽班斗采的局面。而后越剧、绍剧、扬剧等地方戏种都相继传入北方，徽班艺人也通过吸收昆腔、高腔、梆子等诸腔特长，将其剧目适当移植，适应了社会不同阶层的欣赏品味。道光初，汉调艺人入京搭徽班演戏，两者同台献艺，并蓄兼收，最终熔铸成传统戏曲的精粹代表——以皮黄腔为主的京剧戏种，花雅之争得以浇灌出我国古代戏曲表演艺术的最后一座高峰。

清代后期，舞台戏俗一改中叶推崇旦行的旧尚，转而形成由老生主持的格局，咸、同年间，表演京剧的著名艺人有春台班的第一老生余三胜、四喜班的第一老生张二奎、三庆班的第一老生程长庚，被人们誉为"三鼎甲"、"老生三杰"。光绪朝，又有孙菊仙、汪桂芬、谭鑫培继起，以新"三鼎甲"称名于一时。同时，其他行当亦名角辈出，戏路益丰，使京剧艺术一步步走向成熟。盛名诸优，更是出入禁内，吟唱宫中，令时人称羡。相比之下，迄清末，昆曲在京城则颓势毕呈，全然失去立足之地："光绪初……昆、弋诸腔，已无演者，即偶演，亦听者寥寥矣。"④总之，经过南北诸腔的高度融合，可说是尽擅胜场，八方荟萃，四面开花，跃升为戏坛主流。

---

① 李声振《百戏竹枝词·弋阳腔》。
② 杨静亭《都门纪略·杂咏·词场序》。
③ 李斗《扬州画舫录》卷五。
④ 徐珂《清稗类钞》第十一册《戏剧类·戏剧之变迁》。

第四节　体育竞技风俗

体育竞技是以体能、技巧的竞赛、表演为主要内容的娱乐性活动，是民俗游艺文化中富有刺激性与观赏性的事象。它根植于人们实际的生产与生活经验的积累，具有广泛而深厚的群众基础。清代，我国民间体育竞技活动十分活跃，明清鼎革造成了巨大的社会动荡，激烈的民族矛盾冲突导致民间习武热潮的高涨。清中叶以后，社会经济的持续稳定与繁荣，又给民间体育游艺生活注入了新的活力，进一步推动了民间体育习俗的蓬勃兴旺。

一、武术与相扑

中国民间武术发展的历史十分悠久，可以说是分布最广的一种体育运动项目。清代，满族入主中原后，一方面，其传统的骑射风俗在中原地区迅速传播，为民间武术活动的发展注入了新的活力。另一方面，统治者实行严厉的民族高压政策，激起了尖锐的民族矛盾，导致反清活动此起彼伏，民间宗教与秘密结社盛行，出现了前所未有的习武热潮，武术活动的内容因此不断丰富。

骑射是满族的传统，清人以弧矢定天下，入关之时，"王公诸大臣无不弯强善射"，[①] 连康熙帝都称："我国家以弧矢定天下，又何可一日废武？"遂谕令凡乡、会试，必先试弓马合格，然后许入场屋，一时勋旧子弟莫

清《塞宴四事图》之相扑

[①] 昭梿《啸亭杂录》卷一《不忘本》。

不熟习弓马。由于满族八旗皆重习骑竞射，每年都要进行各种骑射校赛活动，影响播及民间，以至"士夫家居，亦以习射为娱。家有射圃，良朋三五，约期为会"。①《帝京岁时纪胜》还记载了当时北京五月端午节射柳的风俗，称："帝京午节，极胜游览。或南顶城隍庙游回，或午后家宴毕，仍修射柳故事，于天坛长垣之下，骋骑走繲。"②

清代绘画作品中的摔跤场面

相扑系指摔跤，其名始于晋代，当时上自宫廷下至民间均有为之者。满族素重尚武之风，摔跤习俗在宫廷和民间十分流行。

如清人笔记所载："相扑，蒙古所最重，谓之'布克'，国语（注：满语）谓之'布库'，即撩跤也。"③另有一种称"厄鲁特"者，袒裼而仆，虽蹶不释，必控首屈肩至地，乃为胜，与现代国际古典式摔跤的规则颇为相似。清代的摔跤又可称角牴，或撩脚，有谓："选十余岁健童，徒手相搏，而专赌脚力胜负，以仆地为定。康熙初，用此收鳌拜，故至今宫中年节宴，必习演之。"④清初，康熙帝即位时，大臣鳌拜恃权肆行，且其为人慓悍，入宫更是刀不离身。因此，康熙帝专门训练了一批擅长布库的宫中侍卫，乘机将鳌拜擒住，扫除了政治隐患。后来，康熙帝又命设立善扑营，"选八旗勇士之精

---

① 徐珂《清稗类钞》第六册《技勇类·旗人以习射为娱》。
② 潘荣陛《帝京岁时纪胜·五月·天坛》。
③ 吴振棫《养吉斋丛录》卷一六。
④ 梁章钜《归田琐记》卷五。

清郎世宁等《马术图轴》局部

练者,为角觝之戏,名'善扑营',凡大燕享皆呈其伎。或与外藩部角觝者,争较优劣,胜者赐茶缯以旌表之"。① 至乾隆朝,皇帝对摔跤活动也特别喜爱,善扑营中"勇挚有素者"往往能"自士卒拔至大员",摔跳之技,受到格外重视。

另外,民间习武热潮高涨,使传统的拳法与器械武术进步明显,武术内容的门派化、套路化特点十分突出。譬如拳法,清代达到数十种,诸如太极、八卦、形意、螳螂、通臂等拳种,都是从明代基础上发展而来。雍、乾时期的武术名家甘凤池"具绝大神力,于拳法,通内外二家秘奥,以故莫与敌",② 说明自明季以来拳法中所形成的内家与外家两大流派,此时已有所融合。而以拳勇名闻天下的少林寺,素重

清少林校拳

---

① 昭梿《啸亭续录》卷一《善扑营》。
② 徐珂《清稗类钞》第六册《技勇类·甘凤池拳勇》。

拳法习练，据载："少林拳法有练工术，运气于筋肉，则脉络突起，筋如坚索，肉如韧革，刀击之不能伤也。"①其外家拳功夫，堪称第一。因此，民间经常有人"存赀若干"，慕名前往少林寺学习拳艺。

又如晚清的义和团，就是在练拳基础上形成的民间秘密组织，通过拳坛，招徒授艺，以少林拳、梅花拳、八步拳、五祖拳、洪拳为主，其极盛时，仅北京即设坛八百余所，人数不下十万余众。至于器械武术则更是五花八门，精彩纷呈，如枪术，民间有不少名师高手，流派分立，体系完备。咸丰年间，无锡守备蒋志善深通枪法，其舞枪"闪闪成白光，大若径四五丈车轮"②，以水泼之，竟能一点不著身体，令人称奇不已。又有所谓善舞飞枪者，记载称："有善舞飞枪者，穴壁，置一杯，口向外出，掷枪中杯，杯随枪出，以手接之，百不一爽。武器以飞枪为难，然见有能舞双飞枪者，如二龙盘旋空际，群以长戟刺之，皆不能中。"③算得上是奇中之奇。

二、弈棋

弈棋是一项以智力角逐为特征的体育竞技活动，中国传统弈棋以象棋和围棋为主，有清一代，两者在民间均十分风行，具体表现为：一方面，各种弈事迭起，名家高手相继而出，弈学技艺突飞猛进，弈风之盛，空前未有；另一方面，总结性的理论著述和名家对弈的棋谱频频问世，水平甚高，而两者交相辉映，彼此促进，共同汇成了一幅幅色彩斑斓的弈俗画卷。首先，清代是我国弈事最为发达的时期。清初名手即有过百龄、盛大有、吴瑞澂、许在中、汪幼清、黄月天、周懒予、李元兆、汪汉年、周乐侯等十余人，其中嘉兴周懒予先声夺人，战胜明末弈坛盟主过百龄，"时过百龄方负第一手之誉，懒予不为下，数与对

清禹之鼎绘《闲敲棋子画轴》

---

① 徐珂《清稗类钞》第六册《技勇类·江僮负石疾趋》。
② 徐珂《清稗类钞》第六册《技勇类·蒋志善枪术》。
③ 徐珂《清稗类钞》第六册《技勇类·舞飞枪》。

清年画《着棋》

局,懒予多胜之",① 由此名噪一时。康、乾之际,棋手中更是群峰竞秀,迭荡波澜,极尽风流,其中有"四大家"之誉的梁魏今、程兰如、范西屏、施襄夏堪为当时翘楚。清人李斗《扬州画舫录》中记载扬州弈棋盛况时称:"画舫多以弈为游者,李啸村《贺园诗》序有云:'香生玉局,花边围国手之棋。'是语可想见湖上围棋风景矣。"② "乾、嘉时,朝贵盛行弈艺,以此四方善弈士,咸集京师,而以海宁范西屏(世勋)为巨擘。"③与范师出同门且为同里的施襄夏,虽年逊一岁,但棋艺却与之相仿佛,长期并峙,熠熠闪光。乾隆初,平湖(别称当湖)张永年邀范、施来家教弈,二人皆年当而立,精力、技法均臻妙境,激战十局,仍未分轩轾,"当湖十局"也因此被誉为我国围棋史上的旷代绝品。此外,与范、施处同时代而水平稍逊的名家强手亦不下百数十位,真可谓集百代之盛,成就了围棋史上最为辉煌的一章。

清代围棋发展兴盛的又一个特征是总结性理论著述和名家对弈的棋谱异常繁富,是我国围棋理论著述最丰的时期,其中比较有名的如清初期,过百龄的《三子谱》、《四子谱》、《官子谱》,周东侯的《二子谱》、《弈悟》,汪汉年的《眉山墅隐》、黄龙士

---

① 徐珂《清稗类钞》第九册《艺术类·周懒予弈胜过百龄》。
② 李斗《扬州画舫录》卷一一。
③ 毛祥麟《墨余录》卷一四《弈艺》。

清人绘画作品的女子下棋场面

清任熊《弈棋图》

的《弈括》、董耀的《弈学会海》、陶存斋的《官子谱》、徐星友的《兼山堂弈谱》；清中期，程兰如的《晚香亭弈谱》、施襄夏的《弈理指归》、范西屏的《桃花泉弈谱》、张永年的《三张弈谱》、钱长泽的《残局类选》、张雅博的《弈程》、汪秩的《弈隅通会》等；清末期，黄绍箕的《海昌二妙集》、周小松的《餐菊斋棋评》等。不少谱书中对围棋的各种专门技艺进行了系统阐述，像《弈理指归》、《桃花泉弈谱》等，都足可视为古代棋谱的典范之作。

三、冰嬉

冰嬉为冰上活动的泛称，是我国古代北方地区特有的体育运动形式。满族贵族入主中原后，仍保持了这种富有地方风情的体育习俗，并作为国俗提倡，所谓："太液池冬月陈冰嬉，习劳行赏，以简武事而修国俗。"[①] 冰嬉俗称跑冰鞋，清朝规定：每岁十月，咨取八旗及前锋统领、护军统领等处，每旗照定数各挑选善走冰者二百名，内务府预备冰鞋、行头、弓箭、球架等项。至冬后，择其令辰，圣驾幸瀛台等处御冰床临观。兵丁按八旗各色依次走冰较射，人数颇为可观。

冰嬉表演中有抢等、抢球、转龙射球等项目。其中抢等类似于现代的速度滑冰，竞技性十分突出。抢球之制为："兵分左右队，左衣红，右即衣黄，既成列。御前侍卫以一皮球踢之，至中队，众兵争抢，得球者复掷，则复抢焉。有此已得球，而彼复夺之者。或坠冰上，复跃起数丈，又遥接之。"再者是转龙射球，即一种冰上射箭表演："走队时，按八旗之色，以一人执小旗前导，二人执弓矢随于后。凡执旗者一二百人，执弓者倍之，盘旋曲折行冰上。远望之，蜿蜒如龙。将近御座处，设旌门，上悬一球，曰'天球'，下置一球，曰'地球'。转龙之队疾趋至，一射天球，一射地球。中者赏，复折而出，由原路盘曲而归其队。其最后执旗者一幼童，若以为龙尾也。"若在国恤期内，则走队时时撤去各色旗，惟用弓矢。冰嬉表演结束，"头等三名，各赏银十两；二等三名，各赏银八两；三等三名，各赏银六两；其余兵丁各赏银四两，俱有内府广储

金昆、程志道、福隆安《冰嬉图卷》局部

[①] 富察敦崇《燕京岁时记·溜冰鞋》。

司支给"。①

宫中冰嬉的抢等在民间又称为"溜冰",每年隆冬,积雪残云,景色如画,京城百姓多有为冰上滑擦者,其"所著之履皆有铁齿,流行冰上,如星驰电掣,争先夺标取胜,名曰'溜冰'"。②冬季的滑冰活动在北方则十分普遍,"都人于各城外护城河下,群聚滑擦,往还亦以拖床代渡"。拖床亦称冰床,本是一种极为适合冰上滑行的工具,后来又被用于冰上娱戏,它"以木作床,下镶钢条,一人在前引绳,可坐三四人,行冰如飞"。《燕京岁时记》记载:"冬至以后,水泽腹坚,则十刹海、护城河、二闸等处皆有冰床。一人拖之,其行甚速。长约五尺,宽约三尺……至立春以后,则不可乘,乘则甚危,有陷入冰窟者,而拖者逃矣。"③《都门杂咏》云:"十月冰床遍九城,游人曳去一毛轻。风和日暖时端坐,疑在琉璃世界行。"④冰床之戏,何等陶醉!

四、球类

球戏在唐、宋时期较为盛行,随后发展渐趋萎缩。清代,传统球戏在节俗中还有

清年画《十美踢球图》

---

① 《清朝文献通考》卷一七五。
② 潘荣陛《帝京岁时纪胜·十一月·冰床、滑擦》。
③ 富察敦崇《燕京岁时记·拖床》。
④ 杨静亭《都门杂咏·市廛门·冰床》。

一定表现。清初多禁民间养马，马球遂难觅其踪。康熙初，马禁稍弛，马球娱戏间有出现。康熙中叶由袁启旭纂刻刊行的《燕九雅集》九人诗中，描述了当时京都燕九节（正月十九日）白云观庙会的球戏情形。其序称："京师以正月十九日为燕九之会，相传元时丘长春于此日仙去，至今远近道流皆于此日聚城西白云观……车骑如云，游人纷沓，上自王公贵戚，下至舆隶贩夫，无不毕集。"蹴鞠是中国古代的足球。清王朝统治者严禁民间结社活动，因此以群聚竞技为特征的蹴鞠球戏的发展便受到很大限制，有关蹴鞠活动的记录亦较为少见，清人袁启旭在《燕九竹枝词》的诗咏中称"如蚁游人拦不住，纷纷挤过蹴球场"，说明蹴鞠之戏仍未绝迹。清代儿童游戏中流行一种踢石球的习俗，《燕京岁时记》记载："十月以后，寒贱之子，琢石为球，以足蹴之，前后交击为胜。盖京师多寒，足指疲冻，儿童踢弄之，足以活血御寒，亦蹴鞠之类也。"①另外，特别有趣的是，清代冬季有喜于冰上为蹴鞠之戏的风俗，据《帝京岁时纪胜》记载："金海冰上做蹴鞠之戏，每队数十人，各有统领，分位而立，以革为球，掷于空中，俟其将坠，群起而争之，以得者为胜。或此队之将得，则彼队之人蹴之令远，欢腾驰逐，以便捷勇敢为能，将士用以习武。"②诗咏称："踢鞠场中浪荡争，一时捷足趁坚冰。"③足见在古代，蹴鞠之戏亦因其特有的魅力而广为群众喜爱。清末，西方的足球活动逐渐影响到我国，人们在知道了足球为何物之后，很快接受并尝试着参与其中。据载："足球，与蹴鞠相类，盖效西法也，宣统时盛行之……游戏时，人分两组……以球能踢入对面之门者为胜。"④

五、杂技

杂技是我国古老的表演艺术，具有很强的观赏价值。它要求表演者必须具备一定的体能和娴熟的技巧，因此又被赋予了斗巧竞奇的性质。杂技来源于长期的生产实践活动，远古时代先民将生产技能再现于自娱性的游戏活动中，便是最早的杂技性表演。春秋战国时期许多杂技门类都已出现，至清杂技艺术仍广泛流行于民间。随着清代戏曲业的勃兴，杂技内容得到更为丰富的拓展，大量的技巧表演融入其中。清人李声振编纂于康熙中叶的《百戏竹枝词》，则记录了流行于京城的许多杂技娱戏形式，像

---

① 富察敦崇《燕京岁时记·踢球》。
② 潘荣陛《帝京岁时纪胜·十一月·蹙鞠》。
③ 李声振《百戏竹枝词·踢鞠》。
④ 徐珂《清稗类钞》第十一册《戏剧类·足球》。

舞索、刀山、飞刀、弄丸、坛技、扇技、舞铙、蹬梯、吞剑、吞火、飞钱等，每种技法都有身怀绝艺的江湖艺人长期在民间进行表演，深受百姓欢迎。同样，江南苏州玄妙观新年庙会中，也有各种各样的杂耍节目，让人目不暇接，如："立竿百仞，建帜于颠，一人盘空拔帜，如猱之升木，谓之'高竿'。索上长绳，系两头于梁，举其中央，两人各从一头上，交相度，谓之'走索'。小儿缘长竿倒立，寻复去手，久之，垂手翻身而下，谓之'穿跟斗'。长剑直插入喉噱，谓之'吞剑'。取所佩刀，令人尽力刺其腹，刀摧腹皤，谓之'弄刀'。置瓷甏于拳，以手空中抓之，令盘旋腰、腹及两腋、两股，瞥起倐落，谓之'弄甏'。或以瓷盆置竿首，两手交换，有时飞盆空际，仍落原竿之上，谓之'舞盆'。置丈许木于足下，可以超乘，谓之'踏高跷'。以毯覆地，变化什物，谓之'撮戏法'。以大碗水覆毯，令隐去，谓之'飞水'。置五红豆于掌上，令其自去，谓之'摘豆'。以钱十枚，呼之成五色，谓之'大变金钱'。"① 如此丰富的杂技表演，反映了杂技这门以技巧变化为特征的娱戏活动在清代民间发展得十分成熟。

杂技

清代杂技表演内容之丰富、技艺之精湛，都是空前未有。像脚蹬技艺，是明清时期杂技表演的重要内容，清代直隶磁州江湖女艺人李赛儿所表演的耍坛子，堪称佼佼者。《清稗类钞》记载：其"持小花瓷缸通身环绕。复叠桌五层，高齐木末，盘旋而上，仰卧其间，以两小足承大瓷，重数十斤，舞弄久之"。② 与此同时，戏曲业的繁荣，也给杂技发展注入了新的活力，如《都门杂咏》中生动描述的戏曲里"火流星"的表演场面，在彩绳的两端缀上装有炭火的盛器，表演者持绳作舞，观之若金蛇飞窜，目眩神摇，煞是好看，为剧情平添了几分生色。又有水流星者，在两端盛器中注满水后，表演者舞动彩绳，展现各种抛接动作，舞到疾处，但见寒光一片，呼呼有声，观者大呼过瘾，场面格外热闹。

口技，又称口戏，其表演之时"能同时为各种音响或数人声口、及鸟兽叫唤，以悦座客。俗谓之'隔壁戏'，又曰肖声、曰相声、曰象声、曰像声。盖以八仙桌横摆，

---

① 顾禄《清嘉录》卷一《新年》。
② 徐珂《清稗类钞》第六册《技勇类·李赛儿弄九连环》。

围以布幔，一人藏于中，惟有扇子一把，木板一块，闻者初不料为一人所作也"。① 口技是清代杂技中较为发达的一个门类，不少擅长口技的艺人在民间都有影响。如清末北京有位名为"百鸟张"的艺人，善学百鸟之声，"光绪庚寅（注：光绪十六年，1890）五月，嘉善夏晓岩寓京师，招集同人至十刹海，作文酒之会。其地多树，为百鸟所翔集，座客方闻鸟声而乐之。酒半，有善口戏者前席，言愿奏薄技，许之。则立于窗外，效鸟鸣，雌雄大小之声无不肖，与树间之鸟相应答。及毕，询其姓名，则曰：'姓张，人以我能作百鸟之声，皆呼曰百鸟张'"。② 禽戏是以驯服动物为特征的杂技表演形式，它要求表演者必须具备高超的驯兽技巧。清代禽戏中有驯虎一门，表演起来既惊险又刺激，《百戏竹枝词》称之为"跳大虫"。另有像驯猴、驯犬等小技，在民间亦颇为多见。马戏，本指马舞一类的杂技表演，自古不衰，表演起来场面壮观。清末，西洋马戏的传入给传统马戏增添了新的内容，据《清稗类钞》记载，西人在表演马戏时："场有奏乐处，铃动乐作，演技者联翩而出，骑术极精。初用常法骑马，循场而走。继则立于马背，旋以两膝，跪于马背，且走且跳索，或令马走方步。其始马首尚有缰，未几，即尽去之。或一人立于场中，举鞭为号，马即如法作种种游戏。"③ 此外，还间有驯狮、虎、象等大型兽物的精彩表演，"驱使之，无异于驱马"，令观者大开眼界。戏法，

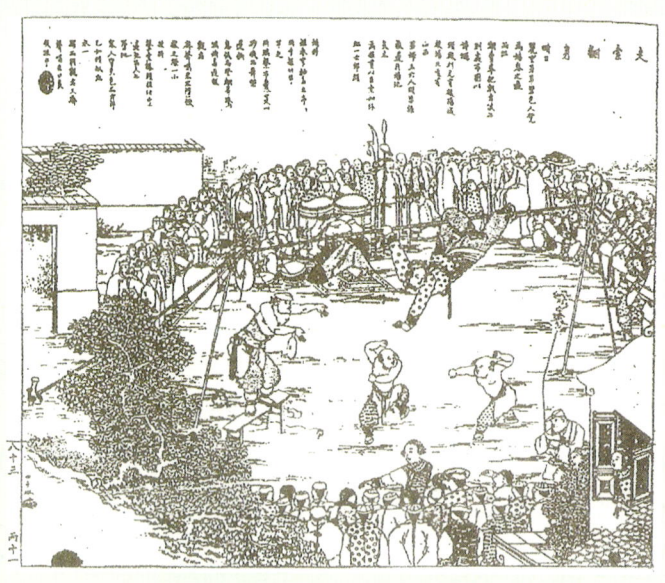

《点石斋画报》中的"走索翻身"杂技图

---

① 徐珂《清稗类钞》第十一册《戏剧类·口技》。
② 徐珂《清稗类钞》第十一册《戏剧类·百鸟张》。
③ 徐珂《清稗类钞》第十一册《戏剧类·西人演马戏》。

又称幻术，亦属杂技分支，清代民间艺人变戏法的表演十分普遍，大凡街巷撂地设摊或庙会娱庆，均少不了戏法一类。像李声振《百戏竹枝词》中所描写的变金钱："以铜钱取手巾覆之，少顷皆作金色"；鬼搬运："置物于室，扃其门，能使鱼钥不启，致其物于他处。"清末，西方戏法不断传入中国，舞台戏法表演遂轰动一时。

第五节　娱乐冶游风俗

民间娱艺文化是以消遣休闲、益智娱情为主要目的的民俗事象，其重要特征表现为娱乐性与竞技性。娱艺文化的内容具体反映了人们社会生活中某种文化消费的心理需要，其活动本身具有调剂身心、娱悦情绪的多种实用功能。在封建社会，娱艺活动被限定在封建礼教的樊篱内，表现形式与表现内容都受到极大约束，一方面，许多贴近百姓生活的民间娱艺活动长期活跃于社会基层，但只能以朴素的形式存在和发展，而始终不为封建礼教体系所容纳和提倡。另一方面，封建统治阶级腐朽没落的生活方式与消遣心理又导致民间娱艺内容在相当大程度上受到其影响。清代各种娱艺活动十分普及，在社会各个阶层都有丰富的表现。

一、鱼虫花鸟

鱼虫花鸟主要是指与动物、植物相关的娱乐消遣活动，在民间多以斗赛的形式来表现，而且各地斗戏习俗往往有所不同，显示出一定的地域特色。斗戏中以斗鸡出现最早，古人云鸡有五德，言其敢斗。清代斗鸡之风多见于北方，据称京城有一种名为"九斤黄"的上品，尤其善斗。诗咏云："红冠空解斗千场，金距谁堪冠五坊？怪道木鸡都不识，近人只爱'九斤黄'。"① 除此之外，斗鹌鹑更受青睐。清人称：鹌鹑"又名'早秋'，笼至次年，尤善斗，恒在把握间玩之"。② 京城中"膏粱弟子好斗鹌鹑，千金角胜。夏日则贮以雕笼，冬日则盛以锦囊，饲以玉粟，捧以纤手，夜以继日，毫不知倦"。③

---

① 李声振《百戏竹枝词·斗鸡》。
② 李声振《百戏竹枝词·斗鹌鹑》。
③ 潘荣陛《帝京岁时纪胜·九月·斗鹌鹑》。

《乾隆观孔雀开屏图》局部

金廷标《群婴斗草图》

《每日古事画》中的斗草场面

清年画《共乐升平得利图》

斗草是以花草为内容的民间竞巧益智游戏,据说《诗经》中的《芣苢》篇就是当时儿童们斗草嬉戏所唱的歌谣。清代斗草又称斗百草,其游戏已从最初的草茎相勾,演变出较为文雅的斗报花名形式,清人称:"古人已有此戏,以吉祥而少见者为胜。闺人春日为之。"① 如《红楼梦》第六十二回中描写香菱等众丫鬟在园中斗草的情景:"大家采了些花草来兜着,坐在花草堆中斗草。"② 随后逐人报出观音柳、罗汉松、君子竹、美人蕉、星星翠、月月红等花名,当有人报姐妹花时,香菱对以夫妻蕙,结果招致同伴的取笑,惹出一段打闹来,显得十分有趣。

斗牛之俗起源于秦汉时期。清代各地立春时有鞭土牛劝农耕的习俗,表现了封建政权对农业生产的重视。牛虽性情温顺,却十分倔强,故有些地方俗尚使牛相斗,以博娱趣。如清代浙江一带的人们特喜斗牛之戏。清初谈迁在其笔记中称:"金华近例,正月,乡人买犊牛,各赴场相角,决胜负,至群殴,不能禁。"③ 可见斗牛之盛。生于嘉庆年间的陈其元在《庸闲斋笔记》中则记载颇详,称:"金华人独喜斗牛……每逢春秋佳日,乡氓祈报祭赛之时,辄有辄斗之会。先期治觞延客,竭诚敬。比日至之时,国中有千万人往矣。"④ 斗场专门辟出水田四五亩,沿田塍皆搭台,备置桌凳,以待远客及本村老幼妇女。斗牛出场,鸣钲开道,金花簪头,身披红绸,簇拥护送者达数十人。既至田中,两家各令健者四人翼其牛,二牛并峙,互相注视,良久乃前斗。斗以角,乘间抵隙,各施其巧,三五合后,两家之人即各将其牛拆开,复簇拥去。此时,观者不知其孰胜负,而主之者已默窥其胜负矣。斗牛之日,聚集群牛不下三五十头。有时

---

① 李声振《百戏竹枝词·斗草》。
② 曹雪芹《红楼梦》第443页,黄渡人校点,齐鲁书社1992年版。
③ 谈迁《北游录·纪闻下》。
④ 陈其元《庸闲斋笔记》卷五《婺州斗牛俗》。

两牛斗得性起,"苍黄抵触,血肉淋漓,奔逃横逸,溅泥满身,冲出(堤)塍,掀翻台凳,不可牵挽。于是老妇孺子暨粉白黛绿者,哗然争避。或失足田中,或倒身岸下,遗簪坠珥,衣服沾濡,头面汗损,相将相扶而去"。真是乱糟糟一片,好不狼狈。

斗蟋蟀起源甚早,吴越等地自古有之。明代斗蟋蟀之风十分炽盛,清承遗绪,南北皆尚此戏,其势所演更烈。清人称:"蟋蟀戏由来已久。金盆玉笼,聊寄闲情云尔。自以财帛当胜负,而网利之徒设阱以诱,则戏而为搏也。其间妓舸填集,数可盈千,角口挥拳,无分昼夜……局中抛掷金钱,可亿万计矣。人之身家性命,倾倒者,又不知几许矣。"① 京城斗蟋蟀之俗如《帝京岁时纪胜》所载:"都人好畜蟋蟀,秋日贮以精瓷盆盂,赌斗角胜,有价值数十金者,为市易之。"② 广东地区亦好此俗,有云:"蟋蟀,于草中出力者少,于石隙竹根生者坚老善斗。然多以东莞熊公乡所产为最……广人喜斗蟋蟀,岁于此间捕取,往往无敌。其立于蛇头上者,身红而大,尤恶。"③

《吴友如画宝》中的"蟋蟀会"图

---

① 诸联《朋斋小识》卷九《蟋蟀策》。
② 潘荣陛《帝京岁时纪胜·七月·蟋蟀》。
③ 屈大均《广东新语》卷二四《蟋蟀》。

二、金石图书的收藏

金石图书的收藏作为民间娱艺文化的重要组成部分,主要反映了人们文化生活的内在需求,客观上又与我国传统观念中重史尊古的文化内涵密切相关。以雅藏为富,以读书为乐的风习自古相沿,而收藏之奇、网罗之丰,往往为封建文人、士大夫所相矜相羡。在清代,社会经济经过初期的生养恢复,在乾嘉时期达到了空前繁荣的程度,封建统治者一方面强调禁锢思想,维护封建专制秩序,另一方面也以稽古相标榜,对士林网开一面,进一步巩固封建统治基础。雍、乾时期,《古今图书集成》与《四库全书》两部大型官修图书的相继完成,致使学术文化事业得以长足发展,在客观上造成了官私藏书异常发达的局面。另外,由于清初学术界学风转向博学朴实一路,"自清初提倡读书好古之风,学者始以诵习经史相淬厉"。① 迄至中叶,朴学全盛,"当时学者,以此种学风相矜尚"。② 与此同时,清代金石出土日丰,学者大多嗜古成癖,以高古自居,尤其醉心金石考据,时风所及,遂使古书校勘、辨伪、辑佚等基础工作皆成专门之学,因而对官私收藏产生了直接影响,金石图书的收藏,呈现出前所未有的盛况。

现存的清代藏书楼——铁琴铜剑楼

---

① 梁启超《中国近三百年学术史》十四《清代学者整理旧学之总成绩(二)》。
② 梁启超《清代学术概论》十三。

清康熙青花釉里红人物盘

清广东石湾陶门神

清郎世宁等《马术图轴》

  金石主要是指先秦时期的铜器和秦以后的石刻,其学滥觞于宋,清代为我国古代金石学的发煌期,梁启超称"金石学在清代又彪然成一科学也"。①自清中叶开始,金石器物出土日渐增多,碑碣、墓志、石幢、造像、简牍、帛书、古陶、玉器、瓦当、封泥、玺印、帛布等一系列古代文物大批面世,金石文物的范围骤然扩大,不少学者借收集金石文字之娱增益考经订史之业,至清末,甲骨文字又被发现,这些都为金石学的兴旺奠定了厚实基础。学术研究的推波助澜导致民间金石收藏热潮迭起,人们往往耽于古董,文人学士趋之若鹜,王公贵族更是附庸风雅,就连宫中太监也间有搜罗。②民间每每多负贩碑拓者,渔利之徒乘机网奇致异,竟成时尚。如钱塘人胡雪岩因经商闻名,又雅好古董,以故门庭若市,即便真伪杂陈,亦不暇鉴别,惟择价昂者留之而已。

  图书收藏是我国封建社会文化事业的一项重要内容,清代官私藏书规模都达到了藏书史上的巅峰。官藏中,以《四库全书》修讫而建成的南北七阁最为著名,其中北方文渊、文源、文溯、文津四阁皆属内廷。私人藏事则以江南为胜,有名的藏家达数百余,这些人中有不少自身就是一流学者。他们经常将藏书处所题以蕴意隽永的雅号别称,像清初期钱谦益的绛云楼,黄宗羲的续钞楼,黄虞稷的千顷堂,徐乾学的传是楼,朱彝尊的潜采堂、曝书亭,钱曾的述古堂、也是园等;清中期卢文弨的抱经堂,孙星衍的岱南阁,鲍廷博的知不足斋,黄丕烈的士礼居、百宋一廛,吴骞的拜经楼、千元

---

① 梁启超《清代学术概论》十六。
② 徐珂《清稗类钞》第九册《鉴赏类·潘文勤为太监鉴别》。

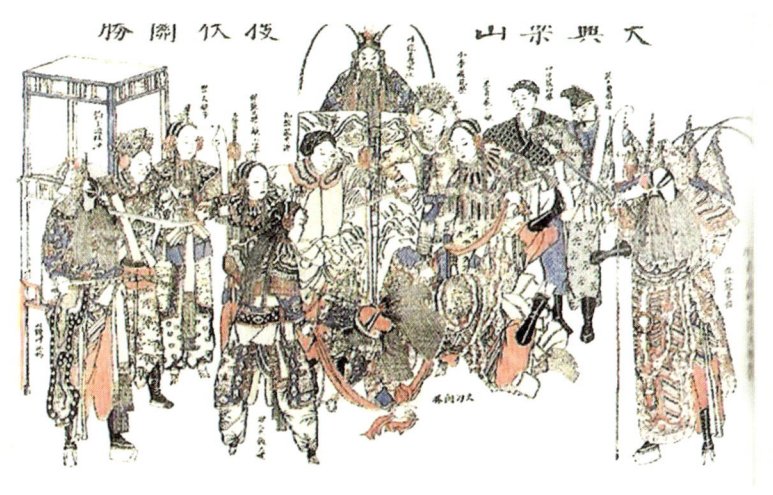

清年画《大兴梁山收获关胜图》

十驾,翁方纲的小蓬莱阁等;清后期杨以增的海源阁,瞿镛的铁琴铜剑楼、陆心源的皕宋楼、十万卷楼,丁丙的八千卷楼,潘祖荫的滂喜斋,缪荃孙的艺风堂、对雨楼等,都是清代十分著名的私人藏书楼。受嗜古学风的影响,藏家往往特重宋元精椠,如乾、嘉时期长洲黄丕烈所藏惟宋版是存,还自号"佞宋主人",特辟藏书处名之曰"百宋一廛"。而海宁吴骞也是笃嗜古版,筑拜经楼,藏书不下五万卷,并聚所藏元刻本千余部,题曰"千元十驾",以抵黄氏的百部宋版,一时传为佳话。藏书业的兴旺又带动了书肆业的活跃,像京城南郊的琉璃厂便是由此发展起来,《清稗类钞》记载:"京师琉璃厂为古董、书帖、书画荟萃之地,至乾隆时而始繁盛。书肆最多,悉在厂之东西门内,终岁启扉。"① 商贾趋逐,自成喧市。

另外,清代私家藏书在管理方法上也有重要贡献,如清初藏家曹溶在《流通古书约》中,对自古藏书矜独得之秘的风习予以了批评,称:"不善藏者护惜所有,以独得为可矜,以公诸世为失策也。"结果是,精椠善刻一旦归入藏家,竟举世不得寓目。因此,他倡议"彼此藏书家各就观目录……约定有无相易",然后精工缮写,"出未经刊布者,寿于枣梨",大力宣传流通开放的藏书方式。至清末,浙江藏家徐树兰率先接受了西方公共图书馆开放式管理的思想,于1902年,在绍兴创办了我国历史上第一座私立公共藏书楼——古越藏书楼,为私人藏书业的发展开辟了新天地。

---

① 徐珂《清稗类钞》第九册《鉴赏类·鉴赏家必游琉璃厂》。

三、游戏

游戏是一种能够有机地融合体能与心智的娱乐形式。它强调通过参与一定规则下的嬉戏娱乐活动，从中品味游戏所特有的乐趣，借以增强人们参与的兴致，从而达到调养身心、益智娱情的目的。清代的游戏种类繁多，表现丰富。

风筝是清代民间特别受欢迎的一种游戏活动。

风筝又称风鸢、纸鹞、鹞子等，在我国已有两千多年的发展历史。风筝在民间艺术中占有特殊的地位，它能够将观赏、竞技、健体、益智等多种功能集合于一身，同时又与游艺、科技等因素保持着密切关联，十分典型地反映出民间艺术的丰富内蕴。

旧俗放风筝大多在岁首初春之际，"以线系纸鸢，乘风纵之，恒在清明前郊外也"。① 清代浙江人高鼎描写春日乡间孩子们乘风放飞的诗句云："草长莺飞二月天，指堤杨柳醉春烟。儿童散学归来早，忙趁东风放纸鸢。"② 又有称："风筝盛于清明，其声在弓，其力在尾。大者方丈，尾长有至二三丈者，式多长方，呼为板门。余以螃蟹、蜈蚣、蝴蝶、蜻蜓、福字、寿字为多……巧极人工。晚或系灯于尾，多至连三连五。"③ 山东潍坊以善造风筝闻名，乾隆年间，郑板桥一度在那里为官，后罢官而去。乾隆二十八年（1763）夏，他赋诗云："纸花如雪满天飞，娇女秋千打四围。五彩罗裙风摆动，好将蝴蝶斗春归。"④ 对潍县夏日放鸢的情景仍萦牵于怀。《帝京岁时纪胜》记载："京制纸鸢极尽工巧，有价值数金者，琉璃厂为市易之。"⑤ 据说曹雪芹家道中落后迁居北京西郊，他经常利用闲暇以制作风筝为乐，而且撰有《南鹞北鸢考工志》、《风筝诀》等书，专门研究风筝技术，其中《南鹞北鸢考工志》便记载了有关扎、糊、绘、放风筝的四十余种技法。曹雪芹虽自称"风筝于玩物中微且贱矣"，却仍乐此不疲，在当地百姓中享有不小的名气。

花灯又称彩灯，既是一种照明用具，又是传统节日的常备器物，民间每逢文娱事项，无不张灯结彩，烘托喜庆气氛。由于花灯中融合了光与彩的特性，既有实用功能，又蕴含审美价值，所以长期风行民间。清代花灯形式也五花八门，异彩纷呈，发展出别具风情的灯戏。如京城百戏中的龙灯斗："以竹篾为之，外覆以纱，蜿蜒之势，亦复可观。"诗咏云："屈曲随人匹练斜，春灯影里动金花。烛龙神物传山海，浪说红云露爪

---

① 李声振《百戏竹枝词·放风筝》。
② 高鼎《村居》。
③ 李斗《扬州画舫录》卷一一。
④ 郑燮《怀潍县》。
⑤ 潘荣陛《帝京岁时纪胜·三月·清明》。

清代绘画作品的"风筝会"图

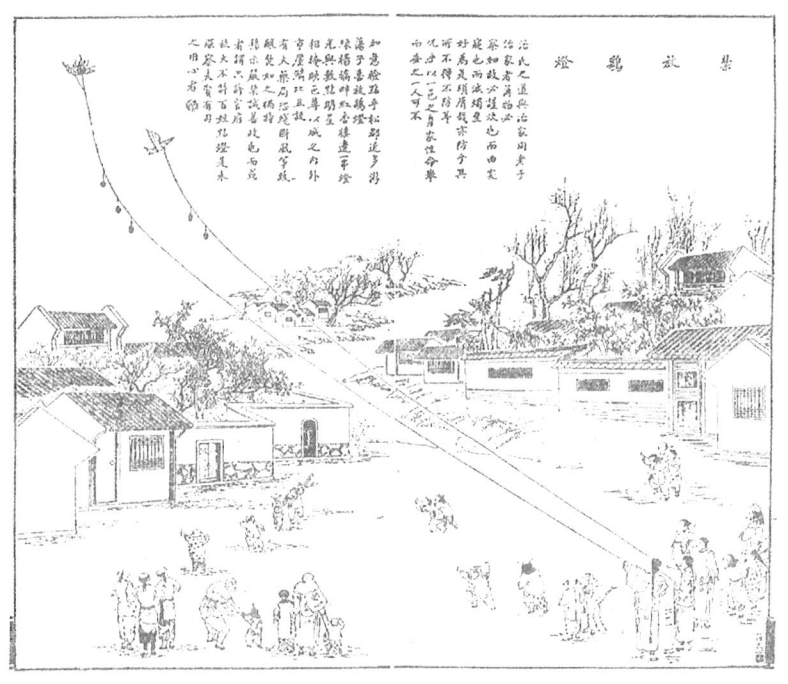

清代绘画作品的放风筝情景

牙。"①

空竹，也称空钟，为清代京城常见的一种儿童娱戏活动，有浓厚的地方特色。空竹是一种带有轴柄的竹木玩具，玩空竹亦称抖空竹，抖动时先将线绳缠绕轴柄，然后双臂用力，反复开合，逐渐将空竹带起，使其在空中疾速旋转，此时空竹中间的哨孔就会呜呜作响，声音清越悠长，并且随着旋转速度的变化而高低错落，颇富韵味。《燕京岁时记》称秋冬时节，儿童多戏此者，谓："空钟者，形如车轮，中有短轴，儿童以双杖系棉线拨弄之，俨如天外晨钟。"至于技艺精湛者，则"有时以半段空钟用绳扯之，飞至极高，跃至极低，盘旋如意，虽两轮去一，失重心而不坠。观者辄拍掌称善，争掷钱与之"。②娴熟的抛接动作已呈现出杂技化的水准。另外，像鞭陀螺、踢毽子等，也都随处可见。

七巧板、九连环则是民间传统的儿童益智玩具，在清代亦很风靡。七巧板也有称七巧图、智慧板者，其制："以薄木一方，截成七块，可合成种种模型，以启儿童思想。"③嘉庆年间，还有人专门编辑刊印了《七巧图合璧》，以凑暇趣。咸丰时，慈溪严笠舫创造七巧书法，突破了以往多拼接人物、花鸟图案的传统，翻新出别具一格的七巧行草字，遂称一时之奇。九连环是用金属制成的环类玩具，其形制为：一个长圈，柄在一端，中间套有九个圆环。玩法要求将套在柄中的九个圆环逐一脱出，多者可达十余环，而以九连环最常见。《红楼梦》第七回中描写，周瑞家的到黛玉房中送花，"谁知此时黛玉

清《乾隆皇帝行乐图》

---

① 李声振《百戏竹枝词·龙灯斗》。
② 徐珂《清稗类钞》第十二册《物品类·空钟》。
③ 徐珂《清稗类钞》第十二册《物品类·七巧板》。

不在自己房中，却在宝玉房中，大家解九连环呢"。①由于玩法复杂，趣味特浓。

端午赛龙舟在中国已有两千多年的历史，后来龙舟竞渡成为江南水乡最为热闹的一项民间体育活动。至清代，这种风俗中仍保持着浓厚的竞技色彩，并影响至北方，成为南北皆有的端午盛事。《清嘉录》称苏州一带端午日赛龙舟为"划龙船"。是时，游船喧集，参者如云，扬旌拽旗，各有名目："中舱伏鼓吹手，两旁划桨十六，俗呼其人为'划手'。篙师执长钩立船头者，曰'挡头篙'。头亭之上，选端好小儿，装扮台阁故事，俗呼'龙头太子'。尾高丈许，牵彩绳，令小儿水嬉，有独占鳌头、童子拜观音、指日高升、杨妃春睡诸戏，谓之'䌷梢'。舵为刀式，执之者谓之'挡舵'。"②胜会之日，舵手执五色小旗，插画舫之楣，而后诸龙各认旗色，回朝盘旋，谓之"打招"。一招水如溅珠，金鼓之声与水声相激。至于"男女耆稚，倾城出游，高楼邃阁，罗绮如云，山塘七里，几无驻足之地。河中画楫，枳比如鱼鳞，亦无行舟之路，欢呼笑语之声，遐迩振动"，场面热闹至极。最称奇观者："入夜，灯燃万盏，烛星吐丹，波月摇白……俗称'灯划龙船'。"受此影响，清代北方地区亦渐有开展此戏者，《帝京岁时纪胜》称：京东里二泗"前临运河。五月朔至端阳日，于河内斗龙舟，夺锦标，香会纷纭，游人络绎"。③有时竟连皇宫内苑也不免偶一为之，平添乐趣。据《清稗类钞》记载："乾隆初，高宗于端午日命内侍习竞渡于福海，画船箫鼓，飞龙鹢首，络绎于波浪间，颇有江乡

赛龙舟

---

① 曹雪芹《红楼梦》第47页，黄渡人校点，齐鲁书社1992年版。
② 顾禄《清嘉录》卷五《划龙船》。
③ 潘荣陛《帝京岁时纪胜·五月·里二泗》。

《木兰图卷》局部《合围》

竞渡之意,召近侍王公同观。"[1]

四、嫖妓冶游

妓女是阶级社会的产物,有的学者认为,其产生的渊源可以追溯到上古时代的女巫。不过,至少在奴隶社会,奴隶主所蓄养的女乐倡优已属妓女的雏形。清政府对娼妓管理十分严格,《大清律例》即明令禁止官吏、士人的狎妓行为,规定:"凡文武官吏宿娼者,杖六十。挟妓饮酒,亦坐此罪。"[2]康熙年间,还曾令裁乐户,以致官妓遂无。由于律法约束甚严,清初妓风尚轻,娼家之迹较为收敛。但是,作为封建社会腐朽文化生活典型代表的娼妓现象,绝不会因此匿迹销声,在封建礼教虚伪表象的背后,社会上的嫖妓风习始终未止。清中叶以后,工商业的空前繁荣,促进了城市生活的全面

---

[1] 徐珂《清稗类钞》第一册《时令类·端午龙舟》。
[2] 《大清律例》卷三三《犯奸·官吏宿娼》。

成熟，市业兴旺，生活富庶，崇奢尚淫风气也因之弥漫，妓业勃起，淫声肆行，至清末，社会腐败，世风衰极，青楼之名愈加泛滥。

清人称："晚近以来，（妓女）则以扬子江流域之江苏为多，苏州、扬州、清江皆有之，引类呼朋，分往各省，南之闽、粤，北之辽、沈，无不为其殖民之地。亦以舟车大能，无羁旅行役之苦，有宾至如归之乐也。"① 然妓风所至，俗亦不同。如金陵秦淮，自六朝以来，"类多韵事，及明，轻烟淡粉，灯火楼台，号称极盛"。清初一度有所沉寂，但至雍、乾时，已是"裙屐笙歌，固依然繁艳也"。② 乾隆初，秦淮两岸妓馆尚且仅有数家，至清末，有的地方妓馆多者竟一家可有四五十房，房各二三人。世风不堪，可见一斑。又如扬州，"为南北之冲，四方贤士大夫无不至此……以虹桥为文酒聚会之地"。③ 而"郡中城内，重城妓馆，每夕燃灯数万，粉黛绮罗甲天下"。当地称苏妓为苏滨，土娼为扬滨。虹桥又有小秦淮之称，妓风亦盛，据载："小秦淮妓馆常买棹湖上，妆掠与堂客船异，大抵梳头多双飞燕、到枕松之属，衣服不着长衫，夏多子儿纱，春秋多短衣，如翡翠、织绒之属。冬多貂覆额珠、苏州勒子之属。船首无侍者，船尾仅一二仆妇。游人见之，或隔船作吴语，或就船拂须握手，倚栏索酒，倾卮无遗滴。甚至湖上市会日，妓舟齐出，罗帏翠幕，绸叠围绕。"④

近代小说插图中的嫖妓场面

---

① 徐珂《清稗类钞》第十一册《娼妓类·苏州扬州清江之妓》。
② 徐珂《清稗类钞》第十一册《娼妓类·江宁之妓》。
③ 李斗《扬州画舫录》卷九。
④ 李斗《扬州画舫录》卷一一。

苏州为东南一大都会，因之画舫笙歌，四时不绝，金粉之盛，不亚秦淮。当地人蓄妓如置产业，称之"该讨人"，又有呼妓为"官人"之俗。顺治末，苏州有金某者，曾集全吴名妓，品定上下，为胪传礼，即花榜也。约于某日，亲赐出身，自一甲至三甲，诸名妓将次第受赏。① 竟至倾城聚观，惹得地方官出面查禁，一场闹剧，草草收场。"乾隆时，苏之船娘缠头有余，即购楼台于近水处，几案整洁，笔墨精良，春秋佳日，妆罢登舟，极烟波容与之趣。薄暮维船，添酒回锭，宛如闺阁。遇风雨，不出门，至酷暑天寒，虽千呼万唤不出也。"②

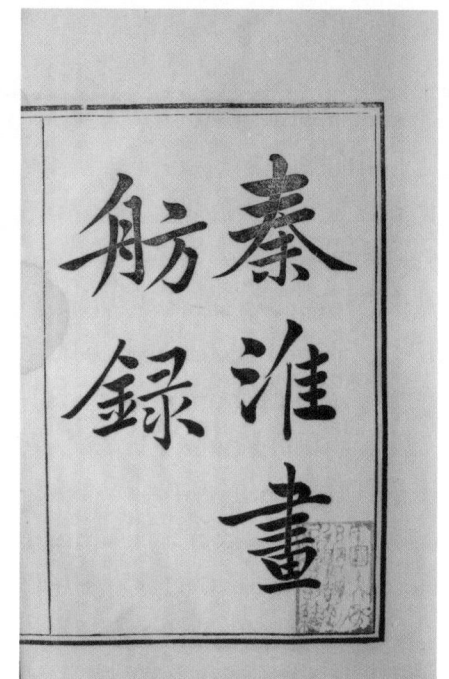

《秦淮画舫录》书影

上海自清中叶以后跃然成为繁华商埠，争歌斗舞，妍媸毕具。道光以前，上海黄浦多泊贾舶，士人每以舟载妓应客。其后，虹桥等地妓馆渐次兴旺。"是时也，公共租界之南京路一带，亦为冶业倡条栖止之所。"③ 另外，黄浦之近虹口处，有西洋妓艘，每岁一二至，华人中能讲其语言者，每每可易服而往。

京师为首善之地，故嘉、道以前，较少妓寮。王公贵族遂以狎玩象姑（指男优）为尚。有所谓八大胡同，皆在正阳门外，俗谓为娼妓出没之地，实际上是由于清末，"南妓集，伶人失业，始有妓女踪迹"④所致。道光以后，国运不振，衰象毕呈，京师妓业竟也肆无忌惮，公然有之。咸丰时，妓风大盛，不少"胡同"，家悬纱灯，门揭红帖，每过午时，香车络绎，游客如云。呼酒送客之声，彻夜震耳。士大夫更相习成风，恬不知怪。据说同治皇帝便因私游京中娼寮，染花柳病致死。不过，京师市面的酒馆中仍严禁召妓侑酒，如有此等要求，只能在妓院肆筵设席。

清代妓风炽盛，娼妓之业作为"社会之蠹"，既是封建王朝末世的一个重要标志，又是清代社会危机四起的必然反映。

---

① 徐珂《清稗类钞》第十一册《娼妓类·妓有花榜》。
② 徐珂《清稗类钞》第十一册《娼妓类·苏州之妓》。
③ 徐珂《清稗类钞》第十一册《娼妓类·上海之妓》。
④ 徐珂《清稗类钞》第一册《地理类·京师八大胡同》。

五、赌博

赌博又称博戏,其产生的历史十分久远。具体而言,它是一种通过下注压宝,以博取胜利的竞逐游戏,具有很高的投机性。随着赌注数额的不断增加,又蕴含了极大的风险性。但是,赌博又融合了技巧与游戏的诸多特点,因而作为一种社会现象,反映了民间娱艺文化的基本需求,在社会各个阶层有极为广泛的分布。

由于封建伦理道德要求人们循规蹈矩,遵礼奉法,所以赌博本身与封建礼教思想并不相容。清初,《大清律例》即规定:"凡赌博财物者,皆杖八十,所摊在场之财物入官。"① 条例称:"凡赌博不分兵民,俱枷号两个月,枚一百……凡以马吊、混江赌财物者,俱照此例治罪。"对于旗人开场设赌,初犯,发极边,烟瘴充军;再犯,拟绞监候。严禁民间私造、售卖赌具,凡开鹌鹑圈、斗鸡坑、蟋蟀盆,并赌斗者,照开场赌博枷责例治罪。至于官员,则不论赌钱、赌饮食等物,有打马吊、斗混江者,俱革职,满杖,枷号两个月。若上司与属员斗牌掷骰者,亦均革职,满杖,枷号三个月,俱永不叙用。由此可见,清政府对赌博罪的惩处,不可谓不严厉。故清初时期,赌博现象虽令禁未止,却尚未形成严重的社会弊病。然嘉、道之际,国势日衰,奢靡世风四处

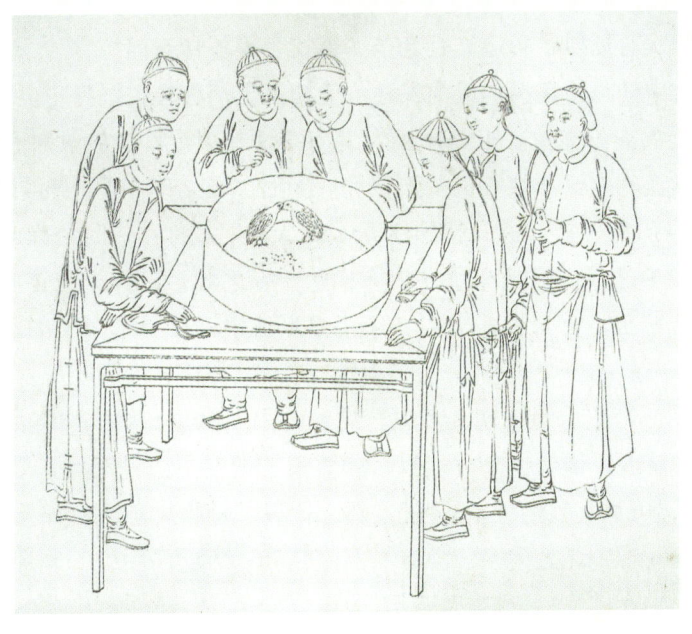

斗鹌鹑

---

① 《大清律例》卷三四《杂犯·赌博》。

蔓延，社会上赌业猖獗，赌风肆虐，赌博活动发展成为一种畸形的社会文化形态，封建政权已无力进行有效的控制，致使其愈加不可收拾；而风气之烈、范围之广、门类之多，均呈现出旷古未见的奇观。与此同时，淫、赌交织，犹如无孔不入的病毒，寄生于封建官僚政治的肌体中，加速着封建王朝行将就木的命运，也催发出一幅幅封建末世社会极度腐朽堕落的群丑图。

赌博名目繁多，像前面所述的民间斗赛之俗，即是博戏的大宗。作为一种有趣的游戏娱乐手段，博戏无疑具有消闲遣兴的重要功能。斗骰可以说是最常见的赌博形式。骰子形制小巧，随手可掷，故在民间习染极为广泛。《燕京岁时记》中描述："京师谓除夕为三十晚上……黄昏之后，合家团坐以度岁。酒浆罗列，灯烛辉煌，妇女儿童皆掷骰斗叶以为乐。"①然而一旦沦为聚赌之物，骰戏自然就失去它娱兴的意味。清代骰戏有摇摊、彩选、赶老羊、掷挖窖等各种花样。

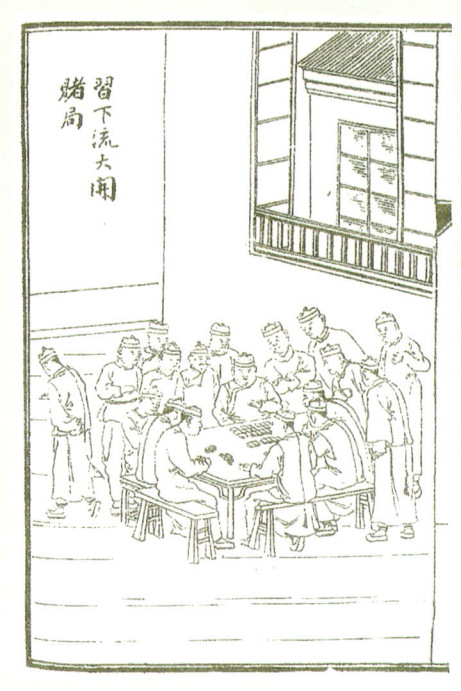

《醒世缘》插图中的赌博场面

骰、牌一类中的马吊在清代最为发达。清初王士禛称吴俗好尚中"三斗"之首便为马吊，谓："虽士大夫不能免。近马吊渐及北方，又加以混江、游湖种种游戏，吾里缙绅子弟，多废学竞为之，不数年而赀产荡完。至有父母之殡在堂，而第宅已鬻他姓者，终不悔也。"②身历乾、嘉、道三朝的江苏人钱泳亦记载称："近时俗尚叶子戏，名曰马吊碰和。又有骰子之戏，曰赶洋跳猴、掷状元牙牌之戏，曰打天九斗狮虎，以及压宝摇摊诸名色，皆赌也。上自公卿大夫，下至编氓徒隶，以及绣闼闺阁之人，莫不好赌者。"③

马吊属牌戏，产生于明中期，然风行之疾，出人意想，明末清初之际，士大夫多嗜之如狂。又如牌九，清代也十分盛行，牌数仅三十二张，规则虽简单，但胜负极速，俗称"剥皮赌"，可见其残酷性。《清稗类钞》记载："骨牌之牌九，如接龙，胜负顷刻，出入极巨，嗜此戏者，北人为多。尝有衣冠楚楚者，入此局中，一刹那间，赤膊而出，

---

① 富察敦崇《燕京岁时记·除夕》。
② 王士禛《分甘余话》卷一《马吊牌》。
③ 钱泳《履园丛话》卷二一《赌》。

打麻将

盖大负矣,俗呼之为'剥皮赌'也。"① 再者,有国牌之称的麻将,又称马将、麻雀牌,是经由清前期的马吊牌发展而来的博戏。"光、宣间,麻雀盛行,达乎诸侯大夫及士庶人,名之曰'看竹',其意若曰何可一日无此君也。其穷泰极奢者,有五万金一底者矣(一底犹言一局)。"② 清宫之中,连慈禧太后都沉迷于此戏,据载:"孝钦(慈禧谥号)后召集诸王福晋、格格博,打麻雀也。庆王两女恒入侍。每发牌,必有宫人立于身后作势,则孝钦辄有中、发、白诸对,侍赌者辄出以足成之。既成,必出席庆贺,输若干,亦必叩头来孝钦赏收。至累负博进,无可得偿,则跪求司道美缺,所获乃十倍于所负矣。"③ 政治的丑秽在博戏中犹见一斑。

鸦片战争后,随着西方列强的入侵,赛马、彩票、轮盘赌等博戏形式亦纷纷传入中国,犹如给封建末世的颓废时尚加入了催化剂,造成举国狂赌的可怕世象。如赛马,西方殖民者相继在香港、天津、上海等地开设跑马场,成为当地盛极一时的赌业,"华人虽不得与赛,而亦购其出售之彩票,即视马之胜负以为买票之胜负"。④ 与彩票相类似的又有民间花会,实为一种赌博组织,"极其流毒,能令士失其行,农失其时,工商失其艺……博时多要荒僻人迹不到之处,而以广东为最盛"。⑤ 花会之赌,

---

① 徐珂《清稗类钞》第十册《赌博类·骨牌中有剥皮赌》。
② 徐珂《清稗类钞》第十册《赌博类·叉麻雀》。
③ 徐珂《清稗类钞》第十册《赌博类·孝钦后好雀戏》。
④ 徐珂《清稗类钞》第十册《赌博类·华人购赛马彩票》。
⑤ 徐珂《清稗类钞》第十册《赌博类·花会》。

兴起于清中叶，赌法设三十六门，任人猜买，每次必有一门为中彩之门，凡押中者可得相当赌注三十倍的赌彩，不中，则注钱悉归设赌庄家所有，其诱人之处是以小博大，而且"自钱二三十文至银数十百圆，均可购买……以故贫家妇孺胥受其害"。①

总的来说，清代赌风炽盛，屡禁不止，而且愈演愈烈，直至成为严重的社会公害。所谓："赌博之风，莫甚于今日。闾巷小人无论已；衣冠之族，以之破产失业，其甚至于丧身者，指不胜屈。"②道、咸年间曾为官江浙一带的段光清在笔记中称："省城（指杭州）赌局，多在大墙门内……惟大宅之赌局，县府差役及营署员弁，俱有陋规，官不往拿，亦不能拿也。"③这段话不啻是有清一代赌业猖獗的绝好注脚。

《负曝闲谈》插图中的清人打麻将赌博图

---

① 徐珂《清稗类钞》第十册《赌博类·上海有花会》。
② 龚炜《巢林笔谈》卷四《赌风》。
③ 段光清《镜湖自撰年谱》。

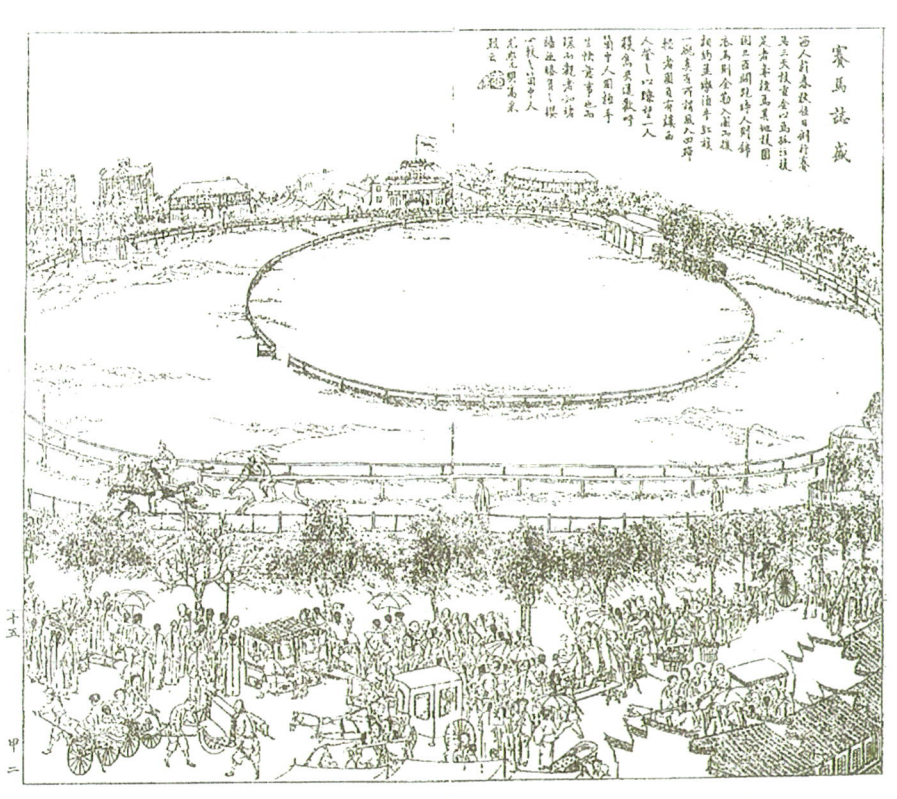

清代上海跑马场盛景

1908年的上海跑马厅

第十三章
交 际

　　社会交际风俗,既是清代社会中人际关系的一个"缩影",同时,更是清代社会中不同社会阶层、群体之间,互动关系与效应的生动"显现"。恰因如此,在清代人们的相见风俗、待客风俗、馈赠风俗、结交风俗、通信风俗、庆贺与吊唁风俗、称谓风俗中,则又必然带着地区性、民族性、阶层性、时尚性、群体性的"印痕"特色。

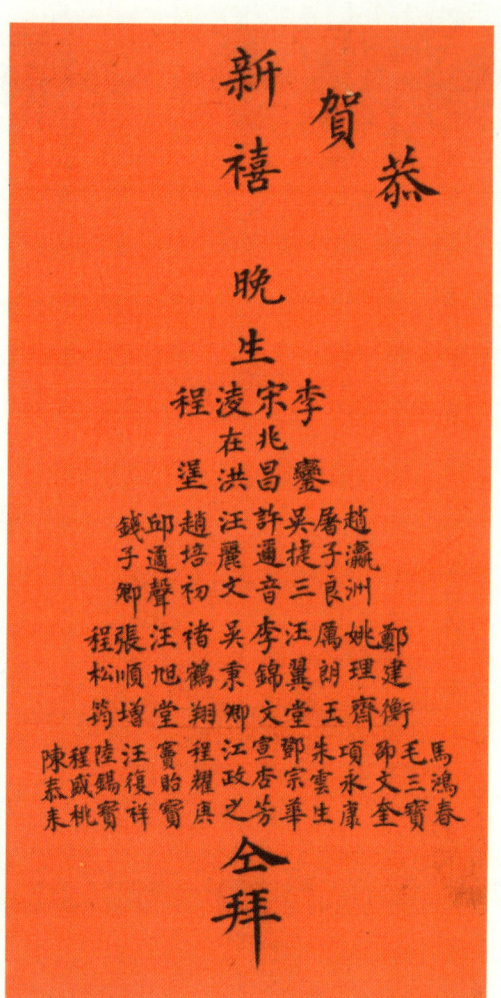

济美典职员致盛宣怀贺年帖

第一节　相见风俗

清人的相见礼仪中，有跪拜、执手、鞠躬等方式。官员相见，礼仪更为繁琐，清政府更具体制定了"内外王公相见礼"、"京官相见礼"、"直省官相见礼"、"士庶相见礼"等礼仪规制，且加以执行。

内外王公相见礼　崇德初元，"定宗室外藩亲王、郡王、贝勒、贝子相见仪。宾及门，王府属官入告，主人降阶迎，宾辞，主人升。宾从自中门入，宾趋左，主人趋右。行相见礼，二跪六叩，即席序立。从官升东阶，行礼亦如之。兴，入右门，坐宾后。执事献茶，宾受茶，叩，主人答叩。饮茶叙语毕，从官趋前楹，跪，叩，兴，趋出。宾离席跪叩，主人答叩，并兴。宾出，主人降阶送，属官送门外"。

京官相见礼　顺治元年，"定制，京朝官敌体相见，宾及门，主人迎大门内，揖宾入，及阶，让升，宾西主东。及厅事，让入，皆北面再拜。兴，主人为宾正坐西面，

拜　　跪　　拱手　　兴

宾辞，主人固请，卒正坐。宾还正主人坐东面亦如之。宾就座，受茶，揖，主人答揖。饮茶叙语毕，告辞相揖。宾降阶，主人送及门，复相揖。宾辞，主人固请，送宾大门外，视宾升舆马，乃退"。

直省文武官相见礼　顺治间，"定督、抚、学政、河漕总督，盐政，巡视御史相见，坐次平行，余各按品秩行礼"。又，雍正八年（1730），"定直省官相见，位均等者，宾至署，吏入白，启门，自中门入，至外堂檐下降舆马。主人迎檐前，揖宾入。及厅事，各再拜。其正坐、就位、进茶、辞退，如京朝官仪"。

士庶相见礼　宾及门，"从者通名，主人出迎大门外，揖入。及门、及阶揖如初。登堂，各北面再拜。兴，主宾互正坐。即席，宾东主西。饮茶，语毕，宾退，揖。及阶、及门，揖，辞，主人皆答揖。送大门外，揖如初"。卑幼见尊长礼，"及门通名，竢外次，尊长召入见，升阶，北面再拜，尊长西面答揖。命坐，视尊长座次侍坐。茶至，揖，语毕，禀辞，三揖。凡揖皆答，出不送。若尊长来见，卑幼迎送大门外。余如前仪。"见父执友，与"见尊长仪同"。

受业弟子见师长礼，"初见，师未出，先入，设席正位，竢堂下。师出召见，乃奉贽入，奠贽于席，北面再拜，师立答揖。兴，谨问起居。命坐乃侍坐。有问，起而对。辞出，三揖，不送。常见侍坐，请业则起，请益则起。师有教，立听。命坐乃坐。师

平辈人见面

打拱作揖

问更对,仍起而对。朝入暮出均一揖"。与同学弟子,"以齿序之"。①

民人相见礼仪 在陕西高陵县民间,民人的相见礼仪,据光绪《高陵县志》的"相见礼"载:凡"子孙、弟侄、甥婿见尊长,生徒见师,奴婢见家长,久别四拜,近别揖。诸亲戚长幼,久别再拜,平交同。其乡党、士、农、工、商,平居相见及宴会,皆序齿。如佃户见佃主不齿序,并行以少事长之礼。亲属则不拘其内外"。但"官致仕居乡,惟于宗族序尊卑,如家人礼,于外家及妻家亦然;若筵会则设别席,不得坐于无官者下,如与同致仕官会,则序爵,爵同序齿。其与异姓无官者相见,无答礼,庶民则以官礼谒见"。

由此可知,清人的相见礼仪,既有浓厚的封建等级色彩,更有官民之别、主仆之异,且处处体现出官贵民贱、主尊仆卑的社会伦理与价值观。

---

① 参见《清史稿》卷九一《志六六·礼一·宾礼》。

第二节　待客风俗

清人在各种交往活动中，待客礼仪风尚更因阶层、群体、身份、地位的差异，而有所不同；同时，更由此引发出在迎客、宴请、送客风俗上的殊别。

一、迎送客风俗

官员在迎送客时，对其主客的站位、座次，十分讲究，且须按清政府所制定的礼仪规则，加以遵行。民间在迎客送客风俗上，虽循一定规仪，但较之官员们在官场中的应酬交往的礼规而论，相对随意得多。如在民风甚为古朴淳厚的陕西高陵县民间，据光绪《高陵县续志》的"礼仪民俗"载，民家凡有"宾造主人门，主人出迎于大门外，揖宾，宾入。及门，及阶，皆揖如初。宾西，主人东升，宾再拜，主人答再拜，兴。主人趋正宾坐，宾辞，固请，卒正座，左还。宾正主人坐，亦如之。执事者进茶，宾受茶，揖辞，退揖。主人送宾，及阶、及门，宾揖辞，主人皆答揖，遂送宾于大门外，揖如初迎仪"。当然，这是有一定身份地位的民人之家，方能如此。至于普通民人，或者邻里交往，其迎送之仪，则简化随意得多。

二、宴请风俗

清代，从宫廷到民间，自官场至市坊，通过宴请进行交际、应酬、沟通，是其重要且为人们认可的途径。但是，在宴请中，人们最为重视的是座次的排列，且由此显示出身份、地位的尊卑贵贱之别，官场中尤为如此。

孙温绘《红楼梦》第七十一回：贾母八旬大庆寿宴宾主位次场景：上面两席是北静王王妃、南安郡王王妃，下面依序是众公侯诰命。左边下手一席，陪客是锦乡侯诰命与临昌伯诰命。右边下手方是贾母主位，邢夫人、王夫人带领尤氏、凤姐等站在贾母身后侍立

从先秦至清末，在中国古代的正式宴会场合，"座次"的安排是颇为讲究的：一是在堂室宫殿中举行的宴请活动，分为两种范围，即或是在"室内"，或是在"堂上"，且"座次"贵贱有异。二是在"室内"宴请的"座次"，最尊的座位是：背靠西墙的"东向座"。其次是背靠北墙的"南向座"。再次是背靠南墙的"北向座"。最卑的位置是背靠东墙的"西向座"。对此，清初著名学者顾炎武在《日知录》中提出："古人之座，以东向为尊。"即是指此。而清代学者凌廷堪更在《礼经释例》里明示："室中以东向为尊"，亦是此规仪。三是在"堂上"宴请的"座次"排列上，则是：最尊为"南向座"，次为"西向座"，再次为"北向座"，最后才是"东向座"。恰因如此，凌廷堪才又在礼学名著《礼经释例》一书中，提出"堂上"的宾位座次"以南向为尊"的见解，进而衍化与完善出"室中以东向为尊，堂上以南向为尊"的礼仪（座次）准则。

在现存的清代宫中宴会档案中，曾保留了有关席位座次的资料，印证出上述礼仪准则，故弥足珍贵。如在光绪七年（1881）正月初一日起至六月三十日止，宫中《节次照常膳底档》中，对此有述：

例一，光绪七年正月十三日，"伺候，巳正一刻，样家伙，乾清宫摆苏宴一桌，用小宴桌一张，御座，随摆高头七品，东边果辍，西边奶辍，冷荤十六品，每皿汤八品；左边供姜一品、小菜一品；右边酱小菜一品、酱油一品；当中，纸花快套手布殿花、筷子、匙子、叉子。

陪座　四桌

东头桌 { 惇亲王
　　　　 奕劻

东二桌 { 奕谟
　　　　 载滢

西头桌 { 恭亲王
　　　　 载濂

西二桌 { 载漪
　　　　 载澜拿酒

高头五品、冷荤十品（摆五品，撤五品，因摆不下），宴毕时、随桌赏。午初三刻，宴毕，万岁爷起座，进西暖阁，完。晚用碟菜、粥膳，照常一样"。

此处，御座当然是"南向座"的最尊位；而陪座中的东头桌、东二桌或东三桌、东四桌，则是次尊的"西向座"。至于西头桌、西二桌或西三桌、西四桌，则是处末尊的"东向座"。而陪臣中，前为满人，后为汉臣，其尊卑之别，则自不待言了。

《老残游记》插图中的宴客场面

第三节　馈赠风俗

清人的馈赠风俗，因社会阶层不同而异：臣属对皇上的敬赠，呼为"进贡"；而皇上对臣下的赐赠，则称"恩赐"；而民人之间的馈赠，俗谓"礼赠"或"送礼"。

一、"进贡"风俗

"各直省每年有三贡者，有二贡者"不等，清人吴振棫在《养吉斋丛录》一书中，则对道光年间的各省"年贡"方物，作了记述。如直隶总督年贡进"三镶如意一柄、吉绸袍褂二十五套、饶绸袍料五十件、一丝加金大荷包五十对、一丝加金小荷包五十对、桂元五桶、南枣五桶"。清代的"进贡"风俗，具有如下一些特征：其一，"进贡"多在年节期间进行，且有一定规制。如每年皇帝生日"万寿节"时，"大学士、尚书、侍郎、

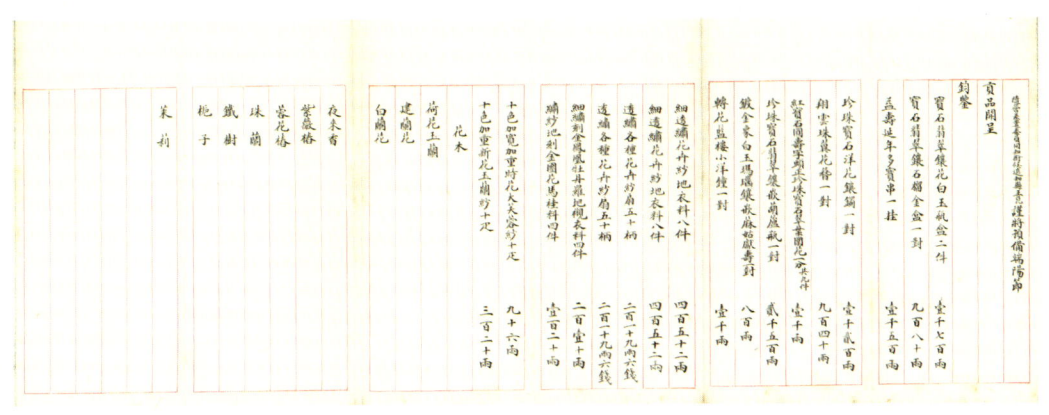

光绪三十四年唐绍仪任奉天巡抚时预备端阳节贡品清单

各省督抚，皆有贡。以九为度，一九则九物，至九九而止"①，以取其长寿吉利之意。其二，贡物多为地方名特物产，具有名贵、珍稀的特色，供皇帝及皇室消费。其三，此风俗具有政治性交结与寄生消费的特质，故对社会再生产起阻碍作用。

二、"赏赐"风尚

频繁的"赏赐"活动，多在君臣之间进行，所赐之物，种类甚多，赏赐之由，均由皇帝喜好所定。如：

其一，赏赐药物。据《养吉斋丛录》一书卷二四载，嘉庆年间，嘉庆帝常"以西洋贡药赐军机大臣。有所谓噶几牙油、容几拉油、郭巴益巴油、白尔噶木德油、桂皮油。贮玻璃瓶，油色备五"。还有所谓的"德里雅噶，贮锡盒；达末利地，贮磁盒，皆黝色如膏"。更有所谓"色噶谋牛蛇木若木，贮木盒"。这些西洋贡药，由于是"皆康熙间贡入者"，故"年久未详其用"，摆设而已。

其二，赏赐寿礼。《养吉斋丛录》卷二五则记述："一品大臣年六十以上，遇旬寿"，皇帝"每有赐寿之典"。先期"命内三院卿一人赍赐物至，以御书匾联为冠，余则福寿字、寿佛、如意、朝珠、玉、甆、铜陈设、蟒袍、绸缎等，无定制"。

其三，赏赐财物。皇帝对一些有功之臣或有政绩的地方州县官员，将通过赏赐财物的方式，对其加以褒奖。如"雍正丁未（五年，公元1727年），冯少寇以知州开复，蒙世宗超授庐州知府，并于请训之日，特赐貂裘、锦绮、端砚、法帖诸珍"。②

通观赏赐风尚，在清代具有如下特点：一是通过此习，以沟通与联络君臣的感情。二是通过"贡纳"，臣属达到取宠于帝王的政治目的与效应。三是赏赐活动的进行，则是帝王奖掖臣下的有效手段与途径。

三、民间的"馈赠"风俗

民间民人的馈赠活动，多在年节或寿日进行。其馈赠物品的多少、礼仪的轻重，则视其双方的亲疏程度而异。

譬如，甘肃的合水县民间，据清代《合水县志》（二卷）的"礼仪民俗"中，记述

---

① 吴振棫《养吉斋丛录》卷二四。
② 徐珂《清稗类钞》第一册《恩遇类·知州蒙世宗特赐》。

其"馈遗"之风为:"凡人家娶妻、生子,或入泮、得官,及老亲之寿,皆有贺。各持钱百文,少者二数十,即以为礼;至厚者,用泥头酒,佐以鸡。平时,清酒二壶、鸡子十数、肠蹄、酱醋之属,即可以为见官之贽。或牵羊以许神,而仍不杀。要其物菲而意诚之处,类如此"。

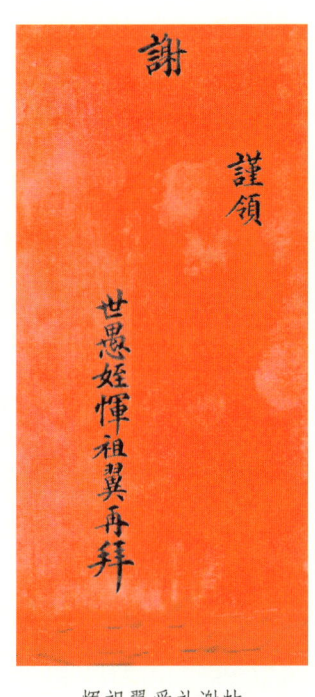

恽祖翼受礼谢帖

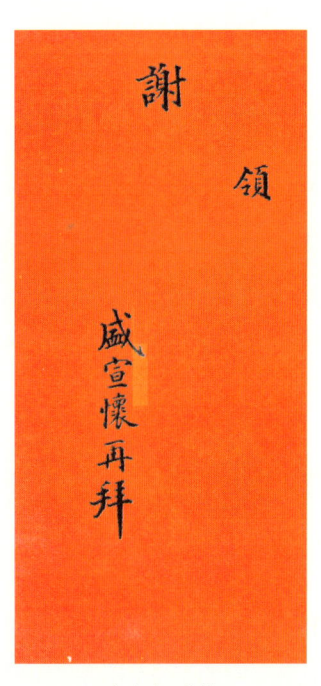

盛宣怀谢帖

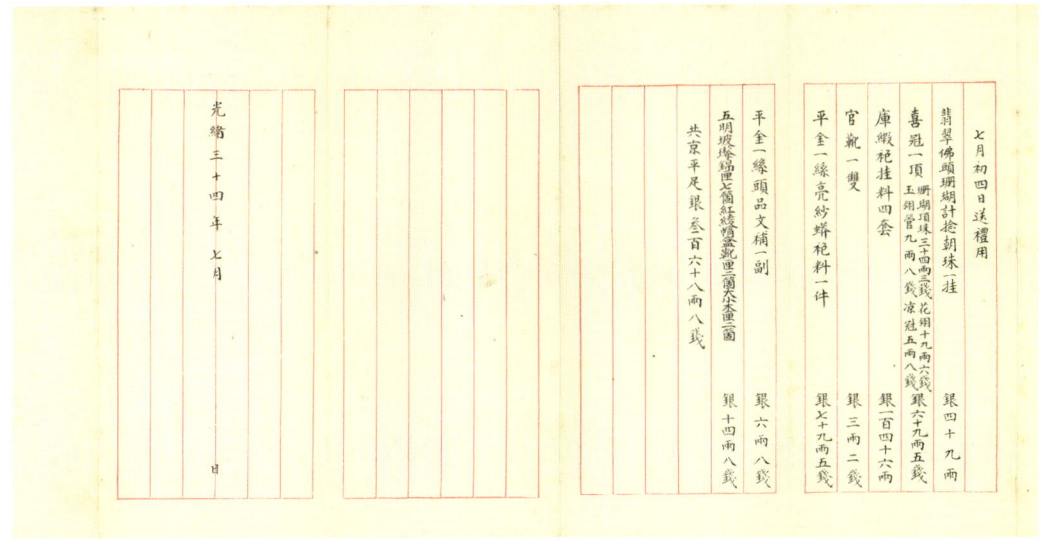

唐绍仪档案中光绪三十四年七月初四日送礼清单

【第四节　结交风俗】

在清代,由于人们所处的社会地位不同,加之彼此之间在政治、经济、文化上的差异,致使在社会结交上,形成官场结交与民人交往的各自风尚,至于生活于边疆民族地区的少数民族,其彼此交际风俗,更有其自身民族文化传统的特色。

一、官场结交风俗

清代的官场中,官员们彼此的结交活动频繁,且礼仪繁琐。然而,这些结交活动的进行,则多基于其政治目的而生,更以其升迁荣辱的官场功利性目标的实现为其"动因"。至于其结交活动,则多限止于官场范围内外进行,在活动方式上,更有公开与隐蔽两种,或二者兼有之形式,且花样繁多、手段各异,可谓无孔不入、无处不在。

(一) 名帖交结

官场之中,官员的交结,普遍使用"名帖"。名帖,又称为"名刺",类似现代的名片。对其源流,清人赵翼在《陔馀丛考》卷一"名帖"条称:"古人通名,本用削木书字,汉时谓之谒,汉末谓之刺,汉以后则虽用纸,而仍相沿曰刺。"具体而言,清代官员在官场拜谒时,使用红纸书写官衔名的"名帖"。对此,赵翼又在《陔馀丛考》卷三十载:《涌幢小品》记张江陵盛时,诣之者名帖用织锦,以大红绒为字。在社会纪实小说《官

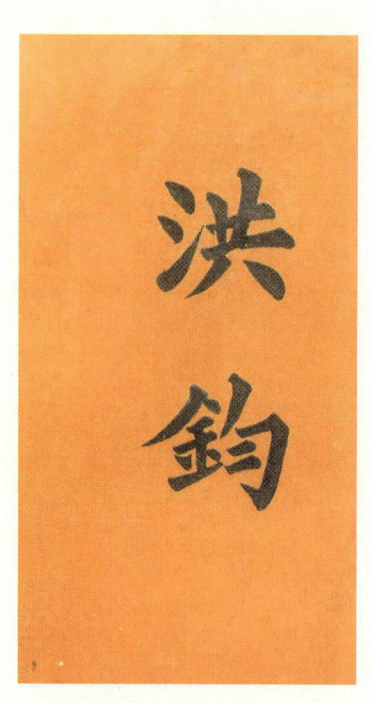

洪钧名帖

场现形记》第二回中，也描绘出在官场中，"赵温手捧名帖，含笑向前，道了来意"的生动真实场景。而清人叶梦珠在《阅世编》一书中，更对官场中此风俗的盛行，有所记述："至康熙初，乡绅与督、抚两台交际，始分等职，不论出身。"故一改顺治朝时"乡绅，凡两榜出身者，无论官之尊卑，谒抚、按俱用名帖抗礼"的风尚。因此，"京官自部曹、中、行、评、博而上，用名帖。外官自藩、臬而下，俱用名揭，几与现任等。用帖者，两台答拜，用揭者，只用名帖致意，不答拜矣"。①

（二）公便服交结

官场交结活动中，亦有身着公服、便服的区别。对于明清两代官场交往中，公便服交结之异同，《阅世编》一书卷八"交际"中有载："前朝乡绅相见，大概必着公服，晋谒当事更不必言。今乡绅入宾馆俱便服矣。现任官升堂视事，必着公服，接见宾客，更不必言。今现任官，除新任朝祭及朔望谒庙行香参谒上台而外，俱不着公服矣。惟学臣临试，则如旧服。昔举、贡、监生、生员谒官长，俱必公服，遇大礼必公服，平时交际及见武弁、县佐则否，而县佐、武弁必以公服接之。有讼赴公庭，则降同氓庶之服。当新婚假仪，则加本身服色一等，不为僭也。今举、贡、监生、生员，除谒本管上台而外，俱不用公服，讼亦无降服，惟新婚假仪则同。"由此可知，较之明代而言，清代官员在官场中的交结，从形式到内容上，均有变化，后者的礼仪性减少，而务实性、功利性增加，且等级性差异更趋于明显化。

二、民间结交风俗

民间民人的社会结交活动，其核心则为"义"、"利"所驱使，或为一己之利，或为亲族之权益，故与官场交结，抑或在民间以"义"结盟。其目的，一是为自身求生存寻求"依托"；二是为自身及亲族生存发展求更大空间寻"互助"；三是为自身未来生存目标实现而觅求"共济"。

（一）谒客风俗

民间"凡至官厅及人家，投谒答谒，由从仆以名刺交阍人。既通报，客即先至客堂，立候主人。主人出，让客，即送茶及水旱烟。有须主人迓客于门而陪客入内者，则为特别之客"。又，"光、宣间，名刺之式不一，或红纸，或西式白纸，均可。名片之背，则书名号与住址，西式名片之左角则书职业。女子亦然，惟已嫁者辄增夫家姓氏，男子有承重丧或父母丧者，则于白纸名片之四周以二三分黑色为缘，或即沿用旧

 叶梦珠《阅世编》卷八《交际》，上海古籍出版社 1981 年版。

登门拜访：官员坐轿登门拜访，走在前面的仆人将一纸名帖交给被拜访者的家仆

式，于姓之左角书制字，期服以外之丧，仅于姓之左角书期字，余类推，女子亦然。若携有介绍书者，于接见时面投"。①

（二）认干儿风俗

清代民间，民人两家欲结义，有认"干儿"之结交风俗。"干儿者，不论男子子、女子子皆有之。盖于十龄之内，认二人为义父义母，称之曰干爷干娘。吴俗曰过房，越俗曰寄拜。干爷为其命名，冠以己姓，曰某某某，必双名，两字也。"至命名之日，"由干儿之父母率儿登堂，具馔祀祖，更以礼物上献干爷干娘，书姓名于红笺，于其四角并著吉语，赆以金银饰物、冠履衣服、珍玩、文具、果饵。自是而年节往来，彼此辄互有所馈，长大婚嫁，干爷干娘赠物亦必甚丰"。其结合之原因有二："一、迷信。俱儿夭殇"。另则为"势利。甲乙二人彼此本为友矣，而乙见甲之富贵日渐增盛也，益思有以交欢之，且欲附于戚党之列"，"夸耀于他人也"。②

（三）结盟拜把风俗

清代京师（今北京）民间，盛行结盟与"拜把子"的风俗。对此，《清末北京志资料》一书"风俗·结盟及义父子"条下载："结盟又称结金兰，俗称拜把子。即朋友意

---

① 徐珂《清稗类钞》第五册《风俗类·谒客》。
② 徐珂《清稗类钞》第五册《风俗类·干儿》。

气相投,便结为异姓兄弟。择吉日在饭庄即菜馆挂桃园三义士像,供三牲、干鲜果品、纸钱等,请一年长有德者献香。结盟者先在红笺上详细写明自己籍贯、出生年、月、日、时及祖宗三代姓名官职以及妻子兄弟等事,然后交换。定名为兰谱。结盟俗称换帖。交换此字据后,依照本人出生年月之先后,决定兄弟顺序,并焚香盟誓",且说"虽不能同年同月同日同时生,但愿同年同月同日同时死"等语。然后,"为弟者向为兄者行磕头礼。事毕饮酒不散。凡义兄弟之情义较之平常一般之朋友更为亲密,患难相助,凶祸相怜"。

张百熙与盛宣怀结拜为异姓兄弟的兰谱

三、民族地区结交俗尚

清代,聚居生活在边疆与民族地区的诸多民族,他们的结交俗尚,则颇为淳朴、厚道、真诚。

蒙古族民间,"宾主初见,贵官必互递哈达"。且"致送礼物,亦必附以哈达,示尊敬也。年节互相道贺,亦致送哈达"。蒙人喜鼻烟,"常日,宾主相晤,接谈之初,平等则交相递送,彼此鞠躬"。①

新疆的哈萨克族的结交风尚,据《新疆概观》一书载称:"尊长见幼辈,以接吻为亲,平辈以握手抱腰为欢,犹如西俗。客至,铺新布于客前,设茶、食酿酪。贵客至,则系牛马于户外,请客观之,然后屠宰。杀时必先诵经,血净始烹。每食,手必净,头必冠,始席地而坐,据毯为案,以刀割肉,以指取饭。性喜浓烈之煎茶,惟禁烟酒、忌猪肉,与回俗同。"

---

① 徐珂《清稗类钞》第五册《风俗类·蒙人俗尚》。

【第五节　庆贺与吊唁风俗】

在清代，每逢有喜庆或丧事时，民间称为红白喜事，亲友们均要前往庆贺或吊唁，或以礼相贺相吊，或以物相馈以示同贺或寄哀思，故而形成庆贺与吊唁的风俗习尚。

一、庆贺交际风俗

清代的庆贺交际活动名目繁多，且其风俗随时代的变迁，有由俭趋奢的特点。

其一，喜庆之贺。在陕西葭县民间，据《葭县志》中"礼仪民俗"载，男女"婚嫁之期，亲戚皆至，各送礼钱二、四百文不等，并喜对、花红、胭脂等类以作喜敬；主人款留一日"，谓之"喜筵"。及"亲戚归时，各酬以馒头八个或十六个"，谓之为"茶饭"。

其二，祝寿之贺。在陕西葭县民间，《葭县志》则称：民人"年高硕望，间有开寿筵者。亲戚祝寿者间以酒肉、花炮、蜡烛等项为寿仪，缙绅之家或有送屏帏者，平民中绝少。主人惟款以八簋常品，而珍错盛馔、演戏宴客者，尤属罕见"。

其三，筑屋之贺。在陕西洛川县民间，据《洛川县志》载，民人筑屋"上梁日，邻友备酒肴致贺"，俗称"浇梁"，此举"既贺主人，更慰劳工匠也"。工将竣，"邻友偕来协助摆椽于檩上"（薄木，以铺瓦者），俗称"抹椽房"。落成，"于屋脊两端（俗称"寿头"）高插红旗，并于新屋设香案祀鲁班、土地等神，挂红布于神前。祀毕，则将红布披于匠者之

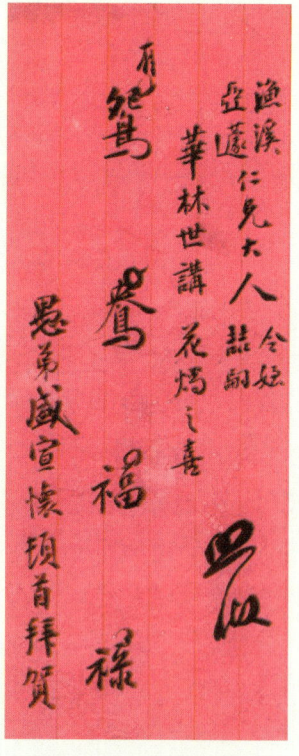

盛宣怀贺亲友成婚词底稿

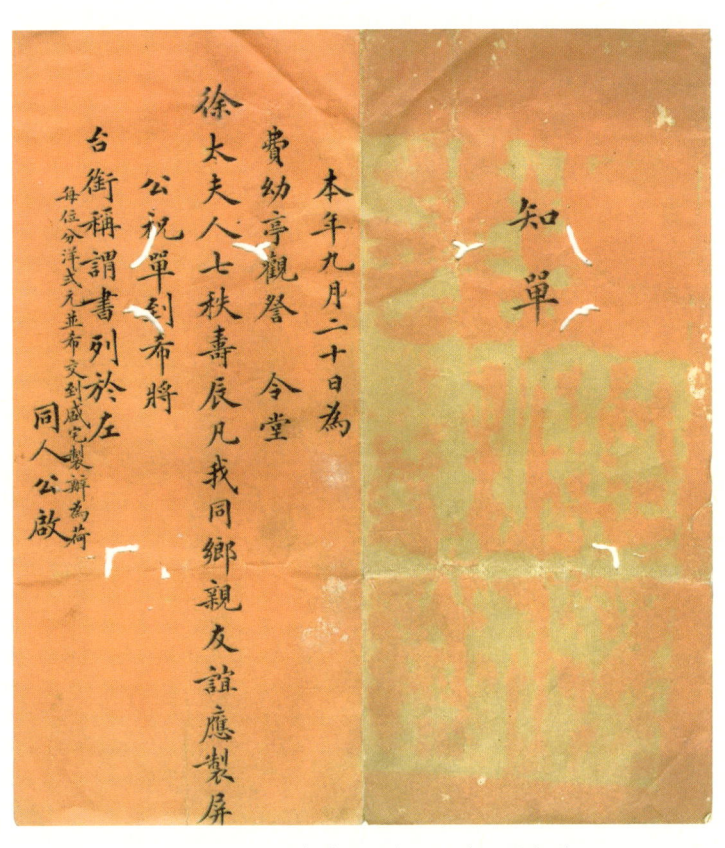

常州同乡共祝费学曾母亲七十寿辰通知单

身,以示新屋落成功在匠人也"。

其四,迁居之贺。陕西洛川县民间有此俗,《洛川县志》称,民人"迁居时,亲友多以对联相贺;亦有备酒肴、放鞭炮者",俗称"烘房"。届时,"主人则以挂面、饲合饲各(一作活络)款客"。

其五,贺木之贺。陕西洛川县民间,更有贺棺木之成的怪异贺俗,《洛川县志》记述,民人"为年迈父母预制棺木;将成,通知女婿、外甥等约期合木",俗称"亲盖房"。届期,"亲邻以鸡、酒来贺木,筵款一二日云"。清代的庆贺风俗,随时代的发展,渐有趋侈的特点。清人叶梦珠在《阅世编》一书卷八"交际"中,便指出这一倾向称:"喜庆贺礼,向来有之。盛者杯币以及羹果而已"。但至清中叶以后,"今或间用羊、酒。营中往往用面。其祝寿桃糕,上插八仙,昔年亦有之,然第存其意耳。今吾郡(按指松江府,今上海)所制,精巧异常,须眉毕见,衣褶生动,俱以染色面为之,可久而不剥落,前此未尝有也。人物专取吉祥,故事亦不拘泥八仙"。由此可看出,其故作精巧中所隐含的奢靡。

二、吊唁交际风俗

清人的吊唁交际活动，是人生礼仪中的重要历程，故人们对此十分重视。但通观其交际风俗，则有应酬繁多、风尚求奢的特征。

在陕西葭县民间，据《葭县志》载，该地民人之家，"凡遇新丧，亲戚以香楮、祭品为奠仪，远来者以香楮、钱钞代之，其他除道执绋之礼，大略相同"。然而，"惟百日、小祥、大祥、三周脱服，亦间有举行设奠者，其赠酬亦如之"。可见，其应酬之繁，时间延续之长。

在民间吊唁交际活动中，随着时间推移，亦有由简求奢的趋势。对此，清人叶梦珠在《阅世编》一书的卷八"交际"中，便对此有介绍："丧祭吊奠，向来看卓亦尚精巧，然不过以泥塑人物、彩绢装成山水故事，列于筵上，以示华美而已。"但是，"自顺治以来，即以荤素品装成人物模样，备极鲜丽精工，宛若天然生动，见者不辨其为食物，亦莫辨其为何物矣"。甚至"一筵之费，多至数十金，饰一时之观，须臾尽成弃物，殊为虚费，其如习俗已成"！及至于"苟有其力者，以为不如是便成简略不敬"。可见，其求奢之风尚，已成某种社会风俗"共识"，而无可逆转。

盛宣怀吊唁翁同龢挽幛题辞底稿

第十四章
社会组织

社会组织是指在一定范围内生活的人群,通过血缘、地缘、业缘等关系因素,逐步建立起来的有序的社会单元。在民俗文化范畴中,诸如宗族、家庭、会社等,都是由民间自身形成的社会组织形式。

它们首先按照不同的组织原则构成具体的组织形态，进而通过丰富有序的社会活动，表现出各自独特的组织特征。清王朝统治者继续奉行封建礼教传统，将封建伦理道德作为规范社会成员的行为准则与思想规范，在此基础上，与封建等级秩序相适应的民间社会组织，在相当大程度上仍保持着封闭保守的特点，像宗族、家庭这些打着深刻的封建烙印的社会基层组织，作为封建国家政权的补充，在民间以其特有的渗透力发挥着整合社会的重要作用，成为维系社会秩序不容忽视的基层力量。特别是清中叶以后，社会动荡日益加剧，宗族组织得以进一步强化，在长江以南地区宗族组织的发展尤为引人注目。另一方面，清代社会商品经济的空前繁荣与资本主义萌芽的持续发展，也对封建社会的政治经济体系构成了前所未有的冲击，从而促使民间其他形式的社会群体组织亦发生了相应的变化，如一批具有行会性质的商人会馆在清代表现得十分活跃。同时，异常急剧的社会动荡也造成社会组织形式异常丰富的格局，有清一代，民间结社现象风起云涌，在一定程度上促发了近代会党社团的出现，所有这些均从不同方面揭示和影响着清代社会发展的总体风貌。

五伦：当时所倡导的中国社会基本的五种人伦关系，是社会组织构成的基本准则

【第一节　宗族风俗】

宗族是在血缘基础上，由信奉共同祖先聚落而居的后裔子孙，按照常伦等级观念所组成的一种社会组织形式。我国封建社会是在宗法制的基础上建立起来的社会形态，封建帝王实行家天下的统治模式，导致宗法血缘关系在中国政治生活中占据了主导地位。在传统社会中，宗族有着特殊意义，宋代以后，基层社会的宗族组织趋于活跃，明清时期，聚族而居构成了宗族组织的主要形态。清朝统治者奉行崇儒重道的基本国策，康熙朝初颁布了以"文教是先"为核心的十六条治国纲领，即所谓的"圣谕十六条"，其中前两条则称："敦孝悌以重人伦，笃宗族以昭雍睦"，大力提倡孝悌和睦族，反映出统治者对宗族作用的高度重视，将宗族建设与孝治政策有机结合起来。清朝中叶以后，社会人口激增，社会动荡加剧，为有效维护社会稳定，统治者更加倚重宗族势力来加强封建统治，客观上又促使宗族组织更趋成熟，宗族观念空前强化。至清末，自给自足的传统社会经济结构被全面分解，宗族从组织形式到观念文化亦因此迅速走向衰落，两千多年来中国基层社会组织中最具典型特征的宗族制度伴随着封建王权的终结，终于产生了前所未有的蜕变。

一、宗族组织

宗族组织的基本特征是以血缘关系为联结纽带，一个宗族经过不断的代际赓续，血缘亲疏关系必然日趋复杂，因此，人们通常将同一父系的诸子按房分的形式单立出来，依照相同的原则，房分之下再继续出现子房分，这样，原有的大房分便顺理成章成为宗族的支派，一个宗族通过房分建立起完整的宗族结构。作为同宗之下血脉分支的房系，组织成员一般按高祖以下的五服亲属为主要对象。每个宗族的族谱在记载本宗源流时，按照房分脉系分别制作世系图表，如光绪三十一年（1905）修撰的江苏《吴

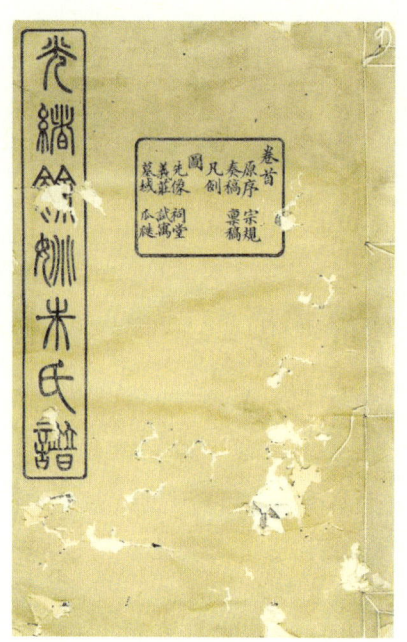
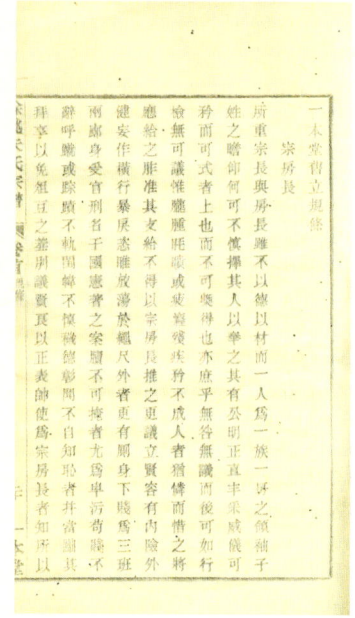

光绪三十年（1904）徐姚朱氏宗谱

郡程氏支谱》中，先列新安正宗世系图，次列吴郡本支世系图，然后才是蓁轩公房、墨林公房、万庭公房、振苞公房、惺斋公房等五房分支世系图。同治十二年（1873）修撰的浙江《同治余姚朱氏宗谱》中，卷首先列世系，推朱美甫为迁姚始祖，累居冠，至五世永平公为一本显祖，生三子，衍为三大支：长端一公世居冠，次端二公迁居龙山之前，季端三公迁居龙山之后。其中："惟端二公后裔建立祠宇于龙山之麓"，故《山前宗支》称："山前自端二公单传三代，至义甫公，生三子：长仲远公，无后；次仲达公，为大宗；三仲文公，为小宗。仲达公生德辰公，为宗；次子德恭公、三子德让公，与仲文公之子德敬公俱为支。"复次，开列自端二公以下六支与端三公以下一支共七大房的分支情况。族谱通过对宗支派系的详细记载，可以清楚地呈现出各个宗族在组织发展规模上的具体状况。

　　宗族内部的管理是组织风俗的又一项重要内容。清代社会宗族的管理措施更为完善，大多数宗族设有较为系统的职事人员，负责解决宗族内部的具体事务以及处理族际间的利益纷争。宗族的管理一般以族长为首，族长又有族首、族正、族总、宗长等不同称法。同治十一年（1872）修撰的江苏《云阳郑氏宗谱·家规》称："族必有长，分所定也，且以示有尊也。一族之中凡有是非曲直之事，先禀族长，听其处分。"族长也可设正、副两职，光绪七年（1881）修撰的江苏《新河徐氏宗谱》规定："设立族长正、副，弹压族人，为法至善。"大的宗族除族长外，还有分支长、房长等职。

在清代，有的宗族过于庞大，族长之上甚至还要设立总祠，以便综理诸务，如清人刘献廷在《广阳杂记》中记载，镇江赵氏宗族竟有二万余丁，其中设有："总祠一人，族长八人职之。举族人之聪明正直者四人，为评事；复有职勾摄行杖之役者，亦八人。"[①]由此可见，宗族内部依据血缘关系分出各支、各房等宗支派系，形成了族长、支长、房长等一系列完整有序的执掌宗族事务的管理者，从而构成了严密的宗族组织系统，借此维护整个宗族的利益。此外，有的宗族在设立族长的同时，还辅设宗士、宗相等职，地位几乎与族长不相上下，如《姚江蒲塘徐氏续修宗谱》中，即载录了宗长、宗相、宗士等三种职事，其中宗长的职权相当于族长。又有立祠正之职以制约族长者，如光绪三十年（1904）修撰的江苏《锡山匡氏宗谱·宗规》称："族长以行齿序板定不易，未必尽属贤明，故须择中立正直、处事公平者一人，公举为祠正，以辅相之。倘宗族有事，禀诉族长，祠正会集族众于祠从公处分，不可扶私妄断，以伤族谊。"

族长、支长、房长各职多由公众推举。在清代，族长产生之后，还要到官府备案。宗族机构中各职事者的任期均有一定的期限，大体上数年一届，其中族长之职率由祖辈中嫡长者或最有权威者担任。光绪十三年（1887）修撰的江苏《维扬大桥镇徐氏族谱》称："选举族长，务于第一宗派班，辈内不论年岁长幼，以贤而有德者为主。"《同治余姚朱氏宗谱·一本堂旧立规条》称："所重宗长与房长，虽不以德以材，而一人为一族一房之领袖，子姓之瞻仰，何可不慎择其人以奉之。"不少族规明确规定，族长等人中如有不称职者，应由族众集议申责或罢免。如《新河徐氏宗谱》称："吾族因住居星散，一二正、副难以周查，各分归公正分长整饬。若族长委靡昏聩，任少不更事之人拨弄颠倒，则通族集祠议事，不必经由族长，听各房公正分长，主持以资弹压。"

二、宗族观念

宗族是中国基层社会的缩影，以尊祖、敬宗、睦族为特征的宗族制度，在有效保障族众的精神联系与经济依赖的同时，也产生了一系列与之相适应的宗族观念。人们对于宗族社会所形成的各种观念文化通过代际相继的方式积累传承，作为精神遗产被宗族内部的成员广泛接受。为保证族众能够在日常生活中恪守遵行这些观念，每个宗族大多根据本族的传统，制订相应的族规家法，强化宗族观念的维系功能，以保障宗族社会的公共秩序与共同利益。因此，这些族规家法成为宗族观念的重要载体，它们既是规范族众行为的基本准则，又是协调宗族内部人际关系、处理族众之间利益纠纷

---

① 刘献廷《广阳杂记》卷四。

光绪三十三年盛宣怀拙园义庄呈词

的重要依据。清代族谱中有关族规家法的内容十分普遍，尤其是清中期以后，订立族规家法的现象达到高潮，反映了宗族观念受到基层社会的进一步重视。

中国古代始终将祖先作为宗族、家族血统的象征，尊祖在封建礼教思想体系中占有极其重要的地位，对血缘关系的高度重视决定了宗族观念的核心是注重传宗接代的宗祧意识。光绪七年（1881）修撰的江苏《苏州吴县湖头钱氏宗谱·谱例》称："宗族承祀者，必推本宗该继子承之，此乃昭穆相应，礼之大体。"为维护宗族血缘的纯正性，严格禁止异姓乱宗行为。嘉庆九年（1804）修撰的浙江《湖山黄氏宗谱·凡例》称："承接宗祧乃人生大事，故凡无子者必由亲及疏，按次推继。抱他姓之子，即为异姓乱宗，礼所不许。"对于违犯者，不但不能入谱，族人还可以报官究责。嘉庆十六年（1811）修撰的江苏《孙氏族谱》称："长子不得为人后，及本族之子不得出继与外姓为嗣……倘有出继而本祖绝祠，即当归宗续祀。若贪产业，不肯归宗者，是忘本也。族众当鸣官惩究，必令归宗。"至于无子家庭，则必须从族内人员中择子过继，以延宗续脉。《大清律例》规定："无子者，许令同宗昭穆相当之侄承继，先尽同父周亲，次及大功、小功、缌麻。如俱无，方许择立远房及同姓为嗣。"① 立嗣时要订立正式的过继文书，来确定其地位的合法性。

其次，宗法等级是宗族观念的又一项重要内容。封建律法始终强调封建礼法中的宗亲原则，《大清律例》所订"十恶"中即有"不睦"一条，清人沈之奇作注云："此条皆亲属相犯，为九族不相协和，故曰'不睦'。卑幼犯上则重，尊长犯下则轻。"② 反映出封建律法对封建尊长的权威与特权的刻意维护。因此，在宗族社会中，每个人都必须依据所处的伦常地位来确立其尊卑关系，而别长幼、睦宗族亦由此成为族规家法中的重要内容。

在以宗法制度为核心的中国封建社会，道德约束是维系社会稳定的重要手段。同样，被封建礼法严密控制的宗族社会，不可避免地要以封建纲常名教作为制订族规家法的思想依据，从而表现出浓厚的封建礼教色彩。如《同治余姚朱氏宗谱》所引《一本堂前代宗规》，称祖宗之家法云："重孝悌以敦根本，饬典礼以笃尊亲，敬长上以厚伦纪，和宗党以息争竞，严职业以端品行，辨嫡庶以正名分，慎嫁娶安婚配，禁强暴以尚礼义。"光绪二十年（1894）修撰的湖南《朱氏通谱》卷首《族规》称："族之有规，所以维人心，厚风俗，亦所以固族谊也。"并且开列了展祠墓、重谱牒、睦宗族、慎立嗣、供赋役、息争讼、肃闺门、辨族类、正名分、遵族约诸项内容。总之，大多数的家法族规无不以宣扬封建伦理道德思想和崇尚尊亲雍睦的封建等级制度为基本内容，

---

① 《大清律例》卷八《户役·立嫡子违法》。
② 沈之奇《大清律集解附例卷之·十恶》。

它们虽都不同程度强调族众有敦睦宗族的职责，但实际上无非是企图以宗族观念最大限度规范和约束人们的思想与行为，达到所谓教化风俗人心的目的，使其成为切实有效的统治工具。

三、祠堂、宗谱与族田

祠堂、宗谱与族田作为宗族组织的基本设施，代表了明中叶以来宗族制度发展的主要内容。它们彼此之间既相互联系，又各有侧重，在不同范围内，表现出各自独立的特征。雍正二年（1724），清朝雍正帝在解释"圣谕十六条"的《圣谕广训》中，对"笃宗族"一条，提出了"立家庙以荐蒸尝，设家塾以课子弟，置义田以赡贫乏，修族谱以联疏远"的具体措施。由于受到统治阶层的大力提倡，清代基层社会中建祠祭祖，修谱联宗，置办族田等活动蔚然成风，清代的宗族制度因而达到相对完善的地步。

（一）祠堂

祠堂，又称宗庙，是宗族内部人员供奉祖先、聚会议事的重要场所。明中叶以后，政府允许庶民修祠祭祀始祖，宗族建祠活动日趋兴盛，清代各地祠事则更为风行，发展至前所未有的高峰，像长江以南地区，出现了"聚族而居，族必有祠"①的现象。在

孙温《红楼梦》第五十三回：宁国府除夕祭宗祠

---

① 李绂《别籍异财议》，《清经世文编》卷五九。

广东，顺德人"以祠堂为重，大族祠至二三十区，其宏丽者费数百金"；① 番禺一带"缙绅之家多建祠堂，以壮丽相高。每千人之族，祠数十所。小姓单宗族人，不满百户者，亦有祠数所"。② 祠堂作为族众认同宗族血缘关系、维护宗族共同利益的重要手段，担负着"合爱同敬，尊祖睦宗"③ 的社会职能，成为宗族象征的核心载体，受到人们的普遍重视。

首先，祠堂是宗族祭祖敬宗的活动中心，祠堂内均供奉本族始祖，然后是始祖以下的祖先神位。《云阳郑氏宗谱·祠规》称："一族必建宗祠，有基、有堂、有寝，古制然也。其法：始祖居上，以下考妣等神则以次而降。左考右妣，以次排列，位俱南向。"在大的宗族中，祠堂又有总祠与支祠之分，支祠供各分支分房祭祀。祭祀为族中大事，族众必须定期到祠堂祭祀祖先，一年中一般多在春、秋或春、冬举行大祭。同治九年（1870）修撰的浙江《慈水干溪章氏重修宗谱》称："本祠每岁元旦一祭，清明一祭，冬至一祭。"《维扬大桥镇徐氏族谱·祠祭礼规》称："按古礼，一岁四祭：岁朝也，清明也，中元也，冬至也。今四时之祭，久不复行。吾族祠祭每岁两次，春祭准于二月初十日、冬祭准于十一月初十日举行，风雨无阻。"同治元年（1862）修撰的江苏《秦塘万氏族谱·祠堂祭祀约规》称："爰建宗祠，定以二祭。春则以清明后一日，秋祭则以冬至后一日。改秋为冬意者，谓……冬至为一阴来复之始，足以兆来叶之吉，其意至深且远，迄今数百年共相遵守。"每年的祭祀礼仪显然都十分隆重。《姚江叶氏续谱·续定祠规》称："清明、冬至祠祭，向例赞唱一人，中堂执事二人，读祝二人，昭穆执事四人，兼司鼓点，率以生监承值。届期辰刻，衣冠齐集祠内，次第进谒。"光绪年间修撰的江苏《晋陵陈氏续修宗谱·祠堂事宜》记载："冬至致祭，合族人祭毕，饮福于享，堂东西两向，各昭行列，序坐尊行，不足以卑行补之。元旦谒祠拜节，族长率各分长，分长率各分子孙，齐集拜谒。"此外，族中若有重要事情，也必须入祠祭祀先祖，如《慈水干溪章氏重修宗谱》规定："后起衣衿，凡入泮、登第、出仕、荣升者，务须在祠祭祖，或戏剧，或笙吹，以申孝思。"

凡设立宗子之族由族长协助祭祀，而未设宗子的宗族则由族长自行主持祭祀。光绪十八年（1892）修撰的安徽《茗洲吴氏家典·家规》称："宗子上奉祖考，下壹宗族，当教之养之，使主祭祀。"祭祀期间，凡应预祭的族众都必须参加，均不得无故缺席，或有懈怠违礼的表现。《新河徐氏宗谱》称："祭日以鼓乐三度为期，务须辰刻毕集，依

---

① 咸丰《顺德县志》卷三《风俗》。
② 同治《番禺县志》卷六《风俗》。
③ 陈宏谋《选举族正族约檄》，《清经世文编》卷五八。

序排班，行礼不得逾越子姓。"①光绪年间修撰的江苏《范氏宗谱》称："支长为春、秋祭事……凡我各房裔孙，届期各备本等色服，诣祠虔祭，遵照祖规，一体随班行礼，毋得紊越。"②行祭前，还要由族长当众宣读族规、家训，有时则包括皇帝圣谕，对族人进行封建伦理道德的教育宣传。

族中成年男性一般都享有入祠祭祀先祖的权利。由于宗族是以血缘为纽带建立起来的一种特殊的社会基层组织，因此祭祀祖先无疑成为强化宗族团结，控制宗人活动的重要手段，故族规中皆明文规定，每逢祭期，凡有过失者，不准入祠参与祭事。《晋陵陈氏续修宗谱·家规》规定："不顺父母，凌犯长上者，有伤伦理者，告知宗子、族长，严加扑责，以俟其改。如不改者，众告官司究治，不许入与祭；若能悔过从善者，待之如初。宿娼赌博，在街酗酒无赖，族长聚族人捉入祠内，谅事轻重，扑责记过一次，三犯不改，不许入祠。"

宗祠作为族产按例须设专人经管，如光绪五年（1879）修撰的江苏《循理东万氏家乘》卷一《议祠》中有"公举祠正"条，称："各族祠正之设，所以管摄租息，及祠中一切经费与族中干犯不法事也。"又有"公举祠差"条，称："族中凡有公事，须各分齐集。我族辽远者多难于遍及，公举心乞和平，又善于奔走者二人，以便传知各分。"光绪十年（1884）修撰的《宁乡熊氏续修族谱》规定：族祠设"总管一人，经管四人，须择老成殷实者为之。凡祠内钱租出入，及祭器、一切契约字据，交簿具领，不得遗漏。每年清算载簿，三年期满，交卸下手。倘有隐匿侵蚀等弊，公同处罚"。族规中对于祠堂日常管理有详细规定。《范氏宗谱·家规记》称："祠中既设仓厅，夏租秋麦、家伙物件，存贮堆积，不可胜计，看管者宜招外姓年老诚实、勤俭可靠者，托之看管。至于厅堂宾客所立神龛在焉，尤宜及时洒扫，刷抹桌椅，安置整齐，拂去尘秽，芟除庭草，如子孙有事借用台凳等物，看祠者记明，待其事毕，即行归取，勿得懒惰，以免久假不归之弊。"

另外，祠中不准堆积柴薪农具什物，亦不准在内赌博，惟读书会文弗禁。祠中公物不得藏匿，亦不得私自借用。至于宗祠的维修，亦属族内事务，《同治余姚朱氏宗谱》中申明，宗祠应该十二年修整一次，其称："祠必十二年而一葺，所以尊先。宗祠自嘉靖壬戌（嘉四十一年，1562）改建以来，历今百有余载。初修于天启末年，再修于顺治戊子（顺治五年，1648），三修于康熙壬子（康熙十一年，1672），四修于癸酉（康熙三十二年，1693），五修于雍正乙巳（雍正三年，1725）。念缵承之不易，思创业之维艰，有志堂构之肯者，尚期善继善述，慎守于毋替也可。"可见，实际情况往往难以

---

① 光绪《新河徐氏宗谱》卷一《宗规》。
② 光绪十八年范棨照等修撰《范氏宗谱·家祭仪制》。

如愿。

此外，祠堂又是族众聚会议事的重要场所，宗族内部如果出现利益纠纷或违法现象，祠堂还可以作为执行宗法族权的地方，族长、房长等在宗祠内主持裁决，族众则必须无条件服从，而且不能擅自向当地官府投诉，宗祠因此成为实际上的宗族法庭。据《广阳杂记》记载："族人有讼，不鸣之官而鸣之祠。评事议之，族长判之，行杖者决之。有干名教、犯伦理者，缚而沈（沉）之江中以呈官。"①

保存至今的江西宜丰天宝刘氏宗祠

（二）宗谱

宗谱是指记载和反映宗族世系源流的簿籍，亦有族谱、家谱、家乘等多种称法。宗谱主要以文字形式记录本族先人肇迁繁衍脉络，反映分支状况以及本族成员历代勋业与宗族风尚等内容，既是一个宗族全面而详细的历史档案，同时又是维系宗族血缘关系的主要纽带。支系繁多的宗族除总谱、通谱之外，又有支谱、房谱等形式。如康熙二十一年（1682）修撰的安徽《善和程氏支谱·凡例》称："谱自始迁善和祖仲繁公为一世，上溯始迁新安祖元谭公，以志所自来，下及本门七房，阅三十世，编次成谱。"

---

① 刘献廷《广阳杂记》卷四。

另外，没有直系血缘的同一姓氏在修谱时，又有所谓的统谱、会谱。光绪年间修撰的《章氏会谱·序》称："齐联福建、江西、两浙诸族，于世表外，著有郡县地望分支系图，于各族派别一览了然。"世系图表则有图式与表式两种形式。

　　作为宗族文化积累的重要载体，宗谱的内容反映出宗族组织的有序化程度。由于宗族不断发展，族谱便有续修、补修、重修的实际需要。清代私家修谱十分盛行，有些宗族的家谱屡次续修、重修，以至有多达十余次者。如咸丰十一年（1861）修撰的浙江《苎萝王氏宗谱》，始修于宋孝宗淳熙十年（1183），清以前凡九修，至咸丰十一年已为第十八次修谱。通过连续不断的修谱活动，一方面可以加强族众遵祖重本的宗族意识，另一方面，又能够达到敬宗收族，敦睦族众的社会效果，所谓"宗谱乃收族统宗之大典"，①"修谱所以收族，即所以敬宗"。②清人称："谱为收族之大纲"，而"纂修弗慎，奚所凭以联族属？故编辑宜勤焉"！③有关宗谱修撰的期限规定各异，有人主张修谱宜勤，如《秦塘万氏族谱·修谱系说》称："谱系收世族、立宗子法，故必五年一修，十年再修，以继述先人之志。我万氏谱至今二十有九年未修，不为不久。"大体来说，修谱以三十年为限。或认为三十年甚久，又有所谓墨修者，《朱氏通谱》称："人事至三十年盛衰生殁，当变不少，故必三十年刊修，十五年墨修，庶几纪载可免遗失挂漏之虞。"然而，"族谱之修，工程浩大，用费殷繁"，④故出于种种原因，即便是约定俗成的三十年修谱例也往往难以贯彻。

　　族谱修纂编撰的体例至清堪称完备，大体说来，举凡涉及宗族历史发展脉络的各个方面，其中包括序论凡例、恩荣诰敕、遗容像赞、仕宦科名、世系图谱、箴范彝训、家法族规、祠堂坟茔、族田义产、艺文著述、传记事略、史志碑铭、金石古迹、领谱字号等内容，都在修谱之例。《晋陵陈氏续修宗谱·凡例》即称："是谱约分八则，曰序、像、训、诰、爵、传、图、牒，于版口注明，以便披览。"然后解释说，序为道原委，像为表仪范，训为规子姓，诰为荣君恩，爵为启后昆，传为扬先志，图为别宗支，牒为明世次。⑤光绪年间修撰的江苏《毗陵贾氏宗谱·续修谱引》称："家乘所载，析其分派，使继绪之有归；序其昭穆，使制服之有杀；书其字讳，以辨稽名；表其行谊，以显事业；纪其生卒，铭其殁葬，以备遗忘；叙其男女，别其婚姻，以防溃乱；出处显晦、爵秩崇卑、文章德行，具录不遗，以便稽考。"《同治余姚朱氏宗谱》称："综千百家分居散处之人，序其世次昭穆，详其讳号生卒，列其配娶墓茔，著其贤否隐显，使

---

① 同治《慈水干溪章氏宗谱·族规》。
② 光绪《姚江蒲塘徐氏续修宗族·宗范》。
③ 光绪《吴郡程氏支谱·序》。
④ 朱映圭纂修《朱氏通谱》卷首《新增凡例》。
⑤ 张九成光绪《毗陵贾氏宗谱·续修谱引》。

之相思以慕，相见以亲，相劝以奋，相惩以改，共知为一本堂之裔，而时深其联属维持之意者，惟谱学之明乎！"可见族谱大多以封建伦理纲常为指导思想，尽可能表现光宗耀祖的社会功能。

宗谱中所列族籍与个人的社会现实利益有密切关系，而出生是获取族籍最主要的途径来源。如光绪二十年（1894）修撰的江苏《锡山邹氏家乘·旧谱凡例》记载："凡生子弥月，父母禙其子，请于舅姑，诣祠堂告诸祖宗曰：'第几子某，生一孙，取名某。'即以所生年、月、日、时入某行，录于谱。"光绪三十年修撰（1904）的江苏《锡山匡氏宗谱·宗规》称："祠中设立簿籍，凡族内添丁，即入祠，书明世数，及生年、月、日于上，殁后奉主入祠，即书卒年、月、日于上，兼略叙生平行实数语，以便日后登谱。"甚至于有"子孙在襁褓未命名者，姑就其乳名书之"①的做法。其次，成年女性的族籍则主要通过婚姻的方式获得，但必须经过一定的仪式。如光绪十年（1884）修撰的浙江《安昌徐氏宗谱》规定："婚嫁先期具一张纸，遍告族人，曰：第几男与某氏议婚，今择某月某日亲迎，谨告。遇春祀之日，率新妇拜祖宗，见尊长，领宗帖。"②只有经过特定的仪式后，新娶的女性的才能得到宗族的正式认可，获得相应的族籍。同时，对族籍的重视还是宗族对族人实施惩戒和强化教育的重要方式。凡族谱中立传者，多为本族有政绩的官者、有名望的乡绅、贞女节妇及有善举者，以此显示族望；而严重违犯族规者，将受到剥夺族籍的严厉惩罚。

鉴于族谱的实际功能与重要作用，几乎所有族规都列有专门条款，强调族人必须慎重保存族谱，不得故意损毁和轻易示人，每年祭祖时，各宗支要携带所编发字号的原本，入祠检核。《孙氏族谱·富春孙姓丁岗族谱规例》称："每于岁时节令，或闲暇之日，族之尊长率子侄，于家庭之内，或立月会于宗祠中聚观。溯核本源，申明规例，及入考始末。以别尊卑，兴揖让，明训诫，消邪傲，是谱乃挽回风化枢机。"《朱氏通谱·族规》称："谱牒所载者，皆宗族祖父名讳，孝子顺孙目可得睹，口可得言，收藏贵密，保守贵久……如有鼠侵油污、磨坏字迹者，族长同族众禀告祖宗，量加惩戒。另择本房贤能子孙收管。登名于簿，以便稽查。"光绪二十六年（1900）修撰的江苏《义门郑氏家乘·重修义门宗谱续条例》规定："收谱者须择族中小心谨慎之人，方许收藏。每年须展曝于夏日极热之中，展曝于秋阳燥烈之下。其展曝时，必时时看守，不可顷刻之或离值，至日晚收藏，而后必严敬慎重，不可亵视，恐有风雷之变，以防意外之虞也。"如果保管不善，族长有权将原谱收缴。咸丰四年（1854）修撰的湖南《刘氏续修宗谱》称："领谱者各宜珍重，置柜收藏，毋得损坏。每年届冬至、清明二期，按号

---

① 乾隆五十八年（1793）修撰《洞庭东蔡宗谱》，康熙四十一年（1702）所订《例言》。
② 钟敬文主编《民俗学概论》第113页，上海文艺出版社1998年版。

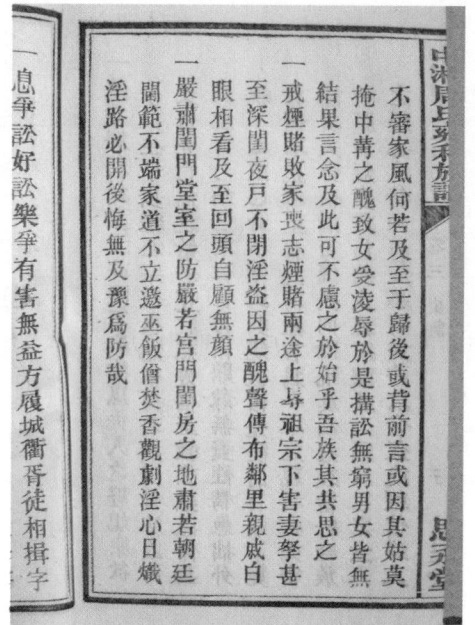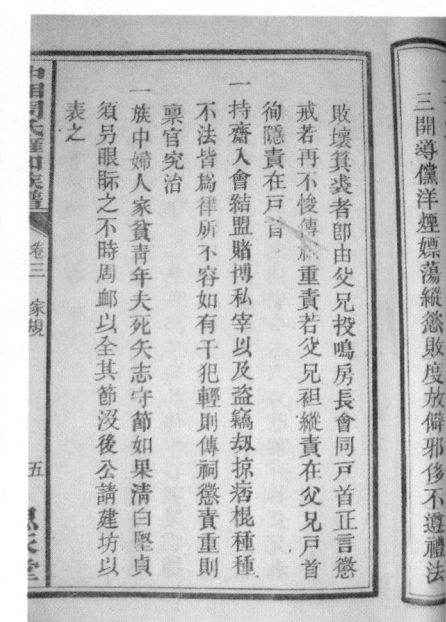

清光绪三十年周氏雍和族谱家训

检验。倘有鼠食虫伤、遗漏及瞒买图肥等弊，追还原谱。"各房支领受宗谱时须严格按照领谱字号，如同治八年（1869）修撰的《中湘陈氏族谱》卷首《凡例》称："谱牒共计四十五册，壹册公存，其余任听各房领收，编立源远流长字号。"康熙三十九年（1700）修撰的江苏《郑氏大成宗谱》卷首《条例》称："分谱计各宗若干副，以千字文编为若干号，刊载谱后。如其字号系某处第几世孙，某领执挨号填实，副副皆然，宗宗照验……无号无印者，即是伪谱。"

（三）族田

族田是宗族内部公有财产的主要内容，也是宗族组织重要的经济基础。族产主要来源于富裕族人的捐赠和族众的共同置办，有的族规中还规定有族人为官捐纳一定的田产入祠的条例。族田既承担着提供宗族内部包括祭祖敬宗活动在内的各项经济支出，又是宗族内部经济互助、赈济贫困的直接来源，堪称维系宗族组织的经济支柱，族田的经营亦成为保障宗族社会稳定的重要措施。由于族田有多种用途，因而出现了义田（主要提供赈恤经费，又称义庄）、祭田（主要提供祭祀经费）、塾田（提供办学经费）等称法。在清代，地方宗族势力日益膨胀，大多数宗族都拥有数量不等的族田供族内调剂，这些族产均被详细地载入谱簿，既可杜防有人霸管肥私，又能令后人谨依护守。

族田作为宗族的公产，原则上禁止典卖转让，并避免与本族内的人员发生租佃关系，因此族田主要招佃出租给外姓，同时族田的管理有按房轮值和设专职经管两种办法，其中主管者一般称庄正、庄副。如《陆氏蓉门支谱》引咸丰五年（1855）所订《义庄条规》称："掌庄由建庄本支后裔轮当。掌庄一人、稽庄两人、主奉一人。至掌庄、稽庄永远归建庄后裔。三房后各长房，每当三年，递相轮换承当。主奉则归建庄后裔之最长者，均世守勿替。"又如《吴郡程氏支谱·建立成训新庄序》称："庄正，为一庄之主，建庄支下明达者为之。庄副，再择诚实公正者为之。支总，公举精明练达者为之，协力办理……庄内再请司事数人，概用外姓，经理庄务，听庄正、副择诚实者任之。"

在清代，长江以南经济水平相对发达的地区，族田义庄的设置较为普遍。光绪二十年（1894）修撰的《光绪余姚朱氏宗谱》中《一本堂禀请题咨义庄规条》记载："义庄一所，坐落邑治老西门内地方，系同治年间置地建造，中间大厅五间，左右正屋各一间，左右每边同屋各一间，仓屋各三间，前有大园，后面天井，余屋五间，东首前后墙门统归义庄管用。"至于经管庄事，设立司钱一人，由祠内公举，司事二人，由各房知事每年轮值。司帐正、副各一人，由司钱、司事商请诚干之友，不准用族内人。雇工一人，由司账择用。两季收租添用司秤一人，司租二人，俱由司钱、司事商用。此外，收租、晒谷短工以及各项工匠，随时由司账与司事商用。其薪俸，除司钱、司事不支外，正、副司账并司秤、司租薪俸，及长工、短工、各工匠等工资，悉由司钱、司事随时公同酌给。族田收入除支付祭祀费用及日常事务性开支外，还要抽取一定数额用于宗族内部的福利事业，其中包括开办义学、提供应举资助、赡济贫老、救助孤寡等，在一定程度上缓解了宗族内部矛盾。

四、宗族内部的经济生活和文化生活

宗族制度以维护宗族的整体利益为基本原则，宗族组织在宗族的经济生活、文化教育方面扮演着重要角色，在解决族际关系方面发挥着重要作用。首先，宗族内部的经济救助是宗族观念的衍生法则，作为维系宗族共同体生存的有效措施，宗族内部的赡恤周济成为宗族内部最重要的经济活动。通过这种有限度的经济互助，宗族内部的凝聚力得以进一步加强。

恤济的对象均为本族人员。清人章学诚在《庐江章氏义庄记》中称："岁时公家赋常先廪其谷若干，以周族之贫者、老废疾者、幼不能生者、寡不嫁者。粜其余谷，为钱若干缗，以佐族之女长不能嫁者、鳏不能娶妻者、学无养者、丧不能葬者。"[①]恤济的规则十分详细，赡给方法则有恤钱、恤米等不同形式。《光绪余姚朱氏宗谱·一本堂禀请

[①] 《清经世文编》卷五八。

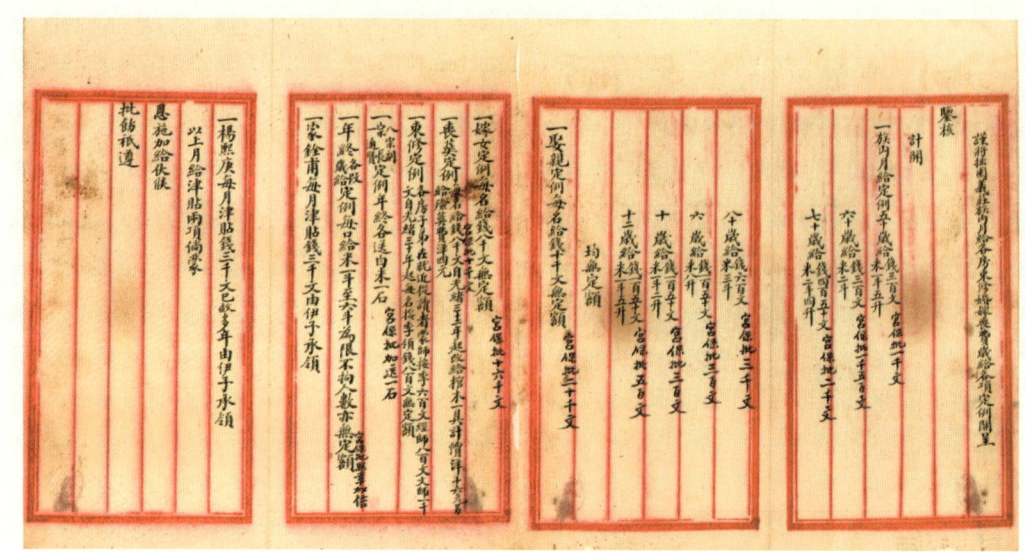

宣统元年拙园义庄族内月给束修婚嫁丧费岁给例定表

题咨义庄规条》称：各房子姓有年至七十，极贫无靠者，按季给发至终身。房下孀妇，无论年齿老少，凡家实清贫，贞守苦节者，按季给发。其无子者，给至终身；如有子及继子可靠者，俟其子二十岁，冬季给发后停止。各房有少孤男孩，家贫不能存活者，按季给发，至年逾十六岁停给。各房下或有疲癃残疾，实难佣作，而又无可依靠者，最为可悯。不论男女老幼，验后给发。赡恤的时间为每年四季，每季孟月望日，鳏寡老独残疾每季每人议给制钱壹千陆百文，孤每季每人议给制钱捌百文。凡愿领庄费者，须由亲房禀明本支房长、知事，本人亲到宗祠验看，核实后，会同亲房出立保据，交司事注册，给予领折，以后每年春季验看一次，且不得使人持折代领。

在文化生活方面，大的宗族在每年的年节之际，照例出资举办迎神赛会、招班演戏等娱庆活动。如《吴郡岁华纪丽》中记载苏州一带，每年二三月间，"值春和景明，里豪市侠，搭台旷野，醵钱演剧，男妇聚观，众人熙熙，如登春台，俗谓之'春台戏'"。①除此之外，教育则是贯穿宗族文化生活的主要内容。有条件的宗族大多要置办学田，设立族学，在族内实行普及教育，提高整个宗族的文化素质，同时为参加科考者提供费用，奖励考取功名者。《范氏宗谱·企虞公后五分家规记》中规定：逐房子弟入小学，读四书者，每节束修七折钱五钱，经书每节八钱，一年六节，给至十六岁罢。子弟赴县试者，给考费七折钱二两四钱，府试四两，院试四两。入泮者，给喜银七折钱十两。岁科考二两四钱，乡试十千。中式三十两，会试中式各给五十两。钦照一百两。

---

① 袁景澜《吴郡岁华纪丽》卷二《春台戏》。

给而不赴试者,作不肖论。

族学经费大多来自义庄,故又称义学,招生面向全体族人,强调从经济上资助贫苦子弟入学。有些宗族创办的义学,除招收族内贫寒子弟入学读书外,兼可惠及乡民子弟。如《红楼梦》第九回中描写贾府义学的情形,称:"原来这贾家之义学,离此也不甚远,不过一里之遥,原系始祖所立,恐族中子弟有贫穷不能请师者,即入此中肄业。凡族中有官爵之人,皆供给银两,按俸之多寡帮助为学中之费。特共举年高有德之人为塾掌,专为训课子弟。"①

---

① 曹雪芹《红楼梦》第60页,黄渡人校点,齐鲁书社1992年版。

第二节　家庭风俗

家庭是以血缘关系为基础，以婚姻形式为纽带建立起来的社会组织形式，是最基层的社会生产与生活单元。传统家庭表现为：同居共财、合爨会食、养老育小、举行家祭，承担多种实际功能的社会单元，犹如维系社会存在的细胞组织。清代，家庭风俗一方面呈现出封建社会的固有特点，另一方面又因时势更替，表现出一定的蜕变趋势。

一、家庭结构

家庭结构系指组成家庭的成员在血缘关系与婚姻状态上的表现形式。家庭成员是组织家庭的核心因素，一般说来，由一对夫妇及其子女组成的家庭，称为核心家庭，这是最基本的家庭组织结构。由于中国自古有注重孝悌的传统，由两三代人组成家庭的现象十分普遍，这种由两代以上而且每代只有一对夫妇组成的家庭通常称为直系家庭，或称为"扩大家庭"，人口数目多在五口上下。在清代社会，核心家庭与直系家庭的数量明显占据了主要位置，如嘉庆十八年（1813）四月二十八日四川巴县紫金坊、灵壁坊烟册户口人丁统计表显示，其总户数为五百三十四，其中一至三口户数为一百八十，四至六口户数为三百八十三，七口以上户数为二十。[①] 此外，在直系家庭基础上，多个核心家庭同居共灶，出现同一代有两个以上的核心家庭，由此形成了复合家庭，其中规模庞大者可以称为家族家庭。如清代乾隆年间湖南沅州人蒲宗瑾一家六世同居，其中第三代兄弟五人，第四代十七人，第五代四十一人，第六代六十人，总

---

① 四川大学历史系等主编《清代乾嘉道巴县档案选编》（下）第318页，四川大学出版社1996年版。

计一百二十余人，率由家长主持家政，所谓"秩以分，联以情，主持家政，规条严饬，人无私财"。① 这就是一种典型的家族式家庭的反映，其内部不仅成员多，辈分亦多，且均为血亲关系。清人李绂曾称："江州陈氏、青田陆氏，并以十世同居，载在史册。"② 这样的家庭虽不多见，却反映了传统家庭在组织结构上的特殊意义。

传统家庭通常是同居共财的社会单元。明清以来，商品经济相对趋于繁荣，以父权为核心的封建家长制在一定程度上受到冲击，传统的等级关系遭遇挑战，宗法血缘关系有所松弛，社会上兄弟乃至父子之间分居析产的现象日益增多。如顾炎武《日知录》中所记载："今之江南，犹多此俗。人家儿子娶妇，辄求分异。"③ 按照封建伦理思想，父母在而诸子分居析产，是有违传统道德习俗的行为，故《大清律例》称："祖父母、父母在者，子孙不许分财异居。"④ 如有违犯者，杖一百。但由于这种现象难于禁止，又规定："其父母许令分析者，听。"对此，清人李绂的分析较切实际，他称："凡累世居者……必代有贤者，主持倡率，而后可行，否则财相竞，事相诿，俭者不复俭，而勤者不复勤，势不能以终日。反不如分居者，各惜其财，各勤其事，犹可以相持而不败也。"⑤ 分家析产时，大都要由族内尊亲主持订立契约，以为凭证。如乾隆二十八年（1763）徽州张方逑等兄弟三人所立分家书，称："立分单，张方逑、方达、方逵。今凭房长公分，除当卖外，现存新老屋房间并园地，均匀搭配，令达兄弟三股阄分，各无异言，立此一样三张，各执一张，永远存照。"⑥ 以下则依次开列各项家产细目。清代法律实行诸子平分制度，所谓"分析家财、田产，不问妻妾婢生，止以子数均分"。⑦ 这样，父子、兄弟之间的分家析产也成为促使家族型家庭比例大幅下降的一个直接原因。

二、家庭观念

家庭是社会的细胞，不过在我国封建社会，家庭又表现为宗法制度下的基本单元，家庭往往依附于宗族组织，若干家庭共同居住、生活，逐渐形成系统而庞大的宗族共同体，社会成员也通过家庭的组织形式被纳入到宗族群体范围之内。由于个体家庭纷

---

① 徐珂《清稗类钞》第五册《孝友类·蒲宗瑾六世同居》。
② 李绂《别籍异财议》，《清经世文编》卷五九。
③ 顾炎武《分居》，《清经世文编》卷五九。
④ 《大清律例》卷八《户役·别籍异财》。
⑤ 李绂《别籍异财议》，《清经世文编》卷五九。
⑥ 《徽州千年契约文书》卷一，第344页，花山文艺出版社1993年版。
⑦ 《大清律例》卷八《户役·卑幼私擅用财》。

清节孝牌坊

纷被宗族组织所网络，家庭观念在很大程度上受到封建宗法道德的深刻影响。

清朝社会人口数量不断增长，宗族规模日益扩大，与之相适应，清中叶以后，族规、家法的制订十分盛行。这些族规、家法是封建礼教在社会基层生活中的充分展示，相比之下，家法更注重维护家庭关系的等级秩序，像孝悌观念堪称封建社会最重要的道德规范，而强制性的规范俨然赋予其以法的色彩。清代统治者一方面十分注重维护封建家长的权威，所谓"一家之事，必由家长为主"，①"一家之产，皆统于家长"；②另一方面则不断强化封建礼教的宣传，通过旌表，鼓励忠孝节顺，致使孝悌观念十分盛行。如《晋陵续修陈氏宗谱·家法》中"节孝"条称："子孙有孝义者、子孙妇有贞节者，例应具呈详宪，给匾建坊，旌奖以昭鼓励。"各种宗谱家乘中，无不突出孝悌内容，如《苎萝王氏宗谱·凡例》称："族中有孝友亲爱，表率风化者……必特书，所以彰善也。"《晋陵陈氏续修宗谱·家规》称："孝为百行之先……甚有不爱不敬，以至缺奉养而不顾者，其于礼多悖矣。初犯者导之以善言，令其悔悟；再犯者即以家法治之。"

其次，在森严的封建等级制度下，妇女的地位十分低下，以男性为中心的封建家长制统治，从根本上剥夺和限制妇女所应享有的基本权利。广大妇女在家庭生活中既要遵循三从四德的封建道德标准，又要屈从于夫死不嫁、持贞守节的封建伦理观念。

---

① 沈之奇《大清律集解附例卷之四·脱漏户口》。
② 沈之奇《大清律集解附例卷之五·欺隐田粮》。

明清时期，节妇烈女越来越多，清代每年上报礼部请求旌表者有数千人之众，誓死守贞全节者时有所闻。如《清稗类钞》记载："苏州袁氏女许嫁吴氏子，未婚，而遇咸丰庚申（注：咸丰十年，1860），两家咸徙避。及乱定，女从父兄复还……而吴氏则人亡家破，仅存老孀妇，即女之姑也。女请于父，愿适吴氏，事孀姑。父不可，且谋别嫁之。女断发自誓，因亦不强也。同治甲戌（注：同治十三年，1874），有吴氏亲串自秦中归，言与吴氏子同被掠，展转至江西，吴于某年月日死。女闻大恸，谓父曰：'今日当从儿志矣，如不许，愿死之。'父不得已，乃以归诸吴。"① 贞烈之风，害人至深！

另外，有些传统品德亦属于家庭观念的重要内容，这些品德虽然形式属于封建道德的组成部分，但在一定程度上又不失为中华民族数千年来所积累沉淀的优良品德。诸如不少家法中所规定的，崇节俭、务读书、慎交游、毋赌博、戒淫邪等，对维护正常的家庭秩序，培养良好的人生价值观念，无不具有积极而重要的作用，其内容即便在现代社会，仍显示出相当强的现实意义。

三、家庭礼仪

封建家礼是封建礼教的附属物，其核心势必尊奉封建道德规范的要求，而详备于家法族规中的各种生活规范无疑是封建礼教繁文缛节的具体表现内容。

首先，尊敬师长是封建等级制度在家礼中的反映。《循理东万氏家乘·家训》中"重尊长"条称："伯叔兄长，无论亲疏，皆卑幼所当敬承者。凡有会聚，言谈礼貌务谦卑逊顺，勿以贤智先人，亦勿以粗率犯上。"尊卑之间的称谓更是不得越次。

按照封建等级观念，家礼中约束妇女的内容最为繁琐。清人张习孔所作《家训》称："人家不和，每由妇女。吾子孙新娶时，即喻其妻以礼义，苟非善言，即引家训以教之，务使和顺以安家，克己以睦族。"《即墨杨氏家乘·家法》称："尊长在外者，则新妇往拜之，不得逾三日。遵长老病者，往拜之……妇人遇翁则避，年节、生日拜则卷帘。翁立门内，妇拜门外。叔翁则垂帘。"清人陆圻所作《新妇谱》对此所载颇详，其"得欢心"条称："新妇之倚以为天者，公、姑、丈夫，三人而已。故待三人，必须曲得其欢心，不可纤毫触恼。若公姑不喜，丈夫不悦，乡党谓之不贤。"其"款待宾"条称："凡亲友一到，即起身亲理茶盏，拭碗拭盘，撮茶叶，点茶果，俱宜轻快，勿使外闻，并不可一委之群婢。"其"早起"条称："新妇于公姑未起前，须早起梳洗，要快捷，不可迟钝。俟公姑一起，即往问安万福。至三餐，须自手整理，不可高坐，听从婢为之。

---

① 徐珂《清稗类钞》第七册《贞烈类·袁氏女未婚守贞》。

至临吃时,则须早立在傍,侍坐同吃,万不可要人呼唤。阿姑等待不来,胸中必不快也。就有小恙,还须勉强走起……晚上如翁在家,即请早退归房……如翁不在家,直候姑睡后,安置归房。"夫妇之礼中,为妇一方受三纲五常的束缚,地位十分卑微,其"敬丈夫"条称:"一见丈夫,远远便须立起。若晏然坐大,此骄倨无礼之妇也。稍缓通语言后,则须尊称之……凡授餐奉茗,必双手恭擎,有举案齐眉之风。未寒进衣,未饥进食。有书藏室中者,必时检视。"又云:"丈夫有说妻不是处,毕竟读书人明理,毕竟是夫之爱妻,难得,难得。凡为妇人,岂可不虚心受教耶!须婉言谢之,速即改之。以后见丈夫,辄云我有失否,千万教我。彼自然尽言,德必日进。若强肆折辩,及高声争斗,则恶名归于妇矣。"妇女在封建家法中的地位是何等的卑微低贱!

总之,封建家礼从属于封建礼教范畴,是封建道德原则在家庭生活中的具体化表现形式,对于维护封建家庭的等级秩序具有重要作用。

【 第三节　会社风俗 】

  会社是由具有共同意愿基础或信仰原则的成员所组成的社会群体组织。会社组织的形成与丰富是封建社会民俗文化生活多元化需求的一种必然反映。清朝政府出于维护统治的目的，对民间结社实行严厉的限制政策，但清代特有的社会背景，使得民间自发的会社组织表现出前所未有的发展态势，不论规模还是数量，都堪称奇观。另外，由于清代正处于结构性的社会变迁过程之中，社会动荡的日益加剧也给会社现象的繁盛提供了巨大的发展机会，各种会社组织网罗四布，此伏彼起，全方位地活跃于社会基层的方方面面，由此构成了清代社会发展的又一个重要特色。

《点石斋画报》关于"赌棍会盟"的报道

一、结社之风

结社一般是由拥有共同信仰原则的成员,依照一定的组织形式,自发建立起来的社会性团体。信仰内容的纷杂繁复决定了结社形式多样化的特点,尤其是清代,社会结构变革异常迅猛,社会阶层发生着空前未有的剧烈分化与重新组合,致使民间的会社现象广为流布,极为丰富,其中政治型会社、宗教型会社、经济型会社、文化型会社是结社风俗的主要内容。

政治型结社是指带有政治色彩的结社形式,明清之际的社会剧变使民族矛盾空前激化,许多士人纷纷结社会盟,利用社局,积极参与抗清活动,当时著名的有苏州复社、松江几社等,并且从中衍生出名目众多的社集,这些人奔走于大江南北,其影响引人注目。此外,政治型结社又往往与宗教型结社密切相连,明清之际各种民间宗教组织汇成大气候,在清代始终是威胁封建统治秩序的异端力量,连同随后发展起来的帮会组织,无不扮演着重要的社会角色。这些组织通常借助某些宗教旗号,而且派系纷杂,名目多达百余种,凡信徒均入会结拜,以乡村基层为活动舞台,教门林立,徒众甚巨,创造了我国历史上民间秘密宗教组织发展最为鼎盛的时期,并且以秘密会社的形式直接促成了近代会党的产生。其中元明以来的白莲教在清前期分布仍较为广泛,清后期则以天地会的发展规模最为可观,像清末著名的天地会分支哥老会,在南方各地十分活跃,成为近代会党的一支主要力量。

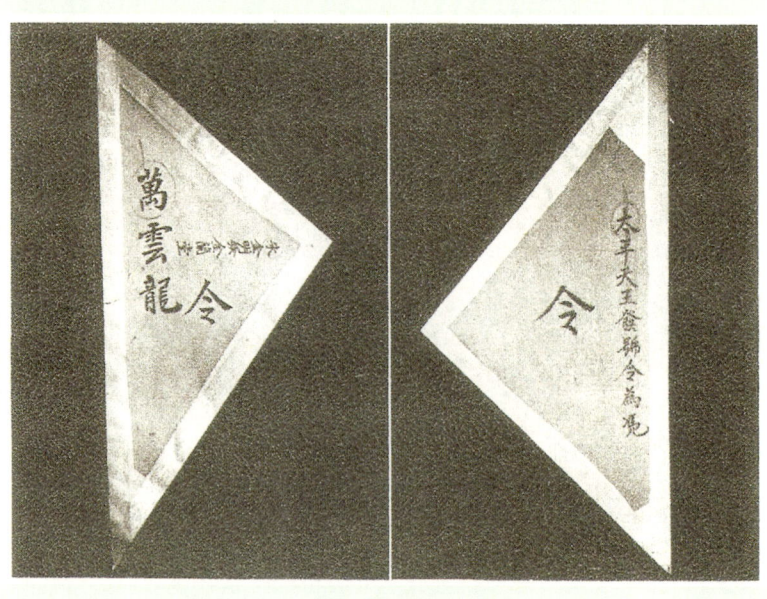

湖南天地会令旗

會規

敬為保節保嬰善舉公議鳩乙七賢三總會每會集成曹平寶銀六千兩以三月二十日為始按十個月一舉週接算

凡我同人咸遵此訂

一議一四七三會歸總坐收二三五六八九六會歸腳閒搖共成九會

一議三總均歸保節局坐收每次收到六千兩後以八成歸保嬰項下以二成歸保嬰項下分存城鄉各典按月一分二釐起息公稟府縣立案

一議局中收到會銀硬須生息為保節保嬰之費不能剋期付會所有每會總頭應付之項均歸小腳由總代付

一議第二會本歸保節小腳閒搖茲因會大難鳩代總更形吃重是以第二會派劉尚綱代付其餘仍歸閒搖在植照點落不作公同包儘先全包金收

一議每次會居議在長生卷劉周會的不扣由團主人預備付例做半角者收付均減半做一角半角者以次遞減

會友芳名

首總　　保節局
第二會　各付寶收壹十兩
　　起所付寶紋九百三十兩以後照付
第三會　未收付寶紋八百甲五兩又代首總付一百五十五兩
二總
第五會　未收付寶紋八百五兩五錢又代首總付一百甲兩
第六會　未收付寶紋五百甲兩又代首總共付三百十
第七會　未收付寶紋四百五十兩又代二總共付三百一
第八會　未收付寶紋二百六十五兩又代二總共付三百十兩
第九會　代三總共付四百六十五兩餘一總共付四百二十七兩二錢
會友芳名　代一總共付四百三十五兩至末會各分一百二十七兩二錢　總頭不分

首總　　保嬰
　　　　盛旭人
　　　　何貢珊

二總　　保節局
　　　　金逸亭會腳
　　　　沈仲薇會腳
　　　　劉貽樾半腳統會腳

三總　　保嬰局
　　　　劉雲祺
　　　　海望會角
　　　　濟恒

光绪二年三月二十日保节保婴善举合会会规

经济型结社与民间自发的经济互助赈恤风俗密切相关，像民间善会、义社等会社形式，均源自于此。另外，清代的会馆发展迅速，作为商业性行会组织的代表，构成了经济型会社的重要内容。至于文化型会社，则是封建士大夫文化生活中富有传统的一项活动，特别是宋明以来，士人们诗文相契，结社立会的风气蔚然成风。入清，文社之事仍颇为盛行，大江以南几乎无地无之，不少士人藉诗酒之会抒发对旧朝的怀恋之感。由于清代封建统治者对社事极为敏感，自清初便谕旨屡禁结社，所谓"禁士子不得妄立社名，纠众盟会"，严格规定："其投刺往来亦不许用同社、同盟字样，违者治罪。"[①] 如此的高压政策，迫使清代文社的规模日渐萎缩，其他形式的文人会集，影响更微。

二、行会组织

行本是区别所经营商品类别的名称，如米行、药行等。行会则是同业商人组织起来的职业团体，属于封建社会工商业的一种组织形式。最初，小商品生产者与经营者为防止竞争，保护自身利益而建立起自己的行业集团，形成了以业缘为基础的社会组织，被称为行会。

中国封建行会的雏形出现于隋唐时期，但长期属于官办性质，宋元以来，工商业不断发展，行会组织的规模也相应扩大，在传统的工商业城市中，商业与手工业的各行各业，几乎都有行会组织存在，尽管如此，它们却始终未能成为一种独立的自治机构。清代工商业的繁荣促进了各地商贸活动的兴旺，在行会组织方面也出现了新的变化，分布于全国各地的商帮，据地缘或业缘为联系纽带，汇聚同乡、同业商人组成了各种形式的会馆。相继建立的商人会馆，虽不纯然是商人团体，但其中有相当一部分表现出行业会馆的特点，具有一定的行会性质，尤其嘉、道以后，这种现象日渐增多，有的地方则出现了行业特征更为突出的公所组织，据《清稗类钞》记载："商业中人醵资建屋，以为岁时集合及议事之处，谓之'公所'，大小

19世纪末旅居重庆的江西商贾设立的江西会馆

---

① 徐珂《清稗类钞》第八册《会党类·世祖禁立社盟会》。

保存至今的苏州山塘街乾隆年间创立的陕西会馆

各业均有之，亦有不称公所而称会馆者。"① 故此，清代行会多称会馆或公所。虽然会馆、公所的建立仍需呈请地方官府，具禀备案，获得认可，领限执照，但是在内部管理上明显带有更多的自主成分。

会馆作为新型的工商业组织，初兴于明代中后期，至清代康熙年间迅速发展起来。最初的会馆只是供赴京士子驻足的地方，后来商人数量增加，活动范围也相应扩大，大批商人出外经商，流散各地，客观上需要一个可供同乡聚会的场所，建立一种较为固定的组织。清中期以后，商人的社会地位有所提高，特别是民间商人的经商活动日趋活跃，呈现出空前繁荣的局面，于是，代表商人利益的会馆和公所大量涌现。如乾隆年间，汪启淑所著《水曹清暇录》中记载："数十年来，各省争建会馆，甚至大县亦建一馆，以至外城房屋基地价值甚贵。"② 在北京、苏州、上海、佛山等大的商业都市，开设会馆的现象十分普遍。如京城之中，"京师称天下首善之地，货行会馆之多，不啻什佰倍于天下各外省，且正阳、崇文、宣武门三门，货行会馆之多，又不啻什佰倍于京师各门外"。③

苏州山塘街冈州会馆旧址

---

① 徐珂《清稗类钞》第一册《宫苑类·公所》。
② 汪启淑《水曹清暇录》卷二。
③ 道光十八年《北京颜料行会馆碑》。

工商会馆多由同乡商人或同业商人捐资修建，其建置有祭祀殿堂，除此还多建有戏楼，供人欢聚娱乐。会馆管理组织方面则由乡人共同推举的董事组成，负责会馆事务，主要活动有逢年节日或祭神日同乡联欢会，共同祭祀、宴会及娱乐，以联络乡谊。有的会馆还建有义园，作为客死异乡者暂时停柩之地。

会馆的任务首先是促进商人之间的竞争；其次是保护商人的利益，对竞争作出适当的限制。因此，出于互助的目的，会馆一般都订立有较详细的公约，有的还形成了成文的行规，对同业经营所涉及的组织原则、管理方式、活动内容等方面都作出了明确规定，诸如开业地点、带徒人数、产品价格等，都有条款说明。清季末叶，在会馆、公所基础上还发展出商会组织，这种以工商业资本家为主体的职业团体，能够更集中地反映同业利益的要求，有利于发挥组织的维系整合功能，从而进一步丰富了民间行会组织的内容。

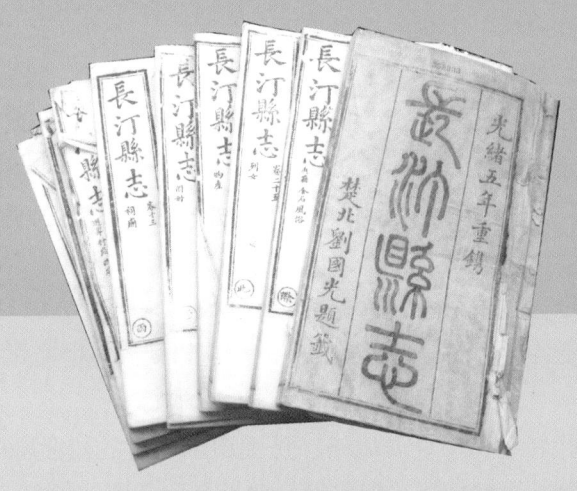

第十五章
风俗文苑

清代的风俗文化活动，不仅十分活跃，而且门类繁多，涉及领域亦十分广泛，加之近代以降，风俗的演变，更趋频仍，故出现诸多新的风俗文化事象。值得注意的是，风俗活动的繁荣，更形成了清代风俗文苑的兴盛局面。

清代风俗文苑的兴旺景象，既是中国历史上所仅见的，更为近现代社会风俗文化的研究起着"发端"与奠定资料"基础"的先导作用。其具体特点与标志是：

其一，对清代社会风俗文化活动事象，进行参与、关注、记录的人数众多，且涉及到社会的各阶层。清代，上自帝王，下至地方官员、乡绅、民人，均将社会风俗的动态功能提升到"明教化"、"序人伦"的高度，故对此"手段"，或用法律，或用乡规，或用家法，加以界定、规范、导向。而这一切，恰是清代社会风俗发展、演变的真实记录，更是考察社会风俗文化事象及其具体细节的"活化石"，故弥足珍贵。

其二，真实、详尽、全面记述清代社会风俗文化事象源流、演绎的资料，不仅数量甚多，且门类齐全，富于特色。主要可归纳为清人著述、方志与文献、档案与实物资料等三大门类，既各具特点，又相互补充。故应珍视此风俗文化"遗产"，且加有效利用。

其三，富于时代特色、个性、风格，且生动再现清代社会风俗文化事象"原貌"的实物、口碑、碑刻、民间档案、资料等，散见全国各地，具有多、全、详、真的特点。这一批批正在逐渐消失的风俗文化"财富"，有着独特的抢救、开发价值。

地方志中对地方风俗通常会有较为详细的记述，图为光绪《长汀县志》书影

一、清人著述中的社会风俗资料

在现存的清人著述中，保存着数量可观、门类众多、内容翔实的社会风俗资料弥足珍贵。

（一）清代社会风俗综合类著述

清人对社会风俗的综合类记述，其著述甚丰，且加以分门别类。其代表性著述有：

《清稗类钞》（共十三册），清光绪杭县（今杭州）举人徐珂撰著。他将野史笔记、新闻报刊中有关社会风俗的诸多事迹，加以分门别类记述选录而成。

《阅世编》十卷，清初松江人叶梦珠撰。全书详尽记述了清初松江府一带的风俗与变迁事象。

《巢林笔谈》，康熙时龚炜撰。该书共六卷，《续编》二卷。龚炜字巢林，江苏昆山人。龚氏身历康、雍、乾三朝，故将"四十余年来视履所及，暨胸中所欲吐，稍稍见于此矣"，而记入书中。此书对吴地的官场、士风、僧道、民情、灾害、赈济、婚嫁、丧葬、科考、信仰、孝道、年节、主仆、商贾、衣食等风俗时尚，均有记述，且追述源流，叙其演变，究其根因，恰似一幅幅生动的风俗诗画。

清人李斗，江苏仪征人，所著《扬州画舫录》十八卷，是记述乾隆帝六次"南巡"江南盛况，以及清代中叶扬州地区士人、商贾、民人社会民风时俗的书籍。该书作者在自序中说，是他积三十年间"日之所见，耳之所闻"而成的。其内容涉猎广泛，"上之贤士大夫流风余韵，下之琐细猥亵之事，诙谐俚俗之谈，皆登而记之"。具体而论，则对扬州一带官民商贾的衣食住行、园林、建筑、商风、名人名园、匠役、年节、祭祀、文房四宝、工艺、游戏、赌博、游乐、狎妓、戏曲、洗浴、婚嫁、居尚等，其介绍翔实可信，且细致入微，图文并茂。其中，有诸多内容，为该书仅见而它书所无者。

清代，详细载述南粤两广社会风俗、事物、人情的著述，首推屈大均的《广东新语》一书。屈大均为广东番禺人，生于明崇祯三年，卒于康熙三十五年（1630—1696）。他一生中，"尝游于四方"，"予举广东十郡所见所闻，平昔识之于己者，悉与之语"。其价值恰如潘耒在"序"中所述："浏览者可以观土风，仕宦者可以知民隐，作史者可以征故实，摘词者可以资华润。"此非溢美之辞，而是其风俗资料的真正价值所在。全书共分二十八卷，其目序为：天语、地语、山语、水语、石语、神语、人语、女语、事语、学语、文语、诗语、艺语、食语、货语、器语、宫语、舟语、坟语、禽语、兽语、鳞语、介语、虫语、木语、香语、草语、怪语。书中对广东一带的山川风物、民情、风俗、物产、婚丧、祭祀、名人、花鸟鱼虫、衣食住行、奇风异俗等，一一记叙，无所不备。

对于清代宫廷与宗室生活、服饰、饮食、宴会、婚姻、赏赐、射猎风尚，以及官场风俗、人物交往时尚，各种典章制度沿革，记述颇为翔实具体的，则为满族人昭梿的《啸亭杂录》一书。昭梿为努尔哈赤第二子代善之后，他生活在乾隆、道光年间，将其所见所闻之事，分门记述，颇为详尽。其中《杂录》十卷，《续录》五卷，全书共十五卷。

此外，有关清代社会风俗综合类的著述还有：清人梁章钜、朱智撰的《枢垣记略》（二十八卷），书中对军机处的职掌、制度、规制，以及有关社会风俗时尚、名人的题咏诗文，记述颇详。而清人萧奭根据邸钞、朝报、诏谕、奏折撰成的《永宪录》（四卷）一书，虽采用编年体，但对康熙、雍正年间，朝廷内外的大案要狱，记述甚详，且叙及诸多当时朝中及社会上的风俗时尚，亦颇有价值。清人欧阳兆熊、金安清撰的《水窗春呓》（上下两卷），则对清中叶道咸同三朝湖南、江淮等地的风俗习尚、民风时弊，记述生动真切。至于《履园丛话》（二十四卷）一书，则由清人钱泳所撰，对于乾嘉道时期的社会风俗、民情轶闻、市场物价、典章制度、天文地理、文物典籍、社会异闻、金石书画、诗文词章、人物故事、园林陵墓、灾害民情、河工水利等，均一一记述。故有特殊的资料价值。

（二）清代社会风俗专题类撰著

清代社会风俗专题类撰著甚多，涉及地区风俗、衣食住行、婚丧嫁娶及其他礼仪风尚等内容。

区域风俗 清代，记述江南与常熟地区太平天国时期社会风俗、民情时尚的书籍，则为清人柯悟迟撰《漏网喁鱼集》与清人陆筠撰《海角续编》两书。刘禺生撰《世载堂杂忆》一书，则记述了晚清的社会风俗、朝士风尚、太平天国逸史等内容。而梁章钜撰《归田琐记》（八卷），则对江南、福建、京师等地的风俗时尚、园林坊巷、轶闻轶事、人物碑帖、酒食谜语等内容，均有翔实介绍。至于清人陈康祺撰《郎潜纪闻四笔》（十一卷）一书，则对光绪及光绪前的社会风俗、纪闻、掌故、逸事、风土人情、清官廉吏等内容，多有记述。又，清人刘献廷撰《广阳杂记》（五卷）一书，则对清代江南与北方的社会风俗、礼乐、象纬、医药、书数、法律、农桑、火攻、器制及相关习尚，多有载述与考释。

满族风俗 满人福格撰《听雨丛谈》（十二卷）一书，对八旗风俗、满蒙祭祀宴享、克食、舆制、老娘乳母、太平鼓、服饰、谥法等，均有详述。有关清代满族礼仪风俗记述的典籍则有：直隶省官修的《坛庙祀典》，光绪时礼部修订的《大婚礼节》，穆克登颜等的《大清通礼》等书；亦有嘉庆时素宁撰著的《满洲四礼集》、曹元忠的《礼仪》（二卷）、管窥居士的《礼仪备录》等著述。而在《满洲四礼集》中，不仅记述了满族的祭天祭神典仪、满族婚礼仪节、满族宗祠祀仪等，而且书中更有满族慎终集、满族丧葬追远论等内容。

京师风俗 清人对京师风俗记述的书籍，具有数量多、内容广博、涉猎面宽的特点。其中，重要的著述有：杨静亭的《都门杂记》一书，记述道咸同时期北京的梨园、衣冠、杂货、饮食、老字号店铺的市井风俗。而吴长元辑《宸垣识略》（十六卷）、朱彝尊《日下旧闻》（四十二卷）、窦光鼐与朱筠《日下旧闻考》、震钧《天咫偶闻》（十卷）、潘荣陛《帝京岁时纪胜》、富察敦崇《燕京岁时记》、李光庭《乡言解颐》、王有光《吴下谚联》等诸书，则对自清初至清末，各个历史时期京师的民风时俗、遗闻掌故、节令风俗、市井风貌、衣食住行与行旅舟车风尚、祭祀礼仪、城市沿革、官场弊病陋习、民谚、方言等等，均有涉猎与记述，且文笔生动流畅。难能可贵的是，一些著述中，还专门介绍了京师风俗的变迁情状，如在《朝市丛载》一书的卷七"都门吟咏·时尚"中，所列条目诗咏中，即有捐纳、做阔、水会、玻璃、洋料眼镜、名片、纸元宝、善会、马尾髻、鸦片烟现名洋药、断瘾丸、春方药、打胎药、化胎方、挂像姑、打茶围、女子跑车、打鸽子、放风筝、专馆、散馆、行医、火轮船、绫美人、煤球、放盒子、西洋景、洋取灯、巡夜水局、电线、灯笼小锣会、逛庙、饭庄请客、北地胭脂、喝堂名酒、转条子等。仅从这些名目中，即已能体察出京师清末时，社会风俗时尚的巨大变迁，物欲横流、洋货充斥、鸦片毒深、色相泛滥、捐纳买官、奢风盛行等景色。可称为清代京师社会风俗的珍贵资料之一，理当重视。

衣食住行风俗 在《清史稿》中，有着关于帝王的礼仪、服饰、车舆、宫殿、饮宴、婚丧嫁娶的规制记载，更有各级官员及官员、商民的各种相应的风俗礼制规范的记述，颇为详尽细繁。此外，清人的相关风俗著述，亦甚多。如：清人吴振棫著《养吉斋丛录》（二十六卷）一书中，除对八旗源流、内阁、六曹、行省、武备、科举、宫闱、苑囿、巡狩叙述考辨外，还对清代同治朝以前的民物、风情、时尚、逸事、旧闻、年贡、官场风尚、民人风俗等，多有详述。而清人袁枚的《随园食单》、李化楠的《醒园录》、朱彝尊的《食宪鸿秘》（二卷）、薛宝辰的《素食说略》（四卷）、曾懿的《中馈录》、顾仲的《养小录》（三卷）、李渔的《闲情偶寄》（饮馔部）、王士雄的《随息居饮食谱》、童岳荐的《调鼎集》等书，则对南北各地的食风食俗食艺，记述颇为翔实。同时，《随息居饮食谱》一书，更是清代饮食疗法的一本名著。此外，记述清代宫中到民间饮食风俗的著作还有：周亮工著《闽小记》（四卷）、朱泰来的《饮食须知》、沈李龙编《食物本草会纂》（十二卷）、陈梦雷原编，蒋廷锡等重编《古今图书集成》（饮食部）、陆廷灿著《续茶经》（三卷）、陈元龙著《格致镜原》、曹廷栋著《粥谱说》（一卷）及《养生随笔》（五卷）、朱本中著《饮食须知》、郝懿行著《记海错》（一卷）、《证俗文》等书。

二、方志与文献中的社会风俗资料

清代的省、府（州）（厅）、县地方志书与相关文献，则是社会风俗资料的大宝库。

（一）地方志中的社会风俗资料

清代地方志中的"礼仪民俗"部分，则记述了"冠礼"、"婚礼"、"丧礼"、"乡饮酒礼"的礼仪风俗。而"岁时民俗"部分，则按月记述了年节、月令的风俗节尚。"生活民俗"部分，则记述了各地的衣、食、住、行的民风时尚。"民间语言"部分，则记述了各地的"方言"（人称部分）、"俗语"、"民谣"、"民歌"风俗。"信仰民俗"部分，则记述了各地的"拜斋"、"禳灾"、"跳禾楼"、"迷信"等风俗。"民间文艺"部分，则记述了各地民间的娱乐，如舞狮、踢毽子、抛球、庆祝歌、赛会、重阳会、谷雨会、社神会、花婆会等风俗。"其他"部分，则叙述了各地的奇风异俗，以及"遗产继承"等风俗时尚。

尤为可贵的是，在清代地方志中，对各地颇具特色的生活民俗、游艺民俗、生产民俗、社会风情民俗，多有生动记述。如儿童游戏风俗、赛会风俗、民情风俗等。

（二）文献中的社会风俗资料

在清代的地方文献中，亦有丰富的社会风俗民情资料，值得加以利用与发掘。

为了收集、整理地方的社会风俗资料，不少清人学者进行实地考察，有的人还倾毕生的精力，达此目的，这种为学术事业而献身的精神，实为可敬可佩。其中，光绪年间的《越谚》一书的作者范寅，即是其代表。范寅以孤贫之身，历二十七载，实地收集整理会稽（今浙江绍兴）一带地区的俗语、谚语，编为十五卷。同时，又分编语言、名物、音义为上中下三卷。三卷中，每类开头有小序，下卷还有附论。该书记述的许多歌谣、谚语，均是自口头撰写而成。在"名物"篇中，所涉社会风俗面极广，衣食住行、天地鬼神、技术器物、疾患体味，无所不包。"风俗"项中，还载有各种民间游戏、游艺活动的语汇，达一百四十余条之多。可以说，此书是一部社会风俗语汇大全。而清人李调元的《粤东笔记》一书中，卷一的"粤俗好歌"，记述了粤东的歌俗、民俗，以及采茶歌、秧歌、潮州戏等。在李调元辑录的《粤风》一书中，更载有粤地汉族、瑶族的民歌歌谣，以及俍歌、壮歌一百余首。这些源自民间生活的民歌歌谣，既是各民族社会生活风俗的真实记录，亦是最早的民族社会风俗歌谣集。其资料价值，理当在其他书之上。

除此之外，记载清代各地社会生活风俗的文献资料还有：嘉庆时戴璐所著《藤阴杂记》一书。至于在《奉天地略》、《吉林地略》、《直隶地略》、《江苏地略》、《安徽地略》、《浙江地略》等书中，则有诸多的各地社会风俗的记载。而魏祝亭著《藏俗记》、

《荆南苗俗记》、《两粤瑶俗记》等三书，则记述了西藏、荆南、两粤地区的民族社会生活的诸多风俗时尚，难能可贵。在清末时，傅云龙著《日本风俗》、张祖翼著《伦敦风土记》、朱育仁著《泰西各国采风记》、邹弢著《万国风俗考略》等书，则对国外的社会风俗习尚有所介绍。①

三、档案与实物中的社会风俗资料

现存的清代历史档案与实物，对清代社会风俗史研究者来说，它不仅是具有极高史料与开发价值的史料宝库，更是难得的第一手资料与实物见证。

据初步统计，中国第一历史档案馆藏的清代历史档案中，有关清代宫廷衣食住行、婚嫁丧葬、巡幸猎狩、年节庆典、游艺娱乐、祭祀典仪、赏赐宴享、中外交往礼仪等等的风俗时尚与规制的档案资料，约有数十万件之多，内容极为丰富。至于在北京故宫博物院、承德避暑山庄、清东西陵、沈阳博物馆，全国各省市及地方博物馆、文管所，中国台北的"故宫博物院"中所珍藏的清代从帝王到民间社会生活的实物，更是不计其数，达数百万件之多。此外，在山东曲阜文管会藏的孔府档案中，亦有许多反映清朝历代"衍圣公"与孔府家人日常及年节的衣食住行生活风俗，婚丧嫁娶、祭孔、祭祀典仪情况的资料，更有孔府"迎迓"东巡皇帝"圣驾"，接待各级官员的档案资料，这些档案及贵族生活风俗的实物，数量不少，且富有特色。

（一）档案中的清代社会风俗资料

在清代现存的历史档案中，有一些则是钦派特使赴各地调查风俗民情，回朝廷后所写的奏折与"采风录"，它们的价值，虽不免因有官员的某些偏见，而影响其珍贵与独特，但仍不失为第一手资料。其中，光绪皇帝特使、翰林院大学士王培棻，在奉钦命视察陕北高原一带后，回朝后写了一篇"采风录"，名为《七笔勾》，实为当时民风时俗的真实、生动的记录。

（二）实物中的清代社会风俗资料

由于清代较之其他朝代而言，距现代较近，因此，保存与散落在民间社会中的风俗生活文物甚多，且各具特色与价值，更是清代社会各阶层社会生活的实物见证。

建筑群体类实物　　现存于北京的故宫（紫禁城）及天坛、地坛、皇史宬、颐和园、圆明园遗址，以及各类王府建筑群落，民宅民居群落；承德、沈阳、南京、苏州、杭州、福州、广州及全国各省省会的诸多清代官府衙门建筑群落，文庙建筑群落，寺庙建筑群

---

① 参见张紫晨著《中国民俗与民俗学》一书有关内容，浙江人民出版社1985年版。

落等，均是清代从皇帝宫廷到民间住居生活风俗、信仰风俗、旅游风俗、礼仪风俗的实物见证。至于山西省平遥县至今仍完整保存的城市格局、民居建筑群落、建筑雕饰，更是清代城市与民居建筑群落的典型实物，此城又被称为"龟城"，其建筑如城垣、垛楼、街道、民居（多聚族而居的几进院落），均别具特色，可堪称为清代城市建筑群落的"建筑风俗博物馆"。

碑刻与器皿实物 清代的各种碑刻资料极为丰富，且现存各种碑铭及实物散落在国内各地。江南一带的商业"行规"碑、反映手工作坊工匠生活与苦难的"工匠叫歇碑"，还有各种宗祠的族规碑等，均具有极高社会风俗史料价值。至于清代的瓷器、金银器皿、饮具茶具、室内家具、陈设器物、武器火炮等等实物，更是清代社会风俗习尚的实物见证。

《光绪嘉应州志》书影

文书契约与海外实物 清代大量的文书、契约，如徽州文书、山西票号的契约等，即是其中的典型，它们既是清代社会生活留下的实物，更是清代社会风俗的活见证，其价值更显珍贵。至于在海外的清代文物，有的是被西方列强掠夺去的，有的则是通过商贸到达海外的，现在存放于伦敦大英博物馆、美国纽约国家博物馆中的清代珍贵文物，它们均是印证清代社会风俗的"活化石"。因此，其史料价值，自不待言。

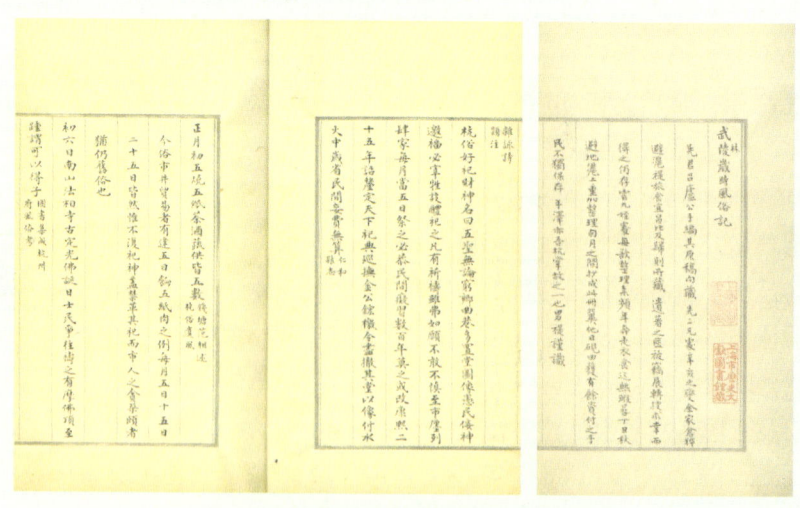

清王同撰《武林岁时风俗记》书影

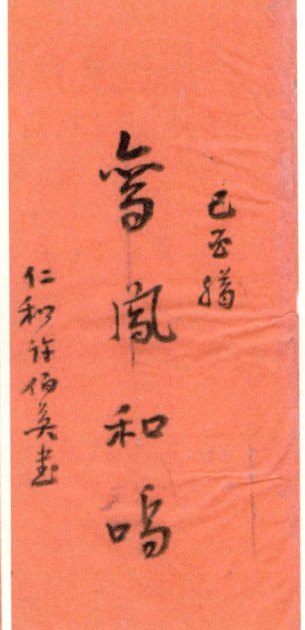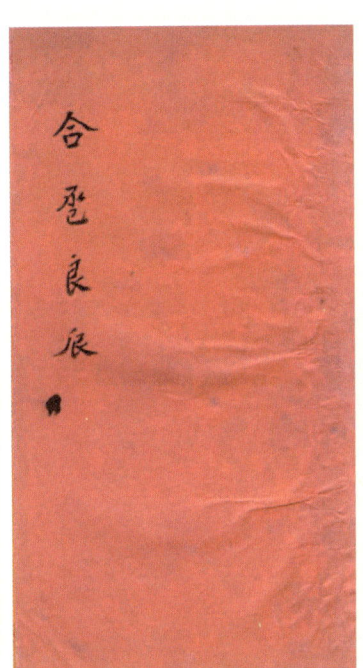

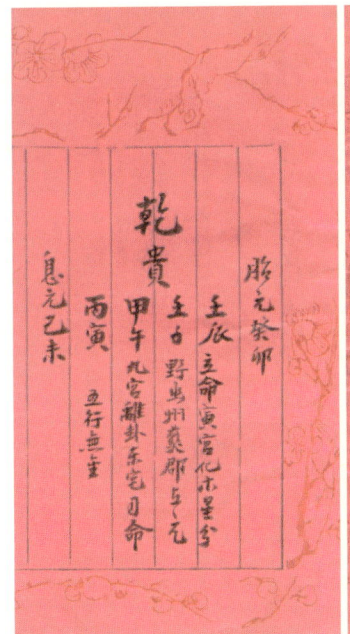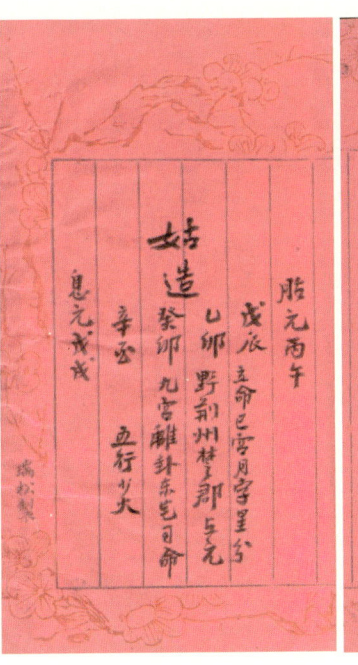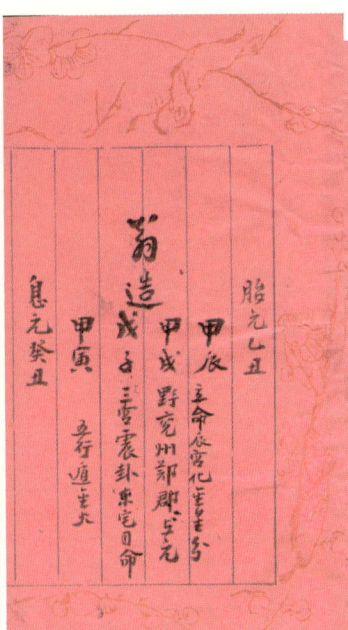

《合卺良辰》书影一

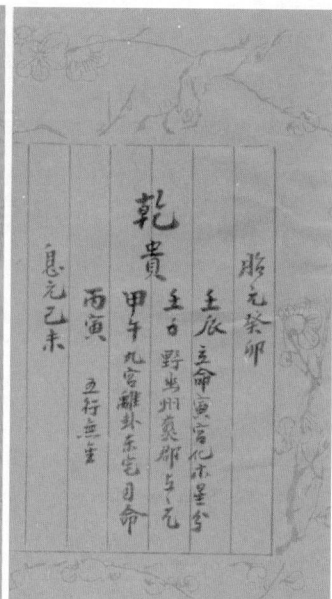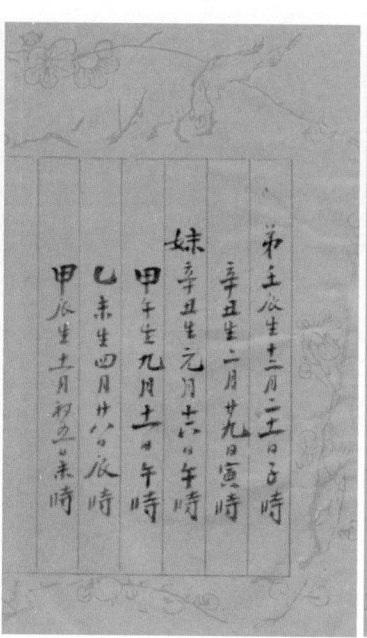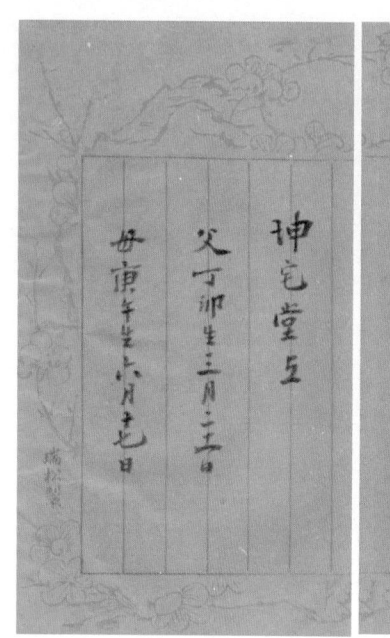
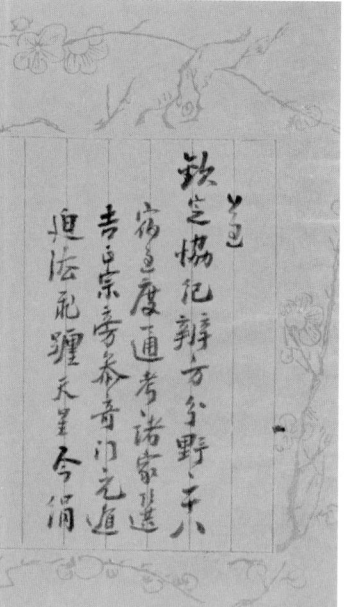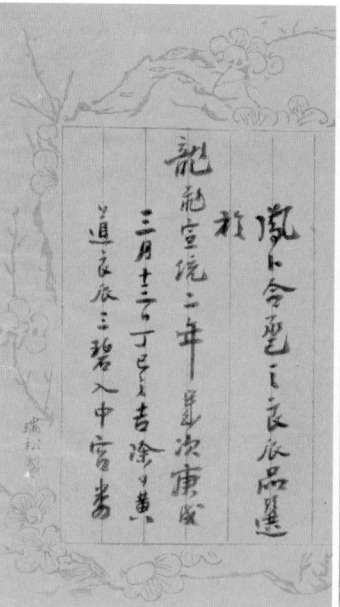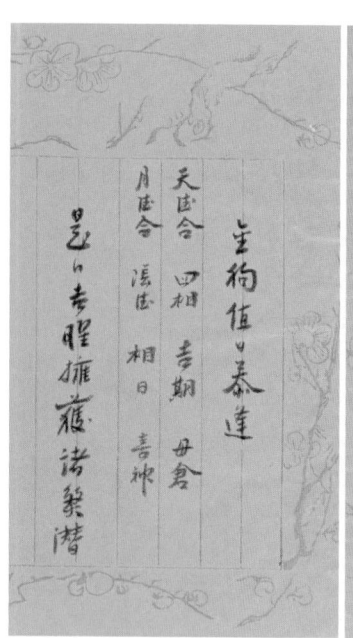

《合卺良辰》书影二

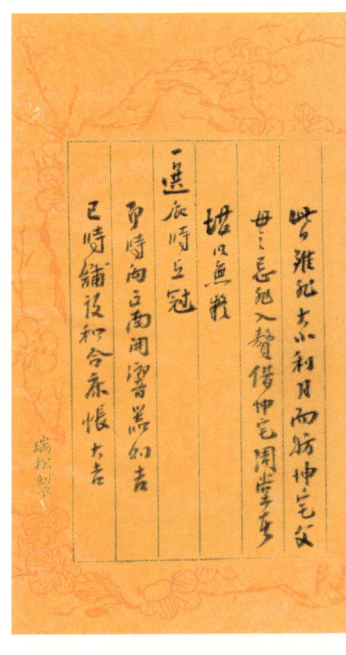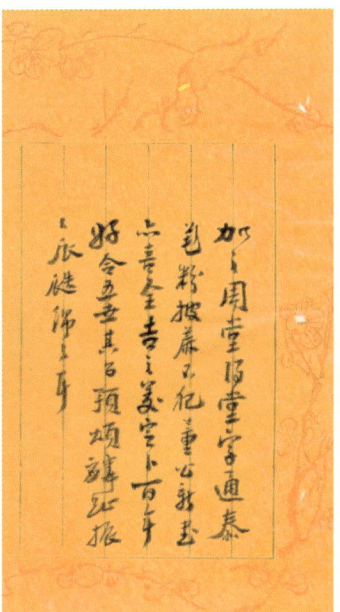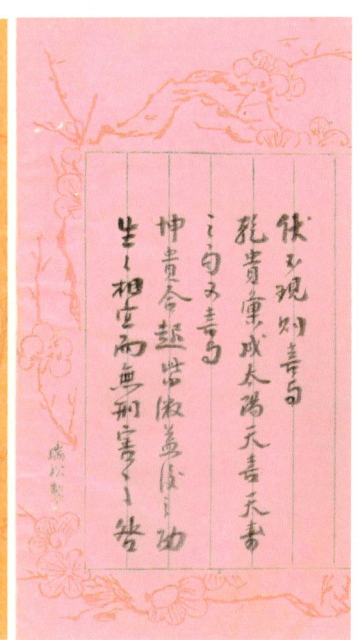
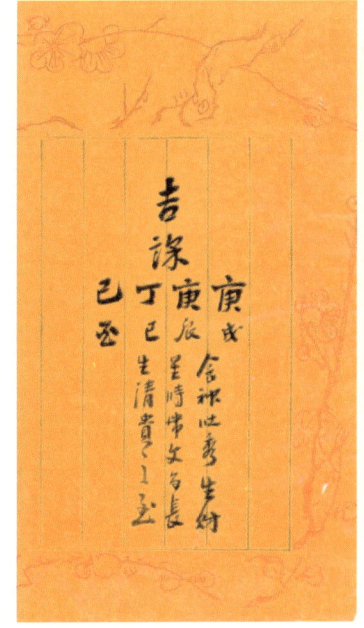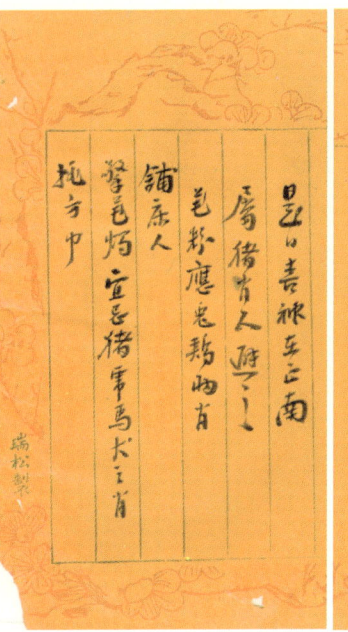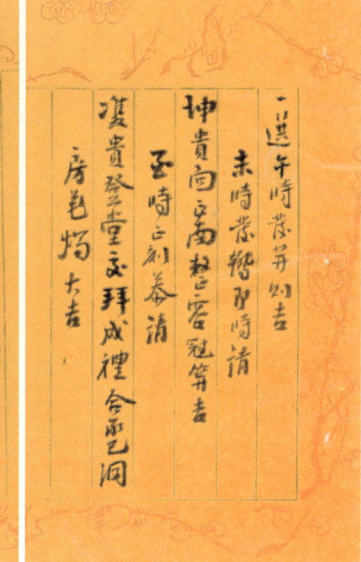

《合卺良辰》书影三

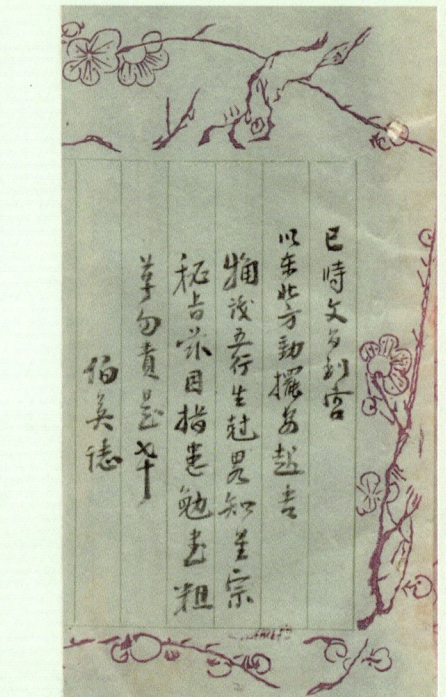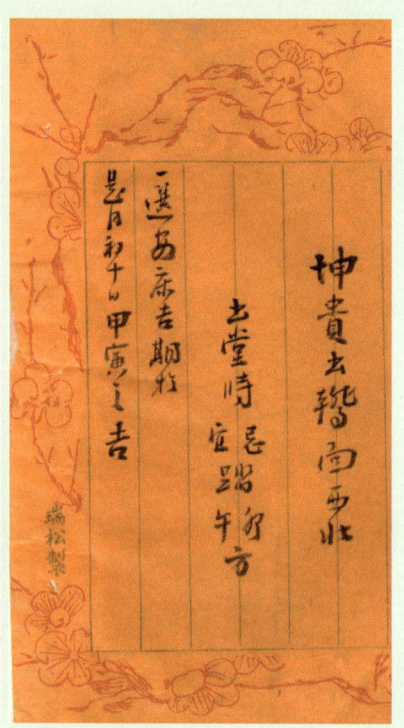

《合卺良辰》书影之四

第十六章
中外风俗交流

　　社会风俗习尚的中外交流，一方面带有封建社会末期向近代转化的"变迁"、"进化"色彩；另一方面，伴之以中国社会的半殖民地半封建化的加深，西方列强炮舰输来的"西洋文明"，又强制性地进入中国市场与百姓生活之中，致使这种"交流"被打上了"病态"社会的色彩与烙印。

历史表明,清代社会风俗的中外交流,具有双向与互动特征,既有中华社会风俗的外播,亦有海外社会风俗(主要是西方)的东进。同时,在交流中,均对当地的社会风俗的发展变迁,有着相互融汇后的"移风易俗"的变革作用与效应。

1885—1886年间赫德组建第一支中国人组成的、用西洋乐器演奏的管乐队

第一节　社会风俗外播与交流

清代社会风俗的外播与交流，具有以下特点：一是时间持续长，自明末清初至清末，持续不断；二是外播与交流国别、地域多且广，从欧洲美洲到东南亚，遍布全球；三是领域广泛，且外播后迅速与当地风俗文化交汇融合。故独具个性与特色，且对后继社会时尚亦有影响。

一、外播欧洲

社会风俗远播欧洲的过程中，有趣的是中国的茶叶、茶道，充当了风俗交流的"信使"，且由此引发了欧洲的仿效"东方风俗热"。

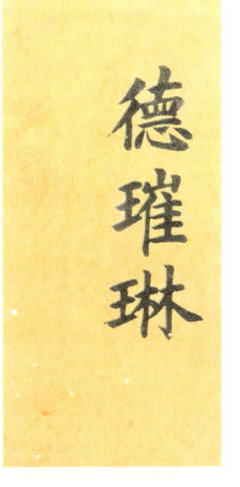

德璀琳：德国人，天津海关税务司司长，社交活动中采用中国式的名帖

早在明末清初之际，公元1607年，荷兰东印度公司首先从澳门将中国的茶叶运出销往欧洲。1610年，荷兰阿姆斯特丹首开饮茶风气之先。1636年，在法国巴黎逐渐推广，1650年饮茶习尚传入伦敦，1659年传入俄国的莫斯科。致使茶叶成为欧洲人生活中的主要饮品，而饮茶风俗更风靡整个欧洲。经考证，18世纪英法等国在向中国的瓷器订货单中，茶具、餐具占多数便证实了此点。其中，茶杯、茶壶、茶叶罐、糖缸、果盘、面团缸等用于茶会的茶点瓷器，尤占多数。如1700年荷兰东印度公司向中国的订货单中则有：茶盘、茶叶罐、糖缸、大口茶壶等。而1738年法国的东印度公司向中国的订货单中，更列有：茶壶、青花杯、五彩杯、深肚碗、果盘、糖缸、面团缸等茶具。这表明，中国制造的五彩瓷、青花瓷茶具与餐具，在欧洲更加备受人们的青睐。

公元18世纪，伴之饮茶盛行而至的，则是在法国、英国、德国，更兴起了效法

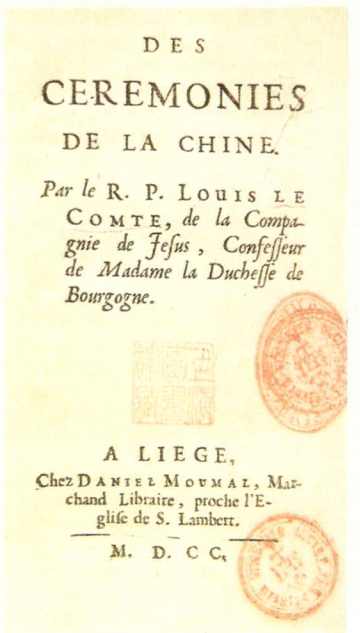

《Des Ceremonies de la Ching》（中国礼仪）：Louis Comte（李明）著，法语，列日 1700 年出版。作者 1687 年来华。

中国的装饰艺术、建筑和园林，直至出门乘轿的热潮。如：在德国，1719 年马克斯·埃曼纽尔设计建造了一座中国式塔院；在英国，到过中国的建筑师威廉·查布斯于 1750 年在伦敦西郊为肯特公爵建造了以红墙、黑瓦、宝塔、亭阁式孔子楼为中心，兼有柳塘、石桥的中国庭园式建筑"丘园"；此后，中国庭园式建筑，又相继在法国、荷兰、瑞士、俄国、匈牙利等国相继出现。同时，随着以花鸟、山水、人物、采茶、制瓷为图案的中国"壁纸"成箱运往欧洲，使得诸多欧洲上层人物房室内的陈设，从壁纸到家具，均以中国式样为时髦。至于中国的色彩鲜艳、图案精美的丝绸，更是众多欧洲妇女喜爱的服饰首选原料。通过交流，有了中英中法混合式壁纸的仿造，以及中国式漆制、竹节家具、屏风、漆画、绢制折扇、羽毛扇等物品的仿制，且深受人们欢迎。此外，在法国国王路易十四的倡导下，各级官员外出分乘用手抬的各式中国式样的"轿子"，之后，乘轿风很快又传入德国，风行全德各地。一时之间，中国的轿子竟改变了欧洲人的出行行

《Atlas Chinensis》（中国奥典）第二部分《英国东印度公司访华记》，Arnoldus Montannus 编著，英语，伦敦 1671 年出版

止风尚,且在此基础上演变、衍化为法式及欧式马车,流行更为久远。由此可见,这种风俗交流的魅力所在及影响的持久了。

二、外播美洲

公元17世纪以后,华商已陆续抵达美洲的墨西哥,且在阿卡普尔科有华人聚居区,被称为"唐人城"。1700年前后,在秘鲁利马的繁华商业区,华商店铺亦十分兴旺。

恰是通过海上商业贸易,使得中国制造的瓷器、折扇、绢扇、画屏、漆器、梳子、壁纸、镂花硬木家具,中国的轿子、轿式马车、纸牌、风筝、鞭炮、礼花等物品,在18世纪时,远销美洲,进入各大城市市场,且成为上流社会家庭生活中不可或缺的用具与陈设。与此同时,巴西的花园中,还出现了仿中国式的建筑物,如尖塔、亭台。1812年以后,中国的茶树、柑橘、樱桃以及经济作物,更陆续移植美洲。随着这些商品的输入,相关的中国社会习俗的传播,使得相应的风俗交流得以加强。

值得注意的是,1784年8月美国船"中国皇后"号木帆船抵达中国黄埔港,接着,它带着大批茶叶、丝绸、瓷器、土布、各种杂货等,于次年五月返回纽约。此后,不

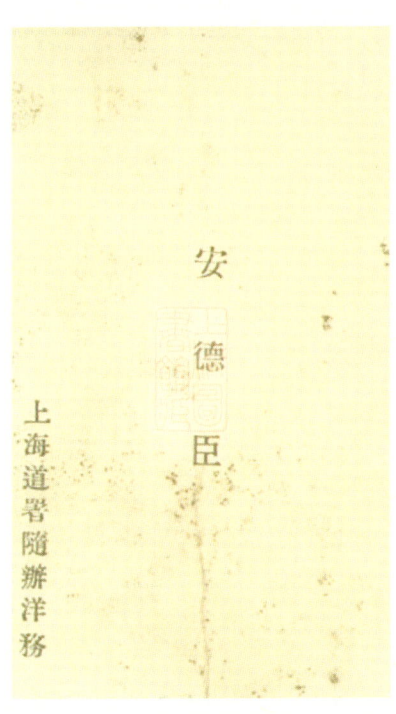
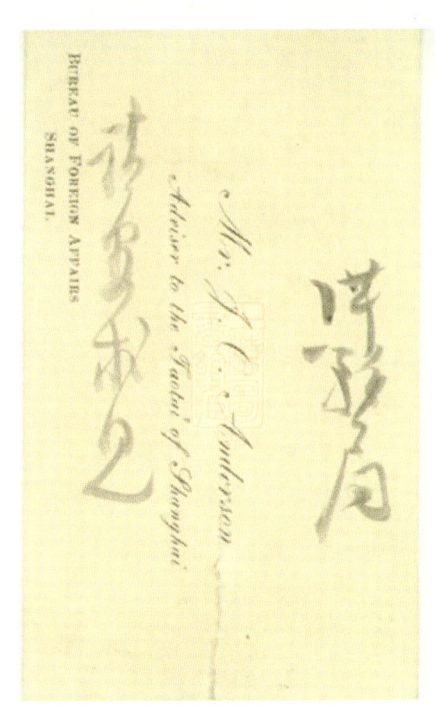

安德臣名片

断有美国商船来到中国，并带走中国货物。这些中国货物输入美国后，得到美国社会的接受与欢迎，且饮茶风气渐开，其他相关社会习俗也远播美国，使得这些风俗得以与当地风俗交流与共融。①

三、外播非洲

由于在19世纪下半叶，在南非发现了金矿与金刚钻矿，欧洲殖民者在中国招募大批契约华工进行开采。在德兰士瓦金矿，受尽剥削压榨之苦的中国华工，在进行劳作的同时，在其侨居地，也将中国传统的社会风俗、娱乐方式传播开来。每逢年节时，华工不仅要张灯结彩，且要表演京剧、高跷，举办各种民间赛会。有的矿区，还组成业余剧团，演出京剧。甚至还盖起戏楼，回国置办戏装行头，以加强演出效果。这一切，不仅可达到自娱目的，更受当地人的注意和欢迎。通过社会风俗的各种渠道的交流，使得在19世纪末、20世纪初年时，中国的轿子、滑竿、格箱及相应风俗，在南非各地也颇为盛行。

四、外播亚洲

在19世纪后半叶，移居马来亚的男性华人，多与马来人通婚，出现土生华人，且创造了中马文化结合的"巴巴文化"。该文化中，日常生活、饮食、服饰习俗中，处处可见中国习尚的痕迹。如饮食中，通常喜好辛辣、多汁，采用柠檬汁、葱头、辣椒、酸橙、椰浆制作菜肴，其九层彩糕、塔兰糕、咖喱、蕉叶蒸鱼等菜点，均是马来化的中国食品。此外，来自广东、福建一带的华人移民，还将中国的闹元宵、舞狮、清明扫墓、赌博等社会风俗习尚，带到了马来亚，且与当地社会风习交流结合，并产生深远的影响，发挥出多元的社会效应。

清代，由于中泰有朝贡贸易关系，故始终保持密切交往。自十八世纪中叶后，移居泰国的华人人数增多，他们大多集中在全国城市与集镇中，从事碾米、制鞋、缝衣、木匠、铁匠、造船、冶铁、炼锡等手工业，以及通商、贸易、行销商、零售商等行业。华商的店铺，林立城市之中；而农村中，更可时时看见走村串寨的华人商贩。此外，

---

① 参见《中华文明史》第九卷"中外文化交流"（沈福伟撰）中相关内容，河北教育出版社1994年版。

中国人学习西式礼仪

土山湾画馆内学生上课场景

《万国来朝图轴》局部：通过所谓的朝贡，清王朝与周边各国保持密切联系，从而带来风俗文化交流

泰国国王拉玛一世的宫殿、城墙，均由中国工匠负责建造，致使泰国各省大型建筑，均受中国建筑式样与风俗的影响。华人的社会风俗习尚，更与泰国的社会风俗相交流，且由此形成新的社会风俗与文化事象。

公元19世纪中叶以后，来自中国广东、福建的华人，由海路及陆路移居缅甸。侨居缅甸的华人，主要从事商业以及裁缝、木工、铁工、金银匠、宝石雕琢等手工行业。他们不仅带去了中国的工艺技术，也带去了中国传统的社会风俗习尚。恰因如此，缅甸女子的服饰筒裙，受中国傣族服饰影响颇深。至于缅甸人日常所用的伞、漆器、牙雕、绢扇、金银首饰、木工工具、铁工工具、人力车，均仿效中国样式制造。至于在居住风俗中，缅甸的王都曼德勒新建的宫城，由中国工匠设计建造，呈四方形，辟有城门四座、边门八座，城中心更有一座缅语称"德由午阴"的"中国花园"。民间住宅中使用的百叶窗因源自中国，也被誉称为"中国窗"。由此可见，其社会风俗受中国影响之深，以及中缅社会风俗习尚彼此交流、融合之密切。

自19世纪始，华人成批移居印度尼西亚各地，他们普遍与当地妇女通婚，致使华人社会人数骤增至五十余万人之多。华人的移入与华人社会的形成，为中国社会传统风俗在印尼的传播，提供了先决条件。在印尼，不仅音乐、舞蹈、戏剧与中国文化有密切关系，而且在印尼各地，中国食品如豆芽、豆干、豆腐、酱油、肉面、豆浆、萝卜、咸菜、粉丝、咸鸭蛋、茶叶等，也受人们普遍欢迎。至于一些年节的龙舟竞渡、吃粽子、舞狮风习，更成为印尼年节中的常见娱乐形式。由此可知，中印（尼）社会风俗交流的密切与影响之深了。①

1910年上海贫儿院管弦乐队

---

① 参见《中华文明史》第十卷"海外华人和中华文明的传播"（沈福伟撰）中的相关内容，河北教育出版社1994年版。

第二节　国外社会风俗传入与交融

清代国外社会风尚的传入与交融，具有持续时间长、范围广、影响深远等诸多特点。具体而论，它又分为前期与后期两个阶段。而在每一个阶段中，此种传入与交融，又采用不同手段，且内容上各具特色。

在清代前期，伴随西方传教士的来华而来的，是西方科技文化与社会风尚的传入，且首先进入宫廷。同时，这些社会风尚更与中国传统的风尚发生交融，进而影响人们的社会生活。

明末清初，有许多欧洲耶稣会的传教士来华传教，并在宫中推行新历法。公元1669年，康熙帝任命比利时传教士南怀仁为钦天监监副。南怀仁作了三件事：一是历法改革成功，并铸制了六件大型天文仪器。二是监造西洋大炮一百二十门、神武炮

圆明园欧式建筑残迹

五百六十门,装备清军,为平定三藩立了大功。三是与其他传教士一起,向康熙帝传授西方科学知识。此外,宫中的传教士,还将西方的科技书籍、药品、艺术品、音乐器械与乐器、工程仪器等,相继带到中国,并加以传播。这一切,对当时的整个社会风尚的发展,都产生了直接或间接的影响,更使得二者得以交融。

乾隆时期,国外社会风俗的传入,有扩大与深化的趋势。如乾隆帝从传教士手中看到一些西洋建筑图画后,决定仿照营建西洋宫苑。后经传教士设计、协助建造,历经十三年,在圆明园的长春园内建成西洋楼,且装有西洋喷泉机械装置与水池。此为中西建筑园艺有机交融的结晶。此外,公元1793年,马戛尔尼率领的英国使团前来中国,并在热河行宫为乾隆帝祝寿。在使团携带的礼品中,有玻璃、钢铁、羊毛与棉布制品、手工艺品、法国的缂丝画十四幅等,而最引人注目的则是各项天文仪器、大自鸣钟、风雨表、浑天仪、天体仪、地球仪等。乾隆帝则命将它们安放在圆明园内。而英使团则带回了名贵瓷器、漆器、锦缎纱罗、玉器、茶叶、香药、干果等。同时,还携回几种茶树、桑树、茶种,更收集了一株桑树、蚕桑和丝绸资料,将它们与柏子树、漆树标本,带回英国。① 这些交流与交往,以及西式建筑物、仪器器械、手工艺品、纺织品的出现,加之西洋生活习尚的生动展示,都给宫中乃至社会生活习尚的某些变化,带来诸多有形无形、直接间接的影响。

马戛尔尼觐见乾隆

---

① 参见《中华文明史》第九卷"中外文化交流"(沈福伟撰)中相关内容。

公元1840年（道光二十年），中英鸦片战争后，随着中国半殖民地半封建化的一步步加深，西方列强不仅送来了鸦片及各式各样、令人眼花缭乱的"洋货"；而且，更将西方的生活方式、社会风尚传入中国，进而与传统习俗发生冲突、交融。其中，既有西洋的先进科技文化，更不乏精神鸦片、毒品与腐朽没落的生活方式。

（一）西洋器物与习尚传入沿海

鸦片战争以后，至咸丰十年（1860）为止的二十年间，西洋器物、日用洋货大批输入中国，充斥沿海城市市场。其中除鸦片外，亦有棉织品、棉纱、杂货、药材、糖、火柴、玻璃、五金、什锦饼干、洋醋、洋烟、罢（白）兰地酒、洋皂、文化用品、书籍等商品。这些洋货商品，从上海进口后，行销长江流域与江南各地；自天津进口后，则销往北方、东北各地城乡；自香港进口后，则行销两广及华南各地

景德镇瑶里中西合璧建筑 狮冈胜览

女子求学

区。同时，在香港及"五口"通商各城市中，还林立着诸多专门销售洋货的商行货店。

随着大批洋货的涌进，不仅对城乡民人的生活习尚，发生直接或间接的影响；而且，其西洋的生活习俗与方式，亦为部分文人雅士、商人所接受，有的人家还专置"西洋名酒"以饷客。上海文人王韬除常用"晶（玻璃）杯、洋皂"赠友外，甚至还用洋布作为送给妓女的"礼品"。至于西洋社会习尚，则首先为与洋人接触甚多，过往甚密的华人所接受。如助洋人译书的王韬，便是其中的典型。在《王韬日记》中便载：一是废中国年节习尚。公元1858年农历腊月二十四日，"灶王节"次日，王便记述，由于身在上海的西人"其中，不能祭神祀先，并送灶禳鬼诸俗例亦无之"。二是从西俗而有元旦贺岁之习。在公元1859年西历元旦时，王韬便在日记中称："是日为西国元旦，同壬叔往琴娘（按，为西洋妇女）处贺岁。此风盛行于米（美）利坚，不殊中土也。"三是一些文人在婚习上，仿洋人举行"西式婚礼"。公元1859年，王韬在日记中便记述了一位友人举行此礼的情景：结婚"行夷礼"时，"西人来者甚众"。"其法：牧师衣冠北向立，其前设一几，几上置婚书、条约；新郎新妇南向立，牧师将条约所载一一举问，傧相为之代答，然后望空而拜。继乃夫妇交揖。礼成即退，殊为简略。"① 由此可知，当时随洋货而来的西洋生活习尚，已被沿海城市中部分文士与商人所认同接受。

（二）洋货盛行与商埠民风易俗

迄至光绪八年（1882）时为止，由于洋货输入大增，致使洋货器物在商埠城市中大为盛行。特别是在此年前后，电报、电话、电灯、自来火（火柴）、自来水、铁路、生活用品制造厂等，纷纷出现，且用于民间生活领域。进而使得商埠社会生活面貌改观，更有民风易俗之象。

具体而论，一是电报传入使用，商民称便。光绪七年（1881），津沪电报线建成通报。次年十月，顺天乡试在京师（北京）发榜，《申报》将江浙皖三省中式名单，由京快马送往天津发报，仅二十四小时内，使江南民间得以知道科考结果。《循环日报》于1882年2月刊文称："电线之设，为用甚广"，且"商民称便，中国之人咸知其利赖矣"。二是电话在沪市出现，民人称是又一"快事"。光绪八年，电话在上海出现，称为"德律风"。1884年，在天津租界亦有电话，次年七月《申报》报道称"德律风之设，虽数百里不殊面谈"，故使得官商民人，凡有"文报传递，诸形便捷"。三是电灯照明，沪人争相"观灯"。1882年，西洋电灯在上海数十处，用于照明。《申报》载文记述沪人观灯之乐："每夕士女如云，恍游月明中，无秉烛之劳，有观灯之乐。"届时，"行者，止者，坐于榻、倚于栏者，目笑而耳语者，口讲而指画者，洵可谓举国若狂矣"。② 活

---

① 参见《王韬日记》一书有关内容，中华书局1987年版。
② 见《申报》1882年11月7日载《论电气灯之用》一文。

画出沪人对西洋电灯初见时的惊喜与赞叹神态。四是沪市民人喝上自来水，民皆称便。1882年8月，英商上海自来水公司在美租界铺设第一条自来水管道竣工，使该地民人喝上干净自来水。沿线"居民需水者，可饬水夫送去。不论远近，每担钱十文。激浊扬清，人皆称便"。① 同年，广州城也创设了自来水，以便利民人。五是铁路通车，尤称利便。1881年6月，中国第一条铁路，即唐山至胥各庄铁路建成通车。接着，天津修石砂城区马路，时称"官道"。此前，天津租界已有"东洋车"（即传自日本的人力车），此两举均使人们交往更加便捷。对此，1884年张焘在《津门杂记》卷下的"脚驴、东洋车"一文中记述："自官道工竣，人庆康庄，赶脚驴者及拉东洋车者，尤称利便。两项约以数百计，尚陆续增添，有加无已。"由此可见都市民人对外来交通工具的接受，且使用渐趋频繁。六是上海、天津相继出现一些民用制造业。如1880年，英商洋行创设自来火局，制造火柴；1886年，官绅杨宗濂等在天津也设立了自来火公司。又，1880年，中国官商在上海设立机器织布局，自织洋布。1882年英商和华商合创中国玻璃公司。同年，华商又创设裕泰恒火轮面局，专门用机器碾米磨面。这样，使得原来依赖进口的洋布、火柴、玻璃，得以在本地生产；而米面加工则更趋快速便捷与精细。成本的降低，使用的便利，则加速了西式生活物品的流通。

恰因如此，西洋物品及其生活习尚的加速渗透，致使其影响扩大并且加快了中外习俗的交融。对此，1885年日本人黑田清隆在游历广东后，于《漫游见闻录》一书中，描述其所见所闻称：在广东地区的百姓"日常所用的器物中，比北方人民更多地使用外国产品，椅子、火油灯到处可见，土人住家的窗户也都模仿外国样式，城内卖西洋钟表的店铺就有数家，西洋杂货店也很多"。这就表明，在沿海一些商埠城市，民人在接受、使用西洋物品的同时，对其社会习尚，亦进行有选择的模仿、学习，这就使得"中西合璧"的诸多社会习尚，和与传统生活习俗不同的新、奇、特、异事象得以出现。

（三）租界居民以效仿洋习为时尚

在公元1882年（光绪八年）前后，生活在各商埠租界中的华人居民，不仅以接受与使用洋货为荣，而且更以效仿西洋游艺、音乐、饰物等洋习为时髦，以达炫耀与显贵之社会轰动效应目的。

根据当时的有关报刊记述：一是效仿西洋的游艺活动休闲习尚，如打保龄球、台球等。上海租界华人称此为"打弹子"，其中，大弹子即保龄球，小弹子即台球。当时，上海有一品香、洪园、华众会、阆苑第一楼、中园等诸家开设的弹子房。1882年3月3日《申报》上载有《观打弹记》一文称："打弹之戏，中国向来所无，而近始有之，无

---

① 参见黄式权《淞南梦影录》卷四。

怪乎爱之者众，不但打者持棒学作时路，而且观者亦若以为荣。熙熙攘攘，至于如此。"二是仿效西洋饰物，以为时髦。如男士抽洋烟，张寿在《津门杂记》卷下中便记述，天津租界中，对洋人吸纸卷烟之尚，"近则津人习染，衣襟无不作兜，凡成衣店、估衣铺所制新衣，亦莫不然。更有洋人之侍童马夫辈，率多短衫窄绔，头戴小草帽，口衔烟卷，时辰表链，特挂胸前，顾影自怜，惟恐不肖"。女士则洒香水、戴墨镜、金钱表，以为美饰。黄式权在《淞南梦影录》卷四中即描述其时髦打扮："云鬓新编脑后拖，时新衣服剪纱罗。倾瓶香水浑身洒，风送芳香扑鼻过。"《清稗类钞》更载称，女士将佩金钱表、戴墨镜以为饰物：眼镜"自光绪中叶以后，妇女之好修饰者，亦皆戴之以为美观矣"。① 又"光绪中叶，妇女有以小表佩于衣衽间以为饰者"，呼曰"金钱表"。② 三是仿西洋音乐和照相，进行消遣。此时，李鸿章在天津水师学堂成立了西洋乐队，既在军中演出，更于1883年10月赴上海进行演出多场，中外听众甚多，《申报》还刊登告白，且进行专门报道。至于以照相作为消遣与交往手段，更为诸多大城市民人所接受。大城市中，不仅西洋照相馆较普遍，而且人们照相后将自己的照片还馈赠亲友，更以此事为赶时髦之举。这一切均表明，租界里的华人，在西洋物品的诱惑与生活习尚的熏陶下，其消费心态、生活方式、价值取向，均有较大的变化。在生活习俗上，更有某些"西化"的倾向。

（四）洋货入内地与电车始运

光绪朝后期，洋货不仅大批运销内地，且电车始运、X光机的传入，使民众在便捷之余，更有眼界大开之感，致使其传统生活方式，发生某些细微的变异。

具体而论，首先是洋货入内地渐广，1889年（光绪十五年）时，中国内地电报线，据《洋务运动》丛刊（六）的资料统计，"东至东三省；南至山东、河南、江苏、浙、闽、两广；缘江而上，至皖、鄂、入川、黔，以达云南之极边，东与桂边相接；腹地旁推交通，几于无省不有；即隔海之台湾，属国之朝鲜，亦皆遍设"。次年，又架通陕甘电报线，西达嘉峪关，可谓四通八达。至于火车，在1888—1890年期间，在北京、天津、广州、汉口等城市，均修筑铁路，运行火车。在天津，地方官乘火车在市内行驶，引起市民争观；在北京，慈禧太后与光绪皇帝从外洋购进的火车，穿过京城运往颐和园，使沿途市民驻足观览，新奇之余，更大开眼界。再如电灯，《申报》即有1889年初，在北京东交民巷试电的报道，文称：电气灯"连晚在东交民巷台基厂东外洋寓内试点，经总署堂司各员前往验视"。届时，"光明照耀，如游不夜之城，近处居民见

---

① 徐珂《清稗类钞》第十三册《服饰类·眼镜》。
② 徐珂《清稗类钞》第十三册《服饰类·妇女佩金钱表》。

所未见，在门外观望者踵趾相错"。① 此外，来自西洋的一些机器制造的日常生活用品，如火柴、洋钉、洋灯、洋布等，均源源不断销往内地市场。仅火柴进口一项，光绪十六年（1890年）时，海关统计即达银一百三十余万两之多，由此可见内地城乡民人使用之普遍。

其次，是电车的始运与X光机的传入，更对民人生活习俗的改变，起着促进作用。1899年（光绪二十五年），由德国商人主持并修筑的北京城南马家铺（或马家堡）至永定门的电车轨道筑成并通车，全线9.4公里，这是中国国内（除英占香港外）首次正式通行有轨电车。同年9月，上海嘉永轩主人从欧洲购入一台X光机，并在沪当众演示，这是欧美的X光机的首次传入，距离X射线的发现，仅有四年时间，可见传播之快。演示后不久，《中外日报》发表文章，专门介绍X光射线及X光机的发现、应用过程，同时，激励国人讲求科学，创制新器。而这一切，在使民人大开眼界之余，对其生活观念、生活习俗的改变，也必然造成直接或间接的影响。

（五）中外互通婚姻风气渐开

清末中外互通婚姻的现象，不仅逐渐增多，而且风气有渐开之势。恰因如此，清王朝灭亡的前一年（即宣统二年，1910年），清政府学部奏请禁止留学生与外国人结婚，可见有不可遏止的势头。

值得注意的是，在十九世纪末、二十世纪初，中外通婚之风初起时，男方多为华人，而女方则多为欧美人与日本人，而鲜有华人女子嫁给外国男子者。其典型的通婚事例有：公元1898年前后，挪威女传教士某君，在霍州传教时，嫁给华人教士成秀琪为妻，且改华名为"成玉英"，婚后育有一女。1900年，清政府驻德国使馆随员张文（译音），不仅娶一德国女子为妻，且采用西式婚礼行聘。1906年，四川一位留学日本的学生陈新知，在留学期间，娶一日本女子山口智慧为妻，且留学期满，携妻回国，在中国教习东语（日语）为业②。

（六）《造洋饭书》与中外食尚交流

清代末年，中外饮食风俗的交流更趋频繁，其表现为：

首先，是西餐与西式饮料点心，在清后期传入中国后，为沿海城市民人认可，清末时则有盛行之势。清人对西式饮食，或称西餐，或称大餐、番菜、大菜，餐具为刀、叉、瓢等，不设箸。据《清稗类钞》一书载称，西餐馆"光绪朝，都会商埠已有之。至宣统时，尤为盛行"；"我国之设肆售西餐者，始于上海福州路之一品香"，"当时人鲜过

---

① 参见《申报》1889年1月1日《燕京杂记》。
② 在本专题撰写中，曾参考刘志琴主编《近代中国社会文化变迁录》第一卷（李长莉撰）、第二卷（闵杰撰）两书相关内容，浙江人民出版社1998年版。

问，其后渐有趋之者，于是有海天春、一家春、江南春、万长春、吉祥春等继起，且分室设座焉。"此外，亦有西式饮料如汽水、咖啡的制造出售专店。荷兰水即汽水，"今国人能自制之，且有设肆专售以供过客之取饮者，入夏而有，初秋犹然"。至于咖啡店，清末时"天津、上海亦有之，华人所仿设也，兼售糖果以佐饮"。而对西式点心，如面包、布丁之类等，清末不仅能够烹制，而且它们在为"我国之基督教徒皆食之"外，"近颇有以之为点心者"，① 可知食用者人数有渐增的势头。

其次，《造洋饭书》的编写出版，更是中外饮食习尚交流的见证。该书由上海美国教士高丕第夫人于同治五年（1866年）时编写出版，它是基督教会为适应外国传教士吃西餐的需要和培训厨房人员而编写的。书中开头有《厨房条例》一篇，着重讲饮食卫生的重要性；以下是各类西餐菜点食谱，其中有汤、鱼、肉、蛋、小汤、菜、酸果、糖食、排、面皮、朴定、甜汤、馒头、饼、糕、杂类等，计二十五章，二百六十七个品种或半成品，加上四项洗涤法。大部分品种都列出用料和制作方法。有的品种，如用大米作原料做"朴定饭"（即布丁饭），则是采用中西结合的烹制方法。至于书中译名，与今亦有异，如"小苏打"译成"唏哒"；"咖啡"译为"磕肥"；"布丁"译为"朴定"等②，书后附有英文索引。它的出版问世，对加速西餐烹制技术的学习传播，促进中外食尚交流，有促进意义和作用。

---

① 徐珂《清稗类钞》第十三册《饮食类·布丁》。
② 《造洋饭书》"朴定"，中国商业出版社1987年版。

1908年12月伍廷芳（坐者左一）、唐绍仪（坐者左二）、载搏（坐者左三）在华盛顿访问时合影

1890年前后香港港湾

结 语

  清代较之中国历史上其他朝代而言，其时代"个性"与"特色"在于：一，它是继元朝之后，第二个由少数民族入主中原，建立的统一的多民族国家的历史时期。二，它既是中国历史上最后一个封建王朝，又是近代开端的历史时期。三，它是中国封建的统一多民族国家从鼎盛走向衰落，后沦为半殖民地半封建社会，即从强国落伍为弱国的历史时期。

  恰因如此，在社会风俗方面，必然形成迥异于其他时代的社会风俗的自身特征，且由此派生出多元而巨大的社会影响与历史传承、制动、功能作用。

【第一节　基本风俗特征】

综观清代社会风俗的形成、发展、演变的历程，恰是清政府的风俗政策、人们的风俗观念，以及清代前述的个性与特色，导致了清代风俗的基本特征的形成与强化。

一、区域性差异特征

在饮食、服饰、住宅风俗方面，因南北之间、民族地区与内地之间的地理、人文环境的不同，导致形成区域性差异特征。

服饰风俗的区域性差异

清代地方民人男女老少服饰式样繁多，南北各异。如江浙地方民人之服饰，不仅大异于北，即在南方，亦为特殊。其中清代上海繁华甲于全国，一衣一服莫不争奇斗

陕西的供骆驼行旅住宿的客栈

巧，日出新裁。又如，清代汴中男女衣服，喜用青、蓝两色土布，洋布极少，绸缎更稀。归化城男女，竟衣着衣帽无别，唯女子喜戴耳环与项圈等。再如，清初陕西汉中风俗尚白，男女皆以白布裹头，或用黄绢，而加白帕其上，称为诸葛武侯戴孝，后遂相沿成俗。

清代少数民族的服饰，或因官民等级各异，或因男女老幼各别，其衣饰色彩绚丽，习俗不同。如藏族普通民人，皆着大领无缘之衣；喇嘛则多一为袍，一为袈裟，头戴僧帽；维吾尔族男子衣着贺帽皮履，妇女则衣红袍。又如，清代聚居在西南地区的苗族，蜡染技术十分发达，他们便喜着蜡染花布服装等。

饮食风俗的区域性差异

据徐珂《清稗类钞·饮食类》载，"南人之饭，主要品为米，盖炊熟而颗粒完整者，次要则为成糜之粥。北人之饭，主要品为麦，屑之为馍，次要则为成条之面"。"北人之饭，以麦为主要品。若不食馍而食面，亦皆陈列肴馔，藉以佐餐。惟其面率为白水所煮，将进面时，即有生蔬如豆芽、黄瓜丝之类数小碟陈于几，曰面马，意以此为前马之导也。餐时，即和以调料而加于面。食竟，乃各饮煮面之原汁，谓可不至饱胀也"。其次，清代民间日常饮食活动的进餐习俗："我国人日食之次数，南方普通日三次，北方普通日二次。""兰州为甘肃省会，其居民日皆二食，一米一麦。米产甘州，然非贫者所得尝。贫者仅以面条置水中炊熟之，临食加盐少许，佐以辛辣品而已。""苏、常二郡，早餐为粥，晚餐以水入饭煮之，俗名泡饭，完全食饭者，仅午刻一餐耳。其他郡县，亦以早粥、午夜两饭者为多。"再次，清代民间日常饮食活动中的食性与食习，各地民间，"食品之有专嗜者，食性不同，由于习尚也。兹举其尤则北人嗜葱蒜，滇、黔、湘、蜀人嗜辛辣品，粤人嗜淡食，苏人嗜糖。即以浙江言之，宁波嗜腥味，皆海鲜。绍兴嗜有恶臭之物，必俟其霉粒发酵而后食也"。在具体的食习方面，各地民间亦有不同，"苏（州）人以讲求饮食闻于时，凡中流社会以上之人家，正餐、小食，无不力求精美，尤喜食多脂肪品，乡人亦然。至其烹饪之法，概皆五味调和，惟多用糖，又喜加五香，腥膻过甚之品，则去之若浼"。"沪多商肆，饮食各品，无不具备，求之至易，而又习于奢侈。虽中人以下之人，茶馆酒楼，无不有其踪迹。以常餐言，几无一人蔬食也"。"闽、粤人之食品多海味，餐时必佐以汤。粤人又好啖生物，不求火候之深也"。"湘、鄂之人日二餐，喜辛辣品，虽食前方丈，珍错满前，无椒芥不下箸也。汤则多有之"。贵州物产"有竹荪、雄黄之类，蔬菜价值亦廉。居民嗜酸菜，亦喜饮酒，惟水产物极不易得，鱼虾之属，非上筵不得见。光绪某岁，有百川通银号某，宴客于集秀楼，酒半，出蟹一箧，则谓一蟹值银一两有奇，座客皆骇，此足以见水产物之难得而可贵也"。

清代各民族间政治、经济、文化方面的交流，较之以往任何时代都更为频繁，彼此之间的关系也更为密切。但由于各民族所处地理环境、物产气候、经济生活、宗教信仰、风俗习尚和社会历史背景的不同，故在饮食习尚上有颇多差异。然不同民族均有其典型食品，不同地区更有其民间传统饮食。其次，清代每个民族所生产的食品原料和用以生产这些食品原料的方法，又与该民族的经济文化类型相一致。如清代喜好奶制品的蒙、藏等少数民族，主要是游牧或农牧业的经济文化类型；而聚居西南山区的一些少数民族，多以辅助粮食作物为日常生活饮食的补充，多属手工农耕经济文化类型。再次，清代每个民族在饮食生活中都有自己的传统风俗习惯，如进餐习尚、烹饪习惯，尤其是禁食习俗等。回族不吃猪肉，维吾尔族、哈萨克族等亦禁食猪肉，傣族不吃羊肉，壮族节日有喜食五色饭和五色蛋等风尚，这都有着历史的、宗教的、文化的原因。其四：清代各民族不仅有自己独特的烹饪技艺，而且有自己独特的饮食风味。他们创制出的色、香、味、形俱佳的各种民族风味名吃、名菜、名食，深受各阶层人士的普遍喜爱和赞赏，亦大大丰富了清代饮食生活的内容。如清代满族的名食饽饽，维吾尔族的抓饭与烤羊肉串，回族的涮羊肉，壮族的五色饭，蒙古族的手把肉，藏族的酥油茶、糌粑，黎族的水饭，苗、侗族的酸鱼、酸肉等等。在主食方面，有的以青稞为主食，如藏族、羌族等；还有的少数民族以大米、小麦、高粱和各类粮食作物为主。在烹饪技术上，则方法甚多，如清代东北少数民族的生食与熟食，西北少数民族的烧烤，西南少数民族与东南少数民族的生腌、风腊等，各具特色。此外，清代各少数民族在礼仪与交往方面，除日常惯例的饮食外，尚有节日喜庆的饮食，婚丧嫁娶的筵宴，宗教祭祀活动的祭食、祭肉，以及各种社会活动的饮宴等等，亦各具风采。

住宅风俗的区域性差异

汉族地区民用住宅除黄河中游少数地点采用窑洞式住宅以外，其余地区多用木构架结构系统的院落式住宅。这种住宅又以秦岭和淮河流域为界，形成南北两种不同的风格。而在南方住宅中，长江下游的院落式住宅，又与浙江、四川等山区住宅及岭南的客家住宅，有着显著的不同。

北方住宅以京师（北京）的四合院住宅为代表。这种住宅的布局，在封建宗法礼教的支配下，按着南北纵轴线对称地布置房屋的院落。它更因居住者的社会地位，政治、经济、阶级方面的条件的不同，在院落的大小、设置上，存在巨大的悬殊。如京师内城的屋宇，便异于外城。外城民居多参仿南式，庭隘而屋低；内城则不然，居者多世家大族，故多巍峨华焕之宅，甚至其"巨者略如宫殿"。[①]

长江下游江南地区的民居住宅，以封闭式院落为单位，沿着纵轴线布置，但方向不限于正南正北。浙江、四川等处的山区住宅，利用地形，灵活而经济地做成高低错

---

① 徐珂《清稗类钞》第一册《第宅类·京都内城屋宇》。

落的台状地基，在其上建造房屋，因而住宅朝向与院落大小均自然搭配、别具风格。

清代分布于福建西南部及两广北部地区的客家人，他们多聚族而居，故构筑体形巨大的群体住宅，或为大型院落，前方后圆；或为方形、矩形、圆形砖楼和土楼。

北方河南、山西、陕西、甘肃等省的黄土地区，清人为了适应地质、地形、气候和经济条件，建造了各种窑洞式住宅与拱券住宅。城市民居则如"南方庙宇"矮而小，无楼。①

至于生活在广西、贵州、云南、海南岛、台湾等地的兄弟民族，则因气候炎热、潮湿、多雨，为了通风、采光和防盗、防兽，使用下部架空的杆栏式构造住宅。清代藏族住宅，因西藏、青海、甘肃及四川西部一带长年雨水稀少，且石材丰富，故外部用石墙，内建层楼，顶则平坦如地，名为碉房。楼房内人居其上，牧畜牛马羊则圈其下。

清代新疆地区的维吾尔族亦称"缠回"，他们多"聚族而处"，所居平顶住宅，分为两种类型：一为南疆的喀什、和阗（今和田）等地用砖、木修建的院落式住宅，另一种为吐鲁番的土拱住宅。富家巨室，"屋旁多筑园林，沟以渠水，为消夏燕游之所，谓之博斯坦"。城市民居，其"市居者，门左右筑土为台，旅陈估货，谓之巴札尔"。②新疆地区的蒙古、哈萨克等族，为适应游牧生活的需要而使用移动的毡包，往往二三成组，附近用土墙围为牲畜圈，长年随着季节的变化，逐水草放牧牛马羊群，并不断迁徙移居。其中从事半农半牧者，则建造固定住宅，有圆形、长方形以及二者相结合等形式，亦有在固定房屋之外再用毡包的。

二、社会各阶层的不平衡性特征

清代社会各阶层由于在政治、经济、军事、文化上的巨大差异，必然导致风俗上的不平衡性特征的形成，且愈趋鲜明。

其一，在服饰风俗上，这种不平衡性表现在诸多服饰风俗的规制与限制上。

清代帝后服装，据《大清会典·冠服》载，分"礼服"、"吉服"、"常服"、"行服"、"雨服"等。皇帝的服装从形式到纹饰、颜色都有严格定制。龙是我国古代传说中由驼头、蛇身、鹿角、兔眼、牛耳、鱼鳞、鹰爪、虎掌等构成的神威雄健的形象，用以象征和渲染皇帝的至高无上权威与声势。至于皇帝的服饰及一切御用品，主要以龙纹作

---

① 徐珂《清稗类钞》第一册《第宅类·洛阳家屋》。
② 徐珂《清稗类钞》第一册《第宅类·缠回屋宇》。

饰，以示皇帝乃"真龙天子"之严威。

文武官员服饰有朝冠、吉服冠、端罩、补服、朝服、蟒袍等，其制服等差，皆视其品官高下而定。另有雨冠、雨衣、雨裳之制。文官五品、武官四品以上及科道、侍卫等，均得悬挂朝珠，以杂宝及诸香为之。至于清代命妇，即文武品官之妻的服饰，则各依其夫。另有金约、领约、采、朝裙、朝珠等制度，各按其品。

有清一代，举、贡、生、监谓之士，其他杂项谓之庶。士庶公服，状元顶带视六品，服均如常制。举人、官生、贡生、监生冠带视八品，服皂绘缘青。生员冠带视九品，服青绘缘皂。

清人的服饰除以上特色及制度外，清政府对官民人等，在衣着服饰方面，亦有许多限制性规定。凡五爪龙缎、立龙缎等，官民均不得服用，如有特赐者，亦应挑去一爪穿用。军民人等，一律不得以蟒缎、妆缎、金花缎、片金、倭缎、貂皮、猞猁狲等为服饰。八品以下官员不得服黄色、香色、米色及秋香色等。此外，奴仆、伶人、皂隶只准服茧绸、毛褐、葛布、棱布、貉皮及羊皮等，而不能服用其他缎匹、毛皮等物，这表明在服饰方面的封建等级性和对社会下层人民的歧视性。

其二，在居住风俗上，这种不平衡性则表现在建筑格局、气势、功能与相关禁忌上。

清代的宫苑、陵寝规模宏大，气势磅礴，而行宫园林，无论在数量上或质量上又都超过明代。清代皇家行宫、御苑，是帝后外出巡幸、围猎、祭祠或避暑、赐宴、赏赉召见少数民族王公贵族头人所居用的宫苑建筑群，其中，最著名的有热河行宫、扬

木渎虹饮山房是乾隆皇帝六下江南抵达苏州每次必到的地方。图为园中一角——戏台

州行宫、西安行宫、西苑、圆明园、颐和园等。这些行宫御苑，由于是帝后外出驻跸之所，故集中巨大人力、物力、财力，加以修建装饰，既有"集池馆楼台之胜"的皇家气派，亦有江南园林之清幽与自然情趣；行宫与御苑内的各式亭阁、殿塔建筑，更是各种民族艺术风格兼具，多有创新。

由于清代社会经济的繁荣，中小地主、商人、手工业作坊主的数量不断增加，因而地方建筑有了较大的发展。在经济发展的同时，大城市增多了，还出现了许多新的城镇。在城镇的乡村中，增加了很多书院、会馆、宗祠、祠庙、戏院、旅店、餐馆等公共性的建筑。居住建筑的质量也不断提高，除了二三层楼房以外，广东、福建、安徽、四川的住宅有高达三四层的，雕饰丰富的木、石砖装饰较普遍地用于中、大型住宅中。贵族、官僚、地主、富商大贾们的私家园林，除京师（北京）外，多集中在经济与文化发达的江南城市与市郊，如扬州、苏州、杭州、金陵（南京）、上海、桐城、桂林等。众多园林建筑风格各异，南北亦各有情趣：或园内"山水清澈，花木扶疏"，人称"小西湖"；或"回廊曲榭，连缀无痕，入其中者几迷出路"；或"曲折回环，出人意表，且有亭台可憩"；或"竹篱茅舍，鸡犬桑麻，名曰城市山林"；或"曲径通幽，师竹之轩居其左，倚竹之亭翼其右"，"环溪夹岸"，有"小桃源"之称，[①] 不一而足。

由于清代处于中国封建社会的晚期阶段，封建专制集权得到进一步发展，另一方面，在封建社会的母体内，亦孕育着新的资本主义因素。在这种社会条件和历史背景下，清人在居住生活方面，呈现出巨大的阶层性、等级性等诸多特点：例如，为表明官僚在政治上巨大优越与尊严，且体现出官贵民贱、官尊民卑等封建"礼教"准则，清政府对官民住宅的方位、房舍式样，都有明确的规定。其中，太庙、品官家庙的房屋间数、高低、大小、门垣数量的定制，便表明了这一点。在首都京师（北京），皇宫紫禁城的殿宇房屋最高，其他任何王公贵族的居舍均不能超过此高度，否则视为"违制"，一经发现，立即议罪论处。再就整个京师建筑居舍的布局来看，皇宫紫禁城居中间，内城居住贵胄以及官僚和满人，南面的外城则是商人活动的处所。这一布局符合于历来都城中"北朝南市"的等级规制。其建筑与居舍的规模、气势，外城"家隘而屋低"，内城则是"巍峨华焕"，犹如宫殿。首都以外的地方城市，有的还分出满城和汉城，分别集中居住，并在居舍建筑方面，呈现巨大差异。南方一些城市，由于社会政治与经济方面的诸多原因，一些贱民则集中居住，如宁波的贱民居住区称"贫巷"，房舍矮小。广东、福建沿海及内河的一些船家、贱民，世世代代漂泊海上，终年以破烂渔船为家，以捕鱼为业，被称为"蛋户"，且不能改作宅业。其居住风俗上的贫富贵贱差别，昭然若揭。

---

① 徐珂《清稗类钞》第一册《园林类》诸条。

三、时代性特征

清代风俗的时代性特征，表现在如下诸多方面：

其一，封闭性特征。清人浓厚的地域观念，以及清代政治、经济、交通、文化诸多原因的综合制约的结果，导致清人在社会风俗方面封闭性的特点。除明末清初较大规模的地区性移民，以及清代政府组织的有计划移民活动（如清代西北地区的屯垦移民、清代东北部分锡伯族西迁等）以外，清代世家大族多"累世而居"，一般民人则由于保甲制度的束缚，皆"聚族而处"，这就为宗族制度的兴盛和自然经济的发展提供了肥沃的土壤。同时，也为商品经济的发展和清人大规模的经济、文化交流设置了严重的障碍。

其二，多元性特征。清代前期，特别是康雍乾盛世，清王朝进一步统一了北部、西北和西南边疆地区，从而奠定了近现代中国幅员辽阔的疆域，并使以汉族为主体的各民族间的政治、经济、文化等联系更加紧密，使他们对清王朝中央政府的向心力大为增强。在这个封建的统一的多民族国家内，各族人民之间相互交往、彼此学习、相互支援，并传授生产劳动技术和文化知识。他们在开发和保卫边疆、防御外敌入侵、发展内地与中原社会经济文化的事业中，都作出了自己的独特贡献。这种在各族人民之间日益形成并逐渐强化的内部聚合力，以及抗御外敌时所表现出的共同奋起的抵抗

戏剧表演中男扮女装，剧中女子踩跷装成小脚，颇具时代特征

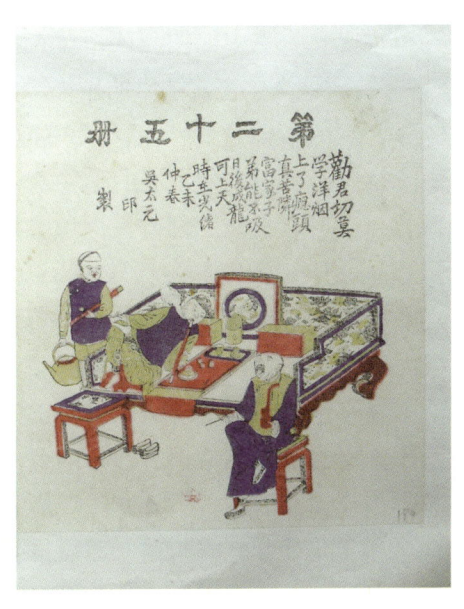

劝人莫吸洋烟图

力,都远远地超过了中国历史上任何一个朝代。这一切不仅深刻地影响到中国近代和现代,而且是清代这一历史时期对中华民族的一个重大历史贡献,有着不可磨灭的历史功绩。同时,这样的历史条件和时代背景,又必然使清人和社会风俗呈现出多元性的特点。各族人民在日常生活中,对各自独特的民族生活习尚,既相互尊重,又相互学习,特别是在衣、食、住、行和婚丧嫁娶等生活方式方面,更是相互影响、争相授受。这样,在漫长的历史进程中,使得清人的社会风俗生活内容更加多样化,更加丰富多彩。

其三,变异性特征。清代前期、中期与后期,随着社会经济、文化的发展、衰落,人口的迅猛增加以及带来的巨大人口压力,边疆地区的开发与发展,资本主义列强的入侵以及中国逐渐沦为半殖民地半封建社会,外国商品的大量涌入和西方文化、宗教的入侵等等诸种因素作用(非平行作用,而是呈交互作用之状)的结果,给清代社会各阶级、阶层的传统社会生活带来巨大冲击。特别是在沿海地区,清人的传统社会风俗中,由于诸多新的因素的注入,在日常经济生活(衣食住行)与精神文化生活(婚丧嫁娶、礼仪交往、娱乐时尚)方面呈现出巨大的变异性的特点。其中既有量的增减变化,又有质的不同区别。

其四,融汇性特征。清王朝是我国东北地区少数民族满族入主中原建立的全国性封建政权。清初,满族贵族统治者曾在全国强制推行过剃发易服等民族歧视性政策,并给汉族和其他各族人民的社会日常风俗生活带来巨大影响。但是,综观有清一代民人的社会风俗风貌不难发现,一方面是满人的服饰、发型逐步为汉族人民所接受,并成为清人的流行习尚；另一方面是，入主中原的满族，在衣食住行、婚丧嫁娶和礼仪风尚方面，亦逐步"汉化"。这种满汉文化交流结出的硕果，亦成为清人社会生活的显著特征之一。同时，它也是清代各族人民在社会生活习尚方面融汇性的体现。

其五，区域性特征。由于社会经济、文化发展的不平衡，致使清人的社会生活呈现出明显的区域性差异。关内、关外、北方、江南、内地、沿海、边疆、中原，人们在平日与年节的衣食住行、婚丧嫁娶社会生活习尚，以及具体的社会生活方式，民风、民习、民俗等方面，均存在着较大差别。且在有清一代，随着岁月的流逝与时间的推移，这种社会生活的区域性特征，有定向化发展和逐渐强化的趋势。

其六，时尚性特征。清人在日常与年节社会生活中，不仅有着社会阶级性、阶层性的巨大差异，而且在社会生活心态与价值取向方面，随着清代初期、中期和后期的发展时序，也有所变化，有时逆向，有时超前，有时则顺应时尚。从而，使得在各个不同历史时期和历史发展的转折关头，在社会生活、习尚诸方面和重要领域，不同的社会阶级、阶层的人们，有着不同的生活情趣和时尚追求，并引以为"时髦"，这是人们体现自身的社会存在、地位、人生价值重要途径之一。

第二节　风俗的社会影响与历史作用

清代社会风俗的基本特征在形成与强化过程中，必然对当时的发展产生多元的、功能性的影响，且对后世产生正负两面、积极与消极的影响。

一、社会影响

（一）强化封建礼制

清人的社会风俗，从封建帝王、皇室贵族、各级官吏到地主、士绅、平民、农民、手工业者、商人等，在平日与年节的衣食住行、婚丧嫁娶方面，均体现出严格的封建等级性，即阶层性。它具体体现在，清人的一切风俗行为均要纳入所谓的"礼制"规范之内，严格遵循，封建礼制则是维护封建等级制和封建统治阶级利益的重要法宝与"护身符"。清人在日常生活中，如果不遵循尊卑、贵贱、上下之别，稍有逾越行为，轻则以"违制"议处，重则以有"谋反"之心，视为"大逆"而论罪。

而全社会对这一风俗观念的认同与强化，则必然导致强化封建礼制的重大影响。

（二）强化封建宗法

清人由于受封建宗法与礼仪的影响颇深，因此称婚丧嫁娶之事谓"红白喜事"，视为人生之大事，在婚丧嫁娶方面，清代礼仪甚多。然而，其繁简、规模、礼仪规格等，则因社会地位、阶级阶层而异。祭礼方面，按清人世俗，"父母之丧"有周祭、年祭之别，在穿着服饰、祭品、陪祭者、念经、焚化物等方面，亦多有一定之规。若节令祀先，惟除夕、元旦、上元、端午、中秋、重阳，上供行礼。

（三）强化文化生活

清代戏曲形式很多，且清人酷爱戏曲，用以丰富强化日常与年节颇为单调乏味的文化精神生活的内容。民间流行昆腔、弋阳腔、梆子腔、鼓吹、吹打、十番、弦索、皮黄与京剧。前期昆腔为人所喜，清末京剧取代其地位。皇帝有内府戏班，演员演技和道具皆精，乾隆帝爱看《西游记》、《封神榜》等小说改编的神仙鬼怪戏。慈禧太后亦喜在颐和园内的专用戏楼上，看京剧名角的演出。京师城内有几家戏班子，供士大夫欣赏。如道光时，京城有所谓"四大徽班"，即三庆班、四喜班、春台班、和春班。其中，三庆班早在乾隆帝八旬万寿时，自安徽来京。此外，地方官员多私设戏班子，除供自家观赏外，还用以在属民富人中打秋风。还有的地方有在官员宴会，命之歌舞佐酒。江南一些工商业、交通发达的城镇，乾嘉时期民间梨园遍布城乡内外。京师外城，亦有专门供演戏的民间戏园。这一风俗的形成，对强化文化生活有积极影响。

（四）强化年节活动

每年，清人凡逢国家法定的或民间传统的节日，总要举行庙会或其他盛大的节日活动。其中，庙会既是清代流行于全国各地的民间贸易、娱乐形式，又是清人展示百态百相、相互交往、丰富其精神文化生活活动的重要场所。届时，南方人不论信佛崇道与否，爱作寺庙、道观之游。有些寺观有定期庙会，一连数日，并定戏班作连台演出。北方人凡逢佳节，亦拥向庙宇之内，开展旅游、观戏等文化活动。据清人崇彝著《道咸以来朝野杂记》一书记载，庙会上，不仅是"棚摊林立"、"百戏杂陈"，而且游人香客"肩摩毂击"，"终一日以千万计"，足见其气氛之热烈，盛况之非凡。

避暑山庄清音阁戏楼

二、对后世的影响

1. 传承性

清代风俗是近现代风俗形成的"源头"，因此，必然产生传承性影响。它有积极、消极的"因子"，或历史的演进力、传统的"惰性力"，或有益的社会风俗、畸形的毒风陋俗，或外来的礼俗雅尚、腐朽的怪风败俗等等，均会通过"风俗"的多种途径与渠道，发挥其传承性影响的功能效应。

审案跪地

2. 促进性

清代风俗中，各地民人淳朴厚重的民风；重视礼仪教化、勤劳勇敢的民族精神；维护民族团结与尊严、反抗压迫剥削、积极向上、荣辱与共的风俗共识；多种生存生活、生产劳动的技能与创新风尚；在近代，面对列强掠夺，勇于抗争，承认落后又不甘落后、敢于奋起的风俗凝聚力。这一切，对后世的发展、变革，对风俗中正气的弘扬，均产生促进性的重大影响。

3. 制约性

清代风俗中，有诸多消极、腐败的"因子"和成分，随着清末半殖民地半封建社会危机的加深，畸形社会风俗与外来的腐朽风尚相结合，大有泛滥的趋势，毒化社会的风俗气氛。而传统风俗中的闭关狭隘、保守而不思变，重传统技能而轻新科技等，均会对后世风俗的积极变革，产生"顽症式"制约性消极影响。

后 记

几度春秋，数易寒暑，终于将《清代风俗》一书交稿了。每当忆及往事，既感到欣慰，又感到某种遗憾。对科研事业的挚爱与追求，对新研究领域进行探索与创新的渴望，自始至终给我们以动力，使我们终于克服诸多困难，而得以结稿。然而欣喜之余，又甚感遗憾，限于水平，且新辟领域太多，致使书中结论尚不够完美。本卷由林永匡研究员撰写导言、第一至八章，第十一、十三、十五、十六章及结语；袁立泽同志撰写第九、十、十二、十四章。最后由林永匡通稿、定稿。

林永匡
袁立泽
2016年5月于北京

图书在版编目（CIP）数据

清代风俗/ 林永匡, 袁立泽著.-上海：上海文艺出版社.2018
（全彩插图本中国风俗通史丛书 / 陈高华, 徐吉军主编）
ISBN 978-7-5321-6510-0
Ⅰ.①清… Ⅱ.①林… ②袁… Ⅲ.①风俗习惯史—中国—清代
Ⅳ.①K892
中国版本图书馆CIP数据核字（2018）第019573号

出 品 人：陈　征
责任编辑：徐华龙
封面设计：王志伟
配　　图：高洪兴

书　　名：清代风俗
作　　者：林永匡　袁立泽
出　　版：上海世纪出版集团　上海文艺出版社
地　　址：上海绍兴路7号　200020
发　　行：上海文艺出版社发行中心发行
　　　　　上海市绍兴路50号　200020　www.ewen.co
印　　刷：山东临沂新华印刷物流集团
开　　本：787×1092　1/16
印　　张：37.75
插　　页：5
字　　数：745,000
印　　次：2018年1月第1版　2018年1月第1次印刷
Ｉ Ｓ Ｂ Ｎ：978-7-5321-6510-0/K·0370
定　　价：320.00元
告 读 者：如发现本书有质量问题请与印刷厂质量科联系　T: 0539-2925888